2010

海宁市史志编纂委员会 编

方志出版社 出版

图书在版编目（CIP）数据

海宁年鉴．2010／海宁市史志编纂委员会编．—北京：方志出版社，2010.10

ISBN 978-7-80238-906-9

Ⅰ．①海… Ⅱ．①海… Ⅲ．①海宁市—2010—年鉴 Ⅳ．①Z525.54

中国版本图书馆 CIP 数据核字（2010）第 195495 号

海宁年鉴（2010）

编　　者： 海宁市史志编纂委员会

责任编辑： 丛　珺

出 版 者： 方志出版社

（北京市建国门内大街5号中国社会科学院科研大楼12层）

邮编　100732

网址　http://www.fzph.org

发　　行： 方志出版社出版发行部

（010）85195814　85196281

经　　销： 新华书店总店北京发行所

法律顾问： 北京市大禹律师事务所

印　　刷： 杭州余杭人民印刷有限公司

开　　本： 787×1092　1/16

彩　　页： 64

印　　张： 34.75

字　　数： 826千

版　　次： 2010年10月第1版　2010年10月第1次印刷

印　　数： 0001—1200册

ISBN 978-7-80238-906-9/K · 541　定价：120.00元

海宁市史志编纂委员会

海宁年鉴编辑部

编辑说明

一、《海宁年鉴》是由中共海宁市委员会、海宁市人民政府主办，海宁市史志编纂委员会组织编纂的综合性地方年鉴，是一部集资料、知识、信息于一体的年度资料性文献，旨在全面真实地记载上一年度海宁市经济建设和社会发展的基本面貌。

二、《海宁年鉴（2010）》是海宁市第十二部综合性地方年鉴，记载时限从2009年1月1日至12月31日，一般不作历史追溯。特载中提前收录2010年市委、市政府的两个工作报告，附录中提前收录2010年1月至6月大事要览。

三、本书采用分类编辑法，分篇目、分目、条目3个层次。全书共39个篇目，下设248个分目、1138个条目，配图片139张，表格104张，共82.6万字。

四、本书在坚持年鉴内容的稳定性和连续性基础上，突出年度特色和地方特色，注重实用性和可读性，并配随文照片。

五、本书所采用的稿件，均由海宁市级各部门、各有关单位和各镇、街道专人撰写，经供稿单位领导审核，并由市保密局作保密审核。凡涉及海宁市国民经济和社会发展全局性的数据以市统计局公布的法定数据为准。统计局未作统计的，由各业务部门提供。

六、本书配有双重检索系统，书前刊有中文详细目录和英文要目，书后配有索引。索引采用主题分析索引法，按主题词首字汉语拼音字母顺序排列。

七、关于单位名称的称谓，首次出现用全称，后均用简称。彩页部分单位名称排列以首字汉语拼音字母顺序排列，不分先后。

八、本书的编纂和出版得到全市各部门、镇、街道和社会各界人士的大力支持，谨此表示衷心感谢。在编印、出版中有疏漏之处，恳请批评指正。

海宁市史志办公室

2010年10月

2009年海宁便览

面积　700.50平方千米

农用地	487平方千米
建设用地	183.73平方千米
未利用地	29.77平方千米

气候　北亚热带海洋性湿润气候

平均气温	17.3℃
年降水量	1,219.5毫米

综合经济

生产总值（当年价）	375.36亿元
人均生产总值	57,486元
三次产业比重	34.81：60.44：4.75
财政总收入	48.39亿元
其中地方财政收入	23.95亿元
财政支出	26.30亿元

对外经贸

自营进出口总额	31.79亿美元
其中出口总额	24.99亿美元
合同利用外资	4.03亿美元
实际利用外资	2.41亿美元

生活及人居环境

城镇居民人均可支配收入	25,675元
农村居民人均纯收入	12,781元
城市居民消费恩格尔系数	29.7%
农村居民消费恩格尔系数	34.1%
城市居民人均住房建筑面积	35.16平方米
农村人均使用住房面积	67.12平方米
市区建成区绿化覆盖率	41.59%
大气环境质量	Ⅰ、Ⅱ级天气占91% 酸雨占总雨量的96.9%
水质	两饮用水源水质达标率80.06%和81.25% 地面水水质Ⅴ类水占10%、劣Ⅴ类占90%

总人口　655,049人

总户数	182,675户
男女性人口比重	97.48：100
人口自然增长率	0.34‰
人均预期寿命	80.65岁

行政区划　8个镇4个街道

村民委员会	161个
居民委员会	63个

主要产业

工业总产值（规模以上）	736.83亿元
其中皮革业产值	107.40亿元
经编业产值	94.29亿元
家纺业产值	49.76亿元
农业总产值	27.04亿元
旅游总收入	58.06亿元

就业保障

新增城镇就业岗位	9200个
基本养老保险参保人数累计	21.4万人
基本医疗保险参保人数累计	21.5万人
城镇登记失业率	3.54%

交通

村道及以上公路总里程	1,243.4千米
每平百方千米公路密度	177.6千米
公交通村率	100%
货运周转量	171,003万吨千米
客运周转量	64,559万吨千米

说明：本页所载数据时限截至2009年12月31日

7月22日，泰国公主诗琳通（左一）到海宁访问并观潮　（沈达　摄）

3 月 5 日，2009年海宁（香港）盐官观潮景区专题招商会在香港富豪酒店举行　　（市外事办提供）

4 月 23 日，海宁市人民政府在德国柏林召开投资说明会　　（市外事办提供）

7月20～22日，海峡两岸天文望远镜及仪器学术研讨会暨2009年日全食观测活动在海宁盐官观潮景区举办　（王超英　摄）

9月28日，2009年中国国际钱江（海宁）观潮节、第十六届海宁·中国皮革博览会及2009年宁·中国家用纺织品博览会三大节庆活动联合开幕式在海宁中国皮革城广场举行，图为开幕式上举的CCTV2010中国服装流行趋势发布会　（王超英　摄

月17～26日，“海宁中国皮革城杯”2009年世界速度轮滑锦标赛在海宁市举行　（张庆中　摄）

12月18～20日，海宁市举办首届农产品博览会　（王超英　摄）

3月10日，浙江财经学院东方学院迁建工程奠基 （沈达 摄）

3月16日，海宁市人民政府与浙江日报报业集团签订全面战略合作框架协议 （沈达

4月16日，市政府召开沪杭客运专线海宁段工程建设动员大会，沪杭客运专线海宁段工程建设启动　　（周越东　摄）

12月17日，海宁市人民政府、上海漕河泾新兴技术开发区、海宁经济开发区签署全面合作协议，上海漕河泾开发区海宁分区建设全面启动　　（王超英　摄）

6月19日，海宁查氏集团综合发展暨高星级酒店项目开工建设
（王超英 摄）

7月29日，由海宁中国皮革城股份有限公司在辽宁佟二堡投资建设的佟二堡海宁皮革城开工奠基
（海宁中国皮革城提供）

11月10日，中国经编总部商城开业
（李迪刚 摄）

长安镇

长安镇位于钱塘江北岸、海宁市西部，北邻桐乡市，西南与杭州市余杭区接壤。沪杭铁路、沪杭高速公路、01省道、杭浦高速公路穿境而过，均在镇域设站点或出入口；320国道、杭东绕城公路出口处分别距镇区6千米、2千米。长安镇是浙江省中心镇，镇域总面积91.9平方千米，辖20个村、8个社区，辖区总人口12.3万人，其中户籍人口7.8万人、外来人口4.5万人。2009年全镇实现生产总值24.42亿元，财政总收入1.65亿元（不包含农业对外综合开发区），农民人均纯收入12,996元。

农业形成花卉、苗木、特种水产、优质水果四大特色产业块。拥有“长安”和“康艺”鲜切花，“牧港”河蟹，“海宁桑”，“圣品”葡萄等农产品品牌，“康艺”鲜切花是浙江省初级农产品名牌。以长安花卉园区为龙头，全镇共种植花卉300余公顷，是浙江省最大的鲜切花生产基地，鲜切花连续五年被评为浙江省农博会金奖产品。工业形成成品沙发、皮件制革、五金制锁（汽摩配）、印刷包装、丝绸纺织五大行业结构，以“中国驰名商标”——雪豹集团为龙头的皮革沙发业占全镇经济总量的20%以上。

城镇建设日新月异，形成15平方千米的城镇框架，建成区面积达5.6平方千米。配套功能日趋完善，境内建有10万吨级地面水厂和220千伏、110千伏变电所；各大金融机构均设有分行或分理处；商贸、餐饮、宾馆、娱乐业初具规模；高等学府浙江财经学院东方学院已迁建该镇，成功开学；教育、文化、卫生、通信等事业辐射带动海宁西部。

党委书记：王建坤
镇长：徐发荣
电话：（0573）87411390
邮编：314408

1.长安镇镇区新貌

2.“运河欢歌，唱响未来”歌手大奖赛

3.长安镇入口

长安镇肖王村

肖王村位于长安镇南郊，胡长公路、东西大道贯穿全村，交通十分便利。村域面积2.2平方千米，其中耕地184.1公顷，辖20个村民小组，总户数913户，总人口3703人。2009年实现农村经济总收入14.13亿元，农民人均纯收入12,794元。

多年来，在上级党委、政府的正确领导下和各有关部门的大力支持、指导下，肖王村以加快经济发展为中心，统筹兼顾，协调发展，经济社会各项事业均取得明显成效。该村先后被命名为“嘉兴市文明村”、“嘉兴市卫生村”、“嘉兴市三无达标村”、“海宁市文明村”、“省级小康示范村”、“省级绿化示范村”、“村务公开民主管理省级示范村”，村党委多次被市委命名为“海宁市先进基层党组织”、“海宁市五好村党组织”。

1～5.村健身活动中心

6.肖王村村委会办公楼

村党委书记：周财法

村委会主任：范祖根

电话：（0573）87428699

邮编：314408

海昌街道

海昌街道设立于2003年11月，位于海宁市东北端，是海宁经济开发区的所在地。东连海盐县，南接硖石街道、海洲街道，西毗桐乡市，北邻嘉兴市秀洲区，下辖12个村和9个社区（其中农村社区5个），区域面积54.2平方千米，总户数9786户，户籍总人口3.62万人。近年来，在街道党委、办事处的正确领导下，坚持科学发展，实现经济社会又好又快发展，各项事业蒸蒸日上，建设面貌日新月异。

党委书记：许金忠
办事处主任：戴其明
地址：海宁市由拳路68号
电话：（0573）87280266
邮编：314400

1.殳山庙
2.区内企业车间
3.参加全市运动会
4.渔家乐特色农庄
5.金三角家具城
6.新村健身苑

海宁（中国）太阳能科技工业园

海宁（中国）太阳能科技工业园坐落于袁花镇，总规划面积186.7公顷，地处01省道南侧、嘉绍高速公路西侧，紧靠袁尖公路，杭浦高速公路穿境而过，交通十分便利。该工业园是海宁市重点规划建设的太阳能产业基地，也是浙江省25个循环经济示范基地之一。依托袁花镇优越的太阳能产业集群和资源优势，形成太阳能电池片、太阳能组件到太阳能光伏应用的光伏产业链，具备300兆瓦电池片生产规模。原有太阳能光热利用产业链全面完善，高硼硅玻管、真空集热管、支架配件以及太阳能配件一应俱全，有“中国驰名商标”30余个，“家电下乡”中标企业16家。

太阳能科技工业园有海宁市袁花镇工业投资有限公司管理开发，配套有浙江省太阳能产品质量检验中心，对入园企业实行统一规划管理、全程代理服务，为广大企业投身绿色产业提供广阔的发展平台。

联系人：沈祖良

地址：海宁市袁花镇

招商热线：（0573）87866216

（0573）87866472

1.真空集热管生产线

2.浙江省省长吕祖善（左一）到美大太阳能公司调研

3.晶科能源在美国纳斯达克成功上市

4.由园区内企业设计安装的新安江中学屋顶集热工程

海宁市城区图
开发区管委会
海宁经济开发区
海宁经济开发区（林业园区）
海宁商检
海宁海关
九冬皮业
三星兄弟皮革
富尔顺制衣
蒙努集团
白领氏皮业
大宇皮业
泰戈制衣
新城市花园
牡丹城
硖西一里
硖西二里
金利一区
金利二区
金领华都
海昌商贸中心
洛阳泾桥
王家场
百汇海隆广场
海宁家具城
鹏湖学校
隆兴港
隆兴桥
隆兴嘉苑
永兴桥
植物公园
海宁火车货运站
海宁火车站
凌家场
紫薇里
博物馆
西山里
硖石街道
西山公园
钱君匋艺术研究馆
紫薇阁
西山
西山桥
徐邦达艺术馆
惠力寺
邮政局
龙城商业广场
西立交桥
海昌桥
蒙努大桥
海宏花园
龙祥大酒店
新世纪大酒店
假日国际大酒店
幸福花园
成园里
海宁大酒店
锦翔购物中心
小商品市场
谢氏艺术收藏馆
港航管理处
基隆墩
防疫站
农业粮食局
海宁商城
农行
华联大酒店
海宁饭店
海宁剧院
海宁宾馆
工业资产经济局
国税局
树人小区
工行
建行
中行
人民医院
妇幼保健院
保险公司
市图书馆
工商行政管理局
科技局
广电中心
白漾里
海马里
实验小学
青少年宫
教师进修学校
中国移动
紫微小学
蔡家埭里
中栋名都
时代广厦
国土资源局
供电局
体育场
人民里
阳光景苑
财政税务局
紫微高级中学
教师进修学校附小
双漾里
海宁一中
公安局
保安公司
交警大队
社保中心
梅园三里
梅园二里
沃尔玛
得胜里
水利局
信用合作联社
南关厢
凯旋景苑
检察院
电信局
梅园公园
梅园一里
世纪花园
洛川小区
联合里
城管局
塘桥
人民轻工机械厂
洛河小区
东方假日大酒店
浙江青年艺术学校
燕子湾公寓
海宁市缔艺家家居广场
紫薇花园
硖石工商所
绿多花苑
财富大厦
交通银行
南苑二里
南苑一里
文苑桥
商贸资产公司
花果园
园林管理处
石油公司
华信花苑
敬老院
慈善总会
南苑三里
海洲街道
海宁日报社
南苑五里
南苑四里
锦绣花园
新华书店
洛洲小区
市培智学校
行政中心
宏达大厦
烟草专卖局
现代城
海宁国际轮滑中心
体育中心
体育馆
王家桥
交通局
建设局
上海外国语大学附属浙江宏达学校
宏达高级中学
南苑中学
民和小区
吉恩仕集团
海州桥小区
文化馆
城南公园
人防办
海洲大饭店
中国皮革城
香榭丽酒店
质监局
海宁卫生学校
南苑小学
宏达幼儿园
南郊小区
皮都万豪大酒店
新悦花苑
汇银商务楼
兴海时代大楼
东海岸园艺
人民法院
卫生中心
广隆财富中心
新庄农贸市场
百合新城
中海大厦
金汇大厦
景华大厦
星辰花园
卡森实业
金桂苑
富顺新苑
客运中心
南苑桥
丁香花园
永月亭大桥
海宁中丝三厂
新桥
解放桥
北关里
锦中油脂
紫薇阁自来水公司
相院里
景云桥小区
水月小区
芙蓉里
中心菜场
小河里
新华书店
徐志摩故居
华联购物中心
总工会
交通修配厂
黑木板桥
隆兴路
文宗路
硖川路
双山路
硖西路
联合路
长埭路
水月亭西路
西山路
洛隆路
海宁路
海洲路
文苑路
南苑路
塘河
南关厢
钱江西路
城南路
海昌路
嘉联路
广顺路
海宁公路
硖仲路
宗合路
学林街
育才路

海昌街道
城东花园
碧云北里
海宁经济开发区
桃园里
桃园小学
鹃湖里
东山大桥
碧云南里
海宁纺机厂
殡仪馆
皮防站
烈士陵园
智标塔
东山
金湖实业
丁公堰
丁公堰桥
长山一里
碧云轩
长山二里
大众皮业
中医院分院
儿童公园
东山里
乌花村
碧云大桥
长山河
省邮政机械厂
紫福寺
实验初级中学
上元皮革
史东山故居
景转桥
海宁液压工具实业公司
宁安桥
月亭东路
海月桥
北村
南村
度善桥
北楼下
肖家兜桥
城东森林公
广源化纤
群利景苑
建材市场
东苑小区
南楼下
福利中心
农丰桥
东欣佳苑
姜家门
市委党校
新农丰桥
皮都东方艺墅
海州东路
海宁市职业高级中学
海宁电大
教育园区
技工学校
消防大队
博爱医院
光新城
胡家门小区
帮岸上
张家门
钱江生化
赞山公园
海宁市高级中学
钱江小区
城南农贸市场
江东路
凤和丽苑
九虎庙小区
大道
图例
街道
居民区
建筑中街道
政府、行政中心
铁路
医院
桥梁
学校 饭店
河流
亭
绿地
塔

目　录

特　载

专　文

大 事 记

海宁概貌

农　业

工业与建筑业

皮　革

经济开发区

国内贸易

对外经贸

市　场

财政·税务

金融·保险·证券

经济管理、监督与服务

科学技术

基础设施建设

城乡建设

房地产业

生态环境

旅　游

中共海宁市委员会

海宁市人民代表大会常务委员会

海宁市人民政府

政协海宁市委员会

民主党派与工商联

人民团体

政　法

军　　事

教　　育

文　化

体　育

传　媒

卫　　生

社会生活

镇、街道

名　录

统计资料

文件选编

附　　录

索　　引

彩页目录

Main Contents

Special Documents

Specialty Article

Chronicle of Events

General Information of Haining

Agriculture

Industry & Building Industry

Leather

Economic Development Zone

Internal Trade

Foreign Economic Relations and Trade

Market

Finance & Tax

Finance Insurance Securities

Economic Management Supervision & Service

Science & Technology

Basic Facilities Construction

Urban & Rural Construction

Real Estate

Ecological Environment

Tourism

Haining Municipal Committee of the C.P.C.

Haining Standing Committee of People's Congress

Haining Municipal People's Government

Haining Committee of the C.P.P.C.C.

Democratic Parties and Federation of Industry & Commerce

Mass Organization

Politics & Law

Military Affairs

Education

Culture

Sports

Media

Hygiene

Social Life

Town & Street

Name List

Statistical Data

Selected Documents

Appendix

Index

特　　载

Special Documents

抢发展　抓统筹　求创新　重实干
全力完成"十一五"发展各项目标任务

——在市委十二届十一次全体（扩大）会议暨十三届市政府第八次全体会议上的讲话

海宁市委副书记、市长　沈利农

（2009年12月30日）

图1　沈利农在市委十二届十一次全体（扩大）会议暨十三届市政府第八次全体会议上讲话

这次会议的主要任务是：认真贯彻落实党的十七届四中全会、中央经济工作会议和省、嘉兴市有关会议精神，回顾总结今年工作，研究部署明年任务，审议通过《中共海宁市委关于认真贯彻〈中共中央关于加强和改进新形势下党的建设若干重大问题的决定〉的实施意见》，动员组织全市各级党政组织和广大干部群众，抢发展、抓统筹、求创新、重实干，全力完成“十一五”各项目标任务，开创加快“三市”建设、实现“两个率先”新局面！

一、攻坚克难，经济社会发展取得新的成绩。

今年是进入新世纪以来我市发展最为困难的一年。一年来，全市上下坚持以邓小平理论和“三个代表”重要思想为指导，深入贯彻落实科学发展观，全面贯彻党的十七大和十七届三中、四中全会精神，坚持保增促调，推进创业创新，有效应对国际金融危机的严重冲击，经济运行企稳回升，社会事业全面进步，“三市”建设加快推进。预计全市实现生产总值370亿元，比上年增长10.7%；财政总收入48.5亿元，其中地方财政收入23.95亿元，分别增长10%和12%；城镇居民人均可支配收入25,600元，农村居民人均纯收入12,620元，分别增长11%和9%。

回顾今年以来的工作，我们主要抓了以下六个方面：

1. *全面落实“保增促调”要求，经济运行企稳回升。*针对经济运行中出现的困难和问题，在全市深入组织开展“招商引资年”、“工业投入百亿攻坚”、“奋战八十天”、“涉企收费集中清理月”等活动，着力优化服务环境，积极引导和推动企业加大投入、拓展市场、转型提升，工业经济难中求进、稳步回升。预计全市实现规模以上工业总产值735亿元，比上年增长3.7%，利税总额超50亿元；实现工业生产性投入107亿元，增长10%；完成自营出口24.7亿美元。着眼于经济结构调整和发展方式转变，制订实施皮革、经编、家纺三大传统产业提升规划和计划；加强行业创新平台和企业研发中心建设，注重创新型人才和团队的培养引进，积极创建省级知识产权示范市，省级太阳能产品检测中心投入运行，经编区域创新服务中心列入省级区域科技创新服务平台；推进品牌培育和企业上市工作，“海宁皮革”区域名牌进入公示阶段，皮革城上市成功过会。节能减排目标任务全面落实。成功整合“一节两会”，积极培育发展总部经济、现代商贸、物流等服务业，预计全市完成社会消费品零售总额153亿元，增长15.9%。大力发展高效生态农业和休闲旅游农业，农业产业化水平有新提升。深入开展“招商引资年”活动，精心组织赴欧洲、日本、港台等地的重大招商活动，预计全市实现合同利用外资4亿美元，实际利用外资2.2亿美元，引进内资26亿元。

2. *牢牢把握宏观调控机遇，项目建设全面推进。*抓住国家实施积极财政政策、扩大内需的有利时机，加大融资力度，适度超前推进重大项目建设。市区环东西山区块旧城改造有序推进，海昌路南延、城南大道西延等一批城市道路竣工通车，城南金融中心、城西“双百万”市场群建设启动。连杭经济区内农发区扩容、临杭新区开发、科教新城建设加速推进，人民大道建成通车，东方学院迁建工程进展顺利，接轨杭州工作不断深化；上海漕河泾新兴技术开发区海宁分区经省政府批准正式设立并启动实施，中国兵器凌云产业园落户尖山，经编总部商城建成开业；沿江百里长廊开发建设全面启动。城乡基础设施进一步完善，建成硖许公路长安至许村段、08省道改建、垃圾焚烧发电厂等一批重点工程，成功增设沪杭高铁海宁西站。征地拆迁、要素保障等工作得到加强，成功发行12亿元企业债券，新增贷款余额超百亿元，拆迁建筑面积超百万平方米。预计完成全社会固定资产投资180亿元，增长15.8%。

3. *启动实施“两新”工程，城乡统筹*

迈出新步。全面启动“两新”工程建设①，完成各镇、街道“1+X”②村庄布点规划，制定出台相关政策意见，并按照做大城区、改善生活的要求，率先实施农村宅基地置换市区公寓房和农村集体土地承包经营权置换生活保障的政策。许村、斜桥两个镇的试点工作有效推进。结合村庄集聚，有重点地推进村庄整治，健全落实环境建设长效机制。组织开展新一轮“两违”专项整治。启动实施第四轮村级集体经济重点扶持工作，抓好农村财务管理制度的监督和落实。

4. 加快发展各项社会事业，群众生活有效改善。深入开展“六城联创”，国家卫生城市创建通过省级验收，国家园林城市创建达到预期目标。扎实开展“农村文化成果展示年”活动，成功举办第三届农村文化艺术节。全面启动“轮滑星城”建设，2009年世界速度轮滑锦标赛圆满成功，海宁市被授予“全国轮滑城市”称号。开展首届海宁市道德模范评选和市民行为规范月活动，市民文明素质不断提升。“热点面对面”访谈直播节目实现常态化。稳步推进城乡教育均衡发展，启动实施义务教育学校绩效工资改革工作。扎实推进社区卫生服务规范化建设，有效预防甲型H1N1流感和手足口病等重点传染病，顺利通过省卫生强市考核。加强食品药品监督管理工作，被评为省级食品安全示范市。“十小”行业整顿规范工作全面推进。重视劳动就业培训和服务，完善创业创新扶持基金，积极推进大学生等重点群体创业就业。加强社会保障体系建设，职工基本养老保险、城乡居民社会保险等覆盖面进一步扩大、待遇标准不断提升。支持发展慈善福利事业，社会救助水平进一步提高。人口计生、新居民服务、广电、史志、档案等各项事业全面进步。

5. 多管齐下加强管理，社会保持和谐稳定。深入推进“法治海宁”建设，分别召开人大、政协工作会议，支持人大、政协依法开展工作，推动了依法行政和司法公正。支持加强群团组织建设，爱国统一战线巩固发展，老干部等工作取得新的成效，“五五”普法深入实施，党管武装工作进一步加强。围绕打造“全省最具安全感城市”目标，深化“平安海宁”创建，加强社会治安综合治理，推进动态视频监控系统建设，扎实开展秋季治安“大巡防”工作，人民群众安全感进一步提高。加强矛盾纠纷排查化解，深入开展“信访积案化解年”活动，严格安全生产监管，及时有效预防和处置各类突发事件，确保社会安定。

6. 深入开展学习实践科学发展观活动，党的建设进一步加强。按照“提升人、推进事”的要求，精心组织开展深入学习实践科学发展观活动，“两优三服务”、“一企一干部，合力促发展”驻企蹲点等专项行动深入开展。充分发挥“一把手”抓班子带队伍作用，加强干部交流培养，开展机关干部“应知应会”业务能力测试，完善上挂、外派和新录用公务员基层锻炼等制度，干部能力素质有新提升。深化干部人事制度改革，成功开展第十次领导干部竞争性选拔和中层干部跨部门竞岗交流工作，率先实施正职职位公开选拔。加强市、镇（街道）两级党建工作示范点建设，全面推进“创业创新·活力和谐”企业创建工作。继续加强执行力建设，深化行政审批制度改革。坚持把党风廉政和反腐败工作放在更加突出位置，健全完

---

① “两新”工程建设：新市镇、新社区建设。

② “1+X”：“1”指每个新市镇镇区，“X”为镇区以外配套的新社区及其数量，“X”不大于现有每个镇、街道的村数量。

善惩防体系，推进岗位廉政风险防范机制、实名举报“无障碍”体系建设，严厉查处违纪违法案件，党风廉政建设向纵深推进。

在面临复杂形势和诸多困难的情况下，我们能够取得这样的成绩，实属来之不易。这是上级党委、政府正确领导的结果，是全市各级党政组织、广大党员干部和人民群众和衷共济、共同努力的结果。在此，我谨代表市委、市人大、市政府、市政协，向大家表示衷心的感谢和崇高的敬意！

在肯定成绩的同时，我们必须清醒地看到，我市经济社会发展中还存在不少的困难和问题，工作中也还有不少需要改进的地方。经济发展方面，持续回升的基础仍不稳固，民间投资还不够活跃，出口形势依然严峻，国内市场拓展还需时日；科技创新能力有待提升，传统产业提升和新兴产业培育成效还不够明显，经济转型升级任重道远；平台建设推进不快，征地拆迁有效性还不够，招商引资质量还不高。社会民生方面，部分人群就业困难与部分行业劳动力紧缺问题并存；城市管理还比较粗放，“两新”工程推进还面临不少困难和问题，生态建设与节能减排任务依然繁重；市民文明素质养成还需常抓不懈，社会矛盾和不稳定因素仍然较多，维护社会和谐稳定任务繁重。自身建设方面，少数干部缺乏敢于负责、真抓实干的精神，能力素质还不能完全适应新形势的要求，作风建设、党风廉政建设仍需进一步加强。这些问题都需要我们在今后的工作中予以重视并认真解决。

二、认清形势，牢牢把握新一年工作的指导思想和总体要求。

2010年是我市实施“十一五”规划和“比学赶超”三年行动计划的冲刺之年，也是我市负重拼搏、加快发展的关键之年。做好明年工作，意义十分重大，需要我们充分认清形势，准确把握大势。

新的一年，是加快发展机遇年。机遇无处不在、无时不在。今年我们在面临诸多困难的情况下，全面落实“保增促调”要求，从自身实际出发贯彻中央宏观调控政策，坚持抓早抓主动，积极推进平台拓展、项目建设、产业提升，抓住了机遇，积蓄了力量。分析新一年海宁发展面临的形势，仍然是机遇与挑战并存，但机遇大于挑战，多于今年。国际经济形势总体趋于稳定，好于今年；国内经济已经进入回升通道，中央将继续实施积极的财政政策和适度宽松的货币政策；我市经济发展呈现稳步回升的良好势头，工业生产、工业用电、有效投入、企业效益等主要经济指标持续向好、加速回暖，干部群众和广大企业的信心在应对危机、保增促调中得到了进一步增强。明年我们还面临土地利用总体规划修编完成、沪杭高铁开通、上海世博会举办等重大机遇。但同时，我们也要清醒地看到，影响世界经济全面复苏的不稳定不确定因素依然较多，国内宏观政策强调针对性和灵活性，存在随时调整和完善的可能性，可以说困难和挑战也不少，机遇稍纵即逝。我们一定要全面认识和把握其中的有利条件和不利因素，超前谋划，灵活应对，趋利避害，抢抓机遇，牢牢把握发展主动权。

新的一年，是转变经济发展方式推进年。前不久召开的中央经济工作会议着重强调了加快经济发展方式转变问题，提出了新一年经济工作五个“更加注重”的要求。推进发展方式转变，既是贯彻上级要求的具体行动，更是全面提升海宁经济竞争力，实现持续快速健康发展的关键所在。近年来，我们在调整经济结构、转变发展方式、推进城乡统筹、加强社会管理等各方面进行了积极探索，取得了一定成效，但这只是初步的，对照科学发展的要求和人民群众的期望，还有很大的差距。当前，海宁正处于工业化和城市化加速期、社会发展转型期、资源要素制约瓶颈期，处于转型升级的重要关口。我们一定要按照中央经济工作会议的要求，把加快转变经济发展方式作为海宁当前和未来发展的重大战略任务，顺势而为、乘势而上，力求在推进转型升级上迈出更大步伐，取得更大成效。

*新的一年，是统筹城乡发展关键年。*统筹城乡发展，推进城乡一体化，是经济社会发展到一定阶段的必然要求。近年来，我们按照中央提出的统筹城乡发展、加快社会主义新农村建设的要求，重点在城乡基础设施建设、社会事业发展、环境保护与整治等方面进行了大胆探索和实践，但这些工作主要还停留在建设层面，没有触及体制机制。去年以来，根据省里的统一部署，嘉兴市以推进“两分两换”①为重点，全面推进统筹城乡综合配套改革试点工作，标志着统筹城乡发展进入了体制创新的新阶段。我们必须从全局发展的高度认识做好这项工作的重要意义，坚持从海宁实际出发，认真研究解决工作推进中的重大问题、关键问题及难点问题，落实改革举措，制定完善有针对性的政策措施，努力在体制机制构建上取得实质性突破，为今后一个时期推进城乡统筹奠定扎实基础，走出一条符合海宁实际的发展之路。

基于上述形势分析和把握，2010年全市工作的指导思想是：**以邓小平理论和“三个代表”重要思想为指导，深入贯彻落实科学发展观，认真贯彻党的十七大和十七届三中、四中全会精神，着力保持经济平稳较快增长，加快经济发展方式转变；着力加强平台载体开发建设，加大有效投入力度；着力推进“两新”工程，提高城乡、区域统筹发展水平；着力提升社会发展水平，有效改善群众生活；着力加强各级领导班子和干部队伍建设，增强领导和服务发展的能力，全面推进经济建设、政治建设、文化建设、社会建设、生态建设和党的建设，全力完成“十一五”发展的目标任务，为“十二五”发展奠定坚实的基础，努力开创加快“三市”建设、实现“两个率先”新局面。**

全市经济社会发展主要预期指标为：地区生产总值比上年增长10%，力争11%；地方财政收入增长10%，力争12%；全社会固定资产投资增长12%，力争14%，其中工业生产性投入118亿元；社会消费品零售总额增长14%，力争15%；自营出口总额增长8%，力争10%；实际利用外资1.8亿美元，力争2.4亿美元，引进市外内资30亿元；全社会研究开发支出占生产总值比重1.9%；万元生产总值综合能耗、化学需氧量排放量、二氧化硫排放量下降确保完成上级下达的任务；城镇居民人均可支配收入和农民人均纯收入增长8%，力争10%；新增就业岗位8500个，城镇登记失业率控制在4%以内。

根据上述指导思想和奋斗目标，做好明年各项工作，必须坚持抢发展、抓统筹、求创新、重实干。抢发展，就是要始终突出发展主题，坚持发展第一要务不动摇，抓住经济建设中心不放松，学习借鉴苏鲁经验，大力弘扬海宁精神，牢记责任、争先创优，深刻认识并正确把握新一年发展面临的形势，顺势而为，趋利避害，抢抓机遇，抢先发展。抓统筹，就是要牢固确立统筹理念，按照推进科学发展的要求，进一步强化资源整

① “两分两换”：指宅基地与承包地分开、搬迁与土地流转分开，宅基地置换城镇房产、土地承包经营权置换社会保障。

合，优化要素配置，加强工作统筹，努力促进经济又好又快发展、城乡和区域统筹开发与建设、社会各项事业协调发展、资源与环境以及人与自然的和谐相处。求创新，就是要切实增强创新意识，敢于和善于突破不符合、不适应科学发展要求的体制机制，以更开阔的思路、更超前的理念看问题、谋发展，用敢想敢做、敢闯敢试的精神抓工作、求突破，坚持一切从实际出发，实事求是，因地制宜，披荆斩棘，勇创新路。重实干，就是要大力弘扬实干精神，对看准了的问题，要敢于决策；对决定了的事项，要善于落实；对已经在做的事，要勇于推进，从年初开始排计划、定责任，积极面对考验，勇于承担压力，敢于负责、敢抓敢管，真正做到一级带着一级干、一层做给一层看，确保各项工作按计划顺利推进、取得实效。

三、突出重点，全面落实科学发展的各项举措。

新一年的工作任务十分艰巨，我们要把加快经济发展方式转变作为深入贯彻落实科学发展观的重要战略举措，把推进开发开放作为保持经济平稳快速发展的重要抓手，把改善社会民生、维护社会稳定作为执政为民的重要职责，突出重点、狠抓关键，集中精力、克难奋进，全力以赴推进经济社会又好又快发展。

*1. 加快转变发展方式，促进经济平稳较快发展。*全面贯彻落实中央提出的五个“更加注重”的工作要求，从海宁实际出发，以培育现代产业集群为目标，以自主创新、节能减排为重点，以招商引资、有效投入为抓手，着力引进大项目、培育大企业、提升竞争力。

要优结构、上水平。推动工业创新提升。继续深入实施“三五”产业发展战略，全面落实传统产业提升、新兴产业壮大和高新技术产业培育各项政策举措。继续加强企业服务，以实施大项目、培育大企业为抓手，引导企业加大投入、做强主业，支持企业开展资产重组和优化，实施股份制改造并上市；认真研究解决中小企业发展中面临的技术、资金等困难，积极培育优质中小企业。进一步拓展延伸产业链，加强和发挥行业协会作用，提高行业发展的组织化程度。加速发展第三产业。把推进第三产业发展作为加快转变经济发展方式的重要任务和重要抓手，规划建设一批服务业集聚区。积极推动皮革、经编总部商务区建设，加大皮革品牌风尚中心、经编商城培育力度，完成皮革城四期工程，鼓励企业实施主辅分离，大力培育发展研发设计、销售采购、服务外包等服务业。实施市场强市战略，加快城西“双百万”市场群建设，有序推动家纺市场提升发展。创新举办“一节两会”，培育发展会展经济。充分依托区位交通优势，大力引进发展仓储、物流等产业。以实施沿江百里长廊开发建设为重点，拓展提升旅游业。做精做优现代农业。在稳定粮食生产的基础上，积极推动花卉、水果、苗木、特种水产等特色优势农业的提升发展，加快形成01省道生态高效农业产业带和沿江休闲农业产业带。完善为农服务体系，创新农业生产模式，积极推进农业产业化、规模化发展。

要抓创新、促转型。重点组织实施好重大关键共性技术攻关、龙头企业科技创新带动和科技型企业培育三大科技创新工程，大力加强特色产业基地和行业创新平台建设，突出企业创新主体地位，鼓励和支持企业组建技术研发中心，开展产学研合作。加强企业文化建设，办好企业经营管理者学院，组织开展规模以上企业管理创新活动，大力引进培养高层次、高技能创新型人才，推动企业经营管理优化提升。深入实施知识产权、标准化和名牌战略，加强知识产权保护，抓好省级区域名牌的管理和运用，鼓励支持企业通过培育、购买、合作等多种途径经营名牌，提高产品附加值。坚持外贸和内贸并重，支持帮助企业到境内外参展参会，并抓住国家鼓励扩大内需特别是消费需求的有利时机，大力拓展国内市场。深化生态市创建工作，全面落实节能减排各项要求，扎实推进中水回用、脱硫设施和节能技术改造，深入开展畜禽养殖业污染防治和制革行业污染整治，积极推进清洁生产，发展低碳经济和循环经济，努力争创省循环经济先进市。

要强招商、增投入。招商引资是推动产业升级、促进经济发展的重点任务和重要抓手，明年要在全市组织开展“招商引资突破年”活动，进一步完善招商工作，加强对招商引资工作的前瞻研究，加大招商信息、资源的统筹力度，不断创新招商引资方式。要在继续推进产业链招商、专业招商的同时，重点深化与国有军工集团、上海漕河泾新兴技术开发区等在招商引资中的合作，同时敏锐把握大交通格局变化和杭州建设大江东新城带来的机遇，在引进大项目、高新技术项目、三产发展项目上有大的突破，全面提升招商引资水平。坚持外资、内资、民资、国资“四资”齐上，在抓好招商引资的同时，加强服务引导，充分调动和激发民营资本扩大投资的积极性，重点鼓励支持现有企业扩大投资，推进装备、技术的提升。要深入开展项目服务，继续完善落实领导联系、专项推进等制度，确保已有项目能够顺利推进、如期生产。

2. 统筹城乡、区域开发建设，进一步优化发展环境。要紧紧围绕形成“三区一带”①生产发展布局这一总体目标，抓住国家鼓励发展小城镇的良好机遇，以推进统筹城乡综合配套改革特别是“两新”工作为突破口，全面推进规划建设、资源配置、体制机制统筹，集聚集约，整合提升，真正向着城乡一体目标迈进。

扎实推进中等城市建设。始终突出城市的龙头地位，坚持旧城改造与新区开发并重，坚定不移推进市区开发建设，进一步增强城市的集聚力和辐射力。继续抓好城市路框建设，完成城南大道东延至08省道工程，开工建设环西二路、赵家漾路拓宽等一批重大路桥工程。加快推进环东西山旧城改造，实施拆迁攻坚，加快开发步伐，彰显独特魅力。全面提升城南新区开发水平，金融中心主体结顶，医疗中心基本建成，实施图书馆（名人馆）、工人文化宫迁建工程，推进城南商业中心、城西“双百万”市场群等重点区域开发建设。加强城市环境建设，力争开工建设杭平申线、洛塘河整治工程和鹃湖平原水库工程。健全完善城市管理长效机制，加强城市园林绿化改造提升和环境整治，推动城市管理的网格化、精细化。经济开发区和经编产业园区既是工业发展的主战场，也是城市发展的有机组成部分，要以更高的标准和要求，提高规划、建设和开发水平。

着力做优重点发展平台。明年，省里要从战略层面统筹规划和推进大平台建设，积极推进一批产业集聚区建设，深化开发区整合提升工作，我们要尽早加强联系沟通，积极争取上级支持，推动重点平台的整合提升。要继续推进征地拆迁和基础建设，同时加速条件成熟区块的开发，推进各重点平台由建设为主向开发为主转变。连杭经济区要以打造杭州副中心的理念，进一步加强资源整合和功能重组，全面完成临杭新区一期5.1平方千米拆迁，继续抓好农发区扩容征迁，启动龙渡河公园、世纪大道建设，加快

① “三区一带”：指东部新兴经济区、中部城市经济区、西部连杭经济区与沿江百里生态休闲旅游带。

完善科教新城道路、商贸等基础配套设施，深化与杭州在规划、交通、产业和重大基础设施等方面的对接与合作。尖山新区要以建设嘉绍高速公路为契机，按照建设城市副中心的标准，超前谋划重点区块、重大项目的开发建设，加快推进卫生、文化、商贸、酒店、休闲等配套服务设施工程，大力度推进军转民产业基地建设，主动做好应对挑战、抢抓机遇的充分准备。沿江区块要全面推进景区和沿江区域重要节点的征地拆迁工作，继续加强盐官古城景点建设与改造，力争启动中国武侠文化城建设，实施沿江农业生态休闲项目。

进一步完善城乡基础设施网络。加强交通基础设施建设，完成嘉绍袁花互通至杭浦丁桥互通连接线工程，加快推进嘉绍高速海宁互通连接线、硖许线周王庙至长安段建设，启动硖尖线谈桥至海州东路段、硖许线斜桥至周王庙段等工程。按照“统筹规划、适度超前”的原则，大力推进供水、排水、电力、通信等基础设施建设，完成第三水厂二期并网供水、尖山污水厂一期主体工程，全面实施污水处理厂脱氮除磷、提标改造工程，加快推进20千伏电力配网工程，抓紧做好尖山围垦三期前期准备工作。

全面推进“两新”工程建设。要从促进资源有效配置，加快推进发展转型，有效改善群众生活的高度，充分认识推进这项工作的重要意义，在今年制订规划、出台政策、试点先行的基础上，进一步细化完善政策措施，创新推进模式，深化配套改革，加大行政推动力度。按照“体现江南水乡特色、体现地方个性特色”的要求，高起点编制完成村庄建设规划。全面实施“1+X”规划，着眼于做大做强新市镇、做精做优新社区，全力推进各镇“1+1”社区建设，重点推进启动区块基础设施、公共服务设施及房屋建设，尽快展现形象、集聚人口。按照村庄布点规划和村庄建设规划，统筹推进村庄整治，继续做好农村垃圾收集、河道保洁、道路管护等长效管理，健全落实“两违”长效管理机制。围绕“两新”工程推进中遇到的问题，加大改革创新力度，重点创新农村土地使用制度，完善新农村建设投资融资机制，深入研究与“两新”建设相配套的村、社区组织管理及集体经济发展模式，深化户籍制度改革，加大农村股份合作制改革工作的推进力度。

着力构建统筹发展机制。加强规划与计划统筹。按照推动形成“三区一带”生产力布局的要求，尽早完成新一轮土地利用总体规划修编，协调交通、教育、社区等专项规划的编制调整工作，同时结合沪杭高铁、嘉绍高速、钱江通道、运河二通道等重大工程，及早研究完善各重点区块发展规划，明确开发计划和项目安排。加强资源和要素统筹。科学合理安排用地指标，加大土地开发和复垦力度，探索开展城镇建设用地增加与农村建设用地减少挂钩试点工作。加强财政资金统筹安排，整合调整国资布局，重点保障实施一批重大基础设施和民生类项目。继续加强金融服务，深化银企合作，积极运用BT、BOT等融资方式，创新拓展融资渠道，及早谋划并做好融资工作。加强工作和领导统筹。以保障重大项目开工建设和已实施征迁区块供地为重点，继续抓好征地拆迁工作，开展市区城镇拆迁集中攻坚行动，明确责任领导，实行分片包干，确保全市拆迁房屋面积100万平方米。统筹拆迁与安置，年内确保开工建设100万平方米安置房。各有关部门要牢固树立服务征地拆迁和项目建设就是服务发展大局的理念，各负其责，密切配合，多方联动，齐心协力推进发展。

3\. *加快提升社会发展水平，着力改善和保障民生。*要始终把保障和改善民生作为推进发展的出发点和落脚点，作为扩大内需、调整经济结构的重要基础，在加快经济发展的同时，多办利民惠民的好事、实事，全面提升社会发展水平。

健全居民增收机制和社会保障制度。全面推进充分就业村、社区创建，完善公共就业服务、公共培训体系和就业援助制度，重点解决好就业困难人群的就业问题。充分发挥创业创新扶助资金作用，鼓励、引导和扶持各类群体积极创业，以创业带动就业。坚持保基本、广覆盖的原则，全面落实统筹城乡社会养老保险制度，基本实现城乡居民社会养老保险全覆盖。完善社会救助体系，大力发展社会慈善事业。切实做好残疾人工作，积极争创省扶残助残爱心城市。

扎实推进文化大发展大繁荣。组织开展“农村文化提升年”活动，落实农村文化阵地长效管理机制，完善公共文化服务体系，让广大人民群众更好地参与文化、享受文化。加强物质与非物质文化遗产保护和传承，完成省级历史文化名城申报工作。深化文化体制改革，制订实施文化产业中长期发展规划，推进文化与旅游、文化与经济的融合发展。广泛开展群众性体育活动，继续推进学校体育设施向社会开放工作，办好市第十三届运动会，承办好省十四届运动会有关比赛项目。

加快发展各项社会事业。以办人民满意的教育为目标，进一步统筹优化教育资源配置，推动城乡教育一体化发展。高水平普及义务教育，高质量提升普通高中教育，大力发展职业教育，统筹抓好幼儿教育、成人教育和特殊教育，全面提升教育总体水平。深化教师绩效工资改革，激发教师队伍整体活力。依托长安科教新城，积极争取引进新的高等院校和科研院所，培育发展高等教育。积极稳妥地推进医药卫生体制改革，整合区域医疗卫生资源，进一步提升社区卫生服务水平，不断满足群众医疗保健的实际需要。启动创建“全国农村中医工作先进县（市）”。认真做好重大传染病的防控工作，提升公共卫生服务水平。加强食品药品管理和质量监督，全面完成“十小”行业整顿规范任务。加强人口计生宣传管理与服务，促进优生优育优教。继续加强史志、档案工作。

4. 深化文明、平安创建，不断提高社会和谐程度。坚持教育引导、制度完善和监督管理并重，深入开展文明、平安创建活动，倡导文明风尚，维护大局稳定，促进社会和谐，努力营造有利于推进发展和群众安居乐业的良好社会环境。

着力建设文明海宁。围绕构建社会主义核心价值体系，广泛开展公民道德宣传教育活动，加强未成年人思想道德建设。继续深化“六城联创”，巩固国家级园林城市创建成果，坚持不懈地推进国家卫生城市创建工作，促进市民文明素质与城市环境的有效提升。加强农村精神文明建设，深化“乡风文明广播评议”、“双结对、创文明”、“和谐村组”创建等活动，努力形成健康文明新风尚。加强新闻宣传工作，完善舆情分析研判、信息发布、快速反应机制，牢牢把握社会舆论主导权。

继续深化平安创建。认真总结加强社会管理、维护社会稳定的成功经验和有效举措，进一步健全长效机制，确保全市社会和谐稳定。健全社会治安“大防控”体系，完善社会矛盾纠纷“大排查”机制，强化基层基础工作，认真实施上海世博会“护城河工程”，积极预防和妥善处置各类群体性事件。完善领导下访、约访和包案、市镇两级领导大接访制度，推进信访积案调处化解。围绕打造“全省最具安全感城市”目标，进一步健全网格化、全天候动态巡防机制，加快推进社会治安动态视频监控系统建设，依法严厉打击严重刑事犯罪、黑恶势力犯罪、侵财型犯罪，确保社会治安持续好转。高度重视安全生产工作，完善各级各类应急预案，增强有效应对处置紧急突发事件的能力。

切实加强法治建设。深化“法治海宁”建设，认真贯彻全市人大、政协工作会议精神，更好地坚持和完善人民代表大会制度、中国共产党领导的多党合作和政治协商制度，支持人大、政府、政协加强自身建设、依法行使权力、积极履行职能。继续巩固新形势下的爱国统一战线，充分发挥工会、共青团、妇联等群团组织的桥梁和纽带作用，重视发挥行业协会和商会作用。加强人民武装工作，增强全民国防意识。坚持社会主义法治理念，深入开展“五五”普法教育，不断提高群众法律素养，增强人民群众遵纪守法和维护自身合法权益的意识。

四、全面贯彻四中全会精神，切实加强和改进党的建设。

党的十七届四中全会是在国际形势继续发生深刻变化、我国处在进一步发展的重要战略机遇期召开的专门研究党的建设的重要会议。全会通过的《决定》，着眼于世情、国情、党情的深刻变化对党的建设提出的新要求，在认真总结我们党执政60年来，特别是改革开放30年来加强自身建设基本经验的基础上，对加强改革创新精神和改进党的建设作出了战略部署，是指导当前和今后一个时期党的建设的纲领性文件。为全面贯彻四中全会精神，市委在深入调研的基础上，起草了《关于认真贯彻〈中共中央关于加强和改进新形势下党的建设若干重大问题的决定〉的实施意见》，并提交这次全会审议。《实施意见》结合我市实际，提出了加强和改进党的建设的总体要求、目标任务、重要举措，对加强和改进新形势下党的建设作出了战略部署。全市各级党组织和广大党员干部要认真学习、深刻领会、全面贯彻市委《实施意见》精神，常怀忧党之心，恪尽兴党之责，坚持党要管党，从严治党，扎扎实实做好党的建设各项工作。

1. 加强思想政治建设，着力打造学习型党组织、学习型领导班子。充分认识党的思想政治建设的重要性、紧迫性，组织全市广大党员干部深入学习、系统掌握中国特色社会主义理论体系，不断增强贯彻落实科学发展观的自觉性和坚定性。巩固深化学习实践科学发展观活动，健全落实“提升人、推进事”的长效机制。按照建设学习型政党的要求，着力推进学习型党组织、学习型领导班子建设，不断提高党员干部思想政治素质和业务能力。广大党员干部特别是领导干部要自觉把学习当成一种人生目标、一种价值观念、一种生活方式，培养良好习惯，在学习中提升素养、拓宽视野、创新思路，真正做到学有所思、学有所得、学有所成，以自身的实际行动推动学习型党组织、学习型班子建设，引领学习型社会建设。

2. 加强领导班子和干部队伍建设，着力打造干事创业的优良团队。坚持把各级领导班子建设摆在突出位置，进一步发挥“一把手”抓班子带队伍的重要作用，完善领导班子民主决策、目标管理等工作机制，有效增强领导班子整体功能。坚持德才兼备、以德为先的用人标准，注重从履行岗位职责、完成急难险重任务、关键时刻表现、对待个人名利等方面考察干部的德，继续规范干部初始提名权，不断提高选人用人公信度。建立健全促进科学发展的领导班子和领导干部分类考核评价机制，强化考核结果的运用。继续抓好大规模培训干部工作，建立健全部门、镇、街道全员培训考试制度，继续有计划有重点地选派优秀年轻干部到干部实践基地、上级部门和先进发达地区、重点工程和信访一线挂职锻炼，锤炼作风、增长才干。

加强女干部、党外干部的培养选拔，做到系统培养、择优使用。

3. *加强基层组织建设，着力构建城乡统筹基层党建工作新格局。*积极适应城乡一体化发展的新要求，创新基层组织设置模式和党员活动方式，统筹推进城乡基层党建工作。扎实推进新一轮“先锋工程”建设，深化“五好”镇、村（社区）、“创业创新·活力和谐”企业创建工作，加强机关、社区、学校党建工作，着力培育一批基层党建工作示范点。加强村干部尤其是村党组织书记的培养、管理、关爱和激励，继续培养使用好“大学生村官”。深化“一员双岗”、“机关挂村、服务新农村”工作，推行党员干部联系群众，开展组团服务，更好地凝聚党员、联系群众、服务社会。

4. *加强党内民主建设，着力增强团结合力。*充分发挥党委总揽全局、协调各方的领导核心作用，坚持把方向、议大事、管全局，加强和改进对经济社会重大事务的综合协调。坚持民主集中制原则，完善落实党委议事规则和决策程序，推进科学决策、民主决策。落实党代表任期制，全面推进党代会常任制。加强基层民主建设，扩大基层党组织无候选人直选的覆盖面，深化党务公开、政务公开、村（居）务公开，完善落实民主恳谈、民主听证等制度，全面推行村级重大事务“四议两公开”等制度。

5. *加强党风廉政建设，始终保持执政为民、勤政廉政的优良作风。*优良的党风是凝聚党心民心的重要力量。全市广大党员干部尤其是领导干部要牢固树立正确的政绩观、事业观、群众观和生活观，坚定理想信念、强化宗旨意识、牢记肩负使命、保持高尚情操，真正做到干事创业、服务群众。要修炼品格素养，审慎对待权力，特别是在利益问题上，要始终保持清醒的头脑，切不可一失足成千古恨。作为各级组织，要切实按照治党务必从严的要求，加强对党员干部特别是领导干部的严格要求、严格教育、严格管理、严格监督。要认真落实党风廉政建设责任制，扎实推进惩防体系建设，继续加强廉政文化建设，深化反腐倡廉教育。健全岗位廉政风险防范机制建设，加强对权力运行的制约和监督。坚决查处违纪违法案件，纠正损害群众利益的不正之风，着力营造政治清明、政风清新、政通人和的良好环境。

明年还有一项很重要的工作任务就是研究制订我市“十二五”发展规划，这项工作事关海宁长远发展，意义重大，影响深远，必须高度重视，加强领导，组织精干力量，尽快启动相关工作。在编制过程中，要全面贯彻落实科学发展观的要求，特别是对中央关于转变经济发展方式、构建和谐社会、推进城乡统筹等重大战略要深入学习，全面正确把握其主要精神，指导确定工作重点。要充分体现海宁发展的阶段性特征，全面分析今后一个时期我市发展面临的国内外新形势、自身发展新特征，把海宁的发展置于国内外发展大局，结合长三角一体化、杭州都市圈建设等重大战略，深入分析海宁自身的优势、发展面临的机遇，找准自身应有的发展地位和作用。要注重发扬民主、集思广益，对事关全市全局和长远发展的重大战略问题，既要组织专家深入研究、充分论证，又要广泛听取社会各方面的意见建议，提高规划的预见性、科学性和指导性。

同志们，海宁新一轮大发展的条件已经具备，我们肩负的使命光荣而艰巨。让我们在科学发展观的指导下，深入贯彻落实十七届四中全会精神，以更加务实的作风、更加饱满的精神、更加昂扬的斗志，解放思想，抢抓机遇，凝心聚力，克难奋进，强投入、抓统筹、促转型，全力完成“十一五”各项目标任务，开创加快“三市”建设、实现“两个率先”新局面！

政 府 工 作 报 告

——在海宁市第十三届人民代表大会第四次会议上

海宁市代市长　林　毅

（2010 年 3 月 23 日）

各位代表：

现在，我代表市人民政府向大会作工作报告，请予审议，并请市政协委员和其他列席人员提出意见。

图 2　林毅在海宁市第十三届人民代表大会第四次会议上作《政府工作报告》

一、2009 年工作回顾

2009 年，是进入新世纪以来我市面临困难与挑战最多的一年。一年来，我们在中共海宁市委的正确领导下，全面贯彻落实党的十七大和十七届三中、四中全会精神，坚持以科学发展观为指导，紧紧围绕“加快‘三市’建设、实现‘两个率先’”目标，和衷共济渡难关，抢抓机遇促发展，经济实现平稳较快发展，社会保持和谐稳定。全年实现生产总值 371.77 亿元，比上年增长 10.4%；实现财政总收入 48.39 亿元，其中地方财政收入 23.95 亿元，分别增长 10.1%和 12.0%；城镇居民人均可支配收入 25,675 元，农村居民人均纯收入达 12,781 元，分别增长 11.2%和 10.4%；全市城镇登记失业率控制在 3.54%。

过去的一年，我们坚持保增促调的工作方针，重投入、强服务、保增长、促调整，全市经济平稳发展。

产业结构不断优化。修订完善促进经济又好又快发展政策，启动实施三大支柱产业提升规划，制定出台主辅分离、企业搬迁改造、并购重组等政策措施，三次产业结构比重调整为4.7∶60.9∶34.4。积极开展“企业服务月”、“涉企收费集中清理月”、“工业投入百亿攻坚行动”、“奋战八十天”等活动，全力帮扶企业解困减负，企业信心不断增强，工业经济企稳回升。全市规模以上工业企业完成产值741.82亿元，比上年增长5.7%；完成工业生产性投入107.16亿元，增长6.8%；完成建筑业施工总产值96.03亿元，增长29.3%。大力发展现代服务业，开工建设连杭物流、金融中心等一批重大三产项目，成功举办“一节两会”，精心组织汽车、摩托车和“家电下乡”活动，拉动城乡居民消费。全年完成社会消费品零售总额153.91亿元，增长16.2%；接待国内外游客618万人次，实现旅游总收入58.06亿元，分别增长20.7%和21.5%；实现三产增加值127.73亿元，增长13.7%。积极推进农业转型升级，启动实施“六大提升工程”，不断调整优化农业产业结构，培育发展“公司+农户”模式，进一步提升农业机械化水平，现代农业稳步发展，粮食安全得到有效保障。成功举办首届农博会、精品水果展示展销会等节庆活动。农业保险力度加大，农产品质量安全管理和动植物疫情防控不断强化。全年实现农业总产值27.04亿元，增长3.6%。

创新能力不断提升。我市科技创新综合水平在全省各县（市）排名从第十一位上升到第三位。全年新认定国家高新技术企业16家、省高新技术企业研发中心2家。科创中心一期启动建设，省皮革行业科创服务平台公共实验室建成使用，海宁经编创新平台批准建设，海宁太阳能利用省级高新技术特色产业基地顺利获批，省太阳能产品质检中心挂牌成立。积极推动知识产权、品牌和标准化战略，省级知识产权示范市创建工作扎实推进，“海宁皮革”成为我市第二个省级区域名牌。加强人才队伍建设，实施人才集聚、提升、创业三大工程，完成人才公寓一期主体建设，引进各类人才4316名。

发展后劲不断增强。我市荣获“长三角最具投资价值县（市）”称号。全年实现合同利用外资4.03亿美元，实际利用外资2.41亿美元，引进市外内资26亿元，实现自营出口24.99亿美元。加大项目推进力度，连杭科教新城、沿江百里长廊和皮革、经编总部商务区等一批重点平台项目顺利推进，全年完成固定资产投资184.91亿元，比上年增长19.0%，其中完成政府性投资46.48亿元。全力做好要素保障工作。全年拆迁房屋面积141.7万平方米，完成项目供地421.3公顷。着力打造金融生态城市，金融机构存款余额突破500亿元，年度银企合作履约金额达90.32亿元，增长84.5%。华夏、浦发等股份银行落户海宁，12亿元国资债券成功发行，皮革城股份有限公司于今年初公开发行上市。接轨沪杭成效明显，上海漕河泾开发区海宁分区开发建设全面启动，东方学院迁建工程全面推进，人民大道许村至临平段顺利通车。

过去的一年，我们坚持统筹协调的发展理念，抓基础、强功能、优环境、促提升，城乡建设加快推进。

基础设施不断完善。建成硖许公路长安至许村段、08省道老湖盐线至东西大道段等干线公路和23.84千米联网公路，完成桐九公路拓宽改造，基本完成嘉绍高速征迁工作。新建（改建）供水管网36.92千米，完成污水管网建设15.18千米，第三水厂二期、尖山污水处理厂一期工程等项目顺利推进，完成盐仓污水处理三期（应急）工程。500千伏由拳变、110千伏金龙变和隆兴变竣工投产，全省首座数字化变电所建成使用，20千伏配网供电试点工作全省领先，“村村电气化”目标提前实现。城市防洪、农田水利基本建设等工作成效明显。沪杭客运专线海宁西站成功增设。垃圾焚烧发电厂建成使用。

城市建设扎实推进。完成《海宁市城市综合交通规划》、《环东西山区块控规》等编制审批工作。完成碧云路南延、海昌路南延、城南大道西延等主干道路建设。城南商贸中心、环东西山区块旧城改造和开发建设顺利推进。南关厢历史街区整修工程启动建设。市区亮化工程一期基本完工并陆续启用。城北商贸新区加速推进。完善城市基础设施维护，加强重点区域、重点行业的卫生整治，国家卫生城市创建工作通过省级考核，国家园林城市创建成功。洛塘河整治应急工程、鹃湖平原水库和杭平申航道项目前期工作扎实开展。

“两新”建设稳步推进。不断深化统筹城乡综合配套改革，制定出台“两新”工程建设政策措施，编制完成全市新一轮“1+X”村镇布局规划，村庄集聚工作全面启动，试点镇工作稳步推进。村庄整治有序开展，46个村通过省级验收，连续四年获得“省级年度考核优胜县（市）”称号。农村社区建设全面铺开，15个村完成农村社区综合服务中心建设。深入推进农村土地流转，率先在嘉兴市范围内建立三级土地流转服务网络，新增土地流转面积1,293.3公顷。启动实施第四轮村级集体经济扶持工作，稳步推进农村社区股份制改革，新增股份经济合作社2家。加大“两违”整治力度，违法用地、违法建设的势头得到有效遏制。

生态环境不断改善。着力推进节能减排工作，全年化学需氧量和二氧化硫排放量分别下降3.5%和3.6%，万元生产总值能耗完成年度目标。生态创建工作扎实推进，农村环境长效管理机制进一步完善，村保洁站、垃圾收集有偿服务等工作实现全覆盖，规模养殖场畜禽污染治理全面完成。推进水环境治理工作，整治城乡河道112.79千米，加强饮用水源保护，完成非法开采地下水整治任务。生态绿化建设加快推进，完成造林244.9公顷，封山育林473公顷。加大污染治理力度，省级开发区环境污染整治通过验收，制革、印刷等重点行业污染整治稳步推进。

过去的一年，我们坚持以人为本的服务宗旨，重民生、强保障、办实事、促和谐，社会保持和谐稳定。

各项社会事业扎实推进。注重教育均衡发展，推行城乡教育共同体管理模式。实行“阳光招生”，连续三年做到城区义务教育阶段公办学校“零择校”。顺利通过国家三类城市语言文字工作评估。稳步推进义务教育学校绩效工资改革。开展“农村文化成果展示年”和星级文化阵地评创等活动，文化信息资源共享工程覆盖面达95%，市图书馆分馆建设扎实推进，市艺术团组建成立。文物保护和非物质文化遗产保护工作进一步加强。成功承办2009年世界速度轮滑锦标赛等重大体育赛事，市区6所学校体育设施向社会开放。省首批卫生强市（县）创建成功。广泛开展爱国卫生运动，“除四害”通过省级先进城区达标考评。嘉兴市级卫生镇实现全覆盖，30个村成为省、嘉兴市级卫生村，9家社区卫生服务中心获得省级称号。认真抓好甲型H1N1流感等传染病的防控工作。全面加强人口和计划生育工作，扎实推进出生缺陷一级预防工程。高质量完成全国第二次经济普查工作。青川援建项目基本完成。妇女、儿童、残疾人事业取得新进步。民族宗教、对台、侨务、外事工作取得新发展。气象、档案、史志、关心下一代等工作得到切实加强。

社会保障体系不断健全。完善创业促就业培训服务体系，充分就业社区、村创建达标率分别达到83.8%和61.1%，三级劳动保障管理网络初步形成。社保覆盖面不断扩大，职工基本养老保险和城乡居民社会养老保险参保人数分别达到21.4万人和5.7万人。基本医疗和城乡合作医疗参保人数分别达到21.5万人和37.58万人。进一步完善被征地农民社会保障办法，6.6万名被征地农民纳入基本生活保障统筹。不断完善社会救助体系建设，城乡最低生活保障、医疗救助水平继续提高。积极发展老龄事业，不断完善居家养老服务网络，12所敬老院完成社会化转型升级。加强住房保障体系建设，全年完成经济适用房配售597户，新增廉租房保障家庭122户。

社会管理水平不断提升。以打造“全省最具安全感城市”为目标，深入开展打击整治“两抢”大会战、打击传销百日攻坚战等专项行动，组织开展市区秋季治安“大巡防”，完成1365个社会治安动态视频监控点建设，刑事发案率继续下降。强化安全生产监管，推进消防基础设施建设，启动实施道路交通安全隐患治理工作，安全生产三项主要指标实现“零增长”。省级食品安全示范市创建成功，嘉兴市级食品安全示范镇、街道实现全覆盖。深入实施质量强市战略，“十小”行业整顿规范工作全面推进。不断深化居住证制度改革，全面推进新居民事务所、站规范化建设。深入推进“法律七进”活动，建立“一村一法律顾问”制度，建立健全医患纠纷调处机制，开展“信访积案化解年”活动，有效预防和化解各类矛盾纠纷。组织开展和谐社区创建活动，推进社区“一站式”服务改建工作。国防动员、双拥优抚安置工作进一步加强。

在抓好经济发展、城乡建设和社会和谐的同时，我们不断加强政府自身建设，着力提升政府服务发展的能力和水平。积极推进依法行政，自觉接受人大依法监督、政协民主监督和社会监督，共办结人大代表建议211件、政协提案285件。扎实开展深入学习实践科学发展观活动，认真办好政府实事项目，切实为基层、为企业、为群众排忧解难。推进审批服务提速增效，行政许可事项90%以上进驻审批中心。政府网站建设不断加强，政府信息公开全面推进。出台公共资源交易监督管理办法，启动实施行政事业单位国有资产动态管理。加强网格化惩防体系构建，深化岗位廉政风险防范机制。严格执行厉行节约各项规定，加强对公务用车、公务接待、公务出国（境）等管理，市级机关公用经费压缩5%，全年财政用于民生支出增长13.7%。

各位代表，过去一年，形势复杂严峻，挑战前所未有，取得的成绩来之不易、令人鼓舞。这是市委正确领导和市人大、市政协监督支持的结果，是全市人民迎难而上、开拓进取、共同奋斗的结果。在此，我代表市人民政府，向辛勤工作在各个领域的全市人民，向全体人大代表、政协委员和离退休老同志，表示崇高的敬意和衷心的感谢！向各民主党派、工商联、各人民团体和社会各界人士，以及所有关心和支持海宁发展的海内外朋友们，表示衷心的感谢！

我们也应当清醒地看到，当前我市仍然存在不少亟待解决的矛盾和问题。在经济社会发展方面：经济转型升级的压力比较大，高新技术产业总体规模偏小，缺乏具有核心竞争力的大企业、大集团，缺乏产业关联度高、拉动力强和促进结构调整的大项目、好项目；统筹城乡建设的任务比较重，对“两新”建设的重视程度不够，思想还不够统一，在规划完善、土地流转、项目融资等方面也还有很多体制机制性问题需要解决；社会管理的压力还比较大，环境保护、安全生产、食品安全、社会治安等领域还存在诸多薄弱环节，维护社会稳定的任务还很艰巨。在政府工作方面，政府性投资项目前期工作比较薄弱，受土地、拆迁等制约因素的影响依然较大；政府及其部门在依法行政、主动服务、效能建设等方面仍需继续加强，少数领导干部敢于负责、敢于争取、敢于突破的干事创业精神还比较欠缺。对此，我们将高度重视，采取更有效的措施着力加以解决。

二、2010 年政府工作的总体要求和主要任务

2010 年是实施“十一五”规划和“比学赶超”三年行动计划的冲刺之年，做好今年政府工作意义重大。当前，国际金融市场渐趋稳定，世界经济有望恢复性增长，但全面复苏的过程是缓慢而曲折的。我国经济企稳回升态势基本形成，国家宏观调控政策保持稳定，但同时把握政策的力度、节奏和重点，从而增加了宏观经济环境的复杂性和不确定性。经济危机形成的倒逼机制，给我市经济结构调整、产业转型提升带来了难得机遇，但我市外需市场不足、有效投入不足和外资投资意愿不足等问题依然存在，发展的基础还不够稳固。面对新形势、新挑战，我们必须以更加昂扬的精神风貌、更加扎实的工作作风、更加有力的工作措施，坚定信心，迎难而上，抢抓机遇，努力保持我市经济社会发展的良好势头。

今年政府工作的总体要求是：坚持以邓小平理论、“三个代表”重要思想和科学发展观为指导，认真贯彻党的十七大和十七届三中、四中全会精神，着力加快经济发展方式转变，保持经济平稳较快增长；着力加强平台载体开发建设，加大有效投入力度；着力推进“两新”工程，提高城乡、区域统筹发展水平；着力提升社会发展水平，有效改善群众生活；着力加强干部队伍建设，增强领导和服务发展的能力，全面推进经济建设、政治建设、文化建设、社会建设、生态建设和政府自身建设，努力完成“十一五”发展的目标任务，为“十二五”发展奠定坚实的基础，努力开创加快“三市”建设、实现“两个率先”新局面。

2010 年全市经济社会发展的主要预期目标是：地区生产总值增长 10%；地方财政收入增长 10%；全社会固定资产投资增长 12%，其中工业生产性投入 118 亿元；社会消费品零售总额增长 14%；自营出口总额增长 8%；实际利用外资 1.8 亿美元，引进市外内资 30 亿元；全社会研究开发支出占生产总值比重 1.9%；万元生产总值综合能耗、化学需氧量排放量、二氧化硫排放量下降确保完成上级下达的任务；城镇居民人均可支配收入和农民人均纯收入确保增长 8%；新增就业岗位 8500 个，城镇登记失业率控制在 4%以内。

围绕上述目标，2010 年要着力抓好以下六个方面工作：

（一）抓转型促提升，加快经济发展方式转变。

加快推动工业转型升级。全面落实皮革、经编、家纺三大产业提升规划，进一步做大做强太阳能利用、印刷包装、汽车零部件、机械装备、电子信息等新兴产业，大力引进和发展高新技术产业，推动块状经济向现代产业集群升级。引导优势企业兼并重组、强强联合，推动行业龙头骨干企业做强做大，积极培育细分行业的龙头企业。积极扶持中小企业提升发展，制定实施促进中小企业发展的政策意见。积极发展循环经济和低碳经济，严格实施建设项目能耗审核制度，抓好袁花（中国）太阳能科技工业园循环经济试点基地建设。完善科技创新体系建设，深入实施企业研发中心三年全覆盖计划，加强科创中心招商孵化工作，推进皮革研究院和省级经编、太阳能质检中心等行业公共服务平台建设，加快推进太阳能光伏创新服务中心建设。突出企业创新主体地位，

开展企业经营管理者素质培训和全市规模以上工业企业管理创新活动，加大创新型、技能型、经营管理型人才的培育和引进。深入实施质量强市战略，鼓励和引导企业加强标准化与品牌建设，推动家纺、太阳能产业培育和创建区域名牌。建立和完善知识产权工作机制，年内完成省知识产权示范市创建，启动运作家纺花样设计保护中心。全年实现规模以上工业产值850亿元，比上年增长14.6%。坚持规范与发展并重，推动建筑企业做大做强，全年实现建筑业产值超百亿。

努力推动服务业做大做优。鼓励企业实施主辅分离，着力引进符合规划要求的现代物流企业，加大皮革品牌风尚中心、经编总部商务区培育力度，积极推动皮革城市场扩容升级，裘皮城和佟二堡海宁皮革城建成开业，启动家纺大厦建设和家纺城市场改造提升工程。推动城西“双百万”市场群建设，抓紧做好太阳能市场前期工作。以盐官古城建设为重点，推进沿江百里长廊开发建设，加快建设高星级酒店等配套设施，确保金庸书院在观潮节前对外开放。继续办好“一节两会”。提升旅游营销和服务水平，力争全年接待游客700万人次，实现旅游总收入67亿元，分别增长10%以上。深化农贸市场改造提升工程，实施农副产品批发市场、建材装饰市场易地搬迁。进一步加强农村现代流通网建设，积极推进城市社区商业网点建设。深化汽车、家电下乡和“以旧换新”活动，拉动城乡消费需求。

全面加快现代农业发展。完善落实各项支农惠农政策，加强基本农田保护，完成2个中低产田改造项目，稳定粮食生产能力。深入实施农业转型升级战略，大力发展生态、高效、绿色农业，加快建设现代农业园区，促进花卉、水果、特种养殖等特色优势农业提升发展。实施“一镇一业”、“一村一品”战略，继续举办农博会，有效提升农业品牌竞争力。大力提升农业新型主体，培育现代职业农民创业基地，提升农业龙头企业带动能力，巩固推广“公司+农户”发展模式，做大做强农民专业合作社，积极发展农机、植保等服务型合作组织。引导工商企业投资发展现代农业，推动农产品精深加工，大力发展设施农业，着力打造休闲观光农业品牌基地。加强农业社会化服务体系建设，抓好农业产业信息平台建设，加大成熟农机成套设备和技术的推广运用，争创国家级农机安全示范市。完善农业保险制度。强化农产品安全监管。

（二）抓项目促投入，促进经济平稳较快发展。

加大项目引进力度。开展“招商引资突破年”活动，注重内外资并举、国资与民资并举，努力实现招商引资扩量提质。突出产业招商，根据我市“三五”产业发展要求，不断拓展上下游，形成产业的规模优势和配套优势。注重源头招商，力争在引进台湾的光电及IT产业，意大利和法国的皮革、欧美新能源产业上有重大突破。巩固和拓展沪杭、温台、山东等重点招商区域，加大对国有军工集团的招商力度。强化开发区和工业园区招商主体作用，进一步拓展中介招商、驻点招商、以商引商，加强对招商项目的评估和筛选，努力引进一批投资额大、支撑力强、带动面广的大企业、好项目。完善市招商局职能，统筹协调全市招商资源，加大招商引资工作考核力度，优化招商引资政策措施，努力提高招商引资实效。

积极扩大有效投入。完成临杭新区一期5.1平方千米拆迁任务，启动龙渡河景区等项目建设。完成农发区扩容区块一期基础设施建设及二期征迁工作；高标准确定科教新城规划方案，加快推进配套基础设施和生活设施建设，确保东方学院秋季如期开学，加大引进其他高校的工作力度。以省级经济开发区整合提升为契机，加快推进我市开发区资源整合，编制《海宁市工业园区转型升级方案》，推进镇级工业园区的转型升级。加快推进上海漕河泾开发区海宁分区的规划设计、环境改造和基础设施建设。抓住嘉绍高速公路建设的契机，加大尖山新区公建配套建设力度，提高尖山新区综合服务能力。全力开展“项目推进年”活动，全年计划安排重点推进的重大基本建设项目50项，完成投资34.4亿元。围绕产业结构调整和工业转型升级，激发和调动企业的投资积极性，着力推进一批重大先进制造业项目。

扎实推进开放合作。主动顺应外贸发展新形势，调整完善外贸扶持政策，加大出口产品结构和市场结构的调整力度。进一步开拓国际国内市场，鼓励企业建立和完善境内外营销和售后服务网络，引导支持中小企业利用电子商务和专业市场等平台拓展市场，鼓励企业参加境内外展会和产品展示。完善外贸风险防范运行机制，在全市各重点出口行业建立应对国际贸易壁垒服务点。加快接轨杭州步伐，加大杭迁企业和专业市场的引进力度，启动杭州沿江景观大道延伸到农发区的道路建设，全力做好与杭州地铁接轨的城际轨道交通有关前期工作。主动对接上海世博，积极参与“浙江周”、“世博之旅”等活动，做好各项展示推介工作。继续做好对口帮扶、“山海协作”工作，全面完成青川援建任务。

全力保障项目推进。加强和改善投资管理，完善项目推进工作机制，强化项目前期调研论证工作。完成新一轮土地利用总体规划修编工作。加强土地节约集约利用，强化建设用地批后监管，推进土地开发整理复垦，做好经营性土地的出让工作。全年供应建设用地不少于266.7公顷，完成建设用地复垦30公顷，盘活存量建设用地26.7公顷。开展市区城镇拆迁集中攻坚行动，组建专门机构，加强重点区块和重点项目的拆迁工作，全市年内完成拆迁面积100万平方米以上。强化资金保障，进一步加强银企合作，积极引导企业上市融资，大力引进市外金融机构，支持小额贷款公司发挥作用。完善担保体系建设，探索实施中小企业信用贷款机制。有序实施国资整合，组建海宁市社会发展投资集团公司，增强国资公司的经营和投资融资能力。

（三）抓推进促统筹，努力改善农村发展环境。

全面深化农村改革。全面实施“两新”工程建设，积极引导农村人口向新市镇、新社区和市区集聚。加强“1+X”规划布点控制，编制实施区块控制性详规。制定完善财政、信贷、土地等方面的扶持政策，在继续抓好试点镇工作的同时，全面推进各镇、街道示范性城乡一体新市镇、新社区建设，全年确保完成改造集聚农房10,000户，力争15,000户。结合村庄集聚，有序推进村庄整治，巩固完善垃圾收集有偿服务等农村环境长效管理机制。按照依法、自愿、有偿原则，充分发挥市、镇、村三级农村土地流转服务平台作用，积极促进土地承包经营权流转和适度规模经营，力争新流转土地1000公顷以上。加快村级集体经济发展，积极稳妥地推进农村集体资产股份合作制改革，切实强化村级财务管理。加快城乡社区建设步伐，巩固深化村务公开和民主管理工作。积极推进农村金融服务体制创新，为农村新社区建设和农民创新创业提供资金保障。全面实施镇级水务管理体制改革，加快城乡水务一体化步伐。

统筹推进基础设施建设。进一步加快交通公路网络建设，完成嘉绍高速袁花互通至杭浦高速丁桥互通连接线、观潮大道北延及08省道北段工程建设；加快硖许线斜桥至长安段、硖尖线谈桥至08省道段、嘉绍高速硖石互通连接线、高铁海宁西站连接线等工程建设；配合做好嘉绍高速、钱江通道、杭平申线航道和京杭运河二通道等项目推进工作。年内完成25千米县乡公路大中修、15.93千米联网公路建设，完成54座农村危桥改造。加强电力基础设施建设，大力推进20千伏配网工程建设。完成杭嘉线天然气屠甸至海宁燃气管线及门站工程建设。

切实改善生态环境。深入推进“811”环境保护新三年行动，大力开展水环境、废气、固废和制革行业污染专项整治，加强饮用水源地保护和农村饮用水安全管理。完成第三水厂二期工程和尖山污水处理厂一期主体工程建设，启动污水处理厂提标改造工程，健全污水排放许可制度。积极推进洛塘河整治应急工程、鹃湖平原水库工程等重大项目的前期工作。继续推进镇村河道整治和城市防洪工程建设，完成镇村河道整治52.87千米、疏浚城市河道5.97千米。严格控制农业农村面源污染，倡导生态养殖，大力发展循环农业。着力完善后续管理服务机制，对规模化养殖场实行环评和“三同时”制度，治污设施配套率达到100%。加大环保执法监管力度，完善环境监测监控体系，全面实施飞行监测办法。大力发展生态林业，加快推进沿海防护林建设，启动新一轮绿色系列创建工作。切实抓好重点产业的节能减排工作，全面完成“十一五”节能减排目标任务。

（四）抓建设促品位，着力提升城市集聚能力。

完善城市基础设施。坚持拓展新区与优化环线并重，进一步增强城市基础设施功能，优化完善城市框架。年内建设市政道路总长9.36千米，道路绿化面积13.33万平方米。完成水月亭路东延、城南大道东延、文苑路南延、新苑路、康华医院南侧道路、九虎路、纬二路、城南大道两侧各30米绿化带景观等工程建设，开工建设赵家漾路拓宽工程。启动环西二路、联合路西延、城南大道西延、赞山公园等工程建设的有关前期工作。抓紧建设人才公寓。建成并启用市殡仪馆。基本完成长山河大桥建设。做好城市规划展示馆前期工作。

推进重点区块开发。完成鹃湖区块城市设计及控规编制、城西市场群区块城市设计、环城河北岸景观带控制规划等编制工作，修改完善火车站周边3平方千米控制规划，中心城区控规覆盖率达到95%。以环东西山开发建设为重点，全面提升城市形象。启动实施东山森林公园环山步行道路、绿化改造工程，完成东山森林公园入口主轴景观工程和西山东坡建设；基本完成南关厢街区整修工程，启动市区横头街、干河街区块等历史街区修建或保护的前期准备工作。大力实施城镇、城郊安置房建设，确保年内新开工建设面积100万平方米，其中竣工面积35万平方米。推进城南新区开发建设，加快城南商贸中心、金融中心、企业总部经济区块、查氏高星级酒店等重点区块的建设进度。

提高城市管理水平。以国家卫生城市创建为龙头，探索建立与建成区相适应的城市管理新体制，开展“市民创卫大行动”等活动，努力提升城市管理水平。加快“数字城管”建设，加大城市环境综合整治力度，规范市区停车秩序，继续实施市区背街小巷、低洼积水路段改造和开放式小区破损道路、雨污分流改造，健全市政设施“动态”维护机制和应急抢险机制。加强垃圾转运站建设和管理，推进城乡垃圾一体化转运处置进程。启动实施市区道路交通治理和改善三年规划，年内完成6个路口改造。出台物业管理扶持政策，加强小区物业管理，推进市区开放式小区和周边新村点的封闭式改造。完善绿化养护管理机制，制订三年绿化工程建设计划，实施火车站广场改造、洛塘河北岸改造等亲民绿化工程。启动实施亮化工程二期建设。

（五）抓品质促均衡，协调发展各项社会事业。

坚持教育优先发展。落实教育优先发展战略，进一步加大教育投入，优化教育资源配置，扩充优质教育资源，完善城乡教育共同体管理模式，推动城乡教育均衡发展。实施教育信息化和“科研兴教”战略，现代教育技术“班班通”工程力争达到95%以上。大力发展职业教育，继续实施职业教育“六项行动计划”，推进“校企合作、工学结合”人才培养模式。积极发展成人教育和社区教育，重点开展灵活多样的农民技能培训和再就业培训。高水平普及义务教育，高质量提升普通高中教育水平，规范发展学前教育，重视发展特殊教育。完善教育经费保障机制，落实教育惠民政策。

加快发展人口卫生事业。积极稳妥推进医药卫生体制改革，开展农村医疗卫生服务体系建设和改革试点。巩固卫生强市创建成果，加强城乡公共卫生服务，基本公共卫生服务项目覆盖全市城乡居民，综合达标率90%以上。巩固完善城乡居民合作医疗，抓好参合居民健康体检工作。继续推进卫生强镇、街道创建，80%以上达到嘉兴市级卫生强镇、街道标准。加快医疗中心建设进度，启动市第三人民医院易地新建工程，基本完成 3 所社区卫生服务中心建设。努力争创“全国农村中医工作先进县（市）”。认真做好甲型 H1N1 流感及其他重大传染病的防控工作。深入开展爱国卫生运动，启动“全民健康生活方式行动计划”，稳步实施农村改厕工作，努力提升卫生镇（街道）、卫生村、卫生单位创建水平。继续稳定低生育水平，深入实施出生缺陷一级预防工程，进一步加强流动人口计划生育管理和服务。保障妇女、未成年人合法权益，切实加强对青少年思想道德和文明礼仪教育，继续做好关心下一代工作。认真做好第六次全国人口普查工作。

繁荣城乡文体事业。开展“农村文化提升年”活动，进一步推进农村文化阵地星级评创工作。深入开展各类文化活动，繁荣和发展文艺创作，积极开展群众文化展演，丰富群众文化生活。图书馆新馆和体育场改造工程力争年内动工建设。全面推进镇、街道综合文化站和图书馆分馆建设，实现省级东海明珠工程全覆盖。进一步加强文物和大运河遗产保护工作，完成省历史文化名城和国家历史文化名镇申报工作，全面完成全国第三次文物普查。加强非物质文化遗产保护，建立海宁市皮影戏保护传承基地。建设完成游泳馆、射击馆，承办好省十四届运动会比赛项目，举办海宁市第十三届运动会。大力推进镇、街道全民健身设施建设，实现浙江省体育强镇、城市体育先进街道创建全覆盖。继续做好学校体育设施向社会开放工作。制订实施文化产业中长期发展规划，积极引导和鼓励社会资本投资发展文化产业。

（六）抓民生促稳定，全力推动社会和谐进步。

深化社会保障体系建设。落实各项促进就业再就业扶持政策，完善面向就业困难群众的就业援助制度，建立健全失业预警制度，做好全部流转和全部放弃土地经营权人员、无地居民、失业人员、外来务工人员和大中专毕业生就业指导服务工作。围绕素质就业、创业促就业，全面推进充分就业村、社区创建工作。加强基层劳动保障平台建设，服务企业用工和劳动者求职需求。加强社会保障体系建设，继续扩大职工基本养老保险、基本医疗保险、失业保险、工伤保险、生育保险覆盖面，全力推进城乡居民社会养老保障全覆盖，稳步提升全市社会保障能力和水平。

提高人民群众生活水平。完善城乡社会救助体系，认真落实城乡最低生活保障、集中供养等制度，完善物价补贴机制，全力保障困难群体、特殊群体的基本生活和基本权益。完成城乡居民低收入家庭核对系统建设省级试点工作。加快发展老龄、社会福利和慈善事业，完善和深化居家养老服务工作。以创建省扶残助残爱心城市为抓手，加快残疾人事业发展。全面落实国家促进房地产市场平稳健康发展的政策措施，完善解决城镇低收入家庭住房困难的政策体系，进一步加大土地有效供给，加强保障性住房建设，3.6 万平方米云和景苑经济适用房、廉租房项目争取完成主体工程。加快农村危旧房改造。扎实推进“双拥”共建活动，落实优抚安置政策。

加强社会建设和管理。围绕打造“全省最具安全感城市”目标，深化严打整治斗争，严密治安防范措施，加强群防群治队伍建设，加大传销打击力度，推进社会持续平稳。全力完成上海世博会“环沪护城河”安保任务，加快镇、街道社会治安动态视频监控系统建设，维护和利用好已有技防物防设施。狠抓安全生产监管，严格落实政府、部门、企业三级责任主体，进一步加大道路、消防安全隐患整治力度。加强食品药品监督管理，全面完成“十小”行业整顿规范工作任务。全面落实“五五”普法规划，加强基层调解组织建设，建立健全医患矛盾、交通事故、劳资纠纷等专业化调解组织，不断完善“大调解”格局。加强社区戒毒（康复）工作，稳步推进社区药物维持治疗工作。深化居住证制度改革，扎实推进新居民事务所、站规范化建设。深化领导干部定期下访和信访包案制度，扎实开展信访积案复查复核三级终结，积极预防和妥善处置各类群体性事件，不断提高化解矛盾纠纷和应对突发公共事件的能力。落实“两违”长效管理机制，全面推行土地行政问责制，切实加大违法用地查处力度。进一步加强民族、宗教、对台、侨务和外事工作。

扎实办好政府实事工程。1. 启动实施市区生活污水未入网区域收集管网工程，年内完成管网建设 6 千米。2. 启动实施道路交通安全设施完善工程。年内完成县道以上临水护栏 5000 米，增设信号灯 29 处，电子监控 24 处，完成镇村公路临水护栏 28,000 米，完善标志标线 80 处。稳步推进全市村级以上公路路灯照明工程。3. 继续推进“校安工程”三年计划，年内实施中小学校改造、新建项目 17 个。4. 实施全市目标人群大肠癌早诊早治筛查工作，年内完成 3 个镇、街道目标人群筛查工作，筛查率达到 80%以上。5. 继续实施促进和扩大就业再就业工程。全年帮助 5500 名城乡失业人员实现再就业，其中就业困难人员 1600 名。为大中专毕业生提供就业岗位 6000 个，落实海宁籍大中专毕业生就业 3000 名。完成农民转移就业技能培训和职业农民培训 10,000 人。6. 开展关心关爱残疾人、无障碍设施进家庭活动。年内完成 100 户残疾人家庭无障碍设施改造。7. 开展工业企业污泥规范化处置集中整治，年内建成污泥焚烧处置设施两处，全市工业企业污泥安全处置率和综合利用率合计达到 95%以上。8. 继续实施雨季积水较严重路段排水改造和环卫设施建设。年内完成联塘路（城西菜场外）、长埭路（人民路——河西路）、水月亭西路（海宁一中——立人港桥）、碧云路北段（新雅花园东）等雨季积水较严重段排水改造，新建公厕 6 座。

三、全面加强政府自身建设

各位代表，面对新形势，政府肩负着重

要责任。我们一定要保持奋发有为的精神状态，以强烈的事业心和责任感，敢于负责，敢于碰硬，敢于突破，全力以赴抓好各项工作的落实。

*要加强学习，科学谋事。*高度重视学习型政府建设，倡导终身学习的理念，不断学习、善于学习，经常性开展调查研究工作，注重学以致用、学用结合，切实增强政府工作人员的业务能力和服务水平。深化学习实践科学发展观活动，认真抓好整改落实后续工作。完善重大事项专家论证、公众参与、集体决策相结合的决策机制，进一步推进政府决策的民主化、科学化和制度化。扎实推进政府信息公开工作，努力提高政府政策措施和政务活动的透明度。

*要公平公正，依法办事。*严格依法行政，加强政府法制工作，完善行政执法责任制，全面推行行政处罚说理，严格规范自由裁量权的行使，规范政府行政行为。认真落实市人大及其常委会的决议和决定，自觉接受市人大及其常委会的监督；积极支持市政协履行政治协商、民主监督和参政议政职能。加强与人大代表和政协委员的联系，扎实做好人大议案、建议和政协提案、建议案、社情民意的办理工作。认真听取民主党派、工商联、无党派人士和各人民团体的意见。

*要优化服务，高效做事。*牢固树立服务也是生产力的理念，增强政府工作人员服务企业、服务基层、服务群众的意识与能力。完善落实重大项目和重点企业联系制度，继续加强对企业的解困、扶持和服务，加大政策宣传和实施力度，有效解决企业面临的困难和问题。进一步优化整合审批服务流程，着力推进三级服务网络建设，继续完善项目并联审批办法，确保行政审批在现有的承诺期内实现再提速。开展治庸治懒，改进文风会风，强化督促检查，进一步提升政府执行力，提高政府运作效率，努力建设务实高效政府。

*要清正廉洁，干净干事。*全面落实党风廉政建设责任制，深入推进反腐倡廉制度建设和岗位廉政风险防控机制建设，促进阳光行政，从严治政。强化审计监督和行政监察，加强领导干部权力运行过程的监督和政府投资项目全过程监管，严肃查处重点领域的违纪违法案件，纠正损害群众利益的不正之风。大力弘扬艰苦奋斗、勤俭节约的优良作风，认真执行增收节支工作要求，增强财政预算刚性，严格控制预算追加，努力减少公用经费支出，科学高效使用财政资金，确保新增财力 2/3 用于民生支出。

今年还有一项重要工作，就是科学谋划“十二五”时期发展。我们要切实加强对事关我市长远发展的重大问题的研究，凝聚各方智慧，认真做好“十二五”规划的编制工作。

各位代表，海宁的发展正处于非常关键的时期，挑战无处不在，发展时不我待。让我们在中共海宁市委的坚强领导下，紧紧依靠全市人民，以更加振奋的精神、更加坚定的信心，抢抓机遇，开拓创新，克难攻坚，扎实工作，为推进海宁经济社会又好又快发展而努力奋斗！

[编辑：曾晓莲]

专　　文

Specialty Article

勇立潮头　科学发展
加快推进“三市”建设

——海宁“三市”建设回顾与思考[1]

深入分析海宁市“三市”建设所处的阶段性特征，准确把握当前影响和制约加快推进“三市”建设的若干重大问题，是进一步完善发展思路、凝聚发展共识、形成发展合力、实现“两个率先”的迫切需要。课题组在回顾三年多来海宁市“三市”建设所取得的成绩和存在问题的基础上，对“三市”建设的内涵、目标、原则等作了全面阐述，并提出了加快推进“三市”建设的路径、对策与工作重点，供市委、市政府决策参考。

一、加快推进“三市”建设所取得的成绩

“三市”建设既是海宁城市发展的功能定位，又是推进海宁又好又快发展的战略基点，构成海宁发展的三个鲜明特色。自2006年首次提出以来，全市上下紧紧围绕这一目标，奋发有为，有序推进，取得了一定的成绩。

1. 有序推进“环杭州湾工贸强市”建设，综合实力不断提升。

三年来，全市经济实力不断增强。2008年，全市生产总值348.95亿元，人均国内生产总值53,702元；财政总收入43.96亿元，其中地方财政收入21.39亿元。生产总值、财政总收入年均增幅分别达到13.7%、23.2%。产业结构得到优化。三次产业在生产总值中的比重，由2005年的6.53□60.92□32.55调整为2008年的4.91□62.45□32.64。2008年，实现规模以上工业产值722.02亿元，年均增长20.4%；实现全社会消费品零售总额132.52亿元，成交额超亿元的市场达到11个。自主创新能力持续提升。全社

① 选自《实践与思考——2009年海宁市委理论学习中心组调研课题》，中共海宁市委宣传部、中共海宁市委办公室编。该课题由市委办公室（市委政策研究室）、市委政法委、市发展和改革局、盐官镇合作完成。“三市”指“环杭州湾工贸强市”、“长三角文化旅游名市”、“杭嘉湖宜居创业新市”。

会科技活动经费支出由2005年的5.34亿元增长到2008年的11.91亿元，其中R&D投入[①]由2005年的3.54亿元、占GDP 1.62%调整为2008年的6.83亿元、占GDP 1.96%。

2. 有序推进“长三角文化旅游名市”建设，文化旅游不断繁荣。

三年来，“六城联创”扎实推进。大力弘扬“敬业奉献、猛进如潮”的海宁精神，通过省双拥模范城复评，先后获得“省体育强市”、“省级园林城市”、“省示范文明城市”称号，市民素质得到提升。文化建设不断加快。农村“双建设”扎实推进，全市建成村级文化阵地228个、省级东海文化明珠工程10个。深入挖掘“三大文化”，获得“中国诗人之乡”、“浙江省传统节日（元宵节）保护示范地”称号，海宁皮影戏、硖石灯彩成为首批国家级非物质文化遗产。文化产业不断壮大，至2008年底，全市文化产业经营单位（含包装印刷）已达635家，实现文化产业产值约40亿元。旅游业快速发展。作为中国优秀旅游城市，至2008年底，全市已拥有国家AAAA级景区2个。2008年，接待国内外游客512.1万人次，旅游收入达47.79亿元，年均分别增长19.8%、16.5%。

3. 有序推进“杭嘉湖宜居创业新市”建设，生活和创业环境不断优化。

三年来，城乡统筹进程加快。至2008年，40平方千米城市框架基本形成，中心城区建成区面积达到28.7平方千米，城市功能有新的增强。积极推动城乡一体的基础和配套设施建设，加快推进基本公共服务均等化，新农村建设展现新的面貌。生态环境日益改善。水环境恶化趋势得到基本控制；城市垃圾无害化处理率达100%；全市累计成功创建全国环境优美镇5个、省级生态镇8个（实现全覆盖）。社会保障体系日趋完善。符合实际的市场导向就业机制和就业政策体系基本建立，年均新增城镇就业岗位超过8500个。稳步推进“五费合征”，成为全国第二个实现养老保险全覆盖县（市）。建立70周岁以上老年人发放生活补助金制度，全面推行城乡居民新型合作医疗和社会养老保险制度。城镇住房保障体系日益完善，新型社会救助体系初步形成。群众安全感满意度有所提升。以平安建设为载体，加强社会治安综合治理，社会治安状况进一步改善，实现平安创建“四连冠”。2008年，群众安全感、满意度分别达到99.1%、99.3%，高于全省平均水平。创业氛围进一步浓厚。2008年，引进市外内资18.1亿元，市场主体数（不含外资）达到35,739户，每万人市场主体户数、户均注册资本比2005年分别提高23.5%、9.5%；新批外商投资企业41家，合同利用外资4.12亿美元，实际利用外资2.01亿美元。

二、加快推进“三市”建设存在的差距

虽然，这几年全市经济社会有了新的发展，但跳出海宁看海宁，仍有不少差距，迫切需要居安思危，进一步加大“三市”建设力度，加快“三市”建设步伐。

1. 全市经济发展水平与环杭州湾地区强县（市）的差距还很明显。

经过三年的努力，海宁市在经济发展水平上与环杭州湾其他强县（市、区）的差距并未缩小，部分指标差距还有所拉大（详见表1、表2）。从经济总量看，2008年全市生产总值和财政总收入均处于末位，其中生产总值总量和财政总收入分别只有余杭区的

① R&D投入：指全社会研究开发经费支出。

69.5%和53.3%（2005年分别为75.5%和60%），降幅明显。从工业发展情况看，2008年全市规模以上工业总产值为722.02亿元，排在末位；工业生产性投入增幅虽快，但投资总额仍排在第六位。从第三产业发展情况看，2008年，全市社会消费品零售总额虽然达到132.52亿元排在第四位，但增幅仅排在第六位；地方财政收入占财政总收入的比重仅为48.7%，排在第七位。

表1　2005~2008年环杭州湾部分先进县（市、区）有关经济指标（一）

序号	县（市、区）名	生产总值（亿元）			财政总收入（亿元）			地方财政收入（亿元）			地方财政收入比重（%）	
		2005年	2008年	增幅（%）	2005年	2008年	年均增长率（%）	2005年	2008年	年均增长率（%）	2005年	2008年
1	绍兴县	386.10	608.27	57.54	42.32	75.73	21.41	20.13	38.52	24.15	47.57	50.86
2	杭州市萧山区	589.33	986.50	67.39	64.28	126.80	25.41	30.95	63.18	26.85	48.15	49.83
3	杭州市余杭区	288.72	501.92	73.84	40.03	82.50	27.26	23.03	48.20	27.91	57.53	58.42
4	慈溪市	375.41	601.44	60.21	50.00	86.01	19.82	23.56	43.44	22.62	47.12	50.51
5	余姚市	298.12	484.71	62.59	40.36	70.24	20.28	19.58	33.33	19.40	48.51	47.45
6	海宁市	217.96	348.95	60.10	24.00	43.96	22.35	11.43	21.39	23.23	47.63	48.66
7	宁波市鄞州区	343.78	650.77	89.30	60.06	133.67	30.56	28.64	72.83	36.49	47.69	54.48
8	诸暨市	324.66	495.89	52.74	27.19	50.33	22.78	14.15	26.52	23.29	52.04	52.69
海宁市名次		8	8	6	8	8	5	8	8	6	6	7

表2　2005~2008年环杭州湾部分先进县（市、区）有关经济指标（二）

序号	县（市、区）名	规模以上工业总产值（亿元）			工业生产性投资（亿元）			社会消费品零售总额（亿元）		
		2005年	2008年	年均增长率（%）	2005年	2008年	年均增长率（%）	2005年	2008年	年均增长率（%）
1	绍兴县	1,159.28	1,945.53	18.84	120.08	140.61	5.40	54.71	91.04	18.50
2	杭州市萧山区	1,746.37	3,249.32	22.99	105.94	163.66	15.60	123.08	—	—
3	杭州市余杭区	586.58	1,025.54	20.47	75.72	76.46	0.32	77.65	128.66	18.33
4	慈溪市	639.9	1,059.98	18.32	86.27	112.63	9.29	135.43	215.09	16.67
5	余姚市	502.94	822.95	17.84	74.74	68.46	−2.88	97.72	159.65	17.78
6	海宁市	413.39	722.02	20.43	63.70	100.32	16.35	81.89	132.52	17.40
7	宁波市鄞州区	851.28	1,479.4	20.23	125.34	122.63	−0.73	74.06	149.88	26.49
8	诸暨市	654.86	1,222.84	23.14	100.09	130.54	9.26	76.49	124.16	17.52
海宁市名次		8	8	4	8	6	1	4	4	6

2. 全市文化和旅游在长三角地区的影响力和吸引力有待进一步增强。

长三角城市以其发达的经济基础、深厚的历史文化底蕴、丰富的旅游资源和便捷的交通条件成为中国最具吸引力、发展潜力最大的旅游经济圈。据国家旅游局综合性评估的“中国优秀旅游城市”显示，第一批入围的 54 个城市名单中，长三角地区城市有 9 个（上海、杭州、南京、宁波、无锡、扬州、苏州、绍兴、镇江）。另外，至 2008 年底，经国务院审批通过的历史文化名城有 114 个，长三角地区地级以上城市有 10 个（南京、苏州、扬州、杭州、绍兴、上海、镇江、宁波、无锡、南通）。两份名单嘉兴均没上榜，说明整个嘉兴文化旅游水平只处于长三角地区中等偏下。而海宁在嘉兴地区文化、旅游业的水平并不处于突出地位。由于旅游与文化的高相关性，以海宁相关旅游指标与周边县(市)做一简单比较。从核心景点旅游门票收入看（见表 3），2008 年盐官景区门票总收入仅 672.4 万元（全市 787.9 万元），与周边地市相比差距明显。另外，从旅游收入、游客人次看，海宁市也远远落后于周边地区（见表 4）。因此，海宁市建设长三角文化旅游名市要走的路还很长。

表 3 2005～2008 年嘉兴地区核心景区门票收入情况

单位：万元

	2005 年	2006 年	2007 年	2008 年
盐官景区	401.45	412.16	524.58	672.41
乌镇景区	8,570.65	8,799.94	11,201.89	11,354.61
西塘景区	1278	1980	1,790.2	2,390.28
南北湖景区	1,441.5	1980	2,227.5	2,775.49

表 4 2005～2008 年“长三角”部分先进县（市、区）相关旅游指标比较

序号	县（市、区）名	旅游收入（亿元）			国内外游客人次（万人次）		
		2005 年	2008 年	年均增长率（%）	2005 年	2008 年	年均增长率（%）
1	常熟市	52.6	132.5	36.06	802.7	1,351.5	18.97
2	宜兴市	30	57.31	24.08	302	650.06	29.12
3	绍兴县	23.5	49.41	28.11	287	501.9	20.48
4	杭州市萧山区	25	86	50.96	250	840.3	49.80
5	杭州市余杭区	22.77	42.33	22.96	282.14	439.6	15.93
6	海宁市	30.25	47.79	16.47	298	512.1	19.78
7	桐乡市	25.02	38.13	15.08	370.1	498.6	10.44
海宁市名次		2	5	6	4	4	4

3. 海宁市要打造杭嘉湖地区更加优良的生活创业环境任务还很艰巨。

从宜居看，根据 2007 年建设部公布的《宜居城市科学评价标准》来评判海宁城市的宜居程度，仅城区河流水质这一指标（劣于四类为否定条件），海宁就不是一个宜居的城市。同时，从选取的一些反映宜居的数据横向比较看，海宁与其他县（市、区）也有一定差距（详见表 5）。

表 5 杭嘉湖部分先进县（市、区）相关指标统计资料

序号	县（市、区）名	人均供水综合生产能力（吨/日）		城镇生活污水集中处理率（%）		建成区面积（平方千米）		建成区绿化覆盖率（%）		城镇人均住房使用面积（平方米）	
		2005 年	2007 年	2005 年	2007 年	2005 年	2007 年	2005 年	2007 年	2005 年	2007 年
1	杭州市萧山区	0.64	0.80	79.00	86.00	42.00	48.11	36.5	34.17	24.70	33.65
2	杭州市余杭区	0.43	0.25	53.96	72.79	17.42	19.24	33.07	39.45	22.44	31.96
3	富阳市	0.19	0.23	65.99	67.89	22.20	24.85	18.69	21.53	24.87	33.55
4	海宁市	0.27	0.33	57.14	75.23	23.00	27.60	41.22	41.20	34.50	34.39
5	桐乡市	0.23	0.45	53.48	75.01	25.00	30.00	40.12	40.10	36.90	39.13
6	长兴县	0.15	0.15	55.00	80.23	24.00	30.00	40.25	42.80	23.89	31.29
海宁市名次		3	3	3	3	4	4	1	2	2	2

从创业看，用反映创业的代表性指标——人均市场主体数、户均注册资本数（均为内资）进行横向比较，两项指标的增长率均排在第三位，而且绝对值排名均后退了 1 位，差距还有所扩大（详见表 6）。

表 6 杭嘉湖部分先进县（市、区）市场主体数比较（不含外资）

序号	县（市、区）名	每万人市场主体数（户/万人）			户均注册资本数（万元/户）		
		2005 年	2008 年	增长（%）	2005 年	2008 年	增长（%）
1	海宁市	445.1	549.8	23.5	66.4	72.7	9.5
2	桐乡市	505.0	622.2	23.2	39.0	41.0	5.1
3	杭州市余杭区	398.6	628.1	57.6	97.0	89.3	-7.9
4	富阳市	466.7	500.7	7.2	62.1	88.5	42.5
5	长兴县	248.9	576.3	131.5	46.2	53.3	15.4
海宁市名次		3	4	3	2	3	3

说明：人均市场主体数为：市场主体数/人口数；户均注册资本数为：注册资本数/市场主体数。

三、加快推进“三市”建设需要准确把握当前影响和制约海宁“三市”建设的突出问题

回顾“三市”建设三年多的实践，尤其是对照与先进地区的发展差距，有必要深入分析和准确把握当前海宁在加快推进“三市”建设进程中存在的困难与问题。从调研情况看，比较突出的有：

1. “三市”建设的内涵还不够明晰。

2006 年初提出“三市”建设以来，虽

然过去已三年有余，但不少群众（包括一些党员领导干部）一时仍难以说清楚“三市”的内涵。一是不清楚“三市”建设的名称，以及提出这一目标的时间，为什么确立这样的目标等。二是不清楚“三市”建设的概念，包括怎样才算是“强市”、“名市”和“新市”，为什么要分别立足于环杭州湾、长三角和杭嘉湖等不同区域等。三是不清楚“三市”建设的目标，如需要多少时间来实现，是否具有阶段性，相关指标如何科学地设定等。究其原因，除了宣传不够充分之外，还有虽然市委、市政府连续两年分别就三个“市”的建设做了重点研究，但由于没有系统概括和提炼，至今尚未形成一个代表市委、市政府的对“三市”建设的权威解释。

2. 对“三市”建设的认识还不够坚定。

一是表现为落实不够坚决。一些单位和部门对“三市”建设的战略定位、目标任务还比较犹豫，对执行市委、市政府围绕“三市”建设提出的发展策略、工作重点、具体举措有时会采取变通、观望等态度，执行不够有力。二是表现为对发展缺乏信心。有的认为，环杭州湾地区集中了全省绝大部分的强县（市、区），与他们相比差距较大，存在一定的畏难情绪，主动性、进取心不强。三是表现为缺少自加压力。如在组织实施“比学赶超”行动中，不少单位确定的赶超对象往往是嘉兴及海宁市范围内或与海宁市综合实力相近的相关单位，缺乏追赶综合实力远远领先海宁市的先进县（市、区）的勇气，缺少对怎样更好地解放思想、创新理念、敢闯敢干等的思考。

3. 统筹“三市”建设的举措还不够有力。

一是规划统筹不够有力。规划是龙头，但是由于规划制订的主体不一，规划的系统性不强，衔接不够紧密，甚至还有部分存在冲突。同时，由于详细规划编制相对滞后，或者是缺少配套的实施细则，规划执行存在一定随意性，规划落地难不同程度存在。二是资源统筹不够有力。由于缺少从提高各类资源综合开发水平，实现资源运用效率最大化角度的考虑，系统化、整体化的挖掘、整理、研究、开发、利用不深，对“三市”建设所要调动的众多资源，包括区位、产业、政策、制度、人力等资源的利用还相对独立，资源整合的效率与能力还不强。三是工作统筹不够有力。“三市”建设涉及方方面面，不同条线，由于受领导分管、上级要求、部门协调、检查考核等多方面因素影响，一些工作还没有很好地统筹起来。如新农村建设中，“两分两换”工作在农办，新市镇建设在发改，农村社区建设在民政，没有捏成一个拳头，力量过于分散。

4. 推进“三市”建设的体制机制还不够健全。

一是“三市”之间的互动支撑作用还不明显。经济发展尚不能有效保证宜居城市建设、文化发展所需资金。粗放型的经济增长方式导致环境承载了过重的压力，土地等资源被严重挤占。文化优势远未成为产业优势，更未成为品牌优势。小富即安的创业文化影响了创业兴业的层次，人才等配套资源不够丰富也影响了创业的积极性。二是推动“三市”加快建设的决策、执行、监督和考核机制还有待进一步完善。比如还缺少对“三市”建设的系统性或专题性研究和决策；缺少对“三市”之间以及每个“市”之间存在的问题、矛盾、困难的协调和解决；缺少部门之间的沟通，督查与问责机制还不完善等。三是“三市”建设成效的评估机制尚未真正建立。还没有能够制定一个比较明确和可量化，并加以对照检查、评估的指标体系、考核体系，自我监督缺乏较强针对性；广大群众还没能更广泛地参与到对“三市”建设成效的评估中来，社会监督缺乏合适的平台与载体。

四、加快推进“三市”建设需要深化对“三市”建设的认识

加快推进“三市”建设，对于海宁凸现新的产业高地、激发新的人文精神、树立新的城市形象具有战略性、前瞻性和现实性，需要进一步深化认识，切实增强主动性、能动性。

1. 应明晰“三市”内涵。

对“三市”内涵的理解可以从个体和整体两个层面加以把握。从个体层面，即三个“市”的建设看，包含建设内容、运作机理与发展程度三个要素：

所谓建设内容，即每一个“市”侧重强调发展的是什么，是经济发展、文化繁荣还是社会和谐，这是建设“三市”所要重点寻找的突破口或着力点。所谓运作机理，即每一个“市”不同重点建设内容之间互相的联系与关系，发展的机制，这是建设“三市”所要选择的路径。所谓发展程度，即每一个“市”要建设并达到的目标，立足点在哪里，这是建设“三市”所要描绘的蓝图。对照这三方面要素，三“市”内涵可作如下阐释：

环杭州湾现代工贸强市，旨在提升海宁的经济实力和综合竞争力，要求通过大力发展现代工业和现代商贸（不仅停留在传统商贸零售的业态，应是更广意义上的现代服务业），并通过现代制造业和现代服务业联动、融合、协调发展，使经济发展的实力与活力有显著增强，进一步巩固在环杭州湾地区同类县（市）中的地位并力争有所前移。长三角文化旅游名市，旨在提升海宁的竞争软实力，要求通过大力繁荣文化事业、发展文化产业和现代旅游业，并通过文化与旅游融合，旅游与经济互动，以文促旅、以旅兴文，进一步彰显城市魅力，不断提升海宁在长三角地区的影响力和知名度、美誉度。杭嘉湖宜居创业新市，旨在提升海宁的可持续发展能力，通过加快城市化和城乡一体化建设，打造平安海宁、法治海宁、生态海宁，推进生活环境与创业环境的同步改善，和谐安居与激情创业的互为协调，成为杭嘉湖地区最适宜居住和创业的城市之一。

从整体层面看，主要应把握三个“市”之间的关系。三“市”之间应是一种互相促进、互为目的和互相制约的关系。

首先，工贸强市建设为文化旅游名市、宜居创业新市建设提供物质基础和经济支撑，是“三市”建设的重中之重。经济发展是宜居城市的重要内容和首要特征，也为物质生活和精神生活发生巨大变化带来可能。其次，文化旅游名市建设为工贸强市、宜居创业新市建设提供良好的人文环境，是人们衡量一个城市优劣的重要标准之一，是“三市”建设中最具活力且最能展现魅力的核心目标。文化在经济社会发展中起引领作用，是最终决定经济增长的重要因素。再次，宜居创业新市为工贸强市建设、文化旅游名市建设提供强劲活力，是“三市”建设成效的最集中体现。一个宜居的城市必然会吸引更多高层次的人才落户居住，一个适合创业的城市必然能不断丰富城市的文化内涵，一个文化繁荣的城市必然会促进经济的持久健康协调发展。

2. 应明确建设的目标。

“三市”建设是一个长期的、动态的过程，对具体目标的设定应该是与时俱进的。在“实现‘两个率先’”的总目标下，立足于现有发展水平（包括与周边县〈市〉的比较），提出两个阶段性的目标。

一是到2011年，也就是到本届党委政府任期结束。“三市”建设的目标是：经济实力不断增强，人均GDP超过1万美元（按户籍人口计算），人均财政总收入超过1万元（同前）；结构调整取得重大进展，第

三产业增加值占生产总值比重超过35%，太阳能利用等五大新兴产业产值占工业总产值比重超过30%，生态高效都市型农业发展水平明显提高。现代化中等城市格局初具形象，市区集聚辐射作用更加突出，城市化水平明显提高。社会事业全面发展，市民素质和全社会文明程度进一步提高，“六城联创”目标全面实现，成为浙江省文化历史名城。旅游更加繁荣，全年游客人数和旅游收入分别突破700万人次和70亿元。生态环境明显改善，万元生产总值综合能耗、二氧化硫排放量、化学需氧量排放量在完成“十一五”规划目标的基础上，继续保持下降。法制环境不断完善，社会管理体系不断健全，人民群众对社会公平、社会治安、社会和谐的满意度不断提升，成为全省最具安全感城市。

二是到2020年，也就是国家建成全面小康社会时。“三市”建设的目标是：经济综合实力环杭州湾领先，经济结构更趋合理，第三产业比重明显提高。“三区一带”生产力布局基本形成，城市格局更加完善。丰富的文化和旅游资源转变为现实生产力和城市竞争力，文化综合实力位居长三角同类城市前列，成为长三角地区重要旅游目的地。宜居指标及创业投资活跃程度在杭嘉湖地区位居前茅，形成经济与资源、环境、人文相协调的可持续发展局面。

3. 应把握好四个基本原则。

实现“三市”建设目标还必须积极遵循适当超前、稳妥推进、统筹发展和注重提升四个原则。

一是适当超前原则。切实兼顾和准确把握政府财政实力、财政投资效率与市场机制三者之间的关系，做到规划超前和建设跟进、基础超前和配置跟进、管理超前和手段跟进相结合，提高规划建设与运营管理的前瞻判断能力和现实运作能力，遵循适当超前原则，克服急功近利和好高骛远两种倾向。

二是稳妥推进原则。既要注重长远目标的战略性，又要强调近期工作的现实性和可操作性，实现从“目标规划”向“行动规划”的转变。近远期结合，将远期战略目标层层分解变为政府各部门的近期行动，使近期建设牢牢控制在长远目标的框架下，遵循稳妥推进原则，克服盲目冒进和畏难避险两种倾向。

三是统筹发展原则。重视“三市”之间、工贸之间、宜居与创业之间、文化与旅游之间的合理把握，提高总揽全局、缓急有序的资源整合能力，遵循统筹发展原则，克服左右偏颇和全盘统抓两种倾向。

四是注重提升原则。立足现实基础挖掘创新，寻找在周边城市群中的比较优势，找准定位，发挥特色，扬长避短，形成与周边城市的互补和联动，遵循注重提升原则，克服粗制滥造和固步自封两种倾向。

五、加快推进“三市”建设需要把握现阶段的总体布局

从现阶段经济社会发展情况看，加快推进“三市”建设有几个重点方面必须牢牢把握。

1. “创业富民、创新强市”是加快推进“三市”建设的总战略。“创业富民、创新强市”是海宁在总结30年改革开放实践基础上，为贯彻落实科学发展观和省委“两创”战略，促进社会和谐所作出的重大战略决策。加快“三市”建设必须进一步浓厚创业创新氛围，夯实创业创新平台，大力培育创业创新主体，牢牢把握创业创新方向，不断激发创业创新活力，全面优化创业创新环境，积极弘扬创业创新文化，把全民创业、全面创新落实到经济、政治、文化、社会和党的建设的各个方面。

2. “促进经济转型升级”是加快推进“三市”建设的首要任务。贯彻落实科学发展观，发展是第一要务。要妥善处理“三市”之间的关系，把环杭州湾现代工贸强市建设作为重中之重，把加快经济转型升级作为首要任务。要统筹把握转型升级速度与经济运行稳定两方面的需要，围绕“三个转变”的根本要求，积极构建具有海宁特色的现代产业体系，有效突破创新、投入、开放、人才和生态文明等关键环节，优化提升“7+7”发展平台①，进一步增强发展的稳定性、协调性、可持续性和普惠性，加快形成“三区一带”生产力布局。

3. “统筹城乡发展”是加快推进“三市”建设的基本要求。统筹城乡发展是科学发展观的重要内容和体现，是推动科学发展、加快“三市”建设的基本要求。要进一步优化“一主两副多星”城市空间布局，坚持走新型工业化和城市化道路，坚定不移推进统筹城乡综合配套改革，继续抓好以优化土地使用为核心的“十改联动”，重点深化完善“两分两换”试点，加快推进现代新市镇和现代农村新社区建设，推进公共服务均等化，创新社会管理和服务，率先形成城乡经济社会发展一体化新格局。

4. “全面改善民生”是加快推进“三市”建设的最终目的。科学发展观的核心是以人为本，全面改善民生是推动科学发展、加快“三市”建设的终极目的，也是全市广大人民群众的普遍愿望。要以解决人民群众最关心、最直接、最现实的利益问题为突破口，以完善为民办实事长效机制为保障，以全面优化人居环境、促进社会管理和谐有序、完善社会保障体系、提升人民生活品质为重点，扎实推进“全面改善民生四大工程”，加快建设惠及全市人民的小康社会。

5. “深化改革开放”是加快推进“三市”建设的强大动力。深化改革开放是推进“三市”建设的动力和保证，推进“三市”建设是深化改革开放的方向和目的。要坚持用创新的办法、市场的机制、“比学赶超”的精神破解制约经济社会发展的各种深层次矛盾，加快经济、政治、社会、文化、生态重点领域和关键环节的改革，着力增强经济社会发展活力。要深入实施开放强市战略，大力培育开放文化，塑造开放精神，确立开放理念，把对外开放与合作作为一种观念、一种思路、一种方法，深入到全市经济社会发展的方方面面。

六、加快推进“三市”建设需要找准路径明确对策

从前面的分析可以看到，加快推进“三市”建设仍然需要进一步在坚定信心、完善机制、强化保障上下工夫。

1. 要在进一步坚定信心上下工夫，着力解决认识不够统一、合力不够强的问题。

知是行之始。要结合海宁实际，采取多种形式，切实加大理论学习与舆论宣传力度，把广大干部群众的思想进一步统一到市委、市政府所作“三市”建设决策上来，正确看待海宁“三市”建设所处的阶段，认识到“三市”建设将是一个持续的、长期的、渐进的和克难攻坚的过程。要通过多种途径和方法，把全市上下各方的力量充分调动和参与到“三市”建设中来，更自觉地从根本上支持“三市”建设的推进，既要把困难估计得更充分一些，把应对措施考虑得更周密一些，又要注重从变化的形势中捕捉和把握

① “7+7”发展平台：指海宁经济开发区、农发区、经编园区、尖山新区、皮革城、城投集团7个市级重点发展平台和7个镇级工业功能区。

难得的发展机遇、在逆境中发现和培育有利因素，坚定建成“三市”的信心。具体工作建议有：

(1) 结合当前经济社会发展形势，充分利用学习实践科学发展观活动成果，在市委、市政府“勇立潮头、科学发展，加快‘三市’建设”重点课题调研基础上，尽快以市委、市政府名义下发《关于进一步深化改革开放推动科学发展加快“三市”建设的意见》，明确“三市”建设的内涵、目标、阶段性任务及主要举措。

(2) 延伸学习实践科学发展观活动“勇立潮头、科学发展，加快‘三市’建设”总载体的运用，将其作为今后几年全市宣传工作的主题，并据此制订每年的宣传方案，通过广泛宣传让各级各部门以及广大干部群众自觉地将自身工作实践与“三市”建设紧密结合起来。

2. 要在进一步完善机制上下工夫，着力解决目标不够清晰、执行不够有力的问题。

制是行之体。根据政府绩效管理理论，一个完整的管理过程包括目标形成——责任落实——绩效监控——考核评价——反馈支持五个基本环节，其中目标形成是基础。因此，要加快推进“三市”建设，必须立足于市委、市政府工作管理的全过程，根据经济社会发展的阶段性特征以及不同部门、单位的特点，建立起从决策到执行、到监督、到考核等的一整套体制和机制。这是“三市”建设的整体架构，也是加快“三市”建设的推进体系。具体工作建议有：

(1) 按照“三市”建设的总目标，探索建立“三市”建设指标评价体系，并从经济发展、社会发展、人民生活和生态环境等方面确定年度具体目标。同时，根据“三市”建设实际，通过调整指标权重、增设删减指标等办法，使“三市”指标体系逐步完善，更加科学。

(2) 设立市政府决策咨询委员会。增加市委政策研究室编制和力量，同时更名为市委、市政府研究室。利用海宁新闻网或海宁政府网，正式搭建一个“三市”建设建言献策的平台——如“三市”建设问计网（或网页），提高决策的民主化、科学化水平。充实市委、市政府督查机构力量，组建市委、市政府督查室，与市政府办公室合署，统筹和加强对全市面上“三市”建设重点工作的督查。

3. 要在进一步强化保障上下工夫，着力解决推进不够有序、重点不够突出的问题。

物是行之要。加快推进“三市”建设是一项系统工程，必须集中物力、财力和精力，有序推进。当前，一是对规划进行统筹。要根据加快“三市”建设总要求和市“十一五”规划，重点对土地利用规划、城乡建设规划、产业及经济区发展规划、文化旅游发展规划等进行统筹。二是对资源要素进行统筹。重点是对有限的财政资源和有限的土地资源实施统筹管理，加强对重点区域、重点项目、重点工程等的支持。三是对工作进行统筹。要适度打破部门界限，加大对某些工作（如村庄集聚与农村新社区建设、新市镇建设）的统筹推动力度，增强合力。具体工作建议有：

(1) 整合资源要素，加强土地利用总体规划调整修编与村镇建设规划编制的统筹，确保年内完成镇两规修编工作，实现几个规划之间的有机衔接。

(2) 运用《提高财政绩效水平，为加快推进“三市”建设提供资金保障》重点调研课题成果，进一步整合各类财政专项资金，发挥财政资金作用，寻求重点领域突破。

[编辑：曾晓莲]

大事记

Chronicle of Events

2009年实事项目完成情况

一、开展就业援助工作，全年新增就业岗位8500个，帮助5000名失业人员实现再就业，培训技术工人5000名、高技能人才800名。新增农民素质培训20,000人。至年底，全市新增就业岗位9200个（招工录用备案数减去外来务工人员及2009年新增失业人数），完成任务的108.2%；帮助5850名失业人员实现再就业，完成117.0%；培训技术工人5211名，完成104.2%；培训高技能人才1059人，完成132.4%；完成农民素质培训20,834人，完成104.2%。

二、深入实施城乡公交便捷工程，年内新增、调整公交线路8条，完成250个候车棚及新开通线路安全设施建设，推行城乡公交IC卡，在全市全面推行老年人乘坐公交的优惠措施。至年底，新建258个公交候车棚，新增、调整公交线路11条；制定出台《关于海宁市城乡公交IC卡系统的实施意见》，城乡公交IC卡于12月1日推出；全面实现城乡老年人乘坐公交车的优惠政策。

三、实施市区主要路口（段）改造工程，工程包括市区9个路口和1个路段的拓宽改造，分两期实施。一期工程文苑路（老年大学至文苑桥）路段和文苑路联合路口、水月亭路海昌路口、海昌路南苑路口等3个路口改造项目于10月完工并启用；二期工程文苑路海州路口、海州路文宗路口、文苑路南苑路口、文苑路塘南路口、农丰路塘南路口、硖川路碧云路口等6个路口改造项目于12月完工并启用。

四、推进安居工程建设，年内新开工建设安置房55万平方米，竣工35万平方米。继续抓好2008年8000平方米廉租房续建工程，启动再建8000平方米。至年底，新开工洛河二期东区、洛洲安置房二期、海昌路东侧区块、民和区块安置房（二期）、新海高（高丰）区块、东长村、伊桥区块等7个区块的安置房建设，共计55.1万平方米；群利区块城郊安置房、双凤村区块城郊安置房和群利区块环东山开发安置房共计35.2万平方米竣工。1.6万平方米的廉租房建设项目通过省国土资源厅"四类"项目审批，完成桩基工程，土建进场施工。

五、加快城乡环境卫生公共设施建设，年内完成垃圾转运站10座，市区新建公共厕所5座，整治50座，新建建筑垃圾堆场1个。至年底，完成垃圾中转站6座，在建1座，未开工2座，缓建1座。西山路硖北路口、南苑路、农丰路、海昌南路、海州路

(曹家河) 5座公厕建成启用。完成50座公厕独立式改造、内部墙地面、水电线路改造、水箱更换、公厕隔板安装、导厕牌(图)设置等整治任务。在海宁经济开发区大黄山附近新建建筑垃圾填埋场1个，组建建筑垃圾(渣土)管理办公室，8月1日建筑垃圾规范化处置工作正式启动，同时，与开放式小区建立建筑垃圾清理联系制度，实行日产日清。

六、实施城乡一体卫生服务信息化工程，实现城乡联网的居民健康信息化管理，年内居民电子健康档案建档率达80%以上，社区卫生服务中心和服务站信息化管理率分别达100%和70%以上。至年底，家庭、个人电子健康档案建档率分别为95.1%、99.6%，社区卫生服务站信息化管理率达100%，社区卫生服务中心信息化管理系统建设尚未完成。

七、实施困难群众和重点优抚对象医疗救助实时报结。至10月，困难群众和重点优抚对象医疗费用实时结报平台在海宁市人民医院和市第三人民医院正式开通并投入使用。

八、深入实施农贸市场改造提升工程，年内完成2个市区农贸市场改造提升，实施4个农村新农贸市场建设。制订出台《海宁市创建国家级卫生城市农贸市场整治与改造实施方案》，于9月和12月分别完成市区中心菜场和城西菜场的改造提升工程。新建的斜桥、黄湾、硖石、海洲4个农贸市场硬件设施均达到省政府规定的二星级文明市场标准要求，分别于2009年6月、12月、2月、1月建成开业。

(陈闵健)

2009年海宁市大事记

1月

1日 是日起，海宁市调高城乡居民最低生活保障标准，城镇居民每人每月340元，农村居民每人每月240元，人均月增40元。

6~8日 嘉兴市委常委、海宁市委书记俞志宏赴香港拜访查氏集团查刘璧如、王查美龙及周利春、姚汝源等香港海宁同乡会重要人士。

8日 海宁市召开国家重点项目——杭嘉线天然气管道工程海宁段政策处理工作动员大会。

同日 《海宁市人民代表大会志》举行首发式,为海宁市地方国家权力机关首部志书。

同日 中国电信海宁农村乡镇第一家全业务经营的合作营业厅在长安镇正式营业。

9日 在2008年度国家科学技术奖励大会上，浙江钱江生物化学股份有限公司参与完成的“高纯度井冈霉素生物催化生产井冈霉醇胺的产业化技术开发”和天通控股股份有限公司参与完成的“低功率铁氧体磁芯及新型节能磁性元器件”两项科研成果均获2008年度国家技术发明奖二等奖，是海宁首次获得国家科学技术奖励。

同日 水月亭路东延竣工通车。

12日 市四套班子领导分别走访慰问老知识分子、离退休老干部、老先进、老劳模等。

14日 召开扶贫帮困送温暖大会，慰问困难群众，部署2009年扶贫帮困工作。

同日 《浙江海宁经济开发区生态化建设与改造规划》通过省专家组评审。

15日 海宁市少年儿童体育学校被国

家体育总局认定为 2009~2012 年“国家高水平体育后备人才基地”。4 月 7 日举行揭牌仪式。

16 日　举行银企签约仪式，192 家企业、66 个政府项目与市内外金融机构签订贷款意向 88.47 亿元，其中市外银行 30.77 亿元。

17 日　市政府聘请国际篮球联合会终身名誉主席、世界华人协会创设会会长程万琦担任政府高级顾问。

19 日　浙江省服务“三农”出版物赠送仪式在盐官镇桃园村文化活动中心举行，省新闻出版局分配给海宁的“三农”出版物共计 5400 册（盒）。

同日　斜桥商贸中心开业，该商贸中心内设农贸市场、小商品市场和超市。

19 日~2 月 12 日　在第十届马斯喀特艺术节上，“海宁皮贴画”和“灯彩刺片”作为中国民间传统文化手工艺品，由文化部组织参展，市民间艺术家协会理事、皮贴画艺人徐荣应邀参加。

20 日　中央精神文明建设指导委员会授予浙江宏达经编股份有限公司“全国文明单位”称号、许村镇永福村“全国文明村”称号、洁华控股股份有限公司“全国精神文明建设工作先进单位”称号。

21 日　海宁市在嘉兴范围内首次推行党建工作全委会述职制度。

是月　中国国际钱江（海宁）观潮节被国际休闲组织、联合国国际生态安全合作组织评定为中国最佳旅游节庆活动品牌。

是月　海宁市被认定为“浙江省知识产权示范创建市”。

2月

2 日　占全市行政审批许可事项 1/3 的市规划建设局行政审批件全部进驻市行政审批服务中心并正式运行。

4~7 日　政协海宁市第十一届委员会第三次会议在市行政中心召开。

5 日　行政事业单位权属房屋管理工作协调会在市财政局举行，海宁市行政事业单位办公用房管理改革拉开序幕。

5~8 日　海宁市第十三届人民代表大会第三次会议在市行政中心召开。

6 日　中共中央政治局常委、全国人大常委会委员长吴邦国到海宁视察社会主义新农村建设情况。

同日　浙江中海建设有限公司和浙江恒力建设有限公司被建设部核准为房屋建筑总承包一级资质建筑业企业。

9 日　召开全市三级干部大会。

同日　市区 49 座公厕全部免费向市民开放。

同日　台湾大学、台北大学、辅仁大学、东海大学、淡江大学等十多所台湾院校的 300 名学生到海宁参观交流。

9~23 日　“硖石灯彩”参加中国非物质文化遗产传统技艺大展。

12 日　中国纺织工业协会副会长高勇一行到海宁调研纺织产业发展情况。

18 日　浙商证券有限责任公司海宁证券服务部正式开业。

19 日　沪杭铁路客运专线（沪杭高铁）增设海宁西站。

24 日　省委常委、省政法委书记、省公安厅厅长王辉忠一行到海宁调研打击整治“两抢”犯罪大会战工作。

26 日　省委常委、常务副省长陈敏尔到海宁调研小额贷款公司运营情况。

27 日　嘉兴市委书记陈德荣到海宁调研规划建设情况。

28 日　海宁经济开发区举行 22 个项目集中开工仪式。

是月　海宁经济开发区与上海漕河泾新

兴技术开发区完成合作园区选址工作，制订初步规划和实施方案，合作园区建设进入实质性运作阶段。

是月 海宁市荣获“浙江省平安农机示范市”称号，斜桥镇、丁桥镇被评为“浙江省平安农机示范镇”。

3月

2日 海宁援建四川青川首个产业项目——桑苗种植在青川县曲河乡开展。

3日 海宁市政府与比利时布鲁塞尔市签订友好合作备忘录。

4日 金庸（查良镛）获“2008年度影响世界华人终身成就奖”，该奖项由凤凰卫视等十余家富有影响力的华文媒体组织评选。

同日 农历二月初八，3万多市民到袁花镇皇岗“轧太平”。

5日 2009年海宁（香港）盐官观潮景区专题招商会在香港富豪酒店举行。期间，市长沈利农一行拜访金庸及香港海宁同乡会的部分会长。

7日 华夏银行股份有限公司海宁支行开业。

9日 市委、市政府组织召开深入学习实践科学发展观活动动员大会，对全市开展深入学习实践科学发展观活动进行全面动员部署。

同日 浙江省政协副主席王永昌到海宁检查考核“平安海宁”建设情况。

10日 浙江财经学院东方学院迁建工程在长安镇开工建设。

12日 副省长金德水到海宁调研皮革产业集群发展情况。

12～14日 首届海宁中国皮革原料、辅料采购节在海宁中国皮革城举行。

13日 海宁市首家楼宇党支部——中共硖石街道南苑社区创业楼宇支部挂牌成立。

14日 郭店中心小学教师高建甫成为首批赴青川支教的教师。

同日 海宁电信C网室外基站完成割接与安装调试。

15日 海宁市人民医院与上海长海医院结成协作关系。

16日 浙江日报报业集团与海宁市人民政府签订全面战略合作框架协议，海宁成为全省第一个与浙报集团签订合作协议的县(市)。

18日 2009年全省中小学幼儿园安全工作会议暨师生应急避险演练现场会在海宁召开。

同日 海宁首次举行一、二、三产联席招商引资会议。

18～19日 台湾嘉义县访问团到海宁访问。

19日 “浪漫春潮、相约海宁”春季文化旅游节暨世博宣传营销年活动在上海启动。海宁面向上海、杭州等长三角地区城市发放20万份优惠额度为2000万元的旅游优惠券。

20～21日 建设部“项目带动村镇规划一体化实施试点”工作调研组到海宁调研，并实地考察斜桥镇华丰村。

21日 海宁市招商局成立，为海宁市人民政府直属纯公益类事业单位。

21～25日 2009年全国速度轮滑教练员、裁判员培训班在海宁国际轮滑运动中心举行,来自全国各地的46名学员参加了培训。

23日 海宁市召开镇、街道公务用车制度改革动员会。自4月1日起，各镇、街道除党政正职公务用车各保留一辆外，取消其余公车，实行公务交通费用包干补贴。

同日 市文学艺术界联合会创作研究室成立，为全省首个县级文艺创作研究室。

25 日 海宁市第三届老年运动会在市体训馆开幕。

同日 海宁市太阳能企业制定高于国家标准的“联盟标准”，神太太阳能等 8 家企业成为海宁市太阳能行业质量标准联盟的首批成员单位。

26 日 “两优三服务”专项行动启动仪式暨“一企一干部，合力促发展”活动动员大会召开，35 名驻企干部参加培训。

同日 海宁中国皮革城组团参加中国国际服装服饰博览会，为期 4 天。

26～27 日 硖石灯彩 30 件作品参加第四十四届全国工艺品、旅游纪念品暨家居用品交易会，其中由胡金龙、孙杰创作的“富贵花瓶灯”获中国工艺美术行业最高奖——2009 年“金凤凰”创新产品设计大奖赛金奖。

27 日 海宁市首家镇级商会——丁桥商会成立并举行第一次会员大会，该商会共吸收会员 92 名。

同日 嘉（兴）绍（兴）高速袁花互通至杭（州）浦（东）高速丁桥互通连接线工程开工。

同日 浙江奥特莱斯购物广场在海宁连杭经济区开工建设。

同日 第二届袁花梨花节暨第三届村落文化艺术节在袁花镇梨园村开幕。

27～29 日 嘉兴市中小学生田径比赛在海宁市体育场举行。海宁市代表队获得金牌 23 枚，列团体总分第一。

30 日 海宁市政府与山东省科学院签订战略合作框架协议，双方将在高新技术成果转化及技术服务上开展全面合作。

同日 海宁市首家镇级土地流转服务中心——斜桥镇土地流转服务中心揭牌成立。

同日 浙江桑乐数字化太阳能有限公司一期工程竣工投产。

31 日 海宁市举办 2009 年太阳能产业发展论坛。

是月 由市文化广电新闻出版局选送并参与中国非物质文化遗产传统技艺大展的两盏硖石灯彩被文化部收藏。

是月 已按规定享受基本生活保障金（养老生活补助）待遇的被征地农民和农婚知青首次享受免费体检。

是月 在商务部、财政部组织的 2009“家电下乡”招投标中，浙江美大太阳能中全国太阳能热水器行业流通标。

是月 海宁市成功创建“浙江省老龄工作先进县（市）”。

4 月

1 日 海宁市行政事业单位国有资产管理系统正式启用，全市 298 家市级行政事业单位的国有资产全部纳入该系统实施管理。

同日 3G 无线宽带业务在海宁开通。

2 日 “神州七号”模型在市博物馆展出，同时举办感动中国——人民科学家钱学森爱国业绩展。

同日 第二届“卡拉羊”全国高校箱包设计大赛在上海落幕。

4 日 鸿翔建设集团向四川省青川县曲河乡中心小学赠送 100 套运动器材。

6～9 日 德国巴伐利亚州海尔夏德市市长史朗德率教育代表团，对海宁进行为期 4 天的正式访问。

7 日 市新居民事务局组织开展“关爱新居民、海港送便利”活动，浙江海港超市向 2 万名新居民发放 100 万元消费抵用券。

10～15 日 海宁越剧团自创剧目《西天的云彩——诗人徐志摩的故事》在中国大戏院、天津音乐学院、北京大学演出。

11～12 日 2009 年中国体育舞蹈公开赛（海宁站）暨第八届城市体育舞蹈锦标赛在市体育中心举行，来自全国各地 61 支代表队共930名选手参加比赛。

13日 省委学习实践科学发展观活动指导检查组到海宁检查指导学习实践活动。

同日 海宁市“家电下乡”工作推进会召开，“家电下乡”工作全面启动。

15日 由金华市副市长、义乌市市长何美华带队的义乌市党政考察团到海宁考察。

同日 海宁市供电局升格为副处级单位。

16日 省政协“建设生态浙江、提升发展质量”课题组到海宁调研。

同日 海宁市首家以土地作价入股组建的农机专业合作社——海宁市金牛农机专业合作社成立。

16~19日 海宁市17家旅游企业组团参加在大连举行的2009年中国国内旅游交易会，并举行海宁旅游专场推介会。

18日 总投资165万元的盐仓汽车站正式投入使用。

同日 市委副书记、市长沈利农一行赴青川县曲河乡考察援建情况，并慰问在川援建的海宁干部职工。

19日 嘉兴市委常委、海宁市委书记俞志宏率团赴德国、法国、意大利考察招商，为期12天。23日在柏林举行海宁2009德国柏林投资说明会。

20日 硖石街道西山社区成立首家社区计划生育协会——温馨港湾计划生育协会。

21日 海宁经编总部商务大楼建成，该建筑高123.32米。

22日 市规划建设局与中国电信股份有限公司海宁分公司签署《数字化城市管理项目合作协议》，海宁将在嘉兴各县（市）中率先实现城市管理从“人管”向“技管”转变。

同日 第四届海宁·中国经编设计大赛决赛在上海东华大学举行。23日，在上海世贸商城举行大赛颁奖晚会。

同日 市道教协会成立，并召开第一次代表会议。

同日 兄弟科技股份有限公司和天通控股股份有限公司获市政府最高质量荣誉奖——“海宁市市长质量奖”。

23日 浙江海利得新材料股份有限公司的“海利得”商号荣获2008年度“浙江省知名商号”称号。

25日 2009年海宁休闲购物节开幕，向市民发放价值5000万元的消费抵用券，70家商家加盟该活动，活动延续至5月10日。

27日 海宁市第一只企业债券——市资产经营公司企业债券开始发行。债券发行规模12亿元，期限7年。

同日 俄罗斯地方媒体负责人代表团到海宁考察经济发展情况。

28日 全国打击违法添加非食用物质和滥用食品添加剂专项整治考核评估组到海宁开展整治效果暗访检查。

29日 海宁市召开“六城联创”暨创建国家卫生城市和创建国家园林城市工作动员大会。

同日 举行“全市一村一法律顾问”工作现场会，全市182个村、社区全面推行农村法律顾问制度。

同日 海宁市供电局线路工陈新益获2009年“全国五一劳动奖章”荣誉。

30日 《海宁方言志》由浙江人民出版社正式出版，为海宁历史上第一部方言志书。

是月 08省道改建工程长山河大桥主体工程建设全面完成，该工程为省重点工程。

是月 浙江省文物考古研究所与海宁市博物馆组成联合考古队，对海宁市小兜里遗址进行考古发掘。至7月，共发掘面积940平方米，清理崧泽晚期至良渚文化墓葬19座，出土陶、石、玉、牙、漆器等273件（组）。

5月

1～3日 在第三届全国少年速度轮滑锦标赛上，海宁代表队夺得5枚金牌、1枚铜牌，并获团体总分第二名。

4日 连杭经济区启潮路、启辉路口发生一起重大交通事故，造成6人死亡、4人受伤。

同日 海宁市供电局荣获2008年度“全国电力行业用户满意企业”称号。

同日 举办纪念五四运动90周年文艺晚会。

5～6日 中央电视台六套中国电影报道专题摄制组到海宁，拍摄在“电影下乡”活动中的先进典型——许村镇沈士电影队放映员徐九斤的事迹。

6日 沪杭铁路客运专线（沪杭高铁）海宁段正式开工建设。

7日 市委、市政府召开纪念海宁解放60周年座谈会。

8日 海宁市第六次归侨侨眷代表大会召开，选举产生第六届侨联委员会。

9日 来自日本、韩国、美国等6个国家21个地区的50多位驻沪机构代表到海宁参观考察。

10日～6月11日 海宁市首创建设行政审批GPS系统，率先在建设管理、质量监督项目审批中启用“GPS式”审批。

11日 海宁·上海制造业招商暨项目推介会在上海举行，共推出5个制造业项目和经编总部商务区招商项目。

同日 由中央电视台与浙江广电集团联合摄制的大型电视纪录片《天下钱塘》在海宁开拍。

同日 嘉兴市商业银行驻经编园区金融服务工作室成立。

同日 海宁市民捐赠的2万册“爱心书”运抵四川省青川县曲河乡。

14日 2009年全国速度轮滑测试邀请赛在海宁国际轮滑运动中心开赛，为期2天。

同日 海宁市争取到中央2009年地方政府债券（一期）资金17,564万元，专项用于重点铁路项目沪杭客运专线海宁段建设。

15日 全省农村公路工作会议在海宁召开，海宁市获“全省农村公路养护管理试点工作先进县（市）”称号。

同日 宏达高级中学成为上海外国语大学附属学校，宏达教育集团与上海外国语大学合作办学进入深度合作阶段。

同日 海宁市“农村文化成果展示年”活动启动仪式在马桥街道文化广场举行。

16～18日 举行“中国书法与海宁”暨纪念书法家陈奕禧逝世300周年学术研讨活动。

17日 嘉兴台协海宁市联谊会召开第四次会员大会，选举产生新一届理事会。

18日 市科技活动周启动。

19日 海宁市知识产权保护促进中心成立。

21日 公安部消防局、全国消防宣传策划专家组、各省（自治区、直辖市）的消防总队领导等百余人，到海宁参观考察全民消防宣传教育工作。

22日 华润万家海宁店开业，为海宁市城南区块最大的购物中心。

22～25日 2009台北两岸观光博览会在台北举行，海宁旅游交流团随浙江省旅游交流团首次赴台参展。

23日 天通博创科技股份公司高性能光通信器件产品技改项目被国家发改委、工业和信息化部列为电子信息产业振兴和技术改造项目2009新增中央预算内投资计划。

同日 “创国卫、保健康、清洁家园”志愿者大行动在海宁剧院广场启动。

同日 浙江之声《阳光行动》大型直播活动走进海宁，活动主题为“优化环境，服务企业”，市长沈利农亲自上线倾听民意。

23~24日 创建国家园林城市省专家考核组对海宁创建工作进行初审，先后对城南公园、城市万亩片林、城市生态（湿地）公园、西山公园、第三水厂等生态建设工作进行实地考察。

25日 经编产业促进中心项目列入国家发改委2009年第三批扩大内需中央预算内投资计划，获400万元中央预算内投资。

同日 “马桥经编”浙江区域名牌推广使用动员大会在海宁经编产业园区举行。

同日 市公安交警部门开始为期50天的严重交通违法行为集中整治行动。

26日 举办2009“精英聚潮乡·合力助两创”人才科技系列活动启动仪式暨太阳能光热（伏）产业科技合作洽谈会。

27日 连接海宁临杭新区和余杭主城区的跨城市快速道路——人民大道正式通车。

同日 海宁市人口与计划生育局与安徽省阜阳市签订流动人口计划生育区域协作协议书。

同日 海宁市留学生联谊会第二次会员代表大会召开，选举产生第二届留学生联谊会理事会。

28日 斜桥镇民俗文化艺术节开幕，为期9天。

30日 2009年中国乒乓球俱乐部超级联赛男子团体第三轮比赛在海宁开赛。

同日 市人才市场首次举办海宁籍大中专毕业生专场招聘会。

30日~6月2日 在2009年全国青少年男子举重锦标赛上，海宁运动员获3枚金牌、3枚银牌。

6月

1~3日 首届海宁旅游联盟全国合作峰会召开，来自全国近30家海宁旅游合作单位到海宁共商联盟合作事宜。

2~4日 省委常委、组织部长斯鑫良到海宁市盐官镇桃园村蹲点调研，并到丁桥镇考察村庄整治和新农村建设工作。

4日 海宁、嘉兴、杭州三地公交城市通卡正式启用，海宁公交城市通卡在嘉兴、杭州两地均可使用。

5日 市台胞台属第六次代表大会召开，选举产生第六届理事会。

同日 第四届中小学生科普剧比赛在海宁剧院举行。

7日 四川省青川县曲河乡党政领导考察团到海宁进行为期4天的考察访问。

8日 百汇海隆广场一期正式开业。

同日 农历五月十六，许村镇翁埠村举行传统“元帅庙会”。

9日 市委常委会召开学习实践科学发展观专题民主生活会，嘉兴市委书记陈德荣参加会议。

10日 浙江省原省长沈祖伦到海宁调研统筹城乡发展和新农村建设情况。

同日 海宁市5项中小企业创新项目获国家科技型中小企业技术创新基金2009年度第一批立项。

同日 嘉兴市委常委、海宁市委书记俞志宏会见到海宁考察的日中经济贸易中心理事长青木俊一郎一行。

12日 市公安局在海宁剧院广场召开严厉打击卖淫嫖娼违法犯罪活动公开处理大会。

同日 海宁市党政考察团赴嘉善县、嘉兴市南湖区考察新市镇、新社区建设工作。

同日 农历五月二十，已有百年历史的海宁民间传统消防节目“水龙会”在市区茅桥至高阳桥的市河两岸举行。

15日 海宁市召开“五小”行业参与创建国家卫生城市动员大会，开始对市区1500家“五小”行业经营户进行集中整治。

15～19日 在第二十届中国哈尔滨国际经济贸易洽谈会上，海宁以近百平方米展馆展示“观潮胜地、皮革之都”城市形象。常务副市长沈向宏参加浙江·黑龙江经济合作洽谈会和嘉兴市——穆棱市经贸合作恳谈会。

16～17日 浙江省部分经济强县（市、区）行政审批服务中心第八次主任联席会议在海宁召开。

17日 省委常委、副省长葛慧君到海宁检查指导禁毒工作。

同日 海宁在宁波市举办五大物流重点项目推介会。

同日 中央电视台七套《科技苑》栏目摄制组到海昌街道和田龙农庄进行鲜鹿茸深加工技术的专题拍摄。

18日 500千伏由拳（原海宁）变电站正式投产使用，是华东电网首座500千伏数字化变电站。

同日 斜桥镇华丰村顾炳康等3位农民飞赴巴西，从事农业开发。

19日 海宁公园码头工程通过交工质量鉴定投入使用，该工程自2008年7月开工，新建300吨级泊位8个。

同日 海昌水果专业合作社成立。

同日 海宁查氏集团综合发展暨高星级酒店项目正式开工建设，项目计划总投资4900万美元。

20日 由海宁中天检测有限公司（浙江省经编产品质量检验中心）主持起草的国家标准GB/T 22852-2009《针织泳装面料》正式获国家标准化委员会批准发布，于2009年12月1日正式实施。

同日 2009年海宁汽车博览会在百汇海隆广场举行，为期2天。

22日 2009尖山杨梅节开幕。

同日 连杭经济区在省人民大会堂举行投资环境推介和项目集体签约活动，11个项目落户海宁，总投资额超16亿元。

25日 苏州市金阊区党政考察团到海宁考察。

25～28日 2009全国男排大奖赛总决赛在市体育馆举行，为期4天。

28日 海宁企业经营管理者学院第一期高级工商管理总裁研修班结业。

29日 市土地流转服务中心揭牌成立，覆盖市、镇、村三级的土地流转服务网络全部建立。

30日 海宁市120急救指挥中心正式成立，实现全市急救资源的调整整合。

是月 浙江海宁经编产业园区被浙江省经济和信息化委员会评为2008年创新型工业园区。

是月 由浙江南大投资控股有限公司投资的连锁集装箱式集成超市——“好立方”连锁便利店项目在海宁启动，一期试点投放100家连锁门店。

是月 斜桥镇中心小学被认定为嘉兴市非物质文化遗产皮影戏传承基地。

是月 海宁市开展涉企收费集中清理月活动，为企业减负约569.5万元。

是月 海宁市4232名应届高中生参加新高考。全市文科上线1561人，其中重点155人、本科747人；理科上线2192人，其中重点346人、本科1113人。

7月

1日 海宁市全面开通群众来信“绿色邮政”。

同日 浙江省消防宣传教育工作推进会在海宁召开，来自全省11个消防支队的分管消防宣传工作领导、宣传教育中心负责人等50多人，到盐官观潮景区、宏达学校、消防大队参观全民消防宣传教育工作。

同日 《海宁市社会主义时期党史专题集》（第三辑）正式出版发行。

同日 周王庙镇博儒桥村党建文化主体公园——博雅公园正式开园，是海宁市首个党建文化主题公园。

2日 全市治安、交通安全大宣传活动启动。

4日 财政部副部长李勇到海宁调研皮革产业发展状况。

7日 市史志办公室举行纪念抗日战争全面爆发72周年暨《血色潮乡》首发式。

同日 市人口与计划生育局与浙江省乐清市签订协议书，强化流动人口计划生育服务管理。

13日 政协第一届企业家联谊会成立大会召开,市政协副主席高兴龙当选为会长。

同日 市法律援助中心残联法律援助工作站正式成立，该工作站设在市残联办公室。

18日 文化部检查组对海宁市全国文化先进县（市）进行复评，并实地考察市文化馆、盐官镇文化中心、图书馆盐官分馆、盐官镇桃园村和红友村文化活动中心。

同日 全国政协原副主席王文元到海宁参观考察。

同日 2009年海宁市夏季人才交流大会暨大中专毕业生就业招聘会在市人才市场举办，与会单位178家，提供职位1700余个，应聘者6000多人。

同日 郭如松、金伟民等5名赴川援建人员被四川省青川县人民政府授予“青川县荣誉市民”称号。

20～22日 来自海峡两岸的200多位天文学家齐聚海宁，参加海峡两岸天文望远镜及仪器学术研讨会暨2009年日全食观测活动。

22日 国家天文台赠送海宁日晷,并授予盐官景区2009年日全食指定观测地铜牌。

同日 泰国公主诗琳通到海宁观潮，并题写“天下奇观”四字。

同日 嘉兴市委书记陈德荣到海宁调研新市镇和新社区建设工作情况。

23日 海宁市慈善总会第二次会员代表大会召开，阮张汉当选为会长。

24～25日 举办首届精品水果展示展销会，全市共47家水果专业合作社和种植大户参评参展。

25日 嘉兴台协海宁市联谊会举行会长交接暨成立五周年庆典。

同日 举办首届海宁国际数码节暨颐高数码广场开业。

29日 由海宁中国皮革城股份有限公司在辽宁省灯塔市佟二堡投资建设的佟二堡海宁皮革城开工建设。

30日 由交通和邮政部门联合构建，以“好立方”农村连锁便利店为载体的嘉兴市农村物流配送体系试点建设启动。

31日 海宁籍飞行员、空军某师副参谋长杨永飞被解放军总政治部评为“全军十大学习成才标兵”。

8月

1日 是日起，海宁市在嘉兴地区率先对个人二手房交易所涉及的税收实行最低计税价格管理办法。

4日 海宁市5个国家农业综合开发项目通过省级验收，5个项目分别为2007年度夹山中低产田改造项目和省级优质地方鸡基因库养殖项目，2008年度钱江、广丰中低产田改造项目、8.5万吨配合饲料加工扩建项目。

6日 中国国际贸易促进委员会浙江省海宁市支会、中国国际商会海宁商会成立并召开第一届会员代表大会。

6～11日 2009年第八号台风“莫拉克”影响海宁市，期间出现大风与暴雨天气。

7日 皮革城设备维修电工组组长张钱华赴杭州采血，成为海宁捐献造血干细胞第一人。

7～10日 在浙江省青少年射击锦标赛上，海宁市运动员代表嘉兴市参赛，获11枚金牌、8枚银牌、6枚铜牌，团体总分第三名。

9日 市四套班子领导组织召开防御“莫拉克”台风紧急会议，先后启动防台风Ⅳ级和Ⅲ级应急响应。全市动员转移群众6000余人，无一人伤亡。

10日 省科技厅发文批准建立海宁太阳能利用省级高新技术特色产业基地，批准浙江美大太阳能工业有限公司、浙江力诺宝光太阳能有限公司、浙江桑乐数字化太阳能有限公司等4家企业为该特色产业基地骨干企业。

12日 出台《关于海宁市城乡居民社会养老保险对象丧葬费用补贴试行办法的通知》，对全市范围内参加城乡居民社会养老保险或享受高龄老人基本生活补助的城乡居民发放丧葬费用补贴和骨灰盒存放补贴。

同日 海宁市科技创业中心被省科技厅认定为省级专业科技企业孵化器。

13日 位于城南区块的海宁市金融中心正式开工建设。

14～16日 在第二十四届全国速度轮滑锦标赛上，海宁轮滑队以10金、8银、3铜的成绩荣获金牌第一，团体总分第二。

18日 浙江省质监局标准化重点项目验收组通过对由中天公司（浙江省经编产业标准化技术委员会）和马桥经编行业协会承担的“制定和实施灯箱广告布联盟标准项目”验收。

同日 海宁中国皮革城列入由央视网组织评选的新中国成立60周年——推动中国经济·影响民众生活的60个品牌。

18～19日 海宁市残疾人青少年田径、游泳比赛在市紫微小学和城西游泳池举行。

20日 出台《海宁市在重大决策重点项目中引入信访风险评估机制的实施意见》，海宁在嘉兴范围内率先实行信访风险评估机制。

同日 全市锅炉余热回收装置专项整治工作全面完成，25家有机热载体锅炉使用单位余热回收装置达到安全运行要求，预计每年可节能3000万元。

同日 海宁市公路养护中心站正式启用。

同日 由省工商局、公安厅、文化厅和通信管理局联合组成的检查组，到海宁开展“黑网吧”整治工作。

21日 海宁市加快推进残疾人事业发展暨创建浙江省扶残助残爱心城市动员大会在市行政中心召开。

23日 2009俄罗斯国际大马戏中国巡演海宁站演出在市体育中心举行。

24日 中央电视台对海宁市质监局服务“家电下乡”中标太阳能热水器生产企业与加强“家电下乡”产品质量监管进行专访，并在8月29日的《新闻联播》和《整点新闻》中播出。

25日 省人大常委会副主任冯明到海宁调研财政预决算执行情况。

27日 召开全市推进村庄集聚加快现代新市镇和城乡一体新社区工作会议，部署村庄集聚工作。

28日 市知联会召开第二次会员大会，选举产生新一届理事会。

29日 尖山新区和中国兵器凌云工业集团举行签约仪式。

30日～9月4日 嘉兴市委常委、海宁市委书记俞志宏和市委副书记、市长沈利农分别率党政考察团赴江苏昆山、海门及山东胶南、胶州、即墨等地学习考察。

31日 海宁市公务员绩效管理与考核试点工作全面启动。

同日 出台《海宁市义务教育学校绩效工资实施办法》，自2009年1月1日起，对全市执行事业单位岗位绩效工资制度的义务教育学校正式工作人员实施绩效工资制度。

9月

1日　是日起，海宁市全面开展市镇两级领导接访活动。

1日～11月30日　市综治办会同市直属机关党工委、市公安局组织各部门、各镇、各街道的党员、干部及志愿者开展秋季治安“大巡防”活动。

2日　海宁市文化志愿服务启动仪式在盐官镇文化活动中心举行，《人民日报》专栏报道。

5日　海宁制定的《家纺产业装饰用机织物联盟标准》获批发布。

同日　浙江海宁经编生产性服务业集聚区发展规划评审会在杭州举行，为全国首个通过专家评审的生产性服务业发展规划。

8日　上海浦东发展银行股份有限公司嘉兴市海宁支行正式开业。

8～20日　海宁市率先完成县道以上公路编号标志牌设置工作，海宁市所有公路编号均列入全国公路网编码库。

10日　海宁市交通事故保险理赔服务中心成立。

同日　宏达教育基金会向优秀教师、贫困教师发放10万元奖金和慰问金。

11日　浙江省2009年度国库集中支付改革工作会议在海宁召开。

11～13日　第二届海宁（中国）太阳能产业博览会在市体育中心举办。

12日～10月4日　海宁硖石灯彩有限公司应香港亚洲飞耀艺术基金会的邀请，参加中国民间艺术展览会——中华彩灯展及中国花灯耀香江——中华彩灯展览活动。

16日　海宁市举行首届道德模范颁奖晚会。

17日　沪杭客运专线（沪杭高铁）海宁西站站区规划研究评审会召开。

17～26日　“海宁中国皮革城杯”2009世界速度轮滑锦标赛在海宁举行。

18日　海宁久达光电科技有限公司获海宁市首笔专利权质押贷款，嘉兴市商业银行海宁支行向其发放50万元专利质押贷款。

同日　硖石供电所获“全国质量信得过管理小组”称号。

19日　省重大科技专项（优先主题）国际合作项目——“新型循环高效节水与清洁化制革关键技术研究与集成示范”通过专家组的评审和验收，该项目由海宁皮革研究院、海宁富升裘革有限公司、温州大学、海宁兄弟皮革有限公司共同参与完成。

22日　海宁市召开深入学习实践科学发展观活动第二批总结暨第三批动员大会，第三批深入学习实践科学发展观活动正式启动。

同日　市委宣传部、文联、文广局联合下发《关于深入开展文化志愿服务活动的实施意见》，着力在全市构建市、镇（街道）、村（社区）三级文化志愿服务网络体系。向社会公开招募首批文艺志愿者420人。

23日　浙江省文化厅公布第三批浙江省级非物质文化遗产项目代表性传承人名单，海宁市有6名传承人入选，全市已有13人被确定为浙江省级非物质文化遗产项目代表性传承人。

24～25日　代表浙江电网SG186工程安全生产管理系统配电管理模块的嘉兴海宁试点，通过国家电网公司SG186工程专家组验收测评。

25日　海宁尖山新区10千伏春富315线试点改造工程正式启动。

26日　全国百余名公路管理局局长到海宁考察农村公路建、管、养、运一体化管理工作。

同日　硖（石）许（村）公路长安至许

村段正式建成并试通车。

同日 位于海宁经济开发区的海宁市二手车交易市场开业。

28日 市政府聘请中国轻工业联合会名誉会长陈士能为市政府高级顾问。

同日 第五届中国商品市场峰会在海宁召开。峰会发布“中国浙商行业龙头市场”和“中国浙商对外投资龙头市场”两大榜单，海宁中国皮革城榜上有名。

同日 由海宁皮革研究院与海宁中国皮革城网络科技有限公司合作建立的“网上皮革城”上线。

28日～10月8日 海宁市举办2009年中国国际钱江（海宁）观潮节、第十六届海宁·中国皮革博览会及2009年海宁·中国家用纺织品博览会。

29日 举办庆祝新中国成立60周年暨市艺术团成立文艺晚会，海宁市艺术团是嘉兴市首个县级艺术团。

同日 总投资1.8亿元、按三级乙等医院标准建设的康华医院（原森桥医院）落成开业。

同日 海宁市看守所被省政府授予“浙江省模范集体”称号。

10月

3日 市公安局成功破获“7·20”利用互联网开设赌场案件。

5～6日 2009“鑫奥林杯”活力板公开赛在海宁举行，来自全国各地共15支代表队171名运动员参加比赛。

16～25日 在第三届中国民间艺人节上，海宁市硖石灯彩艺人胡金龙被评为“中国十佳民间艺人”，为浙江省唯一获此殊荣的民间艺人。

16～28日 在第十一届全运会上，海宁运动员获2枚金牌。

18日 海宁中国皮革城四期工程举行奠基仪式。

同日 海宁市体育局被国家体育总局评为“全国群众体育先进单位”，海宁市副市长朱海英获“全国群众体育先进个人”称号。

同日 海宁市杭东农副产品物流中心正式开业。该中心坐落于许村镇巷东村，是以批发和中转蔬菜、水果、水产品等农副产品为主的大型交易中心。

同日 海宁市尖山新区杭州湾大道海市路口发生一起重大交通事故，一辆江苏牌照小面包车与一辆浙江牌照轿车相撞，造成江苏牌照小面包车内乘员5死3伤。

19～21日 由中国诗歌学会、浙江省作家协会、海宁市人民政府共同主办的第二届中国（海宁）·徐志摩诗歌节在海宁举行。

20日 全省“法律进市场”工作推进会在海宁召开。

21日 大型普法网站“紫薇说法网”正式开通。

21～22日 住房与城乡建设部专家组对海宁市创建国家园林城市工作进行实地考核验收。

22日 市统计局首次以市政府新闻发布会的形式发布2009年前三季度海宁市国民经济运行情况。

同日 市第二十二个“老人节”庆祝大会暨老年运动会闭幕式在市体训馆举行。

同日 海宁经编产业联盟标准审定会召开。浙江省经编产品质量检验中心（海宁中天检测有限公司）会同马桥经编行业协会、15家经编龙头企业代表审定通过《经编双轴向涤纶基布》、《合成纤维土工格栅》和《玻璃纤维土工格栅》3个联盟标准，并向市质监局报批备案。

25～28日 嘉兴市委常委、海宁市委书记俞志宏率团赴四川省青川县曲河乡考察对口援建工作和援建项目进展情况，并赴成都市考察。

28～29日 中国疾病预防控制中心艾滋病防治专家组到海宁检查督导艾滋病防治工作。

30日 中国证券监督管理委员会发行审核委员会第116次会议审核通过海宁中国皮革城股份有限公司的首发申请。

是月 海宁市开展“奋战八十天百亿投入百万拆迁项目推进”专项行动，为期2个月。14名市领导带领14个工作组深入项目推进一线，完成年初确定的工业生产性投入105亿元、拆迁面积104.9万平方米的任务。

11月

4～5日 苏浙沪十五县（市、区）政协工作研讨会在海宁举行。

7日 海宁市举办2009海外高层次留学人员交流洽谈会，12位海外留学博士应邀到会，各镇、街道、开发区及相关企业负责人与留学人员进行项目洽谈。

9日 第四届海峡两岸经编研讨会首次在台北举行。

10日 中国经编总部商城开业，135家企业入驻。

同日 海宁经济开发区管委会举行13个项目集中开工投产仪式，其中包括7个市重点项目和6个投产项目。

11日 斜桥镇被中国包装联合会命名为“中国包装名镇”。

11～12日 省卫生强市强县考核管理办公室专家组对海宁市创建“浙江省卫生强市（县）”工作进行考核。

13日 《人民日报》、中央电视台、中央人民广播电台、新华社、《法制日报》及《中国国土资源报》6家中央新闻媒体集体采访海宁市加强土地批后监管、促进节约集约利用方面的经验做法。

14日 海宁市汽车西站开工，该站位于长安镇，是海宁西部交通换乘枢纽。

同日 海宁市首支镇文化志愿者服务队在海洲街道成立。

17日 由海宁中天检测公司主导参与修订的行业标准FZ/T 72001-2009《涤纶针织面料》获中华人民共和国工业和信息化部批准发布，于2010年4月1日正式实施。

18日 海宁市通过国家三类城市语言文字工作评估。

同日 省委常委、组织部长斯鑫良到海宁指导督查盐官镇开展第三批深入学习实践科学发展观活动。

同日 市图书馆周王庙分馆开馆。

19日 晨雪，为海宁有气象记录以来降雪时间最早年份。

19～20日 召开共青团海宁市第十六次代表大会，选举产生新一届委员会。

20日 市侨办在香港举行香港嘉兴同乡会海宁分会成立五周年庆典活动。

同日 海宁市召开企业文化建设推进会暨2009海宁企业文化论坛，丝绸之路控股集团有限公司董事长凌兰芳受邀与海宁的80多位企业负责人互动交流。

21日 南苑中学、实验小学、桃园小学、南苑小学、紫微小学、鹃湖学校6所学校体育设施正式开始免费对外开放。

同日 韩国农业部水稻病虫防治专家李炳锡到海宁考察交流。

24日 海宁市文化广电新闻出版局被人力资源和社会保障部、文化部授予“全国文化系统先进集体”称号。

25日 海宁市许村镇、袁花镇、黄湾镇3个“省级生态镇”和长安镇、盐官镇、斜桥镇3个“全国环境优美镇”通过上级组织复评。

同日 海宁市获省级“除四害先进城区”称号。

26日 浙江省重大服务业项目——浙江连杭物流有限公司在连杭经济区开工建设。

27日 嘉绍高速海宁互通连接线08省道至硖（石）尖（山）公路段开工。

30日 省级重点工程——海宁垃圾焚烧发电厂全面竣工并正式投入运行。该项目日处理生活垃圾600吨，每年可发电5000万千瓦时。

同日 全国土地市场动态监测与监管现场会在海宁召开，为期3天。

是月 海宁市获长三角城市市场信息协作网组织评选的“2008年长三角地区县（市）商业十强”称号。

是月 由海宁市珍稀史料文献丛书编纂委员会整理的《海昌外志》（点校本），由方志出版社出版发行。《海昌外志》由明末海宁人谈迁著。

12月

1日 澳大利亚西南发展委员会首席执行官唐·庞奇到海宁访问，市委常委、副市长赵莫辉与其商谈海宁市与澳大利亚西南区玛格丽特河郡结好事宜。

同日 海宁市启用城乡公交IC卡收费系统，并同步实施老年人乘公交车优惠政策。

同日 市政府被国土资源部、农业部评为“全国基本农田保护工作先进单位”，市国土资源局副局长唐勇强获“全国基本农田保护工作先进个人”称号。

同日 海宁市第三人民医院与浙江大学医学院附属第一医院协作签约，成为浙一医院协作医院。

3日 水利部总规划师周学文及全国各省市水利厅领导到海宁参观考察生态河道建设工作。

3～4日 农业部、卫生部联合调研组到海宁调研食物与营养发展纲要有关内容。

4日 海宁市召开“十二五”规划编制工作动员大会。

5～13日 在第五届东亚运动会上，海宁籍运动员严诗敏与队友合作，在赛艇女子轻量级2000米四人双桨比赛中获金牌。

6日 海外人才海宁行暨项目推介会在市行政中心举行，来自上海、杭州等地的50多位海外高层次回国人才参加会议。

同日 平阳县委书记、县人大常委会主任仇杨均率党政考察团到海宁考察。

7日 四川省广元市委书记、市人大常委会主任罗强率党政考察团到海宁考察。

同日 海宁市被中国包装联合会命名为“中国包装名市”。

9日 海宁市国家级基本农田保护示范区建设通过省专家组验收。

同日 国务委员、公安部部长孟建柱签发命令，给海宁市看守所记集体一等功。

9～11日 全省综治工作研讨会在海宁召开。

10日 辽宁省辽阳市灯塔市委书记陈崇科率党政考察团到海宁考察。

同日 海宁市举行2010年投资项目推介会，将2010年要重点开发和建设的179个政府投资项目和31个工业项目向银行推介。

15日 浙江华信建设有限公司被建设部核准为房屋建筑总承包一级资质企业，全市已有3家建筑企业获得房屋建筑总承包一级资质。

17日 海宁市人民政府、上海漕河泾新兴技术开发区、海宁经济开发区签署全面合作协议，全面启动上海漕河泾开发区海宁分区建设。

同日 浙江省太阳能产品质量检验中心在袁花镇成立。

同日 市委社会工作委员会办公室挂牌成立，设在市民政局。

同日 海宁市法学会成立并召开会员大

会，选举产生第一届理事会和领导机构。

同日 全省部分地税分局（所）长研讨会在海宁召开，来自全省地税51个税务分局（所）长参加会议。

18日 盐仓污水处理厂三期（应急）工程竣工。该工程于2008年9月开工建设，日处理污水5万吨。

同日 尖山污水处理厂一期工程举行开工典礼，该工程日处理污水5万吨。

同日 海宁市首届农博会开幕。

18~20日 在2009世界休闲旅游发展高层论坛上，海宁中国皮革城获“国际休闲旅游购物基地”称号，海宁中国皮革城股份有限公司董事长任有法获“2009年度旅游风云人物”称号。

21日 文化部非物质文化遗产保护督查组对海宁市非物质文化遗产保护工作进行检查。

同日 在浙江省首届艺术团文艺汇演暨2009年浙江省民族民间乐团（队）比赛上，海宁市艺术团创作的舞蹈《水车欢歌》获全省中老年组演出和创作两项金奖。

22日 嘉兴市首个中小企业债权投资信托基金项目——“经编之歌”落户海宁。首期向海宁市14家成长型中小企业发放5000万元的信托贷款。

同日 海宁市少年儿童体育学校被国家体育总局田径运动管理中心命名为“2009~2012国家女子撑杆跳高项目奥林匹克高水平后备人才基地”。

23日 《海宁市农村宅基地置换市区公寓房和农村集体土地承包经营权置换生活保障暂行办法》出台，鼓励农村宅基地置换市区公寓房和农村集体土地承包经营权置换基本生活保障。

同日 海宁市地方税务局硖石税务分局被国家人力资源和社会保障部评为“全国税务系统先进集体”。

30日 许村镇人民政府档案工作目标管理通过省一级达标验收。

31日 嘉兴市委书记陈德荣到海宁检查考核2009年度推进惩防体系建设和落实党风廉政建设责任制工作情况。

同日 市委组织部举行“潮乡组工”网站改版升级暨外网开通仪式。

同日 德俊功能性经编面料省级高新技术企业研究开发中心和海利得车用差别化纤维省级高新技术企业研究开发中心被省科技厅列入2009年第二批省级高新技术企业研究开发中心建设计划。

同日 市政府举行Ⅳ级重大药品安全事故应急演练。

是月 “海宁皮革”获浙江省区域名牌称号。

是月 《中国共产党浙江省海宁市组织史资料》（第四卷）由中共党史出版社出版发行。

是月 海宁市公交便捷工程全面完成。两年新增、改建公交候车亭896个，调整公交线路24条，全市公交车上推行IC卡，城乡老年人乘公交均享受同等优惠待遇。

是月 在第三届中国旅游论坛暨中国旅游高端智库专家联席会议上，盐官观潮景区被授予“2009中国最佳旅游目的地”称号，海宁市副市长、盐官观潮景区管委会主任施震东被授予“2009中国旅游创新人物奖”。

（档案局 史志办）

[编辑：曾晓莲]

海宁概貌

General Information of Haining

地理环境

【地理位置】 海宁市位于浙江省东北部，嘉兴市南部。地理坐标北纬30°15′~30°36′、东经 120°18′~120°53′。东邻海盐县，南濒钱塘江，与上虞市、杭州市萧山区隔江相望。西接杭州市余杭区，北连桐乡市、嘉兴市秀洲区，东距上海 125 千米。沪杭铁路、101 省道杭沪复线、杭浦高速公路东西横贯市域，沪杭高速公路、320 国道越过北境，杭州绕城公路东线穿行西部。形成以“两横七纵两连”为主框架，市、镇、村公路纵横交错的现代化交通网络，短途客运便捷化，村村通城乡公交。定级内河航道 47 条，主干线航道与京杭大运河相连。

【自然环境】 海宁市域地处长江三角洲杭嘉湖平原，内陆面积 700.50 平方千米。地形狭长，东西长 51.87 千米，南北宽 33.40 千米。地势平坦，自西南向东北倾斜，地陆高程 4~8 米（吴淞高程，下同），古陆残屿与低丘集中分布在境东北和东南部，高阳山最高，海拔 253.3 米，其他在 200 米以下。海宁属北亚热带海洋性湿润气候区，气候温和，雨量较丰，日照充足，四季分明。因地处中纬度，冷暖空气经常在此交会，有旱、涝等灾害性天气出现。耕地土质南砂北粘，结构良好，水气协调，酸碱度适中，适宜多种作物生长。海宁属太湖流域水网地带，境内有上塘河和运河两个水系。水资源以河网径量为主，外来水利用率高，地下水控制开采，总量能满足工农业生产和人民生活需要。自然条件优越，至 2009 年底约有 730 种植物和 500 余种动物在此地域生长繁衍。海宁地居钱塘江河口北岸，境内岸线长 55.35 千米，钱塘江水域（不含尖山围垦）130.94 平方千米。“海宁潮”是世界著名的自然景观，尖山新区（黄湾镇）大尖山附近江面是涌现“海宁潮”的起点。

（史志办）

历史沿革

【建置】 海宁是良渚文化发源地之一。据考古资料证明，在六七千年前，海宁土地上已有先民生息。在春秋战国时，海宁是越、吴、楚的武原乡、槜李乡、御儿乡属地。秦时在海盐县、由拳县境内。东汉建安八年（203）陆逊任海昌屯田都尉并领县事。三国吴黄武二年（223），析海盐、由拳，置盐官县，属吴郡，隶扬州，为海宁建县之始。唐武德七年（624）并入钱塘县，贞观四年（630）复置盐官县。元元贞元年（1295）升盐官州，天历二年（1329）改名为海宁州。明洪武二年（1369）降为海宁县，属杭州府。清乾隆三十八年（1773）复升为州。民国元年（1912）改州为县，直属浙江省，民国37年（1948）属第一行政督察区。1949年5月海宁解放，属嘉兴专区。1958年10月海盐县并入海宁县，至1961年12月复建海盐县。1986年11月，撤海宁县，设海宁市，属嘉兴市。历史上海宁县治长期在盐官镇。抗日战争期间，曾先后迁移袁花一带乡间及县境以外，抗战胜利后设于硖石镇，后还治盐官镇。1949年6月，县人民政府移驻硖石镇。2003年11月，优化行政区划后，市人民政府驻地在海洲街道。

【政区】　据散见于典籍、金石部分的记载，唐以前有二市、三镇、七乡、七里、四村。宋咸淳间（1265～1274），县辖6乡。元初有10乡，后并为6乡。明时有6乡，统3镇32都。清雍正六年（1728），设6乡、4镇和市都、安都、石都、上下都。宣统二年（1910），有1城、2镇、5乡共8个自治区。民国初沿袭清制，后推行村里制、保甲制，行政区划多次变动。民国34年（1945），全县4个区、55个乡镇；民国35年缩编为44个乡镇；民国36年又调整为25个镇。1949年5月，县人民政府建7个区、25个镇。1950年改为6个区、68个乡镇。1956年撤销区建制，设22个乡、6个镇。1958年10月实行人民公社，海盐县并入海宁，合建13个人民公社。1959年，恢复5个镇的建制。1961年5月，调整公社规模，设7个镇、37个公社；12月，海宁、海盐分县，海宁置24个公社、5个镇。1984年撤社建乡，全县5镇、23个乡。1998年全市设15个镇、10个乡。1999年11月，调整为14个镇、4个乡。2001年10月，优化完善乡镇行政区划，全市调整为13个镇。2003年11月，行政区划进一步优化调整，全市设8个镇、4个街道。至2009年，全市仍为8个镇、4个街道。

（史志办）

天气气候及水文

【天气气候特征】　2009年，全市年平均气温较常年明显偏高，年降水量正常，年日照时数偏多。春暖少雨，日照充足，伴有短期极端高温；夏季炎热干旱，灾害频发，梅雨非典型，强对流天气较多；秋季气温偏高，阴雨连绵；冬季平均气温偏高，出现连阴雨天气，12月气温、日照正常，雨量、雨日偏多，冷空气影响频繁。寒潮、连阴雨、台风、大雾及强对流天气影响人民生产生活，第八号台风“莫拉克”期间，全市普降暴雨，对市内设施、道路交通及农业生产等造成较大损失。

年平均气温17.3℃，比常年高1.3℃，属明显偏高年份。年总降水量为1,219.5毫米，比常年少42.4毫米，属正常略偏少年份。年总降水日数为134.0天，比常年少10.1天，属偏少年份。年总日照时数为2,006.2小时，比常年多109.6小时，属偏多年份。年蒸发量1,421.4毫米，比常年多57.4毫米。年平均相对湿度78%，比常年低3%。日平均气温稳定通过10℃的回暖初日出现在3月31日，比常年迟1天；终日出现在11月12日，比常年早6天。终霜日出现在3月14日，比常年早4天；初霜日出现在11月3日，比常年早11天，无霜期历时233天，属正常年份。终冰日出现在1月28日，初冰日出现在11月17日。年极端最高气温为39.3℃，出现在7月20日。年极端最低气温为–6.2℃，出现在1月25日。年最大日降水量为56.7毫米，出现在8月1日。年一日最大蒸发量为11.4毫米，出现在5月9日和7月17日；年最小一日蒸发量为0.0毫米，分别出现在1月7日，2月16日、18日、27日，3月27日，9月30日，11月19日，12月15日。

受强冷空气影响，全年共有3次寒潮天气，分别为1月22～24日、2月13～16日和10月31日～11月2日。1月22～24日和10月31日～11月2日的两次寒潮48小时日平均气温过程降温幅度为10.4℃和12.7℃，期间1月24日、25日早晨最低气温分别达-5.8℃和-6.2℃，有严重冰冻；2月13～16日寒潮24小时过程降温幅度为10.3℃。强降温和低温冰冻天气对农业生产和人民生活造成不利影响。

全年出现冬春、夏季、秋季连阴雨，且连阴雨持续时间长，雨量多，为历史罕见。2月15日～3月7日出现冬春连阴雨，总降水量达194.7毫米，日照仅21.0小时，其连阴雨持续时间为历年之最，降水强度为历年同期之最；7月22日～8月15日出现较为罕见的夏季连阴雨，雨量287.3毫米，雨日18天，且多次出现暴雨和强雷电等强对流天气；11月9～20日出现较为罕见的秋季低温连阴雨（雪）天气，过程雨（雪）量达175.7毫米，期间11月19日早晨出现降雪，为有气象记录以来降雪时间最早的年份。

全年共出现雷暴天气32天、大风5天，且强对流天气频发，出现早，结束晚。2月共出现7个雷暴日，其中21～26日连续6天出现雷暴天气，为历史罕见；6月5日傍晚自北向南出现强对流天气，市区伴有9级偏北大风和较强雷电，过程雨量15.2毫米，中尺度站网马桥、尖山、新仓、盐官、盐仓出现8～9级大风，硖石街道军民村一带有短时小冰雹；7月24日早晨至上午全市大部分地区受强回波影响，出现暴雨和强雷电，市区过程雨量36.1毫米，中尺度站网最大雨量为钱塘江58.8毫米；8月21日中午至下午，市区大部分地区出现短时暴雨，降水量28.0毫米，并伴有21.6米/秒（9级）的雷雨大风；8月26日夜间全市出现较大范围的强雷电和雷雨大风，市区出现18.2米/秒（8级）雷雨大风，降水16.5毫米；11月9日下午至傍晚受强对流云团影响，全市自西向东出现暴雨、强雷电并伴有7级阵风。以上强对流天气大都伴有气象灾害发生。

6月20日入梅，7月8日出梅。梅雨期18天，梅雨量73.3毫米，≥0.1毫米雨日12天。梅雨形势不典型，梅雨量较常年明显偏少，梅期偏短，入梅后气温明显偏高，降水以午后及傍晚的雷阵雨天气为主，梅雨期间出现≥35℃的高温天气2天，6月20日最高气温达37.5℃，创历年同期最高值。

2009年第八号台风“莫拉克”于8月6～11日影响海宁市，期间出现大风与暴雨。8月6日8时～12日8时市区降水量75.7毫米，全市平均降雨量72.0毫米，中尺度站网最大雨量为钱塘江，达80.6毫米，集中降水时段出现在9日夜间至10日凌晨，达到暴雨强度。极大风力内陆6～7级、沿江7～9级，其中中尺度尖山站极大风力24.4米/秒（9级）。

全年≥35℃高温天气22天，较常年明显偏多。高温天气来得早，5月出现≥35℃的高温天气1天，5月11日最高气温36.1℃，创历年同期第二高值；高温天气主要集中在7月，为13天，其中7月8～21日出现连续晴热少雨天气，期间除11日外，日最高气温均超过35.0℃；6月出现高温日2天，8月6天。

【水文】 2009年梅汛期较常年短，降雨量较常年偏少，6月20日入梅，7月8日出梅，梅期18天。整个梅期降雨日9天，累计梅雨量73.3毫米；整个汛期降雨日71天，累计降雨量706.6毫米，占汛期多年平

表 7　2009 年超历史（1959～2008 年）异常气象纪录

2 月上旬极端最低气温	2.0℃	历年同期最高值
2 月下旬降雨量	123.4 毫米	历年同期最多值
2 月极端最低气温	2.0℃	历年同期最高值
4 月中旬极端最低气温	12.0℃	历年同期最高值
4 月下旬日照时数	98.9 小时	历年同期最多值
5 月上旬日照时数	99.8 小时	历年同期最多值
6 月中旬平均气温	27.1℃	历年同期最高值
6 月中旬极端最高气温	37.5℃	历年同期最高值
6 月平均气温	26.5℃	历年同期最高值
6 月极端最高气温	37.5℃	历年同期最高值
7 月中旬平均气温	32.1℃	历年同期最高值
7 月中旬极端最高气温	39.3℃	历年同期最高值
7 月中旬极端最低气温	27.0℃	历年同期最高值
7 月极端最高气温	39.3℃	历年同期最高值
9 月上旬降雨量	0.0 毫米	历年同期最少值
9 月中旬降雨量	0.6 毫米	历年同期最少值
9 月下旬雨日	8.0 天	历年同期最多值
10 月下旬平均气温	20.5℃	历年同期最高值
10 月下旬极端最低气温	13.4℃	历年同期最高值
11 月中旬降雨量	85.0 毫米	历年同期最多值

说明：历年平均值统计年限为 1971 年至 2000 年。

均降雨量的 75.8%。汛期平均每天降雨量 3.93 毫米，一日最大降雨量 38.8 毫米，出现在 6 月 26 日。全年全市降雨日 134 天，累计降雨量 1,219.5 毫米。

一、内河水位

下塘河水位　硖石（洛塘河）全年最高水位 3.72 米，低于警戒水位 0.08 米，出现日期 8 月 2 日；年最低水位 2.58 米，出现日期 1 月 26 日；年平均水位 2.97 米。长安镇（崇长港）下河全年最高水位 4.03 米，高于警戒水位 0.23 米，出现日期 8 月 11 日；年最低水位 2.77 米，出现日期 6 月 19 日；年平均水位 3.19 米；黄湾花山汇下河全年最高水位 3.66 米，低于警戒水位 0.14 米，出现日期 8 月 10 日；年最低水位 2.60 米，出现日期 7 月 20 日；年平均水位 2.97 米。

上塘河水位　长安镇上河全年最高水位 5.15 米，低于危急水位 0.05 米，出现日期 7 月 25 日；年最低水位 4.23，出现日期 10 月 26 日；年平均水位 4.54 米。黄湾花山汇上河全年最高水位 4.81 米，高于警戒水位 0.01 米，出现日期 7 月 1 日；年最低水位 3.75 米，出现日期 6 月 25 日；年平均水位 4.33 米。

二、钱塘江水文（盐官）

潮位　全年最高潮位 8.09 米，出现日期 8 月 10 日；全年高潮位平均 6.01 米。全年最低潮位 2.55 米，出现日期 7 月 19 日，全年低潮位平均 3.45 米。

涨潮差　全年最大涨潮差 5.01 米，出现日期 7 月 25 日；全年最小涨潮差 0.10 米，出现日期 10 月 27 日；全年平均涨潮差 2.56 米。

落潮差　全年最大落潮差 4.78 米，出现日期 7 月 25 日；全年最小落潮差 0.03 米，出现日期 8 月 31 日；全年平均落潮差 2.56 米。

涨潮历时　全年最大历时 5 时 10 分，出现日期 7 月 29 日；全年最小历时 21 分，出现日期 11 月 11 日；全年平均历时 2 时 24 分。

落潮历时　全年最大落潮历时 13 时 25 分，出现日期 3 月 20 日；全年最小历时 2 时 55 分，出现日期 2 月 28 日；全年平均历时 10 时 01 分。

蒸发量　全年最大日蒸发量 8.1 毫米，出现日期 7 月 21 日；全年最小日蒸发量 0.1 毫米，出现日期 1 月 15 日；全年总蒸发量 804.1 毫米。

潮含氯度　全年最大值 8.80 毫升，出现日期 7 月 25 日，年平均 1.86 毫升；全年最小值 0.10 毫升，出现日期 4 月 4 日，年平均 1.02 毫升。

（居晓燕　何富国）

行政区划及人口

【行政区划】　2009 年底，全市有许村、长安、周王庙、盐官、丁桥、斜桥、袁花、黄湾 8 个镇和硖石、海洲、海昌、马桥 4 个街道。2009 年新批准成立长安镇港湾社区（连杭经济区托管）、海昌街道洛隆社区，撤销长安镇袁牧社区。至年底，共有村委会 161 个，社区居委会 63 个。

表 8　　2009 年海宁市村委会和社区居委会基本情况

单位名称	村民委员会		社区居民委员会	
	数量（个）	名称	数量（个）	名称
许村镇	27	荡湾　孙桥　庄湾　团结　新益　永福　许桥　双联　南联　杨渡　文桥　新华　报国　李家　科同　联盟　茗山　红旗　巷东　花园　景树　前进　胜利　海王　塘桥　翁埠　许巷	3	联合　集镇　许巷
长安镇	20	东陈　肖王　金港　天明　新民　老庄　城东　虹金　褚石　辛江　泰山　兴城　德丰　陆泽　大型　兴福　东升　红色　盐仓　鹿耳	8	东街　中街　辛江　西街　怡院　修川　长郊　*港湾*
周王庙镇	13	上林　长春　联民　双涧　陈桥　星火　新建　博儒桥　石井　胡斗　荆山　云龙　之江	1	周王庙
盐官镇	17	联农　祝会　新星　安星　城北　群益　桃园　联丰　郭店　广福　包王　红友　联群　丰士　万寿　盐官　中新	3	春熙　安澜　郭店街镇
丁桥镇	14	民利　群海　海星　永胜　芦湾　两丰　丁桥　诸桥　金阳　利群　新仓　海潮　万新　保胜	1	第一
斜桥镇	16	乐农　斜西　仲乐　新农　三联　黄墩　斜桥　庆云　华丰　路仲　永合　光明　万星　金石　祝场　祝东	2	斜桥　庆云
袁花镇	14	镇东　新袁　双丰　龙联　镇西　红新　红晓　夹山　长啸　梨园　彭墩　谈桥　东风　濮桥	4	河东街　河西街　**天仙街**　**彭墩**
黄湾镇	7	黄湾　闸口　钱江　黄山　五丰　尖山　大临	1	黄湾
硖石街道	8	荷叶　联和　军民　永丰　南漾　双合　西环　杨汇桥	15	南苑　东苑　东山　由拳　新华　西山　沙泗浜　南关厢　海青桥　风和丽苑　**农丰**　**长田**　**高丰**　**长园**　**群利**
海洲街道	5	民和　伊桥　金龙　张店　双凤	15	塘桥　海洲　文苑　成园　梨园　梅园　白漾　联塘　百合　**南郊**　**新庄**　**新桥**　**联合**　**东长**　**西郊**
海昌街道	12	迎丰　利民　双喜　双山　双冯　泾长　长山　星光　金星　光耀　勤民　黎峰	9	碧云　洛隆　**硖西**　**金利**　**火炬**　**隆兴**　**硖东**　**东郊**　**丁公堰**
马桥街道	8	民胜　马桥　新场　柏士　先锋　正阳　利众　新塘	1	马桥

说明：①楷体字为盐官景区管委会托管的村、社区；②斜体字为连杭经济区托管的社区；③黑体字为农村社区。

【人口】 2009年底，全市户籍总人口655,049人，比上年增加4175人；总户数182,675户，增加622户，平均每户3.59人。在总人口中，男性人口323,339人，女性人口331,710人，男女性别比为97.48∶100；全市非农人口226,783人，农业人口428,266人，分别占总人口的34.6%和65.4%。年内，全市出生人口4608人，出生率为7.06‰，增长0.28个千分点；死亡人口4391人，死亡率为6.72‰，下降0.23个千分点；人口自然增长率为0.34‰，增长0.51个千分点。全年迁入人口8068人，迁出人口4709人，净迁入3359人。全市城乡居民平均预期寿命80.65岁，其中男性为78.61岁、女性为82.66岁。

全市共有25个少数民族，总人口1751人，其中人口最多的分别是壮族、苗族和土家族。

（马亚琴　张　鹏）

国民经济和社会发展

【概况】 2009年，全市实现生产总值375.36亿元，比上年增长10.1%，按户籍人口计算，人均生产总值57,486元。实现财

表9　2009年国民经济和社会发展主要预期目标完成情况

指标名称	单位	2009年预期目标	2009年完成情况	
			绝对值	增长（%）
一、生产总值（按可比价计算）	亿元	增长10%	375.36	10.1
二、地方财政收入	亿元	增长10%	23.95	12.0
三、全社会固定资产投资	亿元	增长10%以上	184.91	19.0
其中：工业生产性投入	亿元	105	107.16	6.8
四、合同利用外资	亿美元	3.5	4.03	—
实际利用外资	亿美元	1.75	2.41	—
五、市外内资	亿元	25	26	—
六、自营出口	亿美元	增长10%	24.99	-6.7
七、社会消费品零售总额	亿元	增长14%	153.91	16.2
八、城镇居民人均可支配收入	元	增长7%	25,675	11.2
农村居民人均纯收入	元	增长8%	12,781	10.4
九、城镇登记失业率	%	控制在4%以内	3.54	—
十、人口自然增长率	‰	控制在2‰以内	0.34	—
十一、万元生产总值能耗	吨标煤	下降4.4%	—	-4.4
十二、化学需氧量（COD）排放总量	吨	削减3.2%	—	-3.5
二氧化硫（SO_2）排放总量	吨	削减3%	—	-3.6

说明：万元生产总值综合能耗、化学需氧量排放量、二氧化硫排放量是约束性指标，由上级统一核定并公布。

政总收入 48.39 亿元，增长 10.1%，其中地方财政收入 23.95 亿元，增长 12%。1711 家规模以上工业企业实现利税 57.62 亿元，增长 33.5%，其中利润 35.61 亿元，增长 59.2%。万元生产总值综合能耗下降 4.4%。三次产业分别实现增加值 17.81 亿元、226.88 亿元和 130.67 亿元，分别增长 3%、9.0%和 13.3%，三次产业结构调整为 4.8：60.7：34.8。三产增加值分别高出二产和全市经济增长 4.3 个和 3.2 个百分点。

表 10　海宁市 GDP 增速 2009 年全年变化及与全国、省、嘉兴市比较

GDP 增速	2008 年增长率（%）	2009 年增长率（%）			
		一季度	上半年	前三季度	全年
海宁市	10.6	5.7	7.5	9.3	10.1
嘉兴市	10.7	4.6	7.1	8.3	9.3
浙江省	10.1	3.4	6.3	7.7	8.9
全　国	9.0（9.6）	6.1	7.1	7.7	8.7

说明：增速为可比价，括号内为统计修正后数据。

【优化产业结构调整】　着力发展现代农业。粮食播种面积 29,049.1 公顷，总产 18.9 万吨；花卉、水果、苗木等绿色产业总面积达 5,554.7 公顷；蚕桑产业回暖，茧价大幅回升；全年生猪饲养量 64.55 万头、家禽 1,764.2 万羽、羊 39.16 万只；蔬菜种植面积 10,289 公顷，水产养殖面积 2522 公顷，均保持稳定增长。规模以上工业实现总产值 736.83 亿元，比上年增长 5.7%，其中新产品产值占 28.8%。皮革、经编、家纺三大主导产业分别下降 1.6%、1.1%和 3.1%，电器机械制造业、建材工业、食品工业、家具制造业等产业增长较快，增速分别为 36.3%、66.9%、50.8%和 22.6%。完成建筑业施工总产值 95.52 亿元，增长 28.6%。

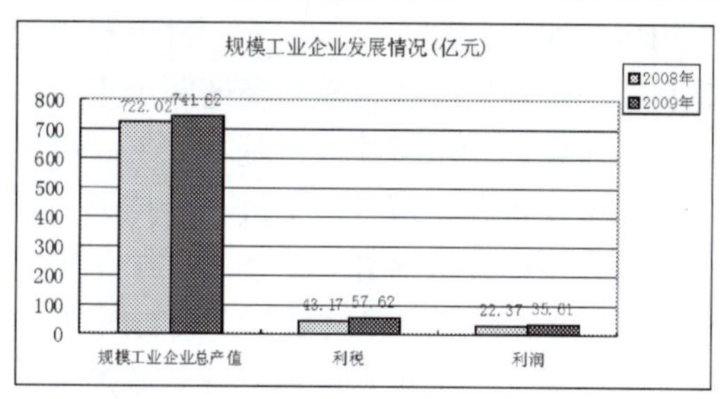

2008～2009 年规模工业企业发展情况比较

全年社会消费品零售总额 153.91 亿元，增长 16.2%。累计接待国内外游客 618.01 万人次，增长 20.7%，实现旅游总收入 58.06 亿元，增长 21.5%。全年商品房施工面积 242.48 万平方米，销售备案面积 110.2 万平方米。

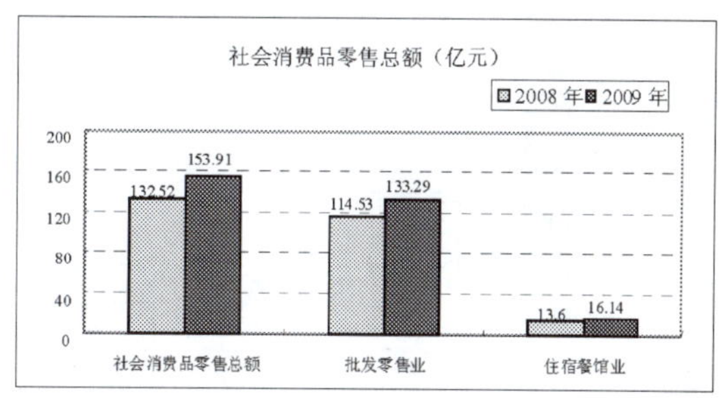

2008～2009 年社会消费品零售总额情况比较

【统筹推进城乡建设】　全年实现全社会固定资产投资 184.91 亿元，比上年增长 19%。其中工业生产性投入 107.16 亿元，增长 6.8%；基础设施投资 38.92 亿元，增长 71.8%；房地产投资 20.08 亿元，下降 7.4%。限额以上服务业投资 66.03 亿元，增长 47.4%。完成政府投资项目 40.95 亿元，增长 20.5%。前期费用 5.12 亿元（包含 10 个纯拆迁项目投资 3.66 亿元），实际完成投资 46.07 亿元。科创中心、游泳馆、射击馆、医疗中心、殡仪馆、人才公寓、第三水厂二期、尖山污水厂一期、08 省道改建工程、硖许公路长安至许村段、风和丽苑经济

适用房二期、东方学院迁建等一批项目进展顺利。沪杭客运专线、嘉绍高速两个重大项目开工建设，青川援建项目基本完工。推进新型城市化进程，市区框架进一步拉大，环东西山开发建设有序开展，建成区绿化覆盖率达41.59%，人均公共绿地达11.18平方米。尖山新区、临杭新区和科教新城加大基础设施建设。有序推进新农村建设，注重村庄整治与“两新”工程的融入与衔接，完成46个省定村庄整治任务。加快农业基础设施建设，整治农村河道112.8千米，改造水利类危桥46座。完成25.4千米连村公路建设，全市村道以上通公交率达45%，实现信息化行政村达标全覆盖。

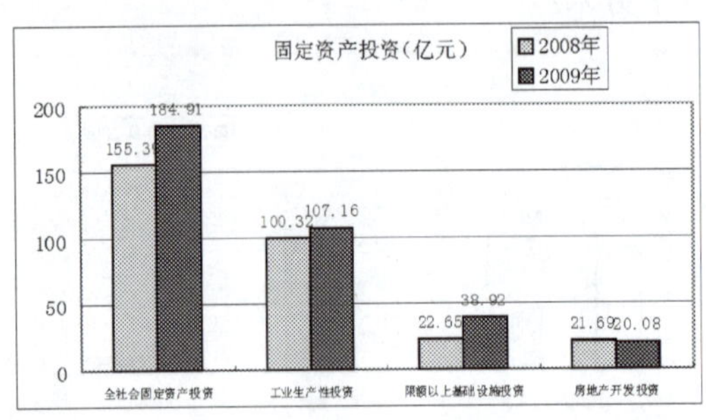

2008～2009年固定资产投资情况比较

【增强改革开放活力】 推进统筹城乡综合配套改革，启动实施村庄集聚、“两新”工程建设，出台《关于推进村庄集聚加快现代新市镇和城乡一体新社区建设的意见》和《海宁市农村宅基地置换市区公寓房和农村集体土地承包经营权置换生活保障暂行办法》，斜桥、许村两镇试点工作取得较大进展。搭建土地流转平台，建立179家覆盖市、镇（街道）、村（社区）的三级土地流转服务中心（站），流转土地1,293.3公顷。“两集中、两到位”行政审批改革进展顺利，配套联动机制进一步完善，行政效能得到提高。全年合同利用外资4.03亿美元，实际利用外资2.41亿美元，引进市外内资26亿元，成功发行12亿元国资债券。新批境外企业13家，境外投资额2800万美元。实现外贸进出口总额31.79亿美元，比上年增长1%，其中进口6.8亿美元、出口24.99亿美元，分别增长44.6%、下降6.7%。深化接轨沪杭战略，完善连杭经济区规划，正式建立上海漕河泾新兴技术开发区海宁分区。推进“山海协作”和对口帮扶工作。

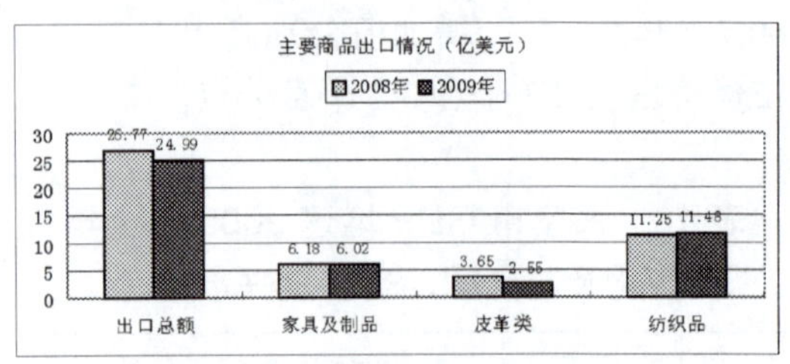

2008～2009年主要商品出口情况比较

【公共服务均衡发展】 全社会研究开发经费支出（R&D）占地区生产总值1.8%。城乡教育渐趋均衡，生均义务教育事业费7080元，城区义务教育公办学校连续三年“零择校”。促进文化大发展大繁荣，开展“农村文化成果展示年”活动。完善突发公共卫生事件应急体系，抓好甲型H1N1流感防控工作，完善卫生基础设施建设，成功创建省卫生强市。实施计划生育生殖健康促进工程，保持低生育水平，开展出生缺陷一级干预工程，提高人口素质。加强新居民服务管理，发放居住证22万余本。完成1365个社会治安视频监控点建设，开展区域突出治安问题集中整治，维护社会稳定。强化安全生产监管，全市安全生产事故数、死亡人数和直接经济损失三项指标分别比上年下降2.4%、3.3%和1.6%。推进消防基础设施建设，加强消防隐患排查和快速救援，全年火灾事故直接财产损失下降25.1%。保障粮食安全，完成订单收购10,078吨。强化食品药品安全监管，基本完成豆制品放心工程建设，创建省级食品安全示范市。

表 11 自主创新情况统计

指标名称	单位	2009 年新增	累计
高新技术企业	家	16	37
上市企业	家	1	6
中国名牌	个	—	6
中国驰名商标	个	3	17
省级区域名牌	个	1	2
专利授权量	件	1247	3658
工商登记企业（含个体户）	家	5208	41,525
人才数量	人	12,786	90,235

说明：专利授权量累计数为至 2009 年底继续生效专利数，人才数量中括号内为引进人才数。

【完善民生保障】 2009 年，城镇居民人均可支配收入 25,675 元，比上年增长 11.2%；农村居民人均纯收入 12,781 元，增长 10.4%。全市物价稳中微降，居民消费价格下降 1.4%。完善住房保障体系，加快廉租房、经济适用房建设，城镇居民人均住房建筑面积 35.16 平方米，农村居民人均住房面积 67.12 平方米。全年新增就业岗位 9200 个，城镇登记失业率控制在 3.54%，完成农民培训 2 万多人次。城乡居民社会养老保险参保人数达到 5.7 万人，基本养老保险、失业保险、基本医疗保险、工伤保险、生育保险的参保人数分别为 21.4 万人、12.66 万人、21.5 万人、18.4 万人和 12.66 万人。有 6.6 万名被征地农民纳入基本生活保障统筹，其中 3.4 万人领取基本生活保障金。城乡合作医疗参保率 98.16%，住院补偿率 42%，人均筹资水平 256 元。全年向 4082 户 8660 人城乡“低保”对象发放低保金 1583 万元，541 名农村“五保”和城镇“三无”对象全部实现集中供养。35,459 名“双无”老年人按月领取政府补助，全年累计发放补助金 2607 万元。

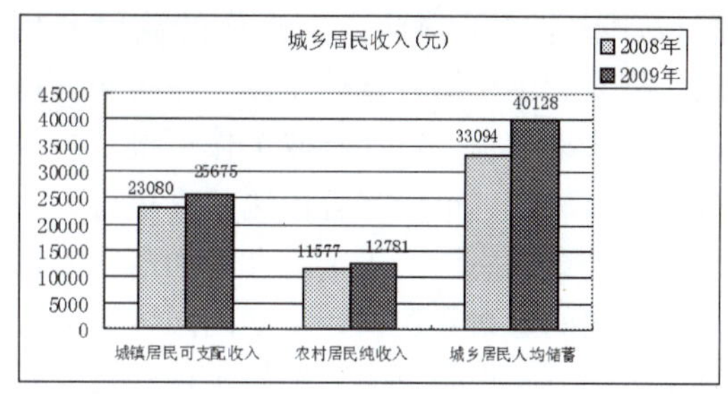

2008～2009 年城乡居民收入比较

【改善城乡环境】 积极创建国家卫生城市，开展市容市貌综合整治，城市管理水平进一步提高。完善城乡二级供水管网，农村安全卫生饮用水人口覆盖率 100%。加大饮用水源监察力度，提升污染治理水平和能力，累计建成污水收集管网 394 千米、泵站 71 座，工业污水纳管处理率达 95%，城市污水集中处理率达 85.3%。加快生态建设，完成中央财政资金造林 717.9 公顷。推行排污权有偿使用和交易制度，累计 58 家企业申购排污权，交易额 1777 万元。全年主要污染物化学需氧量（COD）排放总量、二氧化硫（SO_2）排放总量分别比上年下降 3.5% 和 3.6%。推进农业面源污染治理，完成 393 家畜禽养殖场的整治任务并建立后续管理服务组织体系。农村卫生厕所普及率 99.15%，农村生活污水治理受益农户 4.83 万户，占全市总农户数的 34.3%，村保洁站、农村垃圾收集有偿服务等工作实现全覆盖，农户保洁费收取率达 95%以上。

（张 莉）

政治文明建设

【加强人大工作】 尊重人大及其常委会的法律地位，出台《中共海宁市委关于进一步加强和改进人大工作的意见》，支持和保证人大及其常委会依法履行宪法和法律赋予的职权。健全党委领导人大工作的制度和机制，把人大工作纳入党委总体工作布局，摆上重要议事日程，定期听取工作汇报。各级政府、市法院、市检察院依法认真执行人大及其常委会的决议、决定，办理和落实人大代表提出的议案和建议，主动向同级人大及其常委会（工作委员会）报告工作，接受质询，自觉接受人大及其常委会(工作委员会)的监督。市人大及其常委会依法加强对“一府两院”的法律监督和工作监督,并支持其依法行政、公正司法。支持和保障各级人大代表依法履职，丰富代表活动内容，保障代表知情权，落实代表列席、公民旁听常委会会议制度，认真听取和采纳代表意见建议。

【加强政协工作】 坚持和完善中国共产党领导的多党合作和政治协商制度，出台《中共海宁市委关于加强人民政协工作的实施意见》，支持政协围绕团结和民主两大主题履行职能，推进政治协商、民主监督、参政议政的制度化、规范化和程序化。加强和改善党对政协工作的领导，定期听取工作汇报，支持政协履行职能。加强政协基层组织建设，建立镇、街道政协联络委员会。高度重视政治协商，就地方的大政方针以及经济、政治、文化和社会生活中的重要问题主动协商在市委决策之前、人大通过之前、政府实施之前，把人民政协的政治协商纳入党委、政府科学决策的必要环节和必经程序，提高政治协商的规范化、制度化水平。丰富政协民主监督形式，各级党委、政府自觉接受人民政协以不同形式提出批评和意见，畅通民主监督的渠道，提高民主监督的质量和实效。支持人民政协参政议政，不断拓宽参政议政渠道，健全完善对政协意见建议的落实反馈机制。加强与各民主党派、工商联、无党派人士的联系，认真做好民族宗教、侨务和对台工作，巩固和发展最广泛的爱国统一战线。

【加强工、青、妇工作】 加强和改善对工会、共青团、妇联工作的领导，支持工、青、妇组织依照法律和章程独立自主地开展工作。重视和加强组织班子、干部队伍和基层组织建设，召开共青团海宁市第十六次代表大会，选举产生新一届委员会。充分发挥工、青、妇群团组织的桥梁纽带作用，继续做好鼓励党员、职工、青年、妇女创业创新项目专项贴息扶助工作，引导鼓励广大党员群众投身“比学赶超、创业创新”实践，促进全市经济社会又好又快发展。

【推进依法治市】 开展“法治海宁”建设，提高依法执政水平，加快法治政府建设，维护司法公正高效权威，营造有利于扩大公民有序的政治参与、促进经济社会健康协调发展、维护社会和谐稳定的法制环境。开展“五五”普法宣传教育，深化“法律七进”活动，不断增强全民法制观念和法律素养。加强对政法工作的领导，积极稳妥推进司法体制改革，支持审判机关和检察机关依法独立公正行使审判权和检察权。围绕打造“全省最具安全感城市”目标，深化“平安海宁”建设，加强社会治安综合治理，推进动态视频监控系统建设，开展治安“大巡防”工作，提高人民群众安全感和满意度。加强矛盾纠纷排查化解，开展“信访积案化解年”活动，及时有效预防和处置各类突发事件，确保新中国成立60周年期间全市社会安定。加强对新居民的服务与管理，完善集服务、维权、教育、管理于一体的新居民服务管理体制。

【加强党的建设】 开展深入学习实践科学发展观活动，统筹开展“两优三服务”、

“一企一干部，合力促发展”驻企蹲点等专项行动，提高党员干部服务经济社会发展的能力和水平。充分发挥“一把手”抓班子带队伍作用，加强干部交流培养，实行干部“两考一评”（考业务、考实绩、评德才表现）制度，完善上挂、外派和新录用公务员基层锻炼等制度，提升干部能力素质。深化干部人事制度改革，开展第十次领导干部竞争性选拔和中层干部跨部门竞岗交流工作，率先实施正职职位公开选拔。探索党代会年会制度，实行党代表常任制。实施“人才强市”战略，推进党管人才工作，不断加强创新型人才队伍建设。加强市、镇（街道）两级党建工作示范点建设，全面推进“创业创新·活力和谐”企业创建工作。加强执行力建设，深化行政审批制度改革。健全完善惩防体系，推进岗位廉政风险防范机制、实名举报“无障碍”体系建设，严厉查处违纪违法案件，不断把党风廉政建设和反腐败工作引向深入。

（朱　锋　刘学栋）

精神文明建设

【概况】　2009年，精神文明建设工作以建设社会主义核心价值体系为主线，以“文明潮乡、和谐海宁，做一个高尚的、有道德的人”为主题，重点突出城乡精神文明建设和未成年人思想道德建设。

开展“做一个有道德的人”主题教育实践活动，提升市民文明素质。开展海宁市首届道德模范评选、“庆国庆、讲文明、树新风”暨深化文明出行与“市民行为规范月”等系列活动。开展“全民学习月”活动，在全社会积极倡导读书的良好习惯，营造全民阅读氛围，全面提升市民素质。开展“我们的节日”宣教实践活动，按照“政府引导，百姓过节”的要求，组织好清明、端午、中秋等传统节日宣教活动，倡导文明过节，加强爱国主义教育。

开展基层精神文明创建活动。召开全市精神文明建设表彰大会，表彰100多个国家级、省级、嘉兴市级和海宁市级精神文明创建先进集体和“双结对、创文明”、“乡风文明广播评议”先进。做好群众性精神文明创建复评和新一轮创建申报规划工作，全市群众性系列精神文明创建水平不断提升。全市累计有“全国文明单位”1家、“全国精神文明建设工作先进单位”1家、“省级文明单位”19家、“嘉兴市级文明单位”88家、“海宁市级文明单位”400家，“全国文明村”1个、“省级文明村”7个、“嘉兴市级文明村”14个、“海宁市级文明村”82个，“省级文明镇”3个、“嘉兴市级文明镇”5个、“海宁市级文明镇”7个、“海宁市级文明街道”3个，“海宁市级文明社区”22个，“嘉兴市级文明行业”8家、“海宁市级文明行业”20家、“规范服务达标行业”3家。

加强农村精神文明建设。以提高农民文明素质、培育农村文明新风尚为目标，推进社会主义新农村建设。深化“乡风文明广播评议”活动，各村每季开展一次“乡风文明广播评议”活动，开展互动评议，弘扬新风。推进“双结对、创文明”活动，促进城乡精神文明建设水平互动共进。继续深化镇（村）简报创办工作，开展“农村文化成果展示年”系列活动，深化农村文化建设与“和谐村组”创建试点工作。

开展未成年人思想道德建设，净化社会文化环境。公安、文广、新闻媒体等单位做好净化网吧、网络、荧屏声频、出版物市场和校园周边环境四项重点工作，坚决遏制淫秽色情等违法有害信息的传播，营造有利于未成年人健康成长的社会文化环境和氛围。

在全市52个村开展“春泥计划”试点工作，组织开展第九届“万名学生下社区进村落”道德实践活动，以“爱我中华、爱我潮乡，做一个有道德的人”为主题，市区学生参加七个“活动日”活动，农村学生参加“六赛”活动。通过“祖国在我心中”主题教育活动，动员和组织全市青少年学生参与道德实践和社会体验活动，服务社区和农村，在实践中提高思想道德素质和综合实践能力。

【“做一个有道德的人”主题教育实践活动】 以“提升市民素质，改善城市形象”为目标，在全市城乡大力实施思想道德建设工程、文明素养培育工程、新海宁人融入工程、文明创建示范工程、社会诚信建设工程。4月28日，举行“文明潮乡、和谐海宁，做一个高尚的、有道德的人”主题活动暨“关爱新居民，文明在潮乡”活动启动仪式。各镇、街道和有关部门围绕活动主题，开展各类道德教育实践活动。新闻媒体加大对该活动的宣传力度，引导社会各方面积极参与，使主题活动成为公民思想道德建设的活动品牌，提高全社会文明程度和道德水平。

【海宁市首届道德模范评选活动】 自5月起，组织开展海宁市首届道德模范评选活动，历时5个多月。成立海宁市道德模范评选表彰活动组委会，下发评选通知和评选办法，在市级新闻媒体刊登评选公告，凡在海宁市做出感人事迹的常住人口和新居民，在外地表现卓越的海宁人，均可参加评选，共推荐上报38名道德模范候选人。对推荐人选征求所在单位、镇、街道以及计生、公安、纪检、监察、工商、税务等部门意见，经市民投票评选、市文明委讨论审定和媒体公示，最终确定10位海宁市首届道德模范，其中助人为乐、敬业奉献、见义勇为、诚实守信、孝老爱亲模范各两名。9月16日，海宁市首届道德模范颁奖晚会在市广播电视台演播厅举行，陶有福、钱雪军、陈新益、廖昊、孙现宗、徐月四、徐平、徐龙观、马英、何周妹10人受到表彰。制作晚会录像光盘近千盒，发到基层组织学习；在“海宁画廊”展出道德模范先进事迹，制作发放台历1000余本，扩大宣传力度。

【“市民行为规范月”活动】 10月16日至11月20日，中共海宁市委宣传部组织开展“市民行为规范月”活动。活动以《市民“七不”行为规范》为重点，在全市组织开展五项活动。一是开展宣传教育活动。各镇、街道在单位内进行一次行为规范教育活动，各级各部门利用报纸、电视、广播、黑板报、宣传栏、标语等宣传阵地和形式，加大对市民公民道德建设的宣传。二是开展文

图3 9月16日，海宁市举行首届道德模范颁奖晚会

明学生行为规范活动。在全市各中小学开展“讲文明、树新风、争做文明学生”活动，通过升旗仪式、黑板报、宣传栏、主题班会等方式，以文明行为规范为主题，开展学习和讨论，进行自我教育、自我管理，培养文明行为习惯。三是开展不文明行为曝光活动。市广播电视台和海宁日报社组织记者每天深入街头巷尾，开展为期1个月的不文明行为大曝光活动，抨击生活陋习，督促市民摒弃不文明行为。四是开展不文明行为整治工作。市联创办联合公安、交通、城管等部门在全市开展不文明行为整治活动，加大处罚力度，依法查处不文明行为和违法行为。五是开展文明劝导活动。市级机关各部门组织志愿者参与上街劝导活动，市区3个街道组织社区文明劝导队开展文明劝导活动。

【“春泥计划”试点工作】 “春泥计划”是2009年省文明委为加强农村未成年人思想道德建设推出的一项重点工程。“春泥计划”旨在动员全社会力量为农村未成年人健康成长营造良好的社会文化环境。2009年，海宁市在52个村开展“春泥计划”工作，其中丁桥镇为试点镇。试点工作依托已有活动场所，组织农村未成年人开展道德实践、社会体验和文娱活动，着力改善农村未成年人校外文化生活。

（叶 杰）

创建国家卫生城市

【概况】 “创建国家卫生城市”（以下简称“创卫”）目标于2005年由市委、市政府提出，2009年4月全面启动。9月，海宁市创卫工作通过嘉兴市级考核验收；11月，通过省级考核验收，进入迎接全国爱国卫生运动委员会专家组初审暗访阶段。自开展创卫活动以后，城市基础设施得到全面更新与维护，全市环境卫生状况有较大改观，部分地区卫生死角得到彻底清除，交通秩序有所改观，市民素养进一步提升，城市管理长效机制和督查机制逐步建立和完善，人民群众对城市环境卫生满意率大幅提高，城市品位大幅提升。

【建立“创卫”工作机制】 建立组织网络，成立由市长任组长、市委副书记任常务副组长、32个单位部门主要领导为成员的创建工作领导小组，增加创卫办人员配备，调整优化各组职责分工。成立9个专项工作组，负责对各专项工作进行部署协调。各街道、部门、社区分别成立日常工作机构，确立主要领导亲自抓、分管领导具体抓的组织领导体系。明确职责，研究制订《海宁市创建国家卫生城市工作实施意见》，下发《海宁市创建国家卫生城市任务分解表》和《海宁市创建国家卫生城市专项组工作任务分解表》，明确各部门、各专项组工作职责，形成全方位、全覆盖的工作网络体系。建立例会、报告、督察督办、奖惩、信息报送等工作制度，有效发挥组织协调作用，确保创卫工作高效运转。加强考核，通过市级领导、代表委员、各专项组、职能部门、群众、社会舆论等多种渠道，依托市民巡访、市区道路路长责任制等活动开展监督检查，制订创卫工作考核办法，考核结果计入街道和部门年度目标责任制考核总分。

【“创卫”宣传】 4月29日，召开创卫工作动员大会，层层动员部署，全面发动。在市级新闻媒体开设创卫专栏，并利用广告、墙画、展板、宣传图册、《健康教育读本》等，提高市民知晓率。组织开展“十佳创卫标兵”评选，举办“创国卫、保健康、清洁家园”、“低碳，让生活更美好”志愿者大行动、“清洁楼道、美化家园”、“创卫大家谈”征文比赛、健康知识和健康行为测试等活动。成立市民巡访团、社区文明劝导队，聘请市民卫生监督员；组织健康教育讲师团进社区、企事业单位开展健康知识讲座，以宣传“世界卫生日”为契机，组织全市党团员干部开展组团式服务活动。通过各类主题活动，丰富创建载体，增强创建活力，提升市民文明素质，提高市民创卫参与率。

【改善城市基础设施】 投入资金新建市区道路和桥梁，对160条主次干道以及背街小巷进行整修，疏浚和改造下水道，整改桥梁、窨井、垃圾房，修筑围墙约30千米。建立废品集中收购点，对电话亭、公交车站等小型公共设施以及花坛、道路侧石等进行定期维护和修理。实现市区繁华商业道路24小时保洁，主、次干道18小时保洁，开放式小区12小时保洁。市区道路机械化机扫率达35%以上；垃圾日产日清，清运率100%；无害化处理率100%。对沿街商铺实行“门前三包”制度，全面治理乱搭乱建、乱贴乱画、乱停乱放等现象。新建厕所44座，81座机关单位和窗口单位内部厕所向公众开放。启动城市亮化工程，完成沿街建筑及洛塘河北岸公园、河道、桥梁的亮化改造和建设工作。建成区绿化覆盖率为41.59%，绿地率为36.19%，人均公共绿地面积为11.18平方米。

【“创卫”专项整治】 对城中村及城乡结合部实施大规模专项整治，取缔露天粪坑、旱厕1000余只，做好硬化地面、铺设污水管网、配备垃圾收集车和收集桶（箱）、新建公厕、拆除违章建筑、安装路灯、粉刷墙面等工作。配备村级保洁员，实现垃圾日产日清，改善居民生活环境；投入资金280万元对居民房前屋后蔬菜种植、乱堆放、乱搭建进行清理，对未硬化地块进行绿化，禁止在小区内种菜。对“五小”（小餐饮店、小理发店、小旅馆、小浴室、小歌舞厅）行业进行专项整治，成立卫生监督协管员队伍，采取疏堵结合、分类指导、树立样板、取缔与规范相结合的办法，全市1400多家经营户持证率由整治前的75.6%提高到98.8%；开展“五小”行业星级评创和“五小”精品街区建设工作。实施农贸市场升级改造工程，投入3000多万元改造新建一批农贸市场，重点对中心菜场、城西菜场进行大规模提升改造；关闭问题较多的隆兴菜场，并投入1000万元在原址新建标准菜场；新设西山路临时果蔬市场、由拳路临时露天市场和伊桥临时农贸市场。开展开放式小区专项整治，累计修复开放式小区内破损道路1万多

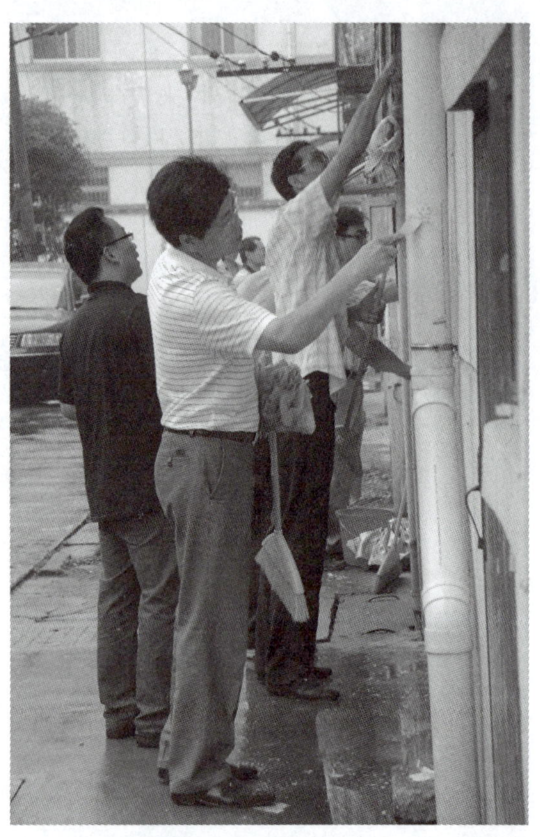

图4 5月23日，参加“创卫”志愿者行动的志愿者清理小区违章小广告

平方米，修理破损下水道119处，更换破损水泥盖500余个；清除建筑垃圾1000余吨；修理老住宅区楼道窗户4000余对，维修和更新大批老化破损落水管，大面积粉饰外墙，改善居住环境。

（褚　兰）

学习实践科学发展观活动

【概况】　自3月起，市委围绕“勇立潮头、科学发展，加快建设环杭州湾现代工贸强市、长三角文化旅游名市、杭嘉湖宜居创业新市”的实践总载体，按照“党员干部受教育、科学发展上水平、人民群众得实惠”的总要求，突出“提升人”与“推进事”两大任务，在全市共产党员中分两批开展深入学习实践科学发展观活动（以下简称“学习实践活动”）。参加学习实践活动的基层党组织共计1594个，党员35,329名，实现学习实践活动全覆盖。突出抓好理论学习，编制远程教育电教片视频教材、“掌中宝”辅助读本、“科学发展在海宁”越剧小唱、潮乡手机报等，结合“党员服务站”和“远程教育点”两大资源平台，创新学习方式，提高学习效果。举办市委中心组集中学习15期，召开辅导报告会726场次，举办各类学习（培训）班733期，培训党员干部9.4万余人次。突出领导示范带头作用，市委常委会坚持以调研引路、“三问”于民、领衔破难，不断完善深入调研、妥善解决、加强落实的工作机制，带头学习实践科学发展观；各级领导班子成员实行破解难题领衔制、公示制和问效制，提高破难实效。及时总结并固化学习实践活动中的好做法好经验，制订《关于建立干部学习考试制度的意见》等五个长效机制文件，出台相关体制机制政策文件59个。服务基层群众，开展“我为‘三市’建设献一计”、“热点面对面”直播节目、“三走进一分析”等活动，开展“两优三服务”专项行动、“奋战八十天百亿投入百万拆迁项目推进”专项行动、“一企一干部，合力促发展”活动、“品牌服务队”送服务活动、“机关挂村、服务新农村”活动等，推行深化党员联系群众、开展组团服务工作，深入企业、基层开展服务。突出统筹城乡党建，出台《关于构建城乡统筹基层党建新格局全面加强基层党组织建设的意见》及5个配套政策意见，全面启动新一轮农村基层组织建设先锋工程“五好”镇、村创建工作，制订《关于市党代会代表常任制的实施办法》，全面推行市、镇（街道）党代会常任制。学习实践活动得到群众的充分肯定，在全市群众满意度测评中，满意占83.1%，比较满意占16.9%，取得预期效果。

【“两优三服务”专项行动】　以“坚持保增促调、优化发展环境、深化改革开放、全面改善民生”为主线，着力优化机关服务，优化发展环境，为基层、群众送服务、办实事，以实际行动服务发展、服务群众、服务基层。整合资源，多措并举，着力解决制约科学发展的突出问题和群众关注的难点问题，通过“品牌服务再深入”、“机关挂村、服务新农村”等8个专项行动，组建24支品牌服务队。走访企业和基层单位2300余次，宣讲政策和咨询服务3000次，解决问题900多个，帮助企业解决贷款40多亿元。在“两优三服务”专项行动中，全市党员干部参加服务总数达11,362人次，为群众累计办实事201件，投入资金281万元，受惠基层单位903个，受惠群众2961人。

【“应知应会”知识测试】　为检验学习实践活动成效，提升各级党员干部的理论素养和业务水平，开展“应知应会”知识测试活

图5 学习实践活动农技专家送服务

动。按照先镇、街道试点后全市推广，先分类建库后随机抽取的操作模式，围绕市情、镇情、村情设置测试内容，对机关干部开展闭卷测试，测试成绩直接与机关干部的年度考核、提拔任用挂钩。同时制定出台《关于建立干部学习考试制度的意见》，形成“周一夜学”等学习制度，推进学习型党组织和学习型机关建设，提高党员干部特别是领导干部的思想政治水平，提升机关干部的工作作风与综合能力。

【“深化党员联系群众、开展组团服务”工作】

自9月起，以部门结对、党员联系、组团服务的方式，整合“机关挂村、服务新农村”、“一员双岗”等党员服务群众的载体，全面开展“深化党员联系群众、开展组团服务”工作。活动分三类服务单元，全市12个镇、街道共划分基本型服务单元819个、产业型服务单元78个、特殊型服务单元351个，构成一张纵横交错、覆盖到位的服务网。组建三类服务团队，根据不同的服务需求提供不同的组团服务，围绕三类服务单元分别组建镇（街道）村干部联合服务组、专家服务团和党员干部服务队，分类服务开展工作。创新五项工作机制，突出服务长效性。建立定期服务机制、组合推进机制、积分考核机制、信息研判分析机制和评价督促机制，实现组团服务工作的常态化。

（滕　辉）

［编辑：曾晓莲］

农　业

Agriculture

综　述

2009年，实施“产业提升、主体提升、科技提升、基础提升、服务提升和管理提升”六大提升行动，加快转变农业发展方式，推进农业转型升级，落实各项支农惠农政策，启动实施村庄集聚，推进“两新”工程建设，高效生态都市型现代农业发展和统筹城乡综合配套改革工作取得良好成效。全市实现农业总产值27.04亿元，比上年增长3.6%；完成第一产业增加值17.81亿元，增长3.1%；扣除价格因素，分别增长3.4%和3.1%；农民人均纯收入达到12,781元，增长10.4%。全市农村经济总收入799.80亿元，增长7.3%。

农业各项产业发展基本保持稳定。传统产业稳定中有波动。全市粮食播种面积29,049.1公顷，产量18.92万吨，面积和产量持续增加。蚕桑生产减量增收，油菜生产量增价跌，生猪生产较快增长，设施和反季节蔬菜培育得到推广。特色优势产业增长较快。绿色产业向高规格、精品化、规模化发展，全市花卉、水果、苗木三大绿色产业种植面积达5,554.7公顷。家禽和湖羊养殖增长较快，特种水产养殖面积大幅提升。产业发展良性互动，农业种养产业与休闲旅游产业协同发展，成功举办第二届袁花梨花节和尖山杨梅节。农家乐品牌知名度不断提高，全市农业休闲产业共接待游客68.9万人次，

表12　2009年海宁市农村经济总收入经营形式构成

分　类	金额（万元）	构成（%）	比上年增长（%）
总收入	7,998,043	100	7.3
镇办企业	—	—	—
村组集体	153,555	1.92	8.4
其中：村办企业	141,042	1.76	13.7
农民家庭经营	5,763,767	72.06	19.1
农民专业合作社	55,886	0.70	—
其他经营	2,024,835	25.32	139.9

说明：2009年度不再对镇办企业进行统计(海宁市已不存在镇办企业)，原以镇办企业口径统计的数据调整计入其他经营类，并新增农民专业合作社收入统计指标。

表13　2009年海宁市农村三大产业收入构成

分　类	金额（万元）	构成（%）	比上年增长（%）
合　计	7,998,043	100	7.3
第一产业收入	342,040	4.28	30.9
第二产业收入	7,398,631	92.50	6.6
第三产业收入	257,372	3.22	3.4

经营收入4,818.8万元。海宁市荣获2009年度浙江省农家乐休闲旅游工作考核一等奖。

加速构筑农产品营销平台。农产品市场流通平台建设取得突破，农业招商引资力度不断加大，杭东农副产品物流中心建成开业，嘉兴立华公司肉鸡销售平台启用，浙江虹安园艺有限公司投入运营，上海顶欣草坪绿化有限公司投资发展绿化草坪种植。展会经济发展迅速，成功举办海宁市农业与农村经济发展成果展暨2009海宁市首届农博会和海宁市首届精品水果展示展销会。参加上海市、浙江省和嘉兴市举办的各类农产品展示展销会，提高海宁农产品知名度和市场竞争力。着力推进农业接轨沪杭，参与长三角地区农业合作交流，加速形成以城市消费为导向的现代农业产业体系，推进农业产业结构战略调整。

加快培育新型农业经营主体。创新农业专业合作社发展机制，成立嘉兴市首家以土地作价入股的金牛农机专业合作社和全市统一品牌的海昌水果专业合作社。新增农民专业合作社24家，全市合作社累计81家，新创建省级示范性专业合作社2家。提升农业龙头企业带动能力，新增海宁市农业龙头企业4家、嘉兴市级农业龙头企业3家。至年底，全市农业龙头企业累计37家，其中省级2家、嘉兴市级24家。完善农企联结机制，推广“公司+农户”模式，发展订单畜禽业，促进农企双赢。创建土地流转服务平台，全市建立179家土地流转服务中心(站)。全面建立市、镇、村三级土地流转服务网络，其中市级土地流转服务中心1家、镇（街道）土地流转服务中心13家、村(社区）土地流转服务站165家，全市新增土地流转面积1,293.3公顷。

农业安全保障能力逐步增强。组织开展农产品质量安全专项整治暨执法年活动、“绿剑打假”系列执法行动以及“饲料、兽药、生鲜乳”三项整治等专项工作，增加农产品质量抽检频次和品种，探索建立畜禽产品质量安全信息化溯源体系。注重农业生态安全，推进农业面源污染治理，开展测土配方施肥和肥药减施工程。深化农机安全管理，严查外省籍拖拉机，开展农机安全村、安全示范户创建活动，实现农机事故“零死亡”。加强渔业生产安全监管，实现渔业安全生产无事故。全面推进政策性农业保险工作，新增奶牛、油菜、鸡3个险种，险种总数达到7个，全年共有79,647户农户(养殖场)参加农业保险，保费总额达651.3万元。

为农服务水平不断提升。推进行政审批制度改革，推行依法行政，开展“五五”普法示范试点工作，开展“法律进乡村”、“放心农资下乡进村宣传周”和“送法制服务到乡村”等活动。加强农业生产事故和纠纷调处，切实维护农民利益。推进农业科技服务，开展“百名农技干部联百村入千户”活动，发挥责任农技体系的技术优势和网络优势，提高技术到位率。深化社会化服务体系建设，加快建立水稻病虫专业服务队，全面推行水稻病虫“统防统治”，全市各类植保服务组织达57家，服务面积986.7公顷。开展农机社会化服务，探索代种、代管、代收服务模式。强化信息宣传服务，拓宽农民信箱使用范围，通过“热点面对面”专题节目、《今日新农村》品牌栏目以及行风热线等途径，提升为农信息服务力度。

12月18~20日，以“优质、品牌、竞争力”为主题的海宁市农业与农村经济发展成果展暨2009海宁市首届农博会（农产品博览会）在市体育中心举行。该农博会共汇聚参展企业132家，其中海宁市企业105家、台湾参展企业11家、其他市外参展企业16家，共设3个展区139个农产品展销摊位，其中特装企业展位13个、标准展位126个。展销品类包括海宁市果蔬、畜禽水

图6　12月18日，海宁市农业与农村经济发展成果展暨2009海宁市首届农博会在市体育中心开幕

产、花卉苗木及农业加工品等名特优农产品，以及临安山核桃，丽水食用菌、竹制品，台湾水果、糖果糕点、保健品等千余个品种，还设年糕打制、丝棉被订制等农产品现场加工展示活动。展会共吸引市民8.5万人次参观和选购，直接销售额400余万元，部分参展企业与经销商达成初步合作意向。农博会期间，海宁市名特优农产品展示展销中心正式开业。举行农业合作与投资项目签约仪式，共有16个现代农业投资、合作项目进行签约，涉及农业科技合作、产学研基地合作、农产品购销合作和农业休闲基地建设等内容。

（陆　敏　邹技峰　曹振跃）

粮　油

【概况】　2009年，全市粮食播种面积29,049.1公顷，比上年增加77公顷；总产量189,166吨，减少113吨；单产每公顷6512千克，减少21千克。晚稻播种面积17,619公顷，总产量145,210吨，单产每公顷8242千克，晚稻面积和总产量分别减少707公顷和4701吨，单产每公顷增加62千克。豆类播种面积5609公顷，总产量17,287吨，分别增加231公顷和976吨，单产每公顷3082千克，其中大豆面积3196公顷，增加101公顷。薯类（包括马铃薯）面积1701公顷，总产量9905吨，单产每公顷5823千克。其中番薯面积1161公顷，总产量6751吨，单产每公顷5815千克；马铃薯面积540公顷，总产量3154吨，单产每公顷5841千克。玉米面积919公顷，总产量4797吨，分别增加142公顷和666吨。大麦面积1117公顷，小麦面积2084公顷，分别减少22公顷和57公顷。

全市油料面积6032公顷，总产量14,463吨，单产每公顷2398千克，其中油菜面积5980公顷，比上年减少58公顷，总产量14,376吨，单产每公顷2404千克，分别增加124吨和44千克。

【水稻优质高产示范竞赛】　连续四年开展水稻优质高产示范方竞赛活动，共有49片百亩以上示范方参加竞赛，面积510公顷。经市农经局组织综合评分和田间测产，盐官镇联群村、硖石街道军民永丰村、袁花镇夹山村（高丰组）、海洲街道张店村、丁桥镇两丰村、袁花镇夹山村（五星、建丰组）、

图7 11月21日，韩国水稻病虫防治专家到海宁参观考察

硖石街道军民村7个示范方先后获得海宁市水稻优质高产示范竞赛一等奖，其中盐官镇联群村、袁花镇夹山村（高丰组）、袁花镇夹山村（五星、建丰组）、硖石街道军民村4个示范方先后获得“浙江省水稻优质高产示范方”称号。

【韩国水稻病虫防治专家到海宁考察】 11月21日，韩国水稻病虫防治专家李炳锡一行7人到海宁考察交流农作物病虫害监测防治技术。考察团先后考察浙江省农作物病虫监测网海宁市区域站和圣品葡萄种植场，对海宁市农作物病虫害的监测与防治给予高度肯定，并就水稻“二迁”害虫（稻纵卷叶螟和稻飞虱）等农作物病虫监测与防治工作进行交流探讨。

【应急动用发芽率未达国家种用标准稻种】 受上年晚稻成熟时持续阴雨、高湿、高温天气影响，2009年，海宁市繁育种、供应单位当地收购种以及农户自留种，发芽率和发芽势均明显低于常年。经市种子管理站测定，市内农户自留种子114个样品（不含发芽率为0的样品）发芽率平均79.25%；海宁潮丰种业有限公司繁育收购的种子，发芽率≤75.5%的占25.81%、76%～79.5%的占11.06%、80%～82.5%的占8.38%、83%～84.5%的占10.39%、≥85%的占44.36%，发芽率普遍比上年降低5～20个百分点。在晚稻种子发芽率大于等于85%的种子供不应求情况下，根据《中华人民共和国种子法》规定，动用部分发芽率处于75%～85%之间的低于国家种用标准的晚稻种子用于生产。供种时，在包装袋及标签上注明发芽率低于国家种用标准，并根据发芽率的降低比例相应降低种子销售价格。全市共精选该类种子61,865千克，实际动用15,558千克。

【首家植保专业合作社成立】 7月，海宁市首家植保专业合作社——黄湾镇大临村植保专业合作社成立。该合作社注册资金5万元，有社员52名，全年统防统治水稻面积12公顷。植保专业合作社的成立，改变了以往病虫害各自防治的弊端，有利于节约生产成本，提高经济效益。

（周海浪 姚士桐）

蚕 桑

【概况】 2009年，全市有143个村2615个村民组70,625户农户从事种桑养蚕。桑园总面积 5,800.7 公顷，比上年减少 1.7%；每公顷桑产茧 1,381.7 千克，减少 20.6%。受上年茧价巨幅下跌影响，有桑不养蚕农户增多，全市蚕种饲养量和年产茧量大幅下降。全市蚕种饲养量 179,027 张，下降 26.3%，接近 1970 年的水平，其中春蚕下降 22.5%、夏蚕下降 52.1%、两秋蚕下降 25.7%；蚕茧总产量 8015 吨，下降 22.0%，接近 1979 年的水平，仍居全省县级市第二位。全市共有 4 个镇蚕茧产量超千吨，其中周王庙镇全年饲养蚕种 41,298 张，产茧 1886 吨，继续居全市之首。

【秋茧价格大幅上涨】 因上年全国蚕茧产量减少，茧丝绸市场供需渐趋平衡，2009 年蚕茧价格除春茧 1891.98 元 / 百千克比上年下降 1.2%外，其余各期均大幅上涨。其中夏茧 1726.2 元 / 百千克，增长 88.0%；中秋茧 2301.62 元 / 百千克，增长 131.6%，增幅为海宁历史上年际间最大；晚秋茧 2688.5 元 / 百千克，增长 127.3%，仅次于 2005 年和 2006 年。

【蚕茧平均张产创历史新高】 2009 年，各期蚕饲养期间天气总体较好，茧价回升促使蚕农加强饲养管理，蚕桑技术部门对防农药中毒、防蚕病发生技术措施加强指导，蚕茧全年平均张产达到 44.8 千克，比上年增长 5.9%，创历史新高。其中春蚕平均张产 48.9 千克，增长 4.0%；夏蚕平均张产 44.4 千克，增长 23.7%；中秋蚕平均张产 35.8 千克，增长 5.3%；晚秋蚕平均张产 44.2 千克，增长 8.9%。

【开发利用蚕桑副产物】 2009 年，在浙江省农技推广基金会嘉兴市执行部的统一部署和扶持下，盐官镇、斜桥镇、袁花镇和硖石街道的 8 户农户首次利用桑枝粉培育食用菌，共接种 48.7 万袋，主要生产黑木耳、香菇、姬菇、杏鲍菇、金针菇和猴头菇等食用菌，可收获成品黑木耳（干）20 吨以上、其他新鲜食用菌 80 吨以上，产值可达 200 万元以上。

【“健”蚕种商标被认定为著名商标】 2009 年，海宁市蚕桑技术服务站注册的“健”蚕种商标，经浙江省著名商标评审委员会评审，被浙江省工商局认定为“浙江省著名商标”；经嘉兴市著名商标评审委员会评审，被嘉兴市工商局继续认定为“嘉兴市著名商标”。

（董瑞华）

畜　牧

【概况】 2009 年，加强重大动物疫病防控，推广标准化清洁养殖技术，畜牧养殖方式得到较大转变，畜禽养殖业保持稳定发展。全市畜牧业实现产值 10.89 亿元，比上年下降 1.5%。全年生猪饲养量 64.55 万头，其中出栏 37.28 万头，分别增长 6.4% 和 4.2%；羊饲养量 39.16 万只，其中出栏 15.45 万只，分别增长 7.2% 和下降 1.3%；奶牛年末存栏 2447 头，增长 7.3%；家禽饲养量 1,764.2 万羽，其中出栏 1,321.6 万羽，分别增长 14.9%和 7.8%；兔饲养量 16.64 万只，增长 5.8%。全市畜禽肉类总产量 47,716 吨，增长 6.0%。

【国家级地方鸡种基因库落户海宁】 11 月 21 日，农业部将国家级地方鸡种基因库（浙江）正式授牌给浙江光大种禽业有限公司。该地方鸡种基因库位于海宁农业对外综合开发区，保种基地占地面积 10 公顷，库存品种有萧山鸡、白耳黄鸡、崇仁麻鸡、博白黄鸡等 17 个地方品种（系），对国家级要

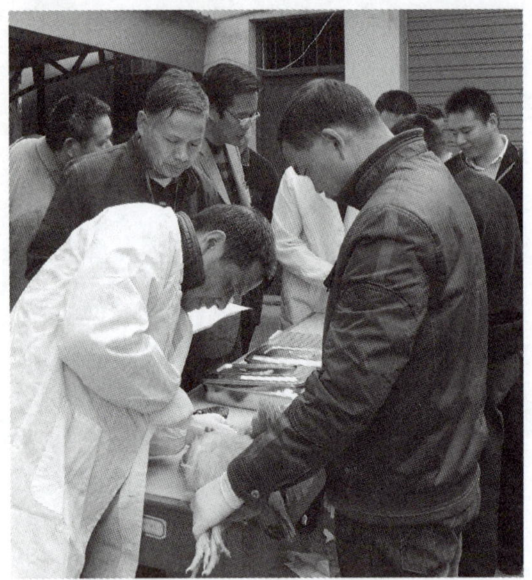

图 9 11 月 4 日，市畜牧兽医局开展动物防疫技能比武活动

求保种的 9 个品种 30 ~ 60 个家系进行等量保种。

【省级现代畜牧生态养殖示范区认定】 12 月，经浙江省农业厅评审，海宁市品源湖羊专业合作社和海宁正大禽业有限公司通过省级现代畜牧养殖生态示范区认定，是海宁市首批通过认定的省级畜牧生态养殖示范区。

【动物防疫技能比武】 11 月 4 日，海宁市畜牧兽医局组织开展动物防疫技能比武活动。活动分畜牧兽医专管员、村级动物防疫员、动物检疫员三类组别和技能操作、理论考核两个阶段进行。钱健康、金巨杰、贾伟忠 3 人分获专管员组、防疫员组、检疫员组个人一等奖；马桥街道获团体一等奖，盐官镇、斜桥镇获团体二等奖，硖石街道、丁桥镇、周王庙镇获团体三等奖。

（陈建新）

水 产

【概况】 2009 年，海宁市水产养殖总面积 2522 公顷，其中内塘养殖面积 1327 公顷、外塘精养面积 72 公顷、稻田养殖面积 863 公顷、海水养殖面积 261 公顷，另有设施养殖 174 万平方米。水产品总产量为 34,444 吨，其中淡水产品总产量为 31,245 吨，比上年增长 4.9%；捕捞产量 1513 吨，增长 41.1%；海水产品为 1686 吨，下降 11.1%。全市渔业经济总产出为 10.03 亿元，增长 22.6%，其中淡水产品产值为 76,214 万元、捕捞产值 831 万元、海水产品产值为 3709 万元、水产苗种产值为 3084 万元、涉渔工业和建筑业产值 9088 万元、涉渔水产流通和服务业产值为 7373 万元（产值根据省渔业系统统计年报，当年价）。

全年特种水产养殖面积 1456 公顷，占水产养殖总面积的 64.4%，特种水产产量达 24,641 吨，产值 71,903 万元，分别占水产养殖总产量、总产值的 74.5% 和 94.3%。主要水产养殖品种中，中华鳖养殖总产量为 15,932 吨，产值 52,319 万元，占水产品总产值的 68.7%，产量、产值分别增长 7.1% 和 28.4%；南美白对虾养殖产量 2007 吨，鳗鲡 371 吨，罗氏沼虾 2319 吨，常规鱼类产量 8664 吨。

全年共生产稚鳖 1485 万只，产值 2376 万元，主要为日本品系；淡化培育南美白对虾苗 2.5 亿尾；生产稚龟 77 万只。全市苗种生产产值 3084 万元。海宁市马桥继明种鳖场被评为嘉兴市首个日本鳖繁育良种场，与海宁市钱塘中华鳖良种场同时被列为第四批“农业部水产健康养殖示范场”。

全年共发放渔业柴油补贴 122.8 万元，其中外荡捕捞机动渔船、渔用资源繁殖基地、外荡养殖渔用机械补助合计 32.0 万元，无公害、标准化种子种苗繁育基地及内塘渔用机械补助合计 90.8 万元，涉及养殖户 1865 户。

【标准化生态鱼塘改建】 继续开展标准化生态鱼塘改建工作，加大高效生态渔业基础设施建设。完成 2 个省级标准化生态鱼塘改造项目，分别由海宁市马桥继明种鳖场和浙江宝王特种水产养殖有限公司实施建设。核心区项目连片面积 41.3 公顷，其中海宁市马桥继明种鳖场建设面积 22.0 公顷，浙江宝王特种水产养殖有限公司建设面积 19.3 公顷。至 4 月底，全部完成并开始养殖。项目总投资 1629 万元，其中项目申报单位投入 1585 万元、申请省财政补助 22 万元、市配套资金 22 万元。

【国家级水产项目启动建设】 2009 年海宁市水生动物疫病防治站建设项目被列入中央第三批扩大内需项目，9 月正式启动建设，该防治站主要开展水生动物病害监测和疫病防疫、检疫工作。项目总投资 120 万元，其中中央财政补助 40 万元、地方财政补助 80 万元。

（姚振海）

林果花卉

【概况】 2009 年，全市完成中央财政资金造林面积 717.9 公顷，其中人工造林面积 244.9 公顷，封山育林改造面积 473 公顷。建成省级绿化示范村整体推进镇 1 个、省级绿化示范村 6 个、省级兴林富民示范村 1 个、嘉兴市级绿化示范村 5 个、海宁市级绿化示范村 18 个，全年平原四旁植树 26 万株，完成森林资源调查外业工作。全年绿化苗木新育苗 16.7 公顷，发展花卉 53.3 公顷、水果 53.3 公顷，完成高效林业基地 200 公顷，苗木、花卉、水果三大产业总面积分别发展到 2,833.3 公顷、534.7 公顷、2,186.7 公顷。全年出圃绿化苗木数量与上年持平，部分大规格乡土树种销售价格上升，大部分品种略有下降；鲜切花价格高而平稳，产值与效益增幅 40%；水果生产除梨因花期受霜冻影响，产量比上年减少外，其他品种结果正常，水果总产量减产 10%。全年三大产业实现产值约 4.2 亿元，产值、效益均增长 10.5%。

继续开展绿化示范村创建，2009 年，盐官镇红友村等 6 个村被浙江省绿化委员会命名为“省级绿化示范村”，

图 9　7 月 24 日，海宁市举办首届精品水果展示展销会

海昌街道光耀村等5个村被嘉兴市绿化委员会命名为“嘉兴市级绿化示范村”，袁花镇红新村等19个村被海宁市绿化委员会命名为“海宁市级绿化示范村”。全市累计创建“省级绿化示范村”27个、“嘉兴市级首批绿化示范村”39个、“海宁市绿化示范村”125个。在创建绿化示范村的基础上，继续采用“政府购苗、送苗入户”的方式，开展绿化特色村建设，初步建成以周王庙镇长春村、马桥街道新塘村、盐官镇桃园村为代表的一批绿化特色村。

【重点防护林工程建设】 根据省发改委、林业厅下达的防护林工程建设任务，海宁市造林项目纳入中央财政资金1000亿元拉动内需投资计划。任务下达后，海宁市成立防护林建设项目领导小组，各镇、街道开展造林作业设计，严格按照合同进行造林建设，3月底全面完成造林任务。

【启动森林资源调查】 根据国家林业局《关于加强森林资源规划设计调查工作的通知》和浙江省林业厅《关于森林资源规划设计调查有关问题的通知》要求，5月，全市启动森林资源调查工作，对全市森林覆盖率、森林面积、村庄绿化率等开展普查。在开展调查前期，按镇、街道划分为14个组进行培训。经过7个月的外业作业，12月结束外业调查，转入内业整理阶段。

【首届精品水果展示展销会】 为展示海宁市精品水果整体水平，展现海昌水果品牌的整合成效，7月24～25日，“2009海宁市精品水果展示展销会”在皮革城广场举办。该展会共吸引农户47户，接待市民7000余人，成交金额76万元。期间举办评奖活动，评出金奖产品12种，银奖产品29种。

（滕明益 郑先芳 童 敏）

蔬菜瓜类

【概况】 2009年，全市蔬菜种植面积10,289公顷，总产量242,180吨，单产每公顷23,538千克，分别比上年增长8.0%、12.9%、4.5%。榨菜面积保持稳定，达1570公顷，总产量54,942吨，单产每公顷34,995千克。果用瓜（西瓜、甜瓜、草莓等）栽培面积1337公顷，总产量36,259吨，单产每公顷27,120千克，分别增长8.8%、9.6%、0.7%。其中西瓜1127公顷，总产量32,769吨，单产每公顷29,076千克，分别增长6.6%、11.4%、4.5%。甘蔗面积811公顷，总产量47,764吨，单产每公顷58,895千克，分别下降12.2%、13.5%、1.5%。设施蔬菜面积有所增加，其中大棚复种面积367公顷，地膜小拱棚栽培面积12,667公顷，使用喷滴灌、防虫网、无纺布等新技术面积233公顷。

【建成现代设施蔬菜生产基地】 8月，由海宁市民胜果蔬专业合作社、海宁市农作物技术服务站承担的首批浙江省中央财政现代农业生产发展资金重点扶持产业项目——海宁市现代设施蔬菜生产基地建设项目完成建设，并通过浙江省财政厅、农业厅组织的绩效评价与检查验收。该项目总投资424.2万元，建成核心基地14.1公顷。建成连栋钢管大棚、8米标准钢管大棚、6米钢管大棚、微喷灌、排灌泵站等主体设施及育苗设施、农药残留检测室、冷库等配套设施。该基地同时在硖石、马桥、海昌、丁桥和盐官等镇、街道建立设施蔬菜生产示范点和示范方，推动蔬菜新品种、新技术、新设施在全市推广应用。

【航天榨菜选育】　自2002年起，海宁市开展航天榨菜选育工作，对航天当代至第六代进行回收。开展系统选育，包括单株比较、株系选择、品系鉴定、品种对比、示范应用等，最终从海育1号航天种子后代中选育出新品种海航1号（原名繁6），海航1号的产量、品质、抗性等综合性状均优于对照品种海育1号，同时研究明确该品种的特征特性和相应优质高产栽培配套技术要点。

（周海浪）

农　机

【概况】　2009年，全市农机化总投入2,083.3万元，农机总动力达到26.7万千瓦，农业机械原值累计2.57亿元，实现农机经营总收入1.65亿元。全年新增各类农机具2948台套，投入农机购置费1,359.0万元，其中财政补助222.3万元、地方财政投入283.8万元、农民自筹852.8万元。全年完成机耕面积2.1万公顷，机电灌溉作业面积1.8万公顷，机械植保面积3553公顷，机收面积18,913公顷，其中开展跨区作业4720公顷，稻麦生产综合机械化率为60.77%，比上年提高2.22个百分点，农机运输作业量8,282.7万吨千米。开展农机安全生产执法、治理和宣传教育三项行动，“平安农机”创建活动深入推进。2009年，全市新增海宁市级“农机安全村”7个、“农机安全示范户”80户，嘉兴市级“平安农机示范村”1个，省级“平安农机示范村”1个，农机安全生产形势良好。

【首家土地入股农机专业合作社成立】　4月16日，海宁市首家以土地作价入股组建的农机专业合作社——海宁市金牛农机专业合作社注册成立，也是嘉兴市首家以土地入股形式成立的农机专业合作社。该合作社由10户农户共同出资5万元注册组建，其中2户农户分别以0.06公顷（1亩）和0.05公顷（0.8亩）土地承包经营权作价9000元出资（每亩作价0.5万元）。合作社主要经营农机作业服务、农业机械维修、农机检测服务、农机技术咨询服务、农机和配件销售及水果种植代理等。

【农机重特大事故处置应急预案演练】　为确保农机事故应急救援工作迅速开展，加强农机部门依法履行安全监管职能，9月18日，嘉兴市农业经济局在海宁市马桥街道利众村举行农机重特大事故应急预案演练。事

图10　10月30日，全市秋收冬种现场会晚稻机收现场

故模拟一手扶拖拉机在田间转移时与骑自行车人员发生碰撞，造成一人重伤、两人轻伤的农机事故。参加演练的农机部门接到报案后迅速启动农机生产应急预案，组织人员赶赴现场抢救伤员，划定现场保护范围，进行现场勘察，做好事故分析、责任认定等工作，整个演练过程约半个小时。演练之前，省农机局专家杨福成为农机管理人员开展农业机械事故处理培训，各县（市、区）农经局农机分管局长及海宁市各镇、街道农机专管员等50余人参加培训。

【农机报废更新补贴】 根据规定，浙江省籍拖拉机报废更新购买浙江省补贴目录内机具的，补贴标准再追加10%（单机追加补贴限额1万元）。年内全市共有28台废旧拖拉机办理报废回收手续，购买大型拖拉机16台、联合收割机12台，获得追加补贴23.16万元，报废的28台拖拉机实施解体回收。

【新型农机具推广】 围绕粮油生产、水产养殖、花卉苗木、畜禽养殖、特色水果、大棚蔬菜六大类产业农机化样板，加大农机推广力度。全市推广联合收割机15台、插秧机2台、粮食烘干机4台、秧盘1.5万只。8个镇、街道开展水稻机插工作，机插面积103.8公顷，机插水稻田实测产量每公顷43.53千克，比手直播田增产13.8%。新建花卉产业冷库27座，花卉种球冷冻处理能力达到66.7公顷，为花农节约种球成本费3120万元。推广应用畜牧养殖机械与设备2320台套，母猪压死仔猪下降10%，饲养条件明显改善，生猪疾病减少，生长快。水产养殖中，对水域增氧，确保南美白对虾安全度夏，对水域加温，使罗氏沼虾一年一次养殖增至一年两次养殖，养殖户产值翻一番。

（胡振海　范旭辉）

农村能源

【概况】 2009年，围绕农村生态能源建设主线，开展养殖场污染治理和农村生活污水治理。全年新建沼气池728个，容积21,140立方米，全市累计建造沼气池3126个，容积90,950立方米；新增农村生活污水治理受益农户5445户，累计48,340户，占全市总农户数的35%，生活污水净化池累计69,913立方米；新增太阳能热水器7466台，累计安装太阳能160,092台，占全市总户数的89%，总集热面积42.6万平方米，继续

图11　市新能源服务中心开展畜禽养殖后续服务

保持全国县级市首位。建立后续服务体系并进入运作阶段，许村镇、长安镇、盐官镇、丁桥镇、袁花镇和尖山新区（黄湾镇）6个镇以及海宁市新能源服务中心，全市共建成7个后续服务组织。每个服务组织配备沼液槽罐车、干粪清运车、污水泵和沼液输送管等设备。

【畜禽养殖污染整治】 开展对生猪存栏50头以上或猪舍面积60平方米以上养殖场的污染整治工作，全市共333家养殖场被列入整治对象，其中嘉兴市级153家。完成整治392家，其中治理365家，关停27家。新建避雨式干粪堆积池1697立方米、沼气池10,425立方米、沼液贮存池4768立方米、雨污分离设施42,433米。共拆除被关停的养殖场猪舍面积9200平方米，削减养殖存栏量4911头。

【完成新增农村户用沼气项目建设】 自2008年新增农村户用沼气项目建设启动后，海宁市先后召开项目建设动员会，举办户用沼气项目建设技术培训班，加快推进沼气池施工工程建设。2009年3月，完成全部1033户“一池三改”建设任务，共建设沼气池11,780立方米。

【新增大型沼气工程项目建设】 海宁市宏欣生猪养殖场大型沼气综合利用工程和新湖生猪养殖场大型沼气综合利用工程分别于6月、7月开工建设，至年底，完成两个项目主体工程建设。宏欣生猪养殖场大型沼气综合利用工程建设1500立方米厌氧池等土建工程，配套建设沼气利用和沼液输送管网等田间工程；新湖生猪养殖场大型沼气综合利用工程建设600立方米厌氧池，配套建设沼液输送管网等工程。

（杨　丽）

农业科教与农产品品牌

【概况】 2009年，农业科教承担各级科研计划17项，其中省级1项、县（市）级16项。实施“农业丰收计划”38项，其中嘉兴市级11项、海宁市级27项。获“嘉兴市农业丰收奖”4项，评出“海宁市农业丰收奖”28项。浙江省农技推广基金会海宁市执行部承担实施项目7个，其中承担省级项目2个、嘉兴市级项目1个，下达海宁市级推广等项目4个。农技队伍建设不断加强，全市新通过农业系列职称评审和确定15人，浙江省新世纪151人才工程第三层次培养人员1人，嘉兴市第四批新世纪专业技术带头人培养人员5人、嘉兴市第四批专业技术带头人后备人才15人、嘉兴市第一批农村实用人才带头人5人、“南湖百杰”3人，海宁市第六批拔尖人才3人、海宁市第八批突出贡献人才1人、海宁市优秀专业技术人才1人、海宁市青年科技创新人才2人、海宁市优秀农村实用人才10人。农技推广体系不断完善，通过深入实施责任农技推广制度，农技推广组织、责任、考核、培训、保障五大体系更加健全，评出责任农技推广先进个人47人。全市举办各类农业专业技能培训班84期，培训农民3120人。开展各类农业科技咨询26次，发放资料8.8万份、科技书籍6950册，组织征订《农村信息报》2023份、《新农村》418份。

【农业标准化管理】 制定农业地方标准——《桑蚕秋用品种春制越年洗落保护技术规程》1个，全市累计发布32个海宁市农业地方系列标准和3个初级农产品企业标准。年内，承担3个省级农业标准化示范项目，分别是云楼食品有限公司承担的蔬菜黄瓜标准化加工推广示范项目、市林业果树技术服务站承担的苗木标准化栽培推广示范项目和海宁市锦程水产有限公司承担的无公害鳗鲡标准化养殖推广示范项目，均通过省级验收。下达实施海宁市农业标准化示范（基地）项目21个，实施面积453.7公顷，新增效益2744万元。

【农产品品牌创建与整合】 海宁市民胜果蔬专业合作社等6家单位的6个基地和8个产品，新申报并通过省无公害农产品产地认定和国家无公害农产品认证；8家单位的产地和11个产品通过复查换证。全市累计已有31家单位的31个产地和42个农产品通过省无公害农产品产地认定和国家无公害农产品认证，通过无公害基地认定面积达13,217公顷。海宁市光耀葡萄专业合作社等3家单位的8个产品通过国家绿色食品认证；3家单位的12个产品通过绿色食品续展。全市累计已有12家单位的12个绿色食品基地的38个产品通过绿色食品认证，绿色食品基地面积达1615公顷。海宁市长安万家渡甲鱼养殖场等7家单位的7个产品通过有机食品（转换食品）认证，全市累计已有16家单位的16个有机食品产地16个产品通过有机食品认证，有机食品基地面积274公顷。至年底，全市累计有59家单位的59个基地、96个产品、15,106公顷面积通过无公害、绿色食品和有机食品“三品”认定、认证。通明农场商标新获得“海宁市著名商标”称号，全市累计有效获得“海宁市著名商标”称号农产品共4个；“联谊”蔬菜和“健牌”蚕种两个商标新获得“嘉兴市著名商标”称号，累计有效获得“嘉兴市著名商标”称号农产品19个；“健牌”蚕种商标新获得“浙江省著名商标”称号，累计有效获得“浙江省著名商标”称号5个，累计有效获得“国家驰名商标”称号3个。圣品果业葡萄、九里桥番薯、国尧鳖3个产品新获得“海宁市名牌产品”称号，累计获得“海宁市名牌产品”称号农产品16个；周王庙镇星富桑苗专业合作社的“星富牌”嫁接桑苗、海宁市光明蔬菜有限公司的“DGM牌”酱腌菜新获得“嘉兴市名牌产品”称号，累计有效获得“嘉兴市名牌产品”称号农产品13个；全市累计有效获得“浙江省名牌产品”称号农产品1个。

【海昌水果专业合作社成立】 为推进农产品品牌整合，培育全市水果产业品牌，推进水果产业标准化生产、产业化经营、市场化运作，全面提升农产品质量档次和农业经营管理水平，6月19日，全市性的水果专业合作社——海昌水果专业合作社成立。该合作社制定品牌管理暂行办法，统一设计水果包装盒文字和图案，打造“海昌”水果品牌。

（叶建华 胡施平）

水 利

【概况】 2009年，全市共投入水利建设资金12,725万元，搬动土石方316万立方米，分别完成嘉兴市下达计划任务的100.2%和117.0%。整治镇村河道106.5千米，疏浚土方151.7万立方米，超额完成嘉兴市下达的目标任务；整治城市河道6.3千米，疏浚土方13.4万立方米，新建护岸3.6千米。实施白兔桥港一期、余家桥港、睹谷庙港、沈家堰港、度善桥港一期、洛塘河护岸二期等河道整治工作。完成泵房改造37座，更新机泵100台，衬砌渠道224.1千米，改建渡槽25座，新建水闸3座、排涝站点10座，新增排涝泵14台套。完成水利类农村危桥改造8座，新修建丁桥港栏杆896米。加大市场化保洁模式的推广力度，全市共落实河道长效保洁队伍158支、长效保洁员739人、保洁监督员387人。海宁市水利局获省水利厅科技创新、水资源费征收工作一等奖，被评为“嘉兴市水政监察队伍考核先进单位”。

【强化水行政执法】　围绕第十七届“世界水日”、第二十二届“中国水周”宣传主题，采取座谈会、广播讲座、上街设摊、悬挂横幅、张贴标语、发放宣传资料和宣传品等形式开展水法宣传活动。加大水行政执法力度，年内共组织巡查136次，出动人员630人次，巡查各类河道1186条次，巡查取水单位230余家。共制止和查处水事违法行为46起，发责令停止水事违法行为通知书16份，其中立案查处6起、当场处罚7起，累计处罚款7.1万元；河道清淤除障310余立方米，封堵违法深井3口；接待来访13次，处理群众来信3件，处理市长电话19件。加大水资源有偿使用管理力度，共依法征收水资源费466.2万元、占用水域补偿费513.0万元、水面临时占用费85万元、水土保持设施补偿费38.7万元。

【防汛防台工作】　2009年海宁市汛期主要特点是梅雨不典型、台风影响少、强降雨频繁，主要遭受两次罕见的持续降雨天气和一次台风的影响。第八号台风“莫拉克”路径复杂，移动速度慢，云系范围大，维持台风强度时间长。长时间的暴雨和强风，使河网水位迅速上涨，不少河道达到或超过警戒水位，造成直接经济损失800万元。市防汛防台抗旱指挥部先后启动防台风Ⅳ级和Ⅲ级应急响应，市委、市政府多次召开紧急会议进行部署，市领导深入一线指挥，各级各部门科学调度，积极防控，将损失降到最低限度。

【整治非法开采地下水专项行动】　根据嘉兴市政府统一部署，自5月20日起，在海宁市范围内启动整治非法开采地下水专项行动。活动期间共发放宣传资料17,737份，召开会议54次，张贴宣传标语187条，发送短信息49,188条，地毯式调查排摸各类取水用户4506家，清理户外打深井广告65,977条。共核实违法取水用户300户，发出补办通知115份，立案4起，发出行政处罚决定3份，罚款6.3万元。

【局属企业体制改革】　局属企业海宁市水利建筑有限责任公司和海洲水利工程公司产权制度存在明显弊端，不适应市场经济发展。4月，海宁市水利建筑有限责任公司完成改制工作，资产处置、人员安置等工作均得到妥善解决，新组建的鸿翔水利公司于5月4日投入运营。海洲水利工程公司处于停业清算阶段。水利工程技术服务站因丧失公共管理职能，市编委于4月23日撤销其事业单位，所辖单位职能、人员并入河道管理所，其下属分公司的工程承办业务随之停止。

【推进重大项目前期工作】　作为扩大杭嘉湖南排工程八大项目之一的洛塘河整治工程，经市领导和相关部门的努力，其下游改道段作为应急工程获省发改委、水利厅批准，并于4月列入“浙江省2009年省审批核准重大项目前期工作计划”。洛塘河整治应急工程项目进入可行性研究阶段，项目融资工作有序推进。鹃湖平原水库工程于4月确定工程选址和工程规模，6月委托浙江省水利水电勘测设计院进行《专题报告》编制，8月完成《专题报告》的专家审查并提交省水利厅审核。

（贺诗明）

气 象

【概况】 2009年，海宁建立农业大户服务平台和防雷重点单位服务平台，开发海宁潮观潮指数预报产品，提出农村自建房防雷设施设计方案，加强农村气象防灾减灾宣传。全年共发布气象预警信号32次，完成地面气象观测、土壤观测、农业气象观测和核应急观测任务，自动观测站资料传输及时率达到99.9%以上。年内新增中尺度站点2个、气象显示屏2块，新建气象等离子拼接屏。加强气象协理员队伍建设，开办气象协理员防灾减灾业务知识培训班。做好气象科普宣传工作，全年共发放各类气象宣传资料近千份，开展送电影下乡、气象科普进社区和科普日广场宣传等活动。承担的省气象局科研项目“鲜切花农业气象灾害指标的研究及应用”获得浙江省气象局“科技研究开发与推广应用三等奖”和嘉兴市“科学技术进步三等奖”，承担的市级科技计划项目“鲜切花的农业气象灾害预防技术研究”获海宁市“科学技术进步二等奖”。《海宁盐官观潮指数预报的设计与探索》一文参加长三角气象科技论坛交流，获优秀论文奖。

【气候对农作物的影响】 大麦：大麦播种由于受前期秋季连阴雨影响推迟，冬前热量不足，影响了壮苗越冬；越冬期间气温高，雨量雨日偏少，气象条件好于上年，有利于大麦生长，弥补冬前热量不足；拔节抽穗期遭遇罕见春季连阴雨，田间渍害严重，不利春粮生产；灌浆期气温偏高，雨量偏少，日照充足，有利于灌浆颗粒增加，但5月初出现短期高温，产生高温逼熟现象，不利于产量的提高。

小麦：小麦播种由于受前期秋季连阴雨影响推迟，影响了壮苗越冬；越冬期间3℃有效积温明显偏多，雨量偏少，对越冬有利，但12月、1月多次强冷空气和寒潮造成1月气温较低，出现较长时段的低温天气，早晨多霜冻，秧苗生长缓慢；拔节孕穗期遭遇罕见春季连阴雨，田间渍害严重，苗情普遍较差，分蘖状况不佳，春发不利；灌浆期雨量雨日明显偏少，日照充足，气象条件对灌浆有利，但5月初的短期高温，出现高温逼熟现象，对增加千粒重和产量不利。

油菜：油菜育苗期受阴雨寡照天气影响，秧苗生长不佳；油菜移栽期逢连阴雨天气，移栽延迟，但连阴雨过后温高雨少，有利于油菜移栽存活；越冬期出现阶段性的低温天气，早晨多霜冻，秧苗生长缓慢；拔节孕穗抽穗期雨量、雨日偏少，温度偏高，光照特多，有利油菜生长；现蕾前期遭遇连阴雨，光照严重不足，生育期推迟；油菜成熟期雨水相对偏少，光照偏多，有利于灌浆结实。

晚稻：晚稻育秧期气温偏高、光照充足，梅雨期降水不明显，气象条件正常偏好；移栽发棵期气温偏高，出现阴雨寡照天气，造成晚稻分蘖基数少；孕穗期气温较前几年均偏低，有利于晚稻穗型的增大；单晚齐穗期间均为晴好天气，有利于晚稻生长和病虫害防治；灌浆成熟期雨量雨日偏多，气温偏高，日照偏少，但期间出现较长时间的连晴天气，有利于干物质积累，颗粒饱满；收获期受秋季连阴雨影响，秋收进度严重滞后，11月9日、10日出现强降水，局部有大风，部分晚稻出现倒伏、发芽现象，影响品质，长时间阴雨天气使田间土质松软，不利于晚稻机割。

蚕桑：2月、3月气温偏高，湖桑萌芽较上年要早，萌芽以后没有出现冻芽天气，对湖桑前期生长有利。春桑生长期间10℃有效积温明显偏多，雨量偏少，雨日偏少，降水相对较集中，对春桑生长有利。4月下旬至5月底，均为过程性天气，晴天多雨日少，光照充足，春桑生长速度较快。5月21日及以后，春蚕用叶旺期，由于温湿条件均好，期间春桑同步旺长。5月初气温特高，天气晴热，桑叶氟污染严重超标，不利于桑叶生长。2009年春桑叶生产，由于萌芽后没有明显的冻害等不利天气，4月、5月气温明显偏高，10℃有效积温多，雨水和光照均较充足，是一个有利于春桑叶增产的年份。

春蚕饲养期间（5月）平均气温为22.1℃，比常年明显偏高；最低气温为13.1℃，最高气温为36.1℃（为历年同期第二高值）。最高气温大于30℃的天气有8天，比上年少1天。最低气温在15℃以下的天气有5天，比上年少1天，加温保温工作量有所减少。5月总体气温变化较平缓，月初的晴热天气使桑叶氟污染加重。5月下旬日平均相对湿度80%以上的天数仅1天，且没有出现高温高湿天气，有利于大蚕和上蔟后的春蚕生长以及茧质的提高。2009年春蚕饲养中后期气象条件较好，就春蚕全生长期而言属有利面偏多一些的年份。

榨菜：榨菜播种后受秋季连阴雨影响，土壤墒情偏湿，日照明显偏少，对秧苗生长不利。2008年11月中旬、下旬雨日偏少，有利于榨菜移栽工作。2009年冬季积温明显偏多，越冬条件较好，但1月出现较长时段的低温天气，榨菜生长缓慢。

切花：2009年冬季气温特高，但出现阶段性寒冷，极端最低气温-6.2℃，共出现-5℃以下的严重冰冻天气3天，由于防冻措施得当，冻害损失少。露地栽培的短积温切花月季品种萌芽期在2月中旬，较上年推迟5天左右，属偏早年份；受前期冬春季连阴雨影响，采收期在4月中旬，属偏早年份，有利于切花的销售。同期萌发的大棚月季可以早10天左右采收。春季月季现蕾后受3月8日、14日霜冻天气影响，露地和部分保温条件较差的大棚月季的花芽受一定影响。3～6月气温持续偏高，降水明显偏少，气象条件对切花百合生长有利。秋季切花百合移栽期在8月下旬前后，8月中旬出现最高气温高于35℃的天气3天，下旬3天，8月上旬受连阴雨影响气温较低，少部分花卉移栽较早，受后期高温影响较大。11月13日入冬，属较早年份，霜冻天气出现早，不利于切花百合的生产，增加了大棚的加温成本。夏季连续高温，台风“莫拉克”暴雨造成海宁花卉主产区部分田块内涝积水，影响非洲菊生长，连续高温强光天气使夏季非洲菊产量减少，花朵质量下降，内涝使部分田块受淹不能正常采花。

蔬菜：2009年冬季气温特高，有利于反季节蔬菜的生产。夏季气温较常年明显偏高，降水明显偏少，气象条件不利于菜类作物的生产和培育。年内出现3次较长时间的连阴雨天气，蔬菜根系生长受阻，病虫害高发，产量降低，价格升高。

表 14　　2009 年各月日照资料

要素 \ 月份	1	2	3	4	5	6	7	8	9	10	11	12	全年
日照时数（小时）	145.8	67.9	124.6	210.9	243.1	200.3	223.3	176.0	159.1	216.1	96.4	142.7	2,006.2
历年平均日照时数（小时）	117.6	111.4	121.7	151.7	171.0	154.4	225.6	231.1	163.5	158.5	147.0	143.1	1,896.6
日照百分率（%）	45	22	34	55	58	48	52	43	43	61	30	45	45
历年日照百分率（%）	37	36	33	39	40	37	53	57	44	45	46	45	43

说明：历年平均值统计年限为 1971 年至 2000 年。

表 15　　2009 年各月气温资料　　单位：℃

要素 \ 月份	1	2	3	4	5	6	7	8	9	10	11	12	全年
平均气温	3.5	8.9	10.6	16.6	22.1	26.5	29.0	28.2	25.2	20.2	10.7	6.0	17.3
历年平均气温	3.8	5.1	9.0	14.9	20.1	24.0	28.0	27.6	23.1	17.9	11.9	6.1	16.0
极端最高气温	14.5	27.5	26.0	31.0	36.1	37.5	39.3	36.6	32.7	28.1	27.7	16.3	39.3
历年极端最高气温	21.8	27.8	30.2	32.0	35.2	36.4	39.3	39.7	38.1	34.2	27.8	24.1	39.7
极端最低气温	−6.2	2.0	2.4	3.7	13.1	18.2	20.5	20.7	19.7	11.6	−0.9	−4.1	−6.2
历年极端最低气温	−12.4	−9.7	−4.7	−1.7	7.8	12.9	17.9	18.2	11.2	2.0	−4.3	−9.9	−12.4

说明：历年平均值统计年限为 1971 年至 2000 年。

表 16　　2009 年各月降水、相对湿度资料

要素 \ 月份	1	2	3	4	5	6	7	8	9	10	11	12	全年
降水量（毫米）	34.5	170.2	98.1	91.1	40.5	101.4	179.1	186.8	63.4	18.5	179.8	56.1	1,219.5
历年平均降水量（天）	63.2	71.8	117.5	106.9	124.6	194.2	152.5	147.6	119.5	71.2	50.7	42.0	1,261.9
降水日数（天）	10	17	15	8	9	15	11	14	9	3	14	9	134
历年平均降水日数（天）	11.9	11.9	15.4	14.3	13.0	15.3	12.5	12.5	11.9	9.8	8.1	7.6	144.1
暴雨日数（天）	0	0	0	0	0	0	0	1	0	0	1	0	2
历年平均暴雨日数（天）	0.00	0.00	0.00	0.03	0.07	0.27	0.23	0.17	0.10	0.03	0.03	0.00	0.93
相对湿度（%）	74	84	78	71	67	77	77	85	82	76	85	76	78
历年平均相对湿度（%）	79	79	81	80	80	84	83	83	85	82	79	77	81

说明：历年平均值统计年限为 1971 年至 2000 年。

（居晓燕）

［编辑：曾晓莲］

工业与建筑业

Industry & Building Industry

工业经济综述

2009年，在国际金融危机影响下，年初，全市工业经济出现较大下滑，下半年开始呈现全面回升良好状态，企业生产不断提速，效益持续改善，全年保持平稳较好发展。全市共有规模以上工业企业1711家，比上年增加240家，全市工业完成增加值197.29亿元，增长8.0%。

工业生产加速回升。全年规模以上企业实现工业总产值736.83亿元（现价，以下同），比上年增长2%，总量继续保持嘉兴市第一位。1～3月下降8.7%，1～6月下降6.4%，1～9月下降3.3%，1～11月转为正增长2.9%，全年实现增长5.7%，工业生产回升态势明显。12月单月产值达到86.85亿元，创历史新高。随着生产的加快，工业用电量快速增长，全年工业累计用电量36.95亿千瓦时，增长10.3%，分别比一季度、二季度、三季度提高15.9个、9.1个、5.7个百分点。

企业效益明显改善。2009年原材料价格相对处于低位，货币政策相对宽松，出口退税率提高，各种税费减免等政策出台，大大提高了企业盈利空间。全市规模以上企业实现产品销售收入721.46亿元，比上年增长6.5%；利税64.86亿元，增长50.2%，其中利润39.90亿元，增长78.4%，利税、利润在8月实现正增长后，增速不断提升，全年增幅达近五年新高。企业亏损面不断缩小。至年底，规模以上企业中发生亏损的企业有195家，占规模以上企业的11.9%，缩小6个百分点，亏损额3.25亿元，十一项指标考核得分237.76分，提高11.51分。

外贸出口探底回升。年初外贸出口受金融危机影响，出现下滑态势，从下半年开始，出口降幅逐渐缩小，全年累计出口24.99亿美元，比上年下降6.7%，比1～2月时最大降幅（-24.8%）缩小18.1个百分点。其中布沙发、家纺、布沙发套、袜子、服装、电子产品等六类商品出口保持正增长，分别增长1.2%、2.7%、3.6%、9.6%、13.6%、27.2%，其余主要商品出口均出现不同程度下滑。

主要行业回升明显。“三五”产业①生产加快，成为规模以上产值增长的有效拉动力。一是三大产业明显回暖。年初，三大产业出现较大下滑。一季度皮革、经编、家纺规模以上产值降幅均超过10%。下半年企业订单不断增加，生产任务饱和，企业生产

---

①“三五”产业：“三”指皮革、经编、家纺三大传统产业，“五”指太阳能利用、包装印刷、机械装备、汽车零部件、电子信息五大新兴产业。

加班加点，出现较快回升。全年三大产业规模以上产值降幅缩小至5%以内：皮革工业107.40亿元，比上年下降1.6%；经编及制品工业94.29亿元，下降1.1%；家纺工业49.76亿元，下降3.1%。与三季度相比，分别缩小14.6个、11.2个、4.7个百分点，回升明显。二是新兴产业全部实现正增长。太阳能行业在国家政策支持下，取得较快发展，全年太阳能产业实现规模以上产值18.28亿元，增长82.9%，成为全市主要产业中增幅最快的行业；电子行业扭转下滑趋势，呈现恢复性增长，全年实现规模以上产值15.80亿元，增长4.4%，呈明显的“V”形反转走势；机械装备业、包装印刷业全年保持稳定增长态势，分别增长12.3%和8.7%。

工业投入再创新高。全年完成工业生产性投入107.16亿元，比上年增长6.8%。工业生产性投入年后出现下降趋势，二季度扭负为正，7月后增幅逐月提高，全年投入超过上年水平，连续两年超百亿元。投入超10亿元的地区有5个，分别是海宁经济开发区（21.28亿元）、农业对外综合开发区（21.07亿元）、马桥街道（11.42亿元）、尖山新区（11.38亿元）、许村镇（11.26亿元），增加2个。工业生产性投入增幅较大，其中马桥、丁桥、斜桥、尖山新区分别增长86%、44.4%、36.9%、22.7%。

品牌创新不断加快。全年规模以上企业新产品产值213.85亿元，比上年增长7.5%。有16家企业通过高新技术企业重新认定，全市高新技术企业数达到37家，列嘉兴市第一位。技术进步成为企业转型发展的主要推动力，全市规模以上工业企业技术开发费12.66亿元，增长6.8%。品牌建设取得积极进展，“虎霸牌”塔式起重机、“兄弟牌”饲料添加剂维生素K_3、“华生牌”柔性灯箱布、“蒙努牌”沙发4项产品获得“省级名牌产品”称号，“海宁皮革”被授予“浙江区域名牌”称号，有3家企业商标获得“驰名商标”称号，驰名商标累计数达21个，浙江富斯达工具有限公司、兄弟科技股份有限公司、浙江和心纺织有限公司3家企业商标获得“省级著名商标”称号。

镇工业园区不断拓展。全市8个镇工业园区总规划面积2,946.7公顷，全年开发面积130.7公顷，比上年增长33.3%，完成基础设施投资5100万元，增长15.9%。新入区企业101家，增加49家，区内企业完成生产性投资21.51亿元，实现产值235.97亿元，增长4.7%，实现利税14.23亿元，其中利润7.02亿元。平均经济密度为2,167.7万元/公顷，平均投资强度1,047.2万元/公顷。

节能降耗稳步推进。以提高能源利用效率为核心，加快结构调整，狠抓节能项目，加大督查力度，全力推进节能降耗工作，全年单位GDP综合能耗、单位工业增加值能耗完成下降4.4%和6%的目标任务。至年底，共有79家企业通过清洁生产验收，其中5家企业创建为“浙江省绿色企业”。通过清洁生产，企业每年可节电4953万千瓦时、节水2260万吨、节煤4.2万吨。

附：2009年海宁市“重点兴海工程”企业名单

一、工业企业31家

宏达控股集团有限公司

雪豹集团公司

浙江富邦集团有限公司

兄弟科技集团

海宁宏洋集团有限责任公司

天通控股股份有限公司

海宁市联丰磁业有限公司

浙江永发机电有限公司

浙江卡森实业有限公司

海宁长海包装印刷有限公司

美大集团有限公司

海宁上元皮革有限责任公司
海宁耐尔袜业有限公司
海宁市红狮电梯装饰有限公司
浙江海利得新材料股份有限公司
浙江锦达新材料股份有限公司
浙江洁华环保科技股份有限公司
海宁八方布业有限公司
海宁市超达经编有限责任公司
海宁牛仔织造有限公司
海宁蒙努集团有限公司
海宁德俊织染集团有限公司
欧诺雅集团有限公司
浙江玖姿实业股份有限公司
浙江诚信包装材料有限公司
海宁宝圆染化有限公司
浙江薛永兴氨伦有限公司
浙江娃哈哈昌盛饮料集团有限公司
浙江鼎龙化工有限公司
浙江钱江生物化学股份有限公司
海宁纺织机械厂

二、建筑企业2家

浙江鸿翔建设集团有限公司
浙江中海建设有限公司

表17　2009年全市规模以上工业经济指标完成及在嘉兴市排名情况

指标		完成实绩（亿元）	比上年增长（%）	总量在嘉兴市排名	增幅在嘉兴市排名	嘉兴平均增幅（%）	与嘉兴增幅比（百分点）
500万元以上工业	工业总产值	736.83	2	1	2	3.7	2.0
	利税	57.62	33.5	2	3	25.5	8.0
	利润	35.61	59.2	2	3	45.3	13.9
	十一项得分	237.76	11.51（分）	5	—	240.01（分）	-2.25（分）
工业生产性投入		107.16	6.8	2	7	10.5	-3.7

表18　2009年海宁市重点技术改造项目完成情况（1亿元及以上）

单位：万元

序号	企业名称	项目内容	计划总投资	至2008年底累计完成额		2009年投资额	
				财务支出	投资额	计划数	2009年累计完成
1	浙江锦达新材料股份有限公司	锦达科技工业园一、二、三期项目	32,000	19,818	19,818	2000	3977
2	浙江超纶新材料有限公司	年新增13,000万平方米铝箔卷项目	14,780	4590	5444	3000	7527
3	浙江海利得新材料股份有限公司	新增25,000吨车用差别化工业丝项目	33,000	—	—	33,000	24,385
4	浙江成如旦新能源科技有限公司	风力发电叶片专用玻纤基材开发项目	13,000	—	—	13,000	3367
5	浙江海利得新材料股份有限公司	年新增15,000吨车用差别化工业丝及其配套技改项目	19,880	—	—	19,880	4920
6	浙江海利得新材料股份有限公司	年新增50,000吨车用差别化涤纶工业丝技改项目	19,980	—	—	19,980	4020
7	浙江恩典针织有限公司	年产袜子500万打、内衣60万件项目	12,800	4074	4074	3000	2100

(续表)

序号	企业名称	项目内容	计划总投资	至2008年底累计完成额		2009年投资额	
				财务支出	投资额	计划数	2009年累计完成
8	海宁美联袜业有限公司	年产高档袜子1.3亿双项目	36,495	12,859	12,859	10,000	3838
9	海宁瑞星皮革有限公司	年产高档牛皮革和沙发革270万张项目	25,730	26,260	26,260	2000	356
10	浙江万业超纤有限公司	年产280万米超细纤维革、各类服装10万件、鞋类20万双、箱包25万只项目	21,600	10,495	10,495	4000	11,105
11	海宁广源聚合有限公司	年产差别化锦纶长丝6万吨项目	24,834	8725	8725	10,000	2900
12	科朗曼新材料（浙江）有限公司	年产橡胶板18万平方米、合成树脂涂层600吨和塑料管道1000吨项目	12,000	3500	3500	8000	1000
13	海宁宏发不锈钢制品有限公司	年产不锈钢家居制品550万套、塑料薄膜制品500吨项目	12,800	9570	9570	5000	1550
14	海宁人民机械有限公司	年产300台套包装印刷设备项目	14,400	9151	9151	10,000	3250
15	浙江邦特包装印刷器材有限公司	年产500套包装、印刷专用设备和800万只纸箱项目	23,000	9614	9614	9000	10,865
16	天通吉成机器技术有限公司	年产专用机械装备500台项目	22,000	16,679	16,679	5000	7281
17	海宁市科创中心投资有限公司	标准厂房项目	18,405	—	—	5000	6000
18	海宁凌通光伏科技有限公司	年产太阳能级硅片35兆瓦项目	20,860	—	—	3000	4083
19	海宁奥斯达汽车部件有限公司	汽车部件项目	12,600	9200	9200	3400	3400
20	浙江娃哈哈昌盛罐头食品有限公司	罐头食品项目	20,400	22,850	22,850	10,000	7420
21	浙江娃哈哈昌盛方便食品有限公司	方便食品项目	23,920	22,051	22,051	10,000	8549
22	浙江薛永兴氨纶有限公司（增资）	氨纶纤维项目	49,400	28,274	28,274	500	21,126
23	浙江菱德电梯部件有限公司	电梯部件项目	23,000	12,750	12,750	10,250	10,250
24	浙江中彩印业有限公司	印刷包装项目	14,440	9848	9848	4592	4592
25	浙江西子重工机械有限公司	年产100台工程机械和10万吨重型钢构项目	45,726	13,160	13,160	15,000	17,666
26	浙江易和实业有限公司	年产机械加工刀具1000万支套项目	12,258	—	—	5000	9800
27	浙江汽车零部件有限公司	年产15万台汽车散热器项目	20,200	16,480	16,480	5000	7800
28	浙江丽宏君服饰有限公司	面料生产项目	25,000	2370	15,210	3000	9900
29	浙江巨都药业集团有限公司	年产冻干粉150万瓶项目	40,000	3250	3250	3000	3350
30	兄弟科技股份有限公司	年产3000吨维生素项目	17,651	2512	2512	17,651	16,800
31	浙江艺纺纺织品有限公司	年产8千万件节日服饰项目	23,000	5104	5104	18,000	16,980

(续表)

序号	企业名称	项目内容	计划总投资	至2008年底累计完成额		2009年投资额	
				财务支出	投资额	计划数	2009年累计完成
32	海宁长海包装印刷公司	1.5万吨复合包装材料项目	12,420	2330	2330	10,090	1000
33	海宁长海包装印刷公司	4万吨高阻隔多功能薄膜项目	21,012	—	—	21,012	8300
34	浙江宝通金属制品有限公司	年产100万套五金制品项目	19,125	2159	2159	1500	384
35	海宁瀚洋环保热电有限公司	垃圾焚烧发电项目	25,797	3437	3437	18,000	18,663
36	浙江太阳谷能源应用科技有限公司	年产50兆瓦太阳能电池项目	17,600	9463	9463	8000	4056
37	浙江美大实业有限公司	年产30万台集成环保灶项目	29,695	13,716	13,716	10,000	2879
38	浙江力诺宝光太阳能有限公司	年增9万吨高硼玻璃管项目	12,068	1000	1000	8000	4473
39	浙江晶科能源有限公司	增资并实施年产100兆瓦太阳能电池及50兆瓦配套电池组件项目	20,333	—	—	5000	8234
40	海宁星莹家具有限公司	年产10万套客厅实木家具项目	38,100	15,138	15,138	6000	6879
41	浙江威仕达光电材料有限公司	年产11万吨特种玻璃项目	12,920	9669	9669	1500	367
42	浙江鸿翔钢结构有限公司	年产6万吨钢结构件技改项目	15,000	6737	6737	1800	6559
43	浙江菱雪电子机械有限公司	年产3万套电梯配件、起重设备配套件、停车设备电器配套件和1万台套丝机项目	14,600	5265	5265	3430	3270
44	海宁市中大建材有限公司	年产2200万平方米轻质建筑材料技改项目	11,000	8343	8343	2000	2000
45	浙江桑乐数字化太阳能有限公司	年新增太阳能热水器50万台、数字化仪表20万台项目	10,055	5236	5236	5500	2252
46	浙江中盛铝业有限公司	新建年产2000吨镁铝合金型材建设项目	20,800	3552	3552	12,000	6310
47	浙江旭辉光电科技股份有限公司	年产1500万片晶体硅太阳能电池片项目	19,500	3025	3025	4200	203
48	浙江万凯新材料有限公司	年产20万吨聚酯瓶级切片项目	46,000	—	—	8000	10,500
49	浙江海宁爱家实业有限公司	年产环保型板材23万立方米项目	20,960	—	—	5000	10,660
50	洁华控股股份有限公司	高效节能袋式除尘技术与装备生产线建设项目	30,600	—	—	10,000	6030
51	浙江万宝新能源科技有限公司	年产10万台太阳能热水器、5万台空气源热泵热水器生产线建设项目	27,393	—	—	3000	2441
52	浙江尖山光电科技有限公司	年产75兆瓦高效晶体硅太阳能电池及组件项目	19,958	10,030	10,030	2000	6400

(金铁钢)

经　　编

【概况】 2009年，全市拥有经编企业375家，完成工业总产值117.86亿元，比上年增长5.9%；实现销售收入114.51亿元，增长2.2%；利税8.89亿元，增长36.3%，其中利润5.6亿元，增长66.2%。规模以上经编企业有233家，完成工业总产值94.29亿元，下降1.1%；实现产品销售收入91.8亿元，下降2.1%；实现利税7.36亿元，增长33.6%，其中利润4.88亿元，增长78.8%。全市共有经编行业从业人员1.85万人，经编产品在国内市场的占有率保持在30%以上，列全国第一，经编产业的整体规模、装备水平、产品开发能力达国内先进水平。

【产业用布产能迅速扩张】 因国内产业用纺织品市场发展迅猛，高速铁路、高速公路对土工布、格栅的需求带动产业用布的发展，"庆祝新中国成立60周年"、"上海世博会"等重大活动推动广告业的发展，带动网布销售的好转。自9月起，海宁市及周边地区大量引进经编设备，双轴向经编机的保有量从年初的200台迅速增加至300台。产业用布产能迅速扩张，导致产品价格下滑，网布平均销售价格跌幅在25%左右，出现销售产值增长而企业效益下降的局面。

【浙江区域名牌推广启用】 自上年底"马桥经编"正式被认定为浙江区域名牌起，经编行业协会积极开展推广使用工作。先后制订《马桥经编浙江区域名牌推广使用工作方案》，成立区域名牌管理工作委员会，出台区域名牌推广使用和监督管理办法。5月25日，经编产业园举行"马桥经编"浙江区域名牌推广使用动员大会。海利得、锦达等10家入园企业的11个产品获准首批使用"马桥经编"区域名牌。至年底，已有两批共20家企业取得"马桥经编"浙江区域名牌使用权。12月，浙江海宁经编产业园区经工业和信息化部批准，成为全国首批"新型工业化示范基地"。

【出台产业提升发展规划】 为加快经编产业升级发展，市政府出台《海宁市经编产业提升发展规划（2009~2011年）》（以下简称《规划》）。《规划》提出必须把握世界经编产业梯度的特点，以科技创新和制度创新为动力，以产业集群、产业延伸、自主创新、区域品牌、总部经济为提升重点，建立完善"政府推动、行业自律、企业主体"长效发展机制，推进结构调整和产业升级，尤其要促进产业用布的大发展。按照集约化、规模化、生态化和

图12　5月25日，首批11个经编产品获准使用"马桥经编"区域名牌

现代化的要求，构建以海宁经编产业园区为龙头，海宁经济开发区、钱江工业园区为依托的“一园两翼”经编产业空间布局。实现经编产业空间布局集群化、原料生产基地化、经编产品差异化，实现海宁市经编产业向深度和广度转型升级，提升海宁经编产业在全球的地位。

【发展经编总部经济】 11月10日，1.69万平方米的中国经编总部商城建成开业，为国内唯一一家经编产品专属交易中心。该商城有135家企业入驻，入驻率达到100%。为进一步扩大商城知名度，中国经编总部商城通过《中国纺织报》、嘉兴电视台、海宁电视台等媒体开展宣传，先后投放各类硬广告和宣传文字100余次。商城管理机构两次组织专人到绍兴轻纺城联络买家，与上海世贸商城、上海纺织商会、上海服装协会等机构开展合作，有53人次与企业达成买卖合同。

【首个纺织类国家标准获准发布】 由海宁中天检测有限公司（浙江省经编产品质量检验中心）主持牵头，海宁德俊织染集团有限公司、浙江宏达经编股份有限公司、安莉芳（中国）有限公司、福建省晋江市浩沙制衣有限公司、上海申美商品检测有限公司等参与制定的国家标准《针织泳装面料》（GB/T 22852-2009），获国家标准化委员会批准发布，并于2009年12月1日起正式实施。该标准是海宁市主持制定并发布的首个纺织类国家标准，对针织泳装产品的技术标准、产品质量等起规范作用。

【经编产业“双服务”科技合作洽谈会】 6月24日，浙江省“双服务”专项行动服务组、浙江理工大学与中共海宁市委组织部、海宁市科技局、浙江海宁经编产业园区管委会共同举办“2009人才科技系列活动经编产业科技合作洽谈会”。专项行动服务组组长储雪青、浙江理工大学副校长陈建勇、中共海宁市委组织部部长周红霞到会讲话，马桥街道党委书记、浙江海宁经编产业园区管委会主任沈顺年介绍海宁经编产业园区发展情况。会上，海宁市经编企业与浙江理工大学合作的五个项目进行签约仪式。

（王　赟）

家　纺

【概况】 2009年，全市规模以上家纺企业有247家，比上年增加12家；完成工业总产值49.76亿元，下降3.1%，占全市纺织业总额的19.4%；实现销售收入48.6亿元，下降4.7%，产销率97.8%；实现利税2.5亿元，其中利润1.1亿元，分别下降5.1%和9.2%；实现自营出口3.4亿美元，增长2.7%，占全市出口总额的13.7%。总资产合计48.6亿元，增长9.4%。规模以上企业中，销售收入超亿元企业8家，5000万元~1亿元（不含1亿元）企业10家，5000万元以下企业200家。12月，浙江和心纺织有限公司“和心牌”装饰布获“浙江省著名商标”称号，海宁中国家纺城被评为“浙江省服务名牌”，为海宁市家纺产业中首个名牌产品。至年底，全市家纺产业累计有“浙江省著名商标”2个、“浙江省名牌产品”1个、“嘉兴市著名商标”11个、“嘉兴市名牌产品”10个。

【海宁家纺产业提升规划通过专家评审】 为进一步提升海宁市家纺传统产业，市经济贸易局邀请中国家用纺织品行业协会、中国纺织建设规划院及企业研究所专家对家纺产业开展调研走访，组织实施《海宁市家纺产业提升规划（2009~2011）》。7月17日，通过专家组评审，并经海宁市政府常务会议讨论通过颁布实施。该规划对海宁家纺产业的现状、特点以及国内外产业发展趋势进行分析，对区域内产业结构和产业布局进行系统调研，提出产业提升的发展方向、重点项目和配套措施等。

图 13 中国国际家用纺织品创意设计大赛评选会场

【2009 年海宁·中国家用纺织品博览会】 9 月 28 ~ 30 日，由中国家用纺织品行业协会和中国国际贸易促进委员会纺织行业分会主办、海宁市人民政府承办的 2009 年海宁·中国家用纺织品博览会暨 2009 年中国国际家用纺织品创意设计大赛在海宁举行。同时举行许村布艺“十佳创新企业”评选、推介，海宁家纺设计师首期培训班开班。博览会期间，举行中国家纺设计手绘风格与技法高级研讨会、海宁“2010/11 中国家纺流行趋势”解读报告会及布艺精品、家纺成品展示活动。

【杨东辉到海宁调研家纺产业】 3 月 26 日，中国纺织工业协会副会长、中国家用纺织品行业协会会长杨东辉率产业调研组到海宁调研家纺产业发展情况。产业调研组与海宁和心、颐佳爱等公司领导就产品研发、内外销渠道、人才引进与培养、品牌建设、自主知识产权保护、企业文化建设等进行研讨。

【与中国纺织品进出口商会建立壁垒信息交换机制】 为更好地应对贸易摩擦，及时为海宁市纺织企业提供全面、准确的贸易摩擦信息，市经济贸易局与中国纺织品进出口商会建立纺织品贸易壁垒信息交换机制。2009 年上半年，海宁市纺织品出口额达 5.05 亿美元，占全市出口总额的 46.6%。纺织品贸易壁垒信息交换机制的建立，旨在实现纺织行业最新贸易壁垒信息共享，纺织品贸易壁垒情况定期分析，纺织行业相关产品贸易救济案件的预警、立案，应诉信息（包括涉案企业名单）、案件进展情况的及时通报。

【家纺产业联盟标准《装饰用机织物》获准发布】 9 月 5 日，由中天检测有限公司、海宁家纺科技创新开发有限公司等参与起草的海宁家纺产业联盟标准《装饰用机织物》通过专家审定，并获准发布，是继经编产业、太阳能利用产业、皮革产业联盟标准之后第六个获准发布的联盟标准。该联盟标准以国家标准 GB/T 19817-2005《纺织品装饰用织物》为蓝本，通过大量的检测与分析，对内在质量的断裂强力、耐磨性等部分指标进行提升，对外观质量的纬斜、格斜、花斜、局部性疵点等指标进行更加严格的控制。

（朱剑莉）

电　子

【概况】　电子磁性产业是海宁五大新兴产业之一，其中天通控股股份有限公司规模最大，其次为联丰公司、三林公司、祁连山公司和近年新办的凌通公司、通达磁业公司、恒泰电子公司、万力电子公司等。2009年，全市电子磁性行业呈明显的“V”形回升走势。上半年呈低迷状态，企业出现关停窑炉生产线现象，部分企业关停达1/2以上。随着经济逐渐回暖，对电子产品消费需求出现增长，市场对磁性材料需求不断增加，8月起行情开始好转，9月出现明显增长，企业生产大幅提高，天通控股股份有限公司每月产值从最低时2000多万元增加到近6000万元，联丰磁业每月产值从最低时600多万元增加到1200万元。全市有电子磁性企业77家，比上年减少3家。实现工业总产值16.21亿元，占全市工业总产值的1.6%；完成销售收入14.80亿元，下降16.2%；利润总额1.17亿元，下降51.5%。规模以上电子磁性企业有39家，实现工业总产值15.80亿元，占全市规模以上企业工业总产值的2.1%，增速为4.4%；完成销售收入14.46亿元，下降2.6%；利润总额1.15亿元。

【电子产业技术创新】　全市电子信息企业加大研发投入、人才引进和培养力度，改善研发条件，提高自主创新能力，提升整体技术水平。2009年，天通控股股份有限公司国家高技术项目——抗高频电磁干扰镍锌铁氧体及磁芯高技术产业化示范工程项目竣工验收；在科技部下达的2008～2009年国家科技计划项目中，天通有3个项目获得立项。三弘电子研发的ETD29反激式高频开关电源变压器、光电用贴片式电感器两项省级新产品通过验收；企业申请专利8件，其中1项发明专利实施产业化生产，企业技术研发中心被列入海宁市第二批企业研发中心计划。浙江通达磁业研发的宽频带吸收波磁性材料新产品通过省级鉴定。

【天通控股股份有限公司获“2009浙商创新奖”】　5月29～31日，在杭州召开的2009浙商大会上，天通控股股份有限公司获“2009浙商创新奖”，为嘉兴地区4家上榜企业之一，公司负责人潘建清成为嘉兴地区5位上榜浙商之一。浙商创新奖省内候选人由浙江省工商业联合会、《浙商》杂志等负责推荐，经大会组委会及有关评审组专家根据标准及名额进行审定，并通过网上公示，最后确定获奖者名单。天通控股股份有限公司作为高新技术企业，在技术研发、企业管理、市场开拓、商业模式等方面的创新成果受到浙商大会的高度肯定。

（杜志鹃）

包装印刷

【概况】　2009年，全市共有印刷企业397家，其中出版物印刷2家、包装装潢印刷246家、其他印刷品印刷40家、专项制版9家、专项装订1家、打字复印99家。全市印刷企业注册资金9.64亿元、职工人数10,556人、资产总额40.3亿元、工业总产值37.8亿元、利税总额7400万元、年用纸量14.8万吨、年用塑料薄膜量32.2万吨。海宁市印刷行业企业总量和生产规模列嘉兴市各县（市、区）之首，成为继皮革、经编、家纺等主要支柱产业后的又一支柱产业，也是浙江省包装印刷产业的主要基地之一。根据《海宁市包装产业发展规划》，全市包装印刷行业加强技术改造，实施产业结构调整和资源优化配置，重点发展以软塑包装及印刷、纸包装及印刷、包装机械为主的包装印刷产业。

包装印刷协会（以下简称“协会”）全年发展新会员单位23家，累计发展118家。通过与远东国际租赁公司的接洽，为长海、邦特、佳宏等6家企业设备租赁牵线搭桥，破解“融资难”问题，助推海宁包装企业转型升级。2009年，海宁市被中国包装联合会命名为“中国包装名市”，斜桥镇被中国包装联合会命名为“中国包装名镇”，浙江诚信包装材料有限公司、海宁市粤海彩印有限公司两家企业被授予嘉兴市“十强”印刷企业称号。

【海宁市获“中国包装名市”称号】 12月7日，海宁市被中国包装联合会授予“中国包装名市”称号，成为浙江省唯一获该荣誉的县（市）。近年来，海宁市将包装印刷产业列为全市五大新兴产业之一，出台了一系列财政、税收、信贷、土地和技术等扶持政策，不断加强对全市包装行业的规划和指导，加大包装印刷企业的投资和招商力度，包装产业得到迅猛发展，区域集聚特色明显，斜桥镇、连杭经济区和尖山新区是海宁市包装产业最为集中的区域。经过30多年的发展，海宁市包装印刷产业已形成包装原材料、软包装、纸包装、油墨、制版、包装机械等产品研发、生产、销售于一体比较完整的包装产业链。

【包装印刷企业技术改造】 全年有11家包装印刷企业申报技改项目，投入技改资金13.19亿元。其中浙江长海包装集团有限公司3个技改项目投资3.6亿元；其他企业技改项目投资2000万元以上3个、1000万元以上3个、800万元以上2个。加上上年23个技改项目投资10.28亿元，两年技改投资达到23.47亿元，是海宁市包装行业有史以来规模最大的技改投资。浙江邦特包装印刷器材有限公司投资2.3亿元、用地面积7.4公顷、总建设面积6.2万平方米的项目于8月竣工投产。

【自主研发包装印刷产品投放市场】 海宁市包装企业一批自主研发的创新产品研发成功并投放市场，其中浙江翔龙包装印刷有限公司研发的“扭结包装膜”产品获国家实用新型专利。浙江长海包装集团有限公司研制成功“防晒耐蚀功能膜”，海宁人民机械有限公司自主研制成功“YADD系列全自动电脑凹版印刷机”和“热转印专用印刷机”，浙宁印刷包装机械有限公司研发成功“SFTB全自动铝箔复合印刷机”。

【2009年浙江包装产业发展论坛】 海宁包装行业已形成从“包装材料”到“中间产品”（印刷复合膜、镀铝膜）到“包装制成品”的特色包装产业链。为推动海宁包装行业做优做强，6月2日，由浙江省包装技术协会主办、海宁市经济贸易局和斜桥镇人民政府承办的2009年浙江包装产业发展论坛在海宁举行。来自上海、浙江包装印刷产业的27家企业以及海宁的包装印刷骨干企业参加论坛，省包装协会及行业相关专家就如何合理调整发展战略、促进包装印刷产业健康发展进行探讨。

【包装印刷产业项目引荐会】 10月30日，由中共海宁市委组织部、海宁市人事局主办，海宁市经济贸易局、科技局、包装印刷行业协会协办的2009“精英聚潮乡，合力助两创”人才科技系列活动暨海宁市印刷包装产业最新项目引荐会在海宁举行。浙江省包装技术协会会长张耀权作印刷包装产业发展前景展望报告，12位专家介绍相关印刷包装科研成果，全市百余名印刷包装产业专家、嘉宾、代表参加会议。会后，各专家分别到海宁斜桥包装工业园和海宁连杭经济区包装产业基地进行座谈交流。

【行业培训和交流】 4月14日，协会邀请浙江省管理咨询协会副会长、久盛企业管理咨询有限公司总经理嵇国光在中共海宁市委党校举办《企业经营管理总体思考和提升——在微利时代企业的应对策略和选择》专题讲座。编写《岗位操作管理系统》下发到各会员企业，辅助企业管理层逐步规范岗位操作，提高流程执行效率。5月12日，举办嘉兴市2009企业家创业创新论坛——金融危机下嘉兴重点制造企业战略转型升级专题研讨会，首场研讨会以造纸和纸制品行业为主，海宁包装造纸企业及市包装协会秘书长应邀参加会议。9月26日，举办首届包装行业俱乐部沙龙活动，邀请久盛企业管理咨询有限公司与浙江中小企业创业辅导中心的两位教师与企业探讨人才流失问题。10月15～17日，在第二届中国纸包装工业2009PPI（宁波）瓦楞彩盒展上，协会秘书长吴加生率协会会员企业参观展会并参加2009纸包装工业全国性高层战略研讨会暨最新技术研讨会，会后到宁波纸制品包装企业亚洲纸业参观考察。

（尤建汉）

图14 9月26日，举办首届包装行业俱乐部沙龙活动

机械五金

【概况】 2009年，全市规模以上机械五金企业有322家，比上年增加41家。全年完成工业总产值106.34亿元，增长13.0%，占全市规模以上企业经济总量的14.3%，比上年提高1.3个百分点；产品销售收入101.37亿元，增长12.5%；实现利税8.27亿元，其中利润5.27亿元，分别增长19.2%和22.0%。全年规模以上机械五金企业完成技改投入7.67亿元，占全市总量的7.2%。总资产合计117.98亿元，增长30.0%，占全市规模以上企业总资产的14.5%，比上年提高1.63个百分点。全市74家“兴海工程”企业中有机械五金企业17家，占“兴海工程”企业总数的22.97%。

【机械五金企业技术创新】 至年底，全市有高新技术企业37家，其中机械五金企业有11家，分别为浙江洁华环保科技股份有限公司、天通吉成机器技术有限公司、浙江美大实业有限公司、海宁纺织机械厂、海宁市红狮电梯装饰有限公司、浙江虎霸建设机械有限公司、浙江美通机械制造有限公司、海宁奥通汽车零件有限公司、海宁洁宇环保设备有限公司、海宁市新艺机电有限公司和浙江西子重工机械有限公司。在全市31家各级企业技术中心中，有机械五金企业8家，其中省级1家，即洁华控股；嘉兴市级6家，分别为海宁纺机厂、金润集团、威奇电气、南大环保科技、迪邦达轴承和信达可恩公司。列入浙江省新产品试制计划47项，占全市总量的21.2%。项目实施企业分别为天通吉成、洁华控股、虎霸建设机械、美通机械、红狮电梯、正扬轴承等。美通机械研发的省重点技术创新项目——LMT5310 TFC3等型号沥青碎石同步封层车开发，产品技术处国内同类产品领先水平。洁宇环保公司研发的GMPD型水泥窑头高温冷却除尘系统、LXMC型氧化铝加料除尘循环回收系统两项省级新产品，产品技术水平达国内领先。

【机械五金企业技改投入】 全市机械五金企业在建项目28项，计划总投资22.25亿元，至年底累计完成投资15.65亿元。天通吉成机器技术有限公司计划投资2.2亿元的年产500台专用机器装备技改项目，至年底累计完成投资2.40亿元。浙江西子重工机械有限公司计划投资4.57亿元的年产15台套盾构设备技改项目，至年底累计完成投资3.08亿元。浙江菱德电梯部件有限公司计划投资2.3亿元的电梯部件技改项目年底竣工，累计完成投资2.3亿元。浙江柏朗机械有限公司计划投资8750万元的年产1.5兆瓦风力发电机50台套技改项目，全年完成投资1816万元。

【装备制造业重点领域首台（套）产品认定】 至年底，嘉兴市经济贸易委员会共认定两批嘉兴市装备制造业重点领域首台（套）产品，其中海宁市机械五金企业有4项，分别为洁华控股的LCMM型防爆脉冲袋式除尘器、海宁纺机厂的MA476型高效起毛机（孳生系列）、人民机械的YAD型热转印膜凹版印刷机和上易机械的SCM-600中速纸杯成型机。

【组织企业参会参展】 受金融危机影响，五金外贸订单急剧下滑。为提升产品市场竞争力，五金协会引导和组织企业参加国内外各种展会。5月，组织8家会员企业参加巴西圣保罗国际五金展览会，着力拓展南美新市场；组织20多家会员企业参加春秋两季广交会，参加上海国际五金展、义乌国际五金展和迪拜五金展、俄罗斯五金展等知名展会。国内市场得到拓展，盐官五金行业以国外市场为支撑的单一性局面得以改变。

（丁　俐）

袜　业

【概况】 2009年，全市有袜业企业480多家，其中规模以上企业86家，有自营出口袜业企业68家。全年规模以上袜业企业完成工业总产值28.9亿元，比上年增长19.3%；产品销售收入24.71亿元，增长11.1%；实现利税2.47亿元，其中利润1.21亿元，分别增长50.0%和72.9%。

【成立袜子对外贸易预警服务点】 6月，嘉兴市级袜子对外贸易预警服务点成立。该预警点以海宁市贸易促进委员会为主体开展工作，其他有关单位提供相关信息和业务指导。成立预警点工作领导小组，确定一名专职人员从事两个预警点的日常工作，建立联络员制度，从事预警信息传收及工作联络指导，定期召开联络员工作会议，交流总结预警

图 15 10 月，海宁市袜业协会组织会员参加“2009 中国国际袜业博览会”

点工作情况。开辟预警信息专栏，加强信息平台建设，做好行业预警信息的收集分析报送工作，通过协会网上平台发送至各会员企业，每月至少发布预警信息 3～5 条。定期参加外贸预警季度会议，及时通报、交流预警工作。

【组织企业考察参展】 2 月，参加中国纺织工业协会调研座谈会，与政府部门加强沟通，反应袜业行业问题，组团赴义乌商贸城考察商铺，调研袜业市场运营情况；6 月，组织 20 名企业家赴深圳参加 CEO 大型高峰论坛；10 月，参加“2009 中国国际袜业博览会”；11 月，组织行业协会赴浦江考察，学习浦江绗缝行业先进经验和做法，并组织会员赴义乌参观考察纺织机械展。

（葛佩芬）

太阳能利用

【概况】 2009 年，全市共有太阳能企业 946 家，比上年增加 212 家，其中有真空管企业 44 家、生产线 321 条，企业数和生产线分别增长 62% 和 61%。全市规模以上太阳能企业有 36 家，增加 12 家。全年规模以上企业产值 18.28 亿元，增长 96%，其中已开工光伏企业 10 家，产值 14.68 亿元，增加产值近 10 亿元。在 946 家太阳能企业中，有外贸出口企业 79 家，增加 48 家，出口额 5446 万美元，增长 204%。全行业拥有“浙江省著名商标”1 个、“嘉兴市著名商标”7 个、“海宁市著名商标”6 个，“中国名牌”2 个、“浙江名牌”1 个、“嘉兴名牌”1 个、“海宁市名牌产品”8 个。

加快海宁（中国）太阳能科技工业园平台建设，太阳能科技工业园规划面积 88 公顷，入园企业 30 余家，光热类产品年产值 10 亿元，光伏类产品年产值 20 亿元。海宁市太阳能企业集聚度较高，全市 80% 的太阳能企业主要集中在袁花镇、黄湾镇以及硖石街道周边，其中袁花镇集中了全市 50% 的太阳能企业，黄湾镇约 20%，硖石街道周边约 10%。全市太阳能热水器产销量约占全国 1/7，真空集热管产销量约占全国的 1/4，海宁已成为全国三大太阳能热水器制造基地之一。年内，浙江神太太阳能有限公司在英国伦敦举办的 BID 国际质量颁奖大会上荣获“国际质量皇冠奖”。

【太阳能热水系统联盟标准推广】 2009

年，海宁市的联盟标准推广工作被推荐列为浙江省质量技术监督局的地区质量提升项目。为拓展太阳能热水系统联盟标准覆盖面，海宁市太阳能行业协会组织袁花镇、黄湾镇 30 家太阳能热水器生产企业参加执行太阳能热水系统联盟标准动员大会，太阳能热水系统联盟标准推广实施工作正式启动。下发《关于开展〈海宁市太阳能行业协会联盟标准〉实施工作的意见》，分三个梯队加快联盟标准推广实施，经产品抽检、标准备案、规模与技术条件考核认证，浙江神太太阳能有限公司等 8 家企业成为执行和推广联盟标准的第一梯队成员，即首批联盟标准理事单位成员。

【浙江桑乐数字化太阳能有限公司一期投产】

3 月 30 日，山东省科学院能源研究所桑乐太阳能浙江生产基地一期工程建成投产，山东省科学院院长王天义，能源所党委书记、桑乐公司总经理高靖平及中国太阳能学会有关专家出席竣工庆典。浙江桑乐数字化太阳能有限公司作为山东桑乐太阳能有限公司在南方的第一个生产基地，生产厂房占地 4 万平方米，数字化仪表车间占地 1 万平方米，产品以高档数字化太阳能热水器为主导。项目计划总投资 1.81 亿元，主营太阳能热水器及其他太阳能产品和技术的开发、应用及销售。工程分两期实施，建成后年产太阳能热水器 100 万台、数字化仪表 50 万台，产值可达 20.5 亿元，同时带动真空管、支架、配件、安装等配套产业发展，可增加 10 亿元产值，经济总量达到 30 亿元，为社会提供近 6000 个就业岗位。一期工程投资 1.01 亿元，占地 5 公顷，建设厂房 13,680 平方米，两条太阳能热水器生产线年产太阳能热水器 50 万台，一条数字化仪表生产线年产数字化仪表 20 万台。

图 16 9 月 11～13 日，第二届海宁（中国）太阳能产业博览会在市体育中心举办

【第二届海宁（中国）太阳能产业博览会】

9 月 11～13 日，第二届海宁（中国）太阳能产业博览会在市体育中心举办。该博览会由海宁市人民政府主办，海宁市经济贸易局、袁花镇人民政府承办，并得到全国太阳能标准化技术委员会、国家太阳能热水器质量监督检验中心、中国农村能源行业协会太阳能热利用专业委员会、浙江省太阳能行业协会的支持。展位面积 2 万平方米，设室内、室外两个展区，其中特装展位近 200 个。美大、桑乐、神太、宝光等来自全国各地近 300 家企业参展，来自江苏、安徽、浙江等近 20 个省市近万人到会参观洽谈，成

交额超亿元。博览会期间，分别举办“夯实基础、迎接挑战高峰论坛”、“长三角太阳能产业品牌化发展高峰论坛”和“中国太阳能热水器产业升级高峰论坛”，各企业家围绕国家新能源政策、市场拓展和新营销模式、太阳能产品现代化加工设备与新工艺利用等话题展开探讨。

【浙江省太阳能质量检验中心成立】　12月17日，浙江省太阳能质量检验中心在海宁市袁花镇成立，该中心列入150个国家级检测中心培育对象。总投资1365万元，实验室面积达2000多平方米，有先进检测设备60台套，检测能力覆盖产品标准7个、方法标准9个，涵盖太阳能热水器测试系统、真空管测试系统、集热器测试系统三大系统及太阳能支架、密封圈材料等太阳能热水器相关产业的绝大部分产品。为企业从原材料进厂到半成品、成品出厂全过程提供权威检测数据，为太阳能利用产业的品牌建设、标准创新给予技术支撑，推动太阳能利用产业技术水平提升和转型升级。

【太阳能企业中标“家电下乡”】　参与“家电下乡”活动，在全国范围内扩大海宁太阳能品牌宣传。全市有7家太阳能企业29种产品中标2009年“家电下乡”，范围覆盖全国23个省市，中标企业数分别占全国的7.6%、全省的46.7%和嘉兴市的50%。

【晶科光伏列入国家“金太阳”示范工程】　为促进光伏发电产业技术进步和规模化发展，培育战略性新兴产业，财政部、科技部、国家能源局联合下发《关于做好“金太阳”示范工程实施工作的通知》，加快实施“金太阳”示范工程，并安排财政补助资金予以扶持。海宁市浙江晶科阳光（一期）1500千瓦光伏发电屋顶项目列入国家“金太阳”示范工程，为嘉兴市5个入围项目之一，装机容量占嘉兴入围量的28.58%。每千瓦时用电将由政府补贴0.7元，有助于降低光伏电成本。

（邵雪慧）

汽车零部件

【概况】　2009年，全市有汽车零部件生产企业83家，比上年增加3家，其中规模以上企业32家，占全市规模以上工业企业的1.9%。全年汽车零部件生产企业完成工业总产值8.59亿元，增长2.5%，占全市经济总量的0.86%；实现产品销售收入8.48亿元，增长1.8%，占全市销售收入总量的0.85%；实现利税8813万元，其中利润4987万元，分别增长51.9%、66.2%。规模以上企业完成工业总产值6.98亿元、产品销售收入6.78亿元、利税总额6075万元、利润总额3241万元。

中国汽车产业的持续快速增长推动海宁汽车零部件生产行业迅速发展，该产业已成为市重点扶持的新兴产业之一，初步形成较集中的汽车零部件生产、加工区。汽车零部件生产企业主要分布于连杭经济区（长安镇、农发区）、盐官镇、马桥街道、尖山新区（黄湾镇）等地区，产品涉及汽车轮毂单元、驱动桥总成、变速箱总成、悬架减震器、汽车发动机及零件、汽车照明及信号装置、汽车电子电器及仪表等多个系列。

（李钱萍）

建　材

【概况】　2009年，全市建材行业规模以上企业有26家，比上年增加3家；资产合计

10.7亿元，增长51.9%；实现销售收入11.2亿元，增长68.9%；利税6857万元，增长30.7%，其中利润1474万元，下降14.9%。建材行业进一步作结构调整，从消耗资源型企业向利用废弃材料方向发展。专业生产黏土砖瓦的企业利用建筑垃圾部分替代黏土原料，并开始投资轻纺行业。利用废弃材料范围进一步扩大，以利用工业废弃物为主要原料的新型墙体材料生产企业加速成长，新型墙体材料和节能建筑产品在建材市场中的比重上升，新型墙体材料产品“节能保温、有效利用资源”的优势得到社会各界的认同，节能保温新产品市场不断拓展。全年新型墙体材料产量为4.8亿块标砖，增长15.8%；占总量的61.2%，增长7.5%。新型墙体材料在建筑工程中推广应用比例继续上升，新型墙体材料应用占建筑面积的75.9%，比上年提高2.54个百分点。

水泥企业在环保和利废方面取得进展，混凝土预拌砂浆推广应用率不断上升，节能预混砂浆市场拓展，传统建筑工艺不断改进。全市水泥生产量46.6万吨，比上年减少11.8%；散装量29.3万吨，减少20.4%；散装率62.86%。全年散装水泥可节约标煤0.45万吨，减排粉尘0.3万吨、二氧化碳1.32万吨。全市有海宁市欣河水泥有限公司和海宁市三狮水泥有限公司两家水泥生产企业，有预拌混凝土企业5家，分别为浙江鸿翔建设集团有限公司海宁商砼分公司、海宁市嘉海混凝土有限公司、海宁长荣商品混凝土有限公司、海宁市金鑫混凝土有限公司、海宁市红宝商品混凝土有限公司。全年预拌混凝土供应量165.3万立方米，可节约水泥13.2万吨，节约标煤2.2万吨，综合利用工业固体废物29.8万吨。

（吴海阳　徐　伟）

食　品

【概况】　2009年，全市食品加工、食品制造、饮料制造业等规模以上企业共有40家，比上年增加3家，资产合计21.21亿元，增加7.04亿元，增长54.8%。实现工业总产值39.13亿元，增长50.8%；食品工业产销率97.19%，下降1.65%；实现销售收入32.98亿元，增长46.7%；实现利税9.58亿元，增长100.2%，其中利润8.28亿元，增长120.8%。全市食品行业除娃哈哈集团（娃哈哈昌盛饮料、娃哈哈昌盛罐头食品、娃哈哈昌盛方便食品）规模较大外，总体上规模不大，属小型企业，主要有海宁翠丰食品有限责任公司、浙江斜桥榨菜食品有限责任公司、浙江司必林糖果有限公司和浙江上口心食品有限公司。年内，海宁市光明蔬菜有限公司的“DGM牌”酱腌菜获得“嘉兴市名牌产品”称号，全市累计有“斜桥牌”榨菜、“云楼牌”榨菜、“天神牌”滋补饮料3个食品商标获“国家驰名商标”称号。

【榨菜行业专项整治】　2009年，因榨菜行业小企业多、品牌效应弱，海宁市榨菜生产企业订单数量增幅缓慢，行业综合竞争力较弱。在国家已把酱腌菜产品列为市场准入强制发证的形势下，海宁市对榨菜行业进行质量专项整治，通过推行巴氏高温杀菌工艺、组建检测站为企业提供出厂检验服务、打劣扶优等手段，推进榨菜企业的全面整合。至年底，榨菜企业数量从42家减少到28家，产品质量获得整体提升，在第一季度的抽查检验中，合格率达到92%，并形成一批龙头骨干企业。

（穆云华）

建筑业

【概况】 2009年，全市共有建筑业企业45家，其中房屋建筑工程施工总承包（以下简称“总承包”）企业15家（其中一级资质6家、二级资质7家）；专业承包企业24家（其中一级资质5家、二级资质2家），包括建筑装修装饰工程、园林古建筑工程、钢结构工程、预拌商品混凝土、起重设备安装、特种专业工程等13个专业；劳务承包企业6家。全市建筑业企业签订合同总额122.4亿元，完成建筑业施工总产值95.52亿元，其中市外产值36.56亿元、省外产值13.25亿元，房屋建筑施工面积1,005.9万平方米，实现利税4.45亿元。全市共报建建设工程项目328项，建筑面积534.1万平方米，总投资107.27亿元。实施招投标工程194项，建筑面积131.96万平方米，中标价12.06亿元；非招标备案工程214项，建筑面积244.1万平方米，工程造价16.7亿元。办理安全监督备案287项，建筑面积365.6万平方米，造价32.3亿元。办理质监工程796个，建筑面积384.5万平方米，工程造价33.45亿元。共监督竣工验收工程981个，建筑面积380.9万平方米，工程造价38.6亿元；办理施工许可267项，建筑面积356.9万平方米，合同造价30.37亿元；办理房屋建筑工程竣工验收备案的项目740项，建筑面积281万平方米，工程造价22.41亿元。开展施工机械专项检查和安全生产大检查等各类检查162次，检查工地323个，发出事故隐患整改通知书245份，查出事故隐患1026条，责令停工整改工地40个。全年创省级标化工地3项，为历年最多；创嘉兴市级标化工地18项。加西贝拉压缩机有限公司（加西贝拉开发中心）1项工程获得浙江省“钱江杯”优质工程奖，海宁市红狮宝盛科技有限公司研发中心办公楼1项工程获得全国建筑工程装饰奖，海宁中国皮革城扩建一期、海宁市海洲街道文化教育综合用房幕墙工程2项工程获得浙江省优秀建筑装饰工程奖，8项工程获得嘉兴市“南湖杯”优质工程奖，23项工程获得嘉兴市“南湖杯”优质结构工程奖。

开展不定期的质量、安全和市场行为综合“飞行”检查。制订整顿规范建筑市场秩序专项方案，开展专项检查，共检查政府投资工程24项，发出停工整改通知书2份、局部停工整改通知书2份、限期整改通知书20份。加大行政处罚力度，对项目经理不到岗、不履行职责的行为通报批评，记入“不良行为”黑名单。创新监管机制，以集中监督、平时监督和专项监督相结合的模式，继续完善质量安全联动机制，扩大联动范围。对经济适用房、安置房、商品住宅和市政工程等建设工程实行抽样检测，增强建设各方主体质量意识，确保建设工程结构、功能、环境综合质量。

【建筑企业资质升级较快】 全年建筑企业资质升级较快。有3家企业获总承包一级资质（浙江中海建设集团有限公司、浙江恒力建设有限公司、浙江华信建设有限公司），4家企业获总承包二级资质（海宁嘉业建设有限公司、海宁市鼎隆建设有限公司、海宁市海泰建设有限公司、浙江腾跃建设有限公司），2家企业新取得总承包三级资质（海宁市金能电力实业有限公司、海宁市鸿翔交通建设有限公司）；1家企业获1项专业承包一级资质（浙江宏厦建设有限公司幕墙增项），6家企业获7项专业承包二级资质（浙江景华建设有限公司装饰、地基，浙江中海建设集团有限公司古建筑，浙江华信建设有限公司地基，浙江腾跃建设有限公司地

表 19　2009 年度嘉兴市“南湖杯”优质工程项目

序号	项目名称	施工单位	项目经理
1	海宁市百合新城社区商业中心	浙江景华建设有限公司	许晴男、赵汉杰
2	百合新城四期公寓Ⅰ标段（1、2、3、6、7号楼）	浙江恒力建设有限公司	褚明
3	浙江诸之服饰皮毛研发中心	浙江鸿翔建设集团有限公司	朱家毅
4	百合新城四期公寓Ⅱ标段（4、5、8、9、10、11号楼）	浙江中豪建设工程有限公司	历洪水
5	海宁市高级中学食堂	浙江中海建设有限公司	郭新强
6	海宁市百合新城紫藤苑Ⅰ标段	浙江恒力建设有限公司	钟李彬
7	海宁市钱江路西延工程	浙江鸿翔建设集团有限公司	张达飞、姚小明
8	加西贝拉压缩机有限公司（加西贝拉开发中心）	浙江鸿翔建设集团有限公司	樊仕宏

表 20　2009 年度嘉兴市“南湖杯”优质结构工程项目

序号	项目名称	施工单位	项目经理
1	海宁百合新城东区一期（秋林苑工程）	杭州中豪建设有限公司	陈国平
2	海宁百合新城东区四期公寓Ⅱ标段	杭州中豪建设有限公司	历洪水
3	海宁中国皮革城商务综合楼	浙江鸿翔建设集团有限公司	朱祖法
4	浙江诸之服饰有限公司研发中心	浙江鸿翔建设集团有限公司	朱家毅
5	海宁国际轮滑运动中心Ⅲ标段	浙江鸿翔建设集团有限公司	朱祖法
6	海宁海洲街道文化教育综合用房	浙江恒力建设有限公司	张金奎
7	海宁市高级中学食堂	浙江中海建设有限公司	郭新强
8	海宁市人防应急疏散基础试点工程	浙江卡森建设有限公司	周福平
9	海宁市广厦房地产开发有限公司（办公商业用房）	浙江中海建设有限公司	沈国良
10	海宁国际轮滑运动中心Ⅰ标段工程	浙江恒力建设有限公司	左建平
11	浙江中海建设有限公司（拆迁安置项目办公楼）	浙江中海建设有限公司	王雪忠
12	华天国贸广场（1、2、3号）及地下车库（嘉兴）	浙江鸿翔建设集团有限公司	章峰
13	海洲大酒店二期工程	浙江中宁建设有限公司	张攀峰
14	浙江省海宁市地方税务局（长安税务分局定务用房）	浙江鸿翔建设集团有限公司	陈华
15	海宁市行政中心区块人防工程	浙江鸿翔建设集团有限公司	张正明
16	海宁市粤海彩印有限公司（车间工程）	浙江恒力建设有限公司	俞苏维
17	海宁市公安局硖石（海洲）派出所（业务用房、内部楼）	浙江景华建设有限公司	孙云南

（续表）

序号	项目名称	施工单位	项目经理
18	金汇大厦商办综合楼A楼	浙江恒力建设有限公司	钟李彬
19	金汇大厦商办综合楼B楼	浙江中朝建设有限公司	朱建良
20	海宁市经编产业园区（促进中心大楼）	浙江鸿翔建设集团有限公司	张正明
21	海宁市供电局长安供电营业所工程	浙江景华建设有限公司	杨勇
22	汇银商务楼工程	浙江恒力建设有限公司	左建平
23	海宁市自来水有限公司生产管理用房	浙江景华建设有限公司	许晴男

基，浙江鸿翔建设集团有限公司机电，浙江卡森建设有限公司地基），2家企业新取得专业承包三级资质（浙江德众节能幕墙门窗有限公司幕墙门窗、浙江凯达奔克起重设备有限公司起重设备）；1家企业获建筑监理甲级和市政监理乙级资质，1家企业获工程造价咨询乙级资质。

【完善招投标管理体系】 启用建设工程招投标IC卡投标自助报名管理系统，进一步完善海宁市建设工程招投标监督管理系统网络。完善招投标管理体系，落实市政府37号令，采用资格后审的招标形式。对定额人工、监理取费等进行规定，采用08国标清单计价方式。组织开展建设工程评标专家的公开招聘和评标专家库的调整工作，海宁专家评委库由6个专业35人次调整为13个专业180人次。

【建筑节能示范项目申报】 2009年，新建民用建筑全面实施建筑节能标准。全年有3项工程共15.5万平方米申报省级建筑节能示范项目，完成申报政府办公建筑和大型公用建筑用能管理及能耗检测示范工程1项（海宁市行政中心大楼）。完成太阳能与建筑一体化光伏并网发电示范工程申报工作，5个示范工程发电总量约1.8兆瓦，申报工作规范性与规模位嘉兴地区前列。

（单琦峰）

重点企业（非皮革类）

【浙江娃哈哈昌盛饮料集团有限公司】 全年实现销售收入8.52亿元，比上年下降29.6%；利税5.37亿元，其中利润4.37亿元，分别增长22.9%和18.8%。公司获海宁市“十五强工业企业”称号。2009年，公司新开发“幸福牵线”等系列发酵奶产品。公司通过研究国际主流饮料装备及技术，自主开发超净热灌装技术并推广应用。该技术既解决了开放灌装环境对产品和包装材料造成污染的技术难题，又简化了传统无菌冷灌装技术的工艺流程和技术复杂性，克服了传统无菌冷灌装技术投资庞大、系统稳定性差等缺陷。娃哈哈超净热灌装技术成功应用于公司旗下呦呦奶咖、奶茶、奶醇、幸福牵线等PET瓶中性含蛋白饮料的生产及金银花、冬瓜茶等中性茶饮料的生产。

（马丹旋）

【浙江娃哈哈昌盛罐头食品有限公司】 浙江娃哈哈昌盛罐头食品有限公司隶属于杭州娃哈哈集团有限公司，成立于2006年10

月，位于海宁农业综合对外开发区，总占地面积约 8.4 公顷，注册资金 1020 万美元，拥有员工 900 余人、固定资产 2.27 亿元。公司于 2008 年 7 月投产，拥有 1 条水汽两用线、3 条八宝粥罐头生产线，均从德国、意大利引进。主要生产八宝粥、凉茶、哈哈牛奶、HELLO-C、红茶、纯净水、果汁与苏打水等娃哈哈系列产品，为娃哈哈最大的八宝粥生产子公司，有近 10 个品种和规格的八宝粥产品。全年共生产罐头食品 17.3 万吨、饮料 5.7 万吨，实现利税 2.72 亿元、销售产值 12.42 亿元。

（白　玮）

【浙江海利得新材料股份有限公司】 2009 年，公司实现营业收入 9.72 亿元，比上年下降 8.1%；利润总额 1.60 亿元，增长 50.6%。加大生产设备投入，提升产品结构与科技含量。完成涤纶丝四期项目设备安装并开车成功，四期项目生产线运行稳定，产品质量得到客户认可；聚酯项目完成基建、设备安装和调试并于 4 月 12 日建成投产；完成两台 5 米贴合机以及导热油管道、冷却水管道和压空管路的改造安装。塑胶事业部通过与化工品生产商巴斯夫公司的技术合作，基本解决灯箱布抗老化等技术难题，实现批量生产；添加了新型助剂的内打光灯箱布灯布透光均匀性能得以提高；轻质环保灯箱布、抗霉篷盖布和单贴灯箱布相继研发成功，并实现商品化生产和销售。化纤事业部大力研发用于汽车领域的高端车用纤维；自主研发成功单头纺 2000 旦高模低缩涤纶工业丝生产技术；在全球范围内，首次自主研发的安全气囊用涤纶工业丝实现商品化生产，产品经欧、美、日等用户的使用检验，质量达标，产品供不应求。2009 年，公司被评为“浙江省工业行业龙头骨干企业”、“创业创新活力和谐企业”、“社会责任建设优秀企业”，获“中国纺织品牌市场开拓奖”，“海利得”商号获“浙江省知名商号”称号。

（田晨润）

【美大集团有限公司】 2009 年，美大集团公司实现销售收入 6.77 亿元，比上年增长 33.6%，实现利税 1.41 亿元，增长 36.4%。集团核心企业浙江美大太阳能工业有限公司研发完成主动式太阳能中央热水系统、电极分离式全智能太阳能热水器、可升级的经济适用性太阳能热水器 3 个新产品，其中主动式太阳能中央热水系统的开发被列为 2009 年嘉兴市第二批科技计划项目。全年实现销售收入 1.20 亿元，利税 3100 万元，公司跻身全国太阳能行业 20 强。核心企业浙江美大实业有限公司研发完成集成环保灶 3A 型、触摸感应式控制技术、止逆风门装置技术、集成环保灶 4A 型、防火安全墙技术、集成环保灶 5A 型和集成环保灶 5B 型 7 个新产品，集成环保灶年生产能力达到 50 万台。全年实现销售收入 5.57 亿元，利税 1.25 亿元，美大实业有限公司获“浙江省最具成长力企业”称号。核心企业江苏美大电器有限公司全年实现产值 1.65 亿元，获得江苏省高淳县成长型企业第一名。几大核心企业加大技改和研发投入，销售收入占公司总销售收入 4%以上，建立技术研发中心，12 月被认定为嘉兴市企业技术研发中心，创建企业自主创新平台。集成环保灶累计申请专利 17 项，授权 13 项；太阳能累计申请专利 6 项，授权 4 项，承担完成省级科技计划项目、省级新产品共 6 项。2009 年，美大集团有限公司获“中国节能贡献奖”、“国家精瑞科学技术优秀奖”、“影响中国 2009～2010 年度新领军品牌”、“浙江省太阳能热水器行业特殊贡献奖”等多项荣誉。

（美大集团）

图 17 浙江娃哈哈昌盛方便食品有限公司奶车间

【浙江娃哈哈昌盛方便食品有限公司】 浙江娃哈哈昌盛方便食品有限公司是杭州娃哈哈集团下属子公司，成立于 2006 年 10 月，系中外合资企业。公司注册资本 1196 万美元，有员工 300 余人，其中大专以上人员 90 余人，占职工总数的 30%。拥有 5 条自动化生产线，总资产 1.8 亿元，主要生产含乳饮料、茶饮料、咖啡饮料和果蔬汁饮料等娃哈哈系列饮料。全年完成生产总值 5.42 亿元，实现利税 1.40 亿元。公司重视节能减排工作，组织技术改造，提高资源利用率，实现可持续发展。2009 年开展生产线冷凝水的回收利用、奶线杀菌船技术改造，大幅降低蒸汽损耗；通过超净热灌装冷瓶机和奶线杀菌机冷却水循环系统改造，实现生产用水经冷却塔冷却和双级智能过滤器过滤后循环利用，同时使用闭式冷却塔降温，节省了大量用电。

（郭建斌）

【兄弟科技集团】 2009 年，公司实现销售收入 46,765 万元，比上年减少 16.3%；实现利润 4,465.8 万元，增长 7.7%；上缴税收 785 万元，增长 25.1%。公司实施的“年产 3000 吨维生素 K_3 饲料添加剂技改项目”于 10 月进入试生产阶段。该项目征用土地 4.7 公顷，总投资 17,651 万元，其中固定资产投资 16,199 万元。引进意大利先进技术，采用连续式生产工艺技术，生产过程能耗降低，“三废”排放减少。项目投产后可实现销售收入 36,168 万元、创汇 2240 万美元、年利润总额 6,048.2 万元。公司研发的“BROTAN（博路坦）–AM 合成鞣剂”、“RA 聚合物鞣剂”、“BROSOL（博柔素）–BP 加脂剂”、“BROTAN（博路坦）–NFR 树脂鞣剂”、“BRKOIL（博可柔）–SF 加脂剂”5 个产品被浙江省科技厅列入 2009 年浙江省新产品试制计划，实施的“年产 3000 吨 EPT 聚合物复鞣剂项目”通过国家“火炬计划”项目验收。年内，公司“brother”商号获“浙江省知名商号”称号，“brother 牌”维生素 K_3 产品获“浙江省出口名牌”、“浙江省名牌产品”称号，“brother 牌”维生素 K_3 商标获“浙江省著名商标”称号。公司被评为“浙江省工商企业信用 AAA 级守合同重信用单位”、“浙江省诚信企业”、“浙江省节能先进单位”。

（张　亮）

【宏达控股集团有限公司】 2009 年，宏达控股集团有限公司实现销售收入 4.55 亿元，比上年下降 4%；实现利润 6359 万元，增

图 18 2月26日，省委常委、常务副省长陈敏尔（右一）到宏达小额贷款股份有限公司调研

长98%。6月28日，宏达小额贷款股份有限公司在许村镇设立服务中心，旨在为海宁的中小企业和种养殖户提供更为完善优质的金融服务。8月，董事长沈国甫参加国务院总理温家宝在浙江青田举行的企业家座谈会，就小额贷款公司如何更好地为“三农”、小企业服务提出建议。8月26～27日，为增强汽车内饰产品的创新能力和行业竞争力，宏达公司在上海举办2009·宏达第二届中国汽车内饰产业链发展论坛，著名汽车品牌造型设计专家、汽车纺织品原材料供应商，以及汽车用纺织品生产商、采购商、贸易商等相关专业技术人员260多人参加论坛。9月，公司投资50万元（不含硬件投入）与浙江理工大学组建汽车用纺织品国家重点实验室，重点开展经编关键技术的研究，以促进产学研合作由松散型向紧密型转变。2009年公司申报并获批4项省级新产品，其中承担实施1项海宁市重点项目，有2项科研项目被评为海宁市科技进步奖。公司被浙江省工商局授予“信用管理示范企业”称号。

（郑 洁）

【浙江诚信包装材料有限公司】 2009年，公司实现销售收入7.57亿元，比上年增长28.9%；利税总额1.16亿元，增长39.6%，其中利润8378万元，增长51.3%。加大新产品研发力度。年内，公司新增2条全自动印刷生产线，高印刷适应性的五层共挤聚烯烃热收缩膜PEPR项目通过国家“火炬计划”项目验收，新型绿色可回收材料合成及产业化（ppt）被列为省重大科技（专项优先主题）工业项目，高收缩率聚酯热收缩薄膜、新型多功能合掌机省级新产品获得立项。全年自主开发的新产品项目全部投入试生产，高保香性香片香料包装袋、带定位功能的热收缩标签上报省级新产品认证。公司通过国家QS复审换证认证和美国AIB认证，获“嘉兴市十强印刷企业”称号、“嘉兴市印刷企业技术进步奖”、“海宁市市长质量奖”。

（汤巧玲）

[编辑：曾晓莲]

皮　　革
Leather

综　　述

2009 年，全市拥有皮革工业企业 1499 家、从业人员 66,093 人，实现产值 185 亿元（现价，下同）、产品销售收入 181 亿元。规模以上皮革企业有 148 家，实现工业产值 107.40 亿元，比上年下降 1.6%，占全市规模以上工业总产值的 17.8%；实现销售收入 128.8 亿元，增长 3.1%；利税总额 8.63 亿元，占全市规模以上利税总额的 15.0%，其中利润 4.7 亿元，增长 151%。受全球金融危机影响，皮革类产品出口较大幅度下滑。全年出口额 2.6 亿美元，下降 30%，下降 20.8 个百分点。其中皮革服装出口额 1.15 亿美元，下降 23.7%；皮沙发套出口额 0.95 亿美元，下降 35.5%；票夹箱包出口额 0.31 亿美元，下降 32.%；毛皮裘革出口额 0.6 亿美元，下降 62.4%。全市“兴海工程”企业中，皮革企业有 10 家，占总数的 13.5%，销售额超亿元的企业有 17 家，利税均超千万。

产品创新速度加快。海宁兄弟皮革有限公司建成绵羊皮清洁化制革标准示范生产线，其新型循环高效节水与清洁化制革关键技术研究与集成示范中开发的三项关键技术——浸酸液回用技术、低耗用高吸收铬鞣技术、废铬液可持续回用正式应用于生产实践。针对欧盟出台的化学品含量限制准入标准，海宁皮革化工企业加大科研投入，开发环保型产品，研制并推出无铬、无甲醛鞣剂等产品；兄弟科技集团推出不含甲醛的博路坦 –BOST、博路坦 –PN 合成鞣剂、博柔宝 –SC 加脂剂，可适用于白色革、无铬鞣、植鞣及半植鞣革，用于铬鞣、植鞣革的加脂，用于铬鞣革加脂时，不会导致六价铬超标；海宁市和平化工公司推出的 98S 合成加脂剂、SK 加脂剂及 9001 环保脱脂剂受到专业买家的欢迎。大量购入先进的皮革印花、压花、贴膜设备，引进专业技术人员，为开发与国际流行趋势同步的产品提供条件。至年底，全市皮革业拥有“中国驰名商标”3 个、“中国名牌产品”2 个、“国家免检产品”5 个、“浙江名牌产品”5 个、“浙江省著名商标”9 个，有国家高新技术企业 2 家、省级高新技术研发中心 3 家。

皮革城第四期建设工程正式奠基，工程将建设裘皮专业市场、研发中心、皮革博物馆三大功能区块。在辽宁投资建设佟二堡海宁皮革城，打造集知名皮装、裘皮、箱包等精品皮革为一体的东北皮革商贸市场。组团参加米兰、北京、香港三大展会，学习欧洲先进设计和时尚理念，参加第十七届中国国际服装服饰博览会。举办第十六届海宁·中国皮革博览会，2009 中国皮革时尚周，CCTV 中国服装流行趋势发布会，“真皮标志杯”中国时尚皮革、裘皮服装设计大奖赛，海宁中国皮革原料、辅料采购节等活动，扩大“海宁皮革”品牌效应。年内，“海宁皮革”被认定为浙江省首批21个块状经济向现代化产业集群转型升级示范区之一。年底，“海宁皮革”获浙江省区域名牌称号。

表21 2009年海宁皮革主要商品出口情况

序号	主要皮革商品名称	累计出口额（万美元）	比上年增长（%）
	合计	25,500	-30
1	皮革服装	11,519	-23.7
2	皮沙发套	9541	-35.5
3	票夹箱包	3076	-32.4
4	毛皮裘革	6020	-62.4
5	其他	763	71.5

表22 2009年海宁皮革产品主要出口国家情况

序号	主要皮革产品出口国家(地区)	累计出口额（万美元）	比上年增长（%）
1	美国	10,490	-31.6
2	日本	2082	-7.7
3	俄罗斯	1939	-56
4	意大利	1895	-13.6
5	加拿大	1783	-16
6	德国	1472	-36.6
7	荷兰	942	-17.8
8	法国	929	-7.4
9	英国	858	56.9
10	西班牙	646	-30.6

（徐启晨）

海宁中国皮革城

【概况】 2009年，海宁中国皮革城市场客流量达424万人次，比上年增长12.8%；吸引旅游购物小车605,939辆，增长8.5%；吸引大巴车19,207辆，下降20.4%。随着皮革城三期工程的开发建设，皮革城市场总建筑面积扩张到66万平方米，有经营户2250多家。市场设有皮革服装交易区、裘皮服装交易区、箱包皮具交易区、原辅料市场、鞋业广场、皮草广场、品牌风尚中心、皮都锦江大酒店等区块。

举办第十六届海宁·中国皮革博览会，举行2010CCTV中国服装流行趋势发布、2009中国商品市场投资博览会、第五届中国商品市场峰会、2009中国皮革时尚周和2009上海时装周——海宁时尚皮装专场发布等活动，举办首届海宁中国皮革原料、辅料采购节。10月30日，在中国证券监督管理委员会发行审核委员会2009年度第116次会议上，海宁中国皮革城股份有限公司股票上市（首发）获得通过。年内，海宁中国皮革城引领中国皮革时尚产业为消费者提供越来越时尚的皮衣、皮革产品，通过融资上市、扩容升级、投资外拓、营销宣传、参展布展等一系列举措，走出一条内涵式发展和外延式扩张之路。海宁中国皮革城被评为“浙商行业龙头市场”，并入选由央视网组织评选的新中国成立60周年——推动中国经济·影响民众生活的60个品牌。

【2009海宁中国皮革原料、辅料采购节】于3月12～14日在海宁中国皮革城举行。该采购节由浙江省皮革行业协会主办、海宁中国皮革城承办，是海宁中国皮革城首次面

向业界举办的专业皮革展会，浙江开元、河北东明、河北佰立特、浙江富邦等国内皮革原料供应商及美国、日本的皮革原辅料和皮革机械供应商等近百家厂商参展。采购节展品范围包括国产、进口各类服装箱包革和皮草毛皮，各类皮具制品、皮具辅料配件、皮革机械设备、五金配件、皮革化工产品等，采购节期间公布2008～2009中国皮革城优质皮革面料供应商。作为全国最大的皮革制品生产基地，海宁拥有3000家皮革企业，每年对皮革、皮毛原辅料的需求超过50亿元，海宁中国皮革城原辅料市场云集了国内主要皮革原料产地的皮草供应商和哥本哈根皮草、芬兰裘皮拍卖行、美国传奇皮草公司等世界主要皮草原料供应商。

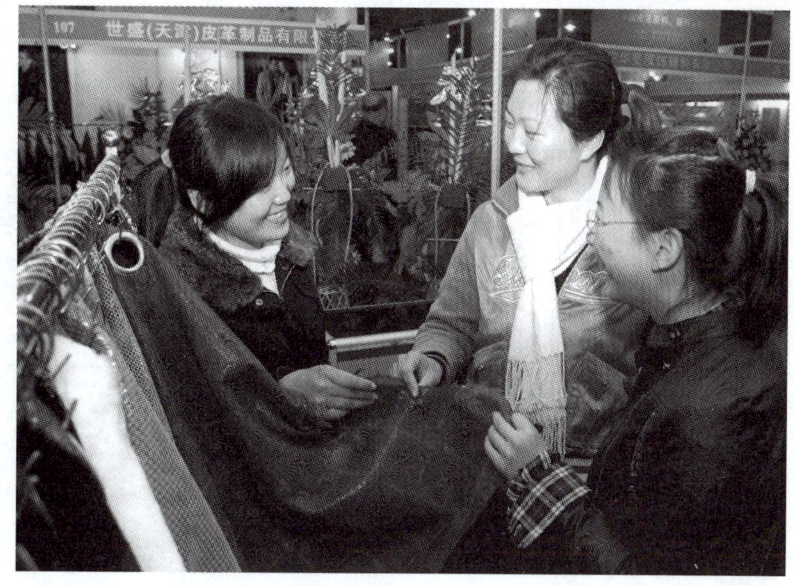

图19　3月12～14日，首届海宁中国皮革原料、辅料采购节在海宁中国皮革城举行

【佟二堡海宁皮革城开工建设】　2009年，海宁中国皮革城股份有限公司在辽宁佟二堡投资建设佟二堡海宁皮革城，迈出公司外拓发展的第一步。7月29日，佟二堡海宁皮革城奠基仪式在辽宁省辽阳灯塔市佟二堡特区举行，中国皮革协会副理事长李玉中、辽阳市委书记孙远良、海宁市副市长施震东及部分皮革、裘皮企业代表出席奠基仪式。佟二堡市场占地面积9.8公顷，建筑总面积17.3万平方米，总投资4.5亿元，包括15.7万平方米的4层交易大市场和1.6万平方米的14层商务酒店。建成后的佟二堡海宁皮革城将引进国内外众多知名品牌，涵盖皮具箱包、皮革服装和裘皮服装等相关产品，成为一个集展示、购物、餐饮、休闲于一体的特色休闲购物中心。

【品牌风尚中心建设】　作为皮革城转型升级重要项目的品牌风尚中心（又名皮革总部商务区）完成43幢单体建筑建设，出售出租商务楼宇41套，引进来自北京、黑龙江、广东、辽宁等省市及海宁市共38家皮革品牌企业。建成后的品牌风尚中心总建筑面积20万平方米，是一个集展示销售、设计研发、品牌营销、总部管理、商务办公于一体的现代化皮革行业总部商务区。

【皮革城四期开工建设】　10月18日，海宁中国皮革城四期工程正式奠基。该项目占地近5公顷，总建筑面积约12万平方米，总投资约3.4亿元，由海宁中国皮革城股份有限公司与浙江森桥实业集团有限公司共同出资开发。市场运行方式主要兼营批发零售及综合服务，批发以展示订货为主，零售主要面向长三角地区的中高收入阶层。建成后的四期为裘皮城，分高层商务办公楼、裘皮服装专业市场及皮革博物馆三大功能区块，是一个集商贸流通、皮革研发、商务办公、大型会展、产品展示于一体的大型商业服务区。

图 20　10 月 18 日，海宁中国皮革城四期工程开工奠基

【旅游购物宣传】　开展海宁中国皮革城开业 15 周年系列庆典活动，加大力度做好市场宣传营销工作。全年共推出宣传报道 650 多篇次，投放以高速公路广告为主的户外广告 54 座，增设公路交通标志 23 块，组织企业参展布展和开展境外营销。加强营销队伍规范化管理，加快外围市场开拓力度，在外围市场新设办事处和联系点 28 个，全年共签约旅行社 2100 多家。2009 年 12 月，海宁中国皮革城被 2009 世界休闲旅游发展高层论坛授予“国际休闲旅游购物基地”称号。

（马翔锋）

第十六届海宁·中国皮革博览会

【概况】　第十六届海宁·中国皮革博览会于 9 月 28 ~ 30 日在海宁中国皮革城举行。该博览会由浙江省人民政府、中国国际贸易促进委员会、中国轻工业联合会、中国皮革协会联合主办，中国国际贸易促进委员会浙江省分会、嘉兴市人民政府、海宁市人民政府承办，并得到中国服装协会、浙江省市场协会、上海国际时尚联合会的支持。活动内容包括：博览会开幕式暨 2010CCTV 中国服装流行趋势发布、2009 中国商品市场投资博览会、第五届中国商品市场峰会、2009 中国皮革时尚周、2009 上海时装周——海宁皮装时尚发布与产品展览展示等。

【开幕式暨 2010CCTV 中国服装流行趋势发布】　第十六届海宁·中国皮革博览会开幕式由海宁市委副书记、市长沈利农主持，中共嘉兴市委常委、海宁市委书记俞志宏致欢迎词，嘉兴市委副书记鲁俊、浙江省旅游局副局长许澎、中国纺织工业协会会长杜钰洲、中国轻工业联合会名誉会长陈士能等先后致辞，浙江省副省长金德水宣布博览会开幕。开幕式上，举行海宁中国皮革城 15 年杰出人物和特殊贡献奖颁奖仪式、“中国浙商行业龙头市场”授牌仪式、海宁市政府与上海世博局互赠礼物等活动。连续四年与中央电视台协作，联合举行 2010CCTV 中国服装流行趋势发布会，发布会以“画雪”为主题，以“花·树·路·桥”为创意灵感，并邀请 2008 年金顶奖获得者祁刚为发布会总设计师。力求创新，着力展现海宁流行趋势发布中心地位，体现服装设计灵感创意，引导服装时尚潮流。

【第五届中国商品市场峰会】 参见第 167 页工商行政管理分目相关条目。

【2009 中国商品市场投资博览会】 为推动中国商品市场转型升级与资源共享，促进各地商贸流通和商品市场的投资与合作，由中国商品市场峰会组委会、中国市场研究院、浙江省市场协会、海宁市人民政府共同举办的 2009 中国商品市场投资博览会于 9 月 28～30 日举行。博览会以“合作与发展、投资与招商”为主题，采用图片、宣传资料、音频、视频、市场模型、推广活动等方式进行展示。来自浙江、上海、广东、河北、江苏、河南等省市 40 多家商品市场进行形象展示与招商发布，义乌中国小商品城、绍兴中国轻纺城、中国日用品商城、舟山国际水产城及阿里巴巴公司等单位参展。该博览会在国内首次服务于商品市场，全面展示中国商品市场整体规划、品牌形象和辐射能力。

图 21 7 月 5～9 日，2009 中国皮革时尚周在海宁举行

【2009 中国皮革时尚周】 于 7 月 5～9 日在海宁电视台演播厅举行。PPT、GLM(格莱美)、NATURAL GIFT（耐特利尔）、FOOR（弗奥）、路易狄来、KOPENHAGEN FUR（哥本哈根皮草）、GUEE（古逸）、BALLA（贝朗）、SERILENKA（思俪兰卡）等 9 家皮革、箱包企业参与新品发布，参展品牌比上年增加 3 个。2009 中国皮革时尚周针对品牌当季的产品系列，采取国际化运作方式，推崇专业皮革、裘皮服装、箱包皮具系列品牌发布，是企业开展流行服装发布和新品订货会的平台。

（马翔锋）

重点企业（皮革类）

【浙江卡森实业有限公司】 2009 年，卡森实业有限公司实现工业总产值 39 亿元（包括省外子公司，下同）、销售收入 38 亿元、利税 2.6 亿元。公司在海内外已发展到 50 多家控股、参股及关联公司，员工超万人。重点开展产业结构优化和升级工作，发展战略由“做大做强”向“做优、做精、做专”转变。在下属子公司中全面引入 ISO 9001 质量管理体系，推动集成化、流程化和协调作业发展，全年有 6 家下属企业通过 ISO 9001 审核。在 3 家软体家具工厂和国内零售业务中推行 ERP 管理系统，以科学的手段掌控采购、生产、仓储、销售、回款全过程，发挥卡森集团垂直一体化产业链的优势。在产品升级上，通过公司内部生产资源的整合，将资金和技术集中到以高档家具革、汽车坐垫革为代表的高附加值、环保型的绿色皮革产品的研发和销售上。年内，公司在上海、杭州开设“卡森之家”专卖店；在英国市场主推“Easyliving Furniture”品牌，收购 Sofas UK 公司，已拥有 27 家专卖店。

（张　弢）

【海宁蒙努集团有限公司】 2009 年，蒙努集团完成销售收入 25.88 亿元，比上年下降 19.5%；出口创汇 1.53 亿美元，下降 42.5%；利润总额 7426 万元，下降 5.0%；上缴税收 1.0 亿元，增长 4.1%。至年底，总资产 42 亿元，在册员工 5632 名。1 月，蒙努集团起草的《皮革维护性的评估》(GB/T 22867-2008）和《皮革物理和机械试验表面涂层厚度的测定》(GB/T 22889-2008）两项国家标准在全国颁布实施；4 月，“蒙努牌”商标被国家工商总局认定为“中国驰名商标”；6 月，蒙努集团被浙江省人民政府认定为“浙江省工业行业龙头骨干企业”；9 月，蒙努集团创造的“延伸产业链发展的战略实施”成果被评为浙江省企业管理现代化创新成果二等奖；10 月，蒙努集团被嘉兴市科技局认定为“嘉兴市专利示范企业”；11 月，蒙努集团开发研制的浙江省重大科技专项重点项目“节水少污泥高档牛皮家具革鞣前关键技术研究”通过省科技厅验收；12 月，“蒙努牌”沙发被省质监局认定为“浙江名牌产品”。

（徐寿春）

［编辑：曾晓莲］

经济开发区

Economic Development

综　　述

至2009年，海宁经济开发区、尖山新区、连杭经济区（海宁农业对外综合开发区）和浙江海宁经编产业园区4个经济开发区规划面积5,022.7公顷，累计开发面积3,233.5公顷，累计完成基础设施投入45.0亿元，累计入区企业1515家，区内企业累计完成生产性投入390.4亿元。2009年新增开发面积165.2公顷，完成基础设施投入4.8亿元，新增入区企业99家，区内企业新增生产性投入60.9亿元，完成工业产值442.4亿元，比上年增长6.9%；实现利税34.0亿元，增长38.2%。全年新批外资项目47项，实现合同利用外资3.69亿美元，减少5.3%；实到外资1.90亿美元，增长6.7%；完成技改投资65.15亿元，占全市完成投资的60.8%。至年底，单个开发区平均规划面积1,255.7公顷，平均开发面积808.4公顷，累计生产性投入平均97.6亿元，累计基础设施投入平均11.3亿元。开发区建设水平提高，集聚效应显现。单个开发区产出规模平均110.6亿元，单位面积投资强度平均1347万元/公顷、产出水平达1368万元/公顷。

海宁经济开发区合同利用外资1.84亿美元，占全市合同利用外资的45.7%；实到外资8,639.2万美元，占全市实到外资的35.7%。海宁农业对外综合开发区（简称“农发区”）合同利用外资1.74亿美元，占全市合同利用外资的43.2%；实到外资8,594.1万美元，占全市实到外资的35.7%；农发区利用接轨杭州的区位优势，实际引进市外内资7.02亿元，占全市实到市外内资的24.2%。尖山新区合同利用外资1,115.3万美元，实际利用外资1,642.9万美元，实到市外内资6.25亿元，占全市实到市外内资的23.2%。

各开发区设立面向为区内主导产业服务的技术创新、质量检测、科技孵化、产品展示、营销网络、产品开发和加工配套、融资贷款、培训教育等公共服务平台，建设一批生产性服务业配套项目。建设完善为园区生产配套的生产生活服务设施，使工业园区社区化，发展社会性服务事业，解决员工居住条件、子女教育、医疗服务等配套设施问题。着力发展培育主导产业，加强自主创新，加快品牌建设步伐，推进传统块状经济向现代产业集群转变。调整开发区规划，结合土地利用总体规划合理调整各产业在区内的地理布局，实现资源能源集约、节约利用，基础设施整合共享。加大征迁工作力度，成立专职征迁工作领导小组，制订征迁工作计划，分阶段实施目标，推动征迁工作开展。全年各开发区共完成土地征迁371.1公顷，占全市完成征迁的64.7%。

（王　赟）

海宁经济开发区

【概况】 2009年，海宁经济开发区实现生产总值48.58亿元，比上年增长5.0%；财政收入6.2亿元；实现规模以上工业总产值110.04亿元，占海宁市总量的19.5%，增长3.6%；利税总额7.56亿元，利润3.94亿元，分别增长35.8%和53.8%。全年完成合同外资1.84亿美元，实际到位外资8,639.2万美元，分别占全市总数的45.7%和35.7%；引进市外内资6.24亿元，其中注册资金1.61亿元。工业生产性投入、财政收入、合同利用外资、实际到位外资、外贸出口总量均保持全市第一。经济开发区在嘉兴市12个开发区、特色园区考核中获一等奖。

开展“创高新技术企业三年行动计划活动”、“品牌策划与市场渠道建设”专项活动，引导企业开展高新技术企业创建和品牌建设。全年申报省级新产品26个，培育“中国驰名商标”1个（海宁蒙努集团有限公司的“蒙努”商标），申报浙江名牌3个，培育嘉兴、海宁名牌9个，其中2个海宁名牌申报成功。申请专利136件，申报省级企业研发中心2家，新批海宁市企业研发中心10家。

全年共批准项目64个，批准总投资额26.17亿元，其中新批外资项目30个、境外投资机构3家，投资额103万美元。赴广州、上海等地招商考察182次，其中由专业招商人员考察137次，接待美国、德国、新加坡、马来西亚等国家和中国台湾、中国香港等地区及内地客商104批次539人次。开发区以“新电子、新能源、新材料、新医药”四大产业为招商重点，优化招商方式，强化信息跟踪。在引进的30个外资项目中，总投资1000万美元以上项目19个，以科技类和机械制造业为主，新增项目信息18个。零地招商成绩突出，企业增资达5,619.7万美元，占全部合同外资的30.6%。

全年列入项目推进计划项目70个，其中工业项目58个、三产项目12个，计划总投资约57亿元，总建筑面积约181万平方米。年内开工项目68个，开工率97%；竣工40个，竣工率57%。全年完成工业生产性投入21.28亿元，完成年度目标任务的101.3%，比上年增长0.4%；完成三产投入5.82亿元，完成目标任务的139%。全年组织举办两次大规模项目集中开工、投产仪式，海宁凌通光伏有限公司、普泰克集团有限公司、百汇海隆二期等一批项目正式启动。

深化修改开发区控制性详细规划，对各区块之间的道路交通进行优化和路网对接。全年新增道路长度5.1千米、面积6.4万平方米；新增人行道面积1.8万平方米、绿化面积7万平方米。累计完成政府项目投资1.32亿元，完成洛隆路商业街、南北大道辅道、双喜桥危桥改造工程，完成开发区消防站、海昌派出所、文苑路北延Ⅰ标段、谷水路、纬二路等路桥建设，启动文苑路北延—长山河大桥工程。全年评估房屋660户，签约644户，评估面积19.8万平方米；拆平交地565户，面积16.8万平方米；碧云路西区块企业搬迁评估启动。完成供地项目20个40.9公顷、农转用项目16个22.6公顷；收回闲置土地1宗1.7公顷。加强后备土地管理，转发包土地面积186.5公顷。

【节能减排】 全年工业万元增加值能耗比上年下降3.6%，提前完成“十一五”COD和SO_2减排任务，热网覆盖面进一步拓展。推进中水回用工作，浙江得伟染织有限公司、浙江显昱纤维织染制衣有限公司、海宁瑞星皮革有限公司3家企业中水回用工程先后竣工，其中海宁瑞星皮革有限公司、浙江显昱纤维织染制衣有限公司通过清洁生产审核。完善企业环保基础设施，区内189家企业、315个建设项目环评执行率100%，242个在建项目中有221个项目通过环保验收，“三同时”验收率91.3%，《开发区环境整治深化方案》、《浙江海宁经济开发区规划环境影响报告书》通过省环保厅审批。

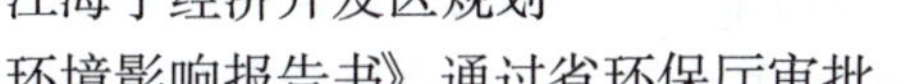

图22 6月8日，百汇海隆广场一期开业

【商贸服务新兴区建设】 洛隆路商业街投资800万元，开发面积5万多平方米，道路改造完成，两侧房产项目竣工，临街有80多家商铺开业，涉及多个行业。碧云路西侧区块改造完成商业开发方案，项目概算1.16亿元。金三角皮件皮毛市场改造工程完成拆迁方案，拆迁费用约2亿元。高标准商务酒店项目启动建设，浙江瑞铧商务酒店、科创中心开工建设，汽配市场海隆大厦建设完成前期准备。汽车服务产业深入发展，开发区有汽车销售商7家，经营品牌8个。浙江百汇海隆广场一期于6月8日开张营业，海宁市二手车交易市场商业用房及附属设施竣工，于9月26日开业。由汽车4S店群、二手车交易市场和五金汽配专业市场组成的汽车专业市场群初步形成，汽车服务产业链逐步完善。

【上海漕河泾新兴技术开发区海宁分区启动建设】 9月1日，省政府办公厅批复同意设立上海漕河泾新兴技术开发区海宁分区。分区范围东至08省道，西至海宁、桐乡交界处，北至盐湖公路、规划建设中的杭平申线，南至长山河；总规划面积15平方千米。12月17日，海宁市政府、海宁经济开发区与上海漕河泾新兴技术开发区在杭州签署全面合作协议，沪浙首个国家级开发区合作项目开发建设全面启动。首期开发面积5平方千米，一期注册资本1亿元。分区定位于新兴技术产业园区，发展电子信息、新能源、新材料、生物医药、装备机械等先进制造业及现代服务业，是承载漕河泾开发区产业转移的基地，有助于推动新兴技术产业集群发展、优化产业和企业结构，形成协作配套的产业群体。

【百汇海隆广场一期开业】 6月8日，海宁市政府引进的重点工程——百汇海隆广场一期正式开业，中国汽车零部件工业集团公司副总裁田亚梅、浙江省市场协会会长徐志祥等出席开业庆典。百汇海隆广场由浙江宝马汽配集团投资3.6亿元兴建，项目总建筑面积95,731平方米，市场定位以汽车配件、五金材料和太阳能销售为主。一期工程投资1.6亿元，建筑面积43,284平方米，主要用于汽车配件、五金、太阳能商品展示与交易。一期有170余家商铺入驻，入驻率88%以上，其中包括知名汽车配件品牌。

【海宁市二手车交易市场开业】 海宁市首

家专营二手车的交易市场于9月26日开业，是集交易、置换、汽车修理于一体的综合性市场。该市场由海宁市蓝海置业有限公司开发，总投资2200万元，占地面积18,980平方米。一期市场占地10,990平方米，建筑面积10,400平方米，有20多家经营户入驻，二手车共100多辆。

（柴丽丽）

连杭经济区

【概况】 2009年，连杭经济区实现生产总值115.08亿元，比上年增长10.7%；规模以上企业实现工业总产值221.50亿元，增长9.3%；实现利税22.43亿元，增长43.9%；工业生产性投入37.94亿元，下降2.1%；外贸自营出口值5.91亿美元，下降6.4%。其中农业对外综合开发区（以下简称“农发区”）实现生产总值31.24亿元，增长15.8%；规模以上企业实现工业总产值115.18亿元，增长15.9%；实现利税14.98亿元，增长57.2%；工业生产性投入21.07亿元，增长0.1%；外贸自营出口值2.04亿美元，下降8.4%。

农发区扩容区块一期工程全部结束，扩容二期工程于4月初全面展开，竹山路、天明路、新明路完成招标。全年完成政府性投资9850万元，依江路、海杭路西延段、聆涛路西段绿化等工程全部完成，创智路、新潮路北段、新兴路北延伸段、新兴路拓宽等工程建设加快推进。临杭新区完成政府性投资26,737万元，房屋拆迁15.3万平方米。科教新城征迁工作全面启动，老庄村累计签约197户，腾空160户，拆除112户，新民村完成评估178户。

开展全区“奋战八十天，百亿投入百万拆迁项目推进专项行动”，召开项目推进工作会议，解决企业经营和项目推进中出现的困难和问题。全年农发区共有54个在建、在办项目，其中在建项目33个、待建项目8个、在办项目5个、竣工项目8个。项目总投资64.8亿元，固定资产投资47.6亿元，注册资本27.3亿元，合同外资2.92亿美元，批准建筑面积249.2万平方米，竣工面积27万平方米。

首次组团赴温州和杭州召开招商推介会和投资说明会，加强第二、第三产业招商，引进巨星科技、华旗机械等一批第二产业项目，连杭物流、五星级酒店、奥特莱斯等一批优质第三产业项目相继落户经济区并开工建设。全年实现合同利用外资1.82亿美元，实到外资9046万美元，引进市外内资9.15亿元，其中农发区分别完成1.74亿美元、8594.1万美元、7.02亿元。

全年新申报通过嘉兴市级高新技术企业研发中心1家、省级农业科技企业研发中心2家，申请组建海宁市企业技术研发中心8家（认定5家）；组织申报省级以上项目、产品46项，比上年增长100%，其中省级新产品33项（27项完成立项），省级重大专项等省级计划项目13个（6个完成立项或认定）；申报市级科研项目5个，其中2个重点科研、1个一般科研获得立项；新申请专利73项，其中发明专利15项、实用新型专利28项、外观专利30项；全年获批“海宁市名牌产品”1个、“嘉兴市名牌产品”1个、“省级名牌产品”1个，“海宁市著名商标”1个、“省级著名商标”1个。

【环境整治】 加大环境整治力度。与63家企业签订污染整治目标责任书，明确污染整治的主要任务、工作目标和完成期限；做好夜间蹲点督查，开展“三同时”（同时设计、同时施工、同时投产）检查验收和企业环境评估工作，完成空气自动站集成汉化工作且运行正常；关停罗海化工企业，开展其他化工企业关停的宣传与落实工作；落实签订 2009 年度节能降耗目标责任书，全年实现万元增加值能耗下降率 11%；做好省环保局验收的各项准备工作，企业环境评估达到 100%，“三同时”验收超过 90%，省级“飞检”达标率为 100%。

【浙江财经学院东方学院迁建工程奠基】 3 月 10 日，浙江财经学院东方学院迁建工程举行奠基仪式。该项目是海宁市社会事业基本建设单项工程中最大的投资项目，并列入浙江省重点工程。新的东方学院位于连杭经济区长安镇高教科研基地内，项目总占地 59.6 公顷，总建筑面积 31.2 万平方米，分三期完成，一期工程建筑面积 22 万平方米，整个迁建工程将于 2012 年完工。

【浙江奥特莱斯购物广场奠基】 3 月 27 日，由百联集团有限公司负责管理和招商的浙江奥特莱斯购物广场在海宁连杭经济区举行奠基仪式。浙江奥特莱斯广场有限公司是以上海春竹企业发展有限公司为投资主体，由上海欧祺亚投资管理有限公司和香港培信投资有限公司共同投资组建的综合性商业企业，注册资本 2996 万美元，总投资 4996 万美元，占地 13.3 公顷，总建筑面积 12 万平方米。建成后的浙江奥特莱斯广场将引进超过 350 个国际、国内知名服饰品牌,同时引进餐饮、娱乐项目,兴建商务酒店。

【海宁至余杭人民大道建成通车】 5 月 27 日，海宁至余杭人民大道建成通车。人民大道是连接海宁临杭新区和余杭主城区的跨城市快速道路，是杭州市第一条跨市域城市道路，是余杭区人民路东延到海宁塘许公路的交通要道，其中海宁段是临杭新区总体规划中“二纵二横”的重要组成部分，为区内主干道。人民大道起点为临平人民路，终点为许村镇塘许公路，全长 3.3 千米，道路路面宽 52 米，一期实施路幅宽 26 米，两侧绿化带宽 1.5 米，道路主车道为双向六车道，总投资 7343 万元。大道海宁段于 2007 年 10 月全面施工，余杭段 1.2 千米于 2008 年 11 月开始施工，2009 年 5 月实现对接。

【连杭物流开工建设】 11 月 26 日，作为浙江省重大服务业项目的浙江连杭物流有限公司举行开工典礼。连杭物流注册资金 6650 万美元，项目总投资 9960 万美元，位于海宁连杭经济区东西大道与农发大道交叉口，基地规划用地 33.3 公顷，一期用地 20 公顷，总建筑面积 19 万平方米。该物流基

图 23　11 月 26 日，连杭物流开工建设

地项目是集仓储、运输、信息处理、商贸、办公为一体的生产性服务业项目，规划建设车用轮胎交易市场、货运专线服务平台、高等级机械化仓储、信息交易中心等主要设施，以及相配套的写字楼和酒店。

【举办招商推介会和投资说明会】 5月21日，连杭经济区赴温州举办招商及项目推介会，向温州地区客商推出5个服务业及制造业项目，总投资超过15亿元。6月22日，赴杭州举办投资说明会，就临杭新区连杭发展大厦等11个项目进行集体签约。项目涉及机械制造、汽车与摩托车配件、包装、三产服务等多个行业，投资总额超16亿元，其中工业项目7个，总部经济、创意经济、第三产业等项目4个。

（徐 敏）

尖山新区

【概况】 2009年，尖山新区（黄湾镇）实现生产总值12.34亿元，比上年增长32.4%；财政收入5863.7万元，增长28%；农村居民人均纯收入12,298元，增长10.8%。坚持“产业优先、外资优先、高科技优先”和不符合环保一票否决的原则，突出重点，加大走出去力度，针对沪、杭、温、台等重点地域，集中时间、人力，加大客商拜访力度。落实专人对上海、江苏等重点地区加强信息收集。在上海、广州、成都、温州等地分别举行投资推介会，赴日本、中国台湾开展专题招商活动。采用多种招商方式，利用尖山高尔夫球场和杭州湾第二跨海大桥嘉绍高速公路（在建）的优势，推进“以商引商”、“以球引商”、“以桥引商”，招聘招商人员，建立项目办理专人负责制，抓好项目跟踪。全年完成合同外资1,115.3万美元，实到外资1,642.9万美元；注册市外内资2.69亿元，实到市外内资6.25亿元。全年接待中外客商248批1500人次，引进项目12个，总投资达17.85亿元。

组织开展“百亿攻坚投入”和“奋战八十天”等专项活动，落实各项扶持经济发展的措施。全年净增规模以上企业7家，规模以上企业完成工业总产值32.32亿元，比上年增长46.5%；实现利税1.84亿元、利润1.44亿元，分别增长135%和273%，上升速度均居全市第一；实现外贸出口交货值17.42亿元，增长24.6%。黄湾工业功能区出让土地6宗6.1公顷，引进项目6个，完成工业功能区扩容征地20.5公顷；全年出让土地38宗96公顷，盘活闲置土地8宗21.1公顷。万元工业增加值综合能耗下降5.1%。全年扶持创业创新项目38个，贴息贷款563万元；申报落实奖励资金784万元，其中科技类奖励230万元。新注册工商登记企业（含个体工商户）246家（户），净增128家（户）。工业项目、个私经济加快推进，桑乐太阳能、鸿翔钢结构、旭辉光电等16个项目建成投产。全年完成工业生产性投入11.38亿元，增长22.7%。投入资金550余万元新建企业研发中心3家，申报新产品计划9个，其中省级以上项目4个，完成专利申请52件、授权18件；各项技术开发费用总额5170万元，企业新产品产值率达24.6%。

推进19个政府性投资项目，完成投资近1.62亿元。重点项目建设稳步推进，采宝路（东西横河）完成水稳摊铺，完成钱塘江路、凤凰路、采宝路、仙侠路南延建设，消防队、派出所完成施工并投入使用，凤凰苑即将销售，潮韵苑一期完成主体工程。河道整治二期完成相思河、凤凰河、陵水河三段河道整治，污水泵站、自来水加压泵站完成建设，环堤绿化完成8000米，鼠尾山山体复绿工程完成C、D区块绿化。继续推进中部工业区块土方搬迁项目，围垦验收工程完成第三方检测，水土保持专项验收文本初步完成。工程招投标、工业项目审批、基础建设项目审批权限得到扩权，重点发展平台权限得以进一步放宽。服务体系日渐完善，邮政、电信、农行、信用社入区营业，饭店、超市、药店等商业网点逐步健全。

图24　8月29日，尖山新区与中国兵器凌云工业集团举行签约仪式

【军工企业投资尖山新区】　引进大型国企包括军工企业投资海宁，建立“民资、国资、外资”三资联动投资驱动模式，是全市为弥补单一“民资”主导不足而采取的招商引资战略。中国兵器工业集团公司是中国最大的军工集团，下属河北凌云工业集团生产民用产品，年销售额30亿元。8月29日，海宁尖山新区和中国兵器凌云工业集团举行签约仪式。该项目总占地约17.3公顷，总投资5亿元，主要生产PE新型管材和汽车零部件，该项目的签约标志着尖山新区在与军工企业合作上取得实质性突破。

【民企首次联姻国企】　8月2日，尖山新区和广州万宝集团有限公司举行合作签约仪式。海宁万嘉电器与广州万宝集团在多年合作的基础上再次联姻，组建成立浙江万宝新能源科技有限公司，是海宁民企和国企第一例成功合作。万宝新能源科技公司位于尖山新区中部工业区块，首期投资1.3亿元，建筑面积3.2万平方米。项目建成后年产太阳能热水器10万台、空气源热泵热水器5万台，预计年销售收入3.8亿元。

【尖山消防队、派出所大楼建成使用】　7月28日，尖山专职消防队大楼竣工落成。该项目于2008年动工建设，总建筑面积4900平方米，其中一期2236平方米。12月16日，投资近1100万元、建筑面积4900多平方米的派出所大楼落成，尖山派出所同时成立。两个项目的建成投入使用，为尖山新区加快推进公建配套建设，进一步提高治安防控体系水平提供了保障。

【签约20千伏电网战略合作协议】　11月5日，尖山新区与市供电局在嘉兴签署20千伏电网建设及服务区域经济发展战略合作协议。该协议明确了尖山新区未来五年的电网建设规划以及在2010年底前完成50%用户电压等级转换的目标。海宁市尖山20千伏试点项目是嘉兴市范围内20千伏中压配网和智能电网建设的重要科技项目，是浙江电网首个20千伏在建项目，有助于提升海宁尖山地区的供电能力。项目建成后，高中压线路长度将减少95千米，极大节约建设用地及输配电线路。

【试点构建尖山新区惩防体系】 制订《尖山新区建立健全惩治和预防腐败体系实施方案》和《构建惩治和预防腐败体系工作目标责任分解》，围绕招商引资、招标采购、项目管理、财政管理、人事管理五大重点领域的制度体系建设，新制定和完善制度30项，保留11项。实施以“分类指导、分项管理、分线评估”为主要内容的“三分法”，加强惩防体系的贯彻和落实。

（陈益峰）

浙江海宁经编产业园区

【概况】 2009年，浙江海宁经编产业园区开发面积5平方千米，入园企业367家，比上年增加64家；全年实现总产值212.17亿元，增长48.7%；实现工业产值153.36亿元、销售收入149.98亿元、利税7.18亿元、利润4.71亿元，分别增长19.8%、20.0%、21.7%、34.6%；工业技改投入12.15亿元，增长136.4%。全年合同利用外资550万美元，实到外资169.3万美元，引进市外内资1.49亿元，增长6.7%。

坚持科技创新，推进品牌和标准化建设，“马桥经编”省级区域名牌授权推广使用。全年专利申请量达157件，新产品立项35个，新增省级技术研究中心1家、省级高新技术企业4家、科技型中小企业6家、专利示范企业2家、国家“火炬计划”1项，参与国家和行业标准制定5个，新增“中国驰名商标”1个、“浙江省著名商标”1个、“浙江名牌产品”1个、“浙江出口名牌”2个、“浙江知名商号”1个、“嘉兴市著名商标”1个、“嘉兴名牌产品”2个。与嘉兴市商业银行海宁支行联合举办银企对接座谈会，并成立嘉兴市商业银行驻经编园区金融服务工作室。2009年，该园区被省经济和信息化委员会命名为“浙江省十大创新型工业园区”，被中国纺织工业协会命名为“全国纺织行业精神文明建设示范基地”，经工业和信息化部批准成为“全国首批新型工业化产业示范基地”。

【第四届海宁·中国经编设计大赛】 “中国经编·风华盛典”——2009第四届海宁·中

图25 4月22日，第四届海宁·中国经编设计大赛在上海东华大学举行

国经编设计大赛由中国针织工业协会、海宁市人民政府主办，中国针织工业协会经编分会、浙江海宁经编产业园区管委会、东华大学、北京鸿翔风采国际文化有限公司承办，共收到来自韩国、荷兰、意大利、印度、日本、德国、中国7个国家31个地区的参赛作品近2600件。4月22日，设计大赛决赛在上海东华大学举行，比赛以“博大‘经’深、梦动我心”为设计主题，休闲运动装、经编毛皮服装、花边蕾丝设计大赛、创意毛绒玩偶和户外用品创意设计五项赛事的100多组成衣作品进行最终角逐，评出金、银、铜奖和优秀奖。4月23日，大赛颁奖晚会在上海世贸商城举行。同期举办第二届中国（国际）经编产业论坛。

【中国经编总部商城开业】　全国首家经编产品专属交易中心——中国经编总部商城于11月10日开业。中国纺织工业协会副会长许坤元、中国针织工业协会理事长杨世滨等出席开业典礼。中国经编总部商城建筑面积2万多平方米，集金融保险、面料展示、会议发布等功能于一体，一楼为金融保险、超市及配套服务业，二、三楼为经编服饰面料企业，四楼为经编产业用布、经编服饰面料、经编原辅料、机械配件等相关企业，五楼为会议培训发布区域。商城入驻企业135家，入住率达100%。

【发行首个中小企业债权信托基金】　为拓宽中小企业融资渠道，促进地方经济增长，12月22日，嘉兴市首个中小企业债权信托基金——“经编之歌”1期债权信托基金发行。基金由经编产业园区管委会发起募集，市经济贸易局协调，嘉兴市商业银行为信托委托方，中投信托为信托发行方，海宁嘉丰担保有限公司、浙江金桥担保有限公司为信托担保方。“经编之歌”债权信托基金计划发行2亿元，首期为14家中小企业融资5000万元，期限为1年，主要面向经编产业园区内成长型企业，首期14家企业包括宇立塑胶、创兴经编等。

【经编产业促进中心项目获中央投资】　5月，海宁经编产业园区申报的经编产业促进中心项目被国家发展和改革委员会列入促进服务业发展项目2009年第三批扩大内需中央预算内投资计划，成为全省8个入选项目之一，获中央预算内投资400万元。海宁经编产业促进中心于2006年10月动工建设，总面积56,649平方米，是园区建立后单项投资最大的工程。

【经编行业首个节能减排示范园区】　5月9日，浙江海宁经编产业园区管委会与中国纺织工业协会签订节能减排自愿协议，标志着园区成为行业内首个节能减排示范园区。园区坚持发展低碳经济，至年底，基本建成涉及园区开发区域范围内的污水管网25.5千米、生活工业垃圾收集站5座、垃圾处理中心1个、供热管网13千米等比较完善的基础设施体系。2009年，园区内办理污水入网手续企业166家，工业废水收集率100%，生物废水收集率97.1%，日输送污水1.8万多吨，全面淘汰燃煤锅炉21台，有集中供热企业31家，并对印染企业锅炉实施炉内喷改计划。投资130多万元建造垃圾集中处理中心，对园区内所有垃圾进行收集、分类、消毒、压块，对危险废物采取“谁供货、谁回收”的措施。

（范浩毅）

［编辑：曾晓莲］

国内贸易

Internal Trade

综　述

2009年，全市实现社会消费品零售总额153.91亿元，比上年增长16.2%，其中市区（硖石、海洲、海昌、马桥4个街道）消费品零售额87.10亿元，增长17.4%，对整个消费品市场拉动9.7个百分点；市以下（8个镇）消费品零售额66.81亿元，增长14.7%，对整个消费品市场拉动6.5个百分点，城乡消费增速差距比上年拉大2个百分点。分行业统计：批发和零售贸易业零售额133.29亿元，增长16.4%；住宿餐饮业零售额16.14亿元，增长19.1%；其他行业零售额4.48亿元，增长2.1%。

全市有批发和零售企业1624家，其中限额以上165家。限额以上批发和零售贸易业商品销售分类统计情况：粮油、食品、饮料、烟酒类比上年增长9.6%；服装、鞋帽、针纺织品类增长9.2%；其他各类商品合计增长14.6%。增幅较大的品类主要有汽车类、家用电器和音像器材类、金银珠宝类、书报杂志类、化妆品类，分别增长67.4%、30.5%、26.2%、19.4%和18.8%。降幅较大的品类主要有文化办公用品类、中草药及中成药类，分别下降29.2%、9.9%。

至年底，全市有各类商品交易市场49个，其中成交额超亿元的市场11个，成交额超10亿元的2个。主要经营品类有日用工业品类、农产品类和其他类。全年城乡集市贸易成交额130.21亿元，增长9.8%。

以食品药品安全、知识产权保护、打击商业欺诈为重点，整顿和规范市场经济秩序。全年累计出动各类执法人员36,844人次，查获违法单位或个人3548个（人），立案查处2240件，涉案金额2,704.4万元，其中重大案件132件，涉案金额1,062.1万元，移送司法机关10起。在查处各类案件中共罚款1,016.1万元，取缔窝点82个；受理举报1841件，结案1786件。

规范小美容美发行业，全市有267家经营户补办营业执照，262家经营户补办卫生许可证，347名从业人员补办健康证，依法清理拒不办证的经营户135户。由政府和经营户共同出资，增加消毒柜289个、皮肤病专用箱389只。全年共举办业务培训23期，1226人参训。发放宣传资料2434份，发送台账1011份。

制订出台《海宁市废旧物资收购秩序专项整治暨推行“四统一”管理的实施方案》，对全市废旧物资收购行业进行调查，摸清全市经营户数量、地域分布、经营品种等基本情况，举行废旧物资收购行业“四统一”管理启动仪式。海洲、海昌街道建立废旧物资固定收购点；从事流动收购的从业人员统一着装、佩证，统一车辆式样、持证上岗；取缔一批无证收购摊点，清理一批露天废旧物资堆放场地，脏、乱、差的现象得到改观。

根据浙江省商务厅提出的年审范围、年审内容，对全市加油站（点）进行年审，认定57家加油站（点）合格。3家加油点由于长期不经营且未申报歇业或被安监部门吊销危化品经营资格未通过年审。

共有典当行两个，分别为海宁涌潮典当有限责任公司和海宁荣生典当有限责任公司。

（王如毓）

商　业

【概况】　2009年，海宁市商贸资产经营有限公司所属12家商业企业实现商品销售总值14.98亿元，比上年下降2.7%；实现利润3825万元，增长34.2%；经营性国有资产增值率120.6%，比上年提高3个百分点。全年无重大安全责任事故。商贸公司所属华联大厦、民泰煤气公司两个骨干龙头企业全年实现商品销售总值9.91亿元，占全公司销售总值的66.2%；实现利润3,689.2万元，占全公司利润的70.3%。华联大厦全年实现总销售6.56亿元，比上年增长18.6%。民泰煤气公司把握资源与价格的机遇，做好国产燃气与进口燃气的经营，使全年液化气销量达7.7万吨，增长56.8%；销售额3.35亿元，增长56.8%。

【授权经营投资开发】　根据市政府授权经营、保值增值、投资开发的要求，市商贸公司参与投资浙江财经学院东方学院开发建设，完成总出资2000万元的投资任务。做好收购海宁市骏达机动车检测中心在建工程项目，年内在审计的基础上经双方协商签订《骏达机动车检测中心在建工程收购协议》，并支付首期收购款。投资建造尖山星级大酒店工程，年内启动筹划选址、规划设计方案等前期准备工作。

【"家电下乡"、"以旧换新"工作】　年初，根据国务院第三十六次常务会议精神，海宁市先后制订出台《海宁市家电下乡工作实施方案》、《海宁市汽车摩托车下乡实施方案》、《海宁市家电以旧换新工作实施方案》。4月13日，召开全市有关部门领导、各镇、各街道分管领导及财政所负责人参加的"家电下乡"推进工作会议。市经贸局根据省经贸委确定的家电下乡销售网点标准，先后受理73家销售网点的备案，在全市形成"家电下乡"、"以旧换新"的销售网络。至年底，全市"家电下乡"活动合计销售16,094台（部），其中彩电3533台、冰箱4281台、空调5237台、洗衣机1118台、手机1148部、热水器136台、计算机591台、微波炉48台。实现销售额3,347.1万元，农民获政策性补助435万元。全市共销售汽车、摩托车6582辆，销售金额7569万元，农民获政策性补助723万元。"以旧换新"销售家电6538台（部），其中彩电3324台、冰箱684台、空调979台、洗衣机860台、电脑691台，实现销售额2,675.7万元，旧家电回收1726台（部），农村和城镇居民享受政策性补贴204.8万元。

【生猪屠宰和销售市场监管】　开展屠宰企业清理审核工作，经过资质评定，对4家合格的屠宰企业审报换证，并全部实现机械化屠宰；对1家不合格的屠宰企业予以关闭。全年生猪总购销12.17万头，比上年增长16.8%；生猪定点屠宰28.37万头，增长17.8%。规范屠宰环节病害猪处理行为，全年无害化处理病害猪453头，病变猪内脏61,844千克，政府部门按规定发放了财政补贴。加强猪肉销售市场监管，全年共开展各类检查1115次，出动检查人员3655人次，查获违法猪肉案件3起计94千克。全年生猪社会消费量32.06万头，比上年增长16.8%。年内鲜猪肉价格呈两头高、中间低形态。每50千克批发最高价为1月底的925元，最低价为5月底的680元，年底价为885元。三个时点上的价格比上年最高价、最低价和年底价分别下降23.2%、16%、7.8%。

【南大“好立方”连锁便利店落户海宁】 由南大（浙江）环保科技有限公司推出的“好立方”连锁便利店于5月在海宁启动。该便利店是利用闲置集装箱改造而成的统一标准、相对固定的超市载体，具有现代信息化管理技术和商业自动化操作系统。店内有标准超市陈设，提供1500种居民日常生活用品，还配有传真打印、照片冲洗、信件、快递收发等便民服务项目。“好立方”便利店以农村、城乡结合部、学校为目标市场，以中低收入群体为主要目标客户，以高品质、多品种、低价格吸引消费者。至年底，海宁市内开设门店73家，单店日销售额在1500元左右。

【安全管理工作】 完善安全管理责任考核体系，公司所属11个企业签订《海宁市商贸企业2009年度综治安全生产、消防安全工作目标管理责任书》，各企业与所属部门（含出租企业）、特殊工种及特殊岗位从业人员签订安全责任制，共计签订安全管理责任书、安全管理（安全岗位）责任状474份。形成一个横向到边、纵向到底、责任明确的安全管理责任体系。强化安全隐患排查治理。开展安全生产专项检查、隐患专项治理活动，共排摸出各类隐患213条，全部完成整改。加强技防设施检测和维护改造，全年各企业共投入安全经费60余万元。

（莫　瑛　王如毓）

【盐业经营和盐务管理】 全年，各类盐及盐化产品销售总量49,140吨，其中销售各类盐31,897吨（食盐13,279吨、工业盐15,329吨、小包装碘盐3289吨），比上年减少8.2%，实现销售收入3605万元，下降13.5%，利润总额223万元，下降44.8%。受国际金融危机及国内经济发展放缓影响，全市制革、化工、印染等行业用盐量大幅度减少。市盐业有限公司把碘盐销售作为经营工作的重中之重，认真做好配送服务，每天与配送人员进行沟通，了解配送情况，碘盐科人员与配送人员一起参与配送，确保碘盐销售的平稳，比上年略增。做好盐政基础工作，对斜桥、盐官等地的蔬菜加工企业进行走访宣传，严禁非碘食盐流入市场，全年共出动检查300多人次，检查企业近千家，查处盐业违法案件3起，罚没盐产品30余吨。年内为598家食盐零售户办理许可证年审手续。

（周石冬）

【个私商业】 2009年，全市有私营商业企业2329户，其中批发和零售业1782户、住宿餐饮业85户、租赁和商业服务业249户、居民服务和其他服务业213户，从业人员17,209人，注册资本（出资金额）29.43亿元。有个体商业经营22,561户，其中批发零售业15,657户、住宿餐饮业2947户、租赁和商业服务业147户、居民和其他服务业3816户，从业人员40,801人，投入资金5.83亿元。全市个体私营商业呈现多元化、多行业、多层次结构特点。

（岑建平）

粮　　食

【概况】 2009年，全市共收购晚稻谷10,078吨、小麦920吨、油菜子140吨，粮食订单合同履约率100%。市级粮食储备库（一期）工程正式启动，年内新增储备规模2000吨，按计划完成7343吨市级储备粮的轮换，并全部符合宜存指标，质量达到中等以上标准。全市粮食市场供需平衡，价格基本稳定，确保了粮食安全。市三产服务与粮食局被评为“浙江省粮食收购先进单位”。

【落实扶持粮食生产政策】 为稳定粮食生产，确保粮食安全，市政府提出确保全市粮食播种面积2.87万公顷、总产量18.2万吨的粮食生产目标，分解下达了粮食生产任务。年内在继续执行种粮直补政策、粮食订单收购和价外补贴政策、良种补贴和农业保险扶持政策、农机购置和作业补贴政策的同时，提高粮食最低收购价，开展粮食高产活动，推进粮食生产规模经营和社会化服务，实施标准农田质量提升工程，落实粮食安全行政首长负责制等，调动农民的粮食生产积极性，使全市粮食播种面积达到29,049.1公顷，比上年增长0.3%；总产量18.92万吨，减少0.1%。

【订单粮食收购】 根据市政府下达的1万吨订单粮食的目标任务，市粮食购销有限公司所属11个基层粮站共与全市9个镇、街道97个村的5751户农户签订订单面积1,375.9公顷，合同数量10,050吨，其中面积0.67公顷（10亩）以上的种粮大户97户，订单面积588.5公顷、数量4326吨，订单面积和数量各占总量的48%。实施对种粮大户的预购定金发放和信用等级评定奖励措施，全年发放订单粮食预购定金2万元。实际收购晚稻订单粮食10,078吨，履约率达到100%，对订单农户及时兑现优质品种价外补贴和干燥费补贴。从晚秋粮收购起，全市实行订单粮食收购“一卡通”非现金结算，保证在粮食收购过程中售粮款支付的准确、及时和安全。在粮油收购工作中，开展“优质服务月”活动，严格执行粮食收购的政策和要求，公开操作，接受监督。坚持做到不限收、不拒收、不打“白条”、不代扣任何费用，执行粮油收购质量标准，按质论价。

【建立粮食市场联合执法机制】 为加强对粮食市场的监管，提高粮食监督联合执法力度，4月22日，市三产服务与粮食局会同市工商行政管理局、市质量技术监督局联合制订《海宁市粮食市场监管联合执法实施意见》，成立联合执法组织机构，建立联席会议制度、联合执法制度和执法案件移送制度，建立了统一步调，协同配合，执法规范的粮食市场行政管理体制，并定期开展对粮食加工企业、粮油批发经营单位和重点粮油经营企业的执法检查，提高对粮食市场的监管力度，维护了全市粮食市场秩序。

【开展粮食清仓查库工作】 根据国务院的统一部署，3月25日为全国粮食清仓查库统一时间点。2月18日，市政府成立由副市长施震东任组长的全市粮食清仓查库工作领导小组，并制订粮食清仓查库实施方案。全市各基层粮站落实粮面平整、绘制仓库平面图和库内粮堆立体图、更新屯头卡、整理台账资料、准备清查器具、培训人员、清理仓房等各项准备工作。3月26～30日，市三产服务与粮食局组织对全市26家重点非国有粮食经营企业及转化用粮企业执行统计制度情况和粮食经营台账建立情况进行检查。3月31日~4月2日，市粮食清仓查库领导小组对市粮食购销有限公司所有存粮点的库存粮食进行检查。4月8~9日，海宁市通过嘉兴市第四普查工作组的检查，全市库存粮食数量真实、质量良好、储存安全、财务管理到位、账务清楚；统计、会计、库贷账账相符、储备粮轮换按时、资金使用规范、政策性资金按时到位。

（孙月庆）

供 销

【概况】 2009年，全市供销系统总经营额29.1亿元，比上年增长21.7%；商业总销售额8.14亿元，增长5.3%；市场批发交易额18.8亿元，增长27%；利润1242万元，增长119.4%；实现综合效益2027万元，增长54.3%；净资产增值额787.7万元，增值率6.75%。市供销合作总社获浙江省供销社系统经济责任考核一等奖、嘉兴市供销社系统工作目标责任考核特等奖。

【名特优农产品展示展销中心开张】 10月，经市政府同意，由市蚕茧公司、海宁大厦、市供销总社三方共同投资200万元，组建成立“海宁市名特优农产品销售有限公司”。12月18日，由市政府主办，市供销合作总社、市农业经济局承办的“海宁市名特优农产品展示展销中心”开张营业。中心位于水月亭西路，营业面积500平方米，是农产品企业树形象、展风采、外向发展的展示窗口，至年底有100多家企业进场设点，汇聚了市内外名特优农产品近2000种，常年为广大市民提供绿色、有机、无公害、质优价平的农产品。

【完善农合联工作职能】 探索、完善农村合作经济组织联合会（简称农合联）工作职能，推动“农合联”功能发挥。完成全市8个镇4个街道“农合联”的组建任务，形成上下贯通的组织架构。举办农产品经纪人培训班，来自海洲、硖石、海昌3个街道辖区内的“农合联”会员、种养殖大户、农产品营销人员、农民专业合作社社员和街道、村管理人员共117人参加，108人考试合格，获得国家职业资格证书。围绕当地主导产业新领办专业合作社2家（海宁市芦湾蚕茧专业合作社、海宁市绿洲蔬菜专业合作社）。至年底，供销系统累计建专业合作社8家，入社社员1339户，带动农户2100户。年内举办专业技术知识培训班4期，344人参加。依托供销系统生产、生活资料连锁网点

图26 12月18日，海宁市名优特产品展示展销中心开张营业

建设，配合民政、农经部门加快农村社区综合服务中心建设，完成5个综合服务中心的建设任务。

【农资现代流通网络日趋完善】 建设诚信、便民的农资经营服务网络体系。实施“放心农资”工程建设，全市48家农资放心店中，供销系统拥有29家。年内新增2家农资连锁网点（斜桥供销社农资服务部、海宁市绿洲蔬菜专业合作社），8月，“海宁市农资公司丰士农资连锁超市”开业。继续执行农资商品淡季储备制度，落实淡季储备化肥5000吨、农药220吨，保证全市农资商品保量稳价供应。全系统直接对农民的农资商品零售额11,450万元，比上年增长11.4%，农资市场占有率继续保持在80%以上。

【社有经济平稳发展】 应对金融危机冲击，加强风险防控，稳中求进，做好资产保值增值工作。全年供销系统资产经营收入2560万元，比上年增长13.6%。推进项目建设，海宁大厦“万佳配送中心”项目、长安镇修川路地块商品房建造项目、许村供销社海涂地块商业用房项目竣工投入使用；完成市农副产品批发市场移地迁建项目的选址任务，着手各项前期准备工作；办理好市供销总社征迁易地安置的商办项目土地出让合同。优化经营策略，开拓市场，主要商品市场占有率稳中有升。

（蒋妙娟）

烟　草

【概况】 2009年，全市批发销售卷烟29,540箱，实现销售收入8.32亿元，实现利税2.21亿元，完成上级下达的“管理体系一体化建设”、“标准化市场部建设”两项试点工作。市烟草专卖局（分公司）继续保持省级文明单位、省级治安安全示范单位称号。

【市场管理】 市烟草专卖局根据各烟草专卖管理所、烟草专卖稽查大队不同的职责分工、辖区特点及查处需求，组成查网、查物流、查异地经营的三支专业队伍，开展形式多样的执法检查，市场净化率保持在97%以上。全年共查处违法案件107起，查获违法卷烟7795条，案值101.3万元，收缴违法案件罚没款5.5万元。移交工商案件25起，其中涉物流环节案件3起、无证经营案件16起，案值5万元以上的2起，移送卷烟1,145.5条，移交公安网络案件2起。采取行政执法与刑事司法相结合的手段进行打假活动，破获“7·21”非法经营卷烟网络案件。查获“2·10”、“4·15”、“6·4”三起涉烟物流监管方面典型案件。

【客户服务】 推进“春蚕”服务品牌建设和标准化市场部工作，从严格准入标准、仔细筛选名单、二次名单审核三方面入手，完成66家卷烟零售示范店建设。开展网上订货工作，全年网上订货户数达到666户，占总户数的19.5%。开展卷烟零售客户培训，全年与湖北中烟公司、（云南）红云红河集团、浙江中烟公司联手举办培训班13期，累计培训客户1200人次。

（郝成全）

饮食服务

【概况】 2009年，全市有星级住宿店（餐饮）12家（其中1家停业装修），从业人员2244人，全年实现营业额1.89亿元。客房总数1389间，床位2426个，餐位6610个。营业额增速较快的是海洲大饭店，由上年的4270万元增加到4455万元。至年底，全市共有餐饮业经营单位1924家（包括个体饮食店），其中年内登记开业507家，以小吃店为主。

（邱 洧）

【海宁市饮食服务有限责任公司】 全年实现营业收入1,453.5万元，比上年增长3.5%；剔除蓝天彩印厂业务，纯饮食服务营业收入853.6万元，增长11%；实现利润180.8万元，增长46.1%；纳税172万元，增长20.5%。在嘉兴市同行中，营业收入、企业利润、纳税均名列第二。所属企业有海宁饭店、硖石浴室、优家小宾馆、锦霞馆、硖石饭店、友谊旅馆、蓝天彩印厂，其中海宁饭店、优家小宾馆、硖石浴室3家企业由公司直接经营，其他4家均为租赁企业。注重企业安全生产，根据“谁主管、谁负责”的原则，与所属企业签订“平安单位目标责任书”，与所属租赁户签订“消防安全责任书”。对企业安全生产设施投入4.8万元进行更新改造，实现全年安全生产无重大事故。

（蒋春海）

【海宁皮都锦江大酒店】 8月，海宁皮都万豪大酒店引入上海锦江国际酒店管理公司进行酒店管理，更名为海宁皮都锦江大酒店。全年营业收入3538万元，接待宾客12.67万人（天）次。完成中国国际钱江（海宁）观潮节、中国商品市场峰会、第十六届海宁·中国皮革博览会、台商新春酒会、市政协十一届三次会议、浙江省统计局会议、华东六省东方法治网会议、2009年世界速度轮滑锦标赛等大型重要会议、赛事的接待服务工作。中餐厅举办“大闸蟹美食节”；西餐厅举办“阿拉斯加美食节”、“欢乐无限，畅饮无限”、“东南亚美食节”等美食主题自助餐。还特别推出了“七夕情人节”活动。

（陆 燕）

【海洲大饭店】 全年营业收入4455万元，比上年增长4.3%。上缴各类税费446.22万元。接待宾客23,849人次，其中境外宾客3005人次。7月13日，海洲大饭店正式成为国际金钥匙组织（国际性的酒店服务专业性组织）中国区第177个成员，酒店员工李顺晨、朱明杰成为国际金钥匙组织中国区海宁首批会员。完成海宁市人大十三届三次会议、2009年世界速度轮滑锦标赛、海宁市创建国家园林城市会议、海宁市创建国家卫生城市会议、海宁市创建国家三类城市语言文字工作领导小组会议等的接待服务工作。

图27 7月13日，国际金钥匙组织中国区代表为海洲大饭店员工授徽

完成泰国公主诗琳通、泰国驻华大使夫妇马纳塔和谭娜蓬、查济民夫人查刘碧如等的接待工作。打响“霸王鱼头”、“海宁缸肉”等地方传统名菜品牌，推出“武林至尊——健康养生菜”等养生保健菜肴。年内举办的营销活动有：“新春合家宴”、“魅力女人夜”、“感恩客户，感动在心”、“感动师恩”、“梦幻圣诞·缤纷海洲平安夜”等。饭店获“浙江省食品卫生信誉A级单位”、“嘉兴市餐饮卫生五常法管理示范先进单位”、“嘉兴市餐饮业消费评价优胜单位”、“嘉兴市公共场所经营单位卫生信誉度A级单位”等荣誉。对西餐厅进行改造提升，拓宽营业面积，增设厨房明档操作，成为全市设施齐全、装修时尚、风格雅致的西餐厅。年内投资3866万元，二期工程竣工并在年底对外试营业。

（陈　晞）

【海宁宾馆】　全年共实现营业收入3600多万元，比上年增长3%；上缴各类税收286万元，利润总额79万元。接待宾客49,765人次，其中海外游客723人次。拓展经营项目，在市区开设三个点心分公司，通过品牌化、规模化运作，提高市场占有率，同时开发延伸产品，通过月饼、年货等销售作为经营上的补充。推出“十年店庆，真情回报”主题年活动，让利给宾客。推出“冰爽世界”美食自助餐，在儿童节、教师节、圣诞节等节日，开展专场自助餐进行主题营销。注重员工的培训教育，与浙江省旅游职业学院合作，定期对管理人员进行培训，以提升服务质量。开展多种形式的文娱活动。宾馆成功竞标为中央、省公务会议定点接待单位；荣获“嘉兴市十强企业”、“嘉兴市诚信企业”、“海宁市优秀旅游企业”等称号。

（彭建芬）

【龙祥大酒店】　全年完成营业额4,000.28万元，实现利税275.71万元，年人均创收16.8万元。全年接待国内游客56,755人次、国外游客1350人次。完成2009年世界速度轮滑锦标赛、浙江省纺织服装职业技术学院党委学习中心组扩大会议、2009全省中小学幼儿园安全工作会议、全省网络安全与增值业务座谈会、全省地税部分税务分局（所）长研究会、桑乐太阳能会议等国际、国内高规格大型会议的接待服务工作。搞好基础设施建设、管理制度建设和员工队伍建设，开展“品质管理攻坚年、制度管理创新年、六常管理巩固年、绩效管理考核年”活动。策划举办首家西式自助婚礼和首家新疆民族集体婚礼，还举办“欢乐龙祥，缤纷圣诞”大型自助餐活动和创新菜肴厨艺专题比赛。酒店竞标为中央国家机关出差和会议定点单位；荣获“浙江省旅游宾馆金名片”、“浙江省食品卫生A级单位”、“浙江省绿色酒店”、“嘉兴市五常示范企业”、“嘉兴市餐饮行业先进企业”等称号。

（谢建强）

【花园酒店】　全年实现营业收入1647万元，比上年增长171万元，上缴税收90.6万元。接待宾客9009人次，其中境外宾客463人次。完成浙江省、嘉兴地区电力系统内的一些重要会务接待工作。开展元旦、五一、十一、中秋、圣诞等节日促销活动，还随市旅游局赴北京、南京、大连、上海、宁波作推介促销。年内，投资300万元对餐厅进行改造布局；投入30万元对供热电锅炉进行改造，采用节能环保的“空气源热泵机组”供水。酒店推出的“香煎银鳕鱼”、“鲍汁扣辽参”被命名为“海宁市招牌菜”。酒店被定为嘉兴市政府机关定点接待单位；荣获“嘉兴市餐饮业‘5S’管理先进单位”、“公共区域卫生A级单位”称号。

（钟雁斐）

大中型商场

【华联购物中心】 全年实现商品总销售额6.56亿元，比上年增长18.6%；实现利润1331万元，增长88.8%。年内为应对激烈的市场竞争，努力提升品位，提高品牌招商能力和商品适销率、见面率，新引进品牌217个，淘汰191个。全年销售超过50万元的品牌有300个，销售额5.04亿元，占零售总销售的79.8%，其中超过百万元的有147个，销售额3.95亿元。“夏普”、“明牌”、“周大福”、“松下”4个品牌销售额超过千万元。为降低金融危机的影响，拉动消费，在市内首家推出购物消费券，以促进、刺激消费，全年回收购物消费券101.28万元，回收政府推出的休闲购物券307.97万元，扩大销售约5000万元。做好“家电下乡”的销售服务和“以旧换新”的商品供应工作。销售各类“家电下乡”电器4873台，销售额906.3万元。家电“以旧换新”销售3155台，销售额850.7万元。元旦、春节等八大节日共54天累计销售2.09亿元，占零售总销售的33.02%。尝试合资经营连锁店，新增设800平方米的马桥连锁店。探索多元化经营路子，申报开设典当行业务，年内经省商务厅初审通过。华联购物中心继续保持“浙江省服务业百强企业”，获海宁市五强商贸流通业第一名。

（莫　瑛）

【海宁大厦】 全年实现总销售额2.43亿元，比上年增长3.7%；实现利润518万元，增长129%；上缴税费414万元，增长52%。创新利益分配机制，制定实施一系列分岗位考核制度，工作人员的工资奖金与工作业绩直接挂钩，极大地提高了职工经营积极性，达到稳销售增效益目标。重点抓生活资料连锁经营和家电批发销售，生活资料连锁配送网络呈区域化、多元化发展，年内新增自营连锁网点1家，另有10家农村生活资料“放心店”纳入海宁大厦的连锁配送体系。至年底，共有91家农村生活资料“放心店”加盟连锁，基本覆盖全市各个村落。同时凭借“格力”、“美的”空调区域总代理的优势，着眼农村市场连锁网点布局，覆盖海宁、桐乡、嘉善农村的120个家电销售连锁网点。全年空调销售81,128台，比上年增长2.8%；销售额2.05亿元，增长7.5%，销售、效益均创历史新高。大厦获“嘉兴市十强大商场”、“海宁市五强商贸流通企业”称号，通过嘉兴流通领域商品质量安全示范企业考评。

（蒋妙娟）

图29　华联购物中心开展“家电下乡”产品大展示活动

【鸿翔购物中心】 全年实现商品零售额1.48亿元，比上年增长8.4%；综合经济效益204.1万元，增长6.9%。年内，调整内部经营结构，开拓经营门类。首先是深化与“国美永乐家电”、“步步高鞋业”的全面战略合作，以稳定整个业态。其次是对商场二楼的布局进行调整、改造和重新装修；对品牌进行有序筛选、淘汰、整合，调整后的第四季度销售增长27.2%。三是设立“连锁事业部”，专职从事连锁店的开发和管理。新开设连锁店3家，至年底，累计达到8家，其中社区爱心便利店4家、校园店3家、标准超市1家。全年连锁店实现销售额2,541.3万元，增长52.7%，占总销售额的17.2%。争取团体购买业务，全年团购业务占总销售额的24%。参与各项创建工作和各种社会公益活动，专门组建创建国家卫生城市领导班子，修订、完善《卫生管理制度》，通过“卫生信得过”单位的年审复查。重视食品安全管理，新增8个食品安全配套管理制度，累计有15个。被嘉兴市工商局命名为“2009年度流通领域商品质量安全管理示范企业”。男装边厅柜被评为“浙江省巾帼文明示范岗”。

(张亚平)

【海宁世纪联华超市】 全年实现销售额7000万元，比上年增长16.7%。坚持“顾客第一、唯一的第一”的经营理念，采取以客为本的市场策略，提供2万余种质优价廉的商品。联合社区开展“邻里一家亲厨艺比赛”、“吃西瓜比赛”、“文艺晚会”等五次互动活动。注重提高员工素质，年内培训员工共1269人次，培养生鲜技师20名。超市获“嘉兴市第八届消费者信得过单位”、“海宁市第九届消费者信得过单位”称号。

(汪秋凉)

【海港连锁超市（公司）】 全年实现商品销售额1.2亿元，比上年增长30%；实现利润300万元，增长28.9%。职工人数515名，年人均收入2.05万元，增长28.9%。年初，公司整合调整职能部门8个，新设营销部，采取“高档引导，中档主导”的营销策略，调整商品结构，进行同类商品销售评估，对连续三个月业绩不理想的品牌实行末位淘汰制，共淘汰商品3380个，引进新品3505个。加强连锁网络对周边地区的扩展，全年新开门店8家，其中嘉兴市王店镇2家、海盐县秦山镇、桐乡市骑塘镇各1家，至年底，累计有连锁店共80家。重视员工队伍建设，年内吸收优秀人才43名。组织举办各类培训52场次，3647人次参加。修订《企业内部管理制度》，推行“微笑服务”，进行企业文化建设，员工整体素质和服务水平得到提升。开展先进员工和“星级门店”评选活动。超市荣获“省千镇连锁超市工程龙头企业”、“嘉兴市消费者信得过单位”、“海宁市诚信私营企业”称号。

(郑娟维)

【农工商超市海宁店】 全年顾客量58.2万人次，销售额1524万元，创利税19.75万元，销售品种计1.21万个。超市获“海宁市消费者信得过单位”及“嘉兴市‘百城万店无假货’示范点”称号。

(梁智勇)

[编辑：邱 湑]

对外经贸

Foreign Economic Relations and Trade

综　述

2009年，在国际国内经济形势复杂多变的情况下，海宁开放型经济工作创新方式，夯实平台，优化服务，在逆境中取得较好成绩。全年新批外商投资企业30家，合同利用外资4.03亿美元，分别完成嘉兴市下达任务和海宁市任务的153%和115%；实际利用外资2.41亿美元，分别完成嘉兴市下达任务和海宁市任务的145%和138%，实际利用外资总额进入全省十强县（市）行列，名列第九位；进出口总额31.79亿美元，其中出口24.99亿美元，出口额继续列嘉兴各县（市、区）首位；新批境外机构13家（含增资2家），中方境外投资额2800万美元，完成全年目标任务的104%，列嘉兴各县（市、区）第二位。2009年度市外经贸局在嘉兴市外经贸工作绩效考核中荣获利用外资工作、对外贸易工作和对外经济技术合作工作三个一等奖。

（陈益华）

对外贸易

【概况】　全年累计完成进出口总额31.79亿美元，比上年增长1%，是嘉兴市内唯一保持正增长的县（市），其中出口24.99亿美元，下降6.7%，降幅分别低于嘉兴、全省和全国6.4、7.2和9.4个百分点。全年进口6.8亿美元，增长44.6%，远超周边县市及全省、全国水平。出口格局略有调整，商品仍以家具制品、皮革产品、纺织品、机电五金、医药化工等传统类产品为主，其中纺织品出口增长2.1%，出口占比达到46%；家具产品出口下降2.6%，出口占比为24%；太阳能出口5445万美元，增长204%。北美、欧洲和亚洲市场占比分别为42%、26%和20%，对美国出口降幅逐步收窄，下降5.28%。外贸经营主体扩大，全市有出口业绩企业752家，增加95家，其中内资企业572家、外资企业180家。大型企业对全市出口的贡献度明显下降，出口排名前十位企业合计出口8.04亿美元，下降14.3%。

【外贸政策完善】　出台扶持外贸发展的新政策、新措施，奖励高新技术产品出口、企业赴境内外参展、与国际大型采购商或生产商合作、投保出口信用险、到境外注册商标和申请相关认证。会同市财政局进一步提速扶持资金审核、兑现环节，帮助企业缓解资金压力。为企业争取上级扶持资金1500万元。建立由外经贸、人行、财政、国税、海关、检验检疫、出口信用保险等部门组成的外贸联席会议制度，分析研究全市外贸运行情况，协调解决存在问题，优化企业外贸经营环境。

【外贸市场拓展】 把组织企业参加各类展览、交易会作为拓展国际市场的主要途径和保订单的重要举措。加强统一组展力度，由市外经贸局牵头，针对全市主要出口商品制订详细参展计划并组织实施。在组展工作中，发挥各镇、街道、开发区及行业协会等的作用。2009年先后成功组团参加中国进出口商品交易会（简称“广交会”）、中国华东进出口商品交易会（简称“华交会”）、宁波国际日用消费品博览会、米兰皮毛皮具展、巴西五金展、中东广告展、慕尼黑太阳能展等20个国内外大型展览会，参展企业及展位面积均创历史新高。

【外贸风险防范】 加大对部分重点出口企业的保费奖励力度，鼓励企业通过投保出口信用险防范收汇风险。全年35家出口企业投保出口信用保险，投保金额达4.2亿美元，支付保费225万美元，分别占嘉兴市的31.3%和35.8%，有效化解了出口风险。建立沙发、袜子两个嘉兴市级对外贸易预警点，积极探索对外贸易预警信息收集、分析与传递新途径，创建海宁外贸预警网和《海宁外贸预警信息》动态月刊，建立政府、行业中介组织、企业和媒体“四体联动”的外贸预警机制，监测国际国内经济贸易动向，对可能影响海宁外贸发展的重大事件、突发事件及时做出预警，提出对策建议。

【海宁贸促会、海宁国际商会成立】 经中国国际贸易促进委员会浙江省分会批复同意，中国国际贸易促进委员会浙江省海宁市支会、中国国际商会海宁商会正式成立，并于8月6日召开第一届会员代表大会。海宁市领导俞志宏、沈利农、戴雪根、张炜芬、沈向宏出席会议。浙江省贸促会会长铁建设、嘉兴贸促会会长沈丽萍到会并作重要讲话。大会推举俞志宏、沈利农为海宁市贸易促进会、海宁市国际商会名誉会长，选举陈中权为会长。

图29 8月6日，中国国际贸易促进委员会浙江省海宁市支会、中国国际商会海宁商会成立并召开第一届会员代表大会

【四家企业获“浙江出口名牌”称号】 为培育和发展全市出口品牌，打造自主国际品牌，提高出口产品质量和档次，转变外贸发展方式，市政府出台了一系列相关政策和支持措施，鼓励企业境外注册商标，参与国际体系认证，组织企业赴境内外参展并由财政支持对展位进行特装，提升海宁产业的整体形象。对一些重点出口企业进行重点培育，并指导企业参

加品牌评选。2009年在浙江省商务厅公布的第二批100个“浙江出口名牌”名录中，海宁市有4家企业的商标入选，分别是：浙江海利得新材料股份有限公司的“海利得”、浙江锦达新材料股份有限公司的“锦达”、天通控股股份有限公司的“TDG”和兄弟科技股份有限公司的“brother”。

表23 2009年海宁商品对各大洲出口情况

洲别	出口总额（万美元）	占总额比重（%）	增幅（%）
亚洲	51,068	20.43	-5.23
非洲	7059	2.82	-3.59
欧洲	64,328	25.74	-11.77
拉丁美洲	13,920	5.57	-3.82
北美洲	104,778	41.92	-6.94
大洋洲	8686	3.48	34.53
其他	89	0.04	-4.52

表24 2009年海宁商品对主要国家（地区）出口情况

国家（地区）	累计出口（万美元）	占总额%	比上年同期（万美元）	占总额%	增幅（%）
美国	94,713	37.90	99,990	37.35	-5.28
德国	11,055	4.42	11,974	4.47	-7.68
英国	10,136	4.06	8823	3.30	14.88
加拿大	10,064	4.03	12,599	4.71	-20.12
日本	9948	3.98	9070	3.39	9.68
澳大利亚	8029	3.21	5780	2.16	38.91
意大利	7218	2.89	8305	3.10	-13.10
俄罗斯	6899	2.76	11,220	4.19	-38.51

（续表）

国家（地区）	累计出口（万美元）	占总额%	比上年同期（万美元）	占总额%	增幅（%）
荷兰	6009	2.40	6652	2.48	-9.66
墨西哥	4447	1.78	3327	1.24	33.68
印度	4144	1.66	4462	1.67	-7.12
阿联酋	4115	1.65	4750	1.77	-13.37
中国香港	4017	1.61	3520	1.31	14.10
巴西	3391	1.36	4629	1.73	-26.74
法国	3362	1.35	2569	0.96	30.85

（陈益华）

招商引资

【概况】 2009年，全市新批外商投资企业30家，合同利用外资4.03亿美元，比上年下降2.1%；实际利用外资2.41亿美元，增长8.5%。新批总投资3000万美元以上规模项目7个，合同利用外资1.86亿美元，占总数的41%。外资投资集中在制造业，项目56个，合同利用外资3.13亿美元，占总数的78%，主要引资行业为金属制品业、电气机械及器材制造业、通用设备制造业。港资为引资首要来源，合同利用港资、实际利用港资分别为3.47亿美元和1.65亿美元，分别占全市总数的86%和69%。项目增资速度加快，新批增资项目26个，合同利用外资9828万美元，占总额的24%，比上年提高6个百分点。服务业实际利用外资增长较快。新批服务业外商投资企业5家，实际利用外资6513万美元，增长40.7%，占全市总数的27%。

完善招商政策措施，修订全市招商引资考核办法，编制投资指南和外资政策，举办招商引资培训班，提高招商人员的招商技能。编制全市外商投资项目情况表，定期召开利用外资工作例会，多方搜集招商资源，充实招商“三库”。有针对性地摸清产业集聚区域、重点企业对外投资方向，完成编制海宁市重点产业招商信息库；调查整理可招商的土地、楼宇、厂房等资源，建立资源库；登记备案来访接洽客商，建立客商信息库。

图 30　5 月 11 日，海宁市赴上海举办制造业招商暨项目推介会

【重大招商活动】　在海宁市委、市政府主要领导和分管领导的带领下，先后组织实施 5 次境内外大型招商活动和 20 多次小规模招商活动。重大招商活动主要包括 2009 年海宁（香港）盐官观潮景区专题招商会、日本大阪投资说明会、海宁（德国）投资说明会、上海制造业招商推介会、海宁（高雄）投资座谈会等。

【城南高星级酒店项目奠基开工】　6 月 19 日，由香港查氏集团投资的高星级酒店项目——海兴酒店正式奠基开工。项目计划总投资 4900 万美元，占地 3.92 公顷，建筑面积 78,300 平方米，位于市区钱江路北、文苑路西地段。查氏集团投资的海宁市高星级酒店项目是海宁市通过招商引资引进的最大外资项目之一。

表 25　2009 年新批（增资）外商和中国港、澳、台商投资项目（总投资 1000 万美元以上）一览

单位：万美元

序号	企业名称	中方投资者	外方投资者（中国港、澳、台）	经营范围	投资总额	注册资本	合同外资
1	浙江邦特包装印刷器材有限公司	浙江海特包装彩印有限公司	香港邦和印刷器材有限公司	生产销售包装、印刷专用设备及纸箱；包装装潢印刷品印刷	2420	1618	1368
2	海宁永大电气新材料有限公司	—	雅恺（香港）控股有限公司	绝缘槽楔、塑料件、绑扎带、绑扎绳、棉纶带、腈纶线带、热膨胀材料、高压风力线圈，云母板的制造	1000	500	500
3	浙江海宁中诚皮业有限公司	—	周国洪、林恩成（意大利）	蓝湿皮的加工、皮箱、包（袋）、其他皮革制品的制造	2500	1580	1580
4	海宁鑫鸿德纺织有限公司	—	林明生（香港）	汽车内饰布、纺织服装的制造	2000	1080	1080
5	海宁帕克豪斯停车设备有限公司	—	孙刚（德意志联邦共和国）	自动化立体停车设备的制造	2980	2500	2500

（续表）

序号	企业名称	中方投资者	外方投资者（中国港、澳、台）	经营范围	投资总额	注册资本	合同外资
6	海宁汉克博阿斯营养食品有限公司	—	意大利汉克·博阿斯国际有限公司	营养强化食品及饲料添加剂的制造	2980	1680	1680
7	海宁卡尔玛隔音材料有限公司	—	周国聪（德意志联邦共和国）	隔音材料的制造	2500	1800	1800
8	浙江泽榆复合材料有限公司	—	泽榆（香港）有限公司	木塑复合材料及家具的制造、加工	1300	700	700
9	浙江万阳新能源有限公司	—	沈勤俭（香港）	锂离子电池电极材料的制造	2000	1080	1080
10	海宁海博胶带有限公司	—	香港海橡科技有限公司	输送带、摩托车轮胎、电动车轮胎的制造	2980	1500	1500
11	海宁顺高精密五金材料有限公司	—	香港顺高科技有限公司	精密五金件的制造，塑料制品的制造	2080	1080	1080
12	海宁趣威保健用品有限公司	—	张履平（加拿大）	含锗元素以及远红外等材质的保健用品的制造	2980	1500	1500
13	海宁华府光电有限公司	—	盛凯（香港）有限公司	汽车前照灯、指示灯、尾灯的制造	5060	3500	3500
14	浙江马拉克新材料有限公司	—	香港富兴亚太有限公司	经编面料、产业用布、机织布、工业基布和高分子保护膜的制造	1280	750	750
15	海宁旺晶服饰有限公司	—	韩国英特娜服饰集团（香港）有限公司	裘皮服装、裘皮制品的制造	1280	518	518
16	海宁展毅袜业有限公司	—	香港展毅集团有限公司	袜子、纺织服装的制造	1000	560	560
17	浙江万坚金属制品有限公司	—	香港裕隆实业集团有限公司	结构性金属制品的制造，自产产品的销售	2200	1500	1500
18	浙江太平洋大酒店有限公司	—	香港美联投资有限公司	在海宁农业对外综合开发区聆涛路西侧、一号直河南侧地块从事商务酒店及附属设施建设，酒店管理服务	4980	4980	4980
19	海宁利联机械有限公司	—	许东（香港）	结构性金属制品的制造，自产产品的销售	4500	2980	2980
20	海宁施塔特五金制品有限公司	—	诺博特（德意志联邦共和国）	建筑家具用金属配件、通用零部件的制造、加工；自产产品的销售	4500	3180	3180
21	浙江侨福置业有限公司	浙江雷可澳投资有限公司	美联投资有限公司	海宁海土字〔2008〕290号A地块普通商住房开发经营	9960	5921	3020
22	浙江沃圭机械有限公司	—	香港龙坤科技有限公司	民用飞机零部件、汽车零部件、消防自动化系统的制造、加工；自产产品的销售	2000	1000	1000
23	海宁新能纺织有限公司	—	舍骄阿工业有限公司	生产销售差别化化学纤维、无纺布制品（不含医药卫生用品），化纤坯布及高档雪尼龙纱线，经营进出口业务（不含分销业务）	1250	500	500

（续表）

序号	企业名称	中方投资者	外方投资者（中国港、澳、台）	经营范围	投资总额	注册资本	合同外资
24	浙江晶科能源有限公司	□嘉科技有限公司	香港晶科能源有限公司	生产销售太阳能硅片、太阳电池、太阳能光伏发电设备及其组件的生产销售；无机非金属材料及制品生产（人工晶体、高性能复合材料、特种玻璃、特种陶瓷、特种密封材料、特种胶凝材料）；有色金属复合材料及新型合金材料生产（以上产品均不含危险化学品及易制毒物品）	5965	2400	600
25	海宁森德皮革有限公司	浙江卡森实业有限公司	凯迪纳国际有限公司（开曼群岛）	生产销售皮革及其制品	3660	1220	305
26	海宁家值家私有限公司	浙江卡森实业有限公司	凯迪纳国际有限公司（开曼群岛）	沙发套、沙发、餐椅、其他家具、缝纫制品及皮革的制造、加工、自产产品的销售	2800	1,145.93	305
27	林肯电梯（中国）有限公司	浙江三门安利索电梯有限公司	美国林肯电梯有限公司	电（扶)梯的设计、制造、安装、改造及维修保养，销售自产产品	1,829.5	731.8	512.26
28	浙江海宁爱家实业有限公司	浙江圣奥家具制造有限公司	香港保鲁士洋行有限公司	高档环保装饰装修用板材及家具的制造，自产产品的销售	1880	800	575
29	海宁深国投商用置业有限公司	深圳市商置投资有限公司	香港辉航有限公司	在海宁市文苑路东侧、联合路南侧地块（地号为2（27）36）内进行深国投广场商业设施的建设、经营（国家限制类、禁止类项目除外），配套商业服务，物业管理、房地产咨询，以及经济信息咨询	1,386.78	693.39	554.71

（陈益华）

对外经济技术合作

【概况】 2009年，通过走访企业宣传政策和及时发布政策信息等方式，搭建政府与企业、企业与企业之间的信息平台。强化政策推动，帮助企业申报上级奖励资金。做好跟踪服务工作，按照“前期工作做细、投资项目选准、后期运作管好”的要求，做好“走出去”企业的跟踪服务和风险防控，引导和规范企业的对外直接投资活动，加强与外管、海关、财政、商检等政府横向部门的沟通，发挥与工商联、行业协会、商会等团体之间良好的协同配合机制的作用，继续发挥“三外联动”的优势，为企业“走出去”做好服务。

海宁市白杨皮革、美联袜业等公司相继在香港、澳大利亚、新西兰、巴西和阿联酋设立贸易公司（办事处）。全市境外窗口带动出口3.81亿美元，完成年度目标任务的146%；自营外派劳务79人，完成年度目标的132%，自营外派劳务营业额400万美元，完成年度目标的303%。境外投资领域有新拓展，安丽纺织有限公司越南项目是海宁市第一个境外投资生产性项目，总投资额444.3万美元，其中设备出资144.3万美元，标志着全市境外投资由贸易及资源开发向全球跨国经营生产迈进。

（陈益华）

图 31　嘉兴海关驻海宁办事处召开 A 类企业属地报关座谈会

海　关

【概况】　2009 年，嘉兴海关驻海宁办事处开展“综合治税”工作，新增“属地申报、口岸验放”和“多点申报、乍浦验放”进口报关业务，有 9 家企业在海宁办事处报关进口，提高了企业的通关效率，节约了企业的通关成本。全年审核进出口报关单 3037 份，其中进口 2007 份，出口 1030 份；征收税款 1.7 亿元，其中一般贸易征税 1.35 亿元、加工贸易内销征税 3723 万元、各类补税税款 25.5 万元；监管进口集装箱 2133 个，涉及货物 38,287.2 吨；签发报关单结汇联 2277 份。

全年共办理加工贸易保税合同备案 498 份，备案金额 6.6 亿美元；深加工结转 1091 票，涉及金额 5.57 亿美元；核销加工贸易合同 526 份；收取风险担保金 104 票，共计 2558 万元。召开“环嘉兴港区域大通关”新模式政策宣讲会，参加企业有 80 家，人员近 200 人。全年走访企业 58 家，进行现场业务指导，解决企业实际困难。

【企业分类管理】　重视企业的分类管理工作，鼓励符合条件的企业申报 A 类管理。下半年，根据嘉兴海关的有关通知要求，对辖区内有进出口收发货人证书的企业开展全面的信息核查，集中更新企业信息资料库。全年新注册自营进出口企业 258 家，累计 1375 家；注册报关员 26 人次，培育 A 类企业 10 家。

（杨　宇）

出入境检验检疫

【概况】　2009 年，嘉兴检验检疫局海宁办事处（以下简称办事处）共完成出口货物检验检疫 58,028 批次，货值 8.75 亿美元，比上年分别下降了 3.3% 和 13.2%；检出不合格货物 90 批次，货值 143 万美元；共签发各类检验检疫证书 2642 份（不含换证凭单及不合格通知书）。全年共签发各类原产地证书 21,970 份，签证金额 6.93 亿美元，其中普惠制原产地证书和各类区域性优惠原产地证书 11,643 份，签证金额 3.59 亿美元，为海宁地区的出口产品获得国外海关关税减免近 1800 万美元。

开展建立“三位一体”综合行政管理体系工作，基本理顺办事处的管理机制。全年共受理出口埃及、埃塞俄比亚及塞拉利昂产品检验 137 批，实施装运前检验监装 75 批，共检出不合格产品4批。按照出口木制产品注册登记要求，共受理申请注册企业5家，注册通过4家，考核未通过不予注册1家。按照出口产品质量巡查计划，对9家电光源产品、木制沙发产品、纺织服装生产企业进行质量巡查；按对输中东、非洲产品质量专项整治计划，对58家涉及企业按要求100%建立档案，100%签订质量安全承诺书，并抽取15批次进行质量检测。共完成援外物资检验任务3批，货值500多万元。对527家产地证注册企业、591家出口企业进行信用等级评定，其中5家被评定为A级信用企业。

【出口企业走访调研】　面对海宁地区出口市场的大幅萎缩，办事处开展调研、走访，了解企业生产出口实际情况，参与地方政府或行业协会组织的培训、会议等活动，利用信息优势为企业出谋划策、积极应对，贯彻上级精神减免相应企业的检验检疫费用。全年新上报4家“绿色通道”企业和3家直通放行企业，并对海宁地区出口免验工作进行研究分析。

【法检目录调整调研】　根据2009年新的法检目录调整情况，办事处及时对海宁辖区内生产出口的太阳能产品、针织服装、LED及其他照明装置等涉及新调入法检目录的生产出口企业进行摸底调研，掌握辖区内新调入产品企业的基本情况。多次走访太阳能热水器、针织服装产品等新调入目录产品的生产企业，了解企业生产状况，宣传检验检疫政策，消除企业顾虑。加强与新调入目录产品企业相对集中的当地政府及行业协会的沟通联系，获得地方政府对工作的理解和支持，使新调入目录表内产品的检验检疫工作开展取得平稳过渡。

（吴　坚）

［编辑：管通海］

市　　场

Market

综　　述

至2009年底，海宁市共有各类市场49个，其中消费品市场46个（农贸市场31个、工业消费品市场15个），生产资料市场3个。全年市场总成交额130.21亿元，比上年增长9.8%。海宁中国皮革城成交58.3亿元，海宁中国家纺装饰城成交42.05亿元，海宁中心菜场成交3.09亿元，海宁市建筑装饰材料市场成交2.71亿元，四大市场全年总成交额106.15亿元，占全市市场份额的81.52%。全年共举办商品展销会7场。查处各类市场违章违法案件1起，市场秩序平衡运行，未发现重大市场安全隐患。

全市星级市场33个，创星率67%。有五星级市场1个（海宁中国皮革城），三星级市场4个（海宁中国家纺装饰城、海宁中心菜场、海宁城南农贸市场、海宁小商品市场），二星级市场19个（城西菜场、南苑菜场、海宁建材市场、袁花农贸市场、长安农贸市场、盐官农贸市场、海宁高新电脑市场、海宁城中城服装市场、硖东菜场、城东菜场、海宁市农副产品批发市场、海宁市城北农贸市场、海昌街道金星农贸市场、盐官镇丰兴农贸市场、许村镇沈士农贸市场、周王庙镇农贸市场、东苑菜场、新庄农贸市场、斜桥综合农贸市场），一星级市场9个（斜桥镇农贸市场、盐官镇郭店农贸市场、斜桥镇祝场农贸市场、许村镇翁埠农贸市场、许村镇科同农贸市场、许村农贸市场、长安镇城西农贸市场、丁桥镇新仓农贸市场、斜桥镇路仲农贸市场）。在全市31个农贸市场中，有

图32　2009年，经提升改造后的城西菜场

星级市场27个（三星2个、二星16个、一星9个），星级市场的级别和个数名列嘉兴市首位，其中海宁中国皮革城为全省第二个五星级市场。市区11个农贸市场，创星率100%；乡镇20个农贸市场，创星率80%。

在全市15个工业消费品市场中，创建星级市场6个（五星级1个、三星级2个、二星级3个），创星率40%。全市农贸、工业消费品交易额超亿元市场创星率100%。

开展国家卫生城市创建活动，市区11个农贸市场纳入创建范围，其中海宁中心菜场、城西菜场的提升改造列入政府实事工程，共投入建设资金500万元，年底前如期完工并投入使用。

（沈　佳）

经纪人及咨询服务机构

【概况】　2009年，全市共有经纪人及咨询服务机构180家，有经纪执业人员283人，全年成交额2.14亿元，其中房地产1.34亿元。另有农村经纪人73家，成交额1388万元。年内取消了经纪人及咨询服务机构的佣金、税金、规费。

表26　　经纪人情况统计

项　　目	序号	合计	消费品市场			生产资料市场	生产要素市场					
				农产品	工业品			房地产	技术	劳动力	产权	运输
一、经纪人总数（家）	1	180	105	73	32	4	71	71	—	—	—	—
其中：个体经纪人	2	139	92	73	19	1	46	46	—	—	—	—
合伙经纪人	3	12	5	—	5	—	7	7	—	—	—	—
经纪公司	4	16	5	—	5	3	8	8	—	—	—	—
兼营经纪人	5	5	—	—	—	—	5	5	—	—	—	—
其他组织	6	8	3	—	3	—	5	5	—	—	—	—
二、经纪执业人员（人）	7	283	148	73	75	10	125	125	—	—	—	—
其中：已备案的经纪执业人员	8	—	—	—	—	—	—	—	—	—	—	—
三、经纪业务量（万元）	9	21,356	3856	1213	2643	4055	13,445	13,445	—	—	—	—
补充资料：	10	农业经纪人		73家	经纪业务量		1388万元	—	—	—	—	—

（孙　军）

人力资源市场

【概况】　2009年，继续完善“劳动者自主择业、市场调节就业、政府促进就业”的市场导向就业机制，加强人力资源市场建设。通过举办专场招聘洽谈会等形式，为用人单位和城乡劳动者就业、再就业和自主创业提供各类服务。应对宏观经济形势对就业的影响，开展“服务企业，稳定就业”、“就业再就业援助月”、“春风行动”专项活动；举办“退伍军人专场”、“非公有制企业促进就业专场”、“庆三八，架金桥，促就业”等各类招聘活动。全年共举办各类人力资源招聘会86场，为6600家用人单位发布用工信息，提供就业岗位9.6万个，比上年增加8000个；报名达2.5万人次，比上年减少3000人次。

图33 “就业再就业援助月”专项活动现场

（徐亚峰）

人才市场

【概况】 2009年，组织推出春季大型人才招聘会、“精英聚潮乡·合力助两创（创业、创新）”人才·科技系列招聘活动。全年共举办或组团参加各类招聘会43场次，其中海宁32场，赴杭州、合肥、重庆等地招聘11场。参会单位1805家次，提供岗位19,420个，其中春季大型人才招聘会200多家企事业用人单位提供的3000多个岗位吸引全国各地6000多个应聘者，人数为历年之最。同时充分发挥人才网优势，扩大招聘渠道和途径，年内新增网络会员334家，819家企业发布招聘岗位32,621个，全年引进各类人才4316名，其中博士4名、硕士110名。

图34 2月7日，海宁举办春季大型人才招聘会

【人事代理服务】 全年共办理人事代理1197人，其中单位代理921人、个人代理276人。为98名代理人员办理职称初定，为

11 人办理职称晋升申报，为 849 人办理档案工资正常晋升，为 107 名机关事业单位离职人员办理养老保险衔接手续，为 186 名代理人员办理集体户口入户与迁移手续，完成代理单位高级职称人员体检 39 人。全年接收档案 3469 份，转出档案 811 份，收集归档材料 1074 份，接待阅档人员 156 人，查（借）阅档案 219 份。为各类流动人员办理商调手续 656 份、录用手续 1170 人。为 2033 名大中专毕业生办理就业协议鉴证手续。

（陈雪明）

科技信息市场

【概况】 2009 年，围绕服务“两创”（创业、创新）战略，市科技信息中心利用各种科技信息资源，开展科技信息服务与咨询。全年编辑《科技参考》5 期，为有关领导，各部门、镇、街道、开发区和有关企业提供科技信息参考和决策服务；开展科技情报调研，完成《汽车零部件及配件制造行业调查及发展建议》、《低碳经济的发展与建议》、《物联网技术应用》等调研报告 10 项；开展专利技术咨询和代理，完成专利申请代理 474 项，其中发明专利 20 项，实用新型专利 70 项；做好网上技术市场与科技信箱管理，在网上技术市场发展企业会员 38 家，发布技术难题 57 项，签订网上技术合同 39 项，签约金额 8692 万元。发展科技信箱个人会员 538 个，累计 3574 个；设立科技信箱管理点 93 个，累计 859 个。年内，浙江大学海宁科技发展研究中心开展科技调研，走访村镇和企业，提供技术信息、解决技术难题，并为海宁企业与浙江大学开展科技合作牵线搭桥，签订“雨棚式太阳能及热泵系统产业化技术研发”等科技合作开发合同 7 项。组织浙江大学教授专家到企业开展技术对接洽谈，提供科技服务、技术指导、技术培训，建立科技合作关系。

（吴关炳）

农贸市场

【概况】 至年底，全市有农贸市场 31 个（市区 11 个、乡镇 20 个），总投入资金 1.5 亿元，建筑面积 9.01 万平方米，摊位（营业用房）9466 个。全年成交额 21.78 亿元，比上年增长 1.9%。有星级农贸市场 27 个，其中年内新命名二星级市场 3 个，即东苑菜场、新庄农贸市场、斜桥综合农贸市场；新命名一星级市场 2 个，即丁桥镇新仓农贸市场、斜桥镇路仲农贸市场。市区二星级以上创星率 100%，乡镇一星级以上 16 个，创星率 80%。

在市区 11 个农贸市场中，三星级 2 个，即海宁中心菜场、城南农贸市场，二星级 9 个，即南苑菜场、城西菜场、城东菜场、东苑菜场、硖东菜场、农副产品批发市场、城北农贸市场、海昌街道金星农贸市场、新庄农贸市场。在乡镇 20 个农贸市场中，二星级 7 个，即长安镇农贸市场、盐官镇农贸市场、盐官镇丰兴农贸市场、袁花镇农贸市场、周王庙镇农贸市场、许村镇沈士农贸市场、斜桥综合农贸市场；一星级 9 个，即长安镇城西农贸市场、盐官镇郭店农贸市场、斜桥镇祝场农贸市场、许村镇翁埠农贸市场、许村镇农贸市场、许村镇科同农贸市场、斜桥镇农贸市场、丁桥镇新仓农贸市场、斜桥镇路仲农贸市场。

（孙　军）

小商品市场

【概况】 至年底，全市共有小商品市场 3 个，即海宁市小商品市场、海宁城中城服装市场、长安工业品市场。海宁小商品市场占地面积 0.62 公顷，建筑面积 1.36 万平方米，营业用房 580 间，经营户 500 余户，从业人员 500 余人，全年市场成交额 1.75 亿元。

(孙 军)

建筑装饰材料市场

【概况】 至年底，全市共有建筑装饰材料市场 3 个。许村海杭建材市场占地面积 3.86 万平方米，建筑面积 1.2 万平方米，营业用房 100 间，经营户 45 户，主要经营石材、建筑装饰材料、五金、木材等，全年成交额 3070 万元。海宁缔艺家家居广场占地面积 1.94 万平方米，建筑面积 7.83 万平方米，营业用房 112 间，经营户 61 户，主要经营建筑装饰材料、家具、五金等，全年成交额 1360 万元。海宁市建筑装饰材料市场占地面积 5.2 万平方米，建筑面积 1.9 万平方米，仓储面积 7460 平方米，加工区 6000 平方米，内设中央交易区、木材交易区、三夹板交易区、石材加工交易区，共计营业房 432 间，注册入场经营户 162 户，从业人员 398 人。全年市场商品成交额 2.71 亿元，房屋出租率和开市营业率均为 100%。

(孙 军)

海宁中国家纺装饰城

【概况】 海宁中国家纺装饰城占地 14 万平方米，分东、西交易区、联托运交易区、会展区和原料交易区五大区块，总建筑面积 20 万平方米，营业用房 1663 间，入场经营户 1576 户。主要经营窗帘布、沙发布、原料、家纺成品，销售至全国 30 个省、自治区、直辖市，并出口 35 个国家和地区。全年成交额 42.05 亿元，比上年增长 20%。装饰城被浙江省政府确定为全省 28 个重点市场之一，是省三星级文明规范市场和“百城万店无假货”示范市场。

9 月 28 ~ 30 日，在海宁中国家纺装饰城展览中心举行由中国家用纺织品行业协会、中国国际贸易促进委员会纺织行业分会主办，海宁市人民政府承办的“海宁·中国家用纺织品博览会暨 2009 年中国国际家用纺织品设计大赛作品展”。

(孙 军)

汽车 4S 店

【概况】 至年底，全市登记在册汽车 4S 店 6 家，分别为海宁市浩通汽车销售服务有限公司、海宁旅行者汽车销售有限公司、海宁市泽宇汽车销售服务有限公司、海宁佳禾丰田汽车销售服务有限公司、海宁万国汽车有限公司、海宁嘉田汽车销售维修有限公司。经营品牌分别为“北京现代”、“尼桑”、“上海通用别克”、“一汽丰田”、“长安福特”、“广州本田”。6 家公司注册资本共计 5800 万元，建设投资额 1.11 亿元，建设面积 4.27 万平方米。全年销售车辆 5435 辆，实现销售额 6.98 亿元。

(孙 军)

[编辑：邱 洧]

财政·税务

Finance & Tax

财　　政

【概况】 2009年，全市实现财政总收入48.39亿元，完成年度预算的102.3%，比上年增长10.1%。地方财政收入23.95亿元，完成年度预算的101.8%，增长12.0%。全市财政一般预算支出26.30亿元，完成年度预算的96.7%，增长16.0%。全市基金收入39.27亿元，完成预算的127.9%，增长10.1%，其中政府性基金收入28.51亿元，增长11.4%；社会保险基金收入10.76亿元，增长6.8%。基金支出37.96亿元，完成预算的123.3%，增长0.7%，其中政府性基金支出27.19亿元，下降1.5%；社会保险基金支出10.76亿元，增长6.8%。全年财政预算执行情况良好，实现财政收支平衡。在做大收入总量的同时，收入结构得到优化。地方财政收入占财政总收入的比重达49.49%，比上年提高0.82个百分点，实现“总量有突破、结构更优化”的目标。

【服务经济转型升级】 修订完善海宁市又好又快发展政策及相关配套制度，对扶持资金继续实行总量控制、切块管理、注重绩效、突出重点。全年完成财政扶持奖励资金项目共78项，补助（奖励）资金2.62亿元。落实行政事业性收费项目取消和暂停政策，全年共取消20项、暂停3项、降低收费标准4项，为企业减轻负担6570万元。

【加大民生保障力度】 以保障和改善民生为重点，大力推行基层公共服务均等化，新增财力重点向农村倾斜、向困难群众倾斜、向基层倾斜、向社会事业薄弱环节倾斜。全年财政用于民生支出18.83亿元，比上年增长13.7%，占财政总支出的76.7%，其中用于农业支出2.16亿元，保障农村康庄工程、村庄环境整治等支出；用于教育支出6.29亿元，保障中小学校和幼儿园建设等支出；用于医疗卫生支出1.78亿元，保障城乡新型合作医疗、社区卫生服务中心建设等支出；用于社会保障和就业支出9173万元，保障城乡低保补助、城乡居民养老保险等支出；用于科学技术支出1.10亿元，保障科创中心建设、信息化平台建设、科技三项经费等支出；用于文化体育与传媒支出5618万元，保障农村文化建设、物质文化遗产和非物质文化遗产保护等支出。

【深化财政管理改革】 推进和深化部门预算改革，建立部门预算与人大联网实时监督系统。规范专项资金管理，制定和试行专项资金分类和预算标准管理办法，逐步推行项目支出规范化管理。推行国库集中支付制度，实行“T+0”结算模式，全年有33个部门实行国库集中支付。深化政府采购制度改革，加强政府采购的管理与监督，扩大政府采购规模。规范镇、街道财政管理，强化财政职能，提升镇、街道财政管理水平，制定《海宁市镇（街道）财政管理业务工作规范》，提升基层财政管理能力和水平。完善国有土地使用权出让收入分配政策，创新理财机制。

图35　5月9日，市政府举行“2009海宁国资债”发行仪式

【创新财政监管手段】　对全市50万元以上的专项资金实行绩效评价，健全项目单位自评、主管部门复评、财政部门组织重点抽评的工作机制。加强地方政府性债务管理，严格执行新增债务和融资担保审批制度，实行政府性债务定期报告办法，提高政府防范和化解债务风险的主动性和有效性。加大政府性重大投资项目评审管理力度，加强政府投资项目的事前、事中、事后监督。

【国有资产管理】　启用行政事业单位国有资产管理系统，实现动态管理，为国有资产管理与财务管理、预算管理、政府采购管理的有机结合提供了一个更好的平台。有序推进实施行政事业单位办公用房管理改革，建立健全“统一权属管理、统一调配使用、统一出租经营”的管理体制。研究制订《海宁市企业国有资产整合调整方案》，优化国有资产布局和结构，实现国有资产的保值增值。通过整合实施，实现国有资产相对集中、管理层级减少、产权纽带清晰的资产布局。指导和服务国企改革工作，推进国资平台建设，提升企业国有资产管理水平。

【创新推进融资方式】　成功发行12亿元“09海宁国资债”，优化政府性债务结构。推进国企上市工作，指导海宁中国皮革城股份有限公司首发申请，获通过。完成钱江生化、天通控股股权分置改革。探索多种融资形式，参与新市镇建设投融资平台工作。

（许立锋）

国家税务

【概况】　2009年，全市国税收入总量达到30.83亿元，首次突破30亿元大关，完成收入计划的100.67%，比上年增长12.0%。全年办理出口退税20.72亿元，首次突破20亿元大关，增长41.9%。严格执行节能减排、促进就业、支农惠农、促进公益捐赠等各项税收优惠政策，全年共办理各类税收减免及先征后退5.46亿元，增长35.0%。

【增值税转型改革】　2009年1月1日，修订后的《中华人民共和国增值税暂行条例实施细则》正式施行，标志着增值税转型改革正式实施。修订后的《实施细则》允许企业抵扣其购进设备所含的增值税，将消除生产型增值税制产生的重复征税因素，降低企业设备投资的税收负担，是一项重大的减税政策。市国税局全年共为 2666 家企业落实了固定资产进项税抵扣政策，累计抵扣额达到 3.15 亿元。

【国税管理创新】 全年市国税部门共实施管理创新项目 19 项，其中 4 项进入省国税局项目库，2 项被省国税局评为优秀项目。市国税局被评为全省国税系统管理创新先进单位，并荣立集体三等功。各项征管质量指标稳步提升，平均税务登记率、入库率、滞纳金加收率、涉税处罚面四项征管指标均达到 100%，申报率达 99.97%，申报准确率为 94.11%，处罚率为 78.16%，欠税压缩为 36%。

【“四项工程”建设经验交流会】 10 月 30 日，全省国税系统“四项工程”（党建工程、文化工程、人才工程、平安工程）经验交流会在海宁召开。浙江省国家税务局局长钱宝荣等省局领导、市（地）国税局及先进县（市）国税局局长参加会议。会上，市国税局作为全省国税系统“四项工程”建设先进单位之一，作了先进经验交流。年内，市国税局创建全省国税系统群众满意基层站所 1 个，嘉兴市级群众满意基层站所 2 个，海宁市级群众满意基层站所 3 个。

【财税库银横向联网系统全覆盖】 7 月底，海宁实现财税库银横向联网系统的全面覆盖。通过联网系统实现电子化办理税收收入缴库、退库、对账等业务以及联网单位间的信息共享，是税收收入征缴入库管理工作的大跨步。纳税人从原先只能选择税务机关指定的商业银行发展到能按需选择任何一个市区内的银行网点缴税，提高了办税的便捷度和效率。

【“十项稽查服务制度”出台】 市国税局稽查局出台“稽查准入制”、“查前预告制”、“联合检查制”等十项制度，创造性地将纳税服务融入税务稽查工作，为企业创造良好的发展环境，提高检查服务的广度和深度，全面提升稽查服务效能及品质，得到了纳税人的肯定。“十项稽查服务制度”被省国税局评为管理创新入库项目。

【普通发票实现网络开票】 市国税局在发票管理上依托“网上办税厅”的建设，强化

图 36 10 月 30 日，市国税局局长陈浩铭在全省国税系统“四项工程”经验交流会作经验介绍

现代化信息技术，推广应用万元版普通发票“网上开票”系统，规范发票开具行为。实现发票真伪网络查询，初步遏制假票以及虚开、代开、转借等现象的发生，有效防止和减少偷、漏税行为。自助式的网络开票功能是把发票领用、开具、验旧、缴销等环节纳入计算机管理，减轻基层发票管理的工作量，实现普通发票的科学化、规范化管理。同时，优化畅通发票开具渠道，使纳税人减少手工开票劳动，提高开票效率，节约办税成本。

【《纳税风险防范手册》发布】 市国税局结合所得税法出台和增值税转型，对企业纳税风险进行归集，从所得税、增值税与消费税、进出口税收、税收征管四个环节梳理出企业容易出现的65个税务风险，编写出版《纳税风险防范手册》。该《手册》通过案例分析的形式，对评估、稽查案例纳税违法或纳税疏漏进行回放，并设“风险点评”、“税官建议”、“政策链接”等栏目帮助广大纳税人方便快捷地运用好现有的税收政策，掌握税务风险防范的基本技能，保障自身的合法权益，增强企业发展动力。

（都仁杰）

地方税务

【概况】 2009年，全市共组织税费基金收入30.05亿元，比上年增长7.4%，其中地方税收收入16.62亿元，增长8.0%。分税种收入为：营业税6.41亿元，增长16.0%；企业所得税2.48亿元，下降17.3%；个人所得税2.60亿元，下降0.9%；地方七税5.13亿元，增长21.0%。费（基金）收入13.43亿元，增长6.7%，其中社会保险费10.86亿元，增长6.9%。硖石税务分局被人力资源和社会保障部、国家税务总局授予“全国税务系统先进集体”荣誉称号，被浙江省地方税务局评为省地税系统省级基层文明单位和省地税系统“群众满意基层站所（办事窗口）”创建工作先进单位。袁花税务分局被授予嘉兴市2009年“服务民生满意站所（办事窗口）”称号。

图37 市地税局举办企业减负“春雨”专项行动税企沟通会

【开展“春雨”专项行动】 面对国际金融危机的不利影响，开展“春雨”专项行动为企业减负。全面落实国家规定的各项税费减免政策，优化减免审批流程，实行“公开所有减免税费政策、时限和流程—纳税人自行申请—税务机关审定”的审批流程，全年减免各项税费1.61亿元。为减轻企业社会保险费负担，企业养老保险费率从

18%下调至15%。实行社保费临时性下浮集中减征一个月，共减轻企业负担1.31亿元。推进企业实施主辅分离，制定实施鼓励和引导企业实施主辅分离的政策意见，全年共完成主辅分离企业26户，新增加地方财政收入590万元。

【全面夯实征管基础】　加强经济和税收监测分析，建立健全“全面调研、月度预测、量化分析、动态监控”的预测分析机制。利用第三方信息强化各项地方税种征管。全面启用国税、地税、工商信息共享系统，做好房屋出租户纳税基础信息收集分析工作。实施房地产税收“一体化”管理和房屋交易最低计税价格管理，公平税负，提高办税效率。深化应用《浙江地税信息系统》，健全“数据采集、税源监控、税收分析、纳税评估、税务稽查”五位一体互动征管机制。

【加强税费精细管理】　抓好分税种的管理工作。贯彻落实新《中华人民共和国营业税暂行条例》，做好《中华人民共和国新企业所得税法》实施后的第一次汇算清缴工作。强化年所得12万元以上个人所得税自行申报管理工作。通过信息比对，着力抓好各项地方小税种征管。贯彻落实车船税代收代缴工作，做好土地增值税清算工作，强化股权转让个人所得税征管。深化社会保险费五费合征工作，做实企业单位社保缴费基数，实行企业社保费年度自行结算、网上自行申报和实地抽查相结合的结算方式。

【税务稽查】　规范税收秩序，重点组织实施建筑安装、营利性医疗机构、教育培训机构等专项检查，严肃查处重大偷税案件。创新稽查工作方法，由重点检查向“体检式”检查转移，对企业实行个性化辅导和行业性政策辅导相结合，重点对灯泡、袜子、家纺、娱乐、五金等五个行业纳税人开展“体检式”检查工作。全年稽查查补入库4520万元，比上年增长58.5%。

【搭建多元服务平台】　开展“进百企，联百项，帮办服务促发展”活动。工作小组深入了解企业发展现状，协调解决企业在生产发展过程中遇到的各种困难和问题，多形式地进行结对帮扶活动。开展“财税政策大巡讲”活动。4月至7月期间，组织财税骨干分赴各镇、街道和开发区开展政策巡讲共9场次。创新形式开展“日记民情，每周一议”活动，了解纳税人、服务对象的需求，解决群众反映的热点、难点问题。深化POS机缴税、同城通办、补正承诺制、网络答疑、QQ论坛、手机提醒等便民措施，切实方便纳税人办税，优化纳税服务。

（许立锋）

［编辑：姚　倩］

金融·保险·证券

Finance Insurance Securities

综　　述

2009年，全市有金融机构12家，比上年增加2家；证券公司3家，增加1家；规模保险公司6家；小额贷款公司1家。全市经济“V”形回升，金融部门切实贯彻适度宽松的货币政策，着力化解国际金融危机带来的冲击，加大信贷有效投入，优化信贷结构，金融运行总体保持增长势头，存款增长加速，贷款增势迅猛，不良贷款率保持在较低水平，银行盈利能力保持平稳增长。

各项存款增长较快，企业存款大幅增长。年底，全市金融机构本外币各项存款余额511.65亿元，比上年增长30.3%，增速上升10.0个百分点，新增加118.88亿元，多增加53.11亿元，相当于前两年全市各项存款的增量之和。本外币各项存款增量居嘉兴市五县（市）第一，增速在五县（市）中名列第二。企业存款增速较快。年底，全市本外币企业存款余额156.74亿元，新增加56.29亿元，多增加51.48亿元，增长56.0%，增速上升50.6个百分点，其中企业活期存款新增占比上升。全市企业新增加活期存款占全部新增加企业存款的57.31%（上年是负增长85%）；企业活期存款余额占全部企业存款余额的58.41%。企业存款增加较快的原因：一是商业银行年底考核因素。商业银行年底考核，吸收企业临时性存款较多。12月，全市企业活期存款新增额达2亿元。二是派生存款因素。年内，信贷大投放，导致企业阶段性资金充裕，全市金融机构本外币贷款全年新增量相当于前两年贷款增量的1.3倍。三是企业销售货款等回笼因素。如10月底，财政土地出让金新增加存款1亿元左右。下半年，经济有所复苏，企业销售好转，原材料价格历史高位有所回落，企业新增流动资金较多。全市汽车类商品实现零售额7.17亿元，增长67.4%；盈都房地产公司、绿城房地产公司等房地产公司年底新增加商品房销售款1.5亿元；海宁华联大厦有限公司在圣诞节前后三天销售额达3000万元。储蓄存款稳步增长。年底，全市本外币居民储蓄存款余额264.12亿元，新增加47.47亿元，增长21.9%，增速回落5.3个百分点。全市定期储蓄存款余额占储蓄存款余额68.01%，下降2.11个百分点，主要原因是：一方面居民寻求资金安全性的意念强烈，另一方面居民在当前存款利率相对较低的情况下，对房市、股市、其他投资产品投资意念上升较快。农业存款新增加6.01亿元，增长54.9%，增速上升66.6个百分点。

各项贷款投放力度加大，增速持续上升。年底，全市金融机构本外币各项贷款余额为373.99亿元，增长35.2%，增速上升21.1个百分点，新增加97.26亿元，多增加

63.07 亿元，相当于前两年贷款增量的 1.3 倍。增量在嘉兴市五县（市）中名列第一，增速名列第四。短期贷款增势良好。短期贷款新增加 47.76 亿元，增长 26.0%，增幅上升 15.1 个百分点，多增加 29.94 亿元，占全部新增贷款的 53.04%。主要投向：工业贷款新增加 9.77 亿元，多增加 8.77 亿元；乡镇企业新增加 11.77 亿元，多增加 6.35 亿元；短期个人经营性 4.85 亿元，多增加 4.3 亿元；新农村建设 3.42 亿元，多增加 1.89 亿元；居民短期贷款 3.45 亿元，多增加 3.1 亿元。中长期贷款增量较多。中长期贷款余额为 130.89 亿元，新增加 44.86 亿元，增长 53.7%，增幅上升 33.2 个百分点，多增加 30.32 亿元，占全部新增贷款的 49.83%，占比上升 9.6 个百分点。主要投向：基本建设 18.97 亿元，多增加 14.33 亿元；个人中长期贷款 14.67 亿元，多增加 10.8 亿元。特色产业增贷平稳。六大产业的贷款余额 105.82 亿元，占各项贷款余额的 29.42%，其中皮革、经编、家纺三大传统行业贷款余额分别为 31.89 亿元、38.41 亿元、13.08 亿元，分别新增加 3.86 亿元、9.36 亿元、-0.69 亿元。同时，发展良好的产业，如家具、袜子、太阳能行业贷款余额分别为 10.66 亿元、6.36 亿元、5.42 亿元，分别新增加 -0.83亿元、1.06 亿元、2.14 亿元。存贷比在低位回升。全市金融机构本外币贷款余额存贷比为 73.10%，上升 2.6 个百分点，比二季度上升 4.3 个百分点。本外币贷款增量存贷比为 81.82%，上升 29.8 个百分点，比二季度上升 19.8 个百分点。

票据融资大幅下降，年底，全市金融机构票据融资余额 1.61 亿元。4 月份，比上年增加额达最高峰值 5.37 亿元，年底，增加额减少 2.58 亿元，短短 5 个月，净下降达 7.95 亿元。主要是下半年票据到期采用多种信贷产品如转入贷款、开立国内信用证、国内保理等予以替代。农行票据余额下半年减少 2.03 亿元；中行上半年最高达到 3 亿元左右，至年底，余额下降为 7038 万元。支持“两新”建设有新突破：全市金融机构结合 2009 年全市“两分两换”试点改革，推进金融支持新农村建设力度。信用联社根据全市推进村庄集聚加快现代新市镇和城乡一体化新社区建设试点工作要求，推出农房配套贷款，解决农民在实施农村社区集聚搬迁安置过程中建房资金困难，并在试点镇推广。年底，全市 5 家金融机构发放贷款 5.04 亿元，其中工行向连杭新区建设发放贷款 1.1 亿元，农发行向沿江百里长廊建设发放贷款 1.4 亿元，农行向许村镇新农村建设发放项目贷款 2 亿元，商业银行为连杭新区村庄集中点发放贷款 0.34 亿元，信用联社为斜桥镇华丰村示范点发放贷款 0.2 亿元。农发行授信 3 亿元，工行批复对斜桥试点地区 4 亿元贷款项目。全年农业贷款新增加 3.42 亿元，多增加 1.89 亿元，增长 47.1%。

融资创新有所突破，金融机构队伍逐渐壮大。年内，成立海宁市金融新产品推广应用协调领导小组，推动金融创新产品运用，拓宽融资渠道。嘉兴银行海宁支行推出新居民创业信用贷款。在经编园区成立金融工作室，通过向嘉兴地区发行的方式，分别为海宁经济开发区融资 5000 万元，为连杭新区融资 1.5 亿元。成立嘉兴市首个中小企业信托基金，向海宁市的 14 家成长型中小企业发放 5000 万元的信托贷款，其中 60%的资金投向海宁经编园区企业；工行拓宽贸易融资产品，发放贸易融资 4031 万美元；邮政储蓄银行新设住房抵押贷款，全年新增加住房抵押贷款 4500 万元；农行推广惠农卡业务，全年发放惠农卡 81,056 张，贷款余额 1.29 亿元。海宁宏达小额贷款公司累计发放贷款13.00 亿元，月末贷款余额 2.75 亿元，贷款户数 362 户。3 月，成功引进华夏银行在海宁新设支行；9月，上海浦发银行在海宁设分行，两行为海宁市新增加存款17.24亿元，新增加贷款9.60亿元。

外汇贷款增速加快，结售汇保持顺收。年底，全市外币存款余额1.11亿美元，增长0.9%，新增加94万美元；外币贷款余额2.10亿美元，增长101.6%，增速上升117个百分点，新增加1.06亿美元。由于外汇贷款需求有所上升，外汇余额存贷比达189.57%。年底，全市银行结售汇保持顺收，累计结汇22.69亿美元，增长3.7%；售汇支出4.01亿美元，增长25.7%；净结汇18.68亿美元，与上年持平。

资产质量总体良好，利润增长有所放缓。年底，按五级分类，全市各家银行本外币不良贷款余额为3.21亿元，比上年减少0.42亿元；不良贷款比例为0.86%，下降0.46个百分点。全年全市银行实现账面利润11.97亿元，增长9.5%，增速回落12.8个百分点，多增加1.04亿元。

现金投放同比上升，证券、保险有增有降。全市各金融机构累计现金收入903.22亿元，增长2.4%；累计现金支出921.78亿元，增长2.4%；收支轧抵后净投放18.56亿元，增长2.7%。全市累计证券交易额1225亿元，增长112.2%，上升157个百分点。保费收入5.14亿元，增长1.3%，多收入0.07亿元；累计赔款和给付支出0.70亿元，下降23.9%，减少支出0.22亿元。

（茹国新）

金　　融

【中国人民银行海宁市支行】　2009年，贯彻落实中央促进经济发展的一系列措施，执行适度宽松的货币政策，引导辖内金融机构合理把握信贷投放的机遇、力度和节奏。

一是提高货币政策传导效率。通过经济金融形势调研、金融形势分析会、金融机构巡访督导、深入企业调研、参加浙江电视台“阳光行动·走遍浙江”大型直播活动、参加“12345”市长电话值机活动、编发《参阅件》、在《海宁日报》上开辟金融专版和行长访谈等形式，及时宣传货币政策意图，正确引导社会公众预期。建立海宁市金融部门重点工作报告交流制度，提高货币政策效力。建议并促成市政府成立海宁市金融新产品推广应用协调小组，引导鼓励辖内金融机构发挥各自优势，开发多样化的金融产品，满足全市实体经济特别是中小企业的融资需

图38　1月，海宁市举办以“保稳促调，携手共赢”为主题的2009年银企合作签约仪式

求。汇编印制《海宁市银行业中小企业信贷产品手册》分发给广大中小企业。

二是推进银政银企合作共赢。1月，协助市政府举办以“保稳促调，携手共赢”为主题的2009年银企合作签约仪式。市内外银行机构分别与海宁市的192家企业和66项重点项目签订金额达102.49亿元的授信协议，为历史最高。加强履约情况的跟踪监测，全年共组织开展5次银企签约项目对接活动。至11月底，全市银行向签约重点项目实际发放贷款39.48亿元，完成签约额的105.01%；向签约企业实际发放贷款19.17亿元，完成签约额的87.91%。3月，会同市工商联等部门举办海宁市政协“金融与中小企业合作发展”专题协商会，邀请全市银行机构、保险公司、担保公司、小额贷款公司与政府经济主管部门的领导和企业代表共商破解中小企业融资难题。12月，会同市发改局、经贸局先后召开2010年海宁市投资项目推介会和市外20多家金融机构参加的海宁市经济发展恳谈会，谋划2010年政银企合作项目事宜。

三是完善信用担保扶持政策。从提高补助标准、增设损账补贴、推出奖励举措、扩大适用范围、推动金融创新等方面鼓励担保机构为中小企业和“三农”发展提供融资担保，引导辖内金融机构加大对中小企业和“三农”的支持力度，缓解全市中小企业和“三农”融资难、担保难问题。年底，全市注册登记的担保机构有9家，注册资本共2.9亿元；已开展担保业务的有8家，担保余额为2.5亿元；在保企业200多家。

四是维护良好金融生态环境。加强与市政府部门、银监、相关银行和各镇、街道的沟通合作，对企业资金风险的可能传播途经进行跟踪评估，防范化解风险。配合政府有关部门通过协调银行“不抽贷、不压贷、不延贷”，财政减免税费、银行降低利率、挂账停息等措施减轻企业负担，成功避免潮龙皮业涉及市内4家银行、贷款约6904万元的资金风险，保证了企业正常生产经营。同时，协调相关银行和开发区继续做好浙江北卡公司“退地还贷”工作，累计回收银行贷款1亿多元。

五是推进金融生态环境建设。先后组织开展“人民银行管理全社会征信业职能宣传周”、“‘6·14’全国第二个信用记录关爱日”、“征信知识宣传周”和“信征知识进校园、入社区、下乡镇”等活动。联合浙江众诚资信评估有限公司开展“征信知识有奖竞赛”，联合市教育局，在全市初高中学生中开展“征信知识有奖征文比赛”。推进中小企业信用档案征集和更新工作，全年新征集中小企业信用档案361户，更新中小企业信用信息1848户，其中取得银行授信意向的企业923家，有641家企业获取银行贷款余额44.15亿元。组织开展全市企业信用评级、农村信用村和信用户评定工作，参评企业有1353家，评出A级以上企业1064家，其中AAA级99家。

六是推进贸易和投资便利化。鼓励企业实施“走出去”战略。全市境外投资企业达15家，投资金额为1.21亿美元。有51家企业在境外设立120多个营销网点，均居嘉兴各县（市）首位。做好浙江吉恩仕服装集团进出口公司借用外债275万美元相关材料的审核报送工作。

七是推动创新贸易融资方式。市中行与海外行联合，发展海外代付业务，市交行推出离岸业务新品种。至年底，全市进出口贸易融资额达1.55亿美元，比上年增长147.3%，新增加9205万美元，多增加8212万美元。

八是建立外贸风险预警机制。配合市外经贸局、行业协会建立沙发和袜子两个嘉兴市级“对外贸易预警点”，其中沙发预警点成为省级外贸预警点。建立政府、行业中介组织、银行、企业和媒体整体联动的外贸预警机制，建立外贸联席会议制度。

九是营造良好支付结算环境。引导督促相关银行机构着力改善农村支付环境，加快城乡一体化支付结算体系建设。拍摄制作《支付服务进农村》电视宣传片，该片在全省予以推广。会同有关部门将防范银行卡套现、伪卡欺诈、利用ATM盗取客户资金等社会影响面大、发案率较高的案件纳入工作重点。对银行卡违法犯罪保持高压态势，协助公安部门成功破获一起金额超160万元的外卡伪卡诈骗案件。组织金融机构在《海宁日报》上对156笔信用卡恶意透支人进行公告。

十是提高现金管理服务水平。配合市政府召开“两个网络”建设推进会，建立市、镇（街道）、村（社区）三级反假货币宣传组织，设立222个反假货币宣传工作站和13个反假货币宣传工作示范点，聘任235名反假货币义务宣传员，分片组织开展反假货币知识宣传培训。组织全市银行机构20多名出纳人员清点公交公司历年积累的硬币、游戏币计10万多元，其中假硬币53,850元当场予以收缴。建立反洗钱工作约见谈话制度，通过约见谈话、上门走访等方式，督促金融机构严格落实大额现金监测报告制度和客户身份识别工作。

支行获得浙江省全民普及反假货币知识活动先进集体，反假货币“两个网络”建设工作被推荐为全省反假货币“两个网络”建设先进集体。

（茹国新）

【中国银行业监督管理委员会嘉兴监管分局海宁办事处】 应对金融危机，引导银行加大信贷有效投入。全年贷款超过前三年贷款增量的总和。重点保证市重点项目和广大中小企业的信贷资金需求。开展“金融支持城乡统筹发展”和“社会责任年”活动，明确“支农支小”两个“不低于”的监管要求。深化小企业贷款“六项机制”建设，主要涉农贷款机构涉农贷款增长26%，高于平均贷款增长幅度，全部机构小企业贷款增长28%，高于上年增幅。支农支小营销力度、方式、产品均有长足进步。全市银行业实行聘请村信贷联络员、设立工作室、开展巡回产品推介等新的营销做法，推出丰收小额贷款卡、惠农卡、“两新工程”农房建房贷款、新居民创业信用贷款、采矿权、排污权、专利权质押贷款等创新信贷产品。邮政储蓄银行海宁支行、农业发展银行海宁支行被浙江省银监局评为全省支农先进一等奖。

推进金融改革与创新，支持银行优化网点布局，引入银行机构。新批准5家银行进驻海宁，年内，华夏银行海宁支行、浦发银行海宁支行相继开业。针对海宁城市布局向南拓展，连杭、尖山新的经济区域崛起的情况，重新布局全市网点。全年共完成10家迁址网点的行政许可，其中尖山区块新进入的有工行袁花支行、农行尖山支行、信用联社黄湾尖山分社。加强风险预警化解风险，信贷风险得到有效控制。年底，全市银行业金融机构资产质量五级分类趋好，不良贷款实现“双降”，年底不良率0.86%，下降0.5个百分点。各银行建立定期风险排查制度和拟订处置预案。

纠正违规行为，维护金融市场有序竞争。及时制止各银行在办理第三方存管过程中向客户攀比送礼品的不良竞争行为。开展新发放贷款检查、票据业务专项检查、以前年度检查整改情况现场检查。通过现场检查，专题落实嘉兴分局关于票据业务的新规定，及时有效地防止滚动签发、贷款转保证金、虚假贸易背景票据业务带来的风险发生。对季末虚增存贷款、贷款流入股市等违规行为进行行政处罚。

组织开展“百日大查防”活动，共排查账户数16,330户，100万元以上大额资金进出23,623笔，金额231.96亿元；继续开展案件防治工作，加强员工教育和行为排查，完善各项制度，落实三项基本制度；开展全市银行业金融机构两次安全大检查工作和“金融机构安全防护设施规范建设年”活动，建立市区自助设备和自助银行的巡查新机制，确保全市银行业安全无事故。

(沈一明)

图39　6月，工行海宁支行组织员工深入社区开展反假币知识宣传

【中国工商银行股份有限公司海宁支行】年底，全行本外币各项存款余额76.6亿元，比上年增加17.9亿元，新增额占比列四大商业银行第一；本外币各项贷款余额52.8亿元，增加13.6亿元，存贷款规模近130亿元；累计完成国际结算量7.63亿美元，增幅为18.9%。全年累计新发信用卡9866张，其中有效卡6893张，创历史新高。个人网上银行总户数达75,896户，企业网上银行总户数达2901户。拥有ATM机33台、自助终端28台、POS机250台、电话通2210户。4月15日，工行连杭支行搬迁新址并正式管理升格为准一级支行。2009年，支行列全省工行13家重点县支行年度考核排名第二位；获工行省分行2009年度“信贷资产质量管理优秀支行”、“金融@家网上银行劳动竞赛企业网银团体贡献奖”、“全省十大电子银行突出贡献支行”等荣誉称号；获工行嘉兴分行授予的“内控防案先进单位”称号；继续保持工行省分行党建示范单位地位。

(朱海琴)

【中国农业银行海宁市支行】　年底，全行本外币存款90.64亿元，比上年新增加19.2亿元；本外币各项贷款余额58.61亿元，新增加10.92亿元。实现中间业务收入6111万元，增长51.7%，占比20.97%，提升7.4个百分点；业务电子渠道占比62.54%，上升6.2个百分点；非柜面交易占比77.99%，上升1.9个百分点。加快推进网点装修改造和转型升级，深化“赢在大堂”战略，网点服务功能持续提升。全年实现账面利润1.72亿元，实现经营利润2.53亿元。全年发行惠农卡87,714张，发放农户小额贷款11,648万元。抓深抓实信贷风险排查和贷后管理，抓好案件防控和安全保卫工作，持续推进全面风险管理。全年清收不良贷款本息5138万元，退出风险性贷款1.09亿元，继续保持全省农行内控评价一类行称号。2009年度支行被中国农业银行浙江省分行评为先进单位，并获突出贡献奖。

（倪雪祥）

图40 7月28日，由海宁水月亭分理处异地搬迁的海宁建行百合新城分理处开业

【中国银行股份有限公司海宁支行】 年底，全行本外币存款余额43.35亿元，比上年增加7.56亿元。本外币贷款余额43.67亿元，增加14.69亿元。贷存比达到100.74%。中间业务净收入4,858.5万元，增长4.5%。全年完成国际结算额11.76亿美元，销售基金5990万元，代理保险销售2,794.9万元，新增加银行卡10,789张，完成全年任务的104.73%。资产质量持续改善，综合不良率为0.28%。支持地方经济建设，银企签约率达100%。支行个金部被嘉兴市行评为2009年度“巾帼建功立业先进单位”。

（冯 薇）

【中国建设银行股份有限公司海宁支行】 年底，全行本外币存款余额71亿元，新增加18.5亿元，其中企业存款新增加12.3亿元，个人存款新增加6.2亿元。贷款余额49.54亿元，新增加12.7亿元，其中公司类贷款余额30.96亿元，新增加7.08亿元；个人贷款余额18.58亿元，新增加5.62亿元。全年实现账面利润1.77亿元，比上年增加371万元；完成中间业务净收入6971万元；实现国际结算4.34亿美元；全年累计实现基金销售达2.67亿元，基金中间业务收入在海宁四大商业银行中占比为45%，列同业首位。资产质量持续保持良好水平，不良率仅为0.13%。完成赵家漾分理处、水月亭分理处异地搬迁。水月亭分理处搬迁后更名为海宁百合新城分理处，成为入驻百合新城的第一家金融机构。对城西支行进行装修改造，网点布局不断优化，服务环境得到改善。

（郑 志）

【中国农业发展银行海宁市支行】 年底，全行各项贷款余额10.36亿元，比上年增加3.76亿元，增长57.0%，其中商业性贷款余额9.73亿元，增长65.9%。各项存款余额2.19亿元，增加1.16亿元，增长112.1%。实现账面利润2790万元，人均创利153万元。经营绩效考核连续三年位居全省各县级支行前列，被省分行授予2009年度“业务营销优秀团队”荣誉称号。全年发放地方储备粮贷款2628万元，支持企业轮换增储地方储备粮866万千克。根据企业粮食收购资金的需求，安排落实收购资金1870万元，支持企业粮食收购业务的开展。同时，开拓商业性信贷业务，充分发挥政策性金融对“三农”的支持力度，重点支持农业生态环境建设和农业生产基础设施建设。全年发放农业基础设施建设和农业综合开发中长期贷款4亿元，被浙江省银监局授予“2009年浙江银行业金融支农推进年活动先进集体”称号，被嘉兴银监分局授予“2009年嘉兴银行业‘深化农村金融改革，促进城乡统筹发展’活动先进集体”称号。

（薛 帆）

【海宁市农村信用合作联社】 年底，海宁信用联社各项存款余额120.64亿元，比上年增加19.34亿元；各项贷款余额83.91亿元，增加14.33亿元；存贷比为69.55%；四级不良贷款率为1.06%；实现盈余2.05亿元，增加8521万元。结合存款突破百亿元，策划组织“庆祝存款超百亿，送百场电影进农村”感恩回报活动，在此基础上开展“六大工程”建设和“走千家、访万户，与海宁共成长”主题活动；通过创新支农方式，建立起农贷优良服务长效机制。至年底，小农业贷款余额达10.17亿元，增加2.97亿元，增幅达41.3%。开展业务创新，推出集借记卡和小额贷款功能于一体的丰收小额贷款卡；配合全市城乡统筹配套改革，探索推进信贷支持农房集聚改造及土地流转；创新融资方式，推出排污权抵押、采矿权抵押等贷款品种；顺利加入国家外汇交易市场，开展自营结售汇业务，开通花旗网上银行业务，使外汇支付结算渠道更加畅通。开展案件防控治理工作，强化风险防范能力和危机处理能力。联社荣获2009年度全省农村合作金融“优胜单位”荣誉称号。

（江吕敏）

【中信银行股份有限公司嘉兴海宁支行】 年底，该行本外币资产总额29.8亿元，比上年增加3.9亿元。本外币存款总额26.78亿元，增加5.26亿元，其中本外币对公存款余额21.20亿元，增加2.16亿元，完成年计划增量的108.0%。本外币储蓄余额5.58亿元，增加3.10亿元，完成年计划增量的108.9%。本外币对公日均存款19.52亿元，增加29.52亿元，完成年度增量计划的147.6%。本外币储蓄日均3.36亿元，增加5881万元，完成年计划的68.38%。各项贷款年末余额24.05亿元，增加6.20亿元。国际结算2.91亿美元，增加2139万美元，完成年计划的100.3%。中信卡有效卡745张，完成年计划的110.7%。个人住房按揭贷款1519万元，完成年计划的122.5%。管理资产年末6.39亿元，增加2.54亿元，完成年计划增量的101.4%。资金产品交易量2507万美元，完成年计划的100.3%。银票累计贴现4.25亿元，增加3.06亿元，完成年计划的70.9%。中间业务收入966万元，完成年计划的120.8%。盈利能力保持较高水平，全年实际账面利润7070万元，完成年计划的121.9%，平均资产利润率为2.88%。资产质量保持全优，不良率为零，收息率达100%。支行被中共浙江省委授予2007～2008年度“省级文明单位”称号。

（张凌志）

【交通银行股份有限公司嘉兴海宁支行】 年底，全行本外币存款27.16亿元，比上年增加6.7亿元；本外币贷款余额23.35亿元，增加5.78亿元；本外币余额存贷比为85.96%。全年累计完成国际结算量2.86亿美元，离岸结算量8218万美元，共实现本外币报表利润7634万元。10月28日，海宁交行“小企业信贷服务中心”正式挂牌。以“展业通”小企业信贷业务品牌为平台，直接服务广大小企业。小企业信贷服务中心

图 41　10 月 28 日，海宁交行“小企业信贷服务中心”挂牌

配有小企业信贷独立流程等专门的管理和服务支持体系，通过行业协会对行业内企业的了解，搭建与小企业沟通的桥梁，首家合作的行业协会是拥有 200 多名会员的皮革商会。

（陈亦婷）

【嘉兴银行股份有限公司海宁支行】 年底，全行各项存款余额为 20.89 亿元，比上年增加 3.43 亿元；贷款余额 15.75 亿元，增加 3.95 亿元；存贷比为 75.4%。实现经营效益 5321 万元，实现税前利润 6115 万元。12 月 22 日，嘉兴市商业银行股份有限公司更名为嘉兴银行股份有限公司，海宁支行同时更名为嘉兴银行股份有限公司海宁支行。12 月 25 日，嘉兴银行成立 12 年来第一个新批新市镇银行——海宁袁花支行开业。做好小企业业务创新和服务。新设小企业部和个贷部，首发新居民创业贷款、专利权质押贷款、商住房按揭业务；参与建立嘉兴首个中小企业债权投资信托基金，解决小企业担保难问题。开展“保增长、促发展，与小企业共成长”系列活动，与袁花东风村签订 1000 万元的授信协议。全年新准入企业 27 户，授信金额 5750 万元；创新设立经编园区金融服务工作室，5 个月共接待及拜访客户 61 户，新准入企业 14 家，授信金额 4060 万元；个人客户 5 人，贷款金额 730 万元。年内，支行通过浙江省一级档案目标管理认

图 42　12 月 25 日，嘉兴银行海宁袁花支行隆重开业

图 43 3 月 7 日，华夏银行股份有限公司海宁支行开业

定，被总行授予“管理质量奖”，支行小企业部被总行授予“创业创新奖”。

（张 晶）

【华夏银行股份有限公司海宁支行】 3 月 7 日，华夏银行股份有限公司海宁支行正式开业。华夏银行海宁支行作为华夏银行杭州分行在同城外设立的首家支行，业务范围辐射嘉兴地区，实现华夏银行杭州分行跨区域经营的战略布局。年底，支行本外币各项存款余额为 8.31 亿元，其中企业存款余额为 6.69 亿元、储蓄存款余额为 8543 万元、其他存款余额为 7632 万元。各项贷款余额为 6.35 亿元，其中短期贷款余额为 4.45 亿元、中长期贷款余额为 1.90 亿元。全年实现营业收入 1816 万元，全年无不良贷款发生。经营业绩在华夏银行杭州分行系统排名中名列前茅。

（石舟英 祝震宇）

【上海浦东发展银行嘉兴海宁支行】 9 月 8 日，浦发银行嘉兴海宁支行开业。浦发银行于 1993 年 1 月 9 日成立，在全国 81 个城市开设 33 家分行 518 家机构网点，并在香港设立代表处，是全国 12 家股份制商业银行之一。年底，支行各项人民币存款余额 8.9 亿元，贷款余额 3.2 亿元，累计完成国际结算量 1.32 亿美元，发放轻松理财卡 617 张。

（卢海霞）

图 44 9 月 8 日，浦发银行嘉兴海宁支行开业

保　险

【中国人寿保险股份有限公司海宁支公司】 2009年，支公司实现新单保费1.64亿元；银保趸交1.04亿元，完成年度任务的104.12%；团体短险709万元，完成年度任务的95.0%；公司实现短期险总量1092万元，首次突破千万元，完成年度任务的100.5%。以开拓农村市场为重点目标，逐步完善三网点，坚守西部和沿东西大道网布的格局。全面完成许巷、许村、长安、郭店、斜桥、硖石、袁花、黄湾八网点的布局设置，形成长安、硖石、袁花三大营业区块。农村业务占公司营销产能的60%以上，营销管理力量不断完善，以驻村业务代表为切入点的村级服务网逐步形成。产品转型取得成功，银保期交销售取得突破性进展，全年超额完成年度1283万元的任务。短期险拓展取得实质性进展，建工险有突破，建房险和村民意外伤害险开始铺面，团体短期险大客户稳定，学生平安险占据50%以上市场份额。短期险赔付率得到有效控制，经营效益明显提升。严格执行收付费管理制度，提高非现金收付费，加强理赔调查，降低赔付率，严格执行《理赔时效考核与评估管理办法》，提高理赔时效。顺利通过2008～2009年文明单位复查和省二级档案年检，并通过国家三类城市语言文字评估工作检查。

（金碧天）

【中国人民财产保险股份有限公司海宁支公司】 2009年，支公司实现签单保费1.07亿元，比上年增长5.0%；实现实收保费1.13亿元，增长15.1%，其中车险保费收入6,841.5万元，非车险3,844.6万元；非车险中政策性农业保费签单498.4万元，实收493.7万元。全年受理有效报案14,545件，支付赔款5,084.0万元，简单赔付率47.55%，下降29.1%。4月，公司在人保财险系统率先推出“优生优育健康保险”。该险种为减轻出生缺陷和残疾家庭负担的保险产品，与市计划生育协会联合在参加免费婚前医学检查和免费孕前优生检测者中全面推行，市政府对参加免费婚前医学检查和免费孕前优生检测者由财政出资赠送一份。至年底，优生优育保费收入18.92万元。继续开展政策性农业保险工作，生猪、水稻、蔬菜大棚3个险种保费均实现增长，总签单保费达到233万余元，增长88.6%。特别是风险较高的生猪养殖保险，在承保户数和承保头数分别增长4%和33%的情况下，签单保费由上年的102万元增加到206万元，增长101%。支付农险赔款391.01万元（不含二次赔款），为地方农业生产建设提供有力的支持。

（陈　燕）

【中国太平洋财产保险股份有限公司海宁支公司】 支公司全年完成保费收入2468万元，比上年增长35.6%。共处理各类理赔案件2627件，结案率80.35%；已决金额675.7万元，结案率80.35%；案均赔款2855元，在海宁市同行业中排名从上年的第四位升至第三位。随着太平洋财产保险浙江分公司“固基强司工程”和“五心服务金字塔工程”的开展，支公司在夯实现有基础的情况下大力开展服务工作，以“诚心、关心、耐心、信心、细心”为服务理念，从服务基础、服务项目和服务水平三个层次上构建专业、稳固的服务体系。与海宁市最大的商业零售企业市华联大厦股份有限公司建立合作，通过华联的销售渠道推销太保的车险和意外险、财产险。

（张春根）

【中国太平洋人寿保险股份有限公司海宁支公司】　2009年，实现保费收入7695万元，比上年增长13%，完成中支公司下达的指标。做好主要渠道业务的维护和服务工作，特别是对支持“三农”、服务大众的安贷宝险种的拓展和服务工作。面对因金融危机导致项目减少，建工险业务量下降的情况，一方面做好该险种的拓展工作，另一方面分析操作中存在的一些不足和问题，及时与主管部门和建筑单位进行沟通，加以改进。通过慰问建筑工地，送去防暑用品和药品，在工地放映安全生产宣传片和文艺片，向民工传递社会对他们的关爱。强化补充医保各项日常管理工作，并定期与社保进行联系，对大额和有疑问的赔付，派理赔人员到医院进行实地检查，堵住漏洞，从而保障该业务的健康持续发展。

（曹建忠）

【中国平安财产保险股份有限公司海宁支公司】　2009年，支公司实现保费收入1948万元，其中车险1398万元、财产险193万元、短期意外险357万元。理赔支出1136万元，其中车险1033万元、财产险54万元、短期意外险49万元。理赔支出占保费收入58.3%，比上年有所下降。年内，在业内首次提出“万元以下，资料齐全，三天赔付”的口号，并在全系统内实行。加大电话销售推广力度，真正让利于客户。

（冯　非）

证　券

【中信金通证券海宁营业部】　全年实现交易量731亿元，比上年增长150%，A股基金市场份额上升12%，接近0.7‰，资产总值实现比上年翻两番。开展业务培训，通过每周一次全体范围的业务学习，使得大家对港股、ETF套利、06版系统都有了进一步的认识。7月，正式开始试行分级分类服务管理。至年底，分级分类服务体系构建工作基本完成。自6月证监会发布相关创业板即将推出的信息起，考虑到创业板不同于主板市场，及时召开专题决策会议，并开始部署一系列关于“夜市”、“周末开户专场”等相关事项。至年底，完成创业板开户1万多人，其中核心客户、重要客户的创业板开户工作全部完成。

（孙　磊）

【财通证券海宁水月亭西路证券营业部】　3月，经中国证监会核准，更名为财通证券有限责任公司;5月,为提升服务质量,完善资讯服务通道，财通证券网站(www.ctsec.com)全新改版；6月至8月，财通证券为迎接3G时代的到来，对“财运通”手机炒股推出系列优惠活动；举办形式多样的投资者教育活动，其中针对创业板推出，借助海宁日报社、海宁电视台等媒体对投资者进行普及教育。在延续举办“周三投资者沙龙”活动的基础上，对新股民增办“周二股民学校”，至年底，累计举办“周三投资者沙龙”78期，“周二股民学校”21期。同时，对核心客户和期货投资者定期举办大型投资报告会，邀请基金公司经理和永安期货分析师主讲，满足不同投资者对资讯的需求。至年底，实现新增加开户数3730户，累计实现交易量（含股票、权证）212亿元。

（姜春维）

【浙商证券有限责任公司海宁水月亭西路证券营业部】　浙商证券有限责任公司总部设于杭州市。公司系国有控股公司，同时全资控股浙商期货有限公司，也是浙商基金管理有限公司的主要发起人，是浙江省内唯一一

图 45　位于水月亭西路的浙商证券有限责任公司海宁水月亭西路证券营业部

家全牌照券商。至年底，有营业网点 41 家，遍布北京、上海、深圳、天津、重庆和浙江省内大中城市。浙商证券有限责任公司海宁水月亭西路证券营业部于 2008 年 12 月 31 日成立，位于水月亭西路 99 号中栋名都，营业面积 1400 多平方米。经营范围涵盖证券经纪、证券投资咨询、与证券交易及证券投资活动有关的财务顾问、证券承销与保荐、证券自营、证券资产管理、发起设立证券投资基金和基金管理公司等。2009 年，为满足各类客户的需求，推出“财富慧金”营销服务品牌，形成慧金囊、慧金池、慧金库、慧金 VIP 俱乐部、慧金财富大讲堂等系列资讯产品。至年底，累计开户数 5504 户，实现股票、基金、权证交易量 112 亿元，市场份额 0.01%。

（谢　栋）

【中大期货海宁营业部】

营业部于 2008 年 5 月 18 日成立，为海宁市唯一一家通过证监会批准的合法规范的期货经纪机构。2009 年，该营业部期货成交额 1000 亿元，期货市场新增加钢材期货（螺纹钢和线材）、早籼稻期货和 PVC 期货三个交易品种。三个品种上市交易前，在《海宁日报》的财经专栏上作具体介绍，让投资者对新的期货交易品种有个预先的认知。尤其是和三个交易品种有关联的企业，使他们充分了解通过期货市场来参与套期保值的必要

图 46　中大期货海宁营业部举办大型期货投资报告会

性。5 月 25 日，PVC 期货上市，同时也是营业部成立一周年，联合大连商品交易所及易贸网在营业部的周年庆典上进行 PVC 期货的推介。12 月 18 日，还举行由上海易贸主办、中大期货承办的“2009 年度化工品投资年会——PVC 产业投资大会”，有来自全国各地及省内各个城市的 100 多家企业的近 200 名代表参加。与会专家就投资趋势进行解读，并介绍通过期货市场做套期保值的操作方法。

（王　卿）

［编辑：姚　倩］

经济管理、监督与服务
Economic Management Supervision & Service

规划管理

【概况】 2009年，市发展和改革局根据《海宁市经济和社会发展规划管理办法》，经申报、审核，制订《海宁市2009年度经济和社会发展规划编制计划》。计划共包括11项规划，其中专项规划9项，分别为《海宁市给水工程专项规划（修编）》、《海宁市“十二五”电网发展规划及2030年目标网架规划》、《海宁市镇、街道生活污水收集管网工程规划》、《海宁市2008～2012年农村联网公路规划》、《双山现代农业园区规划》、《海宁市2010～2013年农村饮水安全工程规划》、《海宁（中国）太阳能科技工业园（循环经济示范园区）发展规划》、《海宁市“十一五”电网发展规划（滚动修订）》、《海宁市水域保护规划》，其中后两项为上年度结转规划；区域规划1项，为《连杭经济区发展规划》，为上年度结转项目；专项中子规划1项，为《海宁市硖石现代物流园》，为上年度结转项目。下半年，经补充申报、审核，增列计划4项，其中总体规划1项，为《海宁市“十二五”规划总体思路研究》；专项规划2项，分别为《海宁市老龄事业发展专项规划（2010～2015）》、《海宁市文化产业发展专项规划（2010～2015）》；子规划1项，为《浙江海宁经济开发区第三产业发展规划（2009～2012）》。

【启动“十二五”规划编制】 2009年是“十二五”规划启动之年，根据国家和省、市的工作要求以及规划编制程序，专门成立海宁市“十二五”规划编制工作领导小组，由市长沈利农任组长、常务副市长沈向宏任副组长，成员由市府办、市发改局等有关部门负责人组成。领导小组下设办公室，办公室设在市发改局，局长钱培伦兼任办公室主任。6月，正式启动海宁市“十二五”规划编制工作。下发《关于做好我市“十二五”规划前期课题研究工作的通知》，印发《海宁市国民经济和社会发展“十二五”规划前期课题研究计划》，组织各部门开展“十二五”规划前期课题研究，围绕发展环境、产业结构、城乡区域、科教文化、人民生活、社会事业、资源环境、要素保障等方面，研究提出30个课题，同时明确责任部门。8月起，全面收集海宁市经济社会发展有关资料，包括市委、市政府有关文件、课题，各部门已有的规划、项目情况，有关统计资料等。下发《关于开展“十一五”规划编制和实施情况调查及“十二五”规划体系专项规划编制申请的通知》，至年底，共有11家单位在“十一五”期间编制了总计29项规划，大多已完成编制并展开实施；13家单位提交总计27项“十二五”专项规划立项申请。

图 47　12 月 4 日，海宁市召开"十二五"规划编制工作动员大会

9 月起，"十二五"规划总体思路研究课题组开始赴各开发区、镇、街道进行集中调研。12 月起，全面进行工作动员。12 月 4 日，召开全市"十二五"规划编制工作动员大会，下发《关于海宁市开展"十二五"规划编制工作的实施意见的通知》，动员及部署全市"十二五"规划编制工作。12 月 22 日，召开"十二五"规划前期重大课题研究成果交流会议。

（张　莉）

物价管理

【概况】　2009 年，加大市场价格的监测和监管力度，维护市场物价的基本稳定。对规定的 14 大类 50 个品种的商品进行日常监测，并将居民生活必需品和重要生产资料的价格都列为观察范围，采取定期或不定期的市场巡查，及时了解市场物价动态变化，及时预警。为及时应对市场价格的异常上涨，修订《海宁市市场价格异常上涨事件应急预案操作手册》。全年完成 171 家经营服务性收费单位价格执行情况的审核，并完成 20 家企业的成本监审和报告，合计扣减成本 959 万元。加强政府调价项目的管理，全年出台的权限内调定价项目主要有：盐官观潮景区门票价格调整、"风和丽苑"经济适用住房价格的调整、建筑垃圾处置费价格的制定、斜桥中心卫生院床位费价格的调整、供热价格的调整、出租汽车燃油附加费标准的调整、房屋装修垃圾清理费的调整、观潮节期间停车收费及景点门票价格的核定等。

贯彻落实涉及客运代理收费，用电、燃油价格，药品价格等上级各项调定价政策 8 项。并加强前期物业收费备案和收费标准等级考核评定工作，对全市 11 个新建小区的前期物业收费备案资料进行审核并进行实地考核，对全市 5 个住宅小区的前期物业收费等级实施考评定级。

全年共出动物价检查 1000 余人次，检查单位 1062 家。查处价格违法案件 18 件，其中按程序查处 7 件、按举报查处 11 件；经济制裁总金额 31.6 万元，其中退还用户 8.2 万元、没收违法所得 23.4 万元。行政处罚全部落实到位，无行政复议和行政诉讼案件发生。开展价格维权、价格宣传和价格服务进重点工程活动，受理价格举报（咨询）248 件，其中价格举报 26 件、价格咨询 222 件，通过举报退还消费者 3.57 万元，结案率 100%。做好市长电话交办案件查处，办理森桥医院、京昇堂两家单位的群众举报案件。完成嘉兴交办案件3件，结案率100%。落实行政事业收费管理，全年接受收费备案24件次，办理审批12件次。市物价检查所被评为“2009年全省价格监督检查先进集体”。

【节日市场价格监管】 元旦、春节期间，共检查包括农贸市场、商场、超市、加油站、景区等单位336个，节日市场检查的内容以粮油、副食品、肉禽蛋奶菜等与群众生活密切相关的商品价格为主，同时还检查成品油、旅游等方面的价格状况。五一节期间共现场检查256个单位，将巡查的重点放在旅游景区的门票、餐饮、商店的价格、商家的促销行为和交通运输价格，及时纠正个别商家不规范的标价行为。“12358”举报电话共受理6件投诉举报。对国庆、中秋、观潮节节日市场进行专项检查，共出动300余人次，检查120多家商场、超市、店铺以及350多个摊位，现场查看商品和服务的价格情况。

【化肥价格专项检查】 采取直接下基层上门检查的方式，检查2008年以来的化肥价格。重点检查以下价格违法行为：一是不执行国家对化肥生产流通实行的各项价格优惠政策的；二是相互串通，合谋涨价的；三是采取减少数量、降低养分、以次充好等手段变相抬高化肥价格的；四是利用虚假的或者使人误解的价格手段，诱骗农民购买化肥的；五是在标价之外加价出售化肥的；六是不按规定明码标价的。共出动20余人次，检查镇、街道化肥经营单位6家。检查中发现个别肥药部的化肥未明码标价，当场责令改正。

【价格服务进重点工程活动】 根据浙江省物价局《关于开展价格服务进重点工程活动的通知》精神，海宁市制订印发《海宁市开展价格服务进重点工程活动实施方案》。市物价检查所确定10个重点工程为服务对象，建立重点工程价格监督员队伍，聘请10名价格监督员。给每个重点工程单位发放重点工程建设项目缴费登记本，由各重点工程的价格监督员负责填写，通过缴费登记掌握重点工程的实际收费情况。建立价格举报快速反应机制，对涉及重点工程建设的价格和收费投诉举报依法快速处理。该活动涉及项目涵盖城市基础设施建设、安置房建设、民生项目、节能减排与生态建设和社会事业项目等政府投资的重点工程。活动期间，对重点工程提供包含价格政策服务、价格信息服务、价格协调服务和价格维权服务四大服务项目。

【涉企收费集中清理】 涉企收费集中清理月活动于6月开始，重点治理企业反映突出的涉企收费问题，活动清理范围包括各行政事业单位、行业协会、职工技协、中介机构服务收费。在深入企业、收费单位开展调查的基础上，形成《关于对部分企业和政府工程项目缴费情况调查及减负建议》。8月，市政府下发《关于暂停部分行政事业性、经营服务性收费项目和暂行降低部分行政事业性、经营服务性收费标准的通知》，规定暂停行政事业性收费项目2项，暂行降低行政事业性收费项目4项，暂停经营服务性收费项目8项，暂行降低经营服务性收费项目16项，为企业减负569.6万元。全面清理市管经营服务性收费项目，特别是对垄断收费、标准过高、企业意见集中的自定收费项目作尝试性的限制加价率办法。11月上旬，组织实施“清费减负政策落实情况检查”工作，共检查12个行政事业单位、2家饭店、24个中介机构、13个主管部门的下属企事业单位、19 个行政事业单位下属的协会、学会及进入行政审批中心的部门窗口。对全市 15 个存在问题的部门（单位）逐一发出整改通知，市政府以专题会议纪要的方式对减负成员单位提出完善要求。

【加强联动项目的价格管理】 根据煤热联动办法和出租汽车道路客运班车价格与成品油价格联动机制办法的规定，通过对煤炭价格跟踪监测，每月公布供热价格，切实维护供热双方的合法利益。通过对燃油价格的监测和观察期的把握，适时调整客运出租车燃油附加费标准，全年 4 次调整出租车燃油附加费标准。

【行政事业性收费验审】 全年共验审 38 个部门 193 个行政事业性收费单位，其中行政单位 67 个、各级各类学校 83 个、幼儿园 43 个，验审面达到 100%。共计收取验审费 61.2 万元，比上年减少近 7 万元。在收费验审中发现收费违纪行为和财务违规行为 8 件，经整改达到规范收费的要求。

【加强教育收费管理】 全年两次调整民工子弟学校学费标准。上半年，由于三所民工子弟学校的原学费标准包含课本费、作业本费，在 2 月 3 日重新核定了新的学费标准，将课本费和作业本费从原学费中剥离。下半年，因民工子弟学校办学成本增加，再次调整学费标准，小学、初中学费标准每学期上调 50 元 / 生，调整后标准为：小学 480 元，初中 750 元。制订《公办幼儿园保育管理费过渡办法》，并对全市 11 所持有办学许可证的民办教育培训机构开展检查，规范其办学行为。

（陈凤晓　朱厉群　沈泽恩）

统计管理

【概况】 2009 年，开展经济普查后续工作，实现经济普查数据资料一次上报成功，通过上级数据质量抽查。探索普查数据录入新模式，将普查表录入审核工作下延到镇、街道普查办，提高普查表录入效率与数据质量。开展经济普查资料开发工作，印发《海宁市第二次经济普查资料简要本》，并完成 17 篇经普专题信息撰写工作。全面实施第二次全国 R&D 资源清查工作，正式启动全国第六次人口普查工作。成功进行分镇、街道服务业增加值的核算，完成粮食生产统计监测调查中入户登记、田块核实、示意图绘制、现场登记调查和数据录入审核上报等阶段工作。完善能源统计调查制度，按月公布单位工业增加值综合能耗数据资料，加大对重点能耗企业的督查力度，完善网上直报系统审核功能，提高能源统计数据质量。市统计局荣获 2009 年度嘉兴市统计系统综合考核评比先进单位；在嘉兴市统计系统实行考核的 26 项专业工作中，17 项工作获得前三名。

【统计服务】 围绕社会各界和百姓关心、关注的问题，加强对全市经济运行情况统计监测，开展统计调研和分析，提供统计优质服务。为积极应对宏观经济形势，及时监测宏观经济运行状况，通过手机短信形式，向市领导提供有关统计数据，为科学决策服务。注意抓服务重点，为市“两会”代表和委员提供《2008 海宁概览》；为庆祝新中国成立 60 周年，印发《数说海宁 60 年》资料汇编本。首次召开前三季度国民经济运行情况新闻发布会。

【统计基础建设】 强化对镇、街道统计部门工作人员的业务培训工作。采取培训会、片组会等多种形式，先后开展 GDP 核算、服务业、工业能源、统计分析写作等业务培训，着力提高统计人员整体业务水平。为规范全市基层统计基础，开展星级统计信息中心创建试点工作。开展科技统计基础工作巡查，规范政府统计管理体制，强化部门统计考核，提高部门统计数据质量。

【统计数据网上直报】 通过网上直报服务器的扩容和网上直报审核功能的完善，拓展网上直报范围，扩大至工业品价格、服务业、科技、房地产、建筑业、贸易业、劳动工资等多个专业。同时，完成 OA 办公系统平台建设，初步实现全局办公自动化，建成海宁统计信息外网。制订下发名录库更新维护实施意见，成立名录库维护数据质量控制协调小组，明确各专业数据质量负责人，建立市局各科室（队）联系镇、街道工作制度。

【专项及社情民意调查】 先后开展公众对环境满意度、创建全国卫生城市群众满意度等调查，完成“平安嘉兴”群众安全感、人民群众民主评议市政府、百姓评机关调查等各项调查工作。高质量地完成成本费用调查、投入产出调查等工作。

【统计普法及稽查】 推进“五五”普法教育与法制宣传工作。举办全市统计“五五”普法师资骨干业务培训会，全市共有统计普法对象 4988 人参加学习、培训与测试，其中企事业单位法定代表人及分管领导 2227 人、统计人员 2747 人。协同市级有关部门、市直单位，各镇、街道、开发区管委会，开展统计法制宣传教育，取得较好的宣传效果。组织开展 2009 年全国统计系统统计人员《统计违法违纪行为处分规定》知识考试和“五五”普法法律知识培训考试等工作。开展统计稽查工作，做好对有统计违法记录单位的统计监督检查回访工作。对 2008 年 1 月 1 日至 2009 年 6 月 30 日期间的行政处罚案卷进行认真评查。

（章良鸿）

国土资源管理

【概况】 2009 年，海宁市连续 13 年实现耕地占补平衡。抓好农用地转用报批，积极争取并获追加新增建设用地指标 92 公顷，外购建设用地复耕挂钩指标 33.4 公顷。编报城市批次建设用地 17 批 154 宗 397.67 公顷，上报单独选址建设用地项目 3 个 57.64 公顷。全年供应建设用地 209 宗 421.27 公顷，合同出让金 41.29 亿元，实际结算出让金 26.2 亿元，其中公开出让 13 批 180 宗 372.87 公顷（其中工业仓储用地 135 宗 223.8 公顷，经营性用地 45 宗 149.07 公顷）；协议出让 12 宗 42.4 公顷；划拨 7 宗 6.0 公顷。审批村民建房 1992 户、用地 20.2 公顷。

落实国土资源执法监察动态巡查责任制，抓“12336”违法举报统一受理工作。约谈督促自拆违建 1.19 万平方米、复耕 8.17 公顷。立案查处违法用地 7 起 3.73 公顷，责令限期拆除违建 1.33 万平方米，罚款 102.38 万元，没收非法所得 14.43 万元。出台《“365”节约集约用地 2009 年度实施方案》，全年处置 37 宗 105.33 公顷，其中收回 6 宗 17.13 公顷。

市政府获“全国基本农田保护工作先进单位”，市国土资源局获全国和全省“保增长保红线”行动成效显著单位，市国土资源系统获“嘉兴市文明行业”称号。

【规划修编和局部调整】 开展新一轮土地利用总体规划基数转换，分解下达新一轮规划主要控制指标。调整市土地利用总体规划编制领导小组，建立市区规划修编协调小组，全面启动全市新一轮规划修编。局部修改调整沪杭铁路客运专线海宁段等3个重点项目、7个社会事业类、5个污染企业搬迁项目的土地利用总体规划。许村镇、长安镇基本农田划区定界成果通过嘉兴验收。

【全面完成基本农田保护示范区建设】 年内完成许村镇和市区4个街道基本农田保护示范区建设任务，建立全市基本农田保护示范区数据库和管理信息系统，出台《基本农田保护激励资金使用管理试行办法》，12月9日，全市完成国家级基本农田保护示范区建设任务并通过省级验收。1998～2009年，全市共实施土地整理（标准农田建设）项目81个，建成标准农田2.2万公顷，吨粮田标准农田97.2公顷，合计标准农田6.2万公顷，标准农田上图入库面积2.14万公顷，标准化率达到73.8%。示范区内按标准新设立村级标志牌172块、镇级宣传牌12块、市级宣传牌3块，新设保护界桩11,847个，向农户发放基本农田保护卡13.17万张。

【土地开发复垦整理】 在继续执行土地开发复垦整理补助和奖励政策的基础上，对完成年度土地开发任务的镇、街道，再给予9万元/公顷奖励补助；对超额完成部分再给予12万元/公顷的奖励补助，专项用于推进村庄集聚中的标准农田补建。建设用地复垦项目通过省级复核认定12个，土地开发项目通过嘉兴市级验收14个，共新增耕地186.93公顷。

【建设用地批后监管】 落实建设用地挂牌施工和跟踪管理卡监管制度，联网及时更新建设用地供应动态监测监管系统。全面实行工业建设用地项目竣工复核验收，市级复核验收工业用地17宗61.27公顷。建设用地批后监管工作得到国土资源部和省国土资源厅肯定，受到中央新闻媒体采访团专访，并在海宁市召开的全国土地市场动态监测与监管现场会上作经验介绍。完善工业用地延期建设管理办法，对12起违反出让合同约定收取违约金223.9万元。

图48 12月9日，海宁市国家级基本农田保护示范区建设通过省级验收

【规范土地市场管理】 组织开展新一轮基准地价更新，细化土地用途分类体系，建立细分用地类型的参考基准地价体系和划拨土地使用权权益基准价体系。办

理二级市场交易（含补办）178 宗，补交出让金 4,540.86 万元，收回国有土地 15 宗 47.2 公顷。

【调整出台征地补偿新标准】 征地补偿统一实行区片综合地价补偿，一级区片和二级区片综合补偿价分别为每公顷 51 万元和 48 万元，并对青苗补偿费和附着物补偿标准作适当调整，对征地补偿费的分配使用作进一步明确，切实维护被征地农民合法权益。

【土地征收和涉土信访化解】 全年告知征地听证 132 次，签订征地协议 170 份，实施征地“二公告” 117 次，通过征地调节资金拨付征地补偿安置费用 1.28 亿元、办理基本生活保障安置 4867 人，共安置被征地农民 20,422 人。开展国土资源矛盾纠纷排查，重点排查可能引发集体访、群体访的倾向性和苗头性涉土问题，加强与所在地政府的沟通协调，着力化解涉土矛盾纠纷。受理群众来信来访来电 130 件，其中群众来信 75 件、来访 25 件、来电 30 件。

【地籍地政管理】 二次调查农村土地调查成果通过省级预检，完成市区城镇地籍数据库建设，城镇地籍管理信息系统试运行，按时上报基本农田上图成果。抓好浙江省土地登记实施细则试点，共发放土地使用证 12,040 本。永久性测量标志保护管理及土地登记工作通过省测绘局验收，该工作作为嘉兴市试点，对列入重点保护的 39 个永久性测量点进行维修和维护，维修防护墙 1 座、防护井 34 座，埋设界址点 36 个，测制宗地图 39 幅，并签订永久性测量标志保护协议书 37 份。

【地质矿产资源管理】 抓好整合后 4 个整治矿区采矿权首次挂牌出让，采矿权出让挂牌起始总价 2900 万元，最终以 6020 万元成交。出台《停产矿区工程性治理意见》，督促启动工程性治理。完成全市重点建设项目矿产资源需求情况调查，抓好地面沉降和地下水动态监测，嘉兴市地面沉降监测网丁桥站投入运行。矿产资源补偿费征收入库 62 万元，抓好 141 宗建设用地地质灾害评估（咨询）备案工作。

【全国土地市场动态监测与监管现场会】 于 11 月 30 日至 12 月 2 日在海宁市召开。出席会议的有各省（区、市）和新疆生产建设兵团国土资源管理部门土地利用处的负责人及浙江省各地（市）国土局的分管领导和

图 49 11 月 30 日至 12 月 2 日，全国土地市场动态监测与监管现场会在海宁召开

利用处（科）负责人。会议期间，浙江省国土资源厅、湖州市国土资源局和海宁市人民政府分别作了典型经验交流。与会代表观看浙江省建设用地供应动态监管系统操作与现场演示和海宁市《加强节约集约用地，促进经济科学发展》的专题片。

（姚志强）

工商行政管理

【概况】 全年出动执法人员10,065人次，检查经营户13,521户次。加强《中华人民共和国食品安全法》宣传，发放宣传资料3000份。落实食品流通许可证发放工作，办证678份。深化放心店监管，推动连锁加盟机制。全市放心店214家，连锁加盟店比率达到65%。强化食杂店整治，完善准入台账，签订责任书2818份，清理无照68户。开展农贸市场快速定性检测，检测农副产品53,699批次，比上年多检5000批次，检出329个不合格批次（计1279千克）。

全年立案查处危害民生类、破坏经济秩序类违法案件433件。高压打击传销，查处涉传窝点95个，遣散人员1386名，解救37人。加强商标权保护，9次帮助海宁企业打假，收缴锁具8000把、皮衣638件。加大无照经营整治，清理取缔967家，引导办照490件，其中取缔黑网吧39家、无照游戏房16家，收缴电脑245台、游戏机159台；取缔污染环境的塑料造粒厂2家。做好“家电下乡”护航工作，叫停6起非法促销行为，查扣翻新电视机52台。

深化商标品牌战略，强化商标品牌注册评创体系建设，年新增注册商标1111件，注册商标总量达到5409件，“蒙努”商标成为海宁首个行政认定的驰名商标。新增省著名商标4件、嘉兴著名商标14件、海宁著名商标10件。新增农产品商标66件、国际注册商标22件。商标实力在商标发展百强县（市）排名中位列第三十名。全年市场主体净增5208户，新增注册资本金38亿元。全市市场主体总量41,525户，企业突破1万户。每万人工商户数600.3户，年增长率8.1%。深化接轨沪杭战略，新登记来自长三角地区的投资企业157户，比上年增长36.5%。开展新型登记服务，新办股权登记9件，实现融资2亿元。创新登记方式，办理网上企业登记22件。出台经济“保增促调”12项举措，助动企业发展。召开宣讲政策会6场，530家企业参加，帮助企业解决困难37项。深化创业融资扶助，办理抵押登记1618份，帮助企业融资98亿元。推广小额信用贷款，1500名个私会员获贷1.4亿元。规范小额贷款公司运作，指导放贷12亿元，惠及1200家中小企业。承办第五届中国商品市场峰会，搭建沟通交流的优质平台，开阔了海宁企业家眼界。推行民企上网工程，办理执照网络标注481家，对180家企业进行电子商务培训。市工商局被嘉兴市工商局评为2009年度工作目标责任制考核优秀单位和党风廉政建设责任制考核优秀单位，被省工商局命名为首批“工商行政指导工作示范单位”，并被评为全国商标工作先进集体。深化行政处罚说理研究课题被评定为“省科技成果”，获市科技进步三等奖，并进入国家科技成果数据库。

【第五届中国商品市场峰会在海宁召开】 9月28日，第五届中国商品市场峰会在海宁召开，峰会由国家工商行政管理总局、浙江省工商行政管理局、海宁市人民政府和中国商品市场峰会组委会等共同发起主办，由省市场协会、浙商市场研究院、皮革城管委会和市工商局联合承办。峰会以“扩大内需与促进市场转型升级”为主题，回顾总结了全国商品专业市场改革开放30年来在助动地方经济发展和推动社会进步上取得的成绩，并就商品专业市场在新形势下如何生存发展、扩大内需、进一步实现转型升级等问题展开研讨。峰会发布了“中国浙商行业龙头市场”和“中国浙商对外投资龙头市场”两大榜单并进行颁奖，海宁中国皮革城榜上有名。省内外著名市场代表、各地工商系统代表和省市场协会理事单位代表等共500余人参加峰会，《人民日报》、中央电视台、新华社、《解放日报》、《经济日报》、香港《文汇报》、《浙江日报》、《市场导报》等媒体对峰会进行全程报道。

图50　9月28日，第五届中国商品市场峰会在海宁举行

【海宁诞生首个行政认定驰名商标】　2009年，海宁蒙努集团有限公司的“蒙努”商标被国家工商总局商标局认定为“驰名商标”，是海宁首个、也是浙江皮革服装行业首个由国家工商总局商标局在商标管理案件中认定的“驰名商标”，也是嘉兴市继“五芳斋”、“兔王”之后的第三个行政认定的“驰名商标”。

【推进“三农”工作】　登记农村专业合作社22家，建立6家订单农业指导服务站，指导农户签订订单合同3.01万份，合同金额1.06亿元。指导1家涉农企业成为省“十佳”农业订单龙头企业。登记嘉兴首家以土地作价入股的专业合作社。加大对侵农案件的查处，查扣劣质化肥0.3吨、农民建房用劣质钢材40吨，截获销往农村市场的进口旧服装810件。

【农贸市场提升改造】　农贸市场提升改造是2009年政府实事工程，市工商局作为牵头部门，加大农村农贸市场建设推进力度，对斜桥、新庄、东苑、黄湾4个新建市场严格把关，引导市场主办者投入5200万元进行高标准建设，4个市场相继开业。加大市区农贸市场改造力度，协调市区各农贸市场投入资金642万元，改建公厕8座，垃圾收集房10座，脱毛房4座。完成中心菜场、城西菜场改造及西山路临时市场建设。加强突击整治和日常管理，市场面貌和经营秩序明显改善。对全市小菜场进行专项整治，清理整治9家无证小菜场，全市有证小菜场31家，登记率超过80%。

2009年各类企业登记情况

表27　　单位：家（户）

企业类型	开业登记	注销登记	年末数
国有、集体企业	68	47	1671
私营企业	1152	368	9429
外商投资企业	34	14	514
个体工商户	6906	3596	31,731

2009 年海宁市在册企业登记注册类型
表 28

单位：家

企业类型	数量
1. 有限责任公司	5916
其中：私营企业	5431
中外合资经营企业	290
外资企业	176
2. 股份有限公司	2
3. 非公司制企业法人	585
其中：全民所有制企业	43
股份合作制企业	414
集体企业	44
联营企业	2
合作社	82
4. 个人独资企业	2313
5. 合伙企业	132
6. 企业分支机构及其他营业单位	1836

（沈　佳　李徐红）

质量技术监督管理

【概况】　2009 年，全面实施质量强市、标准化和名牌带动三大战略。强化食品质量安全监管，全市 182 家食品生产加工企业取得 QS 证书 208 张、取证率 100%，其中 2009 年新增取证企业 14 家、证书 14 张。制定并施行《全市食品生产加工企业质量安全风险控制实施办法（试行）》，从质量安全控制力、产品质量合格率和投诉处置满意率 3 个方面，对全市 182 家食品生产加工企业进行综合评价，实施质量安全风险控制，推行 A、B、C 三级分类监管，建成“海宁市食品企业日常监督管理信息公示网”，行业监督信息和企业基本信息向全社会公开，有效发挥社会公众资源市场调节作用，促进食品生产加工企业增强质量安全主体意识、提高质量安全风险控制水平。全年巡查企业 392 家次，监督抽查 473 批，合格率 92%；定期监督抽查 137 批，合格率 98%。

强化重点特种设备使用单位监控和全面检查，确定 19 家使用单位的 130 台特种设备为 2009 年度重点监控特种设备，日常巡查企业 269 家，全面检查特种设备使用单位 248 家。市政府批转质监、安监联合制定的《关于进一步推进特种设备使用单位安全主体责任落实的实施意见》。完善和深化特种设备安全“五位一体”工作新模式，提高特种设备安全监察行政执法和隐患治理工作有效性。全年发现一般隐患 559 条、严重隐患 80 条，整改率 100%；发出《特种设备安全监察指令书》113 份，立案查处 31 起，结案 30 起，培训人员 1742 人。

开展农资、烟花爆竹、定量包装、儿童用品、沪杭高铁工地管桩、塑料购物袋、密胺制品、皮革蛋白制品等系列专项执法行动，累计出动执法人员 1485 人次，检查生产企业 673 家，立案查处案件 121 起，涉案金额 289.1 万元，到期结案率 100%，受理消费者举报投诉 54 件，为消费者和企业提供维权咨询或受理服务 548 人次，挽回消费者经济损失 26.7 万元。

开展质量安全万人培训活动，举办质量、标准、计量、节能和安全培训班 49 期、培训人员 3050 名，其中举办特种设备操作培训班 16 期、培训人员 1225 人，特种设备节能知识培训 7 期、培训人员 517 人。组织开展全市高层住宅电梯事故应急救援演练，提高广大市民安全乘坐电梯知识和应急能力。在市级主要媒体设置质监专栏，上街下乡入企开展质量安全宣传咨询服务主题活动 18 场次，向全市企业群发质量安全主题短信2万余条。

【实施质量强市战略】 质量强市战略纳入2009年市委、市政府对12个部门和各镇、街道年度工作目标责任考核。4月，召开全市深入实施质量强市战略工作会议，全面开展全国“质量兴县（市）”先进市创建工作。建立健全联席会议、工作检查、年度目标考核三项制度，出台《镇（街道）质量强市目标责任制考核细则》，有效促进纳入质量强市战略整体推进的产品质量、工程质量、服务质量和环境质量“四大质量”稳定提升。10月，“质量强市”先进典型马桥街道办事处在全省质量工作会议上作典型交流发言。

【实施标准化战略】 制定《海宁市实施标准化战略联席会议制度》，会同市财政局出台《海宁市实施标准化战略扶持资金管理细则》，下达2008年度首批实施标准化战略财政扶持资金，对41家企业（单位）给予奖励131.5万元。推行产业联盟标准推广和单个企业主导（参与）各级标准制修订相结合的工作模式，推广实施重点产业联盟标准8个，覆盖“三大支柱”产业和太阳能利用产业。经编产业《制定和实施灯箱广告布联盟标准》以“优秀”等次通过全省第一批块状产业质量提升项目验收；太阳能利用产业《家用太阳热水系统》联盟标准列入2009年首批全省块状产业标准化项目；家纺产业《装饰用机织物》联盟标准被列为市委、市政府“推进科学发展，致力改善民生”重点工作之一；皮革产业《质量诚信联盟标准——皮革及皮革服装企业质量诚信基本要求》着手在龙头企业中推行。指导天通公司申报“中国标准创新贡献奖”，指导锦达、上元、兄弟、海利得4家企业成功创建“浙江省标准创新型企业”，指导锦达、上元、兄弟、海利得、天通、蒙努6家企业成功创建“嘉兴市标准创新型企业”。

【实施名牌带动战略】 推行区域名牌创建和单体名牌创建相结合的名牌建设工作新模式。“马桥经编”浙江区域名牌经过一年的推广，经编园区内企业申请使用增长较快，已有2批20家企业3类产品获准使用。12月，“海宁皮革”成功获得“浙江区域名牌”，全市“浙江区域名牌”总数达到2个，与诸暨市并列全省第一。2009年，海宁中国家纺城有限公司“市场管理”获得浙江服务名牌，实现全市服务业名牌“零”的突破。全市累计成功创建“中国名牌产品”6个、“浙江名牌产品”27个、“嘉兴名牌产品”71个。

图51 4月23日，海宁市召开深入实施质量强市战略工作会议

【推进优化质量服务】 开展对全市亿元以上企业的调查摸底工作，引导企业申报嘉兴市和海宁市“市长质量奖”，导入卓越绩效管理等质量管理先进模式，组织41家企业56人次进行《卓越绩效评价准则》国家标准培训。指导1家企业申报成功“嘉兴市市长质量奖”，严格按程序评选产生3家“2009年海宁市长质量奖”企业。以皮革、经编、太阳能等行业为重点，加快全市质量诚信体系建设，推动开展质量守信承诺、质量诚信自律等活动。30多家经编企业主动与行业协会签订《企业质量诚信承诺书》，12家皮革龙头企业提出《质量诚信倡议》、74家皮革企业发出《质量诚信宣言》，38家太阳能企业签订《质量诚信承诺书》。市财政全年落实涉及质量工作相关奖励284.5万元。年内，省、市、县（市）三级定检抽查的产品批次合格率为93.6%，比上年提高1.3个百分点，高于全省3.4个百分点，监督抽查不合格生产企业整改率达到100%。

【“十小”行业整治】 切实承担起“十小”整治规范的牵头工作，协助市政府起草并发布《关于全面推进“十小”行业质量安全整治与规范工作的通知》。“十小”整规工作纳入对镇、街道的年度目标责任考核，牵头组织督查2次，分别组织人大代表、政协委员现场视察2次。年内，全市5902家“十小”对象有5767家达到整规标准，达标率为97.7%。全市35家小企业、36家小药店、76家小音像（网吧）、2818家小食杂店、490家小美容美发店、48家小液化气经营店均100%完成整规任务；1860家小餐饮店中有1740家完成整规，完成率93.4%；507家小农资经营店中有495家完成整规，完成率97.6%；31家小菜场中有28家完成整规，完成率90.3%；1家城乡一体化客运公司符合整规标准。

【有机热载体锅炉余热回收装置专项整治】 率先在全省开展有机热载体锅炉余热回收装置专项整治，25家单位全部完成整治；推进以有机热载体锅炉节能改造为重点的特种设备节能降耗减排工作，23家企业35台有机热载体锅炉安装了余热回收装置，预计每年节省资金3066万元。

【浙江省太阳能产品质量检验中心成立】
参见第93页太阳能分目相关条目。

【强化重点区域和重点产品质量监管】 建立并完善区域质量安全监管责任制，制订《海宁市重点区域（行业）和重点产品质量监管工作实施方案》。在太阳能行业中推行企业分类监管制度，对110家重点监管企业进行建档，对80家企业组织开展监督巡查工作，对40家企业实施监督抽查。加强2009年“家电下乡”太阳能热水器产品海宁市中标企业质量监督服务，落实上门培训检验人员、邀请清华大学太阳能研究所专家授课、承担委托检验等一系列帮扶措施，出动人员236人次检查太阳能热水器生产企业78家，抽查太阳能产品30批次，内在质量全部合格，有效确保全市太阳能热水器中标产品质量安全。8月29日，中央电视台《新闻联播》、《朝闻天下》就市质监局加强对家电下乡中标产品质量监督服务工作予以专门报道。

【浙江省经编产品质量检验中心综合检测】 检测能力覆盖产品标准62个、方法标准366个，其中国外方法标准241个，包括AATCC、ASTM、ISO、DIN、BS、EN、JIS等国际上通用纺织品检测标准。涵盖经编服饰用布、经编产业用布、家纺产品、毛针织品、袜子、运动服装、纺织原材料、生态指标等产品和参数指标。2009年作为第一起

图 52 检查“家电下乡”太阳能热水器产品中标企业

草人主持起草的国家标准《针织泳装面料》和行业标准《涤纶针织面料》均获准发布，申请主导修订的 6 个行业标准年内有 3 个获准立项。开展的“技术机构千家企业质量帮扶”标准下乡活动受到企业广泛欢迎，全年举办检测标准知识培训 5 期，培训人员 206 人；为 18 家经编和家纺中小企业申报 44 项省级新产品；为 7 家经编和家纺企业开展专利申报 12 项。制定“马桥经编”浙江区域名牌《涤纶针织面料》、《柔性灯箱布》和《复合材料用经编双轴向基布》3 类产品评价规则，对申请使用“马桥经编”区域名牌的产品按区域名牌使用评价规则进行检测把关，并参与完成家纺产业《装饰用机织物》和经编产业《经编双轴向涤纶基布》和《经编土工格栅》等联盟标准的调研、标准草案及标准报批等工作。

【开展清费减负工作】 全年共为企业减免费用 144.6 万元，其中计量检定减免 106.7 万元、质量检验减免 25.5 万元、特种设备操作技能培训减免 6.6 万元、组织机构代码证收费减免 5.8 万元。

【开展一站式审批服务】 对 11 个审批事项的受理、审核、流转、办理、发证等工作环节，从工作流程、人员职责、办理时限等方面进行研究、论证、优化，严格依法办理集中审批，11 项审批事项全部授权于市行政审批中心质监窗口集中审批，实现“一站式”办理，集中办理平均提速 30%。

（邬磊明）

农业行政执法

【概况】 2009 年，加大执法管理力度，拓宽农业执法领域，促进农业产业健康发展，维护农村社会和谐稳定。做好市人大常委会对全市 2007 年以来贯彻实施《中华人民共和国农业法》及相关法律法规情况执法检查有关工作。组织开展“五五”普法示范试点工作，推进“法律进乡村”活动，通过“放心农资下乡进村宣传周”、“送法制服务到乡村”等形式，重点做好食用农产品安全、农业投入品质量、农业生产安全、野生动物保护等法制宣传和培训工作。编印《常用农业法律汇编》350 册，送发至各村、社区图书阅览室，方便农民群众查阅。全年组织执法宣传人员 95 人次，制作分发宣传资料 25 种 5000 份，宣传手册 4 种 800 本，电视台宣传 2 次，广播报道 4 次，网络宣传 5 次，举办各类法制培训班6期，培训人员968人次，现场咨询7场次，接受咨询群众95人次。

组织开展农产品质量安全专项整治暨执法年活动、打击食用农产品中违法添加非食用物质和滥用食品添加剂专项整治、畜产品安全专项整治和“绿剑”系列集中执法行动，重点加强种子、农药、肥料、兽药、饲料等农业投入品的监管，确保农产品质量安全，全年出动执法检查人员2157人次，检查农产品生产单位67家、农业投入品生产经营单位131家，抽检农药12个批次、种子5个批次、化肥9个批次、兽药15个批次、饲料27个批次，签订畜产品质量安全责任承诺书2890份，检查奶牛养殖场（户）数28个，抽检生鲜乳3个批次，抽检生猪尿样6731批次，涉及农户3394户、生猪91,629头，查获各类违法违规单位或个人216个，立案查处各类案件30起。

图53 农业行政执法人员检查市三联养猪场用药记录情况

开展小农资行业的整顿和规范工作，整规工作完成率达97.6%，补办或变更证照手续30家，关掉或取缔农资经营店31家，完成对全市小农资行业整规工作的考核验收。在各镇、街道设立由植检员为农资监管联络员的制度，实时了解基层农资店情况。深化农资信用体系建设与连锁经营机制，形成规模经营，把握农资进出渠道。建立监管信息发布制度，定期对农资质量进行抽查。

开展调处各类农业生产事故工作，解答群众信访29件，调解处理有关农村土地承包纠纷14件、渔业污染事故11起、渔业纠纷10起、农药药害事故1起，为种植户、水产养殖户、渔业捕捞者协调获得赔偿补助18万元。

【设立行政审批科】 为推进行政审批制度改革，根据海宁市机构编制委员会的批复（海编〔2009〕19号），市农业经济局于3月设立行政审批科，行政审批科增挂在法规科，具体承担涉及局行政审批项目的受理、审核、流转、办理和发证等工作。

【重大植物疫情防控监测】 开展松材线虫病疫点限期拔除工作，制订《海宁市松材线虫病疫点拔除实施方案》，全市松材线虫病发生面积142.9公顷，枯死松树3466株。继续做好“加拿大一枝黄花”防控工作，全市共发生“加拿大一枝黄花”疫情面积40.1公顷，比上年减少41.6%。开展梨枯梢病的普查和柑橘小实蝇、红火蚁、葡萄根瘤蚜工作。全市共普查梨园374公顷，未发现可疑病株，未发现红火蚁、葡萄根瘤蚜等重大检疫性有害生物的侵入。全年柑橘小实蝇发生面积90公顷，主要在黄湾镇。

【野生动物保护管理】 年内，公开选拔7名护林员，组成专业护林队，实施“分片监管，绩效挂钩”的办法，加强护林员队伍管理。开展野生动物保护宣传工作，全年共发放《致全市人民的公开信》等宣传资料1500余份、签订承诺书585份、悬挂宣传横幅30多条。强化林业专项执法检查，开展打击破坏野生鸟类资源违法犯罪行为的“春雷一号行动”。在秋冬季节，对张网捕鸟的重点区域、重点地段，开展集中上山拆网行动，全年共查处案件13起，制止违法行为50多起，拆除违法张网的网具2000余米，没收、放生青蛙2000余千克，蛇类500余千克。

【外荡渔业资源恢复明显】 随着外荡水环境的逐年好转，海宁市渔政部门加强渔业资源人工增殖和强化渔业执法管理。全市外荡鱼、虾、贝类等渔业资源明显恢复，据调查测算，全年渔业捕捞量约2000吨，比2005年增加60%，渔民捕捞收入约800万元。

（市农经局）

个私经济管理

【概况】 2009年，全市新注册私营企业1152户、新注册个体工商户6906户。至年底，共有在册各类私营企业9429户，涉及投资者16,651人，注册资本（出资金额）174.95亿元，雇工151,087人；共有在册个体工商户31,731户，涉及从业人员69,137人，投入资金数额11.55亿元。年内，从8000多家民营企业和3000多户个体工商户中评选、认定了90家诚信企业、192户诚信个体工商户。海宁市民营企业协会和个体劳动者协会被嘉兴市委、市人民政府授予“社会组织规范化建设优秀单位”，被省工商局、省个体劳动者协会评为浙江省扶持发展个体经济先进集体，被中国个体劳动者协会评为先进单位。

【开展科学发展观进民企试点工作】 建立科学发展观进民企工作组，确定落实科学发展观的企业名单，制订试点、推广、铺开等几个阶段的工作计划，组织试点企业中层管理人员学习。开设“特定行业科技开发园区、个体工商户养老保险、加快文化设施建设”等议题，指导界内人大代表、政协委员向政府提交建议和提案。采用表式问卷的调查方式，拟定20个大项74个小项，涉及创新能力、环境保护、科技开发、人力资源、市场化、信息化、战略与挑战、市场环境等内容，向300家中小企业发放调查表，回收261份，并撰写《金融危机下海宁中小企业生存状态》的调查报告，为政府及有关部门提供参考依据。

【完善小额信用贷款】 在“学送帮促”活动中，联合中国人民银行海宁市支行、嘉兴市银监分局海宁办事处、邮政储蓄银行，提出了多部门联手、扩大覆盖面、增加资金量等三项深化和完善小额贷款的措施。先后举办针对皮革城等市场经营户、苗木花卉种植业和家庭皮件厂、盐官地区小五金等产业的推介会。共有1500多家中小企业获得了1.4亿元小额贷款。5月27日，嘉兴市“好借好还”小额贷款现场推进会在海宁召开，海宁市个体劳动者协会的“深化学送帮促、完善服务举措，小额贷款助动中小企业走出困境谋求发展”的经验介绍在嘉兴市推广。

【启动民企人文教育素质提升工程】 年初，全市民营企业人文教育素质提升“1+3培训

LEATHER GARMENT

海宁猎马皮革服装有限公司

海宁猎马皮革服装有限公司是1998年开办的中外合资企业，多年来在上级有关部门的关怀和支持下，出口销售、出口创汇及经济效益等各方面取得了较好的成绩。公司专业生产和销售皮革服装，产品100%销往俄罗斯及欧美等国家，深受国内外客户的欢迎。2009年生产皮革服装44.3万件，工业总产值1.8亿元，销售皮革服装44.8万件，实现销售收入1.7亿元，出口创汇1900万美元，实现利税总额1528万元。被海宁市列为“海宁市知名皮革”企业、“信用等级AAA级”企业、“诚信纳税A级”企业。

1.公司车间
2.公司产品
3.公司样品展厅
4.猎马皮革服装公司厂房

董事长：王富金
电话：（0573）87533788
地址：海宁市周王庙镇桑梓中路1号

海宁市城市发展投资集团

海宁市城市发展投资集团是市政府直属的国有独资公司，下辖4家承资公司、3个子公司，有正式职工175人，其中中共党员45名。公司注册资本20亿元，总资产60.53亿元。

2009年，在市委、市政府的领导下，市城市发展投资集团积极打造“两山夹一水”城市特色风貌，扎实推进海宁城市化进程。完成银企合作签约20.5亿元；完成规划区内6项路桥工程，进一步完善40平方千米城市框架；完成规划区内城镇拆迁面积16.91万平方米，新开工建设城乡安置房主体工程面积55.13万平方米，竣工面积35.15万平方米。完成西山东坡拆迁和林荫大道建设，东山入口广场基本完工，智标塔春节前开放，南关厢历史街区整修进展顺利。

该集团获得2009年度全市项目推进工作先进集体二等奖、全市拆迁工作先进集体二等奖。集团机关被评为2008—2009年度“海宁市文明单位”、2009年度“海宁市创建和谐机关活动先进单位”。

1.城投集团办公大楼
2.重修后的智标塔
3.东山入口广场
4.南关厢历史街区整修工程
5.林荫大道

集团董事长、总经理：朱海平
电话（传真）：（0573）87251009
邮编：314400

海宁市高级中学

海宁市高级中学是“浙江省一级重点中学”、“浙江省文明单位”、“浙江省文明学校”、“浙江省教育科研先进集体”。学校占地14.6公顷，建筑面积6万余平方米。教学楼、实验楼、图书馆、文艺楼、报告厅、体育馆、标准田径场、室内田径场，学生公寓、餐厅等基础设施俱全。设计理念先进，布局合理，环境优美。

学校有46个教学班，学生2368人。师资力量雄厚，有专任教师190人，其中高级教师、一级教师150余人。有“全国优秀教师”、“浙江省优秀教师”、“嘉兴市名教师”、“嘉兴市学科带头人”、“海宁市名教师”和“海宁市学科带头人”数十人，专任教师中具有硕士学历24人。

学校以“办科学与人文精神融合的现代教育，育道德与文化底蕴深厚的创新人才”为办学理念，加强教师队伍建设，深化教育改革，面向全体学生，推进素质教育。先后已为国家培养7000余名毕业生，99.9%学生升入高等院校，其中50%以上升入全国知名重点大学。历年高考成绩列嘉兴市一级重点中学前茅，仅2000年以来，就有30余名学生在高考中列全省文、理科前100名，先后有4名学生在高考中名列省文科第一名、第二名，理科第二名、第三名，连续六年有6人名列嘉兴市高考文、理科第一名。

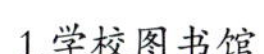

1.学校图书馆

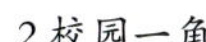

2.校园一角

3.浙江省教育厅厅长刘希平（前右二）在海宁市高级中学调研

4. 教学楼全景

5.学校文艺汇演

6.升旗仪式

7.学生课堂剪影

8.学校操场

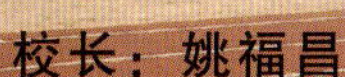

校长：姚福昌

地址：海宁市赞山路1号

电话：（0573）87089321 87089317

邮编：314400

海宁市供电局

海宁市供电局是浙江省属直供电力企业，隶属嘉兴电力局。2009年全市实现供电量43.00亿千瓦时，完成售电量40.70亿千瓦时，最高负荷77.75万千瓦，累计综合安全日达2946天，同业对标全省县级供电企业综合排名第三位。全市共拥有500千伏变电所1座、220千伏变电所3座、110千伏变电所18座、35千伏变电所7座，实现了35千伏、110千伏变电所无人值守，调度自动化，通信光纤化和办公自动化。

嘉兴海宁红船服务队授旗仪式

近年来，海宁市供电局推进“一强三优”（电网坚强、资产优良、服务优质、业绩优秀）现代供电企业建设，生产、经营、科技创新等各项工作成绩显著。海宁供电模式成为行业亮点，并在全国获得推广，2009年获得浙江省电力公司、国家电网公司科技成果进步奖。全市提前实现“村村电气化”目标，新农村电气化建设继续走在全省乃至全国前列。

职工陈新益获得“全国五一劳动奖章”和“浙江省劳动模范”称号

市供电局组织职工开展“为民服务”活动

局长：周自强
地址：海宁市水月亭西路280号
电话：（0573）87231726
传真：（0573）87231338
邮编：314400

海宁市劳动和社会保障局

海宁市劳动和社会保障局是主管全市劳动和社会保障工作的市政府组成部门，内设办公室、就业培训科、社会保障科、法规监察科、劳动争议仲裁科5个职能科室，下属市就业管理服务处、市社会保障管理中心、市劳动保障监察大队、市劳动仲裁院、市劳动能力鉴定管理中心5个事业单位。

近年来，市劳动和社会保障局以“改善民生、服务发展”为工作宗旨，积极实施扩大就业的发展战略，逐步推进全民社会保障工作，加快建设劳动者权益保护长效机制，大力加强基础和队伍建设，促进了全市劳动和社会保障事业的又好又快发展。

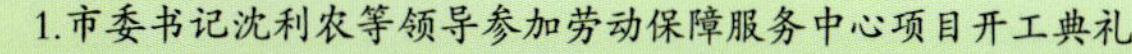

局党组书记、局长：钱海屏
地址：海宁市长埭路226号
邮编：314400
电话：（0573）87225257　87226641
传真：（0573）87226640
网址：http://www.hnlss.gov.cn

1.市委书记沈利农等领导参加劳动保障服务中心项目开工典礼
2.市委副书记、市长林毅调研劳动保障工作
3.海宁市接受嘉兴市政府劳动保障工作目标责任制考核
4.召开2009年度全市劳动和社会保障工作会议
5.举办市人力资源市场招聘会

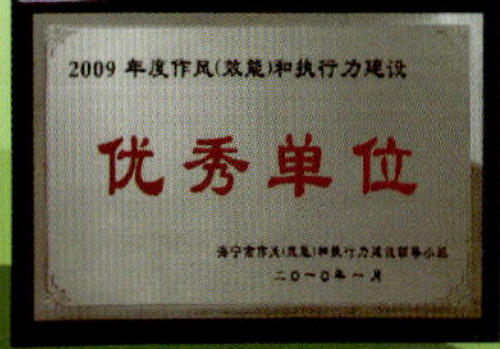

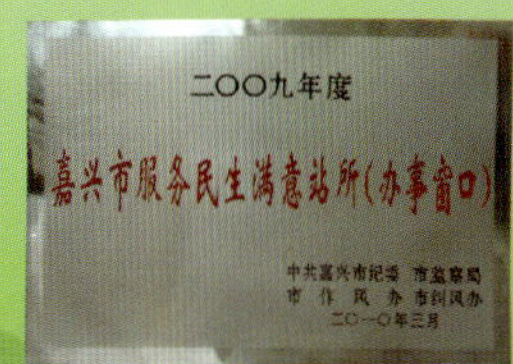

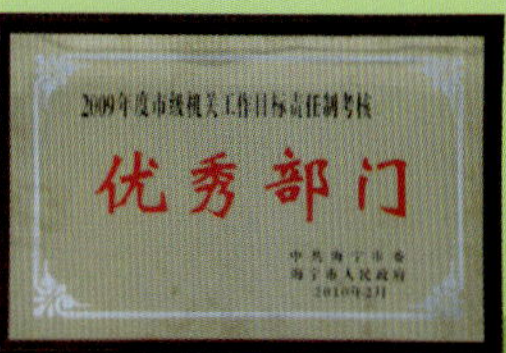

海宁市钱江工业功能区

海宁市钱江工业功能区坐落于丁桥镇，位于01省道南侧、杭浦高速公路北侧、联丁公路东侧、嘉海公路旁（南北大道延伸段），于2002年3月批准成立，总规划面积1.6平方千米，是一个综合性工业功能区。至2009年，已开发面积120公顷，有入区企业69家，主要以轻纺行业为主，主要产品有广告灯箱布、PVC膜、经编布、皮革制品、沙发套、塑料包装等。功能区完善基础设施建设，建有集污泵站一座，集污管网、道路、水、电、通信等基础设施完备。

区内实行封闭式运营管理，设立独立核算的海宁市钱江投资发展有限公司，由公司负责功能区的管理和开发，对入园的企业实行“一条龙”服务，从企业入区注册登记到房屋产权办理，实行全程代理。钱江工业功能区将继续努力提高办事效率，规范办事程序，提高工作人员业务水平，为投资者营造良好的投资、开发、生产和经营环境。

招商热线：（0573）87799088

传　　真：（0573）87799188

海宁市农村信用合作联社
HAINING RURAL CREDIT COOPERATIVES UNION

2009年，海宁市农村信用合作联社坚持“保增长、防风险、整”基本指导思想，抓基础、防风险、重执行，深入开展大工程”建设和“走千家、访万户，与海宁共成长”主题活创新金融服务，强化质量意识，调整信贷结构，加强风险管提升内部管理。截至年底，各项存款余额120.64亿元，比年加19.34亿元；各项贷款余额83.91亿元，比年初增加14.33亿小农业贷款余额新增2.97亿元，比上年增长41.3%，各项业现又好又快发展。

理事长：魏良
主任：方彦人
地址：海宁市海昌路225号
电话：（0573）87032144
邮编：314400

1.联社参加全市“清韵颂”歌唱比赛
2.联社召开学习实践科学发展观活动动员大会
3.联社干部下基层办实事
4.联社召开迎新春团拜会
5.联社员工开展反假币等送金融知识进社区活动
6.在开展送百场电影进农村活动中，联社员工耐心解答客户咨询

海宁市司法局

www.148.gov.cn

海宁市司法局是主管全市司法行政工作的职能部门，内设办公室、政工科、宣教科、基层科、矫正科、法管科和法律援助中心7个职能科室，下设14个派出司法所。其下属事业单位海宁市公证处，监督指导全市6个律师事务所和7个基层法律服务所。2009年，市司法局充分履行法律保障、法制宣传、法律服务三大职能，在司法所建设、人民调解、社区矫正、帮教安置、普法和依法治理、法律援助、法律服务等方面取得显著成效，被浙江省司法厅荣记集体二等功。

党组书记、局长：金中一

地址：海宁市行政中心5号楼3

电话：（0573）87288950

传真：（0573）87288951

邮编：314400

1.大型普法网站“紫薇说法网”开通仪式

2.海宁市司法行政系统优秀人物颁奖晚会

3.全省“法律进市场”工作推进会在海宁召开

4.2009年7月，市司法局被浙江省司法厅荣记集体二等功

5.丁桥司法所

海宁市烟草专卖局（分公司）

2009年，海宁市烟草专卖局（分公司）批发销售卷烟29,540箱，实现销售收入8.32亿元，实现利税2.21亿元，完成上级下达的管理体系一体化建设、标准化市场部建设两项试点工作。年内，市烟草专卖局（分公司）继续保持"浙江省文明单位"、"浙江省级治安安全示范单位"称号，获得"海宁市依法行政工作先进集体"、"纪检监察宣传信息调研工作先进集体"、"'机关挂村，服务新农村'活动先进单位"、"海宁市园林式单位"等荣誉。

1.海宁烟草文化园
2.客户经理指导卷烟零售户进行网上订货操作
3.全体党员干部深入学习实践科学发展观活动专题会议
4.专卖管理人员向消费者介绍相关法律法规与维权知识

党组书记、局长、经理：薛治国
地址：海宁市海州西路216号
电话：(0573)87079006
邮编：314400

海宁市盐官工业投资有限公司

近年来，盐官镇充分发挥区域优势，不断优化工业经济结构，大力发展壮大特色产业。加大对磁性材料及五金机电两大特色产业的扶持力度，加快项目推进和工业功能建设，建成了以海宁高新技术产业区、盐官五金机电产业区和海宁电镀专业加工区组成的特色工业功能区。依托功能区，该镇形成以电子信息和五金机电产业为主导，以天通控股和永发机电等企业为龙头，软磁、五金、机电、化工、电镀、服装、纺织共同发展的产业格局。

盐官工业功能区规划面积383.3公顷，已开发面积163.9公顷，累计投入基础设施资金5506余万元，入区企业100家，建筑面积73万平方米，企业固定资产投入27亿元。2009年，区内电子信息产业实现产值12亿元、五金机电产业产值9.48亿元，占工业功能区经济总量的63.1%。

法人代表：高金明

地址：海宁市盐官镇郭店世纪路2号

招商热线：（0573）87688141

邮编：314412

1.盐官工业区

2.电子信息产业

3.五金机电产业

海宁市总工会

海宁市总工会是全市各级工会的领导机关。近年来，市总工会围绕经济建设这个中心，推动党的全心全意依靠工人阶级指导方针的贯彻落实，充分发挥党联系职工群众的桥梁和纽带作用。按照“组织起来，切实维权”的工作方针，认真履行工会各项职能，广泛开展经济技术创新和社会主义劳动竞赛，建立健全职工维权机制，积极推进企业文化和职工文化建设，不断壮大工会基层组织，着力保护、调动和发挥好广大职工的积极性，在服务全市工作大局，维护劳动关系稳定，促进经济社会又好又快和谐发展中发挥了积极作用。至2009年底，市总工会下辖11个镇、街道、总工会，17个产业工会、工会工作委员会和52个市直属基层工会，全市共有基层工会组织1426个，覆盖单位2851个，有工会会员165,074人。

①

②

③

④

⑤

1.工会法律援助到基层
2.市总工会看望慰问困难职工
3.举办庆祝新中国成立60周年职工文艺晚会
4.举办全市服装行业缝纫工操作比武
5.举办全市职工运动会

地址：海宁市硖石街道太平弄10号
电话：（0573）87022395
邮编：314400

海宁市自来水有限公司

海宁市自来水有限公司是专业从事自来水供给服务和管道建设的企业，统一投资建设和运行管理海宁市区及东部城乡一级供水管网，并负责辖区管网的维护管理，向辖区及周边镇、街道用户提供安全可靠的生产、生活用自来水供给服务。2010年6月，全市自来水供应实现“同网同质同价同服务”，全面提高了城乡供排水的安全性和可靠性。公司有直径100毫米以上管网近700千米，管网输配水能力达30万吨/日，用户15.5万户。分别于2002年通过ISO 9001：2008质量管理体系认证，2010年通过ISO 14001：2004环境管理体系认证。

多年来，公司发扬“团结、奋进、求实、创新”的企业精神，致力于发展供水事业，注重经济社会效益，提升供水服务形象，切实保障供水需求，提高居民群众的满意度，加快城乡一体化进程，推进工程建设项目，为海宁经济建设的发展、为满足海宁人民的需要服务。该公司是“浙江省建设系统文明行业示范单位”、“全国优秀县（市）镇供水企业”，并连续多年被评为浙江省、嘉兴市水质管理先进单位。

1.办公大楼夜景效果图
2.服务站效果图
3.夜间作业
4.供水管网工地
5.社区满意度调查
6.一户一表下社区宣传

董事长：朱建强
总经理：马俊杰
热线电话：（0573）87040888
地址：海宁市公园路14号

国家级重点职校

国家级实训基地

国家级护理专业技能型紧缺人才培养培训基地

海宁卫生学校

海宁卫生学校创建于1958年，该校秉诚“勤学、厚德、守纪、文明”的校训，坚持“以就业为导向，以服务为宗旨”的办学方针，不断发展壮大，先后被教育部、卫生部、财政部确定为“护理专业技能紧缺人才培养工程定点学校”、“国家级实训基地”、“国家级重点中等职业学校”。近年来，该校荣获“全国职业教育‘十佳创新’单位”、“全国卫生行业职业技能培训先进单位”、“浙江省最具发展潜力中职学校”、“嘉兴市文明单位”等荣誉称号。

学校占地6.83万平方米，建筑面积5.22万平方米。校园功能区布局科学，绿化率高，环境优美怡静，生活设施完善。教育教学、实验实训设备先进，功能齐全。现有全日制在校学生3277人，设置有“3+2”五年制高职（大专）护理、药物制剂技术、药学等专业，全日制普通中专护理、药剂、医学检验、医学影像技术、助产等专业。社会培训层次齐全，形式多样，与浙江大学、杭州师范大学合作举办高等学历教育，成效显著，已为全省医疗卫生机构培养了一大批实用型技能型卫生人才。学校师资力量雄厚，现有教师193人，其中高级职称占74%，专业教师中“双师型”教师占96.6%。

校训：勤学 厚德 守纪 文明

学风：刻苦 勤思 实践 进取

教风：忠诚 严谨 奉献 探索

校风：团结 有序 求实 创新

学生发展目标：全面发展 主动发展 个性发展 和谐发展

1.校长施成良

2.学校中层以上领导干部

3.纪念国际护士节活动

4.卫校学生在全国护理技能大赛夺大奖

5.海宁卫生学校南丁格尔传光授帽仪式

6.海宁卫生学校

校长：施成良
地址：海宁市文苑南路201号
电话：（0573）87072487
传真：（0573）87072487
邮编：314400

海宁正大税务师事务所有限公司
海宁正健会计师事务所有限公司
海宁正泰联合资产评估有限公司
嘉兴正大工程管理咨询有限公司

海宁正大税务师事务所有限公司、海宁正健会计师事务所有限公司、海宁正泰联合资产评估有限公司、嘉兴正大工程管理咨询有限公司集税务、审计、验资、评估、工程审价、招投标代理为一体。现有从业人员150多名，其中中国注册税务师、中国注册会计师、中国注册评估师、注册造价工程师等执业资格80多人次，还具有一批中高级技术职称的各类专业技术人员，是海宁市执业资格较齐，社会影响较好、规模最大的中介服务机构。

作为浙江省注册税务师协会、中国注册税务师协会理事单位，该所多年来坚持“以质量求信誉，以信誉求发展”的办所宗旨，遵循独立、客观、公正原则，信守职业道德，讲求工作效率，上下齐心协力，积极开拓进取，与广大客户单位携手合作、共创事业，树立了良好的中介执业形象，赢得了客户和社会各界的肯定和好评。先后荣获“海宁市三强中介服务业”第一位、“海宁市优秀现代服务业单位”、“嘉兴市信用诚信A类单位”、“浙江省AAA级税务师事务所”等荣誉。

董事长兼所长：张敏华
电话：（0573）87232758
E-mail:zdcta@163.com
zjhnzt@163.com
地址：海宁市水月亭西路459号
邮编：314400

海洲街道

海洲街道是海宁市政府的所在地，东连硖石街道，西接斜桥镇，北毗海昌街道，南邻马桥街道。至2009年底，总面积23.2平方千米，辖15个社区（其中农村社区6个）、5个村，总户数17,304户，户籍总人口5.38万人。

近年来，街道区域经济不断壮大，综合实力显著增强。2009年，实现生产总值40.67亿元，财政收入1.62亿元，城镇居民人均可支配收入和农民人均纯收入分别达到25,675元和13,762元。规模以上工业企业实现产值 10.18亿元，实现利税5,673.1万元，实现利润4,308.4万元,完成全社会固定资产投资2.35亿元，引进市外内资9710万元，完成“三产”投资12.69亿元，实现自营出口2.48亿美元。

该街道先后荣获“全国第一次经济普查先进集体”、“全国群众体育先进单位”、“全国第二次农业普查国家级先进集体”、“浙江省城市体育先进街道”、“浙江省小康型老年体育街道”、“浙江省东海明珠工程”、“嘉兴市平安街道”、“嘉兴市文明街道”、“嘉兴市学习型家庭创建工作先进集体”、“嘉兴市外经工作十强乡镇（街道）”、“嘉兴市养老服务社会化示范镇（街道）”、“海宁市文明单位”、“海宁市文明街道”等多项荣誉。

1.文艺展演
2.城市建设新貌
3.海洲街道文教中心
4.城南新貌

尖山新区（黄湾镇）

海宁市尖山新区（黄湾镇）位于杭州湾北岸，是海宁市的副中心城市，下辖7个村、1个社区，总面积89.5平方千米，户籍人口2.35万人。2009年，实现地区生产总值12.3亿元，财政收入1.32亿元。几年来，尖山新区（黄湾镇）抢抓发展机遇，引进中国兵器凌云产业园、青年汽车集团、亚包中心产业基地、高点沙发工业园、万凯新材料、桑乐太阳能等50多家企业，总投资超过80亿元，形成汽车及关键零部件、新能源利用、机械制造、电子信息、印刷包装等新兴产业。加快推进城市基础设施及配套建设，累计投入10多亿元，建成汽车站、小学、幼儿园、派出所、消防队大楼等工程，推进20千伏电网、文体中心、污水处理厂、宾馆等项目建设。启动实施“两新”工程，推进农房集聚，土地流转成效明显，高效生态休闲农业初具规模。一个以先进制造业为主导、兼具旅游休闲等功能的现代化综合性生态型滨海新城正迅速崛起。

全市“两新”工程现场会在尖山新区（黄湾镇）召开

建设中的嘉绍高速跨海大桥

青年集团入驻尖山新区

工业区内现代厂房

尖山派出所组建成立

尖山杨梅节

工程”启动，即人文教育实践工程与高级经理特训工程、经营管理业务培训工程、职业技能培训工程。全年共组织210人次参加人文教育、110人次参加高层经理特训、355人次参加经营管理培训、597人次参加职业技能培训，667人次参加以会代训、197人次参观考察，发放各类政治教育资料760份、法律法规1140份、专业培训资料980份、其他资料1120份。

图54　2月13日，举办民营企业第七次就业再就业服务周

【第七次就业再就业服务周】　2月13日，协会联合劳动和社会保障局共同举办“海宁市民营企业第七次就业再就业服务周”活动，落实用工企业，动员企业增加就业岗位。129家用工企业提供3411个岗位，共有701名下岗失业人员、农村及外来务工者、大中专毕业生等与招聘企业签订就业意向书。

（岑建平）

食品药品监督管理

【概况】　2009年，共出动执法人员1575人次，检查涉药单位796家（次），查处违法案件54起，涉案金额7.8万元，罚没款计22.82万元，受理各类举报投诉35起。抽验药品168批次，完成抽验任务的112%。全年完成快检车抽样检验175个批次，对290批次可疑药品进行快速鉴别，快检不合格药品23批次；经快速鉴别后抽样送检14批次，检出不合格药品3批次，快检有效率达21%。监督抽样案源立案9起。率先在嘉兴市开展医疗器械监督抽样工作，共抽取医疗器械生产企业产品3个批次，送省医疗器械检验所检验。年内，海宁市被命名为“省级食品安全示范市”，市食品药品监督管理局被评为“嘉兴市食品安全综合监管先进单位”。

【食品药品安全责任体系建设】　强化食品（药品）安全责任制，与11个镇、街道、5个管委会、9个市级部门签订食品（药品）安全工作目标责任书。将食品（药品）安全一并纳入到年度目标责任和平安建设考核内容，全面实行“一票否决”制。

【食品安全示范市（镇）创建】　根据省、嘉兴市食品安全委员会的统一部署，会同卫生、经贸、农经、工商、质监等部门开展食品安全示范市的创建。上半年，盐官、袁花镇，硖石、海洲、海昌街道，尖山新区（黄湾镇）接受嘉兴市考核检查，成为嘉兴市级食品安全示范镇（街道）。9月，海宁市通过省检查考核，被评为省级食品安全示范市。11月，许村、长安、斜桥、丁桥镇和马桥街道接受嘉兴市考核，成为嘉兴市食品安全示范镇（街道），周王庙镇被评为省级食品安全示范镇。

【豆制品行业集中整治】 经过主动关停、停产关闭、强制关停三个阶段工作，全市214家小作坊企业全部关停，割裂、报废锅炉215台。督促袁花、斜桥、长安豆制品生产基地建设，使三个投资超千万元的豆制品企业全面投产，从而使豆制品企业食品安全卫生状况得到根本性改观。

【食品安全专项整治行动】 开展为期4个月的食品添加剂专项整治行动，得到全国打击违法添加非食用物质和滥用食品添加剂专项整治考核评估组的肯定。部署全市两年食品安全整顿工作，做好对整顿工作的组织、指导、监督工作；牵头组织元旦、春节等期间的食品安全专项行动，确保重大节日和重大活动期间的食品安全。

【药品经营企业诚信体系建设】 加强药品经营许可准入环节的审核，建立药师岗位能力测试、药师谈话等制度，组织开展药师监管年活动，加强驻店药师的监管。全年完成行政许可事项245次，GSP认证25家。对50家失信药品经营企业实施重点监管，发出书面警告16份、责令改正书13份、行政监督建议书3份。

【药品“两网”建设】 开展药品监管、药品供应两网建设，3月30日召开小药店整治推进工作会议。提前完成“小药店”整治工作，全市28家“小药店”整规对象，除5家药店停业注销外，其余全部通过整规现场验收。推进医疗机构药械规范化创建活动，确定马桥街道卫生院、富春骨伤医院为试点单位；完善药品不良反应监测体系和家庭过期药品回收制度，完成不良反应505例病例上报，共回收家庭过期药品2万多片。

图55 3月30日，海宁市召开小药店整治推进暨许可证换证工作会议

【药械、保健食品违法广告监管】 全年共监测各类媒体和店堂广告405条，发现违法广告42条，共发出口头警告21起，发出行政告诫书5份，签订违法广告主动整改承诺书12份，移送工商部门处理2起。

【食品药品安全宣传】　全年共发放《食品安全法》2000 册、《食品安全知识普及读本》(普法版) 6000 册，食品安全宣传画 4000 张；悬挂食品药品安全宣传横幅、标语 40 条；在市区中心地段设计制作大型公益广告牌 1 块。5 月 27 日在《海宁日报》上刊登由市、部门、镇、街道、村领导，生产经营企业和消费者等各阶层参与的《食品安全大家谈》专版；组织全市百家食品生产经营企业在《海宁日报》联合发出“迎国庆、讲诚信”食品安全倡议书；在海宁电视台播放滚动字幕、图文广告；在海宁广播电台开播为期一年的食品（药品）安全专题节目，动态开展《食品安全法》宣传活动。

【重大药品安全事故应急演练】　12 月 31 日，海宁市政府举行 IV 级重大药品安全事故应急演练。全市各镇、街道、开发区分管领导、联络员，药品安全委员会成员单位分管领导，医疗机构分管院长，部分药品生产、经营企业负责人等 90 余人观摩演练。演练模拟一次发生在海宁市辖区内的由药品质量问题引起的重大药品安全事故的发生、进展、处置情况，海宁市启动了重大药品安全事故应急预案Ⅳ级响应程序。演练分预警与报告、应急响应、应急保障和后期处置四个部分进行演练。演练采用视频播放，过程连贯、节奏紧凑。

（陆宇超）

审　计

【概况】　全年完成审计项目 42 个，完成年初计划的 110.53%。审计查处违规金额 655 万元，其中应上交财政 359 万元，应归还原资金渠道 226 万元；管理不规范金额 3.10 亿元。政府投资项目送审金额 4.69 亿元，审定金额 4.12 亿元，审计核减 5,658.1 万元；提出审计建议 110 条，向市委、市政府提交审计专报 4 篇。实行重大审计项目方案论证，率先在嘉兴审计系统出台《海宁市审计局重大审计项目方案论证制度》，完善审计质量长效管理机制，对《海宁市审计质量控制办法》等十多项制度进行了修改、补充和完善。市审计局被嘉兴市审计局评为信息化推进先进集体，被省审计厅评为内部审计业务指导和监督工作先进单位。

【深化政府性资金审计】　针对宏观经济运行和全市化“危”为“机”的系列措施，关注政府性资金的安全，开展财政预算执行审计、政府性资金与财政风险的专项审计调查以及七个部门预算执行审计，实现审计思路、范围、目标和手段的“四个转变”。通过审计，促使相关部门建立融资项目，市人大决议备查台账等制度，为防范各类财政风险发挥重要作用，“同级审”报告受到市人大和市政府的肯定。

【创新领导干部经济责任审计】　按照“以权定责、以责定评、以评定审”的经济责任审计新思路，共对 10 个单位的 12 名领导进行经济责任审计，查出违规资金 107 万元。并建立“六审六评”（即一审部门财政财务收支的情况评其真实性，二审领导干部任期内贯彻国家经济政策情况评其合规性，三审领导干部任期内国有资产的配置和使用情况评其合理性，四审领导干部有关经济考核指标的变化和完成情况评其工作业绩，五审内部管理、内部控制的建立和执行情况评其健全性，六审领导干部个人收入情况评其廉政自律）的部门经济责任审计新模式，出台《部门领导干部经济责任审计操作办法》。

【政府投资项目审计】　围绕全市投资建设

领域重点，开展并完成新增政府主导性项目实施情况等4个专项调查审计项目、“亲亲家园”建设情况等3个竣工决算审计项目，其中政府投资项目竣工验收、环东西山区块拆迁一期工程的审计报告得到了市政府领导的批示；实施市医疗卫生中心等2个跟踪审计项目。工程造价审计实施完毕151个单位工程，核减工程款5,658.1万元。

【民生资金审计监督】 强化民生审计，关注经济社会发展，实施金融危机对中小企业的影响情况等审计调查，提出进一步规范市政府小企业贷款风险补偿资金的使用等意见和建议受到市政府的肯定。关注民生资金，开展涉及人民群众切身利益的社保基金和再就业资金专项审计；关注生态资源环境，开展城乡污水处理项目绩效情况专项审计调查，揭示行政效能和资金管理使用中存在的问题，推动城乡污水处理管理进一步规范；关注社会公平，实施各镇（街道、管委会）个人收入分配情况专项审计调查，规范分配行为。

【审计信息化】 在审计项目实施中全面推进计算机审计，在嘉兴审计系统计算机优秀项目、“三小软件”和“AO”应用实例评比中，市审计局入选和获优数量继续保持领先水平。贯彻落实嘉兴市审计局的《联网审计推进工作指导意见》，开展市县一体化联网审计试点工作，率先组织实施社保资金和住房公积金联网平台建设。

【内部审计工作】 推进民营企业内审工作，出台《关于加强民营企业内部审计工作指导意见》，年内有十多家企业设立内审机构，有4家民营企业加入海宁内审协会。继续做好内审人员培训工作，组织内部审计人员后续教育、岗位资格证书培训400多人次。开展项目评优活动，对推荐的内审项目质量进行检查指导予以完善，其中1个审计项目被评为嘉兴二等奖，2个项目被评为嘉兴三等奖。在嘉兴市首家把内部审计工作纳入镇、街道年度综合考评，指导全市开展内审工作，全年完成各类项目254个，查出损失浪费金额190万元，增加效益468万元，提出并被采纳意见建议438条。

（钱润元）

安全生产监督管理

【概况】 2009年，全市工矿商贸企业共发生生产安全死亡事故9起、死亡9人、直接经济损失121万元。处罚单位15家、生产经营单位主要负责人11名。检查生产经营单位800余家，发出强制措施决定书16份、整改指令书70份、整改情况复查意见书78份。立案查处18起非事故安全生产违法行为，当场处罚30家，责令停产停业整顿17家。海宁孔氏纺织有限公司和海宁市海锦针织有限公司被列为2009年度嘉兴市级工矿商贸企业重大安全隐患整改单位，责令两家公司对存在的重大安全隐患进行整改，10月，两家公司整改完毕。市安全生产监察大队获“嘉兴市服务民生满意基层站所”等荣誉称号。

强化行政审批工作的规范化管理，制定规范化的行政审批项目办事程序、审批依据、申报材料、承诺期限等内容，并通过行政审批中心窗口进行公示。全年共办理危险化学品安全生产许可证2家、换证9家；危险化学品定点批准3家，变更及换发危险化学品定点批准7家，办理剧毒、易制毒、重大危险源备案49家；新办危险化学品经营许可证35家、换证30家；新办烟花爆竹经营许可证67家。

【安全生产责任制】 修订完善《安监站安全生产责任制考核办法》，并与各镇、街道、管委会安监站签订安全生产目标管理责任书。督促各镇、街道和管委会与各村（社区）、规模以上企业、高危行业企业签订安全生产目标管理责任书。印制企业安全生产法律法规、规章制度以及相关台账2500本(套)，下发到全市各个企业。

【启动危化品登记工作】 制订《海宁市危险化学品安全监督管理工作要点》，全面启动危险化学品登记工作。对全市51家危险化学品的生产、储存、经营带储存和使用危险化学品数量构成重大危险源的生产经营单位履行安全生产职责情况实行报告制度。开展使用硝化、氟化、氯化、重氮化、加氢等高危工艺及危险装置企业的摸底排查，引导企业安装自动控制系统。

【矿山行业监管】 贯彻实施矿山安全生产许可证制度，提高矿山的准入标准。督促新开工矿山在新建、改建、扩建项目时，安全设施必须与主体工程同时设计、同时施工、同时投入生产和使用，安全设施投资纳入建设项目概算。全市四家矿山企业取得矿山安全生产许可证。加强对在建矿山日常安全检查，确保建设过程中不发生生产安全事故。

【烟花爆竹监管】 从源头上遏制伪劣烟花爆竹流入市场。在长安镇捣毁一特大非法烟花爆竹批发窝点，涉案的烟花爆竹共计3005箱，合计价值100余万元。对于查获和平时收缴的伪劣烟花爆竹共计4155箱，在尖山进行集中销毁。全年共检查烟花爆竹批发单位5次、零售经营单位300余次，取缔无证经营摊贩78个，没收一批假冒伪劣烟花爆竹，打击无证经销等违法行为。

【企业分类监管】 实行企业ABCD分类，强化CD类企业监管力度。对全市工商贸企业进行了安全生产评估分级。评估分级工作突出机械、建材、纺织等重点行业，兼顾一般企业。对于C级和D级企业，市安监局和各安监站对其进行重点监管。

【安全生产专项整治】 开展复合涂层企业专项整治，共排摸出复合涂层企业94家，其中68家为专项整治对象。联合公安、民防等部门在全市开展涉氯企业安全专项整治行动。对存在堆场的生产经营单位进行专项整治，开展隐患排查治理，完善事故应急预案。还开展危险化学品生产企业安全间距专项整治，电镀专业区危险化学品、剧毒、易制毒安全管理专项整治，空气化工产品无人值守现场供气专项整治。

【安全生产宣传教育和培训】 推行生产安全事故通报制度、警示告诫制度和事故企业负责人约谈制度。对安全生产亡人事故和有较大影响的伤人事故，通过文件形式逐一向各镇、街道、管委会和企业进行通报。对一个时期内发生亡人事故较多的镇、街道、管委会和市直有关单位进行书面告诫警示。对于发生伤亡事故的生产经营单位，由局领导约谈责任单位负责人。加强对企业管理人员和特种作业人员的培训。全年共举办规模以上企业主要负责人培训班2期，培训人员243人；矿山负责人及安全管理人员培训班1期，培训24人；村、社区安全生产协管员2期，培训人员222人；嘉兴市宣教中心在海宁教学点举办厂内机动车培训班4期，培训人员311人；培训电工921人，电焊工154人，危化单位负责人、从业人员809人。

（朱新春）

图 56 检查烟花爆竹经营点

审批办证服务

【概况】 市行政审批服务中心全年累计受理各类行政审批事项 49.88 万件，办结率 100%。审批新设立企业 1268 家，其中外资企业 24 家；审批技改项目 590 项，其中外资 21 项；审批建设项目 654 项，累计收费 4.49 亿元。招标采购服务中心共组织完成各类项目交易总数 567 项，总交易金额 68.27 亿元。其中工程建设类项目 294 项，交易金额 27.60 亿元，建筑面积 144.0 万平方米，节约率 7.41%；政府采购类 260 项，交易金额 1.38 亿元，节约率 14.4%；土地交易类 13 期，交易地块 171 宗，成交金额 40.67 亿元，出让面积 343.4 万平方米，比上年增长 25.2%。产权交易 1 项，成交金额 161 万元，增长 7.3%。市行政审批服务中心荣获 2009 年度“嘉兴市优秀行政审批服务中心”称号，国地税（财政）窗口荣获 2009 年度“嘉兴市群众满意基层站所（办事窗口）”称号，建设局房管窗口荣获 2009 年度“省建设厅群众满意基层站所（办事窗口）”称号。硖石街道、许村镇公共服务中心被评为“嘉兴市先进镇（街道）便民服务中心”，丁桥、斜桥和长安镇招标采购中心被评为“嘉兴市先进镇（街道）招标采购中心”。

【审批制度改革】 加大行政许可职能归并和项目进驻力度，一个主中心（23 个进驻部门）、三个分中心（公安、交通、劳动和社会保障）共进驻行政许可事项 325 项，进驻率提高到 90.3%；涉及审批的科室从 77 个减少为 32 个，缩减率 58.44%；12 个部门按要求实现行政用章和审批用章的分离，提高窗口现场办理能力。中心窗口立等可取的审批事项从上年占办件总量的 30%上升到了 50%以上。全市实际发生办理的行政许可事项中，审改前平均承诺办理时间为 16 天，审改后平均办理时间为 9 天，提速 43.75%。

【浙江省部分经济强县（市、区）行政审批联席会议在海宁召开】 6 月 16～17 日，浙江省部分经济强县（市、区）行政审批服务中心第八次主任会议在海宁召开。省纪委效能室主任陈晓明、嘉兴市政府副秘书长嘉兴市行政审批服务中心主任刘同山、海宁市副市长朱祥华出席会议并讲话，萧山、义乌、海宁等 13 个县（市、区）主任作交流发言。

【提升窗口服务质量】 按照审改方案的要求，将推进批管分离的落实情况纳入市委、市政府对部门的年度岗位目标责任制考核，并联合市监察局、法制办和编委等部门开展督查。印制《海宁市政府投资项目并联审批服务指南》，将部分事项进行并联办理，进一步缩短办理时限。推动三级便民服务体系建设，从加强制度建设、增强便民举措等方面对镇、街道公共服务中心进行指导，破解基层企业、群众“办事难”的问题。建设局窗口率先在窗口使用自行设计的行政审批“GPS导航系统”，市工商局注册窗口推出经济“保增促调”九项举措，财政地税窗口对房地产交易税收实行“一窗式”征收管理等服务举措赢得基层群众广泛好评。

图57 6月16～17日，浙江省部分经济强县（市、区）行政审批服务中心第八次主任联席会议在海宁召开

【规范招标平台运作】 拓展公共资源交易范围，根据《浙江省产权交易规则》的相关规定和市招标办的职责定位，市招标办会同市财政局提请市政府转发《关于市级国有、集体产权转让的若干意见的通知》，国有、集体产权转让进入市统一招投标平台交易。为规范建筑市场交易行为，起草《海宁市公共资源交易监督管理办法》并经市政府以政府令（政府令37号）发布。起草《海宁市工程建设项目施工招标评标暂行办法》、《海宁市公共资源交易工作部门联席会议制度暂行规定》和《海宁市工程建设项目施工招标投标资格审查办法》等招投标制度。推行电子辅助评标系统、暗标评标系统，最大限度地避免评审过程中的人为因素。为有效解决普遍反映的政府采购时间长等问题，市招标采购服务中心开发物资采购“网上竞价管理系统”。加强对镇、街道招标采购平台、市重点发展平台的指导、监督工作，为每个平台安装与市统一招投标平台联网的招投标办公自动化软件和评标专家抽取系统，开展市级评标专家委托抽取的服务。

（张 峰）

“三产”服务

【概况】 2009年，海宁市“三产”管理工作初步实现从谋划发展为主向推动发展为主转变、招商工作从服务为主向招商引资转变两个工作重心的调整。全年实现第三产业增加值130.67亿元，比上年增长13.3%(可比价)，增速高于全市国内生产总值3.2个百分点；完成社会消费品零售总额153.91亿元，增长 16.2%；第三产业增加值占国内生产总值比例为 34.81%，比上年提高 1.27 个百分点；实现“三产”地税收入 8.39 亿元，增长 7.02%，占地税收入的 50.51%。全市第三产业从业人员增至 92,439 人，比上年增加 5143 人。全年第三产业固定资产投资 66.03 亿元，增长 47.4%。

【编制完成“三产”发展规划】 由海宁市三产服务与粮食局牵头组织编制的《海宁市第三产业发展总体规划（修编）》、《海宁市商贸服务业及网点发展规划（修编）》、《海宁市现代物流业发展规划》、《海宁市总部（楼宇）经济发展规划》等 4 个“三产”规划，于年内经海宁市人民政府批准实施。

【“三产”发展扶持】 加大对第三产业发展的政策扶持力度，全年累计兑现海宁市级服务业发展扶持奖励资金 1,419.2 万元，海宁市经编产业促进中心项目得到国家发改委 400 万元国债扶持资金支持，海宁市科创中心项目获得 100 万元浙江省服务业发展引导财政专项资金。第三产业综合管理体系不断健全，统筹协调、齐抓共管的“三产”管理体系不断完善，做到工作例会、考察学习、业务培训、课题调研等日常管理工作制度化。基层“三产”管理队伍建设得到重视加强，“三产”目标考核、评优评先办法得到完善和落实，全年评选产生海宁市级“三产”发展先进集体 15 家、“三产”服务优秀单位 12 家、“三产”优秀经营企业 15 家、“三产”重点项目实施先进单位 3 家、“三产”工作先进个人 40 名。

【“三产”招商引资】 举办宁波物流专场招商会，参加嘉兴市服务业项目（香港）推介会、嘉兴市服务业项目北京恳谈会等项目招商推介活动，重点加强对珠江三角洲地区、民营资本充裕的温州、宁波及近邻的杭州、萧山等地的招商引资力度，实行外出招商与网络招商、主动招商与以商引商相结合。引进“好立方”农村便利店、浙江太平洋商务酒店、浙江连杭物流二期、华润万家生活超市、连杭发展大厦等重点经营性“三产”项目。长安镇财富中心、长安镇家居市场、城南商贸中心、经发区综合物流等项目处洽谈阶段。经编商城、皮革城总部区、广隆财富中心招商工作进展顺利，宁波汉通餐饮、嘉兴金悦王朝餐饮等企业先后入驻，浙商证券、浦发银行、华厦银行等正式落户海宁。全年“三产”服务业实现合同利用外资 8944 万美元，实到外资 6513 万美元，引进市外内资 5.1 亿元。

【“三产”重点项目建设】 突出重点，主动服务，加强对“三产”重点项目的推进，制订项目推进计划，实行专人负责、全程跟踪。通过召开协调会、通气会、现场办公等多种形式，在协调关系、证照办理、水电安装、劳动用工、投资主体变更等方面为投资商提供优质、高效服务。结合开展“奋战八十天，百亿投入百万拆迁项目推进”专项集中行动，加快重点项目建设进度。农发区奥特莱斯、城南高星级酒店、连杭物流、金融中心等项目开工建设，百汇海隆一期、二手车市场、杭东农副产品市场等建成使用。

（孙月庆）

［编辑：管通海］

科学技术

Science & Technology

综　　述

2009年，全市财政科技支出突破1亿元，达到1.10亿元，比上年增长7.2%。全社会科技投入超14.3亿元，增长12.7%，其中R&D 7.50亿元，占GDP的比重达2.0%，提高0.04个百分点。

实施各级各类科技计划项目405项，其中新列项目322项，科技计划项目实施总体完成情况较好，取得良好的经济和社会效益。全市建立各类科技研发机构177家，研发机构内科技活动人员4510人。

海宁太阳能利用省级高新技术特色产业基地获省科技厅批准建设，成为海宁市继软磁新材料、纺织新材料、复合包装材料后，第四个省级高新技术特色产业基地。年内，四个高新技术特色产业基地共开发高新产品72项。浙江晶科能源有限公司等16家企业被认定为国家高新技术企业。市政府与山东省科学院签订战略合作框架协议，开展高新技术成果技术服务全面合作。市财政设立科技创新风险引导基金，专门用于扶持创业投资发展。

全市通过各级鉴定、验收科技成果170项，获各级科技进步奖54项，其中外来入侵生物烟粉虱发生危害规律和综合治理研究项目获2009年度浙江省科技进步奖一等奖。

全年专利申请1664件，专利授权1253件。海宁市知识产权保护促进中心成立，组织开展专利权质押贷款，海宁市久达光电科技有限公司获得首笔专利权质押贷款。

市科技创业中心被认定为省级专业科技企业“孵化器”，全年引进、认定“孵化”企业23家，有6家企业经过“孵化”成功毕业。海宁市科技创业中心一期工程开工。

2009年，海宁市顺利通过全国科技进步县市考核，被评为先进。在上年度浙江省科技进步监测中，海宁市科技进步规模综合评价列全省第十四位，嘉兴市第一位；水平综合评价列全省第十五位，创历史最好水平；变化情况综合评价列全省第十七位，嘉兴市第三位。

（王　莉）

科技计划与高新技术产业化

【概况】 2009年，全市实施各级各类科技计划项目405项，按级别分：国家级35项、省级212项、嘉兴市级12项、海宁市级146项。其中新列项目共计322项，按级别分：国家级8项、省级204项、嘉兴市级12项、海宁市级98项。海宁市级科技计划项目分两批下达，其中重点项目25项，项目按行业分：农业类41项、工业类60项、社会发展类45项。

58 项省级新产品完成科技成果鉴定，7 项“国家火炬”项目、1 项省级重大专项、1 项省级国际合作项目、1 项特色产业基地专项、1 项本级重点项目、41 项省级新产品通过验收。“SCM-600 全自动中速纸杯成型机”等 201 项新产品被列入省级新产品试制计划，数量位居嘉兴市前列。

海宁太阳能利用省级高新技术特色产业基地获省科技厅批准建设，浙江省嘉兴经编产业技术创新服务平台被浙江省科技厅认定为省级区域创新服务平台。浙江晶科能源有限公司等 16 家企业被认定为国家高新技术企业。浙江锦达新材料股份有限公司列入浙江省第三批创新型试点企业。列入统计范围的 36 家高新技术企业，全年完成工业总产值 81.85 亿元，实现利税 11.08 亿元。

继续实施企业研发中心建设三年行动计划，新认定省级高新技术研发中心 2 家、嘉兴市级研发中心 10 家、海宁市级研发中心 45 家。全市已建立各类科技研发机构 177 家，研发机构科技活动人员 4510 人。

图 58 3 月 30 日，市政府与山东省科学院签订战略合作框架协议

【市政府与山东省科学院签订战略合作框架协议】 3 月 30 日，市委副书记、市长沈利农与山东省科学院院长王天义签订战略合作框架协议，双方决定依托海宁产业优势、地方政策、资金优势和山东科学院技术、信息、人才优势，开展高新技术成果技术服务全面合作。

【七家企业获国家技术创新资金立项】 年内，海宁新光阳光电有限公司的“高光效长寿命陶瓷金卤灯研发及产业化”、海宁洁宇环保设备有限公司的“高效铝电解烟气净化技术与设备”、海宁戈力远数控科技有限公司的“多功能高速数控切绘机”、海宁泰兴机械有限公司的“纺织后整理超柔磨毛机”、浙江迪邦达轴承有限公司的“TAC02、03 系列高精度电动注塑机滚珠丝杆支撑用推力角接触球轴承”、浙江上易机械有限公司的“纸杯高速全自动成型机”、浙江海宁经编产业园区开发有限公司的“‘马桥经编’技术创新与质量控制服务平台”7 项创新项目，获得国家中小企业技术创新资金立项支持，总计获得资金 435 万元。

【海宁太阳能利用省级高新技术特色产业基地获批】 8 月 10 日，省科技厅下发《关于同意建立临安高虹绿色照明等 12 家省级高新技术特色产业基地的批复》，批准建立海宁太阳能利用省级高新技术特色产业基地，同时批准浙江美大太阳能工业有限公司、浙江力诺宝光太阳能有限公司、浙

图 59　8 月，海宁太阳能利用省级高新技术产业基地获省科技厅批准

江桑乐数字化太阳能有限公司等 4 家企业为该特色产业基地骨干企业。

【设立科技创新风险投资引导基金】　年内，海宁市设立科技创新风险引导基金，专门用于扶持创业投资发展。引导基金规模为 3000 万元，由市财政预算安排。引导基金的支持对象是投资于海宁市初创期科技型中小企业的风险投资公司或其他投资企业。引导基金主要采用投资奖励和风险补助两种引导方式：投资奖励是对符合规定条件的风险投资公司按照其对投资企业的实际投入资本的 5%给予奖励，对单个投资项目的投资奖励金额最高不超过 200 万元。风险补助是对符合规定条件的风险投资公司和其他投资企业产生投资损失时，按照不超过实际投资损失额的 30%给予补助，对单个投资项目的风险补助最高不超过 300 万元。

【举办科技创新暨高新技术企业管理培训班】　3 月 24 日，海宁市举办科技创新暨高新技术企业管理培训班。浙江省火炬中心副主任杜旭虹为培训班学员解读国家和省扶持自主创新的各项政策，介绍政策的落实办法、途径以及政府支持企业科技创新的科技计划项目申报办法；上海资本加创新管理有限公司执行董事朱军讲授相关专利知识。

【举办 2009 海外高层次留学人员交流洽谈会】　11 月 7 日，市委组织部、市人事局、市科技局联合举办 2009 海外高层次留学人员交流洽谈会，12 名海外留学人才应邀到会。各镇、街道、开发区以及相关企业的负责人与留学人员展开项目接洽活动。海外留学人员带来 20 多个创业项目，有“单晶硅薄膜太阳能电池”、“家禽喝的酸奶”、“利用火山灰处理生活污水”、“既降血压又降血糖的糖尿病新药”等，主要涉及生物医药、新能源新技术、电子信息、现代生态农业等高新技术领域。

（覃　渊　王　莉）

科技成果及利用

【概况】　2009 年，全市通过各级鉴定、验收科技成果 170 项，其中省级以上鉴定、验收 102 项，海宁市级 68 项。鉴定、验收工业项目 23 项，农业项目 22 项，社会发展项目 23 项。年内共获各级科技进步奖 54 项，其中省科技进步奖 3 项（一等奖 1 项、三等奖 2 项），嘉兴市科技进步奖 11 项（二等奖 2 项、三等奖 9 项），海宁市级科技进步奖 40 项（一等奖 2 项、二等奖 10 项、三等奖 28 项）。

【外来入侵生物烟粉虱发生危害规律和综合治理研究】 该项目由海宁市植保土肥技术服务站参与完成，获 2009 年度浙江省科技进步奖一等奖。该项目通过广泛系统的田间调查和大量分子检测，揭示 B 型烟粉虱入侵、扩散并取代土著烟粉虱的过程，其携带的双生病毒（番茄黄化曲叶病毒和台湾番茄黄化曲叶病毒）也随之入侵并迅速流行为害。综合运用生态学、行为学、病毒学、分子生物学等方法，首次发现入侵烟粉虱与土著烟粉虱之间的非对称交配互作和入侵烟粉虱与所传病毒间的间接互惠共生的 2 个重要机制，是生物入侵机制研究领域的重大突破，相关论文在国际一流学术刊物《Science》（美国《自然科学》杂志）和《PLoSONE》（《公共科学图书馆·综合》杂志）上发表。鉴定烟粉虱的寄生性天敌 11 种，其中 7 种为中国新记录。研发一种高效经济的粘虫色胶板获国家专利（专利号 ZL200420027355.1），并推广应用 10 万张。筛选 5 种高效低毒的防治药剂，因地制宜集成清洁田园、高温闷棚、隔离育苗、色板诱杀和高效低毒农药等综合治理技术体系，有效控制烟粉虱及其所传病毒的危害，保护作物的安全生产和高产，可减少农药用量 60%。该综合治理技术体系在浙江省推广应用 34.83 万公顷，增收节支 5.58 亿元。

【制革清洁生产技术及装备的研究开发】 该项目由浙江卡森实业有限公司承担完成，获 2009 年度浙江省科技进步奖三等奖、海宁市科技进步奖一等奖。该项目通过研究制革工艺，通过合理的工艺改进降低废水污染物的浓度，特别是硫化物和铬的浓度；研究将复杂的制革工艺过程进行合理分解，对所产生的废液实行分段截流，以便分别处理；研究开发废液处理装备，所开发的装备要能够实现处理后排放的废水达到国家污水排放一级标准，处理后废液达到回用于相关制革工序的要求；研究处理后废液的回用技术，关键在于必须同时确保制革产品质量；研究并形成全套制革清洁生产工艺，并通过中试运行逐步优化。五道工序解决制革废液分段处理及循环回用问题，实现制革企业的清洁化生产。累计新增利税 2256 万元，新增利润 1029 万元。

【数字农业信息采集关键技术研究与产品开发】 该项目由海宁市农业机械管理站参与完成，获 2009 年度浙江省科技进步奖三等奖。该项目综合应用 GPS、GIS、传感技术、无线网络技术、光谱技术和多光谱成像技术，对一系列农业信息采集关键技术和仪器进行研究，其中包括测量点的 GPS 差分实时快速定位技术、作物生长和养分信息的快速无损获取方法、信息的远程无线传输与诊断技术等。研发便携式 GPS 面积测绘仪、GPS 土壤压实度测量仪、植物活体叶面积测量仪、GPS 电导率、pH 测试仪、基于掌上电脑的农田信息测量仪、GPS 植物土壤养分快速测试光谱仪和基于光谱和多光谱成像技术的作物养分采集测试系统等 9 种拥有自主知识产权的智能化仪器以及基于 WebGIS 的土壤及植物生长信息的动态监测平台，有显示、储存、定位和信息传输等功能。鉴定和查新表明研制的仪器属国内外首创；在集成光谱技术和多光谱成像技术进行快速无损测量作物叶绿素和氮含量的新方法、基于 WebGIS 技术的多种养分信息和位置信息的实时多路测试和分析、基于内置 GPS 和嵌入式单片机的便携式土壤特性快速测试系列仪器开发等研究上处于国际领先水平。该项目获发明专利2项，实用新型专利8项，软件著作权登记5项，已受理并公开发明专利5项；发表学术论文50多篇，其中SCI收录论文25篇。其研究成果在省内宁波、嘉兴、台州、温州、绍兴及山西、黑龙江、江苏省等60多个市（县）的农业示范园区和农业（农机）管理部门推广应用，建成现代农业示范园区703个，面积3.9万公顷，其中11个为省级农业高新园区，产生年经济效益1100多万元。

表29　　2009年度浙江省、嘉兴市科技进步奖获奖项目

序号	项目名称	主要（参与）完成单位	获奖级别
1	外来入侵生物烟粉虱发生危害规律和综合治理研究	海宁市植保土肥技术服务站	浙江省科技进步奖一等奖
2	制革清洁生产技术及装备的研究开发	浙江卡森实业有限公司	浙江省科技进步奖三等奖
3	数字农业信息采集关键技术研究与产品开发	海宁市农业机械管理站	浙江省科技进步奖三等奖
4	N-pln烟气净化过滤器	洁华控股股份有限公司	嘉兴市科技进步奖二等奖
5	浙北地区突发性害虫——晚稻穗部稻虱发生消长动态与控制技术研究	海宁市植保土肥技术服务站	嘉兴市科技进步奖二等奖
6	MA477型宽幅起毛机	海宁纺织机械厂	嘉兴市科技进步奖三等奖
7	BROBOL（博糅宝）-TF加脂剂	兄弟科技股份有限公司、温州大学	嘉兴市科技进步奖三等奖
8	粮桑混栽区水稻农药安全使用模式研究	海宁市植保土肥技术服务站、海宁市蚕桑技术服务站	嘉兴市科技进步奖三等奖
9	鲜切花农业气象灾害指标的研究及应用	海宁市气象局、海宁市林业果树技术服务站、海宁市长安镇农技水利服务中心、海宁市许村镇农技水利服务中心、嘉善县气象局	嘉兴市科技进步奖三等奖
10	不同果桑品种桑葚红色素提取工艺的研究	海宁凤鸣叶绿素有限公司、海宁市蚕桑技术服务站	嘉兴市科技进步奖三等奖
11	动态CT扫描在创伤性急性硬膜下血肿保守治疗病例中应用的前瞻性队列研究	海宁市人民医院、浙江大学脑医学研究所	嘉兴市科技进步奖三等奖
12	霍乱弧菌生物学特性、毒力基因特征的分析研究	海宁市疾病预防控制中心	嘉兴市科技进步奖三等奖
13	超早期微创血肿清除对脑出血病人血脑屏障功能的影响	海宁市人民医院	嘉兴市科技进步奖三等奖
14	动物防疫及畜产品安全信息管理系统的研究与开发	海宁市畜牧兽医局	嘉兴市科技进步奖三等奖

（朱锡贵）

知识产权（专利）保护

【概况】 2009年，全市专利申请1664件，其中发明105件、实用新型303件、外观设计1256件。专利授权1253件，其中发明26件、实用新型157件、外观设计1070件。3月，修订完善《海宁市省级知识产权示范创建市工作实施方案》，出台《海宁市知识产权示范镇（街道、开发区）创建工作实施意见》和《海宁·中国家纺装饰城纺织品花样版权登记管理保护办法》。初步形成专利申请资助、发明授权奖励、示范企业创建、专利技术产业化补助、专利实施奖励等知识产权和自主创新政策体系。9月22日，在海洲大饭店举办企业知识产权管理实务高级研讨会，来自全市各镇、街道、开发区分管领导，嘉兴市级以上专利示范企业、高新技术企业的董事长、总经理及分管知识产权工作负责人100余人参加。

【知识产权联合执法行动】 4月21日，市科技局会同市公安局、工商局、文化广电新闻出版局等单位派出15名执法人员，在副市长傅松苗带领下，在海宁中国家纺城开展以查处假冒专利、商标和专利、版权侵权等违法行为的保护知识产权联合执法专项行动。对3起版权侵权事件进行查处。

【海宁市知识产权保护促进中心成立】 5月19日，海宁市知识产权保护促进中心成立，由相关职能部门和知识产权法律专业人员组成。设办公室、版权（家纺花样）登记管理保护办公室等工作部门。为进一步加强知识产权保护、管理、咨询和服务，建立健全知识产权服务网络的信息沟通渠道，维护合法权益。

【知识产权示范创建镇认定】 发挥镇（街道、开发区）政府（办事处、管委会）运用知识产权制度推进技术创新与经济发展的职能作用，推动知识产权工作全面、深入开展，提升镇、街道知识产权管理工作能力。出台《海宁市知识产权示范镇（街道、开发区）创建工作实施意见》，采用百分制进行考核验收，内容包括：知识产权管理体系、机构和政策措施，知识产权宣传和培训，知识产权保护，专利服务，专利申请，企业知识产权工作6个方面19项具体指标，其中5项指标实行“一票否决”。7月9日，马桥街道创建嘉兴市专利示范镇通过验收。10月，许村、周王庙两镇成为海宁市知识产权

图60 9月18日，海宁市首笔专利权质押贷款发放

示范（街道、开发区）创建镇。

【首笔专利权质押贷款发放】 为推进专利技术的实施和产业化，提升知识产权的市场价值，解决科技型中小企业融资难问题，市科技局与中国人民银行海宁支行联合有关商业银行组织开展专利权质押贷款，联合转发《浙江省专利权质押贷款管理办法》。9 月 18 日，海宁市久达光电科技有限公司获得嘉兴市商业银行海宁市支行首笔专利权质押贷款 50 万元。

（邱根贤）

防震减灾工作

【地震监测预报】 完善地震前兆观测站设施，安装地震仪智能远程防雷控制器，加强日常台站维护工作，为省地震台网提供地震前兆监测数据。被浙江省地震局评为地震观测资料质量优秀奖，被嘉兴市地震局评为地震监测台站建设工作二等奖。

【南苑小学被认定为省防震减灾科普教育基地】 2 月 25 日，由省地震局、教育厅，嘉兴市地震局、教育局联合组成考核验收组对南苑小学的创建工作进行实地考察，听取学校对科普教育基地建设、防震减灾活动开展等情况汇报，查阅相关资料。验收组一致认为南苑小学科普基地建设工作效果显著。3 月 26 日，海宁市南苑小学被省地震局、教育厅认定为浙江省防震减灾科普教育基地，成为海宁市第一家省级防震减灾科普教育基地。

【全省中小学、幼儿园应急避险现场会】 3 月 18 日，在南苑小学举办全省中小学、幼儿园应急避险现场会，地震应急避险演练设置教室内应急避震、紧急疏散、自救互救、消防灭火、震后心理辅导等项目。与会的省教育厅领导及各市、县（市、区）教育局领导近百人观摩了由南苑小学全校师生参加的地震应急避险演练现场会。

【“平安市县”创建考核】 为推进防震减灾工作的开展，浙江省把防震减灾纳入“平安市县”创建考核。对防震减灾工作的“组织机构和人员”、“经费保障”以及“抗震设防监管”三项内容进行考核。海宁市通过加强建设工程抗震设防监管，顺利通过防震减灾“平安市县”创建考核。

（葛利康）

海宁市科技创业中心

【概况】 海宁市科技创业中心于 2005 年 12 月挂牌运行。为加强中心的建设和管理，经市编委批复同意，2008 年 5 月设立事业单位性质的管理机构海宁市科技创业中心；同时为便于新建工程项目的运作和管理，2008 年 9 月市科技局与海宁经济开发区管委会共同投资成立海宁市科技创业中心投资有限公司，注册资金 6000 万元。2009 年，海宁市科技创业中心被浙江省科技厅认定为省级科技企业“孵化器”。

全年累计引进、认定“孵化”企业 23 家。企业研发产品涉及光通信器件、机电一体化、生物医药、新材料等领域，大部分科技项目实现从科技成果到商品的转化，有 6 家企业经过“孵化”成功毕业。“孵化”企业中 2009 年销售收入超过 1000 万元的 2 家，接近或超过 500 万元的 4 家。科技创业中心有博士 4 名，硕士及高级职称人员 13 名，留学归国人员 4 名。

【海宁市科技创业中心一期工程开工】 6月28日，海宁市科技创业中心建设工程开工建设。该工程被列为省重点建设项目及服务业重大建设项目，工程总投资2.65亿元，建筑面积8万平方米，其中一期工程总投资1.84亿元，占地面积4公顷，建筑面积57,480平方米，包括1幢19层科研综合楼、3幢“孵化”厂房、1幢公寓楼和1幢食堂。（贾建根）

海宁皮革研究院

【概况】 2009年，海宁皮革研究院已形成技术推广、检测、电子商务、设计、培训五大中心，开始浙江省皮革工业研究中心皮革化学品、牛皮制革技术两大基地建设工作，筹建绵羊皮、裘皮、牛皮三条清洁化制革标准示范生产线。累计引进博士1名、硕士6名、本科生16人、形成41人工作团队。年内，检测中心为卡森实业、蒙努集团等300多家皮革企业进行4000多批次的检测服务。中心实验室通过CNAS（中国合格评定国家认可委员会）认可、浙江省计量认证及审查认可、国家审查认可和计量认证，涉及标准283项，其中国际先进标准171项，通过英国BLC皮革科研及技术中心认可项目84项，涉及皮革、皮革制品、毛皮、毛皮制品、箱包、皮革化工、合成革、纺织品参数等。成立服装设计中心，建立设计产品“孵化”基地。联合电子商务中心建立皮革业信息化设计平台，研究开发三维拟人虚拟服装设计系统的产业化关键技术。

【重点制革技术研发项目】 完成“新型循环高效节水与清洁化制革关键技术研究与集成示范”项目的评审验收。该项目由海宁皮革研究院牵头，海宁市富升裘革有限公司、温州大学、海宁兄弟皮革有限公司共同参与，联合西班牙企业共同承担，是浙江省重大科技专项（优先主题）国际科技合作项目。在引进西班牙杰尼斯·安迪公司先进技术的基础上再创新开发三大关键技术，总计投入科研经费2700万余元。三项关键技术分别为：低耗用高吸收铬鞣与废铬液回用，湿整饰过程中水回用，清洁化脱毛技术和节水技术集成。9月，该项目通过由全国制革清洁技术首席专家、中国工程院院士石碧为首的专家组评审验收。实施“牛皮制革湿加工及中水回用工艺技术研究与示范”项目。该项目由海宁皮革研究院牵头，温州大学、海宁蒙努皮革制品有限公司、浙江大众皮业有限公司、陕西科技大学共同参与，是省重大科技专项工业项目。于1月开始实施，投入科研经费764.3万元，下设牛皮软革湿加工技术研究与示范、基于中水回用的循环减排技术研究开发与示范两个子课题。通过该项目的实施，将减少铵盐的用量，降低废水中氨氮的含量，减少硫化物的排放和铬鞣剂用量。与海宁瑞星皮革有限公司合作开展牛皮无硫低污泥小试生产工艺研究，与浙江大众皮业有限公司合作开展新型牛皮鞋面革研究，与富升裘革有限公司合作开展绵羊皮清洁制革工艺研究。

【建立公共实验室】 5月，建立浙江省皮革行业科技创新服务平台公共实验室。该实验室主要针对皮革行业存在的污染问题、清洁化生产和产品高档化等一些共性、关键技术，主动设计重大科技公关项目，组织人员进行联合攻关；利用其在小试、技术等方面的优势，与企业、化学原料销售公司联合进行新产品开发和技术推广工作。服务重点是为大型皮革企业小批量实验提供服务和皮化公司新产品推广提供服务和打样条件。至年底，吸引了韩国韩一科技有限公司、海宁天元化工有限公司、普昱化工有限公司等多家皮革化学原料销售商在公共实验室进行实验200批次以上。

【筹建绵羊皮制革生产线】 海宁皮革研究院与中国科学院成都有机化学研究所、四川大学、陕西科技大学、温州大学以及中国皮革和制鞋工业研究院等高校及科研机构合作，在兄弟科技股份有限公司建立一条绵羊皮制革标准示范线。标准示范线建成后，成为浙江省乃至全国皮革行业的清洁化制革标准。

【开通网上皮革城业务】 9月28日，海宁皮革研究院联合海宁中国皮革城网络科技有限公司建立“网上皮革城”上线，当日销售额突破人民币10万元。“网上皮革城”旨在通过网络营销、建立实体加盟店形式拓展业务范围，依托海宁中国皮革城，结合新兴网络媒介，通过多种媒体组合及传统的外延推广渠道进行商品推广、对外宣传，促进海宁皮革产业在电子商务领域的发展，扩大市场辐射范围，拓展市场发展空间。至年底，完成1000万元的销售目标，并在国内一线城市发展实体体验店。

【人才培训】 邀请北美裘皮协会和北美裘皮拍卖行、哥本哈根皮草学院、北京西蔓色彩等国内外的专家为海宁的设计人员和技术人员开设讲座和培训，计300余人参加；为企业技术人员提供检测技术标准等培训，计250余人参加；为兄弟皮革有限公司、富升裘革有限公司、中辉皮革有限公司等制革企业开设制革技术培训班，计140余人参加。

（沈莹洁）

［编辑：王国坚］

基础设施建设

Basic Facilities Construction

铁路运输

【概况】 2009年，海宁站日均办理客运业务列车74列，办理货运摘挂列车6列。全年到发旅客145万余人次，到发货物37万吨。运输收入9084万元，比上年增加1749万元。

长安站只办理客票销售工作，办理货运摘挂列车6列，其他通过客车、货物列车每昼夜220列左右。全年旅客到发4万多人次，货物到发25万吨，运输收入670万元。被上海铁路局评为“优秀标准中间站”。

斜桥站在路网上为四等中间站，不办理客货运业务，担负列车到发、会让等工作。日均接发列车116对、232列，其中旅客列车85对，占73%，包括动车组35对、行专列3对、货物列车28对。至年底，安全行车5612天。2009年，被上海铁路局评为“文明车站”、“先进车站”。

【提升客运服务】 春运期间，海宁站开展“青春促和谐，真情献春运”为主题的“青年志愿者与春运同行”活动，完成春运运输任务。海宁站向上级申请，动车组办理从原10趟增加到27趟，方便市民出行旅游，吸引更多外地旅客乘坐动车组到海宁购物、旅游、观光。在设备设施上进行大量投入，增设“列车到发信息通告系统”、“票房数字监控系统”、“旅客引导系统”等；在服务上，开展“和谐之旅·精彩世博”客运服务质量年活动，通过管理创新、机制创新、服务创新，提升客运服务质量。

（童亮亮　郑文健　倪　明）

公　路

【概况】 2009年，全市交通基础设施建设共完成投资5.48亿元，其中公路建设完成投资5.41亿元、水运建设完成投资744万元。嘉绍高速公路海宁段征迁工作有序进行，房屋评估、交地工作基本完成。干线公路实施“343”工程。至年底，续建完成硖许公路长安至许村段、桐九公路（含下穿昆沪铁路通道）和08省道海宁段改建工程（01省道至硖川路段）；开工建设嘉绍高速公路袁花互通至杭浦高速公路丁桥互通连接线、硖许公路盐官支线、嘉绍高速公路硖石互通连接线（08省道至彭墩段）、硖许公路周王庙至长安段；做好硖许公路斜桥至周王庙段、硖尖线北延和高铁海宁站连接线工程的前期工作；完成天盐线、郭盐线、骑荆线、周斜线和湖桐线等22千米县乡道的大、中修工程；完成农村联网公路建设25.4千米，农村危桥改造22座。

至年底，村道以上公路总里程1,243.4

千米。按行政等级分：国道 64.9 千米、省道 83.7 千米、县道 223.4 千米、乡道 360.9 千米、村道 510.5 千米；按技术等级分：高速公路 73.7 千米、一级公路 138.0 千米、二级公路 51.0 千米、三级公路 159.2 千米、四级公路 673.0 千米、准四级公路 148.5 千米。每百平方千米公路密度 177.6 千米。

图 61　9 月 26 日，硖许公路长安至许村段建成通车

【硖许公路长安至许村段建成通车】　9 月 26 日，海宁市硖许公路长安至许村段建成通车。该路段起于长安镇环城北路与环城西路交叉口，终至海宁与余杭交界处，全长 8.8 千米。全线以塘许公路为界，以东的 6.6 千米按一级公路，双向四车道建设，设计时速为每小时 80 千米；以西的 2.2 千米规划为一级公路，暂按两级公路，双向二车道建设，设计时速为每小时 60 千米。工程总投资 1.5 亿元，于 2008 年 8 月 18 日开工，2009 年 9 月 10 日完工，并于 12 月 31 日通过交工验收。

【桐九公路拓宽工程通车】　1 月 20 日，桐九公路拓宽工程（硖斜公路到 01 省道段）通车。该段起于东西大道与原桐九线交接处，终至海宁与桐乡交界的南斜桥，中间下穿昆沪铁路，全长 8.5 千米。该工程采用老路拼宽的方式施工，拓宽后路基宽 17 米。按二级公路，双向四车道建设，设计时速为每小时 60 千米。工程投资概算 1.07 亿元。该工程于 2008 年 4 月 20 日开工，2009 年 12 月 31 日通过交工验收。

【桐九公路下穿昆沪铁路立交桥通车】　12 月 30 日，桐九公路下穿昆沪铁路立交桥通过交工质量验收并通车。该通道全长 440 米，宽 37.5 米，投资概算 3088 万元。

【硖许公路盐官支线开工】　5 月 20 日，硖许公路盐官支线开工。该路段又名观潮大道北延工程（01 省道至周斜公路），是盐乌公路的组成部分。支线全长 2.71 千米，路基宽 24.5 米，起于观潮大道与 01 省道交叉口，终接硖周线。按照一级公路标准设计，双向四车道加非机动车道。设计时速为每小时 80 千米。工程总投资 6000 万元。

【硖许公路周王庙至长安段开工】　12 月 25 日，硖许公路周王庙至长安段开工。该路段全长 6.7 千米，路基宽 24.5 米，起于周王庙镇桑梓路，终至长安镇辛江大桥。按一级公路标准建设，双向四车道，设计时速为每小时 80 千米，长安镇区段时速为每小时 60 千米。工程总投资 2.08 亿元。

【嘉绍高速公路海宁互通连接线08省道复线至硖尖公路段开工】 11月27日，嘉绍高速公路海宁互通连接线08省道复线至硖尖公路段开工。该工程全长2.6千米，路基宽24.5米，起于08省道复线(在建)，终至嘉绍高速海宁互通接口。按一级公路标准建设，双向四车道，设计行车时速为每小时80千米。工程总投资7035万元。

图62 12月30日，桐九公路下穿昆沪铁路立交桥建成通车

【嘉绍高速公路袁花互通至杭浦高速公路丁桥互通连接线工程开工】 3月27日，嘉绍高速公路袁花互通至杭浦高速公路丁桥互通连接线工程开工。该工程全长9千米，路基宽12米，东起嘉绍高速公路袁花互通，西接镇保公路，与杭浦高速丁桥互通相连。按二级公路标准建设，双向二车道，总投资约1.2亿元。

【嘉绍高速公路海宁段征迁工作】 至12月20日，嘉绍高速公路海宁段完成交地218.6公顷，占总数的95.4%，安置用地全部落实；完成房屋评估326户，占总拆迁户数的95.3%；签约310户，占总拆迁户数的90.6%；拆迁285户，占总拆迁户数的83.3%；企业拆迁18户、占总数的69%。三线迁移完成总数的97%。

(汪赛赛)

航　道

【概况】 全市有定级内河航道47条，总长360.8千米，其中四级以上干线航道3条(含规划建设)，长22.3千米；五、六级航道19条，长50.9千米；七级以下（含七级）航道25条，长287.6千米。

【公用码头被评为优良工程】 6月19日，海宁市公用码头工程通过交工质量鉴定，被评为优良工程。该工程于2008年7月1日开工，2009年5月15日完工，经公开招租后投入使用。码头岸线总长524.4米，位于海昌街道长山村、硖石街道西环村，长山河航道与杭平申线航道交汇点，紧邻08省道海宁段复线。码头占地11.3公顷，其中堆场3.8万平方米，停车场2500平方米，港区总建筑面积1202平方米。新建300吨级泊位8个，其中散货泊位5个、杂货泊位3个。总投资2670万元。

【六平申航道海宁段及支线启动养护工程】 9月22日，启动六平申航道海宁段及支线养护工程。该工程分两期实施，一期工程疏浚航道4.8千米，于12月完成；二期工程疏浚航道2.5千米，修筑护岸650米。工程计划于2010年10月底前完成，总投资370.3万元。

【市区码头综合整治顺利完成】 4月1日至12月31日，海宁开展市区码头综合整治工作。市区32座个私经营性码头，共45个泊位全部关停。非经营性和关系民生的石油、粮食、农资、应急运输类码头暂不列为整治对象。自9月1日起，市区部分航段设立船舶禁泊区，禁止货运船舶停靠装卸。

(汪赛赛)

交通管理

【概况】 2009年，全市有汽车运输经营单位2528家，拥有客货运汽车4506辆，其中客车730辆16,105个客位，货车3776辆13,985吨位。全市拥有客运出租车317辆，货运站（场）(含货运配载、货运代理、仓储等）业户161家。

全年完成公路客运量2775万人次，周转量64,559万人千米；完成公路（营运车辆）货运量372万吨，周转量32,208万吨千米。

全市完成水路货运量994万吨，周转量138,795万吨千米，水路货物发送量179万吨，港口货物吞吐量1259万吨。

公交线路总共64条，其中城市公交19条、城乡公交45条（跨境8条）。共有公交车289辆，新增加43辆。

全年“四自”公路征收通行费5,002.2万元，完成港航事业费823.4万元，征收航道通行费378.5万元。

年内，共拆除乡村公路上违法构筑物91处，拆除违法建筑物593平方米，清理规范马路市场18起，清除各类马路摊点514个、各类路面堆积物25,998平方米。受理并结案的乡村公路路政许可73件。由路政许可和路产损害赔偿而收取的乡村公路路产赔（补）偿费43万元。

农村公路管养“海宁模式”得到交通部的认可和肯定，9月30日，浙江省副省长王建满对“海宁模式”作出专题批示，并印发至各县（市、区）政府供学习借鉴。

周王庙镇公路管理站被嘉兴市交通局评为“嘉兴市农村文明示范公路站”，斜桥镇公路管理站、黄湾镇公路管理站被嘉兴市交通局评为“嘉兴市农村文明公路站”。

【完成公交便捷工程】 2009年，公交便捷工程列入政府实事工程。全年共新建候车棚258个，其中城乡公交线路上的候车棚219个、东西大道16个、镇保公路19个、桐九公路4个。新增、调整公交线路11条。城乡公交IC卡系统于12月1日启动，各类优惠措施同步推出。至年底，集中两年时间实施的公交便捷工程全面完成。该工程共新建公交候车棚896个，新增、调整公交线路24条。在全市所有公交车上推行IC卡，城乡老年人乘公交均享受同等优惠待遇。全市一般公路的公交覆盖率上升至45.4%。

【城乡公交IC卡收费系统启用】 12月1日，海宁市启用城乡公交IC卡收费系统。该系统实行两次刷卡的乘车方式，并同步实施老年人乘公交车优惠政策。根据《关于印发海宁市城乡公交IC卡系统实施意见的通知》文件规定，刷普通卡乘坐城乡公交车的票价优惠5%，60～69岁老年卡按票价优惠50%，70岁以上老年人和盲人、离休干部、

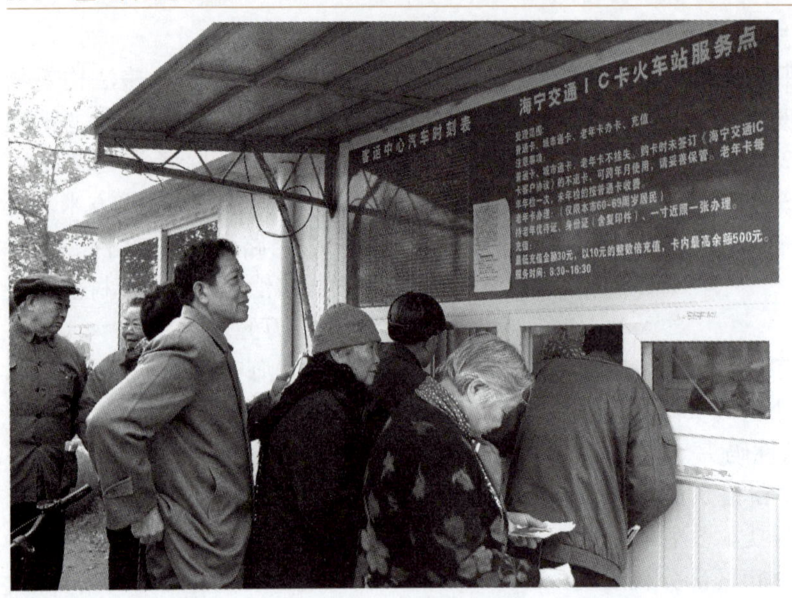

图 63　12 月 1 日，海宁市城乡公交 IC 卡收费系统启用，图为老年人排队办卡

伤残军人刷卡实行全免优惠，外地户口老年人在海宁生活的享受同等待遇。交通 IC 卡功能分为普通卡、老年卡、爱心卡三类。

【海宁汽车西站开工】　11 月 14 日，海宁汽车西站开工。该站位于浙江财经学院东方学院东北 2 千米，按客运二级站场标准设计，占地 2.1 公顷，建筑面积 4,152.9 平方米，计划于 2010 年 5 月投入使用。该站与连杭新区接轨，距下沙大学城 19 千米，与沪杭高铁海宁西站相呼应，是海宁西部交通的换乘枢纽。

【新增 30 辆出租车经营权投放完成】　至 8 月 31 日，海宁市完成新增加 30 辆出租车的经营权投放工作。至年底，出租车总量达 317 辆。新投放的出租车车型升级为桑塔纳志俊手动 1.8T，车内安装 GPS 定位仪、监控摄像和录音设备。所有车辆均实行单车服务质量考核制度，考核结果作为文明示范服务车评选的依据。

【开设首家“浙江惠农快修”店】　9 月 9 日，海宁市首家“浙江惠农快修”店落户许村镇照全汽车修配厂。该店以“方便、快捷、规范、优质”的快修标准服务农村车主。新启动的“浙江惠农快修”是浙江运管系统向农村汽车市场推广的一个品牌，实行统一标志，统一规定制作门头、接待台。

【全省农村公路工作会议在海宁召开】　5 月 15 日，全省农村公路工作会议在海宁召开。副省长王建满、省交通运输厅厅长郭剑彪等领导出席会议。省发改委、财政厅、人力社保厅、编办、农办和省运管局等相关领导到会。会上，副市长邵小文代表海宁市就农村公路建设及养护管理体制改革试点经验做法作交流发言。海宁的农村公路养护管理工作受到大会表彰，海宁被授予“全省农村公路养护管理试点工作先进市（县）”称号。

【海宁市公路养护中心站建成启用】　8 月 20 日，海宁市公路养护中心站建成启用。该站位于 01 省道郭店路段南侧，西临南排出海河，总用地面积 1.3 公顷。分为南北两个功能区域，北半部分为养护站房设施功能区，南半部分为沥青拌和楼作业区。该工程于 2008 年 9 月开工，2009 年 7 月完工，概算投资约 430 万元，总建筑面积为 2600 平方米。该站属站队合用中心站，公路养护和盐官路政中队合署办公，负责海宁市中西部区域省道、县道 124 千米的管养工作。

【全国公路管理局局长调研公路养护中心站】 9月26日，全国百余名公路管理局局长到海宁公路养护中心站参观调研，实地考察养护中心站房设施、机械化设备和养护人员工作情况，并了解海宁农村公路养护模式情况。参观活动是在浙江杭州召开的全国公路局长会议的内容之一。海宁农村公路“建、管、养、运”一体化管理受到全国各地的关注与肯定。

图64 5月15日，海宁被授予“农村公路养护管理试点工作先进市（县）”称号

【行政审批服务中心交通分中心成立】 3月9日，海宁市行政审批服务中心交通分中心成立。涉及交通的39项行政许可、非行政审批事项统一由交通分中心受理，办证地点搬迁至文苑南路138号即原公路稽征所征费大厅。审批的流程为：中心窗口受理、窗口负责人审核、分管领导审批、分中心窗口办证或办结。所有审批事项的审批时限在原基础上压缩50%，一般事项审批时限控制在5个工作日以内。

图65 9月26日，全国百余名公路管理局局长到盐官养护中心参观

【开展交通工程质量安全三年行动】 7月8日，市交通局下发《海宁市交通工程质量安全三年行动计划实施细则》。计划三年内（2009～2011年），采取每两月（逢双）一次大检查和中间抽查的方式对在建交通工程开展六个方面的督查，主要包括工程合同执行和责任制落实，工程实体质

量、进度和现场管理，原始台账、试验检测等数据的真实可靠性，原材料质量、施工配合比把关、施工工艺的规范性，应急预警机制落实及社会责任和文明施工等。对发现的质量和安全隐患以督查通报和整改通知书形式下发，并责成业主单位给予相关企业相应的经济处罚。对情节特别严重的通报上级交通主管部门给予必要的行政处罚。考核通报与年底施工、监理单位信用评价相挂钩。

图66 7月30日，农村物流配送体系试点建设启动仪式在海宁盐仓举行

【海宁交通系统防范台风"莫拉克"侵袭】 8月6～11日，为应对超强台风"莫拉克"，交通系统各部门、单位24小时坚守岗位，落实防台四项工作，保持公路水路畅通。台风侵袭期间，转移嘉绍高速施工人员1337名，关闭广告灯箱7个，拆除广告画布400平方米，加固标志牌2个，锯断隐患树枝6棵。用于紧急疏散的机动公交车28辆，核定载客1533位。出动物资运输、应急抢险车15辆，成立防台抢修小组6个，共80人，抢险石料瓜子片200吨、寸子50吨、石粉300吨。

【11名驾驶员被省委宣传部评优】 2月15日，海宁市11名驾驶员分别被省委宣传部评为全省"迎奥运、文明出行"道路交通安全主题宣传活动"五个一百"公交、出租车、货运车、拖拉机优秀驾驶人员。

（汪赛赛）

邮 政

【概况】 2009年，完成邮政业务总量5765万元，业务总收入4055万元，其中：函件业务总量246.8万件，业务收入586万元；包裹业务总量5万件，业务收入136万元；汇票业务总量25.5万张；特快业务总量31.9万件，业务收入961万元；报刊业务累计1,746.6万份，业务收入400万元；集邮业务完成37.5万枚，总收入303万元；代理业务累计完成1518万元；物流及其他业务收入完成151万元。邮政储蓄期末余额12.42亿元。6月1日，撤销翁埠邮政所，原相关邮政业务分别并入许村邮政支局和盐仓邮政所。

【嘉兴市农村物流配送体系试点建设】 7月30日，海宁市启动嘉兴市农村物流配送体系试点建设——海宁市客货邮一体站示范点。启动仪式在海宁盐仓举行，海宁市邮政局、海宁大元公交有限公司、浙江好立方商贸连锁有限公司三方签订项目合作协议。该体系由交通和邮政联合构建，以“好立方”农村连锁便利店为载体，整合农村公路、邮政、公交等物流资源。除经营食品、日用品外，在邮政方面设立村邮站作为农村邮政代理点，收发、转接和投递邮件，经营邮票、报刊、杂志等邮政物品。在交通方面设立小件快运的村一级代理点和农村货物集散中心，提供小件收发办理业务和货物储存、中转堆放场所，并代售公交卡及长途客票。此外，还提供照片冲印、网上代购、传真打印等附加服务。

【举办“邮储杯”邮票展】 为庆祝新中国成立60周年，9月19～21日，由海宁市对外文化交流协会、海宁市邮政局主办，邮储银行海宁市支行协办，海宁市集邮协会承办的“庆祝建国六十周年海宁市‘邮储杯’邮票展览”在海宁张宗祥书画院举办。海宁市政协主席张炜芬，海宁市委常委、宣传部部长沈炳忠等出席开幕式并共同为邮展剪彩。下午，生肖集邮研究会海宁会员小组成立。

（沈丹妮）

电信·网络

【概况】 2009年，中国电信海宁分公司完成业务收入2.43亿元，比上年增长12.8%，增幅列全省第一。新增宽带延伸设备772套5500线，4兆以上端口比例达到93.6%，8兆以上端口比例达到53.5%。至年底，共有全业务合作营业厅8家，全业务指定专营店5家，非专营特约店11家，进厅代理商13家，家门口充值点257家。

承担黄湾、斜桥、马桥三镇的镇治安监控项目建设，共完成治安监控点建设214个。服务农村信息化，以斜桥镇为试点，推动“三纵一横”农村信息化综合服务平台建设。做好地方重大活动的通信保障工作，为“一节两会”、世界速度轮滑锦标赛、庆祝国庆60周年大型活动等做好通信保障。

图67 3月14日，C网替换割接工程完成，实现3G网络改造覆盖

【首家提供3G业务】 在接手原中国联通CDMA网络后，于3月14日完成原有68个承接基站的全部设备和线路割接替换，实现3G网络改造覆盖，成为海宁首家提供3G业务的电信运营商。4月1日，正式推出3G无线宽带业务。全年新建CDMA宏基站47个、

光纤直放站27处、WLAN热点46个。至年底，共有C网宏站115个，WLAN热点64个，C网呼叫建立成功率达99.95%。

【推进无源光网络】 推进以EPON（无源光网络）接入点建设为主的接入网转型，对主干距离超过1千米的交接箱用EPON接入点替代。通过转型实现线路的“光进铜退”，节约资源，缩短接入距离，优化网络结构，全年新建EPON点40个。

【承建海宁数字化城管系统】 发挥全业务运营优势，参与海宁信息化建设。在全省首次推进以综合方案承接海宁数字化城市管理系统建设，融合电信ICT、C网移动定位、IDC主机托管、号码百事通等综合业务。

（沈群利）

中国联合通信

【概况】 2009年，是海宁联通与海宁网通融合重组的第一年，联通实现3G运营。至年底，完成业务收入6130万元。拥有固定电话用户1.27万户，移动用户8.6万户，宽带用户1.5万户。

【综合通信能力增强】 嘉兴为全国联通第二批3G建设商用地（市）之一。海宁联通开展“3G护航”、高速公路等3G网络建设专项优化活动，使得移动网络质量得到提升。海宁联通全年新增加基站30个，主要对城区、开发区、高速公路、铁路及大客户区域进行基站增补以完善移动网络信号。新增加80个室内分布站点，对商务楼、专业市场、行政机关大楼、集团客户等同步进行3G网络的深度覆盖。固定网络建设上EPON的技术应用开始试点，在部分小区进行EPON网络的部署。宽带接入速率达到每秒4兆以上，完成IP出口带宽由每秒2.5G Mbit提升到每秒10G Mbit工程，使高速率宽带业务进入了家庭。

【3G正式商用】 10月1日，嘉兴联通实现3G正式商用，同时海宁联通主营业厅被授权为海宁地区IPHONE品牌手机唯一销售网点。海宁联通拥有一张覆盖全市的WCDMA3G精品网络。

（马春蕾）

中国移动通信

【概况】 中国移动通信集团浙江有限公司海宁分公司全年实现业务收入3.5亿元，用户总数增加到50万户。开展移动通信基础设施建设和网络感知质量优化、数据网络优化、网络结构优化在内的多项网络专题优化，网络能力得到提高，确保网络质量的领先地位。支持服务海宁市人大、政协两会，为节庆和地方大型经贸活动提供优质的通信网络和优良的服务，确保观潮节、皮革博览会、家纺博览会等文化、商贸、旅游活动通信畅通。年内，全面开展TD-SCDMA的网络建设，推动海宁3G网络发展进程。

开展以创建“文明行业”活动为龙头的系列文明创建活动，获“海宁市文明行业”荣誉称号和“浙江省治安安全单位”称号。

【开展“便捷服务、满意100”主题服务】 年内，公司创新延伸服务，在“金牌服务、满意100”的基础上提出“便捷服务、满意100”主题服务。并实时推出“资费套餐、量身优选”、“异地交费、随时随地”、“电子渠道、以指代步”、“积分兑换、足不出户”、“G3业务、无障碍办理”、“垃圾信息、自主屏蔽”六项便捷服务举措，为客户解决实际问题和困难。

（何　钢）

电　　力

【概况】　2009年，全市供电量43.00亿千瓦时，比上年增长10.7%。完成售电量40.70亿千瓦时，增长10.7%。综合线损率为5.35%。全年应收电费30.42亿元，电费回收率达100%，平均电价728.13元/千千瓦时（包含加价）。全市供电最高负荷68.16万千瓦，增长6.6%；网供最大负荷66.62万千瓦，增长10.4%。电网固定资产增长率为19.91%，单位供电成本74.57元/千千瓦时，利润总额142.6万元，人均劳动生产率109.6万元/人年。城网用户供电可靠率为99.98%，农网用户供电可靠率为99.78%。电压综合合格率为99.34%。

全市拥有500千伏变电所1座，220千伏变电所3座，主变9台，主变容量1410兆伏安；110千伏变电所18座，主变32台，容量1352兆伏安；35千伏变电所7座，主变13台，容量237兆伏安。全市拥有110千伏送电线路25条，线路总长278.6千米；35千伏送电线路29条，线路总长208.1千米，其中电缆线路23.0千米；10千伏配电线路347条，线路总长2,741.9千米；城镇低压线路412千米。市电力公司先后被嘉兴电力公司和省电力公司评为嘉兴市“双结对、创文明”活动先进单位和省“模范职工之家”。

全年共受理各类用电申请30,540户，累计报装52.2万千伏安；受理“95598”电力故障报修工单3967份，接受咨询11,378次；受理110联动服务34次；向社会发布停电信息公告3638条（次），日停电通知14,554次（户）。全年市域范围内电网建设总规模创历史最高，达13.35亿元，共完成局属自控大修工程72项、自控技改工程276项。500千伏由拳（原海宁）变启动投产，110千伏金龙变和隆兴变新建投产，完成110千伏袁花变改造，110千伏尖山变扩建工程竣工投产。完成35千伏谈桥变数字化改造，建成全省第一座数字化变电所，启动尖山20千伏供电方式试点项目。新农村电网建设投入资金6,499.2万元，提前实现“村村电气化”。新农村海宁重点示范工程项目先后获得省电力公司、国家电网公司科技成果一等奖。

【500千伏数字化变电站投入运行】　6月18日，由拳变由华东公司投资建设的华东电网首座500千伏数字化变电站由拳（原海宁）变电站顺利带电启动，投入运行。该变电站也是国家电网公司第一座基于IEC61850标准的500千伏数字化变电站。作为华东电网2009年迎峰度夏前投运的重点工程，可为国家重点工程秦山核电站扩建工程提供系统接入点，与王店变电站、汾湖变电站形成嘉兴地区500千伏大环网结构，并提高浙江嘉兴电网的供电可靠性。由拳变一期规模为2组100万千伏安主变压器，500千伏出线3回，220千伏出线9回。全站围墙内占地3.2公顷，仅为同等规模敞开式设备变电站的一半。

【35千伏数字化变电站投入运行】　7月25日，由海宁市供电局自主设计、施工、安装和调试的数字化35千伏谈桥变电站投入运行。该变电站将信息采集、传输、处理、输出过程全部数字化，通过智能系统实现远程控制变电站内的运作。在连接设备上用光缆取代了原先的电缆连接，使设备更安全、可靠、经济和稳定。

【硖石供电所 QC 小组获全国优秀质量管理成果一等奖】 6月，硖石供电所 QC 小组的“电子模拟屏语音警告系统的研发”获全国第十七届优秀质量管理成果一等奖。该成果有效地解决了在开闭所模拟操作过程中，发生误操作时的语音提示问题，能有效防止误操作，具有较高实用价值。

【电力安全生产】 层层签订安全生产承包责任书，并根据新组织框架重新划分职责范围，修订和规范各单位安全生产目标。加大反违章力度，建立“三位一体”安全稽查体系，实施安全监督员轮值制度。开展安全生产百日劳动竞赛和春秋两季安全生产大检查，组织 624 名员工进行新安规培训，举行防汛抗台、电网反事故等应急演练。严把施工资质、安全生产许可证、人员资格证书等审查关，确保外包施工队伍安全管理。对重点工程实施动态监控，严防电力设施外力破坏事故。人防和技防相结合，全市配变防盗锁的安装率达到 100%。至年底，全局累计综合安全日为 2946 天，创历史新高。

【电力营销服务】 开展“海宁电力春风行”活动，出台“保增长、抓转型、重民生、促稳定”十五项电力服务措施。开展“社会用电优化模式”活动，为年用电量超 300 万千瓦时的企业制订节能方案。强化“大营销”概念，提高各职能部门协调一致性，结合新营销系统上线，优化业扩受理、工程施工、竣工验收等流程。11 月 30 日，海宁潮乡服务队更名为“嘉兴海宁红船服务队”，下设 14 个分队，服务电话统一为“95988”。原 12 个“光明驿站”统一更名为“红船服务·光明驿站”。推进“群众满意基层站所”评创工作和“供电服务品牌 20 强 30 佳”评选活动，“光明驿站”获得省公司系统“供电服务品牌 20 强”第十四位，硖石营业所被省电力公司评为省级“群众满意基层站所”先进单位。

【20 千伏配网供电试点】 开展 20 千伏配网供电试点，11 月 5 日，市供电局和尖山新区管委会签订 20 千伏电网建设合作协议，在海宁尖山新区内开展 20 千伏配电网络的试点建设。从开发区等新兴负荷密集区起步，用新的 20 千伏配电网络替代原有的 10 千伏配网。计划到 2013 年全市实现 20 千伏新型配网全覆盖目标。

（朱 江）

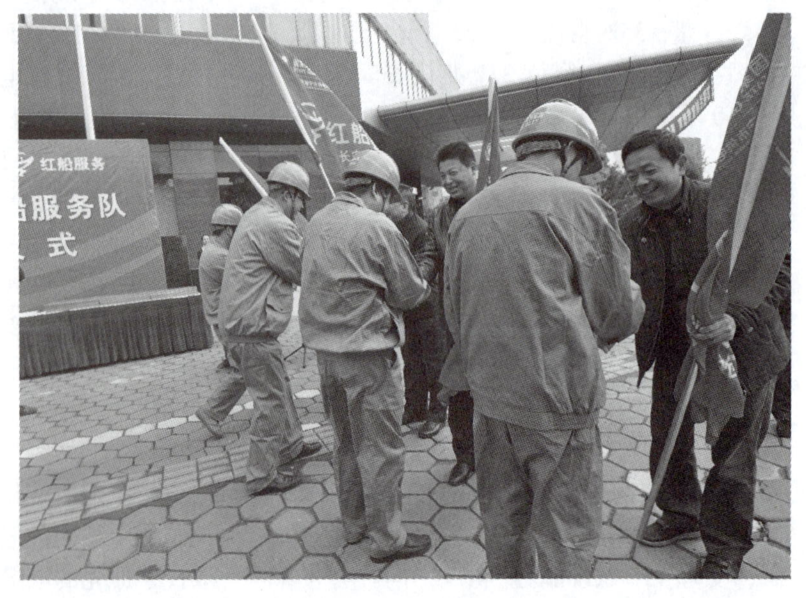

图 68 11 月 30 日，市供电局“嘉兴海宁红船服务队”成立

水　务

【概况】　2009 年，海宁第二水厂和第三水厂日供水能力 25 万吨，最高日供水 25.3 万吨。海宁市自来水有限公司全年完成售水量 4,820.5 万吨，比上年增长 37.2%，供水产销差率为 3.79%，水费收费率为 99.49%；第二水厂有限公司售水量 2,784.8 万吨，增长 16.1%，供水产销差率为 2.8%，水费回收率为 99.81%。2009 年，市自来水有限公司获嘉兴市级文明单位、浙江省饮用水供水单位卫生监督量化分级 A 级单位等荣誉称号，通过浙江省建设系统供水文明行业示范单位和嘉兴市级创建劳动关系和谐企业先进单位等考评。

丁桥、盐仓污水处理厂共处理污水 5259 万吨，全年累计收费 8102 万元，其中丁桥污水处理厂全年处理污水 3085 万吨，日均处理量 8.45 万吨，平均出水水质（COD）达标率为 97.5%；盐仓污水处理厂全年处理污水 2174 万吨，日均处理量 5.96 万吨，平均出水水质（COD）达标率为 100%。全年共完成投资 10,500 万元。新铺设污水管网 18.36 千米，建成泵站 5 座。盐仓污水处理厂三期（应急）工程（5 万吨 / 日）完工，并通过工程初验。尖山污水处理厂一期工程（5 万吨 / 日）开始施工。

【城乡供水一体化管网建设】　海宁市城乡供水一体化主管网形成基本框架，供水一级主管网已开通至 8 个镇和 16 个主要乡集镇及主要园区，缓解各镇及周边农村自来水紧缺状况。为全面实施和加快城乡供水一体化管网建设，海宁市自来水有限公司在城乡供水管网建设中完成市区塘南路东延、碧云路南延、钱江西路、城南大道、联合路西延 1 标段等工程 DN800–DN100 供水管网 46.3 千米。临杭新区供水管网一期工程完成可行性研究批复和初步设计编制工作，并提前发布招标信息，其中一期工程人民大道段于 8 月 1 日动工，已完成 3 千米。

【一户一表、计量出户】　全年完成一户一表改造 2731 户，新建住宅安装“一户一表”5066 户。强化水表检验制度，维护用户利益，全年首检水表 13,946 只，周检水表 5126 只，水表检验制度日趋制度化、规范化。

【市区旧管网改造】　为解决居民群众反映的旧住宅小区管网水质热点和难点问题，将实施市区旧管网改造纳入政府实事工程。全年共完成联合里、双漾里、德胜里、海马里、蔡家埭、锦绣花园一期、鹃湖里、紫薇里、干河里等 9 个小区和盐官教场路、长埭路等 6 条道路的旧管网改造工程 28 项次，累计 22.9 千米，投资 330 万元。市区（街道营业所）三级管网改造项目完成兴市街、石路农南路、双长路、永丰路、硖西村西立交桥路等 4 个街道营业所三级管网改造单项工程 11 项，完成长度 11.8 千米，投资 275.4 万元。

【水质保障】　按照国家新生活饮用水卫生标准，2009 年，管网水七项主要指标综合合格率为 99.95%。市卫生监督所加强对管网水的监督检测，每月对全市 10 个监测点、每季度对各镇 25 个监测点监督监测，全年监测合格率为 99.49%；每季度对管网水进行一次 32 项全分析，检测合格率为 100%。嘉兴市市政园林局委托浙江省城市供水水质监测网嘉兴监测站对海宁市管网水年内不定期抽查 3 次，每次检测指标 40 项，全部合格。公司化验室通过省卫生监督量化分级管理 A 级考核。

【污水管网建设】 08省道污水管网工程全线竣工，完成管线铺设8.1千米，建成泵站2座，完成设备安装调试，并通过初验；08省道污水管网配套工程全线竣工，完成管线铺设3.2千米；环西一路管网工程全线竣工，完成管线铺设2.6千米，建成泵站1座，完成设备安装调试，并通过初验；临杭新区污水管网工程全线竣工，完成管线4.5千米，建成泵站2座，完成设备安装调试。

【盐仓污水处理厂三期（应急）工程竣工】 该工程位于农发区新兴路1号，占地7.95公顷，服务范围为农发区、许村镇、长安镇、周王庙镇。概算总投资11,009万元，项目建设内容和规模污水处理能力5万吨/日及排江工程。该工程于2008年9月开工建设，2009年12月18日竣工。通过工程初步验收，完成设备安装调试，进入工艺调试阶段。

【尖山污水处理厂一期工程开工】 该工程位于尖山新区金牛路东安江路南，占地6.3公顷，服务范围为尖山新区（黄湾镇）、袁花镇及海昌开发区东区。概算总投资19,500万元，项目建设内容和规模污水处理能力5万吨/日及排江工程。该工程于12月18日举行开工典礼，至年底，完成桩基、土建、监理、设备等7个单项的招投标工作；并在基本完成桩基工程的基本上，土建进场，个别单体已开始施工。

图69 12月18日，盐仓污水三期（应急）工程竣工，尖山污水处理一期工程开工

【运行管理】 运用现代技术手段指导生产管理，两个污水处理厂安装在线COD、pH、氨氮、总氮、总磷监测仪器等，并按要求与环保部门检测系统联网，严控进出水水质，做到达标排放。强化节能减排工作，两个污水处理厂全年共实现COD减排22,292吨，氨氮减排993.6吨。污泥固化、无害化处理设备正式投入运行，污泥处置做到无害化和资源化，避免产生二次污染。

（陈 鹃 王利明 王胜解）

石 油

【概况】 2009年，全市有57家加油站（点），其中中国石油化工股份有限公司（中石化）37家、海宁中油石油有限责任公司（中石油）7家、社会办13家。全年中石化、中石油成品油销售共18.4万吨，其中汽油销售7.7万吨，比上年增长9.5%；柴油销售8.4万吨，下降11%。

【中石化海宁支公司】 全年销售各类成品油 14.2 万吨，销售额 10.8 亿元，其中零售量 11.3 万吨，比上年下降 8%；批发 2.6 万吨，增长 40.3%；润滑油销售 3000 吨，较上年有所增长。从销售结构分析，销售总量中汽油销售 6.5 万吨，占总量的 45.8%；柴油销售 7.4 万吨，占总量的 52.1%，柴油销售所占比例较上年有所下降，主要是受企业生产性用油、运输用油需求下降影响。为提升服务品质和功能，在所属加油站中全面推出神秘顾客访问制度。委托上海勺海调查公司每月对加油站服务质量跟踪调查，顾客满意率保持在 90%以上。努力拓展服务功能，利用加油站营业厅，全面铺开非油品业务。已开张门店 30 余家，全年非油收入 500 余万元，方便顾客在加油的同时，在加油站设的小超市购物。新建的海宁环三加油站正式投产，农发区启潮路加油站、长安辛江加油站等基本完工。至年底，全市冠有中石化标识的加油站 37 家。同时推广持卡加油方式，所有加油站都实现卡机联动，并在金三角加油站实行全自助加油。推出加油卡近万张。

【海宁市中油石油有限责任公司】 全年销售成品油 4.2 万吨，比上年减少 1000 吨，下降 2.3%，其中汽油 2.7 万吨，与上年持平；柴油 1.5 万吨，减少 1000 吨，下降 6.3%。实现销售收入 1.73 亿元，减少 0.83 亿元，下降 32.4%。实现利润 579.5 万元，增加 52.6 万元，增长 10%。公司各加油站开拓销售渠道，增加食品、饮料、香烟等商品的经营，增加了公司的经营利润。全年便利店销售 140 万元，其中润滑油 45 万元、香烟 60 万元、食品 35 万元。狠抓“强三基、反三违、严达标、除隐患”工作，在节日和安全生产月、“119 消防日”等活动期间，对所属加油站进行安全大检查，及时发现并整改安全隐患，加强隐患治理投入和安全行为管理。

（金圣良 周 迪）

管道燃气

【概况】 6 月，由海宁市资产经营公司出资组建海宁市新欣天然气有限公司，主要经营城市管道天然气销售。桐乡屠甸至海宁高压燃气管线及海宁门站工程前期启动，杭嘉线天然气海宁段输送管道工程于 12 月底竣工。全年竣工接驳工业用户 32,710 立方米 / 日、商业用户 3110 立方米 / 日、非营业性公建用户 1740 立方米 / 日、民用户 5496 户。至年底，累计民用户通气户数 18,450 户、工商户通气户数 135 户。新投入使用的天然气工商户有海宁轮滑馆、桑乐太阳能、海宁一中食堂、南苑中学食堂等；民用户有星城洛川、星城洛河、长安镇金色港湾、新桥社区、群利村等。全年销售天然气总量为 1787 万立方米，其中民用户 184 万立方米、工业用户 1239 万立方米、商业用户 216 万立方米、非营业性公建用户 118 万立方米。

农发区全年完成敷设中压管网 375 米、低压管网 9332 米。至年底，累计敷设中压管网 15.9 千米、低压管网 31.3 千米。累计工业用户 5 家、公建用户 3 家、民用户 1178 家。全年供应天然气总量为 141.9 万立方米，平均日用气量为 4.6 万立方米，其中民用户 8.6 万立方米、工业用户 127.5 万立方米、营业性公建用户 4.6 万立方米、非营业性公建用户 1.1 万立方米。

【启动桐乡屠甸至海宁高压燃气管线及海宁门站工程前期工作】 桐乡屠甸至海宁高压燃气管线及海宁门站工程管线设计管径为 300 毫米，长度约 5 千米，其中海宁境内约 3 千米。管道设计年供气能力为 2.4 亿立方米。门站选址在湖盐公路南侧、老嘉海公路东侧，占地面积 1.7 公顷，项目概算总投资 2951 万元。该管线与门站的建设是海宁市接驳杭嘉线天然气的必要途径，由海宁市新欣天然气有限公司投资建设。至年底，已完成项目的规划选址与初步设计。

【杭嘉线天然气海宁段输送管道工程竣工】

国家重点项目——杭嘉线天然气管道工程是川气东送工程配套建设的浙江省级输气干线，是海宁市唯一解决用气来源的管道。该工程途经海宁境内约 21.6 千米，主要穿越海宁农发区、许村镇和长安镇。该工程于 2 月开工，至 12 月底竣工，由浙江省天然气开发有限公司作为业主负责实施。

(刘红艳)

［编辑：姚　倩］

城乡建设

Urban & Rural Construction

城市规划与建设

【概况】 加强控制性详细规划（以下简称控规）和修建性详细规划的编制，强化规划行政管理，规范建设秩序。全年完成控制性详细规划20件，修建性规划2件。市区共办理规划选址意见书26件，出具规划设计条件书46件；核发建设用地规划许可证21件，用地面积55万平方米；核发建设工程规划许可证38件，建筑面积141.29万平方米。主城区建成区面积达到30平方千米。拉大城市框架，完善城市基础设施功能。碧云路南延、联合路拓宽改造、海昌路南延、城南大道西延、联合路西延、环西一路北延、林荫大道工程等主干道路建设项目如期完工。加快安置建设，城投集团新开工安置房55.14万平方米，竣工35.15万平方米。加快环东西山开发建设，南关厢整修工程基本完成一期一区块整修，金融中心项目顺利推进，智标塔塔院文化装饰工程全面完工。

【规划编制与评审】 完成《海宁市城市综合交通规划》、《海宁市绿地系统规划》、《海宁市景观风貌整体城市设计》、《海宁市燃气专项规划》、《沪杭客运专线海宁西站站区规划研究》等规划，《2009～2011年三年建设规划及2010年度实施计划》完成初步方案。《环东西山区块控制性详细规划》和《西南市场区块控制性详细规划》编制完成，《马桥组团部分区块控制性详细规划》通过论证，市政府批复实施。各镇完成约18.51平方千米，市区完成约18.2平方千米。

2009年，海宁市被省建设厅列为浙江省控制性详细规划编制单元规划编制工作试点县市。《海宁市控制性详细规划控制单元规划》于12月22日通过浙江省城乡规划委员会专家论证。

【规划管理】 2009年，对浙江宝马海隆投资有限公司一期（百汇海隆广场）工程、海宁市白领氏房地产开发有限公司金领华都1号～10号楼、浙江恒地房产有限公司、海宁国际轮滑运动中心的轮滑馆、商住房、浙江太阳谷能源应用科技有限公司研发中心、盈都牡丹城（一期、二期）、洛溪嘉苑、星星港湾F组团等90多个项目组织建设项目工程竣工规划验收，发放规划验收确认书81件。协助城建监察大队查处违章建筑34件，规范建设单位的建设行为，制止违章建设，提升城市形象。组织建设项目设计方案评审19个，重大项目设计方案评审有钱江路北侧区块修建性详细规划及高星级酒店，海宁市联合路北侧地块经济适用房项目、海宁市数字电视机房及街道广播电视站项目、海宁市质监站建筑设计方案、海宁市皮革城四期建筑设计方案、市政府西侧地块建筑设计方案、城南大道北侧、海昌路东侧地块建筑设计方案、钱江路北侧、海昌路东侧金融中心地块建筑设计方案等。

【测绘行业管理】 2月，通过省测绘局和嘉兴市测绘局对全市永久性测量标志保护管理试点工作的组织验收。完成海宁市区域1∶500全数字化地形图测绘面积13.5平方千米，道路放样长度25.3千米，建筑放样面积120万平方米。完成市区地形修测面积约5平方千米。

（沈 宏）

环东西山开发建设

【概况】 2009年，在环东西山开发和建设中，加快城镇拆迁，加大安置房和景观特色工程建设力度，“两山夹一水”城市特色风貌初步显现。

【《环东西山区块控制性详细规划》出台】 根据市人大常委会《关于进一步完善环东西山区块规划和推进建设的意见和建议》，修改完善环东西山区块总体规划，并在修改完善的基础上，加快控制性详细规划的编制进度。7月，《环东西山区块控制性详细规则》编制完成，经市人大常委会62次主任会议研究讨论，对规划内容提出五方面完善意见后，于8月27日经市政府批准实施。该《规划》的编制基于“东西山，南北湖；十字骨架，两脉相连；四水环绕，双山入城”的理念。

图70 初具雏形的东山入口广场

【环东山区块拆迁】 至年底，环东山一期除肿瘤医院二期及邮政机械厂外，基本完成拆迁。海宁丝厂区块完成96%拆迁。硖北里区块（除铁路居民外）完成86%拆迁。西山东坡完成拆迁，并覆土植绿。南关厢整修搬迁项目完成拆迁签约96%。南关厢入口完成88%正式签约。洛河二期西区块完成94%正式签约。八方布业区块正式启动拆迁并完成55%居民拆迁评估，完成企业拆除3万平方米。赵家漾路拓宽拆迁（环东山二、三期西侧部分）完成上元制革有限公司拆迁签约工作。全年城镇拆迁完成旧房拆除16.91万平方米，占年度计划的105.6%。

【安置房建设】 6～8月，星城·洛洲（一期）、洛河（一期）及洛川小区顺利交付。群利区块环东山开发（竦秀景苑）安置房项目完成主体竣工验收，室外配套工程完成20%。洛河二期东区块安置房建设3月启动，完成主体结构4～5层楼面，年底部分结顶。硖北里区块安置房建设完成初步设计。海宁丝厂区块安置房建设完成方案征集，进入初步设计阶段。洛洲二期安置房建设6月启动，进入土建工程施工。海昌路东侧安置房建设完成用地性质调整和“三通一平”工作。

【景观、特色工程】 完成西山公园方案征集，西山东坡基本完成拆迁，并覆土植绿。林荫大道基本贯通。东山入口广场初具雏形，完成文化牌坊搭建和瀑布假山基底浇铸。智标塔塔院文化装饰工程全面完工。南关厢整修工程，基本完成一期一区块整修；二区块完成上岸80%木构架整修和40%室内木装修，完成整修工程总工程量的16%。

（蒋伟锋）

村镇建设

【概况】 全年共核发建设项目选址意见书26件，出具规划设计条件书230件；核发建设用地规划许可证140项，规划用地面积334.67公顷；核发建设工程规划许可证306项，批准建筑面积278.9万平方米；乡村建设规划许可证1828件，建筑面积45.7万平方米。配合“两新”工程建设，下发《新一轮村镇规划调整实施意见》、《新一轮村庄布点规划技术导则》，指导和规范各镇、街道的村庄布点规划，全面完成“1+X”村庄布点规划调整。

【新市镇、新社区规划编制】 《周王庙镇镇区08、11单元控规》、《农发区北组团启动区块及一围区控规》、《斜桥工业功能区控规》、《周王庙镇工业功能区南区控规》、《许村镇工业功能区及局部地块控规》、《盐官景区核心区控规》6个规划通过论证，批复通过。全面开展村庄布点规划调研，形成村庄布点规划调整调研报告。组织各镇分管领导及村镇服务中心主任前往嘉善县、嘉兴市南湖区等地学习取经，探讨“1+X”村庄布点规划的可行性。6月底，各镇、街道完成“1+X”村庄布点规划初步方案。根据“1+X”布点规划，全市规划形成59个农村新社区的城乡一体化新格局，理论上可节约村民建房用地50%以上，各镇全面开展各个规划集聚点的建设规划编制工作。全面完成新社区建设规划编制工作，其中启动10个集聚点建设。斜桥镇完成总体规划修编。至年底，全市各镇累计完成控规编制地块面积达33.64平方千米，其中2009年度各镇完成控制性详细规划编制面积为18.51平方千米，控规覆盖率达到58.5%。

【村镇规划管理】 组织建设项目设计方案评审19个，重大项目设计方案评审有盐官景区宣德路北侧安置房及海神庙东侧酒楼和城墙工程方案评审、盐官景区仓河艺术天地建筑环境规划设计方案会审、袁花镇中心小学方案会审、盐官景区派出所方案会审、桐乡污水尾水外排工程会审等。

【泥木工匠培训】 10月20日至11月3日期间，组织7期个体泥木工培训，578人参加。市鸿翔设计院、市建筑设计院、市建管处、市质监站专业人员为泥木工讲课，传授建筑识图、施工安全、建筑质量控制等方面的专业知识。培训紧密结合现代新市镇和城乡一体新社区建设，把“两新”建设中将采用的图集作为培训教材，使该培训更具实用性和可操作性。

【农村住房改造】 2009年，全市共搬拆迁集聚农户6433户，完成嘉兴市政府下达的任务，其中完成农村困难群众住房改造201户，各级补助资金发放187.8万元，到户率为100%。

表30 2009年各镇、开发区主要市政建设项目

镇（新区）	项目名称	长度（千米）	宽度（米）	造价（万元）
长安镇（含农发区）	塘南路	1700	12	812
	开元路	400	15	215
	万兴桥	112	8.5	450
	殷家桥	13	7.5	35
	新石桥	10	4	25
	杨铁北桥	16	5.7	33
	方桥	10	5.5	29
斜桥镇	斜中路南延	320	22	171.5
	工业园区路	260	22	48.5
	支三路	315.5	13	100
	长海大桥	89	16	369.8
	德兴桥	40	9.6	58.5
盐官镇	广联路延伸	270	5	20
	联群路	1800	5.5	130
	黄泥港桥	16	7.5	23
	刘王庙桥	13	5.5	18
周王庙镇	新丰路	800	8	190
	华景路	920	12	170
	耀家桥	12	8	44
丁桥镇	芦丰公路	2700	6	86.08
	光辉路延伸	763	5	41.99
	夏家桥	16	11.24	47.92
	合兴桥	16	9	40.92

（郭　飞　沈　宏）

新农村建设与农村综合改革

【概况】 2009年，出台《关于推进村庄集聚加快现代新市镇和城乡一体新社区建设的意见》，全面推进现代新市镇和城乡一体新社区建设，加快统筹城乡综合配套改革，助推城乡一体化发展。全市共搬、拆迁集聚农户6433户。斜桥镇、许村镇试点工作进展顺利，斜桥镇共有1026户农户报名参加首期安置，许村镇有943户农户签约。

加强村级集体经济帮扶，对新确定的26个市级重点扶持村开展为期三年的帮扶工作，选派第五批159名专职农村工作指导员驻村开展全方位扶助。强化农村财务管理，集中培训镇村两级农村财务管理队伍500余人，对全市182个村、社区进行一年一审，及时纠正和查处违规违纪行为。推进农村社区股份制改革，完成海昌街道火炬社区和海洲街道东长社区的股份制改革工作，全市累计成立村、社区股份经济合作社11家，量化资产总额5,470.4万元，股东总数21,266人。

围绕“两新”工程建设，调整村庄整治扩面提升工作重点，突出抓好村级环境保洁站规范化建设和有偿服务深化完善，实现“村保洁站、发桶到户、有偿服务”全覆盖。加强农村生态能源建设，推进畜禽养殖污染治理，建立覆盖全市的后续管理服务体系，生活污水治理受益农户新增5445户，太阳能热水器使用率继续保持全国县级市首位。实施生态绿化工程建设，加快夯实农业设施基础，完成3个农业综合开发土地治理项目和2个农业综合开发产业化经营项目。实施农民素质培训工程，全年投入培训资金1,079.5万元，培训农民20,834人。

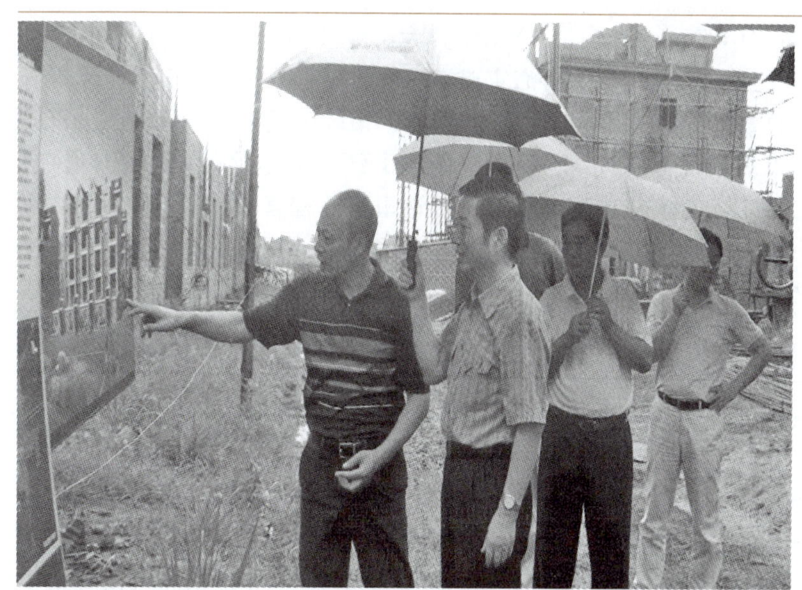

图 71 7 月 22 日，嘉兴市委书记陈德荣（左二）到斜桥镇调研“两新”工程建设

【出台鼓励农户向市区集聚政策】 12 月 23 日，出台《海宁市农村宅基地置换市区公寓房和农村集体土地承包经营权置换生活保障暂行办法》(以下简称《暂行办法》)，鼓励农村宅基地置换市区公寓房和农村集体土地承包经营权置换基本生活保障。《暂行办法》规定，凡具有海宁市常住户口，同时具有合法的农村宅基地和集体经济组织成员资格，自愿永久放弃全部农村宅基地和全部经营权（含自留地）的农村居民户，均可以申请进城市规划区换房，同时置换基本生活保障。《暂行办法》实施期限自签约日起至 2011 年 12 月 31 日止。

【村庄整治扩面提升工程】 结合“两新”工程建设，重点在新一轮村镇“1+X”布点规划中保留的中心村和 5 年以上尚不能整体搬迁的较大规模的自然村开展村庄整治工作，省定 46 个村的村庄整治工作通过省级验收。2009 年，新增村庄整治扩面受益农户 22,464 户，累计达到 86,751 户，占全市农户总数的 62.9%，海宁市连续四年获“省村庄整治工作考核优胜县（市）”称号。

【农村环境长效管理】 制定农村环境长效管理工作标准，注重农村集中收集、河道保洁、道路养护等工作机制创新，采取“三级联动”、“月检季督”和随时调整督查内容等措施，确保保洁综合效果。全市累计有户用垃圾桶 140,518 个，农户垃圾收集有偿服务费收取率 92.2%，建立村保洁站 174 个（其中 10 个村市场化保洁），有村保洁员 998 名，更新中转站 39 个、清运车 94 辆，日产日清垃圾 611.8 吨。

【启动低收入农户增收行动计划】 推进低收入农户奔小康工程，实施低收入农户帮扶成效监测调查，将全部信息输入省扶贫网系统。2009 年，全市有在册农村低保家庭 3336 户，累计发放低保金 1,259.7 万元，全市人均收入 2501 元以上的低收入农户共 2727 户，占全市低收入农户的 67.9%。健全帮扶工作机制，各镇、街道按照“一户一策一干部”的要求，对低收入农户实行一对一帮扶。

（高月林 居海明 曹振跃）

勘察设计

【概况】 全市共有勘察设计单位 7 家，即浙江华恒建筑设计有限公司（甲级）、海宁市建筑设计院有限公司（乙级）、海宁市鸿翔建筑设计有限公司（乙级）、海宁市水利勘察设计所（丙级）、海宁市规划设计研究院（丙级）、海宁市建设规划测绘队（丙级）、海宁市国土测绘规划院（丙级）。在册人员220人，其中高级职称23人、中级职称91人、初级职称86人。

【外来勘察、设计单位备案】 全市共有外来勘察单位21家，外来设计单位58家。全年外来勘察、设计项目备案533件，其中勘察备案336件，合计建设规模660多万平方米；设计备案197件，合计建设规模480多万平方米。

（沈 宏）

市政公用事业监管

【概况】 加强对市政工程包括市政施工企业资质升级、燃气行业安全、供排水行业安全等方面的监管，开展小液化气质量安全整治与规范工作，了解行业动态，完善水质报表制度，规范市政行业。

【市政行业管理】 全年共办理马桥街道生活污水收集管网工程、临杭新区污水收集管、海宁市第三水厂出水管3个项目的施工许可证，完成盈都牡丹城、海汇百隆广场等31个项目的市政配套设施验收。浙江鸿翔建设集团有限公司晋升为市政公用施工总承包一级资质，海宁市海泰建设有限公司和海宁嘉业建设有限公司晋升为市政公用施工总承包二级资质企业，新增浙江万豪建设有限公司（增项）和海宁杭达市政工程有限公司（主项）2家市政公用施工总承包三级资质企业。至年底，全市共有市政公用施工总承包企业19家，其中一级资质1家、二级资质8家、三级资质10家、专业资质2家。

【小液化气整治与规范工作】 制定并下发《2009年度我市小液化气行业质量安全整治与规范工作计划的通知》。依据《海宁市燃气专项规划》和《嘉兴市小液化气供应站质量安全标准规范》，分五批共核准29家瓶装燃气供应站，其中Ⅰ级站1家、Ⅱ级站13家、Ⅲ级站15家。会同市城市管理行政执法局、公安局交警大队等部门开展联合执法9次，对马桥街道先锋小区、斜桥镇仲乐村、袁花等地的非法销售液化气行为进行查处，查扣钢瓶213个。7月2~3日举办瓶装燃气供应站安全管理负责人培训班，7月

图72 2009年度燃气行业工作暨小液化气整规工作现场会

21日举办户内检修工培训。会同各燃气企业以及各镇于11月在周王庙镇、长安镇、市区海宁剧院广场、袁花镇进行燃气安全用气知识宣传。11月底组织对小液化气行业整治与规范工作考核，12月嘉兴市规划建设管理委员会对海宁市小液化气的整治与规范工作进行考评，成绩优良。

【编制《海宁市燃气专项规划》】 5月，委托杭州市城乡建设设计院有限公司编制《海宁市燃气专项规划》（含天然气规划和瓶装气规划）；7月，通过海宁市城乡规划委员会论证；10月，海宁市人民政府批复实施。

【供水水质监管】 建立水质月报表制度，要求水厂和自来水公司每月定期上报源水水质情况报表以及管网水、出厂水化验报告，及时掌握水质情况；11月10日、17日对市区及各镇抽检水样进行水质检测，抽取水样36份，经海宁市疾控中心检测，36份水样检测项目均符合《城市供水水质标准》(CJ-T206-2005)。

【开展源水水质检查】 12月10日，市规划建设局牵头组织市发展和改革局、环境保护局、卫生局等部门开展源水检查。长山河、泰山港两个饮用水水源地水质表观总体无异色、浊度目测略高，水面基本无水生植物。根据环境保护监测站采样监测：双喜桥断面水质为Ⅳ类（三季度为Ⅴ类），泰山桥断面水质为Ⅴ类（三季度为劣Ⅴ类）。两个饮用水源地主要超标因子为氨氮、总磷、石油类、生化需氧量、高锰酸盐指数。长山河水源保护区内，海橡集团老厂区冷却水排放采取隔油措施，但冷却水改道工作未落实。海宁市泰山港水源保护区内，9个码头依然存在。

（陈雪霞）

城市管理

【概况】 2009年，围绕创建国家卫生城市这一重大任务，推进基础设施改造升级，提高城市管理和行政执法水平。全年共办理城市道路挖掘审批25件，户外广告审批132件，总面积6,392.5平方米，广告门头38件，横幅12条，灯箱62只，吊旗280对；占道经营审批452件。依法全面履行职能，共查处一般程序案件299件，简易程序案件1986件，违法停车案4403件；查处违法建设71,131平方米，拆除违法建筑49,631平方米。海宁中国皮革城、斜桥镇城管中队分别于5月和6月挂牌成立。

【创建国家卫生城市】 加强创卫宣传，全面开展市容整治，发放《城管宣传手册》等宣传资料2万余份，督促整改违法经营行为万余起。结合国家三类城市语言文字迎检工作，开展户外广告门头专项治理，发放整改通知书500余份，整改不规范广告门头200户（次），拆除违法设置的横幅广告1000余条，教育整改违规户外广告设施100余处。开展市区遮阳棚专项整治，整改130余户。开展犬类专项整治，捕杀无主无证野犬120余只，劝导市民文明、规范养犬70余人次；开展违规养禽整治，协助整改违规养禽户88户。开展“五小”行业整治，协助整改占道经营、乱搭乱建、明火亮灶违法经营户200余家。开展以乱设摊和夜排档为重点的集中整治和突击整治，对占道经营“钉子户”以及外地到海宁的成帮结对的无证户进行重点打击。梳理市区11条主要道路沿线1900余家门店“门前三包”责任制，对384家达标门店悬挂星级达标公示牌，不定期组织复查。

【规范整顿马路市场和便民摊点】 采用疏堵结合方法取缔马路市场，取缔市区范围内的鹃湖里、桃园里、农丰社区、碧云桥南等马路市场。新设置西山路、联塘路、桃园路、金桂苑、建设路等临时设摊区。9月初，原硖北路、高阳桥、西山路马路市场完成整体搬迁。统一设置季节性水果临时设摊区，在市区苑中路南人行道等非主要路段设定8处水果临时设摊区，并设置明显标识，引导督促经营户入区规范经营。统一标识规范市区便民摊点设置，对市区自行车修理、擦鞋修锁、早点摊和书报亭等468个便民摊点再登记，落实便民服务点规范设置工作，实行统一规划定点，统一标识，统一管理；首次在全市社区设立18块公众信息张贴栏。

【建筑垃圾规范化处置】 落实大黄山建筑垃圾填埋场，制定实施《建筑垃圾处置管理办法》，组建建筑垃圾（渣土）管理办公室。8月1日，建筑垃圾规范化处置工作正式启动，同时与开放式小区建立建筑垃圾清理联系制度，实行日产日清。至年底，清运建筑垃圾1600余车，约5000吨。

【市政设施维护改造】 完成市区330万平方米道路人行道、82条背街小巷、17个开放式社区市政设施维护任务。全年累计完成路面维修2万平方米，人行道维修3万平方米，新建人行道5460平方米，对市区主次干道下水道疏浚130千米，更换破损窨井盖1791个，背街小巷水泥路面硬化及修复2970平方米；维修开放式社区破损路面2.3万平方米，疏浚下水道180千米，改造下水道1900米，维修及新建改造化粪池57座。市区九个路口和一个路段拓宽改造工程是2009年度政府实事工程之一，工程分两期实施，年底竣工；沿线公交站台实施“港湾式”改造。

【市区亮化一期工程】 投资1500万元完成市区第一期亮化工程建设和改造。一期亮化工程以市区重要路段海昌路、文苑路、海州路及洛塘河公园的灯光设置为主，分四批实施。为确保亮化设施规范运行，采用电源统一监控，实现市区亮化设施统一规范管理。

（赵 维）

园林绿化

【概 况】 2009年，城市绿地总面积1,085.62公顷，城市绿化覆盖面积1,247.73

图73 5月23~24日，国家园林城市省专家组实地考查海宁市创建情况

公顷，公共绿地面积187.84公顷，其中城市园林绿化三大主要指标中的建成区绿地率36.19%、绿化覆盖率41.59%、人均公共绿地面积11.18平方米。

全年办理单位或个人需要临时占用绿地、砍伐移植城市树木等行政许可28件，完成建设项目扩初会审23件、绿化方案会审18件，房产项目的竣工查验13件；接收养护绿地30.8平方米。完成市区43.6公顷绿地招标养护，组织每日巡查或不定期考核，累计发出绿化整改通知书35份，有效保护城市园林绿化建设成果。

全年累计除草985万平方米，修剪草坪及绿篱680万平方米，行道树整枝1.14万株，重点病虫害防治8次，绿地保洁110余万平方米，人工清除“加拿大一枝黄花”2万平方米。全年出动抗雪、防台、排涝及绿化抢险200余人次。

【创建国家园林城市】 2009年，市委、市政府明确提出创建“国家园林城市”的目标，成立由市政府主要领导任组长、分管领导任副组长的工作领导小组，下设创建办公室，制订创建实施方案，多次召开创建工作协调会议，修改完善《海宁市城市绿地系统规划》。5月23～24日，通过国家园林城市省专家组检查；9月底，通过国家住房和城乡建设部对全市绿化成果卫星遥感测试；10月19～21日，通过国家园林城市专家组实地考查。

图74 11月30日，海宁市垃圾焚烧发电厂全面竣工并投入运行

【实事工程】 办结各类信访件及人大、政协议案提案14起、“110”和“96310”联动绿化抢险及处理市长电话45余起、各类转办件及群众来电40余起、无偿服务100多人次。推进海昌南路西侧森林停车场等4个在建固定资产投资项目，完成海昌路南苑路路口节点改造等十余个项目，布置鲜花上街70万盆，对南苑等12个社区11万平方米绿地进行改造。绿地生态指标提高，景观效果显著改善。

（马红梅）

环境卫生

【概况】 至年底，环卫保洁面积达到503万平方米，比上年新增约40万平方米。全年共清运处理垃圾68,376吨、垃圾渗沥液47,393吨、粪便10,179吨，生活垃圾处理量比上年增长17.6%，垃圾、粪便无害化处理率100%。市区主次干道实现18小时保洁，机械化清扫率达到47.9%。10月，海宁市环境卫生管理处被浙江省住房和城乡建设厅授予“浙江省城市市容环境卫生工作先进集体”荣誉称号。

【环卫节水新技术】 年内投资6万多元，分别在市区西山路、洛隆路、曹家河、文苑北路新建4座取水泵站，洒水车采用河水取代自来水进行道路保洁，每月节约自来水约5820吨，一车水的成本从原先40元左右降到3元以下，水价节约95%以上。24小时公厕用水，参照太阳能热水器的加水技术，增加节水器，节水20%以上。

【环卫车辆改革】 7月，投资16万元，购置不锈钢保洁三轮车100辆，市区人工垃圾收集全部实现封闭式收集。11月，启动机械化垃圾收运密闭化运输改造工作，投资50万元采购2台3吨压缩车，推行垃圾桶装化。不锈钢保洁车辆及压缩车的使用，不仅提高作业效率，而且减少垃圾二次污染。

【垃圾焚烧发电厂投产】 垃圾焚烧发电项目是市委、市政府建设生态城市、保护环境、节约能源的重要举措，被列入浙江省重点城市基础设施建设项目。11月30日，位于盐官镇郭店村，规划用地面积5.0公顷，由绿色动力控股集团有限公司所属海宁瀚洋环保热电有限公司投资2.46亿元建设的海宁垃圾焚烧发电厂竣工并投入运行。该工程自2008年8月开工，日处理生活垃圾600吨，同时每年可发电5000万千瓦时，相当于节约标准煤3.4万吨，标志着海宁市在垃圾无害化、减量化、资源化处理道路上迈出重要一步，实现生活垃圾由填埋为主转为以焚烧为主的历史性转变。

【试行垃圾上门收集】 10月，在市区工人路、人民路、长埭路、紫阳街、碧云路、硖川路6个路段实施垃圾上门收集试点工作。垃圾收集人员采用摇铃方式于每日7：30～21：00时间段内进行上门收集，每日收集2次；对餐饮、水果、休闲娱乐等商家适当增加收集次数，97.1%的店主支持。

【合理化布局市区公厕】 根据《海宁市城乡环境卫生专业规划》和市政府实事工程要求，年全投资120万元，在市区硖北路等路段按一类标准新建公厕8座，其中6座于年底投入使用；整治公厕50座，重点改造4座。同时，为改善市区公厕布局，缓解市民“如厕难”问题，经市政府批准，72家单位内部厕所对外开放。

（杭晓梅　赵　维）

地名工作

【概况】 2009年，海宁市地名工作根据省民政厅《关于全面深化地名公共服务工程建设的通知》，开展地名公共服务工程，规范地名命名和更名，完善城乡地名标志设置，被嘉兴市民政局评为“地名公共服务工程建设一等奖”。

【地名命名】 2009年，全市共审查地名288条，通过262条，其中道路名称198条、建筑物名称21条、社区名称1条、注销地名42条。

命名195条道路名称，即，许村镇：新丰东路、永新路、天启路、万隆路、米兰路、海棠路、紫薇路、锦绣路、永乐路、连杭路、崇文路、迎春路、清波路、鸣翠路、水韵路、新月路、景德路、新城大道、望湖路、人民大道、胜利路、荡东路、荡北路、杨家路、孙庄路、孙桥路、新益路、永福路、永东路、永北路、南海路、许桥路、科同路、周家路、光明路、联桐路、曹家角路、联盟路、联茗路、双坝路、沈蒲路、杨渡路、巷东路、红旗路、红洋路、陆桥路、花园路、海王路、海潮路、塘桥一路、塘桥二路、翁埠路、景树路、前进路、新东路、海澜路；长安镇：仰山路、学院路、开元路、人民路；周王庙镇：富民路、双涧路、博召路、博长路、陈桥路、育林路、石木北路、石木南路、民云路、上长路、上星路、星火路、星骑路、耀家桥路、仁和当路、潘婆桥路、程家兜路、胡云路、荆山路、村委路；盐官镇：创业路；盐官观潮景区：敦庄东路；丁桥镇：新联路、仓西路、红旗路、光辉路、阳光路、稻丰路、永红路、联群路；斜桥镇：庆东路、联川路、联云路、祝森路、华丰路、华阳路、庆万路、万星路、仲北路、长新路、乐农南路、乐农北路、富民路、新农路、万安路；袁花镇：虎啸路、向阳路、民丰路（延伸）、双丰路、庆丰路、丰收路、六十里塘路、天园路、新塘路、新富路、创新路、创业路、康庄路、海基路、大河路、前进路、北山路、夹山路、长新路、桥头门路、群兴路、夹北路、新长路、杨长路、袁亭路、长明路、龙晓路、红晓路、联龙路、三联路、红新路、山虹路（延伸）、呈祥路、花宾路、梨园路、双百路、马家桥路、塘油车路、许桥路、果园路、利群路、谈桥路、承花路、谈湖路、唐章路、唐明路、小浜路、濮东路、东庄路、北亭路、新桥路、北塘路、北河路、河上路、车里路、藤桥路、东风路、储家浜路、荷花池路、谈肖路、肖埭路；黄湾镇：东塘路、大双路、临海路、兴业路、黄尖路、腾飞路、闻音路、环海路、群乐路、勤利路、沿塘路、闸口路、花塘路、聚宝路、东方路、红旗路、黄丰路、五丰路、五星路、花山汇路、光电路；海洲街道：金张路、双金路；海昌街道：星长路、东杨路、勤杨路、长生路、迎丰路、勤金路。

更名道路名称3条（均处长安镇）越川路（原环镇西路）、长河路（原城南路）、汉帛路（原虹金路）。

命名建筑物名称21条，即，市区：丽都水岸公寓、竦秀景苑、上城蝶园、云和景苑、华盛嘉苑、康桥名城、奥升家园、皮革品牌风尚中心、海宁市金融中心、人才公寓；海洲街道：凤鸣小区；海昌街道：双冯二里、欣旺小区、金利三区；马桥街道：柏士花苑、新场花苑、正阳花苑、利众花苑；许村镇：君临阁；长安镇：东方嘉苑、丽景佳苑。

命名社区名称1条：海昌街道隆兴社区。

注销地名42条，即，海昌街道：褚家头、西独圩、河口、段家头、王家、长生堰桥、张家荡、北埭场、陈家浜、冯家头、沿村里、金利薛家桥、张家角；马桥街道：陈家兜、陈家弄、大车渡、弹花村、何家村、金家浜、潘家场、钱家埭、球墩庙、汤家场、汤家角、王泥浜、左家埭、糜家场、吴家埭、居家埭、唐家埭、王家兜、北吴家埭、沈家湾、亭子角、青龙桥、朱家庄、跳里、东港、郑家浜、陆家埭、葛家埭、钱家。

【地名标志】　全年制作和设置各类门牌20,700块，其中补设农村户牌4002块，设置集镇门牌4309块，设置农村道路路牌448块。开展市区地名标志查漏补缺工作，共制作和安装市区缺失门牌2252块，设置市区路牌184块。

（陈海明）

［编辑：王国坚］

房地产业

Buiding

房地产管理

【概况】 2009年，随着国家宏观政策以及相关房地产扶持政策作用的进一步显现，全市的商品房销售量出现大幅度上升，房地产市场呈现探底回升趋势。房地产企业整体实力有所增强，企业数量、资质等级有一定提升。发出《关于进一步规范商品房预（销）售合同备案管理的通知》，进一步加强商品房预（销）售管理。全年共核准38件商品房预售许可，面积为106.98万平方米。办理商品房买卖合同备案9182份，面积110.2万平方米。对31个房地产开发项目进行交付使用条件备案，建筑面积114.69万平方米。12月，对全市11家房地产经纪机构进行年检，全部合格。

【规范房地产企业资质经营】 出台《海宁市房地产开发企业超越资质等级开发经营管理若干问题的意见》，规范房地产开发企业超越资质经营。全年核准8家新办企业的房地产开发资质（暂定资质），3家房地产企业升为三级开发资质（浙江恒地房产有限公司、海宁大宇置业有限公司、浙江盈都房地产开发有限公司），1家房地产企业升为四级开发资质（海宁经编总部商务区投资开发有限公司）。至年底，全市有67家房地产开发企业，其中二级资质6家（1家为外地企业）、三级资质17家、四级资质17家、暂定资质27家。

【成立城乡拆迁管理办公室】 为加强全市拆迁管理，推进拆迁工作，海宁市城乡拆迁

图75 9月30日，海宁市第六届房地产博览会在市体育馆开幕

管理办公室挂牌成立。全年共办理拆迁许可4件，涉及拆迁面积12.03万平方米，拆迁户数910户；办理行政裁决2件，涉及拆迁户8户；组织协调会8次，实施强制拆迁1户。

【房地产业协会工作】 组织全市房地产开发企业参与2008年度嘉兴市“十佳”优秀房地产企业评选，海宁绿城新湖房地产开发有限公司荣获嘉兴市2008年度“先进房地产企业”。在全市房地产开发企业中开展房地产经营“优秀企业”、“优秀企业家”以及2008年度海宁市精品楼盘评选活动，百合新城等5个楼盘项目被评为2008年度海宁市精品楼盘；9月30日～10月2日，在海宁市体育馆举办海宁市第六届房地产博览会，有19家房地产企业参展，参展楼盘面积258万平方米，达成意向预订2547套，成交127套，总金额达0.89亿元。

表31 2009年海宁市房地产开发楼盘一览

序号	建设单位	项目名称	地　址	建筑面积（平方米）
合　计				1,146,944
1	浙江鸿翔房地产开发有限公司	时代广厦	海昌路西侧水月亭路南侧	74,591.46
2	海宁绿城新湖房地产开发有限公司	百合新城商业房ABCDEFGH、综合用房B	钱江路南、文宗路东	13,781.15
3	海宁市白领氏房地产开发有限公司	金领华都	洛隆路南、皮都路两侧	44,076.17
4	浙江宝马海隆投资有限公司	百汇海隆广场一期	洛隆路北、文苑路东	43,284.14
5	海宁市宏源城镇建设开发有限公司	阳光花园三期及9、10幢	许村镇320国道南、许村大道东侧地块	15,656.27
6	浙江恒地房产有限公司	奥林公寓及商铺	海昌路、海州路交叉口	37,947.22
7	浙江盈都房地产开发有限公司	盈都牡丹城一期1、2、3、4幢及综合楼	洛隆路282号	29,859.99
8	海宁绿城新湖房地产开发有限公司	秋林苑1～7幢	文苑路东、钱江路南	62,242.51
9	海宁中国皮革城股份有限公司	海宁中国皮革城原辅料市场	环西一路东侧、海州西路南侧	62,047.49
10	海宁新都置业有限公司	新都公寓	袁花镇农贸市场东侧、新村路北	6,339.94
11	杭州余杭新城房地产有限公司	海澜半岛嘉苑1～4、7～10幢	许村镇胜利村，临平绕城公路北	66,660.56
12	浙江星星港湾房地产开发有限公司	F组团一期（琴海居15～41幢）	盐仓农业（连杭）综合对外开发区	59,294.81
13	浙江鸿翔房地产开发有限公司	斜桥镇农贸市场	斜桥镇大桥南路西侧、镇中大道南侧	15,827.67
14	浙江星星港湾房地产开发有限公司	星星港湾花园游月坊5幢、启潮路3号、启潮路1号	盐仓农业（连杭）综合对外开发区	8,513.07
15	海宁大宇置业有限公司	碧云轩1～16幢	碧云北路55号	32,636.08
16	海宁市远东房地产开发有限公司	远东紫云居1～9幢	长安镇修川路	20,719.95
17	海宁市商业房地产开发有限责任公司	金色港湾1～13幢	长安镇修川路765号	31,222.65

（续表）

序号	建设单位	项目名称	地　　址	建筑面积（平方米）
18	海宁绿城新湖房地产开发有限公司	新月苑 1～3、5～13、15～23、25～33、35～43、45～53、55～63、65～73、75～77 幢	钱江路南、海宁大道东	20,851.47
19	浙江星星港湾房地产开发有限公司	星星港湾花园琴海居 43～45、49～85 幢	长安镇（盐仓）星星港湾花园	14,126.26
20	浙江盈都房地产开发有限公司	盈都牡丹城二期 5～13 幢	洛隆路 304－3 号	92,088.26
21	杭州余杭新城房地产有限公司	海澜半岛嘉苑 5、6、11 幢	许村镇胜利村，临平绕城公路北	8,639.11
22	浙江鸿翔房地产开发有限公司	洛溪嘉苑 1～24 幢	斜桥镇庆仲路南段	54,691.45
23	海宁市富海房地产开发有限公司	启潮苑	长安镇农发区启潮路 23 号	4,360.68
24	海宁绿城新湖房地产开发有限公司	康桥苑 1～3、5～13、15～23、25～33、35～43、45～53	海宁大道东、钱江路南	19,916.71
25	海宁市旧城改造与建设投资开发有限公司	洛川小区 1～23 幢	文苑路东、洛塘河北侧	107,180.2
26	海宁市旧城改造与建设投资开发有限公司	洛洲小区一期 1～4、8～10、13、14、16～19、22、23、26～31、35～37 幢	海州路北、南苑路南侧	91,541.52
27	海宁市供销房地产开发有限责任公司	锦虹花园 1～5 幢	长安镇修川路东侧、人民路南侧	10,951.89
28	浙江星星港湾房地产开发有限公司	星星港湾花园 F 组团四期琴海居 8～13 幢	盐仓农业（连杭）综合对外开发区	8,867.19
29	浙江星星港湾房地产开发有限公司	星星港湾花园 E 组团江月居一、二、三期 1～88 幢	盐仓农业（连杭）综合对外开发区	35,572.61
30	海宁市商业房地产开发有限责任公司	黄湾农贸市场	黄湾镇昌盛路 231 号	7,029.04
31	海宁中国皮革城股份有限公司	海宁中国皮革城精品展示（淘气城）、商务综合楼（皮革城大厦、地产批发市场）	环西一路东侧、海州西路南侧	46,426.19

说明：以上开发楼盘 2009 年通过使用条件备案项目。

（金剑国　陈雪霞）

房地产市场交易及开发

【概况】　2009 年，全市房地产市场交易活跃，由于受契税、个人所得税退税优惠政策影响，二手房交易量猛增，各类房屋登记总量创历史最高。房地产业上缴地方财政 3.21 亿元，占地方财政收入的 19.33%。

【商品房开发经营】　全年，全市完成投资 20.08 亿元，较上年减少 7.4%；施工面积

242.48 万平方米（其中住宅 156.28 万平方米、办公 17.91 万平方米、商业 40.36 万平方米、其他 27.94 万平方米），减少 11.9%。新开工面积 44.63 万平方米，减少 55.6%；竣工面积 66.79 万平方米，减少 14.7%；销售备案面积 110.2 万平方米，上升 116.0%；销售额 64.53 亿元，增长 181.1%；空置面积 16.30 万平方米（其中住宅 4.98 万平方米、办公 0.14 万平方米、商业 8.17 万平方米、其他 3.01 万平方米），增长 12%。

【商品房价格变动】　上半年，海宁市人民政府公布市区多层商品住宅交易综合平均价为 3,895.64 元 / 平方米（2008 年为 5,045.54 元 / 平方米），下半年为 5,487.70 元 / 平方米（2008 年为 4,549.55 元 / 平方米）；高层商品住宅交易综合平均价上半年为 5,089.04 元 / 平方米（2008 年为 5,057.71 元 / 平方米），下半年为 5,965.53 元 / 平方米（2008 年为 5,602.49 元 / 平方米）。

【商品房及房改房交易】　由于受契税、个人所得税退税优惠政策影响，二手房交易量 3493 件，比上年增长 3.4 倍；成交金额 4.48 亿元，增长 67%。全年完成各类登记 35,369 件，各类预告登记 12,000 件。各类房屋登记总量比上年增长 109.4%，创历史最高。全年房改售房 280 套，面积 6,132.69 平方米，交易额 173.72 万元；房改房上市交易 1178 套，面积 81,005.89 平方米，金额 1.36 亿元；抵押 141 套，面积 10,884.32 平方米；腾空房出售 25 套，面积 1,832.41 平方米；房改房拆迁退维修资金 42 套，金额 8.54 万元。2009 年，54 个单位、874 人次享受住房补贴，金额 1018 万元，累计实行住房补贴 9867 人次 2.13 亿元。

（金剑国　陈雪霞）

住房保障

【城镇住房保障政策】　出台实施《〈海宁市进一步深化城镇住房保障制度改革实施方案〉有关具体政策的意见（续三）》，对房改房上市、经济适用房申请家庭收入的确定、拥有商铺等非住宅以及上市交易限制期内因特殊情况需转让等情况作了明确。修编《海宁市 2008 ~ 2011 年城镇住房保障规划》。

【住房公积金管理】　出台实施《海宁市住房公积金贷款规范管理办法》，在遵守政策限制性规定前提下，注重资金安全，保证支付需要，平衡贷款需求，实现资金合理收益。全年共发放个人贷款 2.4 亿元共 1213 笔，存贷比为 93.75%，年末个人贷款余额 7.83 亿元。加强住房公积金日常管理，共归集住房公积金 3.6 亿元，累计归集 19.5 亿元，提取 3 亿元，累计提取 11.2 亿元，年底住房公积金余额 8.35 亿元。连续四年被评为“浙江省住房资金管理优秀单位”。

【保障性住房建设】　2009 年，完成风和丽苑东区 3.5 万平方米土建和配套工程建设及整个风和丽苑小区收尾工作，启动伊桥“云和景苑”经济房、廉租房 3.6 万平方米建设。完成 2007 年 7 月 1 日至 2008 年 12 月 31 日 597 户经济适用房申请、公示、配售工作及市区廉租房申请家庭的申请调查、公示分配工作；完成廉租房保障 122 户，其中实物配租 66 户，租金补贴 46 户、12.4 万元，租金核减 10 户，完成农村困难群众危旧房改造 200 户。

【直管公房管理】　市区直管公房共计 2035 户，使用面积 73,005.77 平方米，其中砖混结构1301户、面积47,694.26平方米；砖木结构734户、面积25,311.51平方米。危旧房占总户数43%，使用面积占47%。

（陈雪霞）

物业管理

【概况】 2009年，经十三届市政府第五十四次常务会议审议通过，出台《海宁市物业管理实施细则》、《海宁市物业专项维修资金管理办法》、《海宁市住宅物业保修金管理办法》、《海宁市物业区域相关共有设施设备管理办法》，严把物业服务企业三级资质的申请与审核，加强资质管理。做好专项维修资金收缴、管理工作，引进专项维修资金管理数据库系统。落实商品房申请预售许可前的《前期物业服务合同》与《业主临时管理规约》的审核备案制度。配合街道、社区，对具备成立业主委员会条件的物业区域，给予指导和帮助。年内，新成立业主委员会1个（梅园坊60号），改选（增补）业主委员会2个。对34个项目进行物业验收。强化物业专项维修资金收缴和管理，对35个小区的物业专项维修资金实行统一收缴、专户储存，至年底，共收取维修资金计4420万元。

【物业企业资质管理】 全市物业从业人员3700余人，对100个项目实施物业服务，服务面积约500万平方米。对37家物业服务企业进行登记备案，其中一级资质2家（浙江绿城物业管理有限公司海宁分公司、广东中奥物业管理有限公司）、二级资质2家（浙江中都物业管理有限公司、嘉兴市科海物业管理有限公司）、三级资质29家（8家为外地企业）、暂定三级资质8家。全年有1家物业服务企业核定为三级资质（海宁市久时物业服务有限责任公司），有4家新办物业服务企业核准为暂定三级资质（海宁市佳城物业管理有限公司、海宁中国皮革城经营管理有限公司、海宁市成诚物业服务有限公司、海宁经编园区万中选一物业服务有限公司）。

【物业管理行业协会工作】 至年底，全市物业管理行业协会有会员21家，其中理事单位10家。2009年，协会组织业内人员参加《中华人民共和国物权法》司法解释讲座和全市物业经理培训班。参观浙江绿城物业受委托管理的宁波冠华园、绿园和宁波研发园。

【白蚁防治】 在市白蚁防治站增挂海宁市白蚁防治研究所牌子，增大科研投入力度，完成《环东山森林公园白蚁危害和防治对策的研究（IPM技术）》课题，并通过专家组验收，完成“诱—检—灭”一体的装置专利申报工作。市白蚁防治站被中国物业管理协会白蚁防治专业委员会授予“2009年度白蚁防治先进集体”荣誉称号。

（郭　飞　来　雪）

［编辑：王国坚］

生态环境

Ecological Environment

综　　述

2009年，围绕“生态建设上水平、达标减排有成效、服务能力有提升、环境质量得改善”总体目标，以生态市建设、污染减排和“811”环境保护新三年行动为抓手，加大生态规划和创建力度，扎实推进污染减排，实施环境综合治理，完善环保基础能力建设，强化环境执法与监督，全市整体生态环境质量得到改善，为创建省级生态市奠定基础。

附：2009年全市环境质量状况

（一）大气环境质量

1. 大气质量状况

大气环境质量监测采用24小时连续自动监测，监测项目为二氧化硫、二氧化氮、可吸入颗粒物。大气环境质量状况以周报形式向社会发布。全年总有效监测天数为363天，其中Ⅰ级天气58天，Ⅱ级天气274天，Ⅲ级天气31天。Ⅰ、Ⅱ级天气占全年总天数的91.0%，与上年相比，Ⅰ、Ⅱ级天气天数增加33天，Ⅰ、Ⅱ级天气占全年总天数的比率上升9.1%。

表32　　2009年空气质量状况对比

年份	Ⅰ级天气数（天）	Ⅱ级天气数（天）	Ⅰ级、Ⅱ级天气占全年总天数的比率（%）	Ⅲ级及Ⅲ级以上天气数（天）	Ⅲ级及Ⅲ级以上天气数占全年总天数的比率（%）
2008	37	262	81.9	60	16.4
2009	58	274	91.0	31	8.5

二氧化硫年日均值为0.041毫克/立方米，比上年上升0.001毫克/立方米；二氧化氮年日均值为0.045毫克/立方米，上升0.005毫克/立方米；可吸入颗粒物（PM10）年日均值为0.087毫克/立方米，下降0.017毫克/立方米；市区降尘年均值为4.1吨/平方千米·月，下降0.2吨/平方千米·月，连续5年呈下降趋势。二氧化硫、二氧化氮和可吸入颗粒物（PM10）年日均值均达到国家二级标准，空气质量有所上升。

2. 酸雨状况

降水监测为逢雨必测，监测项目为pH值、电导率、降水量、硫酸盐、硝酸盐、氟离子、氯离子、铵离子、钙、镁、钠和钾12项指标。

2009年降水pH值范围为3.11～6.85，年均值为3.91，比上年低0.10个百分点；酸雨样品率为96.1%，高1.4个百分点；酸雨占总雨量的96.9%，低0.9个百分点。

（二）水环境质量

1. 饮用水源地水质状况

饮用水源地水质每月监测1次，监测点设在双喜桥和泰山桥，监测项目为水温、pH值、溶解氧、硫酸盐、氯化物、硝酸盐、总磷、总氮、高锰酸盐指数、五日生化需氧量、氟化物、挥发酚、石油类、氨氮、粪大肠菌群、阴离子表面活性剂、汞、氰化物、铁、锰、铜、锌、硒、砷、镉、铅、六价铬和硫化物28项指标。

按《地面水环境质量标准》(GB3838-2003)评价，双喜桥和泰山桥断面水质均为劣Ⅴ类，均超过Ⅲ类水质标准，主要污染指标为氨氮。按城考要求评价，双喜桥和泰山桥两饮用水源地水质达标率分别为80.06%和81.25%，泰山桥水质略好于双喜桥。

双喜桥主要超标因子为五日生化需氧量、石油类、溶解氧、总磷、氨氮和高锰酸盐指数，单项次超标率分别为100%、100%、83.3%、83.3%、75.0%、66.7%。

泰山桥主要超标因子为氨氮、五日生化需氧量、石油类、总磷、溶解氧和高锰酸盐指数，单项次超标率分别为：100%、91.7%、83.3%、83.3%、75.0%、50.0%。

表33 2009年市区河流水质状况对比

序号	河流名称	定类污染指标	水质类别	
			2008年	2009年
1	长山河	氨氮	劣Ⅴ	劣Ⅴ
2	长水塘	氨氮	劣Ⅴ	Ⅴ
3	上塘河	总磷、化学需氧量、氨氮	劣Ⅴ	劣Ⅴ
4	泰山桥港	氨氮	劣Ⅴ	劣Ⅴ
5	辛江塘	氨氮	劣Ⅴ	劣Ⅴ
6	洛塘河	氨氮	劣Ⅴ	劣Ⅴ
7	袁硖港	总磷、生化需氧量、化学需氧量、氨氮	劣Ⅴ	Ⅴ
8	崇长港	氨氮	劣Ⅴ	劣Ⅴ
9	市　河	氨氮	劣Ⅴ	劣Ⅴ
10	麻泾港	氨氮	劣Ⅴ	劣Ⅴ

说明：表中2008和2009年水质监测中，氨氮列入定类污染指标。

2. 地面水质量状况

地面水水质监测每年进行6次，单月监测项目为水温、pH值、溶解氧、高锰酸盐指数、五日生化需氧量、氨氮、挥发酚、氰化物、砷、汞、六价铬、铅、镉、石油类、电导率、化学需氧量、总磷、氯化物18项指标。双月监测项目为pH值、水温、溶解氧、高锰酸盐指数、氨氮、化学需氧量、总磷7项指标。

根据对全市境内长山河、洛塘河等10条主要河流12个断面的监测结果，最为严重的污染因子是氨氮。2009年所有断面氨氮年平均值为2.77毫克/升，较上年下降0.76毫克/升，但仍超标38%，全市水体氮污染形势依然严峻。

以18项监测指标来评价，全市10个水体中除长水塘和袁硖港为Ⅴ类水体外，其余均为劣Ⅴ类水体。与上年相比，长水塘和袁硖港水质有所上升，其余水体类别与上年一致。

（三）声环境质量

2009年，全市交通噪声监测为12条道路35个测点，道路总长29.8千米，道路加权平均声级为66.8分贝，比上年高0.1分贝，总体低于70分贝的标准。区域环境噪声共有网格数260个，有效测点167个，平均等效声级53.9分贝。功能区噪声有7个测点，其中1类区2个、2类区2个、3类区1个、4类区2个，昼夜连续等效声级均达到相应标准。

（黄伟林）

生态市建设

【健全生态建设组织体系】 建立生态市创建工作领导小组，各镇、街道均成立生态建设工作小组，各部门明确分管领导和生态建设联络员，全市建立起较为系统的、完整的生态建设组织体系。注重责任分解，确保任务落实。通过签订责任书形式将年度创建工作任务分解到各镇、有关部门，确保生态市建设工作得到有效推进。加强生态宣传，提升公众环保责任意识。在嘉兴电视台和《嘉兴日报》开设“奏响科学发展的生态乐章”等为题的宣传专栏，结合“6·5”世界环境日，广泛开展生态环保知识宣传咨询和发放环保购物篮等系列宣传活动，会同市教育局举办“环保杯”全市中小学生演讲比赛，深化从娃娃抓起的生态环保理念，树立全民参与创建的氛围，激发全社会关心和参与生态建设和环境保护的责任。

图 76 6 月 5 日，市环境保护局上街开展“6·5”世界环境日环保宣传活动

【深化统筹城乡生态规划】 严格施行《海宁市生态环境功能区规划》，对不符合生态环境功能区规划的项目予以否决，实现对有限生态环境资源的合理利用和有效保护。启动《农村环境保护规划》编制工作，委托浙江省环境保护科学设计研究院完成《海宁市农村环境保护规划》初稿的编制工作，为全市全面展开生态环境保护工作奠定基础。

【绿色生态系列创建】 开展以“建设生态环境、发展生态经济、培育生态文化”为主要内容的生态创建活动。开展生态镇、村的创建活动，袁花镇完成全国环境优美镇创建申报材料工作；启动实施尖山新区（黄湾镇）和许村镇全国环境优美镇创建工作；许村、袁花和黄湾 3 个省级生态镇以及长安、盐官和斜桥 3 个全国环境优美镇通过上级组织复评；全年新创建市级生态村 12 个。开展绿色系列创建，全市 3 所学校创建为嘉兴市级绿色学校；8 所学校创建为海宁市级绿色学校；3 个社区创建为省级绿色社区；4 个社区创建为海宁市级绿色社区，1 家企业创建为省级绿色企业；1 家饭店创建为省级绿色饭店，3 户家庭创建为省级绿色家庭。

（黄伟林）

环境综合治理

【概况】 污水处理设施建设进一步完善，盐仓污水处理三期（应急）工程 5 万吨项目建成投入使用，尖山污水处理厂一期 5 万吨开工建设，全市工业污水入网率 90%以上。在线监控系统建设得到增强，全市共有 97 家废水企业和 12 家废气企业在线监控系统稳定运行，在线监控中心通过一级标准化建设。加强环保服务向基层延伸，进行机构调整和升格，配强基层环保力量，设立硖石、连杭经济区、盐官和尖山新区4个环境保护分局，环境管理科分立为行政审批科和污染防治科。

【完成污染减排任务】 为有效推进污染减排工作，印发《年度减排目标责任书》和《关于下达2009年度重点企业和重点用煤企业用煤限额的通知》等文件，强化污染减排工作力度。发挥污染减排品牌服务队功能，帮助企业实施中水回用工程项目。组织10家印染企业赴厦门参观考察企业中水回用项目，探讨利用膜技术做深度处理的可行性，取得良好进展。得伟、显昱、伟龙、孙桥等4家印染企业中水回用工程相继建成并投入运行；八方布业、利得宝、万紫千红等企业中水回用工程在建。清洁生产审核工作有效推进，全市有40家（约占85.1%以上）企业完成清洁生产审核验收，节能增效较为明显。经嘉兴市环保局初步认定，2009年海宁市化学需氧量排放量比上年下降3.5%，二氧化硫排放量下降3.6%，完成污染减排任务。

【推进环境综合治理】 3个省级开发区的生态化改造规划及实施方案通过专家认证；加强对太湖流域提标治理，对涉及提标改造的1家造纸企业、3家制版企业和电镀专业区等实施限期治理，通过加大环保投入，升级改造治理设施，5家企业全面完成提标限制治理任务并通过环保限期治理验收，进一步改善区域环境质量。淘汰高污染和落后产能企业力度进一步加大，卡森公司制革生产线拆除，完成关停搬迁工作，天鑫制革整体关停，推动全市产业结构转型升级。

（黄伟林）

环境执法监督

【概况】 实施“811”环境保护新三年行动，强化现场执法监督，采取飞行监测、节假日突击检查等多种执法手段，严惩违法排污行为。全年共出动执法人员13,799人次，检查企业4374厂次，查处环境违法行为116件，处罚款468.2万元。推进环保专项行动，保障群众健康。突出日常监察重点，加强饮用水源保护区后督察工作，加大对全市3家污水处理厂的环境监管，确保稳定达标排放，督促海宁市黄湾卫生填埋厂加强运行检查，切实采取防渗漏措施，确保环境安全。加大“12369”环境信访的调处力度，全年共受

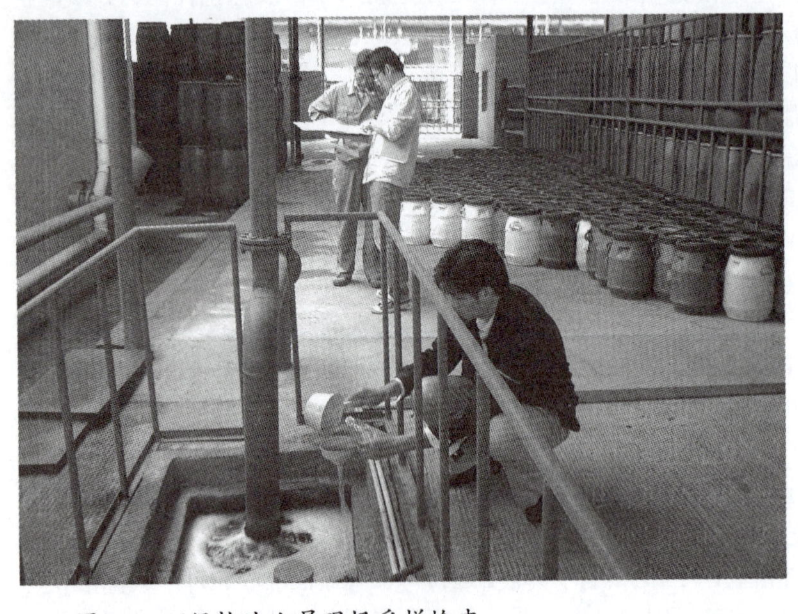

图77 环保执法人员现场采样检查

理信访投诉606件，比上年下降32.7%。

【环境污染整治】 推进省级开发区整治工作。通过帮扶指导、召开整治工作推进会、推进“三同时”项目验收等工作，整治工作取得良好成效，建设项目环评执行率达100%，“三同时”验收率达90%以上，企业废水废气排放达到整治要求，群众环境信访投诉量明显下降。经济开发区、经编园区和农发区3个省级开发区于年底通过嘉兴市级的验收，完成年度整治任务。印刷行业污染整治工作取得重大突破。海宁粤海包装和长海包装2家企业分别投资880万元和400余万元的印刷有机废气回收治理示范工程建成投运，实现乙酸乙酯溶剂循环再利用，取得良好经济和社会效益。制革企业氨氮治理初见成效，浙江富邦集团有限公司周王庙厂区投入368万元建造的2500立方米/天废水脱氮深度处理改造工程，通过反复摸索尝试，氨氮实现达标排放，并通过限期治理验收。豆制品行业整治全面完成，关停214家豆制品生产小作坊，割裂、报废豆制品小作坊使用锅炉215台，3个规范化豆制品生产企业建成投产，重点行业、重点区域和重点企业整治成效明显。

（黄伟林）

［编辑：王国坚］

旅　　游

Tourism

综　　述

2009年，全市旅游经济平稳较快发展，全年共接待国内外游客618.01万人次，比上年增长20.7%，其中接待入境游客5.83万人次，增长19.0%；实现旅游总收入58.06亿元，增长21.5%。盐官观潮景区全年接待游客169.5万人次，实现旅游收入1,061.2万元。在2009世界休闲旅游发展高层论坛上，皮革城景区获得“国际休闲旅游购物基地”称号。在第三届中国旅游论坛上，盐官观潮景区被授予“中国最佳旅游目的地”称号，市副市长、海宁盐官观潮景区管委会主任施震东获“2009中国旅游创新人物奖”。

盐官观潮景区通过修编完善相关规划，制订中国武侠文化城、仓河艺术天地等规划建设方案，明确了百里钱塘休闲长廊的空间发展布局。旅游标识系统不断完善，电子票务系统正式启用。皮革城景区总投资6亿元

表34　海宁市旅游景区（点）一览

景点景区	地址	电话	门票价格（元）	等级
海宁盐官观潮景区（含观潮胜地公园、盐官古城套票）	盐官观潮景区	87617200	90（联票）	AAAA
观潮胜地公园	盐官观潮景区	87615481	25（夜票5元）	—
盐官古城套票（含以下6个景点）	盐官观潮景区	87617200	70	—
海神庙	盐官观潮景区	87611871	12	—
陈阁老宅	盐官观潮景区	87611251	25	—
花居雅舍	盐官观潮景区	87617299	10	—
江南民俗风情馆	盐官观潮景区	87616499	10	—
国棋圣院	盐官观潮景区	87617175	10	—
王国维故居	盐官观潮景区	87611374	10	—
占鳌塔观潮	盐官观潮景区	87616805	10	—
回头潮景区	长安镇盐仓	87966126	免费（观潮节除外）	—
海宁中国皮革城景区	皮革城景区	87219222	免费	AAAA
谢氏艺术收藏馆	西山路1000号	87385888	25	AAA
博物馆	西山路542号	87023424	免费	AA
徐志摩故居	干河街32号	87043528	10	AA
西山公园	公园路17号	87023537	免费	AA
钱君匋艺术研究馆	西山路493号	87028078	免费	AA
张宗祥书画院	仓基街41号	87028724	免费	—
惠力寺	西山南麓	87046645	5元	—
衍芬草堂	河东路66号	87045521	免费	—
徐邦达艺术馆	建设桥堍	87041816	免费	—
史东山故居	横头街35号	87044898	免费	—
米谷画廊	海马路38号	87224059	免费	—
金庸旧居	袁花镇新伟村	87868165	免费	—

说明：以上票价截止日期为2009年12月31日。

的三期工程皮革品牌风尚中心工程基本完工，总投资3.4亿元的四期工程会展设施项目启动。

（张 燕）

接待设施

【概况】 至年底，全市共有旅游星级饭店12家，其中四星级1家、三星级7家、二星级3家、一星级1家。有客房1296间、床位2101张，有旅行社9家、直接旅游从业人员2244人。

【创建"嘉兴市旅游经济强市"】 加强领导，成立由市政府分管领导为组长，市旅游局、工商局、卫生局、规划建设局等14个部门为成员的创建嘉兴市旅游经济强市（以

表35 海宁市旅游星级饭店、旅行社一览

单位		地址	总经理	电话	传真	旅游星级饭店		星级
						客房数	床位数	
旅游星级饭店	海宁海洲大饭店	海宁市海州西路199号	应利康	87288888	87289555	312	457	★★★★
	海宁宾馆	海宁市长埭路166号	张宏彬	87286666	87023626	123	195	★★★
	海宁龙祥大酒店	海宁市海昌路610号	王 平	87282828	87227738	165	260	★★★
	海宁花园酒店	海宁市水月亭路280号	庄时杰	87282999	87235963	69	100	★★★
	海宁凯元国际酒店	海宁市火车站广场56号	王 平	87227788	87222068	停业装修		★★★
	海宁假日国际酒店	海宁市工人路98号	钱鸿生	87281888	87280808	188	320	★★★
	海宁大酒店	海宁市海昌路66号	陈林江	87282111	87227335	93	170	★★★
	海宁香榭丽酒店	海宁市文宗南路88号	庄时颖	87286278	87286168	129	208	★★★
	海宁华联大酒店	海宁市工人路58号	黄鸿建	87280000	87037146	80	152	★★
	海宁大世界酒店	海宁市西山路598号	朱国杰	87373888	87373999	60	120	★★
	海宁吴越乾门大酒店	海宁市火车站广场16号	吴海忠	87281111	87281180	50	70	★★
	海宁新海昌大酒店	海宁市梅园路226号	陈钢奇	87241188	87241199	27	49	★
旅行社	海宁市天地旅游有限公司	海宁市长埭路356号	施雨顺	87236868	87239911	—	—	—
	海宁市旅游公司	海宁市工人路105号	孙文宾	87042000	87043000	—	—	—
	海宁市中青旅游有限公司	海宁市工人路105号	孙文宾	87042000	87043000	—	—	—
	海宁市大元旅游有限公司	海宁市海马路22号	糜建华	87234577	87228803	—	—	—
	海宁市职工疗休养旅游有限公司	海宁市文苑南路62号	潘建根	87028330	87016997	—	—	—
	海宁经编园紫薇旅行社有限公司	海宁市海昌南路199号	俞晓红	87292778	87290222	—	—	★★★★
	海宁市黄金假日旅游有限公司	海宁市长埭路11号	钱玺华	87033658	87033658	—	—	—
	浙江海宁中星旅游有限公司	海宁市盛堰路5-1号	黄玲丽	87235888	87123976	—	—	—
	盐官古城旅行社	海宁市盐官景区古邑路1号	孙屹岳	87612802	87615302	—	—	—

说明：以上数据截止日期为2009年12月31日。

下简称“创强”）工作领导小组，并在市旅游局设立“创强”工作办公室；召开“创强”工作协调会议，对“创强”工作进行动员部署，并在市内媒体加强对“创强”工作的宣传报道。完善旅游服务设施与功能，在全市各大星级饭店、A级景区建立旅游咨询服务点，提供旅游信息查询；重点抓好宣传发动、全面创建、自查整改三个阶段的工作，扎实推动“创强”工作的开展。10月14日，以877分通过“嘉兴市旅游经济强市”检查组验收，创建成为“嘉兴市旅游经济强市”。

（张 燕）

市场开发

【概况】 围绕“接轨上海，服务世博”主题，组织开展了一系列宣传营销活动。首次在上海启动春季文化旅游节暨“世博宣传营销年”活动，面向长三角地区发放20万份旅游消费优惠券；对纳入世博体验之旅的旅游产品加强推介力度，邀请日、韩、美、德等20多个国家驻沪机构代表考察海宁，预热世博之旅，皮革城、盐官古城及海宁观潮入选“长三角世博主题体验之旅”。组织相关A级景区、星级饭店、旅行社先后赴北京、大连进行海宁旅游宣传推介，与北方200多家旅行社达成合作意向。盐官观潮景区、皮革城景区实施联合营销，在全国30个重点城市设立营销代理点。完善和推介旅行社引客入海宁奖励政策，全年组团到海宁过夜的游客比上年增长48%。连续召开3场入境旅游市场业务恳谈会，邀请苏州、上海、杭州地区具有相当实力的国际旅行社到海宁踩点，推介海宁旅游产品，与40多家旅行社达成合作意向。抓住7月22日“日全食”最佳观测点之一这个机遇，邀请国际、国内的天文爱好者、游客到海宁观测、旅游，其中境外游客1.1万人次，占全年接待总量的18.9%。

【首届海宁旅游联盟全国合作峰会】 6月1～3日，海宁市举办首届海宁旅游联盟全国合作峰会。全国近30家海宁旅游合作单位与海宁相关景区、饭店、旅行社等30多家旅游单位共商联盟合作事宜。

【参加“2009台北两岸观光博览会”】 5月22～25日，“2009台北两岸观光博览会”在台北举行，海宁旅游局随浙江省旅游交流团首次赴台参展。海宁市旅游以观潮购物旅游为主打品牌，借台湾民众耳熟能详的金庸、徐志摩等文化名人，精心包装名人故居旅游精品线路，策划并制作了5个种类的会展宣传资料和宣传品，并在现场发送各种旅游宣传资料、光盘、纪念品3000多件。

【长三角区域旅游发展高峰论坛在海宁举办】 9月29日，作为第十六届中国国际钱江（海宁）观潮节活动之一的长三角区域旅游发展高峰论坛在海洲大饭店举办。论坛就“世博会对周边旅游业的辐射效应”、“长三角区域旅游产业合作”等问题进行研讨。

（张 燕）

行业管理

【目标管理】 分解下达2009年海宁市旅游业发展计划调控指标，对全市各星级饭店、旅行社、旅游景区（点）提出明确的年度工作目标任务；修订完善《2009年度星级饭店、旅行社、旅游景区（点）管理工作目标责任制考核评分细则》；组织实施目标管理专项检查，督促全市旅游单位全面落实各项目标任务。组织开展上年度管理工作目标责任制考核评比，评选出上年度旅游系统各类先进集体24个、先进个人52名，并进行通报表彰。

【旅行社管理】　配合上级旅游主管部门完成上年度年检任务，全市9家旅行社均通过年检。海宁市天地旅游有限公司、海宁市旅游有限责任公司、海宁市职工疗休养旅游有限公司、海宁市大元旅游有限责任公司4家旅行社被评为“嘉兴市十强旅行社”，海宁市天地旅游有限公司继续进入“浙江省百强旅行社”行列。启动旅行社品质评定工作，推进旅行社管理与服务的品质提升，海宁经编园紫薇旅行社有限公司被评定为四星级旅行社。贯彻实施《旅行社条例》，引导旅行社规范经营、诚信经营和诚意服务，指导旅行社建立合作有序的散客旅游服务机制。组织对全市9家旅行社的总经理、部门经理、导游员、业务员等执业资格进行普查登记。对旅行社使用规范旅游合同、租车合同和导游服务规范等情况进行专项检查，优化旅行社操作规范和服务质量。对旅行社从业人员劳动合同和聘用合同签订等情况进行专项检查，规范旅行社劳动用工制度。强化旅行社服务质量监督，在元旦、春节、五一节、十一黄金周期间，组织开展以规范经营、守法经营、优质服务为重点的执法检查，依法查处扰乱旅游市场秩序的违规行为。配合做好导游IC卡管理和年检年审工作，全市71名导游全部通过年度导游年检。

【星级饭店管理】　联系饭店行业管理服务实际，引导星级饭店开展以“品质提升”为核心的主题活动，海洲大饭店、龙祥大酒店、海宁宾馆3家星级饭店被评为“嘉兴市品质饭店”。主动参与投资、改造、新建饭店项目的建设规划、项目论证、设计指导、建设服务，并对在建项目进行全过程指导管理，保证改造、建设项目的进度和质量，全年有3家饭店建设项目通过设计方案评审，进入实质性建设阶段；1家新建旅游饭店开业；多家星级饭店实施改造升级项目，其中海洲大饭店投资1.3亿元的二期工程建设基本完成，凯元国际酒店投资3600万元的整体改造工程启动。推行旅游饭店星级评定的提前介入制度，对照《旅游星级饭店划分与评定》标准，加强对海洲大饭店、皮都锦江大酒店、香榭丽酒店、玉龙国际商务酒店等饭店上星、升星的指导、初审和申报工作，引导饭店按星级标准搞好整改、提升和完善工作。年内，香榭丽酒店新增为三星级饭店，玉龙国际商务酒店完成四星级饭店的评定申报工作，海洲大饭店、皮都锦江大酒店升（上）五星级饭店工作启动。先后组织两次星级饭店专项检查和指导，落实星级饭店的年度目标任务。深化绿色饭店创建活动，有重点地引导旅游饭店开展创绿活动，新增绿色饭店1家。

【旅游教育培训】　4月，举办为期3天的旅游饭店服务员岗位培训班，全市13家旅游饭店的68名员工参加培训，并经考试合格，授予旅游岗位证书。9月，举办为期5天的旅游饭店部门经理、主管领班培训班，全市12家旅游饭店75名部门经理、主管领班参加培训，授予部门经理、主管领班岗位证书。先后举办旅游法律法规、旅游业务知识、海宁人文历史、旅游服务礼仪等专题培训，全年受训达1000余人次。组织开展行业技能比赛，7月下旬，会同市劳动竞赛委员会办公室、市劳动和社会保障局等部门，在海洲大饭店举办2009年海宁市旅游饭店青工服务技能大赛，全市9家旅游饭店的51名选手参加了中式铺床、艺术插花、中餐摆台、宴会台面设计等项目的比赛。8月上旬，组织参加2009年嘉兴市第三届“禾城老酒杯”旅游饭店青工服务技能大赛，获得14个奖项。9月下旬，举办“海宁世博导游之星”大赛，8家旅行社和2个景区的23位选手参加比赛。

【旅游质监工作】　坚持把旅游市场监管作为重点，采取定期与不定期的方式，强化旅游市场监督检查，全年共组织4次旅游市场执法大检查。观潮节期间，与多个部门联合成立旅游市场联合执法小组，对盐官观潮景区的旅游市场进行联合执法。全年共受理旅游投诉案件8起，办结案件8起，办结率100%，较好地维护了旅游企业和旅游消费者的合法权益。

【旅游安全管理】　完成上年度安全生产目标责任制考核，修订完善《海宁市旅游企业2009年度安全生产管理目标考核办法》，继续推行安全生产责任风险抵押金制度，与全市26家旅游企业签订旅游安全生产责任书。重点在春节、五一、安全生产月、十一，对全市星级饭店、旅行社、A级景区（点）开展旅游安全生产专项检查。强化旅游安全重大事故隐患整改工作，对查出的78个安全隐患，进行跟踪督办，整改76个，整改率达到97.4%。开展安全生产活动，举办安全知识竞赛活动，有981名旅游从业人员参加。各旅游企业结合自身特点，组织开展安全生产专项自查、安全生产业务培训和操作演练。全年全市旅游行业没有发生旅游安全责任事故。

（杨志坚）

节庆活动

【第十六届中国国际钱江（海宁）观潮节】　于9月28日～10月8日举行。观潮节期间，除与皮革博览会、家纺博览会联合举行规模盛大的开幕式外，组织实施中国2010年上海世博会海宁宣传周系列活动、“携手合作·共赢世博”旅游发展论坛、“多彩潮乡”海宁旅游商品大奖赛、盐官观潮景区“安澜晓月、灯潮共赏”庙会活动、祭祀海神表演活动和观潮节旅游配套系列活动。美国、意大利、比利时、南非、日本、韩国、英国、德国等十多个国家和中国港、澳、台等地区的来宾参加了该届观潮节。《人民日报》、中央电视台、中央人民广播电台、中新社、《解放日报》、《新民晚报》、上海SMG、《浙江日报》、浙江卫视等60多家省内外新闻媒体对观潮节的盛况进行现场采访和专题报道。观潮节期间，中外游客达到111.85万人次，其中外宾2.92万人次，实现旅游收入10.4亿元。

【2009“浪漫春潮、相约海宁”春季文化旅游节暨世博宣传营销年活动】　由市政府主办的2009“浪漫春潮、相约海宁”春季文化旅游节暨世博宣传营销年活动，于3月19日在上海启动。春季文化旅游节主要包括“观海宁潮探钱江源”自驾游、“乡村文化艺术节”和“时尚购物节”、“大型鉴宝”等文化旅游活动。活动期间，海宁市主要景区首次面向上海、杭州、宁波等长三角地区发放20万份旅游消费优惠券，让利额度突破2000万元。

（张　燕）

盐官景区

【概况】　2009年，盐官观潮景区实现地方财政收入153.81万元，完成第三产业投资额10,058万元，固定资产投资5712万元，累计拆迁签约面积 5.9 万平方米，拆除面积 5.0 万平方米。实现旅游总收入 1,061.2 万元，比上年增长 36.0%，其中票务收入为 773.9 万元，增长 22.4%。接待游客 169.5 万人次，增长 10.2%，其中海外游客为 4.9 万人次，增长 104.6%。观潮节期间，共接待游客 38.5 万人次，实现经营收入 476.4 万元，旅游人次和经营收入分别增长 92.3%和 105.2%。

观潮节前，启用电子票务系统，实现景区票务运行管理的科学化与规范化。借助外部国际专业团队资源，完成景区标志和吉祥物（潮娃）的设计制作，开发出有景区特色的旅游商品。成立海宁盐官古城旅行社，开展旅行社“地接”业务。先后举办消防安全、礼仪职业道德、导游实用英语等多次员工培训，鼓励员工参加国家级导游资格考试等再教育。加强对旅游饭店服务的管理、监督，组织对涉旅单位常年性进行跟踪检查，并开展大型旅游活动及节假日期间的专项安全检查活动。全年受理游客投诉案件办结率达 100%，游客满意率 100%。

【景区建设】　修编盐官城区第二轮控制性详细规划，通过海宁市百里钱塘休闲长廊空间发展规划评审。完成中国武侠文化城、仓河艺术天地建筑环境、海神庙广场二期工程、观潮公园二期改造项目、安置房初步设计等多项方案设计。完成海神庙广场一期工程、盐官景区标准厂房、宓家桥村民点等 6 项项目建设的施工图设计。全年景区累计实施工程建设项目十多项，其中金庸书院和春熙门城墙分别于 9 月和 11 月通过主体验收，潮韵街北入口和敦庄桥于 11 月底完工，完成东大门森林停车场等其他一系列旅游配套设施项目。成功包装以“一链、三城、四园”（“一链”即老沪杭公路风景绿廊，“三城”即中国武侠文化城、盐官古城、钱塘湾新现代新城，“四园”即钱江弄潮园、九里桑园、钱塘民俗文化园、安澜新园）为核心的一系列招商引资项目，并在香港举行盐官景区整体项目的招商推介活动，景区东侧沿江中新村区块度假酒店项目成功招商。沿江长廊农业生态园项目融资 3 亿元，盐官古镇保护综合开发项目融资 1.5 亿元。

【宣传促销】　在做好春节、元宵节、三八妇女节、五一劳动节等传统旅游节庆活动的同时，借海宁首届休闲购物节活动，做好市场推广宣传。利用 7 月 22 日“日全食”的有利时机，开展“赏天文奇观日全食”等活动。加强与安吉、嘉善西塘、嘉兴南湖等周边景区的合作，深化对外线路推广和联合营销,实现旅游资源共享。同时,景区将旅游宣传重心逐步转移至外围市场，借国内各类大型旅交会平台，在各主要城市的旅行社设立 30 余个办事处,拓展外围客源市场。

【盐官成 2009 年世纪日全食最佳观测点】

7 月 22 日，长江流域出现“日全食”奇观，海宁盐官为“日全食”最佳观测点之一。市政府和盐官观潮景区抓住这一机遇，积极宣传，并邀请海峡两岸天文学家和爱好者到海宁举办第三届海峡两岸天文望远镜及仪器学术研讨会。7 月 22 日，国家天文台台长严俊和中国科学院多位院士，亲临海宁盐官，与 3.5 万群众一起观赏“日全食”。国家天文台赠送给海宁重 4 吨、直径 1.5 米的赤道式日晷,同时授予海宁市政府、盐官观潮景区 2009 年日全食指定观测地铜牌和古代天文观测仪器——浑仪模型。

（杨晓伟）

[编辑：曹　晔]

中共海宁市委员会

Haining Municipal Committee of the C.P.C.

综　述

2009年，市委坚持以邓小平理论和“三个代表”重要思想为指导，深入贯彻落实科学发展观，全面贯彻中共十七大和十七届三中、四中全会精神，坚持“保增促调”，推进创业创新，有效应对国际金融危机的严重冲击，经济运行企稳回升，社会事业全面进步，“三市”建设加快推进。全市实现生产总值375.36亿元，比上年增长10.1%；财政总收入和地方财政收入分别达到48.39亿元和23.95亿元，分别增长10.1%和12%；城镇居民人均可支配收入和农民人均纯收入分别达到25,675元和12,781元，增长11.2%和10.4%。

全面落实“保增促调”要求，促进经济企稳回升。针对经济运行中出现的困难和问题，在全市开展“招商引资年”、“工业投入百亿攻坚”、“奋战八十天”、“涉企收费集中清理月”等活动，着力优化服务环境，积极引导和推动企业加大投入、拓展市场、转型提升，工业经济难中求进、稳步回升。全市实现规模以上工业总产值736.83亿元，增长5.7%，利税总额64.86亿元；实现工业生产性投入107.16亿元，增长6.8%；完成自营出口24.99亿美元。着眼于经济结构调整和发展方式转变，制订实施皮革、经编、家纺三大传统产业提升规划和计划；加强行业创新平台和企业研发中心建设，注重创新型人才和团队的培养引进，创建省级知识产权示范市，省级太阳能产品检测中心投入运行，经编区域创新服务中心列入省级区域科技创新服务平台。推进品牌培育和企业上市工作，“海宁皮革”获省区域名牌称号，海宁皮革城股票首发申请获通过。节能减排目标任务全面落实。成功整合“一节两会”，培育发展总部经济、现代商贸、物流等服务业，全市完成社会消费品零售总额153.91亿元，增长16.2%。大力发展高效生态农业和休闲旅游农业，农业产业化水平有新提升。深入开展“招商引资年”活动，精心组织赴欧洲、日本、港台等地的重大招商活动，全市实现合同利用外资4.03亿美元、实际利用外资2.41亿美元，引进市外内资26亿元。

把握宏观调控机遇，全面推进项目建设。抓住国家实施积极财政政策、扩大内需的有利时机，加大融资力度，适度超前推进重大项目建设。继续推进市区环东西山区块旧城改造，启动建设城南金融中心、城西“双百万”市场群，海昌路南延、城南大道西延等一批城市道路竣工通车。加速推进连杭经济区内农发区扩容、临杭新区开发和科教新城建设，人民大道建成通车，东方学院迁建工程进展顺利，接轨杭州工作不断深化；上海漕河泾新兴技术开发区海宁分区经省政府批准正式设立并启动实施，中国兵器凌云产业园落户尖山，经编总部商城建成开业；沿江百里长廊开发建设全面启动。建成硖许公路长安至许村段、08省道改建、垃圾焚烧发电厂等一批重点工程，成功增设沪杭客运专线（沪杭高铁）海宁西站。征地拆迁、要素保障等工作得到加强，成功发行12亿元企业债券，新增贷款余额超百亿元，完成房屋拆迁面积141.7万平方米，完成全社会固定资产投资184.91亿元，增长19%。

启动实施“两新”工程，推进城乡统筹发展。全面启动“两新”工程建设，完成各镇、街道“1+X”村庄布点规划，制定出台相关政策意见，并按照做大城区、改善生活的要求，率先实施农村宅基地置换市区公寓房和农村集体土地承包经营权置换生活保障的政策。许村、斜桥两个镇的试点工作有效推进。结合村庄集聚，有重点地推进村庄整治，健全落实环境建设长效机制。组织开展新一轮“两违”专项整治。启动实施第四轮村级集体经济重点扶持工作，抓好农村财务管理制度的监督和落实。

加快发展各项社会事业，有效改善群众生活。深入开展“六城联创”，获得“国家园林城市”称号，国家卫生城市创建通过省级验收。扎实开展“农村文化成果展示年”活动，成功举办第三届农村文化艺术节。全面启动“轮滑星城”建设，2009年世界速度轮滑锦标赛圆满成功，被中国轮滑协会授予“全国轮滑城市”称号。开展首届海宁市道德模范评选和“市民行为规范月”活动，市民文明素质不断提升。“热点面对面”访谈直播节目实现常态化。稳步推进城乡教育均衡发展，启动实施义务教育学校绩效工资改革工作。扎实推进社区卫生服务规范化建设，有效预防甲型H1N1流感和手足口病等重点传染病，顺利通过省卫生强市考核。加强食品药品监督管理工作，被评为“省级食品安全示范市”。“十小”行业整治规范工作全面推进。重视劳动就业培训和服务，完善创业创新扶持基金，积极推进大学生等重点群体创业就业。加强社会保障体系建设，职工基本养老保险、城乡居民社会保险等覆盖面进一步扩大、待遇标准不断提升。支持发展慈善福利事业，社会救助水平进一步提高。人口计生、新居民服务、广电、史志、档案等各项事业全面进步。

多管齐下加强管理，保持社会和谐稳定。推进“法治海宁”建设，支持人大、政协依法开展工作，推动依法行政和司法公正。支持加强群团组织建设，爱国统一战线巩固发展，老干部等工作取得新的成效，“五五”普法深入实施，党管武装工作进一步加强。围绕打造全省“最具安全感城市”目标，深化“平安海宁”创建，加强社会治安综合治理，推进动态视频监控系统建设，扎实开展秋季治安“大巡防”工作，人民群众安全感进一步提高。加强矛盾纠纷排查化解，深入开展“信访积案化解年”活动，严格安全生产监管，及时有效预防和处置各类突发事件，确保社会安定。

开展深入学习实践科学发展观活动，切实加强党的建设。“两优三服务”、“一企一干部，合力促发展”驻企蹲点等专项行动深入开展。充分发挥“一把手”抓班子带队伍作用，加强干部交流培养，开展机关干部“应知应会”业务能力测试，完善上挂、外派和新录用公务员基层锻炼等制度，干部能力素质有新提升。深化干部人事制度改革，成功开展第十次领导干部竞争性选拔和中层干部跨部门竞岗交流工作，率先实施科（局）级正职职位公开选拔。加强市、镇（街道）两级党建工作示范点建设，全面推进“创业创新·活力和谐”企业创建工作。继续加强执行力建设，深化行政审批制度改革。坚持把党风廉政建设和反腐败工作放在更加突出位置，健全完善惩防体系，推进岗位廉政风险防范机制、实名举报“无障碍”体系建设，严厉查处违纪违法案件，党风廉政建设向纵深推进。

（沈振定　周叶峰）

重要会议

【全市机关干部大会】　2月1日，市委、市政府召开全市机关干部大会，设1个主会场和69个分会场（分会场通过电视直播的形式同步收看会议），各镇（街道）、部门、单位3200多名机关干部参加会议。嘉兴市委常委、海宁市委书记俞志宏作题为《优化机关服务，优化发展环境，齐心协力推进经济社会又好又快发展》的讲话。

【全市三级干部大会】　2月9日，市委、市政府召开全市三级干部大会，表彰2008年度先进集体和先进个人，部署落实2009年度各项工作任务。嘉兴市委常委、海宁市委书记俞志宏作题为《坚定信心，克难奋进，齐心合力推进经济平稳较快发展》的讲话，市委副书记、市长沈利农作大会小结。

【全市深入学习实践科学发展观活动动员大会】　3月9日，市委召开深入学习实践科学发展观活动动员大会，贯彻落实中央、省委和嘉兴市委有关会议和文件精神，对全市开展深入学习实践科学发展观活动进行全面动员部署。嘉兴市委常委、海宁市委书记俞志宏作题为《深入学习实践科学发展观，开创加快“三市”建设、实现“两个率先”新局面》的动员报告。

【全市农业农村工作会议】　4月9日，市委、市政府召开全市农业农村工作会议，回顾总结2008年度全市“三农”工作所取得的成绩，表彰一批先进集体和个人，对2009年度全市农业农村工作进行全面部署。嘉兴市委常委、海宁市委书记俞志宏作题为《认真贯彻十七届三中全会精神，扎实推进我市农村改革发展》的讲话。

【海宁市“六城联创”暨创建国家卫生城市和国家级园林城市工作动员大会】　4月29日，市委、市政府召开“六城联创”暨创建国家卫生城市和创建国家级园林城市工作动员大会，提出2009年底成功创建国家级园林城市、2010年通过国家卫生城市评审验收的创建目标。市委副书记、市长沈利农作动员讲话。

【全市经济工作会议】　5月20日，市委、市政府召开全市经济工作会议，全市500多家规模以上企业负责人参加会议，会议出台了一系列扶持企业发展的政策意见。嘉兴市委常委、海宁市委书记俞志宏作题为《鼓发展之劲，创发展之新，尽发展之责》的讲话，市委副书记、市长沈利农作报告。

【市委常委会学习实践科学发展观专题民主生活会】　6月9日，市委常委会召开学习实践科学发展观专题民主生活会，紧扣“勇立潮头、科学发展，加快三市建设”实践总载体，全面总结市委常委会贯彻落实科学发展观情况，深入查找市委常委会及成员在领导和推动经济又好又快发展、维护和发展群众利益、促进社会和谐等方面存在的突出问题，剖析主客观原因，提出整改落实措施，明确努力方向。嘉兴市委书记陈德荣参加会议并讲话，嘉兴市委常委、海宁市委书记俞志宏主持会议。

【市四套班子领导“加快推进‘三市’建设”工作务虚会】 7月5~6日，召开加快推进“三市”建设工作务虚会。会议交流了2009年12个市委、市政府重点调研课题，并就皮革、经编、家纺三大传统产业转型升级、推进村庄集聚加快现代农村新社区建设等进行了深入讨论研究。市四套班子全体领导参加会议并进行交流发言。

【市委十二届九次全体（扩大）会议】 7月21日，市委十二届九次全体（扩大）会议暨十三届市政府第七次全体会议召开。会议回顾总结上半年工作，研究部署下半年任务，审议通过《中共海宁市委关于进一步深化改革开放，推动科学发展，加快“三市”建设的意见》。嘉兴市委常委、海宁市委书记俞志宏作题为《咬定目标，创新突破，狠抓落实，全力以赴做好下半年各项工作》的工作报告，市委副书记、市长沈利农作会议小结，市委副书记徐辉对《中共海宁市委关于进一步深化改革开放，推动科学发展，加快“三市”建设的意见》作说明。

【全市人大工作会议】 8月26日上午，市委召开全市人大工作会议，总结近年来海宁市人大工作经验，研究、部署和推进今后一个时期人大工作与建设。嘉兴市委常委、海宁市委书记俞志宏和市人大常委会主任戴雪根分别在会上讲话，市委副书记、市长沈利农主持会议。会后下发《中共海宁市委关于进一步加强和改进人大工作的意见》。

【全市政协工作会议】 8月26日下午，市委召开全市政协工作会议，总结近年来政协工作经验，分析新形势下进一步加强和改善党对政协工作的领导，推进人民政协工作的制度化、规范化和程序化建设。嘉兴市委常委、海宁市委书记俞志宏和市政协主席张炜芬分别在会上讲话，市委副书记、市长沈利农主持会议。

【全市人才工作大会】 10月15日，召开全市人才工作大会，表彰人才工作先进集体和优秀人才，总结近年来全市人才工作的经验，并对今后一个时期的人才工作进行部署。嘉兴市委常委、海宁市委书记俞志宏作题为《坚持“人才强市”，实施“四大工程”，服务转型升级，推动科学发展》的讲话。会议出台了《关于加快引进培养创新型人才，推动创新发展的政策意见》。

【全市廉政教育大会】 11月12日，召开全市廉政教育大会，市四套班子全体领导，各镇、街道副镇级以上干部，市级机关各部门、市直属各单位副科（局）级以上领导及部分单位中层干部参加会议，观看反腐倡廉警示教育图片展和警示教育片，听取典型案例剖析和廉政教育专题辅导报告。嘉兴市委常委、海宁市委书记俞志宏在会上讲话。

【市委十二届十一次全体（扩大）会议】 12月30日，市委十二届十一次全体（扩大）会议暨十三届市政府第八次全体会议召开。会议认真贯彻落实中共十七届四中全会、中央经济工作会议和省、嘉兴市有关会议精神，回顾总结2009年工作，研究部署2010年任务，审议通过《中共海宁市委关于认真贯彻〈中共中央关于加强和改进新形势下党的建设若干重大问题的决定〉的实施意见》。嘉兴市委常委、海宁市委书记俞志宏在会上讲话，市委副书记、市长沈利农代表市委、市政府作题为《抢发展抓统筹求创新重实干，全力完成“十一五”发展各项目标任务》的工作报告，市委副书记徐辉对《中共海宁市委关于认真贯彻〈中共中央关于加强和改进新形势下党的建设若干重大问题的决定〉的实施意见》作说明。

（沈振定　周叶峰）

重要决策和活动

【组织开展深入学习实践科学发展观活动】　市委决定自2009年3月～2010年2月，分批在全市共产党员中开展深入学习实践科学发展观活动。活动紧紧围绕“党员干部受教育、科学发展上水平、人民群众得实惠”的总要求，突出“提升人”与“推进事”两大任务，以“勇立潮头，科学发展，加快建设环杭州湾现代工贸强市、长三角文化旅游名市、杭嘉湖宜居创业新市”为实践载体。每批学习实践活动分学习调研、分析检查、整改落实三个阶段进行，重点组织广大党员特别是各级领导班子和党员领导干部深入学习实践科学发展观，加强理论武装，形成科学发展共识；深入开展剖析检查，共谋科学发展思路，破解科学发展难题，健全完善体制机制，确保科学发展长效。在活动中，市委常委会始终坚持以身作则，在组织指导好全市学习实践活动开展的同时，按照“六个表率”的基本要求，带头落实好自身学习实践活动各阶段工作，认真学习、深入调研、广泛征求意见，召开专题民主生活会，深入分析检查，制订落实整改方案，全面总结前阶段贯彻落实科学发展观情况，认真查找市委常委会及其成员在贯彻落实科学发展观以及党性党风党纪等方面存在的问题，明确了领导和推进全市科学发展的思路和举措。

【坚持“保增促调”，促进经济平稳较快发展】　面对国际金融危机的严重冲击，市委、市政府进一步突出经济建设中心，召开全市经济工作会议，按照“保增促调”的总体要求，出台《关于加快推动经济转型升级努力走在科学发展前列的意见》，修订完善了促进经济又好又快发展的政策意见。制订实施传统产业提升和新兴产业培育扶持的相关规划，加强行业创新平台和企业研发中心建设，注重创新型人才和团队的培养引进，推进品牌培育和企业上市工作，培育发展总部经济、现代商贸、物流等服务业。下调职工养老保险征缴比例，在全市开展“两优三服务”、“涉企收费集中清理月”、“工业投入百亿攻坚”、“奋战八十天”等系列活动，促进全市经济发展企稳回升。

【推进“两新”工程建设】　市委出台《关于认真贯彻党的十七届三中全会精神，进一步推进农村改革发展的实施意见》，并制订实施《关于推进村庄集聚，加快现代新市镇和城乡一体新社区建设的意见》，在全市范围内推进新市镇和新社区建设，着力推进村庄集聚，实现农民集中居住、土地集约节约、产业集聚发展、居住环境改善目标。年内完成新一轮村镇“1+X”村庄布点规划编制工作，初步形成“10+59”的城乡一体新社区布局（指在“1+X”村庄布点规划编制工作中，全市初步确立10个新市镇和59个新社区构成的“10+59”城乡一体新社区布局）；完善制定农房搬迁奖励补助、农村宅基地置换市区公寓房和农村集体土地承包经营权置换生活保障等相关配套政策；启动新社区基础建设和搬迁进“1+X”点报名或预报名工作。

【赴江苏、山东学习考察】　8月30日～9月4日，由市委、市政府主要领导带队，组织镇、街道、机关部门及“重点兴海工程”企业负责人分赴江苏昆山、海门以及山东胶南、胶州、即墨等地学习考察，学习借鉴先进地区的发展思路和成功经验，激发领导干部和企业家进一步解放思想、干事创业的激情。为扩大考察成果，市委、市政府相继于9月5日和10日召开考察交流会，交流考察学习心得体会。在向全市各部门、单位征集意见建议的基础上，于9月30日召开专题会议，作出了整合统筹招商资源、启动城西“双百万”市场群建设等一批重大项目的决策，推动了事关海宁发展大局的各项重点工作的落实。

图78 9月3日，海宁市委主要领导率考察团到江苏省海门市中国叠石桥国际家纺城考察

【“奋战八十天，百亿投入、百万拆迁项目推进专项行动”】 市委、市政府从10月初至年底在全市开展了“奋战八十天，百亿投入、百万拆迁项目推进专项行动”。专项行动突出“破难题、攻项目、促发展”主题，分别由14位市领导带领14位工作组深入项目推进一线，帮助解决经济发展和项目推进中的具体问题，推动经济工作的有效落实，全年完成工业生产性投入107.16亿元，完成房屋拆迁面积141.7万平方米。

【成立招商引资工作委员会和市招商局】 为进一步扩大对外开放，加大招商引资力度，统筹全市招商资源，协调招商引资过程中的一些重大问题，市委、市政府决定成立海宁市招商引资工作委员会，并设置海宁市招商局，主要承担海宁市招商委员会办公室职能，主管全市招商引资工作。

【启动城西“双百万”市场群建设】 市委、市政府经过认真研究和深入调研，决定依托皮革城推进城西“双百万”市场群建设，启动百万平方米皮革市场和百万平方米其他专业市场建设，推动区域特色产业提升和城市化进程。

【建立上海漕河泾新兴技术开发区海宁分区】 市委、市政府与上海漕河泾新兴技术开发区开展全面合作，在海宁经济开发区设立上海漕河泾开发区海宁分区。该区总规划面积15平方千米，首期启动5平方千米，定位为新兴技术产业园区，是沪浙两地第一个进入实质性建设的跨区域开发合作项目。漕河泾开发区海宁分区于12月17日正式成立。

【举办“一节两会”】 成功举办第十六届中国国际钱江（海宁）观潮节、第十六届海宁·中国皮革博览会、2009海宁·中国家用纺织品博览会。三大节庆活动首次在同一天启动。

【深化“六城联创”】 市委、市政府进一步深化“六城联创”工作，将创建国家卫生城市和国家园林城市作为年度主要工作载体。在全市各级各部门紧密协作和广大市民踊跃参与下，城市基础设施和环境卫生设施不断完善，难点问题不断解决，市容市貌明显改善，被命名为“国家园林城市”。创建国家卫生城市工作先后通过嘉兴市级和省级的考核验收，进入迎接全国爱国卫生运动委员会初审暗访阶段。

【开展“两优三服务”专项行动】 3月起，市委、市政府组织开展“两优三服务”专项行动。行动共分8项，包括品牌服务再深入行动、审批服务提速行动、项目推进服务行动、追效问责保畅行动、一企一干部合力促发展行动、机关挂村服务新农村行动、经济政策集中宣讲行动、重点工作推进行动。

【举办勇立潮头，科学发展——《热点面对面》广播电视系列直播节目】 市委、市政府连续第三年举办《热点面对面》广播电视系列直播特别节目，由市委、市政府主要领导、分管领导及市有关部门、镇（街道）、开发区的主要负责人一起，与党代表、人大代表、政协委员、普通群众进行面对面交流探讨。该节目设置“优化服务，优化环境”、“科学发展，勇立潮头”、“求真务实，改善民生”3个系列主题共15期，分别于4月、7月、10月播出，群众参与度有所提高。

【实施镇、街道公务用车制度改革】 市委、市政府在全市各镇、街道推行公务用车制度改革。从4月1日起，全市各镇、街道除党政正职可保留1辆公务用车外，取消其余公车，实行公务交通费用包干补贴。

（沈振定　周叶峰）

纪检、监察工作

【概况】 全年共开展监察项目36项，查处违法案件和违法行为88件（起）。出台《重大工作推进跟踪督办记实办法》，强化对重大工作落实情况的即时督查和考核，严肃查处执行梗阻、影响发展等行为，有20个单位、33人被实名通报，46人受到责任追究。完善软环境监控体系，组织开展软环境调查和指数测评。开展群众满意基层站所评创和民政、国土、农业系统的行风评议活动，加强政风行风建设，提高服务水平。推进“潮乡民声”行风热线常态化运行，举办浙江之声《阳光行动》走进海宁暨“潮乡民

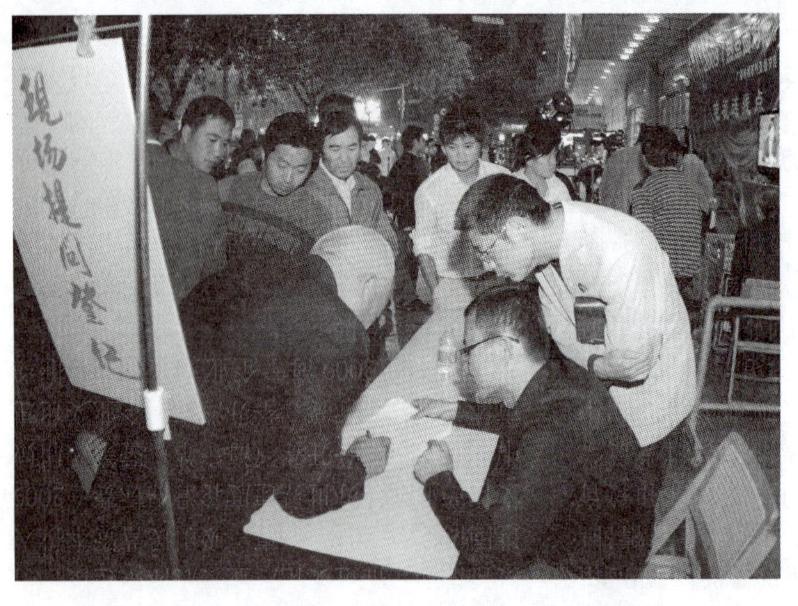

图79　《热点面对面》直播节目外场，群众现场提问登记

声”行风热线走进园区现场直播活动。

抓住腐败现象易发多发的重点领域和关键环节，以岗位廉政风险防范为核心，以开发区（工业功能区）、专业市场、新市镇三大区块和政府投资项目、专项资金、农村“三资”三大项目为重点，初步形成了“一三三”惩防体系网格化构建模式。完善岗位廉政风险防范机制建设，将风险管理理论和科学管理方法运用到反腐倡廉工作实际中，结合各部门、单位的行政、业务工作，对岗位廉政风险进行科学化、系统化防控管理，把惩防体系建到岗位。围绕土地出让、招商引资、项目建设、财务审批、资产管理等关键环节推进开发区（工业园区）惩防体系建设；围绕工程项目、物资采购、市场招商招租、广告营销四个重点环节推进专业市场惩防体系建设；围绕项目决策、招标投标、工程监管、标后管理、资金监管和工程决算等关键环节推进政府投资项目惩防体系建设。

坚决惩治违纪违法行为，全年全市各级纪检监察组织共受理信访举报257件（次），立案查办各类违纪违法案件92件，涉及科（局）级领导干部3人，给予党纪政纪处分92人，追究刑事责任6人。推进实名举报“无障碍”体系建设，强化宣传，优化工作措施，引导和鼓励群众署实名举报。信访举报人对信访受理、工作效率、处理结果三方面满意率分别达到100%、98%、92.6%。完善执纪办案制度，建立镇、街道、纪委区域协作办案制，提高办案质量。完善公开审理、巡回审理、回访教育等制度，抓好审理员队伍建设，推进案件审理规范化。组织开展党纪政纪处分决定执行情况的专项检查。

以领导干部为重点，开展反腐倡廉专题教育，以召开全市廉政教育大会教育党员干部干净干事、奋发有为。全年有56个单位主要领导上廉政党课，有3000多名党员干部赴省法纪教育基地接受警示教育。完善干部考廉制度，领导干部、中层干部、基层干部和新录用公务员“四点一线”的全方位、多层次廉政法规知识考试体系形成，全年有371人参加了廉政考试。着力打造“潮乡清韵”廉政文化精品工程，营造尊廉崇廉的良好社会氛围。落实领导干部廉洁自律各项规定，开展纪委负责人与下级党政主要负责人谈话434人次，干部任前廉政谈话263人次，诫勉谈话70人次，对33名2008年度以来新提任的科（局）级领导干部开展集体廉政谈话。

探索“3D”监督方式，形成立体式监督体系。建立党风廉政建设巡察制度，组建巡察员队伍，分组对4个镇、街道落实党风廉政建设责任制、构建惩防体系等工作开展巡察。推进纪委委员询问质询，组织市纪委委员对发生违纪违法案件所在部门的党组织，就落实党风廉政建设责任制和履行监管职能等情况进行询问质询。建立党风廉政建设点名点题检查制度，点名6个部门、点题15个问题，被点名单位主要负责人向市纪委常委会汇报所点题工作的落实情况，组织市纪委委员、党风廉政建设巡察员和特邀监察员进行检查、评议和反馈，推进重点工作的落实，解决监督“触不到要害”的难题。

【全市廉政教育大会】 11月12日，举行全市廉政教育大会，全市副科（局）级以上领导干部观看警示教育片《“投资”的真相》和反腐倡廉警示教育图片，听取了省纪委常委罗悦明作的题为《剖析违纪违法案件，提高拒腐防变能力》的反腐倡廉专题报告。会议向与会人员赠送《腐败泯灭亲情》、《从政提醒——党员干部不能做的150件事》等警示教育书籍1476本。海宁市委常委、纪委书记方俊良将2009年后查办的典型案件

图80 7月1日，海宁市庆祝建党88周年——“清韵颂”廉政歌曲演唱大赛决赛在盐官镇桃园村文化中心广场举行

的特点、发生原因等进行剖析和总结，嘉兴市委常委、海宁市委书记俞志宏到会讲话。

【实名举报“无障碍”体系建设】 强化宣传，在全市营造鼓励实名举报的良好氛围；畅通渠道，推行领导干部接访、下访制度，健全基层信访网络，完善实名举报办理机制；注重查处，对信访实名举报件做到“一落实、四优先、四告知”，即实名举报件主办人落实责任，对实名举报件优先受理、优先阅批、优先调查、优先处理，对实名举报件的调查情况和处理意见实行受理告知、延期告知、结果告知、结案告知；完善制度，建立健全直查快办、跟踪督办、保密保护、举报奖励等实名举报办理工作制度，建立健全实名举报“无障碍”体系，鼓励和引导干部群众署实名举报。全年共受理署名举报信访件127件，占总受理数的49%，比上年增加15%。

【“清韵伴我行·聚力促发展”廉政文化系列活动】 5~11月，以“清韵伴我行·聚力促发展”为主题，举办廉政文化系列活动，推进“潮乡清韵”廉政文化精品工程建设。主要有《清风廉影——海宁历史人物廉洁故事》编撰、“清韵颂”廉政歌曲演唱大赛（包括独唱擂台赛和合唱

图81 5月23日，浙江之声《阳光行动》直播活动走进海宁，市长沈利农上线倾听民情民意

比赛）、廉政故事大赛（包括故事创作比赛和讲故事比赛）、廉政楹联创作比赛、廉政文化大型景观建设、廉政文化示范点（教育基地）命名等九项活动，由市纪委、市委组织部、市委宣传部、市直属机关党工委4家单位主办，团市委等9家单位承办，分组织策划、活动实施、总结活动3个阶段，历时7个月，先后参与的党员干部及社会各界群众达万余人。

【浙江之声《阳光行动》走进海宁活动】 5月23日，举办浙江之声《阳光行动》走进海宁暨“潮乡民声”行风热线走进园区现场直播活动，市委副书记、市长沈利农亲自上线倾听民意，发改、经贸、财税等17个部门负责人到直播现场服务咨询，10个基层站所开展面向企业的现场咨询服务活动。咨询活动现场共接待群众咨询投诉达647人次，现场解答咨询问题425个，发放各类宣传资料9136份。

（马彩萍）

组织工作

【概况】 2009年，以深入学习实践科学发展观活动为主线，统筹推进领导班子和干部队伍建设、人才队伍建设、基层组织建设，圆满完成组织工作任务。

紧扣“勇立潮头，科学发展，加快‘三市’建设”总载体，突出抓好“提升人”与“推进事”，开展学习调研、学习交流、专题讨论、领衔破难和整改落实，全面开展“两优三服务”专项行动，推出“品牌服务再深入”、“机关挂村，服务新农村”等8个专项行动，走访企业和基层单位2340次，宣讲政策和咨询服务2880次，解决问题913个。

创新开展全市第十次竞争性选拔领导干部工作，组织实施中层干部跨部门竞争上岗，在市经贸局、审计局、统计局等6家单位开展干部绩效管理与考核试点。

落实干部培训任务，优化干部在线学习，开展干部“应知应会”知识测试。组织开展“一企一干部，合力促发展”活动。选派27名干部进行上挂、互挂等挂职锻炼。完成镇、街道届中回访考察和人事调整工作。

制订出台《关于加快引进培养创新型人才推动创新发展的政策意见》，召开全市人才工作大会，牵头开展“精英聚潮乡·合力助两创”人才科技系列活动。组织大学生“村官”专题培训和“十佳大学生村官”评选活动，指导成立第一家大学生“村官”创业农业园，完成34名大学生“村官”选聘工作。

指导镇、街道召开党代会年会。启动新一轮农村基层组织建设先锋工程“五好”镇、村创建工作和450个党建工作示范点建设。举办全市村、社区党组织书记培训班和“强村论坛”。深化“创业创新·活力和谐”企业创建。建立健全市镇（街道）、村（社区）关爱党员专项资金（基金）。加大党员创业贴息项目的指导、培训和服务力度。推进远程教育“双进双百”工程。

【斯鑫良到海宁蹲点调研】 6月，中共浙江省委常委、组织部长斯鑫良到海宁盐官镇桃园村就“加强农村基层组织建设，推进城乡统筹发展”蹲点调研。嘉兴市领导李卫宁，海宁市领导俞志宏、徐辉、周红霞等陪同调研。

【第十次竞争性选拔领导干部】 6~8月，海宁市组织开展第十次竞争性选拔领导干部工作，推出2个科（局）级正职职位和13个副职职位，共有符合条件的256人报名。推出职位数为历年最多，并首次开展科（局）级正职职位的竞争性选拔，并首次引入报名人员基本条件量化计分办法（按15%的比例与笔试成绩合成为初试成绩，视初试成绩高低确定入围面试人员）。面向社会公开聘请16名民主监督员，全程参与笔试、阅卷、面试、考察等各个选拔环节，面试环节实行大评委制，邀请群众评委参与打分。

【“一企一干部，合力促发展”活动】 4月起，开展“一企一干部，合力促发展”活动，选派优秀科（局）级干部和部门优秀中层干部驻企、帮企。首批选派36名到企业进行为期1～2年的脱产驻企服务；并同步开展项目帮办活动，从以科（局）级领导干部帮办工业项目为主，延伸到财政、国土等经济部门中层干部分片帮办，缩短企业项目建设周期。

【“精英聚潮乡·合力助两创”人才科技系列活动】 市委组织部牵头人事、科技等部门开展“精英聚潮乡·合力助两创”人才科技系列活动，先后开展“太阳能光热（伏）产业科技合作洽谈会”、浙江省博士后海宁印刷包装产业项目引荐会、战略性人力资源管理论坛等八项专题活动，现场签约科技合作项目9个，解决技术难题近百个。

【深化“创业创新·活力和谐”企业创建】 组织公开招聘非公企业党务工作者，开展非公企业优秀共产党员、党务工作者和创建活动最热心企业家评选活动，全面开展“创业创新作表率，攻坚克难当先锋”主题活动，表彰命名第二批10家“创业创新·活力和谐”企业和6家争创先进企业。5月12日，全国非公有制经济组织党建研究专委会副主任委员洪复初到海宁调研，对海宁开展的“创业创新·活力和谐”活动载体和取得的成效给予充分肯定。

【公开选聘“党务人才”进企业】 4月和10月，市委组织部分别牵头举办了两次海宁市企业党务工作者专场招聘会，15名党务工作者通过公开招聘上岗，并建立133人的党务工作者人才储备库，经培训后颁发资格证书。

【镇、街道党代会年会】 年初，在硖石街道试点召开镇、街道党代会年会，于年底在12个镇、街道全面推行党代会年会，并推出普通党员旁听、远程教育网直播、电话专线现场提问、专题民主恳谈、履职情况测评、建议案办理机制、互联网全程直播等一系列“阳光作业”举措。

（李　强）

图82　4月，市委组织部牵头举办企业党务工作者专场招聘会

宣传工作

【概况】 推进社会主义核心价值体系建设，全年共安排市委中心组学习22次，其中集中主题学习会15次，并结合“潮乡论坛”的举办，强化政治理论、经济理论和干部队伍建设知识的学习。抓好中共十七届四中全会的宣传学习，组织全市理论骨干赴上海市委党校专题学习中共十七届四中全会精神。发挥村级党校培训农村党员、干部和教育农民群众的主阵地作用，推动农村党员学理论，重点开展科学发展观理论知识和中共十七届四中全会精神的学习。

市级新闻媒体把握“创业创新，比学赶超”主线，创新报道形式，围绕推动转型升级、加大有效投入、重点项目推进、重点平台开发建设、“两新”建设、工业百亿投入等工作重点，在做好动态报道的同时，以系列述评、新闻观察等多种形式，将市委、市政府重大工作部署的报道做足、做透，增强中心宣传的纵深度、鲜活度和鲜明度。主动协调省级以上媒体、中央驻浙媒体等到海宁采访报道，全年省级以上媒体刊（播）发有关海宁的重点报道达850余篇（条）。做好“一节两会”、世界速度轮滑锦标赛、徐志摩诗歌节、元宵硖石灯会和上海漕河泾新兴技术开放区海宁分区成立等重大活动的对外宣传报道。在中央电视台一套、四套连续第二年投放城市形象广告，塑造海宁在全国“观潮胜地、皮革之都”的城市品牌地位。关注群众生产生活实际，营造和谐氛围，为改革发展创造稳定和谐的良好环境。以庆祝新中国成立60周年为契机，市级新闻媒体开展了集中性、大容量的宣传报道，展示新中国成立60年来全市各领域、行业的辉煌成就。借助技术手段做好网络舆论智能监测，做好网上舆论的监看、分析、引导与管理，全年共编发《海宁网络舆情摘报》46期。

推进公共文化服务体系建设，推动文化发展成果惠及全市人民。推进文化设施建设工程，海宁“村村都有文化专管员”获全省基层宣传思想文化工作“三贴近”十佳创新奖。成功举办第二届中国（海宁）·徐志摩诗歌节、中国书法与海宁暨纪念清代书法家陈奕禧逝世300周年学术研讨会等有影响的文化活动。推进文化产业发展体系建设，引进国内外大型体育赛事，吸引民营资本投入文化产业，举办世界速度轮滑锦标赛、2009中国体育舞蹈公开赛（海宁站）暨第八届城市体育舞蹈锦标赛。举办海宁市企业文化建设推进会暨2009海宁企业文化论坛，推动企业可持续发展。

【四个工作亮点】 一是以“全民学习月”活动促进市民崇尚学习。将8月确定为全市第三个“全民学习月”，搭建“听、读、看”三平台，抓好“倡、询、评”三环节，提供学习场所，在全社会积极倡导读书习惯，营造全民阅读氛围。二是以“热点面对面”活动强化舆论监督。全年先后完成“优化服务，优化环境”（4月）、“科学发展，勇立潮头”（7月）和“求真务实，改善民生”（10月）三个系列共15个话题的直播工作。三是以“农村文化成果展示年”活动繁荣群众文化。开展第三届“田野欢歌闹潮乡”农村文化艺术节、文化阵地专职管理员才艺大赛等，特别是各镇、街道“种文化”进城文艺展演，由8个镇、4个街道分别展演1场，参加演员1800多人，演出节目160多个，观众2万多人次。四是以“道德模范评选”活动引领社会良好风尚，展示全市广大群众践行社会主义荣辱观的精神风貌。

【学习实践科学发展观活动宣传】 抓好市

委中心组在深入学习实践科学发展观活动学习调研阶段的学习，采取专题讲座、分散和集中自学、交流讨论和宣讲报告会等形式，共安排集中学习10次。在“一报两台”同步开设学习实践活动专栏，报道520余篇(条)，主要内容是第二、第三批活动单位开展学习实践活动的进展情况、成功经验和实际效果；同时，及时宣传活动中涌现出来的先进典型，生动反映党员群众的积极评价和切身体会。利用基层党校、紫微讲坛、市民学校等平台，整合镇村简报、百窗百栏等载体,开展科学发展观理论的宣传和普及工作。

(叶　杰)

统一战线工作

【概况】　以巩固和发展民主政治为目标，贯彻中共中央两个5号文件精神，引导党外代表人士参政议政。加强民主党派、工商联、知联会和统战团体自身建设，支持各民主党派、无党派人士开展学习贯彻科学发展观活动和中国特色社会主义主题教育活动，开展送教下乡、义诊咨询、结对助学等公益服务活动。会同市工商联加大对全市各镇、街道基层商会组建工作指导力度，完成全市面上组建任务。帮助各民主党派做好组织发展工作，全市民主党派成员总数达223名。做好市优秀社会主义事业建设者评选组织工作，10名非公有制企业经营者被市委、市政府授予“海宁市第三届优秀社会主义事业建设者”荣誉称号。落实党外人士政治安排和政治生活待遇政策，增补政协委员12名，补选常委4名。加大党外干部的培养选拔，完善市委统战部与市委组织部联席会议制度，建立党外后备干部梯队人才库，全市党外后备干部共55名，副科（局）级以上党外领导干部17名。落实中共领导与党外代表人士结对交友制度，加强与党外退休副处级领导干部的联系，关心黄埔军校校友的生活。

创新宗教管理和民族工作。围绕“和谐、稳定”主题，依法加强对宗教场所和团体的管理，坚决抵御境外渗透，努力维护民族团结、宗教和谐。开展宗教法律、法规的宣传培训，对民族宗教界人士开展爱国主义教育。邀请省民宗委领导为市委中心学习组作《社会主义时期的宗教问题和宗教工作》专题讲座。编辑出版《海宁佛教》画册。全年有9处寺院、教堂通过考核，全市27处宗教活动场所均被嘉兴市授予“平安宗教活动场所”称号。成立嘉兴市首家道教团体——海宁市道教协会。鼓励宗教界参与扶贫帮困、助残助学等社会公益事业，广福寺、硖石天主教堂、硖石基督教堂等场所，被授予“嘉兴市第一届宗教慈善奖”。开展基督教教职人员认定工作，调整佛教协会理事会班子。实施宗教活动申报审批制，对大型宗教活动或跨行政区域宗教活动的时间、内容、规模及形式进行严格把关。制订完善安全应急预案、值班和报告等制度。坚持属地管理原则，依法管理民族事务，加强与新疆籍维吾尔族、柯尔克孜族民工所在镇、街道、公司的联系。

以联络联谊为手段，拓宽交流交往渠道。把握两岸关系“和平、发展”主题，以对台经贸、交流交往为重点，落实各项惠台政策措施；关心台商台属生活和学习，维护台资企业合法权益，鼓励赴台经贸交流考察，组织第四届海峡两岸经编研讨会，邀请岛内民众到海宁交流联谊，先后接待了台湾嘉义县国民党访问团、嘉义中学生访问团、台湾高等院校师生交流团、世界轮滑锦标赛中华台北队、台湾天文爱好者等21批近700人次。拓宽港澳地区的联络联谊渠道，市委书记、市长、政协主席等领导和市委统战部、侨办领导多次专程赴港拜访金庸（查良镛）、查济民亲属及海宁在港乡亲，推动香港查氏集团在海宁城南新区开发高星级酒店项目，促成“中国武侠文化城”建设规划意向，加快金庸书院工程建设。支持侨联、留联、政协港澳台侨组织发挥作用，探索为归侨侨眷、港澳眷属及留学人员家属服务的新方式，做好“三胞”亲属的慰问走访工作，开展侨情补充情况调查，加大“以侨引侨”力度，加强与海外的华人华侨和友好人士的联络联谊。

【统战团体建设】 以统战团体换届为契机，抓好统战团体的组织和领导班子建设，相继召开市党外知识分子联谊会第二次代表大会、市第六次归侨侨眷代表大会、市留学人员和家属联谊会第二次代表大会、市台胞台属第六次代表大会、嘉兴台商协会海宁市联谊会第四次会员大会，分别选举朱海英为市知联会会长、姚建忠为留联会会长、金明浩为台联会会长、黄永华为侨联主席、黄顺鑫为台商联谊会会长。

【服务企业抗击金融危机】 以“服务企业、服务基层”为重点，广泛开展蹲点调研、上门走访、咨询服务活动。统战部机关开展“我为海宁发展献一计”、第五个“百名基层统战对象走访月”活动；市侨办召开重点侨港资企业负责人座谈会；市台办举办台商与政府部门恳谈会；市工商联开展“走进民营企业，提振发展信心”活动和人力资源大型招聘活动，协调解决各类问题40余个，为非公有制企业融资牵线搭桥争取贷款额度9000万元，组织120家非公企业提供就业岗位近3000个。

【围绕重大历史事件开展主题活动】 围绕新中国成立60周年、人民政协成立60周年、多党合作制度确立60周年等重大历史事件开展主题活动。邀请各民主党派副主委（主任）和历任民主党派负责人以及统战部有关老领导一起座谈，回顾60年光辉历程；组织市佛教协会举办庆祝新中国成立60周年——“梵音潮声”摄影作品展，获2009年全省统战宣传重大创意活动奖；指导市基督教两会举行“喜迎国庆60周年暨中国基督教三自爱国运动59周年‘福佑中华’——音乐赞美会”，唱响“爱国爱教”的主旋律。

（沈永忠）

政研工作

【开展各类课题调研】 做好有关海宁发展方向、定位等宏观思路性调研，起草《关于印发〈市四套班子领导在深入学习实践科学发展观活动中开展“勇立潮头，科学发展，加快‘三市’建设”重点课题调研方案〉的通知》，牵头完成《勇立潮头，科学发展，加快推进“三市”建设——海宁“三市”建设回顾与思考》和《关于完善我市年度目标责任制考核评价体系的思考与对策》，做好12个市级重点课题的组织落实和学习交流工作，并负责汇编《2009年市委市政府重点调研课题汇编》。为及早谋划新一年经济社会发展工作思路，根据市委领导意见，撰写《对2010年全市经济社会发展工作的建议》；根据《政策□望》杂志的约稿，撰写《明年工作思路》；根据市党政代表团赴苏、鲁学习考察后提出的各类意见，撰写《关于需抓紧研究决策并加快实施的几项重点工作的建议》。

做好重点工作、重点事项、重点问题的专题调研，围绕加快城乡供排水管理体制改革，加快城乡水务一体化进程，撰写《关于完善我市城乡供排水一体化管理体制的调研与思考》；就长安历史文化保护开发问题，形成《关于“发展长安、建设长安”的三点建议》；针对海宁的实际，撰写了《赴诸暨市学习帮扶企业政策措施有关情况的报告》、《花桥国际商务城考察报告》、《富阳经济开发区整合提升情况的学习考察报告》、《关于丽水市开展权力制衡工作有关情况的报告》、《南通市开展“执政效能革命”工作情况汇报》等调研报告。

抓好热点、难点问题的调研，针对老百姓、人大代表、政协委员反响强烈的废旧物资收购市场秩序混乱问题，形成《对全市废旧物资收购市场秩序整治情况的调查与建议》；围绕加快“两新”工程建设，撰写《加快推进村庄集聚要有更大力度更大清晰度》、《关于进一步深化户籍管理制度改革有关情况的报告》、《关于土地股份合作制改革有关情况的调查报告》；就会议多、市委文件执行情况等问题，分别形成《狠下决心精简会议——对规划建设局前5月参加390个会议的剖析》、《关于近三年来市委出台各项实施意见的专项督查报告》、《关于钱江生化搬迁问题的问卷意见、建议汇总》、《关于拓展“热点面对面”发挥舆论监督作用的调查报告》、《关于“海宁皮革”创建浙江区域名牌情况的调研报告》、《我市大学生村官队伍建设现状与思考》等调研文章。

【起草重要文稿】 起草《中共海宁市委关于加快推动经济转型升级努力走在科学发展前列的意见》、《中共海宁市委关于进一步深化改革开放推动科学发展加快“三市”建设的意见》、《中共海宁市委办公室关于印发〈市委常委会深入学习实践科学发展观活动整改落实方案〉的通知》等重要文件。

【办好《海宁政研》】 2009年，《海宁政研》总刊发25期，其中《专报》15期、《镇、部门领导调研与建议》2期、《决策参阅》7期、《督查报告》1期。

【三课题获奖】 《支持企业创业创新推进工业转型升级——优化海宁创业创新环境课题研究报告》和《合理开发地下空间促进城市科学发展——海宁市地下空间开发利用与管理研究》分别获嘉兴市2008年度党委、政府系统优秀调研报告评选三等奖，《关注民生：海宁“杭嘉湖宜居新市”的构想与实践》获优秀奖。

（朱　怡）

机关党务工作

【概况】 2009年，机关党建工作以开展学习实践科学发展观活动为重点，开展深化和谐机关创建、廉政文化进机关、创建卫生城市、治安大巡防、深化文明交通等活动，围绕中心、服务大局，加强机关党的思想、组织、作风、制度和反腐倡廉建设。

贯彻落实省委《关于进一步加强和改进县（市、区）机关党建工作的意见》，将市公安局等11个市政府工作部门党委的机关党组织划入市直机关工委管辖，新建立3个机关党委、2个机关党总支部、6个机关党支部，转入党员1200多名。加强对市直属单位党委机关党组织的工作指导，对挂靠在机关的企业党组织实行属地管理，建立镇、街道机关党建工作联系点制度，完善机关党建工作考核体系。深化规范化党支部建设，在年度机关党的工作会议上新命名9个“规范化党支部”、6个企业和社会组织“五星党组织”及119名机关先进党员。全年有12个党（总）支部进行换届改选，有13人新任机关党（总）支部书记。会同市委组织部在市公安局召开机关基层党组织规范建设现场会，并由市委转发《关于深入开展机关基层党组织规范化建设的实施意见》。全年共发展新党员48名，预备党员转正55名。3月，举办有108人参加的市直机关入党积极分子培训班；7月1日，举行庆祝建党88周年新党员入党宣誓仪式，34人参加；会同7个部门机关党组织联合上党课两次；邀请浙江省委党校教授郭亚丁为机关200多名党务工作者作专题讲座。

举办第十届市直机关运动会，有50个机关单位的近3000人次参加十个大项的比赛活动；做好机关职工疗休养工作，实行公开招标、财政直接支付新办法，全年组织50多个职工疗休养团组，近1000名机关干部职工参加。

建立党内关爱机制，开展慰问困难党员和老党员活动，全年慰问困难党员48人次，送上慰问金近5万元。

【“学习型机关”建设活动】 会同市委宣传部等部门联合发起“全民读书月”活动，并邀请南京大学教授作专题讲座，各镇、街道，市级机关各部门共150多人参加。会同市党建研究会机关专委会组织开展机关党建理论调研活动，收到调研论文47篇，于“七一”前召开市直机关纪念建党88周年座谈会暨机关党建理论研讨会。

【夜间治安巡逻等活动】 牵头组织党政机关开展创建国家卫生城市活动。组织市直机关各部门、单位组织党员干部、青年志愿者和治安积极分子组成义务巡逻队，9月1日至11月底到社区开展治安夜间巡逻。联合市委宣传部、市文明办、市联创办、市公安局等部门做好“市民行为规范月”活动，动员党政机关干部和各类志愿者参与宣传“文明出行”、劝导不文明行为。牵头组织市直机关各单位语言文字规范化工作，“一节两会”期间志愿者活动等。

【廉政文化建设】 建立廉政文化进机关示范点活动，选择海洲街道、市规划建设局、市文体局、市公安局为廉政文化进机关示范点，发挥示范点在廉政文化建设中的示范引领作用。牵头组织全市机关“清韵颂”廉政歌曲大合唱比赛活动，广泛传播廉荣贪耻的理念。

【“机关挂村，服务新农村”活动】 会同市学习实践办、市委组织部、市委农办等部门组织开展新一轮“机关挂村、服务新农村”活动，列入全市开展“两优三服务”专项行动之一。全市共有89个市级机关部门领导干部联系企业390家，联系党员种养大户184户，单位结对困难党员、困难群众282名，联系村老干部130名。6月16日，《浙江日报》头版刊登《从“小机关”到“大田野”——海宁坚持不懈地开展“机关挂村、服务新农村”活动》的报道，引起各级党政领导的高度重视。

（俞叶良）

老干部工作

【概况】 至年底，全市离休干部共206位，最低年龄73周岁，最高年龄93周岁，平均年龄82周岁。按参加革命工作时间分：抗战前期7名，抗战后期32名，解放战争167名；按行政级别分：厅（局）级5名，县（处）级80名，科级121名；按原有单位性质分：行政单位66名，事业单位74名，企业单位66名。代管省直属系统离休干部29名，代管外省、外县易地到海宁安置的离休干部5名。

将深入学习实践科学发展观活动作为理

论学习的重要内容，坚持每月组织老干部进行政治理论学习，全年共组织30场次，参加学习600人次。8月，举办有280余名老干部参加的形势报告会，由市长通报全市经济发展形势；11月，举办海宁离退休干部读书会，由市委书记报告国内、国际形势和海宁市经济社会各项事业发展状况，并聘请有关专家解读中共十七届四中全会精神。“人代会”、三级干部大会等重要会议均邀请老干部代表参加，听取老干部意见建议。组织副县职以上离退休干部就近就地参观考察6次。全年受理来信11件，接待来访50人次，办结率100%。举办有55位支部书记参加的全市离退休干部党支部书记培训班。

继续完善离休费、医药费、财政支持“三个机制”，保障离休干部生活待遇落实到位。春节、重阳节等重要节日期间，开展走访慰问活动，慰问老干部达850人次。高温期间，开展“高温送清凉”活动，分成5个慰问组，对全市200多名80岁以上离休干部上门慰问。坚持每月3次由局领导带队去医院看望住院老干部，全年去医院慰问50余次，看望住院老干部800人次。对27名85周岁以上的离休干部发放高龄护理费。对9名身患重病、家庭经济困难的离休干部及遗属给予特殊补助，发放特殊慰问金1万余元。组织180名离休干部健康体检1次，组织副县（市）职离退休干部疗养体检1次。与市人民医院联合开展离休干部“诊疗保健直通车”活动，联合市康华医院开办健康讲座10次，400余名老干部听取了讲座。

【老干部活动中心】 全年组织大型活动3次。2月，举办元宵猜灯谜活动，400多名离退休干部参加；5月，举办“感受家乡美，老干部健步走”活动，全市600多名离退休干部参加；重阳节期间，举办老干部游园活动，600多名离退休干部参加活动。分别组队参加嘉兴市第二十届老干部门球赛、嘉兴市老干部棋牌赛、海宁市第三届老年人运动会等。歌舞、美术、花卉等13个兴趣小组以小组为单位，开展一系列健康有益的文体活动。

图83 5月25日，举办全市离退休干部支部书记培训班

【海宁老年大学】 5月，市委、市政府转发《海宁市老年大学五年（2009～2013年）发展规划》。至年底，老年大学有学员1142人，参加学习1495人次，共开设专业课程27个、班级37个，完成2300多课时的教学，有200多名学员结业。上半年，市财政核拨2万余元，购置电子琴31台，设立电子琴教室。完成老

年大学建校15周年庆祝活动，拳操队、健身球队、书画组、摄影班、舞蹈队、戏曲队、二胡班等多次参加市、镇（街道）组织的比赛和公益演出。

【庆祝新中国成立60周年活动】 召开离休干部庆祝中华人民共和国成立60周年大会，向全市离休干部颁发省委、省政府，嘉兴市委、市政府庆祝新中国成立60周年纪念章和纪念牌，嘉兴市委常委、海宁市委书记俞志宏到会讲话。市委常委分组上门对抗战期间参加革命工作的离休干部和解放战争时期参加革命工作的副县（市）职以上的离休干部进行慰问，市委老干部局会同有关部门对其余离休干部进行上门慰问。举办“风雨同舟，共享辉煌”海宁市老干部庆祝新中国成立60周年系列活动。

（王　喆）

党校工作

【概况】 全年共举办主体班26期，培训1500多人次；联办班30多期，培训5600多人次。企业经管学院依托浙大等高等院校师资，分别于6月和10月举办两期高级工商管理（EMBA）总裁研修班。举办专题论坛10期，每期300多人。2006级法律专业本科78人、经管本科14人毕业。继续开展“百场讲座，送教下乡”活动，重点突出学习实践科学发展观、新中国成立60周年以及中共十七届四中全会精神等内容，完成讲座130多场。

加强师资队伍建设，选派教师到北大马列学院、省委党校学习；通过当驻村指导员、信访联络员等方式了解市情；继续聘请知名教授和有关部门的领导担任教师。深化开放式教学，探索实践式培训，发挥12个现场教学点作用。严格落实《主体班班主任工作规程》，加强过程管理和档案整理。2009年获嘉兴市党校系统立项课题5个，其中重点课题1个。《海宁市土地流转的制约因素及政策建议》专题调研成果得到市领导肯定，并参加党校系统环太湖调研成果论坛。

（孙　岩）

史志工作

【“63321”史志工程】 2009年，史志办根据业务特点，提出实施“63321”史志工程：“6”即上级业务部门要求的6个规定动作，分别是一部党史二卷正本、一部组织史、一部专集、一部市志、一部年鉴、一个抗损调研课题；第一个“3”即3个省级以上课题，分别是国家级课题一个——《当代中国城市发展丛书》海宁篇，省级课题两个——《永福村史》编写、《日军侵略浙江图志》的编纂；第二个“3”即3个自选项目，分别是征编（点校）《海宁潮志》、《海宁珍稀史料文献丛书》、《话说海宁》；“2”即2个资政项目，一是沈鸿纪念馆的建造，一是编撰《清风廉影——海宁历史人物廉洁故事》；“1”即进一步加强史志宣传教育，理清了史志工作服务科学发展、实现部门自身科学发展的思路。

【史志人精神提炼活动】 把“提炼史志人精神，打造部门软实力”列为主要领导牵头解决的难题加以落实。在史志学会会员中征集“海宁史志人”精神表述语，共收到42人提供的81条史志人精神表述语；举行海宁市史志人精神研讨会，邀请嘉兴市委党史研究室副主任姚炎鑫作题为《对做好史志工作的几点认识》的主题发言；做好“史志人精神”的文字化提炼，开展“史志人精神”大讨论活动，初步提炼出海宁史志人精神的表述语，即“罄竹无憾，铁笔铸鉴”。

图84 7月7日，市史志办举行《血色潮乡——海宁抗战八年纪事》首发式

【史志成果】 4月，《海宁方言志》出版并举办首发式；7月7日，《血色潮乡——海宁抗战八年纪事》出版并举行首发式。年内，出版的史志文献有：《海宁市社会主义时期党史专题（第三辑）》、《海宁年鉴（2009）》、《中共海宁市组织史资料（第四卷）》、《海昌外志（点校本）》。全年出刊《海宁史志》期刊5期。《海宁市社会主义时期党史专题（第四辑）》完成初稿，《海宁市志》续编累计完成志书总稿件的90%。和省委党史研究室合作开展的抗战时期珍贵画报资料开发项目启动。《永福村史》编写工作在省委党史研究室和市史志办的共同指导下如期开展。和市纪委、文联联合编写的海宁历史人物廉洁故事《清风廉影》进展顺利。完成《嘉兴年鉴》（2009）海宁部分的撰写，完成《浙江60周年发展历程纪实（1949～2009）》海宁部分16个条目的撰写。加强镇志、专业（部门）志编修的指导和服务。

【史志宣教】 配合庆祝中华人民共和国成立60周年暨海宁解放60周年等活动，由市史志办主讲的《海宁革命斗争史十讲》在海宁电视台《海宁大讲坛》栏目播出。在录制过程中，市史志办与马桥街道、硖石街道、武警中队等单位协作，组织党员、市民、学生、武警官兵进电视台演播厅听讲。配合市委宣传部、海宁电视台、海宁日报社，做好庆祝海宁解放60周年活动的各项筹备工作，提供海宁解放史料及党史人物有关资料。注重史志成果的开发利用，继续做好向市领导、各单位及“两会”代表、委员赠送史志成果，为各级领导决策提供参考，并通过举行首发式等形式扩大史志新产品在全社会的影响。完成党史教育基地——沈鸿纪念馆陈列布展的提交方案。

（曹 晔）

信访工作

【概况】 2009年，全年市、镇（街道）两级共受理信访事项9281件次，比上年下降1.0%；市信访局受理群众来信来访2242件、7800人次，分别下降1.5%和14.8%，其中来信件次下降15.4%，来访批数上升13.6%。市长电话受理中心共接听群众来电

9467件，承接市长信箱1012件、短信2213条、网上信访278件，四项累计受理12,970件，受理数下降5.5%。实现各级“两会”、新中国成立60周年庆典等重要时段的信访稳定工作目标，连续第五年获得省委、省政府信访工作目标管理考核优秀县（市、区）称号，获“2008～2009年度嘉兴市信访工作先进集体”称号。

各级各部门层层签订信访工作目标管理责任书，完善考核办法，落实领导接访、接电和督查制度。全年市四套班子领导共接待群众来访666批1327人次，阅批群众来信533件，并对26件信访疑难问题进行包案协调。开展“信访积案化解年”活动，通过集中交办、领导包案、领导约访下访等形式进行督办和化解，有70%的交办件得到调处结案。做好各级“两会”、中央全会和国庆60周年庆典等重要时期的信访稳控工作，实现重大活动时期无重大信访和群体性事件发生的工作目标，有10名信访工作人员获得省级先进个人荣誉。进一步规范信访办理工作，完善“四告知、三督查、二通报”等制度，组织实施信访听证，促进疑难信访件息诉罢访，开通群众来信“绿色邮政”，完善群众来信呈办机制，加大信访督查力度，对重大政策和重点项目开展信访风险评估，从源头上预防和减少重大群体性信访问题的发生。

开展基层信访“五个一”（即一个组织网络、一支信访员队伍、一套工作机制、一个固定办公场所、一笔专项经费）工程活动，发挥镇、街道综治中心的作用，提升村民信访代理制工作，海洲街道实现村民信访代理全覆盖。加强信访热点问题调研分析，发挥信访机构“第二研究室”作用。

加强信访干部队伍建设，对城镇三类无保障人员等6个信访热点问题开展课题调研，形成调研报告。编发《海宁信访》等8种刊物400余期，向上报送信息稿件50多条，全年有7名督查专员、3名新录用公务员到信访局锻炼。祝瑞甫被评为省级劳模。

（沈伟松）

［编辑：曹　晔］

海宁市人民代表大会常务委员会

Haining Standing Committee of People's Congress

重要会议

【市十三届人民代表大会第三次会议】 于2月4～8日在市行政中心举行。会议听取和审查市长沈利农的《政府工作报告》；审查市发展和改革局受市政府委托提交的《关于海宁市2008年国民经济和社会发展计划执行情况、2009年国民经济和社会发展计划（草案）的报告》；审查、批准《海宁市2008年国民经济和社会发展计划执行情况的报告及2009年国民经济和社会发展计划》；审查市财政局受市政府委托提交的《关于海宁市2008年财政预算执行情况和2009年财政预算（草案）的报告》；审查、批准《海宁市2008年财政预算执行情况的报告和2009年财政预算》。听取和审查市人大常委会主任戴雪根所作的《海宁市人民代表大会常务委员会工作报告》；听取和审查市人民法院院长李斌所作的《海宁市人民法院工作报告》；听取和审查市人民检察院检察长陈建钢所作的《海宁市人民检察院工作报告》。会议期间，举行预备会议1次、全体会议3次、主席团会议3次、财政预算审查委员会会议1次、议案审查委员会会议1次。8名公民、3名外资企业代表旁听了第一、第二次全体会议。会议共收到10人以上代表联名提出的议案34件，代表单独

图85 市人大常委会主任戴雪根在市十三届人大三次会议上作报告

或联名提出的对各方面工作的建议、批评和意见171件。经大会议案审查委员会研究，并经大会主席团审议通过，决定将1件议案交由市人大常委会在市人民代表大会闭会后审议决定，其他33件议案作为建议处理。会议期间，还召开了“保稳促调，加快经济转型升级”、“关注‘三农’，推进农村改革发展”专题审议会，并对“关注‘三农’，推进农村改革发展”专题审议会进行了现场直播。

【市十三届人大常委会第十六次至第二十二次会议】 市第十三届人大常委会第十六次会议于1月31日举行。会议听取和审议市政府《关于海宁市2008年国民经济和社会发展计划执行情况、2009年国民经济和社会发展计划（草案）的报告》、《关于海宁市2008年财政预算执行情况和2009年财政预算（草案）的报告》；讨论了市人大常委会工作报告和市十三届人大三次会议各项建议名单；审议通过市第十三届人民代表大会第三次会议列席人员名单；会议补选斯金锦为嘉兴市第六届人大代表；通过人事任免事项。

市第十三届人大常委会第十七次会议于3月26～27日举行。会议听取和审议市政府《关于行政监察工作情况的报告》、《关于全市医疗卫生资源配置情况的报告》；审议通过《海宁市人民代表大会常务委员会联系市人民代表大会代表办法》和《海宁市人民代表大会代表联系原选区选民办法》；通过人事任命事项。

市第十三届人大常委会第十八次会议于5月19～20日举行。会议听取和审议市政府《关于高新技术产业发展情况的报告》、《关于贯彻实施〈中华人民共和国城乡规划法〉情况的报告》、市人大常委会城建农经工委《关于市十三届人大三次会议上代表提出的〈要求进一步强化人大监督城市规划的议案〉处理意见的报告》。审议通过《海宁市人民代表大会常务委员会关于加强城市规划工作的决定》和人事任免事项。

市第十三届人大常委会第十九次（扩大）会议于7月23～24日举行。会议听取和审议市政府《关于2009年上半年全市经济社会发展和下半年政府工作安排情况的报告》、《关于海宁市2008年财政决算的报告》、《关于海宁市2008年财政预算执行及其他财政资金收支情况的审计工作报告》、市人民法院《关于2009年上半年法院工作情况的报告》、市人民检察院《关于2009年上半年检察工作情况的报告》、市人大常委会执法检查组《关于开展农业法执法检查情况的报告》；审议市人民政府《关于农业法及相关法律法规贯彻实施情况的报告》；审议通过《海宁市人民代表大会常务委员会关于批准海宁市2008年财政决算的决议》和《海宁市人民代表大会常务委员会关于调整海宁市2009年财政支出预算的决议》；决定接受张建良、史丹夫辞去海宁市第十三届人大常委会委员职务，接受张建良、史丹夫、陈洲美、夏国强辞去海宁市第十三届人大代表职务；通过人事任免事项。

市第十三届人大常委会第二十次会议于7月31日举行。会议决定任命赵莫辉为海宁市人民政府副市长；免去杨建全的海宁市人民法院副院长、审判委员会委员职务；依法决定许可对1名人大代表采取刑事拘留强制措施。

市第十三届人大常委会第二十一次会议于9月22～23日举行。会议听取和审议市政府《关于本年度上一阶段财政预算执行情况的报告》、《关于中小企业促进法及省发展条例执行情况的报告》和市人大常委会执法检查组《关于中小企业促进法及省发展条例执法检查情况的报告》；审议通过《关于同意将连杭科教新城基础配套工程一期项目增列为2009年度政府投资项目计划的决议》、

图 86　8 月 26 日，召开全市人大工作会议

《关于调整海宁市第十三届人民代表大会代表名额分配的决定》、《关于政府投资重大建设项目审查监督办法》、《海宁市人民代表大会常务委员会工作评议办法》。

市第十三届人大常委会第二十二次会议于 11 月 18～19 日举行。会议听取和审议市政府《关于依法行政工作情况的报告》、《关于 2009 年度实事项目落实情况的报告》、《关于市十三届人大三次会议代表建议办理和市十三届人大二次会议代表建议落实工作情况的报告》、《关于海宁市城市总体规划局部调整方案的报告》和补选代表的代表资格审查报告的说明；审议市政府《对市十三届人大常委会第十三次会议关于环东西山规划建设情况审议意见办理情况的报告》；评议市经贸局、人事局、交通局的工作；审议通过《关于同意海宁市城市总体规划局部调整的决议》，依法决定许可对 1 名人大代表采取行政拘留措施；审议通过市十三届人大常委会代表资格审查委员会《关于补选的海宁市第十三届人民代表大会代表的代表资格审查报告》，依法确认补选的 5 名市十三届人大代表的代表资格有效；补选金新宇为嘉兴市第六届人大代表；任命祝立新为市人民检察院副检察长、检察委员会委员，免去沈宇梅的市人民检察院副检察长、检察委员会委员、检察员职务；通过其他人事任免事项。会议在审议《对市十三届人大常委会第十三次会议关于环东西山规划建设情况审议意见办理情况的报告》时，首次对审议意见办理情况进行满意度测评。

【全市人大工作会议】　参见第 236 页市委重要会议分目相关条目。

【嘉兴市人大常委会理论中心组学习（扩大）会议】　10 月 20～21 日，嘉兴市人大常委会理论中心组学习（扩大)会议在海宁召开。会议主题是学习贯彻中共十七届四中全会和省、嘉兴市人大工作会议精神，回顾总结 2009 年工作，讨论、梳理 2010 年工作思路。

（张正阳）

主要工作

【概况】　2009 年，市人大常委会举行常委会会议 7 次，听取和审议各项工作报告 16 个，作出决议、决定 10 项，组织对 2 部法律法规的执行情况进行检查，依法任免国家机关工作人员 23 人次，任命人民陪审员 5 人。召开主任会议 26 次，听取和讨论工作汇报 13 个。受理并办结群众来信来访 110 件 53 人次。吸纳公民旁听人代会、常委会会议28人次，并首次邀请3名外企代表参加旁听。

【审议决定重大事项】 5月，在听取和审议市人大常委会城建农经工委《关于市十三届人大三次会议上代表提出的〈要求进一步强化人大监督城市规划的议案〉处理意见的报告》的基础上，作出《海宁市人民代表大会常务委员会关于加强城市规划工作的决定》。7月，依法决定许可对1名市人大代表采取刑事拘留强制措施。9月，作出《关于同意将连杭科教新城基础配套工程一期项目增列为2009年度政府投资项目计划的决议》、《关于调整海宁市第十三届人民代表大会代表名额分配的决定》。11月，作出《关于同意海宁市城市总体规划局部调整的决议》，依法决定许可对1名市人大代表采取行政拘留措施。

【法律法规实施情况检查】 根据省、嘉兴市人大常委会统一部署，4~7月，对《中华人民共和国农业法》及相关法律法规贯彻实施情况进行检查，围绕“保供给、促增收、强基础、重民生”和人民群众反映强烈的热点难点问题，以财政对农业投入、耕地保护、农业社会化服务体系建设、低收入农户增收、土地流转和农业增效情况为主要内容，分3组对6个镇、街道进行重点检查，提出执法检查意见，得到市政府高度重视，制定出台《关于加快农村土地承包经营权流转服务组织建设的实施意见》，全市建成市、镇、村农村土地流转服务组织网络。6~9月，以创业扶持、创新推动、社会服务、权益保护、资金支持及信用担保为重点，对《中华人民共和国中小企业促进法》及《浙江省促进中小企业发展条例》的贯彻实施情况进行检查，对3个部门和4个镇、街道、开发区进行重点检查。针对全市中小企业发展受多方因素制约的现状，提出重视加大行业共性技术的研发，加强人才劳动力市场建设，发展和完善中小企业信用担保体系，鼓励中小企业自主融资，引导中小企业提高整体素质等建议。结合代表议案的办理，听取和审议市政府《关于贯彻实施〈中华人民共和国城乡规划法〉情况的报告》。以主任会议听取汇报、组织视察和调研等方式，对2008年土地管理执法检查意见整改情况进行跟踪，对《浙江省非物质文化遗产保护条例》、《浙江省计划生育条例》的执行情况进行监督，推动相关法律法规的贯彻实施。

图87 市人大常委会对《中华人民共和国中小企业促进法》进行执法重点检查

【听取和审议专项工作报告】 市人大常委会先后听取和审议市政府有关行政监察、医疗卫生资源配置、高新技术产业发展、环东西山规划建设审议意见办理、依法行政、2009年政府实事项目落实情况、市十三届人大三次会议代表建议办理和二次会议代表建议落实、城市总体规划局部调整方案的报告。听取和审议市人民法院、市人民检察院分别关于2009年上半年工作情况的报告，并提出审议意见。

【财政预算监督】 市人大常委会先后听取和审议《2008年财政决算的报告》，批准2008年财政决算，审议《2008年财政预算执行情况及其他财政资金收支情况的审计工作报告、2009年上半年度财政预算执行情况的报告》。根据市政府《关于调整海宁市2009年财政支出预算的报告》，作出调整2009年财政支出预算的决定。加强对部门预算编制和执行情况的监督，增加部门预算提交人代会审查的对象。委托审计部门对市经贸局、劳动和社会保障局等7个部门和单位的2008年度预算执行情况进行专项审计调查。完善财政预算在线监督系统，制定出台《关于政府投资重大建设项目审查监督办法》，对拟新建和增加投资规模3000万元以上的市级政府投资项目进行重点监督管理。

【规范性文件备案审查】 对市政府报送的《海宁市科技创新风险投资引导基金（资金）管理暂行办法》、《海宁市体育竞赛和输送人才奖励办法（试行）》、《海宁市国家建设项目审计办法》、《海宁市院前急救管理暂行办法》、《海宁·中国家纺装饰城纺织品花样版权登记管理保护办法》、《海宁市公共资源交易监督管理办法》、《海宁市市区建筑垃圾管理暂行办法》、《海宁市医疗纠纷预防与处置暂行办法》、《海宁市城乡居民医疗救助办法》、《海宁市著名商标认定和管理办法》、《海宁市城市道路停车管理暂行办法》11个规范性文件进行备案审查。

【开展工作评议】 开展对市经贸局、人事局、交通局3个部门的工作评议。专门成立3个工作评议调查组，通过听取汇报、个别谈话、召开座谈会、走访干部职工、查阅资料、公开征集意见建议的形式，了解掌握3个部门依法履职等情况。为增强评议的民主性，在调查阶段首次邀请近200人次的人大代表就被评议部门的履职情况进行集体评分。召开评议大会，听取3个部门工作情况报告、评议调查组相关调查报告，市人大常委会组成人员又对3个部门工作进行了满意度测评，提出评议意见并对整改落实情况进行跟踪监督。

【代表工作】 修订完善《海宁市人民代表大会常务委员会联系市人民代表大会代表办法》和《海宁市人民代表大会代表联系原选区选民办法》。健全“代表联络站”、“代表联络室”，至年底，“代表联络站”增至12个，“代表联络室”增至140个。全年共接待选民2141人次，受理选民提出的意见建议887条，解决714条，有效促进了政情民意的传递，使基层矛盾得到及时化解。举办市十三届人大代表第二期培训班，完成对基层代表任期内集中轮训。在坚持邀请代表列席常委会会议的基础上，探索代表列席主任会议和市政府常务会议，全年共有73人次列席常委会，20人次列席主任会议，4人次列席市政府常务会议。在常委会每两个月向代表通报工作的同时，落实“一府两院”每季度向代表通报工作情况。完善和规范代表年度履职登记，建立代表小组活动台账，实施代表辞职制度、评先评优制度，指导代表以代表小组为单位有序开展闭会期间活动。

图 88 举办海宁市十三届人大代表第二期培训班

【代表建议督办】 加强人代会代表议案建议的督办力度，完善市人大常委会主任、副主任分工督办重点建议、跨年度督办、网上督办、不满意件二次交办等方式，督促各承办部门按照办理工作的规定和要求，抓好办理答复和落实工作。市十三届人大三次会议代表提交的204件建议，解决或基本解决的147件，正在解决或列入计划逐步落实的47件。常委会作

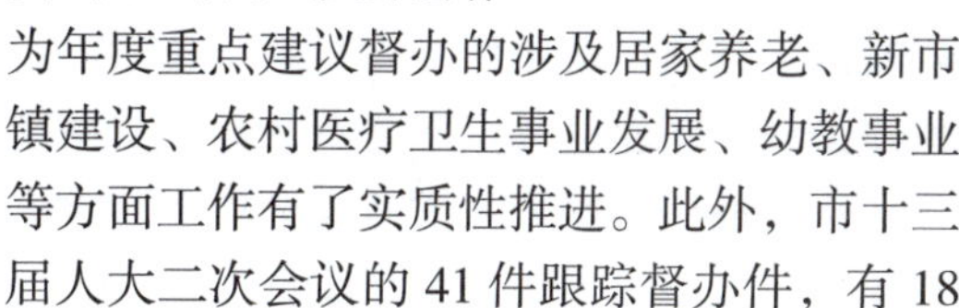
为年度重点建议督办的涉及居家养老、新市镇建设、农村医疗卫生事业发展、幼教事业等方面工作有了实质性推进。此外，市十三届人大二次会议的41件跟踪督办件，有18件也得到解决或基本解决。推行代表建议办理公开化，首次将8件重点代表建议督办件内容向社会公开。

表 36　　海宁市十三届人大三次会议以来优秀代表议案建议

序号	领衔或提出代表	议案、建议内容
1	沈玉祥等 10 位代表	关于要求进一步强化人大监督城市规划的议案
2	胡燕子等 10 位代表	关于加快村庄集聚推进新市镇建设的建议
3	徐霞裕等 11 位代表	关于要求法律援助临街落地开展服务，实现便民利民的建议
4	周纲等 10 位代表	关于要求加强对皮革城周边环境的综合管理的建议
5	蒋荣堂等 10 位代表	关于尽快实施洛塘河拓宽改道工程的建议
6	张月松	关于要求从严查处工业污染乱倒现象的建议
7	闻王忠	关于要求制订《住宅公共维修基金使用管理办法》的建议
8	赵德华	完善管理体制和发展机制，促进我市农村学前教育发展的建议
9	吕春兰等 10 位代表	关于加强“两违”工作长效管理的建议
10	金美凤	关于加强居家养老服务站建设的建议
11	沈慧君	关于要求加大扶持中小企业力度，确保平稳较快发展的建议

【指导镇、街道人大工作】 注重保持与镇、街道人大的紧密联系，在执法检查、视察评议、调研座谈等活动过程中，着力构建两级人大互动联动的工作机制。加强对镇、街道人大工作的指导与领导，制定出台《关于进一步加强镇财政监督的指导性意见》，指导规范镇人大对财政预决算的监督。

【宣传和理论研究】 组织“纪念地方人大设立常委会30周年”系列活动。重视发挥人大研究学会的作用，开展以人大工作和常委会自身建设为重点的课题调研活动，取得调研成果20项，全年共出会刊《海宁人大》7期。全年共编发《海宁人大信息》54期，刊登稿件207篇；“海宁市人大常委会公共信息网”用稿276篇；播出《人大视线》、《人大之声》各13期；刊发《人大园地》12期；在地市级以上各类媒体发表稿件300余篇，其中国家级27篇。1件作品在宣传人民代表大会制度好新闻评比中，获全国三等奖、省级二等奖和嘉兴市级一等奖。市人大机关被评为浙江省和嘉兴市宣传信息先进单位。

（张正阳）

人事任免

市十三届人大常委会第十六次会议

任命：

徐建英为海宁市监察局局长

免去：

褚信权的海宁市人民检察院检察员职务

市十三届人大常委会第十七次会议

任命：

卢永明为海宁市人民法院审判委员会委员

朱平为海宁市人民法院审判员

张啸崎为海宁市人民法院审判员

郭百顺为海宁市人民法院审判员

市十三届人大常委会第十八次会议

任命：

朱雪明为海宁市人大常委会办公室副主任

马屹为海宁市人民检察院检察员

杨新霞为海宁市人民检察院检察员

免去：

张亚匡的海宁市人大常委会办公室副主任职务

市十三届人大常委会第十九次（扩大）会议

任命：

潘建华为海宁市人大常委会城乡建设农村经济工作委员会主任委员

免去：

张建良的海宁市人大常委会城乡建设农村经济工作委员会主任委员职务

任命：

黄天云为海宁市水利局局长

张建良为海宁市安全生产监督管理局局长

免去：

范德华的海宁市水利局局长职务

潘建华的海宁市安全生产监督管理局局长职务

任命：

周飞为海宁市人民陪审员

滕义富为海宁市人民陪审员

徐霞裕为海宁市人民陪审员

周宇为海宁市人民陪审员

李建忠为海宁市人民陪审员

市十三届人大常委会第二十次会议

任命：

赵莫辉为海宁市人民政府副市长

免去：

杨建全的海宁市人民法院副院长、审判委员会委员职务

市十三届人大常委会第二十二次会议

任命：

茅伟明为海宁市科学技术局局长

免去：

陈培玉的海宁市科学技术局局长职务

茅伟明的海宁市统计局局长职务

任命：

祝立新为海宁市人民检察院副检察长、检察委员会委员

免去：

沈宇梅的海宁市人民检察院副检察长、检察委员会委员、检察员职务

(张正阳)

[编辑：邱　淯]

海宁市人民政府

Haining Municipal People's Government

重要会议

【十三届市政府第七次全体会议】 于7月21日召开。嘉兴市委常委、海宁市委书记俞志宏代表市委常委会向全会作《咬定目标，创新突破，狠抓落实，全力以赴做好下半年各项工作》的报告。会议审议通过《关于进一步深化改革开放，推动科学发展，加快“三市”建设的意见》。市委副书记、市长沈利农作会议小结，部署有关工作，并就做好创建国家卫生城市、安全生产、防台抗旱、有序用电、社会养老保险、“两违”整治等工作作了强调。

【十三届市政府第八次全体会议】 于12月30日召开。会议回顾总结2009年工作，研究部署2010年任务。审议通过《中共海宁市委关于认真贯彻〈中共中央关于加强和改进新形势下党的建设若干重大问题的决定〉的实施意见》。嘉兴市委常委、海宁市委书记俞志宏在会上讲话，市委副书记、市长沈利农代表市委、市政府作工作报告。

【十三届市政府第三十八次常务会议】 于1月11日召开。审议通过《关于2008年财政预算执行情况和2009年财政预算安排方案（草案）》。讨论了市长沈利农在市十三届人民代表大会第三次会议上所作的《政府工作报告》(讨论稿)。

【十三届市政府第三十九次常务会议】 于1月22日召开。会议讨论2009年政府实事备选项目并研究确定8件实事。听取关于投资辽宁省灯塔市佟二堡皮革市场的情况汇报，同意海宁中国皮革城股份有限公司投资佟二堡皮革市场，并原则同意海宁中国皮革城股份有限公司提出的投资策略。审定“市长质量奖”获奖企业名单。

【十三届市政府第四十次常务会议】 于2月8日召开。会议审议通过《促进海宁经济又好又快发展若干政策意见的实施细则》。

【十三届市政府第四十一次常务会议】 于3月14日召开。审议通过《关于实施村级集体经济第四轮重点扶持工作的意见》、《海宁市自主创新能力提升行动计划》、《海宁市科技创新风险投资引导资金管理暂行办法》。

【十三届市政府第四十二次常务会议】 于4月13日召开。审议通过《海宁市城乡饮用水安全保障规划》、《海宁市数字化城市管理组织机构设置和项目总承建方案》、《海宁市“兴海工程”企业入选考评确认办法》、《海宁市国家建设项目审计办法》。会议还讨论了《海宁市城乡饮用水应急水源工程暨水域补偿工程（湖泊）方案》（送审稿），并就有关事项进行明确。

【十三届市政府第四十三次常务会议】 于4月30日召开。审议通过《关于进一步做好增收节支厉行节约有关工作的通知》、《海宁市资产经营公司债券募集资金管理办法》、《关于进一步完善我市被征地农民基本生活保障制度的通知》、《海宁市建设“轮滑星城”实施意见（2009～2011）》、《关于进一步扶持中小企业信用担保机构发展的若干意见》。会议还对全市农贸市场管理体制的调整作出具体明确。

【十三届市政府第四十四次常务会议】 于6月20日召开。审议通过《海宁市院前急救管理暂行办法》、《关于加快推进市区部分企业搬迁改造工作的实施意见》、《海宁市市场开发服务中心移交工作方案》。会议还讨论决定对1名公务员给予行政开除处分。

【十三届市政府第四十五次常务会议】 于6月26日召开。审议通过《海宁市现代新型职业农民扶持暂行办法》、《关于推进财政国库管理制度改革的实施意见》、《海宁市房屋交易最低计税价格管理实施意见》、《海宁市公共资源交易监督管理办法》。会议听取市水利局提交的关于洛塘河整治工程规模调整方案和盐官观潮景区提交的关于盐官观潮景区度假酒店招商项目的情况汇报，并对两个项目的有关事项进行明确。

【十三届市政府第四十六次常务会议】 于7月11日召开。审议通过《关于加快发展生产性服务业，鼓励和引导企业实施主辅分离的政策意见》、《关于加快学前教育改革与发展的实施意见》、《关于进一步完善国有土地使用权出让收入分配政策的通知》。会议还讨论《海宁市人民政府党组贯彻落实科学发展观分析检查报告》（讨论稿）和《关于2009年上半年全市经济社会发展情况和下半年政府工作安排的报告》（讨论稿）。

【十三届市政府第四十七次常务会议】 于8月12日召开。审议通过《关于暂停部分行政事业性、经营服务性收费项目和暂行降低部分行政事业性、经营服务性收费标准的通知》、《关于进一步做好促进城乡就业工作的实施意见》、《关于推进村庄集聚，加快现代新市镇和城乡一体新社区建设的意见》、《关于加快引进培养创新型人才的政策意见》。听取市规划建设局提交的关于查氏海宁城南新区地块修建性详细规划及高星级酒店一期有关规划的情况汇报、市外经贸局提交的关于海宁经济开发区整合提升工作的情况汇报和全市利用外资的情况汇报。听取并原则同意三个项目增列为年度政府投资计划的意见和几笔政府性债务融资计划及融资担保计划的意见。还讨论《中共海宁市人民政府党组深入学习实践科学发展观活动整改落实方案》。会议研究决定对1名公务员给予行政开除处分。

【十三届市政府第四十八次常务会议】 于8月27日召开。审议通过《关于开展新一轮违法用地和违法建设专项整治工作的实施意见》、《海宁市医疗纠纷预防与处置暂行办法》。听取并原则同意两个项目增列为年度政府投资计划的意见。

【十三届市政府第四十九次常务会议】 9月14日和19日，市政府分两个阶段主持召开第四十九次常务会议。审议通过三大传统产业提升规划、取消政府还贷二级公路收费的意见、《海宁市市区建筑垃圾管理暂行办法》。讨论了《海宁市城乡公交IC卡系统的实施意见》(送审稿)、《海宁市市区停车管理办法》(送审稿)。听取“关于海宁中国皮革城15周年特殊贡献奖”等奖项设置的情况汇报和关于申报创建“浙江省扶残助残爱心城市”的有关情况汇报。听取并原则同意海宁市建设工程质量监督站检测试验室项目调整及资金来源的意见、几笔政府性债务融资计划及融资担保计划的意见。

【十三届市政府第五十次常务会议】 于9月26日召开。审议通过《关于推进新市镇新社区建设中有关问题的处理意见》，讨论了《市区城市规划控制区内农村房屋拆迁安置实施意见》(送审稿)。

【十三届市政府第五十一次常务会议】 于10月19日召开。审议通过《海宁市新一轮土地利用总体规划修编规划指标分解方案》。听取并原则同意给予1名公务员记大过处分的决定。

【十三届市政府第五十二次常务会议】 于10月24日召开。审议通过《海宁市全民健身设施建设与管理实施意见》、《关于加快推进残疾人事业发展的实施意见》、《关于海宁市城乡公交IC卡系统的实施意见》、《海宁市城乡居民医疗救助办法》、《海宁市城市道路停车管理暂行办法》。听取并原则同意追加100万元以上项目资金的意见和几笔政府性债务融资计划及融资担保计划。

【十三届市政府第五十三次常务会议】 于11月7日召开。审议通过《关于国有资产整合调整的指导意见》、《海宁市农村宅基地置换购市区公寓房和农村集体土地承包经营权置换生活保障的暂行办法》。会议讨论了《海宁市市区开展客运三轮机动车整治实施方案》(送审稿)。

【十三届市政府第五十四次常务会议】 12月4日和5日，市政府分两个阶段召开第五十四次常务会议。审议通过《海宁市市级机关会议管理规定》、《扩建提升海宁市建筑装饰材料市场的意见》、《海宁市物业管理实施细则》、《海宁市物业专项维修资金管理办法》、《海宁市住宅物业保修金管理办法》、《海宁市物业区域相关共有设施设备管理办法》、《海宁市信访事项复查复核工作暂行办法》、《海宁市城乡生活垃圾运转处理工作实施方案》、《海宁市违法用地违法建设防控和拆除工作责任追究办法》、《关于建立镇（街道）、农发区、观潮景区违法用地违法建设防控和拆除网格化管理制度的通知》、《关于对祝运虎等同志见义勇为行为给予表彰的意见》。原则同意有关项目追加投资的意见和几笔政府性债务融资计划及融资担保计划。会议还讨论了《2010年政府工作报告（提纲)》(送审稿)。

【十三届市政府第五十五次常务会议】 12月25日和28日，市政府分两个阶段召开第五十五次常务会议。审议通过《海宁市公务用车制度改革实施意见（试行)》、《关于加快总部经济区建设的补充意见》、《关于蒙努集团总部区块实施“退二进三”的处理意见》、《海宁市城乡居民社会养老保险办法》、《海宁市乡村公路大中修工程管理办法》、《2010年政府投资项目计划（草案)》。听取并原则同意尖山新区凤凰苑一期项目有关事宜的处理意见和几笔政府性债务融资计划及融资担保计划的意见。会议讨论了2010年经济社会发展主要预期指标。会议研究决定对1名公务员给予行政开除处分。

(陈闵健)

重要决策和活动

【举办“一节两会”】 参见第 238 页重要决策和活动分目相关条目。

【增设沪杭客运专线海宁西站】 2008 年，新建沪杭客运专线设计规划未在海宁境内设站。鉴于海宁人民对增设沪杭客运专线海宁站的强烈愿望，市四套班子高度重视，多次行文向上级政府反映。海宁市政府与社会力量多方努力，积极争取增设海宁站。由市长沈利农、副市长邵小文、市发改局副局长姚淑彦和市重点办（铁办）主任章建明组成的四人工作组先后“五上北京，三到武汉”（中铁四院），海宁籍在外人士吴学新、周楚兴、徐黎宏、言建标和海宁企业家沈国甫、朱张金多次与工作组一起赴京参与争取设站相关工作。2008 年 12 月 15 日，工作组赴京要求参加沪杭客运专线项目可研报告评估会议,经多方工作,国家发改委、铁道部和相关专家同意就设站事宜再作论证；12 月 22 日，沪杭客运专线设计单位中铁四院专家到海宁，经多次会商并实地勘察，解决增设站点技术层面上的问题；12 月 30 日，国家发改委、铁道部初步同意增设海宁站。

2009 年 2 月 16 日，沪杭客运专线初步设计审查会在北京召开，市长沈利农带工作组再次赴京，向参会的浙江省发改委（铁办）等部门有关领导汇报增设海宁站事宜，取得浙江省、嘉兴市两级政府和相关部门的理解和支持。19 日，在铁道部工程设计鉴定中心沪杭甬客运专线上海至杭州段初步设计审查会上，确定沪杭客运专线增设海宁西站。

沪杭客运专线沿沪杭高速公路北侧走线，全线运营长度 158.8 千米，其中经海宁境内约 20 千米。海宁西站位于许村镇报国村沈士大道以西，建筑总面积为 17,027 平方米，车站设计规模为两个站台，基本站台和侧式站台各 1 个，在站房旁边设有洞深 8 米的旅客进出站地道 1 个。车站辐射连杭经济区，能带动整个海宁的发展。4 月 19 日，市政府召开沪杭客运专线海宁段工程建设动员大会，启动沪杭客运专线海宁段建设工作。

【承办 2009 年世界速度轮滑锦标赛】 9 月 17 ~ 26 日，由国际轮滑联合会速度轮滑委员会主办，国家体育总局社会体育指导中

图 89 9 月，海宁市被中国轮滑协会授予“全国轮滑城市”称号

心、中国轮滑协会、浙江省体育局、嘉兴市人民政府和海宁市人民政府承办的 2009 年世界速度轮滑锦标赛在海宁举行。该赛事是 2009 年度世界级最高水平的轮滑赛事，9 月 17 日晚举行开幕式，9 月 18 ~ 20 日为场地赛，9 月 22 ~ 24 日为公路赛，9 月 25 ~ 26 日为马拉松赛。来自全球 40 多个国家和地区的 400 多名运动员参赛角逐青年男、女和成年男、女 4 个组别的 48 枚金牌。中国选手范楚倩获青年女子马拉松赛冠军，为中国队夺得轮滑世锦赛历史首金。中国轮滑协会授予海宁市“全国轮滑城市”称号。

【“海宁皮革”成为第二个省级区域名牌】
作为海宁市三大支柱产业之一的皮革产业，近年来发展迅速。“海宁皮革”成功创建为 2009 年度浙江省区域名牌，成为自 2008 年“马桥经编”后海宁市第二个浙江省区域名牌。在嘉兴市 3 个省级区域名牌中海宁占 2 个。

表 37　　市长分工一览

姓名	职务	分管工作
沈利农	市长	主持市政府全面工作，负责财政、审计、监察、税务、人事、编制工作。直接分管市财政局（地税局）、审计局、监察局、人事局（包括编委办）。联系市国税局
沈向宏 (1.1 ~ 8.4)	常务 副市长	协助市长负责市政府常务工作，并负责发展与改革、外经贸、科技、信息化、统计、经济开发区、机关行政事务、外事、侨务、台湾事务、经济技术协作、驻外办事机构、人民武装和征兵、议案及提案办理等工作。分管市府办、发展和改革局、对外贸易经济合作局、科技局、统计局、机管局、行政审批服务中心、经济开发区管委会、农发区管委会、尖山新区管委会、外事办、侨办、台办、市政府各驻外机构。联系市政协工作。联系市科协、人武部、预备役营、嘉兴海关海宁办事处、嘉兴检验检疫局海宁办事处
沈向宏 (8.4 ~ 12.31)	常务 副市长	协助市长负责市政府常务工作，并负责发展与改革、外经贸、信息化、统计、经济开发区、机关行政事务、外事、侨务、台湾事务、经济技术协作、驻外办事机构、人民武装和征兵、议案及提案办理等工作。分管市府办、发展和改革局、对外贸易经济合作局、统计局、机管局、行政审批服务中心、经济开发区管委会、农发区管委会、尖山新区管委会、外事办、侨办、台办、市政府各驻外机构。联系市政协工作。联系人武部、预备役营、嘉兴海关海宁办事处、嘉兴检验检疫局海宁办事处
施震东 (1.1 ~ 8.4)	副市长	协助市长负责商贸流通、旅游、粮食、供销、皮革城、物价、工商行政、烟草专卖、食品药品监督管理等工作。分管市三产服务与粮食局、旅游局、供销合作总社、盐官观潮景区管委会、皮革城管委会、商贸资产经营公司。联系市总工会、团市委、妇联、工商行政管理局、烟草专卖局、盐业局、食品药品监督管理局
施震东 (8.4 ~ 12.31)	副市长	协助市长负责商贸流通、旅游、粮食、供销、皮革城、物价、工商行政、烟草专卖等工作。分管市三产服务与粮食局、旅游局、供销总社、盐官观潮景区管委会、皮革城管委会、商贸资产经营公司。联系市工商行政管理局、烟草专卖局、盐业局
许煜威	副市长	协助市长负责工业、劳动和社会保障、安全生产、电力、消防、金融等工作。分管市经济贸易局、劳动和社会保障局、安全生产监督管理局、工业资产经营公司。联系市工商联、供电局、各金融保险机构
朱祥华	副市长	协助市长负责民政、农经、水利、环保、气象、信访、残联等工作。分管市民政局、农业经济局、水利局、环保局、气象局。联系市信访局、各民主党派、残联

（续表）

姓名	职务	分管工作
朱海英	副市长	协助市长负责教育、文化、体育、广电、新闻出版、卫生、人口与计划生育、档案、地方志、民族宗教、对外宣传等工作。分管市教育局、文化广电新闻出版局（体育局）、卫生局、人口和计划生育局、档案局、民宗局。联系史志办、文联、广播电视台、海宁日报社
邵小文	副市长	协助市长负责土地管理、规划建设、交通、重点工程、人防、城市管理、邮电通讯、无线电管理等工作。分管市国土资源局、规划建设局、交通局、城市管理局、人防办、重点办、无管办。联系邮政局、电信局、移动公司、铁路海宁站
傅松苗（1.1～8.4）	副市长	协助市长负责政法、法制、道路安全、打击走私、新居民事务、质量技术监督等工作。分管公安局、司法局、法制办。联系市法院、检察院、新居民事务局、质量技术监督局
傅松苗（8.4～12.31）	副市长	协助市长负责政法、法制、道路安全、打击走私、新居民事务等工作。分管连杭经济区部分工作和公安局、司法局、法制办。联系市法院、检察院、新居民事务局
赵莫辉	副市长	协助市长负责科技、质量技术监督、食品药品监督管理工作。分管市科技局。联系市总工会、团市委、妇联、科协、质量技术监督局、食品药品监督管理局

（陈闵健）

法制工作

【概况】 全年共审核各类政策和规范性文件19份，内容涉及科技创新风险投资引导基金（资金）管理、院前急救管理、家纺装饰城纺织品花样版权登记管理保护等重大事项。依法受理行政复议案件11件，经审理，维持6件、驳回2件、撤回2件、撤销1件。办理以省、市政府为被申请人的行政复议和答复案件共4件，都得到维持或驳回。办理以市政府为被告的各类诉讼案件共5件，除1起民事案件法院正在审理中外，其余4件均胜诉或原告撤诉。对市政府制定的10件规范性文件，及时上报嘉兴市人民政府和海宁市人大常委会备案审查。审核信访复查意见书28份、信访复核意见书3份。对全市行政许可事项再一次进行全面清理，12月以市政府2009年第一号公告形式公布市发展和改革局等44个行政许可实施主体以及343项行政许可事项。市法制办参与城市房屋强制拆迁、国家卫生城市创建、“农嫁女”申诉案件、尖山新区华康公司纠纷等重大事项，提前介入进行研究分析，提出法律意见，为市领导决策提供法律依据，确保政府行政措施的合法性、合理性。2009年，海宁市被嘉兴市人民政府评为“县级政府依法行政工作先进单位”。4月，市法制办被省法制办列为信息直报点，并被省法制办授予“2009年度全省政府法制信息工作先进单位”。

【依法行政考核工作】 根据行政执法工作量的大小及部门工作性质，市政府于6月制定出台《依法行政工作分类评议考核办法》，对行政执法工作占全部行政管理工作比重较低的或因客观原因未能正常开展行政执法工作的14个部门，使用二类标准进行考核；对其他22个部门使用一类标准进行考核。年底对36个市级行政执法部门进行评议考核，表彰了10个依法行政工作先进单位。

【行政执法案卷评查】 8～9月，在全市范围内组织开展行政处罚案卷评查活动。对照《浙江省一般程序行政处罚案卷评查标准》，经部门自查，又随机抽查65件案卷进行评查，评出“十佳行政处罚案卷”。

【开展法制培训】 6月，在市委党校组织开展行政执法人员综合法律知识培训。全市313人参加，考试合格率达93%。

【做好扩权强县的项目对接】 7月，根据浙江省和嘉兴市关于做好进一步扩大县（市）部分经济社会管理权限的要求，由市发改局牵头，经市法制办审核，共确认全市承接的扩权事项为444项，其中暂停下放的扩权事项13项、细化1项、改变事项名称1项，涉及发改、公安等29个行政部门。同时，市法制办指导各部门规范运行扩权事项和权限，确保每一个扩权事项落到实处。

【全面推行规范行政处罚自由裁量权】 全面推行规范行政处罚自由裁量权工作。11～12月，由市法制办和市监察局联合组织对全市24个行政执法部门常用的1254项行政处罚自由裁量权细化为3445项后的实施情况进行监督检查。

（张 琛）

体制改革工作

【概况】 2009年，把落实浙江省委、嘉兴市委的下放扩权事项、国有企业改革、企业上市、金融服务、开展政策性农业保险和政策性农村住房保险工作作为推进全市体制改革的重要内容。发出《中共海宁市委办公室、海宁市人民政府办公室关于认真做好省、嘉兴市扩权事项承接办理工作的通知》。

【国有企业改革工作】 按照国务院关于国有企业改制精神并结合地方政策，严格程序、规范操作，完成海宁市水利工程建筑有限责任公司、海宁市嘉石化工有限责任公司的改制工作。

【企业上市工作】 8月，经嘉兴市工商局注册登记，以上市为目标，新组建成立浙江敦奴联合实业股份有限公司，注册资本6000万元。10月30日，经中国证券监督管理委员会发行审核委员会2009年第116次发行审核委员会工作会议审核，海宁中国皮革城股份有限公司（首发）申请获得通过。皮革城股本为21,000万股，拟公开发行7000万股，所募集资金将用于皮革城的进一步发展。

【金融服务工作】 1月，为进一步加强银企合作，引导银行信贷资金有效投入，举行2009年度海宁市银企合作签约仪式。据统计，共计签约金额88.47亿元（不含市内外银行综合授信14.02亿元），其中涉及政府性项目66个，签约金额58.02亿元；192家企业和工业功能区签约金额30.45亿元。5月，成功发行企业债券12亿元人民币，降低了政府性项目融资成本。支持各市外银行到海宁设立分支机构拓展业务，经银监会批准，华夏银行、浦发银行分别于3月和9月在海宁设立分支并开业。12月，举办由市内外金融机构参加的2010年海宁市投资项目推介会，共有6个部门、11个政府性重点基本建设平台和公司、7个工业功能区的领导以及31家市内外金融机构参加，其中市内金融机构15家、市外16家。

【政策性农业保险】 全年全市共有79,647户农户（养殖场）参加农业保险，投保面达98.64%，其中生猪保险129户、投保生猪

图90 2009年12月10日，海宁市人民政府举办有市内外金融机构参加的“2010年海宁市投资项目推介会”

79,885头，大棚保险32户、投保大棚36.4公顷，水稻保险110户、投保水稻576.4公顷，油菜保险68,600户、投保油菜5,608.3公顷，能繁母猪保险10,694户、投保母猪33,935头，肉鸡保险有1家农业龙头企业参加，其下属养殖户82户，投保种鸡9万羽、肉鸡198.78万羽、快大型鸡132.52万羽。全年保费收入达651.3万元，其中生猪206.2万元、大棚10.5万元、水稻17.3万元、能繁母猪203.6万元、油菜126.2万元、肉鸡87.5万元。保费中含中央财政补助50.2万元，省财政补助162.0万元，市（县）财政补助294.7万元，农户自交144.4万元。全年保费绝对值比上年增加301.4万元，投保率达到82.46%。

【政策性农村住房保险】 根据浙江省、嘉兴市关于继续开展政策性农村住房保险工作的要求，2009年春节前组织全市农村家庭投保农村住房保险。全市共有12个镇、街道和盐官景区的135,217户农户参加该险种，剔除部分拆迁户，投保率达100%，比上年增长5.5%，农民住房得到24.34亿元的风险保障。

【落实省委和嘉兴市委的扩权事项】 2009年，根据浙委办〔2008〕116号、嘉委办〔2009〕23号文件告知的454项下放扩权事项，就有关细节、操作办法和程序等与上级对应部门进行对接。并于8月正式发出《中共海宁市委办公室、海宁市人民政府办公室关于认真做好省、嘉兴市扩权事项承接办理工作的通知》(海委办〔2009〕100号)。

(林晓琴 赵洪涛)

人事工作

【概况】 2009年，市人事局会同市委组织部公开招考录用公务员（机关工作人员）58名。招考按笔试、面试、体检、考察程序进行，笔试由省组织人事部门统一组织，海宁设考点；面试继续实行考官抽签分组、考生抽签、公民参加旁听、成绩现场公布等制度，并首次在笔试考点配备无线电监控和公民身份证识别仪器，在面试考场配备全过程录音设备。完成上一年度全市公务员（机关工作人员）的年度考核审核工作，共对2520人进行考核，其中优秀等次517人、称职1998人、基本称职2人、不称职1人、不定等次2人。办理开除公职处分手续1

人、辞职手续 1 人，调动手续 143 人。办理录用审批手续 70 人，中层干部聘任审批事项 3 件 15 人，非领导职务确定和晋升事项 20 件 24 人。组织 8 批 92 名优秀公务员参加健康休养。办理公务员退休手续 58 人。

规范事业单位登记管理，全年办理事业单位设立登记 21 家，变更登记 78 家，注销登记 14 家。同时发布事业单位公告 1 期、涉及 91 家事业单位，补发事业单位法人证书 2 家。办理事业单位登记档案查阅 8 次。按规定对 285 家事业单位进行年检，年检率为 98.62%，合格率为 100%。

做好军转安置及维稳工作，全年接收计划安置军转干部 11 名，随调家属 6 名。通过笔试、面试、综合评分等考核手段进行竞争上岗，落实安置单位。会同市财政、民政、劳动保障等部门落实军转干部解困政策，对企业军转干部进行体检、节日慰问、调整生活补贴标准等，其中春节市财政支出近 50 万元对 242 名企业军转干部进行慰问，年内对 21 名生活困难的企业军转干部进行补助共计 36.8 万余元。会同有关部门对 6 名 1969～1975 年期间复员的军转干部进行身份确认，并落实参照享受企业退休军转干部解困政策待遇。会同市劳动保障等部门为 4 名企业军转干部办理提前退休手续。2009 年市人事局被浙江省军队转业干部安置工作小组、中共浙江省委组织部、浙江省人力资源和社会保障厅、浙江省军区政治部评为“浙江省军队转业干部安置工作先进单位”。

组织开展经济、建筑、工程等 22 个系列的专业技术职务评审和申报工作，共有 1128 名专业技术人员申报，其中正高级 5 人、副高级 196 人、中级 108 人、初级 819 人。完成 533 名大中专毕业生初级职务任职资格的确定工作。做好各类职称、执业资格考试报名及考务工作，全年共有 21 个专业 1121 人报名。组织 2 次全国专业技术人员计算机应用能力考核，729 人参加 2067 个科目的考试。推进专业技术人员继续教育，共 9800 余人参加并通过公共科目《科技与创新》的培训考试。会同市建设局举办建筑企业不具备规定学历专业技术人员申报中、初级职称专业理论培训班，共 406 人参加培训和考试。

【实施人才“三大工程”】 实施人才集聚工程、提升工程、创业工程。年内提请市委、市政府召开全市人才工作大会，制定出台《关于加快引进培养创新型人才，推动创新发展的政策意见》。全年引进各类人才 4316 名，其中博士 4 名、硕士 110 名。根据《海宁市人才奖励实施办法》，审核引进人才奖励专项资金使用 363 人、295 万元。继续抓好人才公寓建设，至年底一期工程完成主体建设，二期工程土建动工。组织开展公务员各类培训、专业技术人员继续教育、职称评审等工作。举办公务员初任培训班 1 期，首次安排军训内容，35 人参加；组织实施公务员更新知识培训，完成《公共危机管理》和《法治浙江与和谐社会建设》课程的集中辅导和考试，2700 多人参加；举办全市人事干部业务培训班 1 期，100 多名人事干部参加；组织计算机新三级培训，2203 人参加 6336 个科目的培训考试。举办大学生“村官”更新知识培训班 1 期，100 名有两年工作经历的大学生“村官”参加。对上元皮革有限责任公司等 4 家企业的 4 个项目发放配套专项经费 4 万元，同时对 2009 年度引进国外技术、管理人才项目 10 家企业 10 个引智项目的执行情况进行总结。3 月，组织 5 家企业参加浙江省高级专家服务团海宁行活动，8 名省知名高级专家与企业面对面接触，为企业解决技术难题。9 月，启动浙江省博士后海宁蹲点创新实践活动，为解决技术难题进行创新实践。11 月，举办 2009

海外高层次留学人员交流洽谈会，十多名海外留学人才与来自各镇、街道、开发区以及企业的负责人展开项目洽谈。以研究生挂职锻炼服务科研为平台，组织3名浙江大学研究生到3家企事业单位进行挂职锻炼。

图91 5月30日，市人事局组织举办海宁籍大中专毕业生专场招聘会

【人才·科技系列活动】 全年举办战略性人力资源管理论坛等各类交流培训4场，85家企业285人次参加。组织7名专家赴袁花镇举办“服务两创，助推发展，企业管理专家咨询服务活动”，为袁花12家企业进行企业管理现场指导。举办“浙江省博士后海宁印刷包装产业项目引荐会”及“专家行”活动，为海宁企业带来涉及生物包装、塑料包装、保鲜包装、缓冲包装等新型材料的印刷包装科研成果。举办全市广场人才招聘暨人才人事政策咨询活动，32家企业参加，印发宣传资料近2000份，提供岗位600余个。

【大中专毕业生就业援助系列活动】 3月29日，在下沙高教校区举办海宁市（杭州·下沙）人才招聘会，同时召开海宁市高校毕业生就业恳谈会，108家企事业单位参加，推出工作岗位1000多个，近6000名毕业生进场应聘。4月19日，举办“职场争锋”就业指导大型公益讲座，200多名毕业生参加。举办2期大学生SYB创业培训，参加49人。5月30日，推出海宁籍大中专毕业生专场招聘会，进场单位118家，提供岗位850个。7月18日，举办海宁夏季人才交流大会暨大中专毕业生就业公益性招聘会，175家企事业单位参加，提供岗位1700个。7～8月开展“高校毕业生就业服务月”活动，开辟网上《毕业生就业》专栏、建立就业短信平台和印制《海宁人才——毕业生就业专刊》，为大中专毕业生定期提供就业信息，进行就业指导。完成2009年度“村官”（农村社区）工作人员选聘任务，选聘33人。制定出台《关于进一步加强普通高校毕业生就业工作的意见》，放宽高校毕业生创业市场准入条件和减免各类收费标准。8月，浙江海利得新材料股份有限公司等11家企业被确认为首批“海宁市高校毕业生就业见习基地”，全年46名大中专毕业生与基地签订了就业见习协议，帮助28名援助对象落实了工作岗位。

【事业单位人事制度改革】 规范机关事业单位编制外岗位合同工管理，全年共为9家机关事业单位招录岗位合同工51人。继续实行事业单位公开招考制度，为160家事业单位招考录用工作人员 344 人。年内为 19 家单位按审定职数完成中层干部任用调整工作。

【工资福利和退管工作】 完成公务员工资“滚动升级”和事业单位工作人员正常增加薪级工资工作。会同市财政局、教育局制定《海宁市义务教育学校绩效工资实施办法》，并为全市 49 所义务教育学校的 3927 人实施了绩效工资，同时做好 1808 名退休人员增发生活补贴的审核工作。

(陈雪明)

档案工作

【概况】 全年共接收文书、会计等档案 12,450 卷 986 件，照片档案 78 卷 3246 张，光盘 1 张、实物档案 433 件。征集海宁籍人士陈乃乾、徐骝良、徐有邻、张效祥、陈伟农、王学海等的作品、荣誉证书、评价材料、照片等 205 件；征集海宁地方照片 75 张。做好新接收档案的冷冻消毒、编目、托裱、整理、入库上架等工作。全年共录入档案目录 237,868 条，完成照片扫描 8678 张；整理照片 103 卷 5274 张；整理录像带 1 盒，光盘 49 张；整理印章、证书、奖杯、锦旗、字画等实物 414 件；整理名人档案 486 件；及时编写全宗介绍。做好库房温湿度调控、空气消毒等工作。坚持依法治档，对全市各镇、街道的 100 多个机关、直属事业单位进行档案工作年度检查。年底，市档案馆通过国家二级馆的验收。

【档案宣传和信息公开】 全年在省、嘉兴市档案杂志、网站上刊出档案工作有关文章、信息 30 多篇（条），编印出刊《海宁档案》10 期，及时更新充实海宁档案网站内容。4 月，在盐官镇安澜社区设摊宣传，开展“海宁市现行文件查阅中心（政府信息公开）宣传咨询服务”活动，向到场咨询的广大市民发放宣传资料 300 余册，并进行有关问卷调查，回收问卷调查 180 份，接受咨询 300 余人次。做好政府信息公开工作，完成更新政府信息公开目录和指南的编制等工作。上传政务动态信息 40 余篇，完善信息公开场所和依申请公开政府信息受理点建设。

图 92 4 月，市档案局在盐官镇安澜社区设摊进行档案知识宣传

【档案目标管理】 做好机关档案工作目标管理的计划申报工作，年内申报省级达标的单位 5 个，市级达标的单位 8 个。市档案局对申报

单位上门进行现场指导，年底前全部达标。

【建设规范化档案室】 3月和9月两次召开全市镇、街道档案工作会议，明确重点放在村、社区规范化档案室的建设上。组织部分镇、村档案员到桃园、高丰等示范档案室学习取经，分别在长安镇、丁桥镇、斜桥镇、马桥街道、硖石街道、海昌街道、海洲街道举办村级、社区档案培训班，并深入行政村和社区进行指导帮助。年内有40个村达到嘉兴市级规范化档案室，2个社区达到省级规范化档案室、38个社区达到嘉兴市级规范化档案室。

【加强档案管理培训】 3月，分别与市农经局、皮管委联合举办两期行业档案管理培训班；5月，举办全市社区档案管理培训班；6月，在市农发区举办企业档案管理培训班。此外，还与镇、街道联合举办7期村级档案管理培训班，累计500人次参加。

【档案开放利用】 完成馆藏1978年度1911卷档案的鉴定开放工作，共开放870卷，解密53卷，涉及82个全宗。全年接待查档3683人次，查阅档案资料7167卷(册)次，复印档案资料16,381页，摘录档案资料161页，出具档案证明2638份。《猛进如潮——纪念新中国成立60周年之海宁发展掠影》被列入2009年浙江省百项档案编研精品系列，已完成该项目的资料收集、编辑工作，约3万字，180页（8开）。利用馆藏资料，收集汇编《海宁六十年大事记》初稿，全书约22万字。

（张冬丽）

外事工作

【概况】 2009年，全市出国（境）12,400人次，出访美国、加拿大、澳大利亚、新西兰、欧盟国家、南非、巴西、埃及、日本、韩国等20多个国家和地区，其中因公出国（境）34批103人次，包括自行组团和参加浙江省、嘉兴市有关部门组团，进行经贸考察、参加国际会展及国际会议和业务培训等活动。全年共接待来自40多个国家和地区的国（境）外人士6万余人次，其中观潮节期间2.9万人次。全市经贸企业设有境外企业（机构）60家，主要分布于美国、巴西、日本、越南、韩国、澳大利亚、新西兰、俄罗斯、刚果(金)、德国、意大利等十多个国家和地区，总投资额达1.29亿美元。在海宁累计批准设立的外商投资企业有807家，投资总额达60.75亿美元，其中年内新设立30家，投资(包括增资)达8.12亿美元。

【主要出国（境）团组】 主要出访团组有：嘉兴市委常委、海宁市委书记俞志宏率团赴欧洲开展经贸活动；市委副书记、市长沈利农一行赴香港看望海宁同乡；市委常委、常务副市长沈向宏出访欧洲，开展友城缔结和经贸洽谈等活动；市人大常委会副主任马维江参加全国友协团组赴安哥拉、马里、多哥进行友好访问；副市长施震东出访比利时，开展友好交流和经贸活动。

【重要到访活动】 到海宁访问的重要团组有：泰国公主诗琳通访问海宁，并观看海宁潮；阿根廷、比利时、瑞典、泰国、印度等驻华大使和驻沪总领事、领事访问海宁；德国巴伐利亚州海尔夏德市市长到海宁进行教育合作和友好访问；澳大利亚西南发展委员会首席执行官唐·庞奇以及澳大利亚班布里市市长一行到海宁进行友好访问等。

【友城关系和国际交流】 在与日本小山町和美国塞奇威克郡建立国际友好城市的基础上，年内又和澳大利亚西南区玛格丽特河郡达成建立友城关系的初步意向。在与友城开展交流的过程中，注重与对方在产业、文化、教育、社会等各方面的对接，以建立长期交往的基础。

【外国专家获“南湖友谊奖”】 做好外国专家“南湖友谊奖”、“嘉兴市荣誉公民”等申报评选工作。万方经编有限公司日本技术顾问丹藏淳治获嘉兴市“南湖友谊奖”。至此，海宁市先后共有9位外国友人获此荣誉。

（钱亚萍）

侨务（港务）工作

【概况】 全年共接待港澳同胞、海外侨胞、留学生180多人次，受理来信来访4件次，为侨属侨眷办实事5件。推动引进海外留学人员、人才工作，举办海外高层次留学人员交流洽谈会和海外人才项目推介会。召开市归侨侨眷代表大会，完成市留学生和家属联谊会（简称留联会）换届选举。市侨办编辑的大型画册《查济民》获嘉兴市第三届对外宣传出版物评比一等奖。

【沈利农一行赴香港看望海宁同乡】 3月3～5日，海宁盐官观潮景区在香港举办专题招商推介会，期间市长沈利农一行5人分别登门拜访了金庸和刘璧如，宴请香港海宁同乡会的部分会长，并就进一步发挥同乡会作用，加强与家乡的联络联谊和为海宁经济又好又快发展献计出力等问题进行了交流探讨。

【市归侨侨眷联合会第六次会员代表大会召开】 5月8日，海宁市归侨侨眷联合会第六次会员代表大会召开，大会正式代表和市有关部门领导，镇、街道、开发区分管副书记等特邀代表共120人参加。市五届侨联主席道书萃作市五届侨联工作报告，市委副书记徐辉到会讲话。大会按照《中国侨联章程》选举产生第六届侨联委员会。黄永华当选为海宁市第六届侨联主席，汪莉薇、俞国屏、查雪梅、周仁仁当选为副主席，汪莉薇兼任秘书长。

图93 5月8日，海宁市归侨侨眷联合会第六次会员代表大会召开

【召开市留联会第二次会员代表大会】 5月27日，海宁市留联会第二次会员代表大会召开，大会正式代表和镇、街道、开发区统战委员等特邀代表共90多人参加。市第一届留联会会长浦国仙作工作报告。大会按照《海宁市留学生和家属联谊会章程》，选举产生第二届留联会理事会。姚建忠当选会长，赵红霞、邓炳堂、王金明当选为副会长，黄永华为秘书长。

【旅日海外留学人员到海宁访问】 10月4～5日，受海宁市侨办和海宁市外经局驻日本事务处的邀请，海宁日本留学生同乡会和浙大校友会组织在日的所属主要成员近20人到海宁访问。浙大校友总会副会长、美国华美医学基金会主席李摩西，浙大日本校友会顾问周伟生，海宁日本留学生同乡会会长高伟俊等也到访。

【海外高层次留学人员洽谈会】 11月7日，海宁市举办“2009海外高层次留学人员交流洽谈会”，12名海外留学博士带着高新技术项目应邀到会。各镇、街道、开发区及相关企业负责人与留学人员进行项目洽谈。市领导周红霞、赵莫辉出席会议。

【召开海外人才海宁行暨项目推介会】 12月6日，嘉兴市2009“星耀南湖”人才科技对接交流会海外人才海宁行暨项目推介会在市行政中心举行。来自上海、杭州等地的50多位海外高层次回国人才参加。市领导沈向宏、许国荣出席了推介会。海利得、钱江生化、天通控股、金潮实业等企业相关负责人受邀参加。

（黄永华）

台湾事务工作

【概况】 全年共接待到海宁从事经贸考察、交流、采访、旅游、探亲等台胞2005人次，其中市台湾事务办公室（简称台办）直接接待的有21批700多人次。办理赴台探亲、居留、旅游1024人次，比上年增加867人次；赴台公务考察、学习培训、商务活动等22批91人次。2月9日是传统的元宵佳节，来自台湾大学、台北大学、辅仁大学、东海大学、淡江大学等十多所院校的300名台湾大学生到海宁参观交流，副市长施震东、政协副主席许国荣全程陪同。

为受“莫拉克”台风侵袭的台湾灾区同胞捐款20余万元。市台办被中共中央台办宣传局评为对台宣传、调研工作先进单位，被嘉兴市台办评为对台工作优胜单位，获省台办信息工作三等奖。

【市台商联谊会换届】 5月17日，嘉兴台协海宁市联谊会召开第四次会员大会，选举产生新一届理事会，浙江显昱纤维织染有限公司总经理黄顺鑫当选为第四届联谊会会长，市台办主任浦国仙、浙江雅昌染织有限公司董事长谢睿邦、浙江得伟染织有限公司董事长施坤煌、棋华照明有限公司董事长傅棋政当选为副会长。

【市台胞台属联谊会换届】 6月5日，海宁市台胞台属第六次代表大会在市行政中心召开，选举产生了新一届理事会。台属金明浩当选为第六届理事会会长，徐宗文、李文哉、姚建忠当选为副会长，钱丹玲当选为秘书长。

【台资企业与政府部门恳谈会】 10月16

图 94　6 月 5 日，海宁市台胞台属第六次代表大会在市行政中心召开

日，市台办组织举办 2009 年台资企业与政府部门恳谈会，会议主要就台资企业在发展过程中碰到的税收、教育、能源等多方面问题进行了面对面的恳谈，政府相关部门负责人对台商提出的实际问题进行了详细解答，对现场不能答复的问题也在会后以书面的形式回复。海宁市副市长沈向宏、政协副主席许国荣、市级机关有关部门负责人以及台资企业负责人 40 余人参加会议。

【在台北举办两岸经编研讨会】　11 月 9 日，2009 第四届海峡两岸经编研讨会首次在台北举行。海宁市副市长许煜威带团共 21 人赴台参加研讨会。

【台湾农产品企业参加海宁农博会】　12 月 18 日，由“台北对外贸易发展协会”组织的 11 家台湾农产品企业亮相海宁首届农博会，以有机、健康为卖点的台湾农产品吸引了不少海宁市民。

【台湾嘉义县访问团考察海宁】　3 月 18～19 日，以国民党台湾嘉义县党部主任委员陈明振为团长的嘉义县访问团一行 21 人到海宁考察，参观了海宁中国皮革城、徐志摩故居和海洲街道百合社区。陈明振与海宁市市长沈利农交换礼物作为留念，嘉兴市台办主任程建华、副主任姜培洪和海宁市台办主任浦国仙陪同考察。

【中华台北队到海宁参加世界轮滑锦标赛】　9 月 17～26 日，“海宁中国皮革城杯”2009 世界速度轮滑锦标赛在海宁市举行。来自 40 多个国家和地区的 400 多名运动员齐聚海宁，其中中华台北队共有 50 人参赛，是参赛人员最多的代表队。经过 8 天激烈角逐，中华台北队以 8 枚金牌的成绩居金牌榜第三位。

（钱丹玲）

［编辑：邱　洧］

政协海宁市委员会

Haining Committee of the C.P.P.C.C.

重要会议

【市政协十一届三次会议】 于2月4~7日在市行政中心举行。会议应出席委员257名，实到委员254名。会议听取和审议市政协主席张炜芬所作的《政协海宁市第十一届委员会常务委员会工作报告》和副主席朱有田所作的《政协海宁市第十一届委员会关于十一届二次会议以来提案工作情况的报告》；列席市十三届人大三次会议，听取和讨论市长沈利农所作的《政府工作报告》及其他相关报告；增补了市十一届政协常务委员；听取22名委员代表各党派、团体和有关界别的大会发言；表彰2008年度优秀专业组、优秀联络处、优秀政协委员、社情民意信息工作先进单位和先进个人、市政协十一届二次会议以来优秀提案；审议通过《政协海宁市第十一届委员会第三次会议提案审查情况的报告》和《政协海宁市第十一届委员会第三次会议决议》。会议期间，共审查立案提案272件，其中集体提案36件、委员个人或联名提案236件。

图95 市政协主席张炜芬在市政协十一届三次会议上作报告

【市政协十一届十次至十五次常委会议】 市政协十一届十次常委会议于1月7日举行。会议听取市委副书记、市长沈利农关于2008年全市经济社会发展及2009年工作安排情况的通报和市政府办公室副主任张伟锋关于《政府工作报告（征求意见稿）》起草情况的说明；审议通过《市政协2008年工作总结和2009年工作要点》、《市政协各专委会、联络处2008年工作总结和2009年工作计划》和《关于召开中国人民政治协商会议海宁市第十一届委员会第三次会议的决定》；通报市政协十一届二十七次主席会议关于市政协十一届三次会议邀请列席人员范围、分组办法及召集人名单、各次全体会议执行主席和主持人名单等决定事项；审议通过有关人事事项。

市政协十一届十一次常委会议于2月6日举行。会议听取市政协十一届三次会议各小组讨论审议情况的汇报和市政协提案委员会主任金骏关于市政协十一届三次会议提案审查情况的汇报；审议并通过《政协海宁市第十一届委员会提案委员会关于十一届三次会议提案审查情况的报告（草案）》和《政协海宁市第十一届委员会第三次会议决议（草案）》；审议通过有关人事事项。

市政协十一届十二次常委会议于4月27日举行。会议听取副市长施震东《关于海宁家纺产业发展情况的通报》；听取市政协课题组有关调研情况的汇报；协商讨论“加快家纺布艺产业提升发展”问题；提出《加快我市家纺布艺产业提升发展的建议案》。

市政协十一届十三次常委会议于8月7日举行。会议审议通过有关人事事项。

市政协十一届十四次常委会议于9月23～24日举行。会议听取上海市政协研究室原主任李锐所作的《人民政协的发展历程和重要作用》的辅导讲座；听取副市长朱祥华《关于我市深化农村改革、促进城乡经济社会发展一体化情况的通报》；听取市政协课题组有关调研情况的汇报；协商讨论“深化农村改革发展，促进城乡经济社会发展一体化”问题和建立政协镇、街道联络委员会的决定、工作规则；审议通过有关人事事项。

市政协十一届十五次常委会议于11月26日举行。会议听取副市长许煜威关于《强化服务职能为企业发展营造良好的创业环境》和《关于加快我市家纺布艺产业提升发展建议案办理情况的通报》；听取市政府办公室主任高云跃《关于市政协十一届三次会议提案办理工作情况通报》；听取市政协课题组有关专项民主监督情况的汇报；协商讨论“政府服务企业，优化发展环境”的问题。

（陈丽华　方雷霆）

主要工作

【协商议政】　全年共召开全体会议1次、常委会议6次、主席会议14次、专题座谈会3次，形成调研报告14份。市政协常委会议和主席会议分别就“加快家纺布艺产业提升发展”、“深化农村改革发展，促进城乡经济发展一体化”、“政府服务企业，优化发展环境”和“海宁市体育竞赛表演产业”、“互联网建设与管理”、“做大做强建筑业”、“农贸市场规划建设管理”、“农业产业化建设”等重要问题进行协商讨论，形成调查报告、建议、建议案10件，其中《加快我市家纺布艺产业提升发展的建议案》得到市政府领导的高度重视，市政府及时研究制定《海宁家纺产业三年提升规划》、《关于加强家纺产业知识产权保护工作的若干意见》、《海宁中国家纺装饰城纺织品花样版权登记管理保护办法》等政策文件。

【民主监督】　围绕市委、市政府优化企业发展环境的目标要求，组织开展历时三个多月的专项民主监督，形成《海宁市涉企收费情况的调查与建议》、《创新审批运作机制，优化行政审批服务》、《关于“政府为企业服务的政策支持”课题专项民主监督情况的汇报》和《关于进一步加强企业融资保障机制建设的思考与建议》4个调研报告。市政协主席会议就2009年政府实事项目、创建国家级卫生城市、农村社会治安管理、08省道建设、城乡健身器材维护和管理、特殊教育发展等工作开展专项视察。

【提案工作】 重视集体提案的征集，坚持重点提案、跨年度提案督办和市政协领导联系提案承办单位分工制度，通过开展联合督办、提案办理情况“回头看”、组织办理工作交流会、召开提案工作研讨会和实施提案网络交办系统。提高提案质量、提案办理质量和提案工作服务质量。全年共收到提案318件，经审查立案299件，其中集体提案41件，被承办单位采纳或基本采纳的有278件，占93%。有8件提案被确定为重点提案，其中民建海宁总支、市工商联提交的《关于继续加大政策扶持力度，促进中小企业平稳较快发展的建议》，被列为一号提案，得到市政府高度重视，专门成立办理工作领导小组，组织有关部门进行深入调研，制定和实施了鼓励外贸出口增长、提高高新技术产品超基数奖励额度、降低养老保险基金企业部分缴费比例等一系列政策措施。

图96 10月16日，市政协主席会议视察市政府2009年实事项目

【社情民意信息】 坚持执行每季社情民意信息工作例会制度和每月委员约谈会制度。通过以会代训、定期交流、表彰奖励和畅通渠道、规范编报、及时反馈和“委员信箱”等多种措施，收集和办理社情民意信息。全年共收集社情民意信息180件，专报上级政协和市委、市政府领导63件，得到领导批示17件，促进了许多问题的解决。如《关于实施持证困难家庭幼儿入园帮困资助的建议》报送后，市政府及有关部门进行了认真研究和办理，从2009年秋季起，建立了持证困难家庭幼儿入园教育资助券制度，并统一纳入中小学教育资助券专项资金管理。市政协社情民意信息工作在嘉兴市政协考核中获二等奖。

【联络联谊】 坚持市政协领导走访委员制度，加强与委员及其所在单位的沟通联系。召开纪念第二十五个教师节座谈会，会同市委统战部举办中秋茶话会。开展庆祝人民政协成立60周年系列活动。参加全国十七县（市、区）政协工作横向联系会，并承办江浙沪十五县（市、区）政协工作研讨会。举行浙江省第一届“兰亭奖”中小学生书法大赛嘉兴赛区海宁分赛区现场书法赛，获省、嘉兴市两级优秀组织奖。赴永康、台州等地开展书画交流活动。成立市政协第一届企业家联谊会。协助省、嘉兴市政协到海宁开展调研视察活动。

【创新工作】 重视新时期新形势下政协工作的创新发展，在市政协十一届三次会议上，邀请市政府领导首次向全体委员通报市政协常委会议建议案办理落实情况。经市委同意并批转《政协海宁市委员会关于建立民主监督员制度的意见》，选派51名委员在17个政府部门设立专项民主监督小组，提高民主监督的组织化程度，有效推动政府有关工作。根据《中共海宁市委关于加强人民政协工作的实施意见》的有关规定，在全市12个镇、街道建立政协联络委员会，推进政协工作向基层延伸。

（陈丽华　方雷霆）

专门委员会工作

【提案委员会】　坚持“围绕中心，服务大局，提高质量，讲求实效”的提案工作方针，致力发展，关注民生，提案质量提高，采纳落实力度加大，提案服务质量优化。首次通过新闻媒体和政协网站向社会征集提案线索；继续实施市政协主席会议直接督办重点提案和跨年度提案跟踪督办制度；及时发出《提案征集函》、《提案范本》和《提案参考目录》，发动委员早做准备，认真调研，精心撰写，全年共收到提案318件，经审查立案299件，评选表彰优秀提案30件。会同市委办、市政府办实行联合审查立案、推选重点提案、确定承办单位、编制《提案目录》，召开提案交办会；会同市政府办对承办单位办理情况进行专项督查，开展提案办理“回头看”活动；修订完善提案办理工作规则；全面启用“海宁市建议提案在线处理系统”，提高提案办理的信息化管理水平。

【经济科技委员会】　围绕“强素质，重创新，献良策，求实效”的工作要求，完成市政协常委会重点协商调研课题和主席会议专题协商课题4个。围绕“建筑业发展”、“农贸市场改造与提升”、“两新工程（新市镇、新社区）建设”等问题开展调研，形成调研报告4份。组织开展对特色农业发展、农贸市场建设、08省道和公用码头建设、两分两换（宅基地与承包地分开、搬迁与土地流转分开，宅基地置换城镇房产、土地承包经营权置换社会保障）试点等情况的专题视察6次，与有关部门进行对口交流12次。承办“转型升级促调整，克难攻坚谋发展”政协论坛。与有关部门共同举办“风雨同行，共兴海宁”银企共话发展专题协商会，组建成立“海宁市政协企业家联谊会”。

【文教卫体与文史委员会】　完成市政协常委会、主席会议协商调研课题各1个，形成《深化农村改革，促进城乡教育一体化发展》、《长安镇历史文化现状与运河文化保护的调研报告》等4篇调研报告。组织教师节庆祝活动，召开“新课改形势下的高中教学”座谈会。围绕体育产业发展、城乡健身器材维护和管理、“五小”行业整治等，组织委员开展视察活动。全年共征集文史资料150万余字，图片100余幅，编辑出版文史图书《海宁历史人物辞典》和《纪念现代图书馆学家、原台北故宫博物院院长蒋复璁史料专集》、《我国著名的版本目录专家、校勘学家赵万里史料专集》2期文史专辑。举行向市图书馆赠送《嘉庆重修一统志》赠书仪式。举办“江南民俗风情·潮文化”研讨会，为盐官景区百里长廊开发建设献计献策。组织开展浙江省第一届“兰亭奖”书法大赛海宁赛区比赛活动，获得浙江省和嘉兴市优秀组织奖。

【社会法制与三胞联谊委员会】　完成市政协常委会议和主席会议协商课题2个，形成《关于政府服务企业，优化发展环境若干问题的调查与建议》、《关于我市网络建设与管理的调研报告》等调研报告7篇。围绕政府实事工程、居家养老工作、出租房管理、宗教活动场所、司法所建设、企业文化、社保扩面等开展对口交流或专题视察活动23次。联合民建海宁市总支、农工民主党海宁市总支，组织开展对政府服务企业、优化发展环境问题进行专项民主监督。围绕涉企收费、行政审批服务工作、服务企业政策支持和中小企业融资保障等问题开展监督调研。举办中秋茶话会，加强与各界的联络联谊，努力营造和谐、融洽、团结的良好氛围。

表38 海宁市政协十一届一次会议以来优秀提案名录

序号	提案编号	承办单位	提案名称	提案者
1	1	市府办	关于继续加大政策扶持力度，促进中小企业平稳较快发展的建议	民建海宁总支 工商联
2	14	市府办	关于在我市实施低收入群众增收措施的几点建议	农工党海宁总支
3	25	市府办	关于推进农村土地流转，加快现代农业发展的几点建议	长安镇联络处
4	49	市公安局	关于进一步加强农村社会治安管理的建议	陈培玉、吴关炳
5	94	市工商局	关于构建“放心菜”流通服务体系的建议	王志甫
6	142	市社保局	关于建立被征地农民健康体检制度的建议	许建明
7	160	市交通局	在推进城乡公交一体化进程中使城乡老人共享改革开放成果	姚海荣
8	177	市文广局	关于加强村（社区）体育健身设施管理维护，为群众提供安全健身环境的建议	孙建跃
9	7	市国土资源局	关于提高我市国土资源保障发展能力的建议	九三学社 海宁基层委员会
10	96	市农经局	把海宁的荒山建设、改造成花果山	陶有福
11	199	市环保局	关于对污泥实行集中统一处置，防止二次污染发生的建议	林文宏
12	227	市规划建设局	规范房产中介，促进房地产市场健康有序发展	方启龙
13	267	市司法局	关于市法律援助中心、“临街落地”开展便民服务的建议	胡京中
14	128	市教育局	关于在素质教育中传承我市非物质文化遗产的建议	蒋丽君
15	219	市城管局	关于生活垃圾分类收集处理的建议	蒋跃先
16	281	市委宣传部	弘扬海宁藏书文化的优秀传统，大力开展“多读书、读好书”的活动	陈伯良
17	80	市经贸局	关于如何发挥行业协会作用的建议	章宝阳
18	83	市经贸局	实施主辅分离，加快服务业发展，助推海宁企业转型升级的建议	张敏华
19	3	市府办	关于“开展轮滑体育运动，打造海宁‘轮滑星城’”的建议	民盟海宁总支
20	11	市府办	关于创建“海宁文化创意园”的建议	农工党海宁总支
21	17	市府办	关于组织开展科技工作者帮扶促调活动的建议	科学技术界

(续表)

序号	提案编号	承办单位	提案名称	提案者
22	21	市府办	关于“依法防范处理医患纠纷，努力促进社会和谐稳定”的建议	无党派人士
23	40	市财政局	关于推行我市公务用车改革的建议	卢明华
24	50	市交通局	建立加强对残疾人机动车行车规范化管理的长效机制	吕林峰
25	169	市文广局	关于“进一步加强农村文化建设，促进农村社会和谐发展”的建议	朱建杰
26	207	市建设局	关于做强做大我市建筑业及其关联产业的建议	姚岳良
27	231	市民政局	关于加大城镇社区建设力度的建议	曹建初
28	236	市工商局	关于加强知识产权保护，促进企业自主创新的建议	钟传良
29	247	市食品药品监督局	关于进一步完善和提升我市食品安全的建议	段绿化
30	277	市委办公室	关于重视淘汰电脑，杜绝其成为泄密源的建议	方红霞

(陈丽华　方雷霆)

[编辑：邱　洧]

民主党派与工商联

Democratic Parties and Federation of Industry & Commerce

民主党派

【概况】 2009年，海宁市民主党派共有成员223人，其中中国国民党革命委员会有党员1人；中国民主同盟海宁市总支有盟员49人，下设教育、综合2个支部和2个直属退休小组；中国民主建国会海宁市总支有会员51人，下设3个支部；中国民主促进会海宁市支部有会员12人；中国农工民主党海宁市总支部有党员57人，下设中医院、人民医院、综合3个支部；九三学社海宁市基层委员会有社员53人，下设3个支社。全年共吸收新成员10人，自然减少2人，其中民盟发展2人，民建发展2人、减少1人，民进发展3人、减少1人，农工党发展1人，九三学社发展2人。海宁市无党派代表人士组织——市党外知识分子联谊会（以下简称“知联会”）共有会员66人，第二届知联会会长由朱海英担任。民主党派成员中有副科（局）级以上领导干部17人，其中副处级4人、正科（局）级4人、副科（局）级9人，在政府部门任职6人、政法机关1人，达到上级提出不少于5人的要求。2009年，农工党海宁市总支被中国农工民主党中央委员会授予“先进基层组织”称号。

【参政议政】 全年共召开通报会、征求意见座谈会5次。5月27日，市委副书记、市长沈利农主持召开深入学习实践科学发展观民主恳谈会，听取各民主党派和社会各界的意见建议；9月2日，召开各民主党派骨干和无党派人士座谈会，对《中共海宁市委关于加强人民政协工作的实施意见》（征求意见稿）听取意见建议；市委统战部组织民主党派、工商联、知联会骨干专题听取市检察院、财政局工作通报。有4个民主党派组织与8个政府部门建立对口联系，开展通报交流活动，组织参观考察，开展专题调研。在政协十一届三次会议上，各民主党派、工商联、知联会成员共提交提案131件，有9人在大会上作专题发言。全年有13件提案被评为“优秀提案”，22人被评为“优秀政协委员”，4人被评为“社情民意先进个人”。民建海宁市总支和市工商联的联合提案《关于继续加大政策扶持力度，促进中小企业平稳较快发展的建议》被市政协列为一号提案，并促使政府及有关部门出台相关政策措施。

【民主监督】 扩大特约监督员的聘请范围，2009年，除少数部门到届后进行单独续聘外，有51名民主党派和无党派人士分别被17个政府部门聘请为特邀监督员，参与聘请部门的各类专项检查和行政执法监督工作，参与专项审计、行风评议、效能建设督查等活动。健全对口联系制度，结对的政府部门与民主党派开展座谈交流，听取意见建议，开展民主测评，为改善和推进部门工作建言献策。利用民主党派、无党派联席会议，组织专业人士分别到政府有关部门、上市公司等调研考察，为应对金融危机出谋划策。党政领导与党外人士交友联系制度进一步完善，市委、市政府17名中共领导与29名民主党派、无党派代表人士开展结对交友联系活动，上门听取党外代表人士的意见建议。

图97 8月28日，海宁市党外知识分子联谊会召开第二次会员大会

【服务社会】 各民主党派、知联会积极开展社会公益活动。5月24日，组织中高级医务、农艺、畜牧等专业人士10多人赴袁花镇夹山村开展服务新农村建设“三下乡”社会服务，现场为村民开展医疗义诊、农业种养殖知识咨询，发放科技宣传资料，并上门进行专业技术指导。农工党海宁市总支组织党员赴许村镇、硖石街道双合村和各有关城镇社区，开展“健康进家庭、服务新农村”义诊宣传、医疗保健讲座活动；与市中医院联合开设的社区卫生服务站于4月29日在硖石街道风和丽苑社区举行揭牌仪式。民建海宁市总支于六一国际儿童节到市儿童福利院，为少年儿童送温暖。九三学社海宁市基层委员会在全国“助残日”和六一国际儿童节之际，分别到市桃园小学、培智学校举办3场生活知识专题讲座，并赠送少儿图书。市知联会组织30多名会员到硖石街道西山社区义务劳动，组织中高级教师、医务专业人士连续四年在海宁剧院广场举办高考填报志愿咨询和医疗义诊活动。各民主党派、知联会成员与30余名学生开展扶贫帮困助学结对活动。

【市知联会第二次会员大会】 于8月28日召开。大会听取知联会第一届理事会工作报告，选举产生第二届知联会理事会23人，副市长朱海英当选为会长，6人当选为副会长。会上聘请市委组织部部长周红霞，市政协副主席、市委统战部部长许国荣为第二届知联会名誉会长，聘请首任会长杨涤江为第二届知联会顾问。

(韩兴达)

工商业联合会

【概况】 2009年，海宁市工商业联合会(以下简称“工商联”)开展“走进民营企

图 98 3 月 27 日，海宁市丁桥商会成立

业，提振发展信心”活动，通过走访、调研，向全市民营企业宣传政策，建言献策，宣传政府在新经济形势下出台的新政策、新举措，动员民营企业应对金融危机。市工商联、民建海宁市总支联合撰写的《关于继续加大政策扶持力度，促进中小企业平稳较快发展的建议》提案，被市政协十一届三次会议列为一号提案。3 月 22 日，市工商联召开八届四次执委会，全市 50 多名企业家共商民营经济发展大计，企业家、经济部门负责人围绕企业发展面临的主要困难、传统产业转型升级、政府如何为企业提供更有效服务等问题展开讨论。7 月 8 日，海宁市首家由皮革服装商会组建注册资本 1350 万元的海宁市商汇担保有限公司正式挂牌成立。担保公司将为会员企业提供融资担保服务，行业商会服务会员功能得到提升。8 月，市工商联（总商会）召开八届五次执委会，鲁枫当选为市工商联（总商会）主席（会长）。2009 年，应利康等 10 名海宁市第三届优秀社会主义事业建设者在全市三级干部大会上受到市委、市政府表彰。

举办纪念新中国成立 60 周年暨海宁市工商界人士迎中秋茶话会。加强基层商会组织建设，市委统战部和工商联组织各镇、街道统战、商会的领导干部赴台州市黄岩区学习考察。在许村、盐官、丁桥 3 个镇召开基层商会座谈会，分析探讨企业经营状况、企业转型升级及推进商会工作等情况。在江苏同里召开海宁市工商联、总商会会长会议，就“加快经济发展方式转变、推动产业转型升级”主题开展讨论，市领导徐辉、许煜威参加会议，各基层商会会长列席会议。

表 39 海宁市基层商会基本情况

商会名称	执委数（人）	副会长数（人）	会长	会员数（人）	成立时间
丁桥	27	8	叶建明	92	3 月 27 日
许村	44	13	沈国甫	174	6 月 18 日
斜桥	28	9	唐德林	97	6 月 26 日
长安	35	8	周林峰	106	7 月 28 日
盐官	31	9	褚才国	84	8 月 6 日
海洲	17	6	沈明荣	48	11 月 6 日
袁花	33	11	夏志生	114	12 月 8 日
周王庙	33	12	许瑞坤	76	12 月 18 日
硖石	20	10	姚岳良	56	12 月 21 日
马桥	31	15	钱怡松	141	12 月 28 日

【基层商会建设】 3月27日，海宁市丁桥商会成立并召开第一次会员大会，为海宁市首个镇级商会组织，共吸纳会员企业92家。商会在企业项目推进、经营管理、招商引资等方面起推动作用。自丁桥商会成立后，市工商联在各镇、街道陆续组建其他基层商会，助推行业自律，增强区域经济整体竞争力，维护企业合法权益及加速现代企业制度的建立。至年底，有10个镇、街道建立商会组织，商会平均会员数在百余人，会员队伍中上规模企业入会率达80%以上，副会长以上人选大多为区域经济的领头人，确保了镇、街道商会建设的有序推进。

(朱利明)

[编辑：曾晓莲]

人民团体

Mass Organization

工会工作

【概况】 2009年，市总工会突出“服务企业、服务职工”的工作重点，稳定劳动就业，协调劳动关系，促进和谐发展。全年新建工会组织121家，涵盖法人单位348个，新增会员12,019人；全市工会组织累计1426家，覆盖单位2851个，会员总数达165,074人。新建职代会制度56家，累计建制811家；新建厂务公开制度50家，累计建制786家；新建“合格职工之家”75家，累计创建1071家。继续推进劳动关系和谐企业创建活动，并将企业履行社会责任情况纳入其中。在马桥经编园区创建和谐工业园的基础上，2009年在海宁经济开发区开展创建工作。至年底，全市有1895家企业开展创建工作，申报参评企业32家。自开展创建活动以来，有56家企业被市政府命名表彰，其中嘉兴市级6家、省级1家。有1059家企业开展“强保障、促和谐”工作，在斜桥镇举办“服务企业、服务职工”工作研讨会，推动“平安海宁”建设。

【开展“协商共约”行动】 2009年，为缓解金融危机对海宁实体经济的影响，市总工会在全市开展工会与企业、职工“协商共约”行动，向全市企业和职工发出《凝心聚力、同舟共济、共谋发展》倡议书，引导企业与工会、职工签订“协商共约”协议，使集体协商机制成为职工与企业凝聚合力、共渡难关、共谋发展的制度保障。引导广大职工发挥工人阶级主力军作用，大力开展劳动竞赛和技术革新活动。联合市劳动和社会保障局、经济贸易局和市企业家协会，在全市企业中开展“协商共约”劳资携手共谋发展活动，参加企业775家。开展工资集体协商“要约行动”，有73人成为工资集体协商谈判指导员，并在盐官电镀行业建立行业性工资平等协商集体合同制度试点。全市建立工资集体协商制度企业达1950家，并同时签订女职工特殊权益保护、安全生产专项集体合同。在完善职工欠薪预警报告责任制度的基础上，抓好劳动关系预警机制维权网络建设，并建立维权信息员队伍。全市建立劳动关系预警机制企业累计达1738家，覆盖职工12.8万人。

【“双进双服务”品牌专项行动】 年内，市总工会组织开展“进企业、进车间，服务基层、服务职工”品牌专项行动，围绕企业工会作用的发挥、农民工就业情况、外资企业工会组建的现状和对策等课题，开展工作调研，并形成调研报告和科学发展建议书。开展劳动竞赛，举办全市配电线路、中职师生、榨菜包装、财务电算、职工消防、经编产业、五金锁业、炒货包装、导游、餐饮等

图 99 市总工会开展防暑降温大检查活动

10 项技术竞赛活动，命名表彰市级职业技能带头人 20 名。推广以工人名字命名的先进操作法，以“陈新益工作室”为载体，树职工创业创新典型。开展职工创业创新专项贴息项目落实工作，共申报职工创业创新项目 158 项，发放专项贴息贷款 3803 万元，建立培训基地、实训基地、创业基地各一个。与市劳动和社会保障局联合举办“服务企业、服务职工”专场招聘会，有 121 家企业进场招聘，提供工作岗位 1460 个，603 人与企业达成用工意向，其中外来农民工 342 人。做好促进就业和再就业工作，完成职业培训 1203 人次，职业介绍 1500 人次，实现就业 1025 人次。

【劳动法律宣传、援助活动】 成立市法律援助中心总工会法律援助工作站，配合“五五”普法教育，开展法律援助、生活困难救助、劳动法律法规咨询等宣传贯彻和落实工作。印发《中华人民共和国劳动合同法》(以下简称《劳动合同法》)、《中华人民共和国劳动争议调解仲裁法》、《职工维权手册》等资料 5000 余份；举办《劳动合同法》知识竞赛，有 7500 多名职工参加；结合《劳动合同法实施条例》等举办法律知识讲座 3 次，增强职工、业主的法律意识。建立劳动争议调解组织 1795 家，调处劳动争议案 156 件，挽回经济损失 218.8 万元。开展防暑降温、安全生产监督检查 8 次，开展工会劳动法律监督检查 5 次，各级工会会同有关部门开展劳动法律监督检查 258 次，检查企业 2012 家。做好职工信访工作，及时化解矛盾纠纷，全年共受理职工来信来访来电 51 件，处结率 100%。

【普及职工文化活动】 组织市职工艺术团开展送文艺下乡下基层活动，先后到斜桥镇、周王庙镇、新居民子女学校、袁花镇、美大集团、海昌街道等地举办专场文艺演出，共送去节目 53 个，参演 240 多人，参与各类文艺演出 20 场次。全市有 418 家工会开展各类文体活动，参与职工 72,300 人次，受到企业职工、当地群众和民工子女的欢迎。举行“共唱企业之歌，坚定发展信心”海宁市职工庆祝五一国际劳动节暨“企业之歌”合唱比赛、庆祝新中国成立 60 周年职工文艺晚会，有效推动文化活动的普遍开展。

(张力可)

共青团工作

【概况】 2009年，共青团海宁市委（以下简称“团市委”）采取理论育人、活动育人与树先进典型相结合的方式，继续推动青少年思想教育工作。举办各类专题讲座和研讨会，学习贯彻中共十七届四中全会等重要会议精神；深入学习实践科学发展观，听取基层团干部和广大青年的意见建议，增强提高青少年的理想信念和思想认识。以新中国成立60周年、五四运动90周年和少先队建队60周年等重要节庆日为契机，通过主题团队日活动、演讲征文比赛等，在青少年中掀起爱国主义热潮。开展“红领巾心向党，祖国发展我成长”等主题教育系列活动，开展海宁市首届“十佳大学生村官”评选表彰活动，组织嘉兴市首届十佳大学生“村官”代表为海宁市大学生“村官”和青年学生作事迹报告。

做好创业创新项目专项贴息扶助工作，推进创业小额贷款项目。全年团系统共申报符合财政贴息条件项目174个，实际发放贷款4442万元，共计贴息146.7万元。结合农村青年创业小额贷款试点工作开展金融专题培训，引导青年增强创业意识和能力。开展“服务青年就业创业行动”等主题实践活动以及青工技能比武竞赛，推动共青团品牌工作科学发展。在2009世界速度轮滑锦标赛期间，团市委、志愿者协会招募400余名志愿者提供礼仪接待、宣传报道、后勤保障等服务。投身创建国家卫生城市的志愿服务，组织开展“创卫攻坚我参与”、“文明劝导”等主题活动。在节庆日集中开展新春送温暖、大型“便民超市”等服务活动，全年志愿者服务时间达8万余小时。

开展“文明潮乡、和谐校园，关爱身边的小小新海宁人”主题活动，先后举办小小新海宁人空间半日营体验、走进民工子弟学校等活动。开展青春助困活动，全年各级团组织资助贫困大中小学生658名，资助金额72.8万元，其中助困大学生129名、金额21.0万元。开展“爱心岗位，助你成长”活动，全年提供爱心助学岗位66个。完善青少年维权联动服务网络，召开全市“青春·健康”青少年维权工作座谈会。开展“万名学生下社区进村落”、“成长加油站——青少年社区大课堂”等活动，组织开展第五批市级优秀“青少年维权岗”考核及第六批市级优秀“青少年维权岗”争创工作。开展第五期“爱心岗位·助你成才”暑期大中学生勤工助学行动，来自大中专院校的67名学生分别与14家企业签订为期1个月的暑期劳动合同。

召开共青团海宁市第十六次代表大会，推进团内民主建设，在团支部和系统团委换届中全面推行“直选”形式。在海洲街道探索实施镇、街道团组织格局创新试点工作；开展区域团建整体化建设，马桥街道获“浙江省区域共青团整体化建设示范街道（镇、乡）”称号。市青少年宫全年举办校外培训490班次、1.5万人次。2009年，市青少年宫被团省委等部门评为“浙江省一级青少年宫”，市艺术幼儿园通过浙江省二级幼儿园评审，青少年空间被省普法办命名为“浙江省青少年法制教育基地”。

【共青团海宁市第十六次代表大会】 于11月19～20日召开。来自全市近300名各界别的团代表参加会议，共青团嘉兴市委副书记朱林森，嘉兴市委常委、海宁市委书记俞志宏，市委副书记徐辉等出席开、闭幕式。会上，团市委总结过去三年的工作和取得的成绩，明确今后三年的工作思路和工作任务。大会选举产生新一届委员会，王懿当选为团市委书记。

【硖石街道青少年空间正式揭牌运营】 6月22日，海宁市硖石街道青少年空间在服务大厅举办正式运营揭牌仪式。共青团浙江省委副书记徐旭、海宁市政府副市长邵小文等出席揭牌仪式。会后，徐旭等到空间进行参观指导，并对空间开展的实践体验活动、特色服务课程及阵地活动服务菜单等给予较高评价。市青少年宫主任马晨叶就青少年宫建立宫外青少年实践基地及青少年校外教育网络化作报告。

图100 11月19～20日，共青团海宁市第十六次代表大会召开

（陆诚煜）

【第九届“万名学生下社区进村落”活动】 2009年，“万名学生下社区进村落”活动的主题是“爱我中华、爱我潮乡，做一个有道德的人”。在为期两个月的活动中，全市6万多名中小学生走出校门、家门参加丰富多彩的实践活动。农村开展的“六赛”活动成为一大亮点，主要包括尊老敬老孝心赛、精品图书阅读赛、农俗知识趣味赛、农事农活技能赛、重玩传统游戏赛和健康安全文明赛等6项内容。

【纪念五四运动90周年文艺晚会】 于5月4日在海宁市广播电视台演播厅举行，嘉兴市委常委、海宁市委书记俞志宏观看晚会并讲话。整场晚会分“曙光”、“成长”、“奋进”、“走向辉煌”四个篇章，穿插举行2009世界速度轮滑锦标赛志愿服务启动仪式，市领导向志愿者代表授旗，正式成立世锦赛志愿服务队。

妇女工作

【概况】 推进妇女综合素质提升。通过市级新闻媒体和镇村广播、宣传橱窗、海宁妇女网等渠道，宣传妇女道德模范典型，大力传播社会公德、职业道德和家庭美德，提升思想道德素质。重点面向农村妇女、失业失地妇女等群体，以农业生产技术、转移就业技能、法律知识、科学知识为主要内容，对城乡妇女开展培训；有序推进“万名妇女网上行”计划；以礼仪知识、健康素养、处世艺术、心理调适技能为主要内容，开设“魅力女性、幸福生活”大课堂，提升妇女科技文化素质。抓好市属系统、镇（街道）、村（社区）文体队伍建设，组织开展各类健身娱乐活动，定期面向社会免费组织中国结、丝网花编织，串珠等手工艺培训，开展排舞、瑜珈练习等健身活动。开展为期一个多月的“关爱自我”女性新居民论坛进镇村、社区、企业宣传教育活动，共发放宣传资料4万余份，进行专题宣传264期，举办培训218期、座谈会10次、现场咨询服务52次，引导新居民女性增强自我保健和依法保护自身权益的能力。

推进城乡妇女创业创新。借助市级新闻媒体，宣传各行各业优秀创业女性先进事迹，选送优秀创业女性故事参加嘉兴市妇联组织的“最具感染力女性创业故事”征文比赛。集中1个月时间在全市各镇、街道举办14场女性创业报告会，宣传成功创业女性的创业经历，1300多名妇女干部、女企业家、女能手、女大学生听取报告；在海宁妇女网上开辟《女性创业案例推荐》专栏，推荐21个女性创业案例与62个女性创业故事，为女性创业发展开启思路。举办双学双比活动现场会暨女能手培训班，邀请浙江大学教授为女能手做农产品市场营销理念和知识辅导；推荐优秀创业女性参加由浙江大学提供的中国女性创业能力项目免费培训，1名大学生创业女性获得首次培训机会；举办1期创业扶持政策培训班，邀请地税等有关部门专家为创业女性讲解有关优惠政策；组织女企业家赴嘉兴秀洲区参观考察先进企业管理经验，并与嘉兴市及秀洲区女企业家协会会长进行交流。开展百名女大学生与女企业家结对帮扶、百名农村妇女与女能手结对帮扶为主要内容的“双百结对、携手创业”活动，与市劳动和社会保障局、工商联联合举办女性就业专场招聘会。

鼓励创业女性申报专项扶助资金项目，做好协调金融机构落实贷款工作。全年申报获批准项目181个（新办项目132个），其中一产项目67个、二产项目84个、三产项目30个。核定贴息贷款4424万元，落实贷款3684万元。对全市嘉兴市级以上文明岗进行检查，对海宁市级以上文明岗进行重新认定。举办全市巾帼文明岗创建工作培训班，80多名巾帼文明岗岗长参加培训。开展“巾帼文明岗争先创优”活动,60多个巾帼文明岗参与献计献策50多条，开展服务活动80多项。推动巾帼文明岗与村妇代会结对，建立巾帼文明岗服务新农村示范点14个,促进城乡联动发展。

推进文明和谐家庭创建，建议市文明委成立全市文明家庭创建工作领导小组。出台《全市文明家庭创建工作实施意见》，对基础评创工作、特色创建、家庭文化活动等进行整体部署。和市文明办联合召开全市深化文明家庭创建工作会议，部署八星级文明家庭评创工作。举办以“树文明新风，建和谐之家，享和美生活”为主题的第四届家庭文化节，举办“我的阅读故事”征文比赛、

图101　5月9日，海宁市第四届家庭文化节开幕

“妈妈，我爱你”短信征集、“幸福的瞬间”摄影比赛、“和谐亲情、健康成长”亲子活动、家庭文化展示和家庭厨艺大赛等活动。推进“平安家庭”创建，制定下发《关于开展“平安家庭”创建活动的实施意见》，召开全市“平安家庭”创建活动推进会，对创建工作进行全面部署。培育廉政文化进家庭示范点，对市交通局、海洲街道梨园社区、市国税局3个廉政文化进家庭示范点进行业务辅导。海昌街道金利社区成立平安家园巾帼志愿服务队，16名家庭妇女在接受业务培训后，自觉承担起维护社区平安的义务。

至年底，市妇联共受理来信来访来电106件，均作认真调处。开展三八妇女维权周系列活动，全市各级妇女组织在三八节期间共举办维权宣传咨询活动17次、法制宣传讲座4场，发放宣传资料1.4万余份。利用“11·25”反家庭暴力日、全国法制宣传日等时机，在全市组织开展以“宣传普及法律知识，依法维护妇女权益”为主题的妇女权益保障相关法律集中宣传活动。制作发放反家庭暴力宣传手册1万份，在海宁广播电台播出《反家庭暴力访谈》栏目，在《海宁日报》和《海宁广播电视报》上刊登反家庭暴力专版，在全市营造共同关注家庭暴力的社会氛围。

推动妇女儿童两个发展规划实施，协调督促有关部门做好孕前检查工作，并加强对相关问题的研究分析。根据妇女儿童发展“十一五”中期监测的实际情况，落实专业机构对《儿童乳牙龋牙分析与对策》和《流动人口孕产妇管理措施及对策》两个课题进行专题研究，并指导做好跟踪分析。完成规划重点实事项目市妇女儿童活动中心建设。与市慈善总会联合开展“关爱贫困母亲慈善行动”，发放慰问金5万元。六一节期间，党政领导、各级妇儿工委成员单位、妇女组织、妇联团体会员开展走访慰问活动，共慰问学校63所（次），发放慰问金16.2万元。开展与孤困残疾儿童和新居民子女结对帮困送温暖活动，“社会妈妈”助学结对200余人次。建立“受助儿童资料库”，全年新增受助儿童202名。举办关爱女性健康宣传咨询活动，组织市人民医院、中医院、妇保院、疾控中心、卫生学校等单位的医务人员和志愿者，在海宁剧院广场开展宣传咨询并进行义诊。与医疗单位联合开展为期1个月的宫颈癌、乳腺癌专项检查活动，为有需要的妇女提供专项免费体检。

加强基层组织建设。成立皮革城市场妇委会、连杭经济区妇工委，在海昌街道硖西社区、斜桥镇华丰村、海洲街道东长社区、硖石街道农丰社区相继建立新居民妇代会。全市村、社区如期进行换届，选举产生新一届基层妇女组织，全市行政村妇代会换届后，村妇代会主任的文化程度有较大提高，高中以上文化占93.17%，平均年龄41.08岁。分两期组织全市各镇、街道妇联主席、村妇代会主任和社区妇联主席举办妇女干部培训班。推进全市妇联干部落实“民情日志”工作制度，促进妇女干部思考妇女工作、解决实际问题。

【培育创业新项目】 培育母婴护理师（月嫂）家庭服务公司，开设免费培训课程，引导妇女从事家庭服务业。首批培训学员全部免费，为期20天，由上海爱贝佳母婴护理服务中心培训师授课，学员参加由全国母婴护理师专业培训机构及中国月嫂网共同开办的母婴护理师专业考核，考试合格者获中国家庭服务业协会颁发的全国通用上岗证书。扶持来料加工女经纪人，带动妇女实现灵活就业。扶持特色旅游产品开发、农产品深度加工、餐饮连锁经营、营养师工作室、女大学生网上创业等适应女性创业的项目。

【家庭教育工作】 开展为期4个月的“家庭教育讲座城乡行”活动，并开展29场家庭教育知识讲座，其中8场邀请团中央知心姐姐杂志社心理健康教育全国巡回报告团授课，有6000余人次听课。以“让爱关注成长”为主题，每星期五晚在市妇女儿童活动中心推出常规性幼儿教育活动，有针对性地对0～3岁幼儿按不同年龄段，设计不同载体开展亲子活动。各基层妇女组织开展各具特色的家庭教育活动，盐官镇妇联举办《专家引领，家校携手家庭教育》讲座，袁花镇巾帼教师志愿者开展家庭教育咨询活动，周王庙镇开展“家庭教育金点子”征集比赛等活动，推进科学家教知识在全市城乡普及。

【“魅力女性、幸福生活”大课堂】 2009年，市妇联推出“魅力女性、幸福生活”大课堂活动，立足于满足女性全面发展新需求开展学习培训。面向不同层次、不同职业、不同需求的女性群体开展针对性的培训，借助省妇干校、省妇女儿童活动中心、上海妇干校、上海市妇联巾帼园、嘉兴高校等周边城市妇女教育培训资源，邀请专家学者授课，以集中培训、举办讲座、典型教育等方式开展活动。活动开设女性政治理论、就业创业、道德修养、现代礼仪、卫生保健、法律法规、家庭教育、心理疏导、家庭理财、婚姻家庭等相关领域课程，丰富完善女性的知识结构，全面提升现代女性的整体素质。

（金 婉）

图102 “魅力女性、幸福生活”大课堂活动

科协工作

【概况】 贯彻市委《关于组织和动员科技工作者创业创新加快推进创新型城市建设的意见》，依靠科技进步和科技创新推进经济转型升级。重视青年科技创新人才的培养，开展第二届十佳青年科技创新人才评选工作。依托潮韵科技讲坛开展重点学术交流活动30次，开展重点课题调研26项。开展第十一次自然科学优秀科技论文评选，并出刊论文集。在企业科协中开展“讲创新、比敬业——五杯夺金活动”，以“创新杯、育才杯、科普杯、献计杯、建家杯”竞赛为载体，加快推进科技成果向现实生产力的转化，提升企业自主创新能力。实施“金桥工程”，推动科技成果转化，促进科技与生产紧密结合，全年共立项77项，完成73项。

推进《全民科学素质行动计划纲要》实施，加强科学素质建设。5月16～22日，市科学技术协会（以下简称“科协”）与市委宣传部、市科技局联合举办以“携手建设创新型国家”为主题的科技周活动。9月18～25日，围绕“节约能源资源、保护生态环境、保障安全健康”主题开展全国科普日活动。创新科普教育形式，建立网上科普学校(农函大)和流动科普学校，全年组织宣讲课题57个，举办科普讲座236场。2009年，在中国科协开展的“万名科技专家讲科普”活动评比中，海宁市被评为“优秀组织单位”，并获得中国科协的资助。

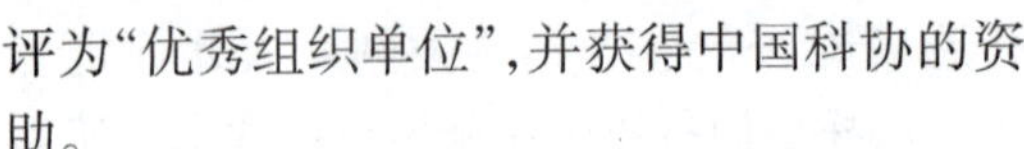

图103 9月18日，市科协举办2009年共谋创新·学术节

丰富基层科普展教，编印科普丛书10种计7万册，赠送科普图片1600套、光碟2000多盒。组织230套科普图片下乡，宣传甲型H1N1流感防治工作。建立科普惠农服务站，在许村镇许巷村和丁桥镇海潮村试点。加强农村实用技术人才队伍建设，开展农民技术职称评定工作，对647名农民技术人员进行评审。加强科普示范创建，争创省级、嘉兴市级基层科普示范单位24个，海宁市级27个，海宁市示范科普画廊36个，海宁市优秀科普示范（教育）基地10个。开展“金桥扶持”工作，落实组织、资金、技术各个环节，召开全市“金桥扶持”经验交流工作现场会。

【举办主题学术节】 9月18日，“精英聚潮乡，创新促发展——2009共谋创新·学术节”在海宁宾馆拉开序幕。市领导赵莫辉、孙浩彬、田耘及市级学（协）会的250名科技工作者参加学术节开幕式，浙江工业大学教授项浙学作《从时机出发，选择自主创新道路》首场学术报告。学术节期间组织开展重点学术活动18项，有18位国内专家、教授、学者开展各类知识讲座。

【沈鸿家乡科普行】 科技活动周期间，中国机械工程学会走进基层，在中国机械工业的领导人之一沈鸿的家乡——海宁开展科普活动。活动由海宁市人民政府与中国机械工程学会主办，市科学技术局、市科学技术协会承办，市委党校、市史志办等协办。5月18日，活动启动仪式在市委党校举行，来自政府有关部门、机械制造企业、职业技术学校学生300余人参加仪式，清华大学著名专家颜永年作《现代重型装备制造技术路线》专题科普报告。为增强科普活动的参与性，活动中设置了快速成形和激光加工设备的现场演示，进行科普互动。中国机械工程学会还开展“厂会协作”，与海宁的企业、学校进行对接交流洽谈。

【日全食科普】 围绕海宁百年一遇的“日

全食”天文现象，市科协积极组织科普宣传活动，制订活动方案，宣传“日全食”的科学原理、安全观测方法和注意事项，扩大宣传知晓度和受众面。专题承办中科院院士苏定强和南京天文光学技术研究所副研究员宫雪非大型公众科普报告会，在海宁“科普画廊”出专刊，展出图板 40 块。向群众免费发放日食专用观测镜 1000 余副，发放《日全食观测全攻略》科普宣传资料，在新闻媒体上讲解自助观测镜的取材和制作方法。

【钱学森图片展】 4 月 2 日，市科协会同市文化广电新闻出版局、科技局、教育局、广播电视台在市博物馆共同举办“感动中国——人民科学家钱学森爱国业绩展暨‘神舟七号’科普展”，参观群众达 1.4 万余人。展览分“爱国典范、赤子情怀”、“淡泊名利、宁静致远”、“潜心科学、孜孜探索”三个部分，以 70 多块图板，结合钱学森著作、书信等实物，配合科学人物纪录片，展示了钱学森的爱国情怀、高尚品德和科学精神。鉴于钱学森在中国航天事业上的特殊地位，航天工业部特别批准“神舟七号”模型在海宁参展。

图 104 4 月 2 日，感动中国——人民科学家钱学森爱国业绩展暨“神舟七号”科普展在市博物馆举办

【完成《海宁市科学技术协会志》编纂】 《海宁市科学技术协会志》编纂工作历时三年，于 2009 年正式公开出版。志书分 10 篇 45 章，共 52 万字，全面、系统地记载了全市科协的组织机构、学术活动、科学技术普及、科技教育、科技咨询服务、参政议政、建言献策、为科技工作者服务、金桥工程、表彰奖励、人物等内容，详细记述了市科协 50 多年的发展历程。

（金晓翔）

残疾人工作

【概况】 开展省残疾人共享小康工程。完成白内障复明手术 568 例，验配助听器 128 台，助视器 70 台，为 23 名截肢者安装假肢，捐赠助行用具 177 件，输送 2 名聋儿到市聋儿语训部参加训练，1 名脑瘫儿童到马桥街道康复中心接受肢体康复训练；为 389 名重度残疾人发放补助金 10.0 万元；为 64 名重度残疾人提供托养服务；为 125 名重度残疾人开展日间照料和居家安养服务。开展市残疾人共享小康工程。市残疾人联合会（以下简称“残联”）投入专项资金 500 万元，开展 10 项小康工程，其中“可扶持户工程”9 万元、“大户带小户工程”5 万元、“安居工程”27.6 万元、“助学工程”40.2

图 105 8 月 25 日，市政府与省政府残工委签订创建“浙江省扶残助残爱心城市”责任书

万元、“康复托（安）养工程”164 万元、“低保户补助工程”75.2 万元、“救济补助工程”97.3 万元、“小额信贷贴息补助工程”5 万元、“合作医疗补助工程”46.7 万元、“送温暖工程”30 万元。

组织医务人员为全市 1.3 万余名残疾人开展二代残疾证换证鉴定工作，制订《海宁市第二代〈中华人民共和国残疾人证〉管理办法》，为办理残疾证缩短时间、简化程序、规范管理，共有 2069 人更换（办理）残疾证。全面实施“20 分钟康复圈”建设，投入资金 86 万余元，为新建的 154 个残疾人康复站配置安装康复器材，实现康复站全覆盖。完善困难精神病患者住院费用分级负担办法，全年共有 150 名困难精神病患者住院费用得到三级负担；落实《特困精神病人家庭病床实施办法》，全市有 99 名特困精神病人享受优惠政策，由精防医生送医送药、上门服务。

重教育、抓培训、促就业。全年发放助学金 32.2 万元，残疾考生一次性升学奖励 6.9 万元；举办各类残疾人技能培训班 8 期，培训残疾人及家属 503 人；集中安置残疾人就业 2747 人，分散安置残疾人就业 2308 人，个体就业 386 人，征收保障金 2030 万元；为 31 名残疾人个体户参加基本养老保险补助资金 2.3 万元，为 2 名新从事个体就业残疾人补助资金 2000 元，为 20 名残疾人小额信贷贴息 3.1 万元。

全年报道残疾人事迹 100 余篇次，在海宁电台开办《三月风》专栏，在海宁电视台播出重度残疾人集中托养工作专题片。“全国助残日”期间，在《海宁日报》上刊登残疾人事业成果图文专版。在市区新建 11 块残疾人事业公益广告牌，各镇、街道在主要道路设立 15 平方米以上的残疾人事业公益广告牌。开展文体活动，举办残疾人举重、青少年田径、游泳、射击、棋类比赛等，协调鸿翔大卫健身俱乐部为残疾人免费提供专场服务。举办全市基层残联干部培训班，组织残疾人专门协会开展联谊活动。召开五届二次主席团会议，进行人事调整，姜利民当选为市残联第五届主席团副主席、执行理事会理事长。

【创建“浙江省扶残助残爱心城市”】 2 月 18 日，市政府向嘉兴市残疾人工作委员会（以下简称“残工委”）提出创建首批“浙江省扶残助残爱心城市”的请示，经批准后正式开展创建工作。成立创建工作领导小组，研究制订创建方案，召开全市动员大会，明确落实各镇（街道）、各部门的工作职责和措施。6月9日，省政府残工委秘书处第三工作组到海宁进行初审，对创建工作给予肯定；8月25日，副市长朱祥华代表市政府与省政府残工委签订创建责任书。自开展创建活动以来，市残联协调相关部门，重点落实以下工作：建立全省首个覆盖到镇（街道）、村（社区）的“海宁市扶残助残爱心平台”系统；公开选聘154名村（社区）残疾人专（兼）职委员，完成全市村（社区）残疾人专（兼）职委员配置、社区康复站设立全覆盖；配备残疾人干部，建立残疾人事业新闻宣传促进会和残疾人康复技术指导机构，为残疾人提供体育专场服务等。

【出台《加快推进残疾人事业发展实施意见》】 自4月起，市残联深入基层，先后组织召开7场专题民主恳谈会，3次主题为“贯彻落实省委3号文件精神，加快推进海宁残疾人事业发展”的专题调研，起草《加快推进残疾人事业发展实施意见》。经市委常委会、市政府常务会议专题研究讨论，于12月2日正式出台《中共海宁市委、海宁市人民政府关于加快推进残疾人事业发展的实施意见》(海委〔2009〕11号)。

【开展重度残疾人托（安）养工程】 在充分调查、认证的基础上，市残联自5月起在全市组织开展重度残疾人托（安）养工程。共投入改造资金20多万元，建立重度残疾人托养所15家，改造托养室30间、值班室9间，并为每个托养室添置空调、彩电、升降式护理床、组合家具、无障碍卫生间等基本设施。全年共有64名重度残疾人入住托养所，125名重度残疾人获得日间照料和居家安养服务。11月24日，嘉兴市和海宁市的10位人大代表对重度残疾人集中托养工作进行专项视察。

【荣获第一批“全国白内障无障碍县（市）”称号】 11月22日，海宁市被国务院残疾人工作委员会全国残疾人康复工作办公室授予第一批“全国白内障无障碍县（市）”称号，成为嘉兴地区唯一获此称号的县（市）。海宁市自2004年实施白内障康复工程起至2009年底，共投入补助金129.1万元，为2911名白内障患者做了复明手术。

（蒋明晔）

文联工作

【概况】 2009年，市文学艺术界联合会（以下简称“文联”）有下属单位、文学艺术各门类协（学）会、名人研究会16个，会员总数1237人，其中国家级会员44人、省级会员140人、嘉兴市级会员254人。市文联主办大型文艺活动7场，下属各协（学）会举办、承办、协办各类文艺演出、书画、摄影展览等活动120余场，参与各类文艺演出3376人次，培训、辅导文艺爱好者3500余人。举办各类学习座谈会、文艺骨干读书会等4次，组织创作采风、参观展览等活动10余次；举办4场名人研究座谈会，即纪念音乐教育家刘质平座谈会、纪念著名词学家王高明（王国维之子）座谈会、“五四精神与徐志摩”——纪念徐志摩逝世78周年座谈会、纪念杰出国学家吴其昌诞辰105周年座谈会；在《海宁大讲坛》栏目授课30讲；下基层普及名人文化活动5场；举办6场相关艺术作品加工推介会及作品首发式，选送1位作者参加全国音乐创作研习班，组织4位诗人参加天津南开大学“第三届穆旦诗歌节”，组织5名文学骨干参加浙江省现代文学研究会“五四精神与新文学”专题研讨会；参与组织廉政文化建设系列活动，参与海宁市重大文化项目专家评审活动。设立全省首家县级文联创作研究室，并设立文艺创作基地。开展文化下基层志愿服务活动，组织 19 支志愿者队伍共 420 余名文化志愿者为基层群众提供文艺辅导。举办海宁市文艺界迎新联欢暨成果展，制作展板 20 余块。市摄影家协会、市诗词学会分别在互联网上设立交流论坛。

全年有 36 件（组）作品在国际艺术大展赛中入选或获奖；36 件作品在国家级文艺活动中入选或获奖，87 件作品在国家级刊物发表；73 件作品在省级文艺活动中入选或获奖，374 件作品在省级刊物发表；104 件作品在嘉兴市级文艺活动中入选或获奖，268 件作品在嘉兴市级刊物发表。

在全国、省级、地方刊物上刊登海宁文艺界信息 250 余条。编辑出版《海宁文丛·诗歌卷》，收录老中青 36 位海宁籍诗人的诗歌 200 余首。出刊《海宁潮》文艺精品专刊 2 期、《海宁文艺界》信息报 5 期。坚持会员优秀作品收藏制度，在文艺走廊予以集中展示。

【协（学）会主要活动及创作成果】 作家协会与市财税局联合举办“我与税收”征文活动；协助市公安局开展“警察精神”事迹征集、评奖活动，并创作《潮乡卫兵之歌》歌词。举办施建平《士兵突围》报告文学集首发式暨作品座谈会，举办首届散文作品加工会，组织会员赴泰州、南通等地开展会员采风活动。童程东的《财神打劫绸缎庄》等 3 篇小小说发表于《民间故事》，侦破小说《血色鞋印》、《七彩佛珠》收录于《故事会·2009 经典侦破小说文丛》。蒋连根的《许行彬哭悼蒋百里》等 6 篇作品发表于《名人传记》、《人民日报（海外版）》。金问渔的小说《七零七》发表于《东京文学》，诗歌《霜花上的乡村旅店》发表于《草原》。褚汉江的组诗《山里的石头》等 8 组分别载于《2008 中国年度散文诗》、《中国诗歌在线》等刊物。孙亦飞出版诗集《汶川——挺起中国的脊梁》，王铮的长诗《梦游唐朝》获“新视野杯”全国文学征文诗歌二等奖。王学海的文艺评论《在高科技中更要坚持艺术的真谛》、《诗歌就是黄土》分别发表于《光明日报》、《文艺报》，在国家级期刊发表美学论文 3 篇。岑建平的故事《拔白头发》发表于《传奇故事》。施建平的报告文学《负重突围》、《潮乡第一个全国劳模》发表于《中国作协·纪实》，其中《潮乡第一个全国劳模》获全国一等奖。

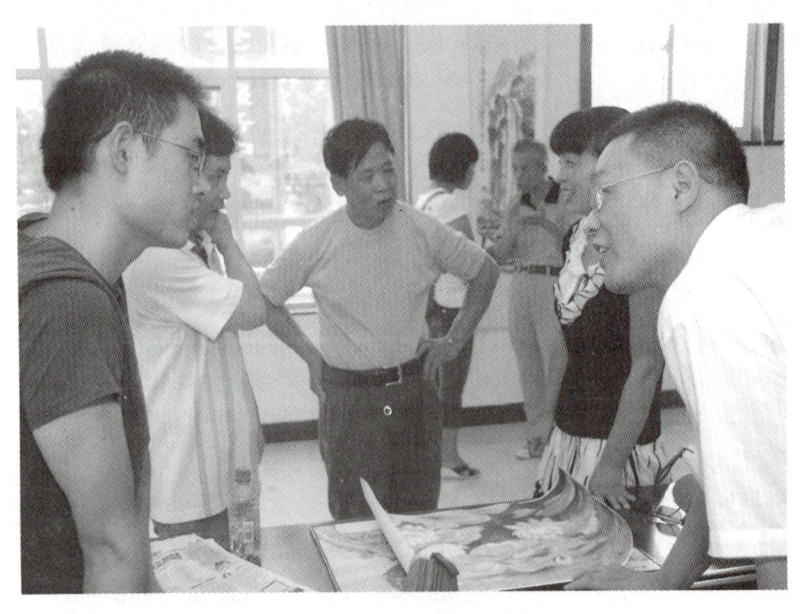

图 106　文化志愿者开展“文化下乡”活动

民间文艺家协会全年召开理事会 3 次，新发展会员 2 名。会员沈瑞康、朱关良、顾志兴、虞坤林、张文宾、沈民强被市非物质文化遗产保护领导小组聘任为专家级成员。中国民间手工艺家徐荣应文化部邀请赴阿曼参加马斯喀特艺术节展演，并赴澳门特区进行展览、展演。童程东的3篇民间故事在《吉林民间故事》发表。戴云祥创作的微雕作品，在第十届中国工艺美术大师作品暨国际艺术精品博览会上获2009“天工艺苑·百花杯”中国工艺美术精品奖铜奖。杨卫华在《今古传奇》、《中华传奇》等12种期刊发表130多篇作品。

戏剧家协会承办第四届文艺广场演示会，协办市第二届“潮乡戏苑”戏曲演唱擂台赛，策划、编排市文学艺术界迎新联欢暨成果展的演出节目，全年下基层演出45场次。参加海盐县新居民迎春联欢会。与曲艺家协会共同参与迎国庆60周年暨文艺广场演出，参与“创建国家卫生城市”社区巡回宣传演出10场，到农村、小学、企业演出皮影戏300多场，观众1.35万人次。参与“海宁市讲廉政故事”比赛组织工作，负责作品点评、辅导。会员王钱松、张坤荣、沈圣标（已故）被文化部认定为国家级非物质文化遗产传承人，平柏荣被认定为浙江省非物质文化遗产传承人，马孙英、郭志英、赵润被认定为县（市）级非物质文化遗产传承人。张群创作的小品《婚姻变奏曲》获省第二十届戏剧小品邀请赛创作、表演双铜奖。

曲艺家协会编辑刊印第九辑《曲艺作品选》，举办迎国庆60周年广场文艺演出。参与创建国家卫生城市和新农村的村庄集聚建设，组织会员创作曲艺宣传作品。朱关良的论文《关于海宁地方戏曲骚子文艺的考察报告》获浙江曲艺发展和探索征文比赛一等奖。陆明达的随笔《我的外号“一根筋”》获省曲艺新作征文大赛和“我与税法”全省征文大赛创作优秀奖，小品《常识性错误》、新故事《浪子回头结良缘》获创作三等奖。顾志兴在嘉兴市曲艺家协会举行的曲艺电视情景作品征集大赛中获一等奖。

音乐家协会承办浙江省音乐文学学会海宁采风活动暨农民词作家徐雪祥作品研讨会，举办纪念音乐教育家刘质平诞辰115周年座谈会，举办音乐教学研讨和培训10次，组织外出研讨、培训、交流活动5次。开展民乐、西洋乐等教学工作，举办中小学音乐新课程学科培训和中小学音乐教师专业素养培训（中小学合唱与指挥培训、声乐培训）3次。组织参与市级机关纪念改革开放30周年歌咏比赛等各类活动18次。章景曙的《你说我说》等2首、莫永强的《紫薇花开》等5首、蒋中海的《美丽的泥花花》等3首作品在《词刊》发表。莫永强的《紫薇花开》获中国音协全国音乐创作活动二等奖，《江南花灯》获感动中国——国庆60周年系列活动三等奖，章景曙的《你说我说》歌词由著名作曲家赵鹏豪谱曲并发表在《歌曲》杂志上。章景曙、徐雪祥、莫永强、蒋中海、李力、吴云清等人的作品以海宁歌词创作群体形式在省音乐文学学会会刊《钱塘词会》（新作专版）发表。蒋丽君主持的省重点课题《中小学音乐教师个性化教学风格的实践研究》获省教学研究系课题成果评比三等奖，指导的子课题《依托音乐课堂传承民间表演艺术的实践研究》获嘉兴市课题成果一等奖。徐娟在嘉兴市初中音乐课堂教学评比中获一等奖。石路中心小学的民族管弦乐队获2008～2009首届亚洲“小演奏家”音乐节暨华夏民族器乐大赛业余组亚军、专业组季军，其中程喆曦获扬琴独奏亚军，朱岭珺获季军，徐淑青获古筝独奏季军，包奕宁获琵琶独奏季军，钱雨菁获古筝独奏季军，张全夫、李利生获最佳导师奖。

舞蹈家协会负责排练及辅导海宁市纪念五四运动90周年文艺晚会舞蹈节目，主办“迎六一·促和谐”少儿广场舞蹈展演及八一节慰问部队活动。辅导排练并参演世界轮滑锦标赛开幕式文艺演出节目，排演海宁市庆祝新中国成立60周年文艺晚会，参与排演中国第二届徐志摩诗歌节颁奖晚会。全年举办农村文化阵地管理员排舞培训班等各类舞蹈艺术培训班39期。在浙江省舞台“群星奖”舞蹈和音乐大赛上，马丹洁创作的男女声表演唱《思情山歌》和孙玲创作的舞蹈《挎花头巾·水乡女》获创作银奖，朱音创作的群舞《梨花雨》获创作铜奖、表演银奖。会员参加浙江省第三届排舞大赛，获青年组金奖、中老年组银奖和全场最具活力奖，参加嘉兴市排舞大赛获双金奖。张莉辅导排练的少儿舞蹈《祖国的歌》获嘉兴市世博红色之旅世博小使者活动舞蹈金奖。

美术家协会主办2009年海宁市迎春美术作品展览等4个画展，协办、承办朱自谦中国画展、当代城市水墨画邀请展等19个展览与绘画比赛。召开美术协会重点作者创作动员会议、创作小稿研讨会等，组织会员外出参观采风。举办市文联首届美术创作加工会，举行市中小学美术教师水彩画教学理论培训。冯珽、孙海峰的作品入选全国第十一届美展，吴力达、陈伟农的作品入选第十二届浙江省美展。杨涤江、吴长甫等4人作品入选2009浙江省油画大展，陈伟农为无锡佛教论坛作主题雕塑。

书法家协会参与紫微印社建社20周年庆祝活动，举办紫微印社建社20周年社员作品展，并出版《紫微印社建社20周年社员作品集》。举办当代海宁书法精品展，参与举办浙江省首届女篆刻家作品展。参与举办中国书法与海宁暨纪念清代书法家陈奕禧逝世300周年学术研讨会、第五届嘉兴市妇女书法作品展、海宁市第三届教职工美术书法作品展、陈浩师生潮文化诗词书法作品展、嘉兴市篆刻作品展等活动。组织参加省书法家协会作品点评会，参与文化下乡送春联活动。徐蔚的书法论文《张宗祥书学思想浅析》发表于《中国书法》，《蠡测章草书法创作之发展趋向》发表于《书法导报》，其书法作品分别获全国书法大展优秀作品奖、长三角书法交流邀请展铜奖。张一兵的书法作品获全国金融系统书法美术展金奖。吴雷达的书法作品获中国（芮城）永乐宫第二届国际书画艺术节优秀奖，入选世界书法第一长卷·自然人文中华情书法大赛及庆祝五台山申遗成功中国千名书家写经大赛。邵德法的论文《张宗祥的书法艺术及其对西泠印社的影响》发表于《书法报》，褚惠良的书法作品及文章《章草是当今书坛的一朵奇葩》在《书法导报》发表。

摄影家协会举办庆祝新中国成立60周年海宁市“电力杯”摄影大赛。协助举办第二届袁花梨花节“美丽梨园、和谐袁花”摄影大赛、2009斜桥民俗文化艺术节暨“和谐斜桥·美好家园”活动及市第四届家庭文化节之“幸福的瞬间”摄影比赛展评工作。组织拍摄尖山新区（黄湾镇）杨梅节活动图片，配合市规划建设局编辑出版纪念新中国成立60周年海宁市城市建设图片集，参加庆祝新中国成立60周年美术、书法、摄影联展活动。完善市摄影家协会无忌论坛，成立摄影艺术服务队，参与“一节两会”、世界轮滑锦标赛、农村文化艺术节、徐志摩诗歌节等大型活动的摄影工作。朱峰的摄影作品《展翅》获第六十四届国际摄影沙龙影艺联盟金牌、《巨浪袭来》获第六十四届国际摄影沙龙铜牌，张庆中的《痛失金牌》获香港第二届全国摄影艺术展览新闻及纪实摄影类银奖。在第十八届国际奥赛中，王超英的《天下奇观海宁潮》等7幅作品、张庆中的《奖牌的背后》等5幅作品、潘天勇的《齐心协力》等3幅作品、赵建平的《校园里的风景》等4幅作品入选。在2009年度阿尔塔尼国际摄影大奖赛中，朱峰的《窑》等3幅作品、张庆中的《逗》等3幅作品、赵建平的《家有喜事》等7幅作品入选。在庆祝新中国成立60周年浙江省摄影艺术展览中，朱峰的3幅作品，王超英、张庆中、潘天勇各1幅作品入选。在“博冠杯”2009国际天文年日全食主题摄影展中，姚文杰、王超英、张庆中、周建中的作品分别获得二、三等奖。方炳华的《千姿百态创小康》、张庆中的《村里的运动会》入选“我们的田野”——当代中国农村和农民图片展。在2009“现代高技术杯”中国国际IT人摄影大赛中，赵建平、朱峰、王飞庆、姚文杰的作品获优秀奖和入选。王飞庆的《家园》在《大众摄影》2009年“天域”网络天地月赛中获最佳作品奖，王飞庆、姚文杰、张庆中的作品在大众摄影双周赛中获佳作奖。王飞庆、姚文杰的微距作品入选首届中国国家地理“荒野传奇”摄影大赛，王飞庆的《渔港夜景》在《人民摄影报》月赛中获二等奖。

诗词学会协办博大精深——饶宗颐先生的艺术世界展开幕式暨饶宗颐学术与艺术研讨会，配合第二届徐志摩诗歌节组委会开展工作。邱东晓出版诗集《江南的湿度》，诗歌作品《外婆》等8首分别入选权威诗歌选本，《大电力》(组诗）获省级以上征文奖。王学海的诗评《穆旦诗歌中不存在宗教意识》获浙江省最高文学奖项——浙江省优秀文学作品奖，在《钟山》发表组诗《平静地等着它》，在《诗刊》、《诗歌月刊》等刊物发表作品，其长诗《生命的长号》获全国“屈原杯”大赛三等奖。方叔明的随笔集《永远的启蒙》由中国文联出版社出版。《中华诗词》以《诗社撷英》的专栏方式推出陈伯良、周瑞深等10位海宁作者的作品，多位诗人的作品在《浙江诗讯》等刊物发表。王铮、朱慧的诗歌分别在《诗潮》、《诗选刊》、《上海诗人》、《文学港》等刊物发表。

灯彩研究会首次在盐官景区观潮胜地公园举办观潮节灯会活动。参加全国非物质文化遗产技艺大展，其中“品字亭灯”和“龙舟灯”被文化部收藏于国家非物质文化遗产保护中心。参加第四十四届全国工艺品、旅游纪念品暨家居用品交易会，2009中国义乌文化产品交易博览会及首届中国·浙江工艺美术精品博览会展出。组织参加第三届中国民间艺人节、第十届中国工艺美术大师作品暨国际艺术精品博览会和2009中国国际旅游商品博览会。胡金龙等5位会员应香港亚洲飞耀艺术基金会的邀请，参加中国民间艺术展览会（中华彩灯展）。宋振华、平远石分别在硖石、盐官举办个人制作灯彩作品展览。胡金龙、孙杰创作的“富贵花瓶灯”获中国工艺美术行业最高奖——2009“金凤凰”创新产品设计大奖赛金奖。胡金龙、王文权、孙杰等的灯彩作品获首届中国·浙江工艺美术精品博览会1个金奖、2个银奖、1个铜奖和1个优秀奖。盛志琪制作的灯彩获第十届中国工艺美术大师作品暨国际艺术精品博览会银牌。2009年，胡金龙被评为“中国十佳民间艺人”，张镇西被评为“嘉兴市十佳社科人才”。

【文联创作研究室成立】 3月23日，全省首家县（市）级创作研究室——海宁市文联创作研究室挂牌成立。王学海任研究室主任，吴文君、冯琎为首批进入研究室的专业创作人员。浙江省作家协会党组副书记郑晓林，嘉兴市文联副主席李森祥，海宁市委常委、宣传部长沈炳忠，海宁市副市长朱海英等出席揭牌仪式。创作研究室的主要职责是从事文学、美术等作品的专业创作与研究，负责发现、培养、扶植业余文学作者，举办文艺采风、征文大赛、学术讲座等活动。12月18～19日，创作研究室与浙江省作家协会联合主办“基层作家的创作与发展座谈会”，探讨基层作家的创作境况、创作特色与创作趋势。吴文君的《今天一定会发生什么》等5篇短篇小说发表于《青年文学》、《上海文学》等刊物。举办第三届冯琎师生工笔画展，并召开学术交流座谈会，冯琎的连环画《海宁皮影戏》入选第十一届全国美展。

图 107　第二届中国（海宁）·徐志摩诗歌节学术研讨会会场

【纪念清代书法家陈奕禧逝世300周年学术研讨活动】　于5月16～18日举行，由市对外文化交流协会、文联、文广局主办，市博物馆、市文联名人研究中心等单位联合承办。来自中国文联、中国书协、西泠印社和北京、上海、浙江的专家学者200余人参加开幕式和学术研讨活动。活动共推出历代海宁书法作品展、当代海宁书法精品展、《渤海藏真》(部分）碑刻展、张宗祥纪念馆馆藏书法精品展、浙江省首届女篆刻家作品展、钱君匋捐赠馆藏名家作品展和徐邦达书画展七大系列展览，并汇编研讨论文。《中国书法》、《中国艺术报》、《美术报》等20多家媒体报道活动，新华网为活动制作专栏，并进行现场直播。

【第二届中国（海宁）·徐志摩诗歌节】　于10月19～21日举行，由市文联与市委宣传部、市文广局联合承办。活动内容包括：诗歌节开幕式暨颁奖晚会、“中国新诗艺术与发展前景”学术研讨会、“与诗歌同行·为青春歌吟”群众诗歌宣言签名活动、诗歌校园行活动、《海宁文丛·诗歌卷》首发式暨座谈会、“诗意在潮乡”采风活动等。中国诗歌学会、省作协、省文联等有关领导与全国30多位著名诗人参与活动，洪烛等5位诗人获奖。新华社、《文艺报》等20余家媒体对活动进行报道，中国作协主办的《诗刊》（第十二月号）为活动制作专栏。

【海宁市文艺界迎新联欢暨成果展】　于12月27日举行，全市文艺界老中青艺术家代表近200人参加，活动展示了市文联成立近50年特别是改革开放以来取得的成果。活动设展板20余块，并发放《繁荣文艺看海宁》宣传册。同时，各门类文艺家表演了舞蹈、戏剧、小品、诗歌创作朗诵及书法、美术等12个节目。

（李　力）

［编辑：曾晓莲］

政　法

Politics & Law

综　述

2009年，全市政法工作把服务保障经济平稳较快发展作为重要任务，主动防范经济领域的各种风险，出台和落实相关政策意见，推出便民利民惠民措施，组织开展涉企不稳定因素大排查，依法妥善处理一批涉企纠纷、案件。依法打击经济违法犯罪活动，维护市场经济秩序。进一步完善重大事项社会稳定风险评估机制实施方案，促进重大项目、工程的规范实施，重大政策、决策的规范运作，对重大事项实施过程中可能出现的稳定风险进行先期预测、评估、化解，从源头上减少社会不稳定因素。

推进“平安海宁”建设。调整充实市委深化“平安海宁”建设工作领导小组及办公室成员；坚持平安创建每月自评制度，对发现的问题及时研究解决，注重考核导向作用，把平安创建工作的绩效，纳入各镇（街道）、市级机关各部门年度目标责任制考核内容。加大平安宣传力度，重视基层平安文化建设，利用“元宵灯会”、“轧太平”、“水龙会”等民间节庆活动宣传平安文化，把平安文化融入地方特色文化、乡村文化、企业文化，促进平安创建的共建共享。2009年，海宁市实现“平安县(市)”五连冠目标。

维护社会政治稳定。建立健全并落实不稳定因素排查化解、社会稳定形势分析和重大事项社会稳定风险评估等维稳机制，继续实行日常排查与集中排查、全面排查与重点排查相结合，镇、街道排查与部门排查、专门机关排查与群众排查相结合的工作机制，突出重要时期、重点领域和重点群体的专项排查，全力排查化解各类社会矛盾纠纷和不稳定因素。推进执法规范化建设，坚持政法部门“四长”（公安局长、司法局长、检察院检察长、法院院长）每月接访制度，集中开展清理执行积案活动，加大涉法涉诉信访案件处理力度，落实司法救助制度，解决一批涉法涉诉信访问题。抓好防范和处理邪教工作，完成国庆安保任务，确保全年特别是新中国成立60周年等重要时期社会政治稳定。

加大社会治安综合治理力度，始终保持对违法犯罪主动进攻和严打高压态势。重点打击黑恶势力犯罪、严重暴力犯罪、严重经济犯罪、多发性侵财犯罪；继续加大对重点地区、重点领域的整治力度，深入开展打击整治“两抢”大会战、“打黑除恶”、治安乱点集中整治等一系列专项行动，解决一批社会治安突出问题，刑事案件保持稳中有降态势。健全社会治安防控体系，市、镇（街道）、村（社区）三级巡防网络进一步完善，动态视频监控系统加快向农村区域延伸。开展群防群治活动，发动市级机关各部门、直属各单位党员干部1500余人、民警（保安）500余人参与秋季治安“大巡防”。城乡社区警务建设深入推进，人民群众安全感进一步增强。

推进基层基础建设。实施综治基层基础建设三年规划，以组织建设网络化、机制建设系统化、硬件建设标准化、领导保障制度化和经费保障多元化的“五化”标准，推进镇、街道社会治安综合治理工作中心的规范化建设。至年底，全市有11个镇、街道建成高标准、示范性的社会治安综合治理工作中心。拓展综治覆盖面，延伸综治组织网络，加大指导检查力度，推进综治工作站（室）与综治工作中心的衔接，实现功能对接、整体联动，综治进村、进社区、进企业、进学校工作得到巩固。新建成立尖山、海洲派出所，直派司法所建设稳步推进。深化平安铁路创建，健全工作网络，实行联片包线、协作联动工作机制。5月，海宁市人民政府被中央铁路护路联防领导小组授予“2005～2008年全国铁路护路联防工作先进集体”称号。

2009年，市人民法院被省高级人民法院评为“全省破解执行难优秀法院”，市人民检察院保持“省级文明单位”称号，市公安局多项工作获得全国、全省先进，市司法局荣立集体二等功，海宁市被评为全省“国庆60周年期间平安建设工作优秀县（市）”。

（陈 洁）

公 安

【概况】 2009年，市公安局围绕“打两抢”、“除黑恶”、“反三车”、“治乱点”、“扫丑恶”、“打传销”等重点工作，着力打击影响群众安全感的突出违法犯罪活动。破获嘉兴市公安局挂牌督办的系列楼道抢劫案、“1·5”桐乡黑车司机曹某被害的抢劫杀人案、“4·4”许村荡湾村入室抢劫杀人案、“7·2”硖石拦路抢劫案和“7·10”市区系列飞车抢劫、抢夺等重特大案件。全年“两抢”发案155起，比上年下降44.4%，破案82起，增长28.1%。

坚持“露头就打，除恶务尽”的原则，建立健全打黑除恶长效机制，加强与市检察院、法院等部门的沟通联系，共同破解打击难题。全年共摧毁寻衅滋事、开设赌场等各类黑恶势力团伙21个，打击处理102人，破获公安部督办涉黑案件1起。

组建打击盗抢“三车”（汽车、摩托车、自行车）犯罪专业队，加强“三车”发案规律研究，在全市范围内组织开展电动车信息备案登记工作，封堵赃车流通渠道，全年“三车”被盗案件下降14.6%。

组织开展整治治安乱点“雷霆”行动，加大对娱乐场所的管控力度，查处海宁宾馆休闲中心特大组织容留卖淫嫖娼等一批社会影响较大的案件。全年共查处涉黄涉赌刑事案件46起，采取刑事强制措施159人。强化毒品犯罪打击力度，破获涉毒案件49起，抓获涉毒犯罪嫌疑人72名，分别增长14.0%和12.5%。

严厉打击涉众型经济犯罪活动，建立银行、工商、税务等相关部门参与的经济犯罪综合处置协调机制，组织开展打击假币“09行动”、整治假发票、打击传销百日攻坚等专项行动，全年破获经济犯罪案件72起，挽回经济损失3,755.1万元，分别增长35.9%和101.7%。会同工商等部门开展打击传销联合清查行动，共打掉传销窝点98个，刑事打击56人。坚持严格、公正、文明执法，全年7起命案全部破获，办理治安行政处罚案件1790件4193人，行政处罚准确率100%。

健全信息警务运作机制，开展情报信息和网上敏感信息的收集、研判等工作，及时发现、处置各种有害信息，打击网络违法犯罪活动，完善刑事警戒、警情通报和挂牌督巡制度。收集涉恐情报信息，加强涉恐基础排查和反恐预案演练，落实对重点行业、场所、物品和人员的管控。打击邪教组织非法活动，开展不安定因素排查，成立处置治安突发事件预备队，加强应急演练。

完善信访案件办理工作，实行局领导接待信访群众和疑难信访案件包案制度，组织开展突出信访问题大排查、“清积案，解隐患”信访百日攻坚等专项活动，实现年内初信初访案件100%办结。

制订安全保卫方案，落实安全隐患排查，完成2009世界速度轮滑锦标赛、“一节两会”、清明祭扫等活动的安全保卫任务，实现海宁国际观潮节18年安全无事故。完成市区监控系统二期工程建设，全市累计建成使用视频监控点1200余个。探索总结监控系统的应用方法，完善“人机互动”工作机制，全年借助监控系统抓获违法犯罪嫌疑人355人。深化城乡社区警务建设和保安驻村工作，完善社区警务工作机制，组织开展“零发案、零增长”竞赛和“零距离”服务群众活动。推进三级巡防网建设，组织开展为期3个月的全市机关干部秋季治安“大巡防”活动，加强社会面治安管控。全年刑事发案6991起，比上年下降0.1%。

推进消防基础设施建设，开展“消防法宣传月”等活动，组织开展“三合一”、人员密集场所、重大火灾隐患督改、“利剑行动”等专项整治工作。全年共发生各类火灾事故15起，与上年持平；死亡1人；直接经济损失27.0万余元，下降25.1%。强化旅馆业、废旧金属收购、娱乐场所阵地控制和流动人口居住登记管理工作。加强危险物品管理，不定期组织开展专项检查整治行动，及时消除各类安全隐患。加大交通管理基础设施建设，完善重点车辆户籍化管理，加强交通安全隐患治理和交通安全宣传，妥善处置“5·4”、“10·18”重大交通事故，贯彻落实“五条常态严管措施”，强化道路交通安全管理机制。全年共上报道路交通事故345起，死亡77人，伤361人，直接经济损失211.4万余元，分别下降2.0%、1.3%、1.1%和0.3%。

出台“规范执法办案，提高执法质量”六条措施和提高刑事执法质量八条措施。组织开展“强责任、查漏洞、除隐患”执法安全教育整顿活动，深入排查整改安全漏洞及隐患，完善重点岗位、关键环节的操作规范。

完成巡特警大队和海昌、尖山、海洲派出所等4个基层所队业务用房建设项目，全年新建基层所队业务用房面积达2.1万平方米。

图108　市公安局民警日常训练

2009年，市公安局被省公安厅授予“全省社会治安动态视频监控系统建设工作成绩突出集体”称号，被嘉兴市公安局评为推进“四警一化”现代警务机制建设工作优秀单位。出入境管理大队被公安部评为“全国出入境管理部门文明窗口”，政治处获“全省公安政治工作先进集体”称号，指挥中心获“全省指挥中心系统先进集体”称号，经侦大队获“全省打传销先进集体”称号，禁毒大队被评为“全省公安禁毒系统先进集体”。全局有12个集体和16名民警荣立三等功。

【王辉忠到海宁调研】　2月24日，省委常委、省政法委书记、公安厅厅长王辉忠到海宁调研，在市公安局视频监控中心进行指导。王辉忠要求切实提高公安机关打击、管控和防范能力，通过警种联动、区域联动和部门联动，全面形成各部门齐抓共管、全社会共同参与的打击整治“两抢”犯罪工作新格局。嘉兴市领导陈德荣和海宁市领导俞志宏等陪同调研。

【王永昌到海宁考核“平安海宁”建设】　3月9日，浙江省政协副主席王永昌率省考核组到海宁检查考核“平安海宁”建设。省考核组对“平安海宁”建设中的“一个提高”（人民群众安全感满意度提高）、“两个下降”（刑事发案总量下降、安全生产事故相关控制指标下降）、“六个没有发生”（没有发生严重危害国家安全的事件、没有发生严重影响社会稳定的事件、没有发生重特大刑事犯罪案件、没有发生严重影响经济秩序的事件、没有发生特大安全生产事故、没有发生重大公共安全事件）给予充分肯定。嘉兴市领导梁群、金锦根，海宁市领导俞志宏、沈利农、戴雪根、张炜芬、徐辉等陪同考核。

【市看守所被评为“浙江省模范集体”】　市看守所围绕监所安全和民警队伍零违纪的目标，以内部安全管理、服务打击犯罪、基础设施建设“三大工程”为重点，不断完善监所安全预警机制，确保监所安全与稳定。拓展教育改造渠道，通过专业技能培训、回访教育、建立救助机制等方法，教育、感化、挽救在押人员。启用设施齐全、条件优越的监所新楼，建立全方位的数字信息管理系统，实现连续20年监所安全无事故，队伍无违法违纪。市看守所被公安部评为“2008～2009年度全国标兵看守所”，并连续12年被评为“全国一级看守所”；市拘留所被评为“2009年度全国一级拘留所”。9月，市看守所被浙江省人民政府授予“浙江省模范集体”称号；12月，公安部给海宁市看守所记集体一等功。

【破获“7·20”利用互联网开设赌场案】　7月，市公安局在工作中发现一个名为云鼎国际的网络赌博网站，该网站提供足球、篮球等网络赌球活动，为网上参赌人员提供网上存款、取款业务。在海宁的代理人俞某和参赌会员钱某、方某、朱某、周某等五人，于5月至7月间，累计下注资金高达上千万元。市公安局根据线索成立专案组，10月，专案组在市公安局统一指挥和深圳市警方的协助下，分别抓获赌博网站技术维护、资金和日常管理人员陈某、蔡某，网站代理俞某和网站会员钱某、朱某、周某、方某4人。摧毁服务器10余台，扣押电脑9台，缴获银行卡U盾17个，缴获涉赌赃款50余万元，查证网站涉赌资金上亿元。据查，该网站涉及全国各地参赌会员1000余人。

【成立交通事故保险理赔服务中心】　9月10日，海宁市交通事故保险理赔服务中心正式成立，位于海昌南路吉恩仕大道南侧。

市公安局交警大队和市人民法院调解庭派驻专门人员，人民财产保险、平安财产保险、太平洋财产保险等11家财险公司（营业部）进驻。该服务中心的成立，实现对事故车辆的查勘、定损、核价，以及事故协商处理和保险理赔的集中办公，有效减少群众处理事故和保险理赔的等候时间和往返次数。

（王横梁）

检　察

【概况】　2009年，海宁市人民检察院（以下简称“检察院”）共受理各类刑事报捕案件717件1132人，经审查，批准逮捕711件1121人，批捕案件数比上年增长4%；受理侦查部门移送审查起诉各类刑事案件741件1285人，经审查，向同级人民法院提起公诉716件1214人，起诉案件数增长3%，起诉人数下降10%。受理案件法定期限审结率、批捕准确率、起诉有罪率均保持100%，无撤回起诉案件。批捕严重暴力犯罪、黑恶势力犯罪和“两抢一盗”多发案件等犯罪嫌疑人692人，起诉753人；批捕严重破坏社会主义市场经济秩序犯罪嫌疑人15人，起诉19人。从快批捕起诉汪某等30人涉嫌组织、领导、参加黑社会性质组织罪，被告人沈某非法吸收公众存款9000余万元等一批重特大案件。对案件情节轻微、主观恶性不大的从宽处理，经审查，依法不批准逮捕6件11人，相对不起诉1人。

全年立案查处职务犯罪案件9件11人，其中贪污案1件2人、受贿案4件5人、挪用公款案2件2人、行贿案1件1人、受贿玩忽职守案1件1人。查办5万元以上和副科（局）级以上大要案7件9人，其中正科（局）级大要案3件3人，通过办案为国家挽回直接经济损失120万元。查处的海宁市环保局原局长孟某、原副局长竺某受贿案与海宁市规划建设局原副局长李某受贿案产生较大的社会影响。加强对职务犯罪预防工作的指导协调，主动将检察机关的职务犯罪预防工作纳入全市反腐败惩防体系。与监察、审计联合组成市预防职务犯罪工作指导小组，督查组对市水利局贯彻执行《浙江省预防职务犯罪工作条例》情况进行督查，对市体育中心游泳馆等重点工程的关键环节进行监督检查。成立预防职务犯罪宣讲团，先后到市广播电视台、公路段、重点项目建设办公室等单位开展宣教。全年召开案件剖析会1次、警示教育会8场次，编发预防职务犯罪专刊《惩防前沿》3期，受理行贿犯罪档案查询24次，发出预防检察建议4份。

加强刑事立案监督、侦查监督和行政执法监督，共监督侦查机关对应当立案而未立案的7件48人作出立案决定，发出纠正违法通知书8份，追诉漏罪漏犯21人，建议行政机关向公安机关移送涉嫌犯罪案件3件。加强民事行政审判监督，依法对29件不服审判机关生效判决的民事、行政申诉立案审查，发出再审检察建议书12件，提请嘉兴市人民检察院抗诉15件，建议嘉兴市人民检察院提请省人民检察院抗诉2件。依法发出督促起诉书10份，协助有关部门成功催讨国有资金6000余万元；开展刑事附带民事诉讼1件，依法代表国家提起附带民事诉讼，保护国有资产安全。加强对羁押场所和刑罚执行情况的监督，实行超期羁押预警机制和换押情况每季通报制度，共向各办案单位发出催办通知书83份；监督审查看守所呈报减刑案件83件，提出监督检察建议12件次。依法对监外执行、社区矫正工作实施法律监督，协助有关部门对358名监外执行罪犯开展专项检查，纠正漏管18名，建议撤销原判刑罚裁定收监1名。

出台《关于服务企业保障经济平稳较快

发展的意见》，开展服务企业专项调研月活动；建立与企业挂钩联系制度，全院各内设机构分别与全市12个镇、街道所属的12家重点企业结对，开展法律咨询服务；建立涉企案件信息通报告知制度，减少办案给企业带来的负面影响；指派有民事法律实践经验的检察人员进驻企业，帮助企业解决劳资纠纷、人力资源管理等问题。坚持检察长接待日、首办责任制制度，化解社会矛盾纠纷。在嘉兴检察系统率先开通举报信访“绿色邮政”服务，进一步畅通信访渠道；开展主题为“反腐倡廉保民生，公平正义促和谐”的举报宣传周活动，现场接受群众举报和咨询。全年共处理涉检涉诉信访92件，接待群众来访18次，息诉息访4件；结合办案提出检察建议45份，帮助案发单位堵漏建制。深入创建优秀“青少年维权岗”，对全年办理的150名未成年人案件，坚持“教育为主，处罚为辅”原则，依法维护青少年的合法权益；深化服务基层“四个一”活动，参与社区矫正；完善外网法律综合服务平台，利用网络受理举报等事项，扩大为群众提供咨询和服务的范围。

【联合出台系列政策意见】 3月3日，在全省率先与公安机关联合出台《关于加强对“另案处理”实施法律监督的意见》。针对刑事诉讼法及其他法律对“另案处理”尚未作出明确规定、侦查机关对“另案处理”在适用中具有较大随意性的现状，经协商建立完善“另案处理”监督机制，在对“另案处理”实行程序审批、处理结果备案、建立备查档案、开展检查督促、材料报送跟踪等五个方面达成共识。7月2日，与市环境保护局共同制订《关于运用环境公益诉讼加强环境保护的若干意见》，明确环境公益诉讼的法律内涵，规定检察机关提起环境公益诉讼的程序。12月2日，与市财政局联合出台《关于运用检察民事督促起诉保护企业国有资产的意见》，加强检察机关与国有资产监管机构在保护企业国有资产中的配合与协作，建立共同监督保护企业国有资产工作五项协作机制，即信息交流机制、案件移送机制、协作配合机制、督促（支持）起诉机制和业务培训机制。

【出台《涉检信访案件风险评估暂行办法》】 根据《人民检察院信访工作规定》，市检察院结合海宁实际制定《涉检信访案件风险评估暂行办法》。设立涉检信访案件风险评估工作组，由控申科负责风险评估的日常工作。该办法规定对拟作不立案或撤销案件决定的职务犯罪案件，拟作不批捕、不起诉、不抗诉决定的案件，拟作司法鉴定结论的重

图109　市检察院开展举报宣传周活动

大敏感案件，当事人不服检察机关其他处理决定等九种类型的案件应当进行风险评估，加强对社会不稳定因素的研究判定和掌握，将化解矛盾纠纷融入办案执法过程，息访在办案环节，从源头上预防和解决涉检信访问题。

【查办孟某受贿案】 4月13日，海宁市环境保护局原局长孟某因涉嫌受贿罪向市检察院投案自首。同日，对其立案侦查，4月27日，依法决定逮捕。2004年5月19日，孟某利用职务上的便利，以其姐名义向海宁市天鑫制革有限公司投资10万元；2005年春节前至2009年春节前，孟某以投资分红名义先后5次非法收取该公司人民币38万元；2005年下半年至2009年2月间，孟某利用职务之便，接受正源环保有限公司经理陆某送给的现金5万元、商场购物券计1.4万元、加油卡6000元，向该公司报销各类开支19,200元，并接受海橡集团有限公司总经理鲁某送给的提货券4000元。2009年8月28日，市人民法院审理认为，孟某身为国家工作人员，利用职务上的便利，非法收受他人财物，计人民币473,200元，并为他人谋取利益，其行为已构成受贿罪。依照刑法有关规定，以受贿罪判处孟某有期徒刑9年，并处没收财产6万元。

【查办竺某受贿案】 4月17日，海宁市环境保护局原副局长竺某因涉嫌受贿罪向市检察院投案自首。同日，对其立案侦查，4月30日，依法决定逮捕。2004年2月27日，竺某利用职务上的便利，以其妻名义向海宁市天鑫制革有限公司投资10万元；2005年春节前至2009年春节前，竺某以投资分红名义先后5次非法收取该公司人民币38万元。2009年8月28日，市人民法院审理认为，竺某身为国家工作人员，利用职务之便，非法收受他人财物计38万元，为他人谋取利益，其行为已构成受贿罪。依照刑法有关规定，以受贿罪判处竺某有期徒刑8年，并处没收财产5万元。

(钱振华)

审　判

【概况】 2009年，市人民法院共受理刑事、民商事、行政、执行等各类案件10,722件（含旧存，下同），审结10,496件，解决争议标的12.60亿元，比上年分别增长22.7%、23.3%和31.6%。

刑事审判坚持宽严相济政策，突出打击重点，维护社会稳定。全年共受理各类刑事案件737件1277人，审结724件1229人，收结案分别比上年增长3.7%和3.9%。注重量刑平衡，对于主观恶性不大的轻微犯罪，依法从轻、减轻处罚，提高刑事审判的社会效果。着力加强刑事自诉、轻微刑事犯罪以及刑事附带民事诉讼案件的调解、和解工作，经刑事调解或和解结案51件，其中判处缓刑40件、自诉案件撤诉2件，占82.4%。

提高民商事案件审判效率，通过夜间上门送达、提高排期开庭密度、加强速裁及扩大简易程序适用范围等多种方法缩短审判周期，加快办案进度。有93.7%的民商事案件适用简易程序审结，平均审理周期仅25天。坚持“调解优先，调判结合”原则，做到案结事了。全年共受理各类民商事案件7066件，审结6996件，分别比上年增长34.0%和33.7%，解决争议标的10.47亿元，增长49.8%。

行政诉讼案件以案结事了为目标，灵活运用协调、和解等方法审理。全年共受理行政诉讼案件8件，审结8件，其中和解6

件。重视非诉行政执行案件的调处工作，对于合法的具体行政行为，注重消除被执行人不满情绪，通过协调促使被执行人自动履行，共审查非诉行政执行申请86件，裁定准予执行84件，其中被执行人自动履行后申请人撤回申请的案件占49.0%。在案件审理中发现的行政执法问题，由市人大组织召开行政争议案后评析联席会议进行剖析，加强与行政机关的沟通互动，促进依法行政。

受金融危机影响，2009年执行案件数量大幅增长，执行工作难度增加。做好劳动报酬、民工工资、民间借贷、损害赔偿等关涉民生案件的执行，尽可能提高标的到位率，解决当事人的生活困难。开展集中清理执行积案活动，加强组织协调，突出清理重点。进一步拓宽、细化与相关职能部门的执行联动，借助社会力量综合治理“执行难”。全年共受理执行案件2802件，执结2669件，分别比上年增长4.9%和6.4%，有效执结率为68%，执结标的总金额4.12亿元。

制订《关于建立法院与工商部门信息交换与协作机制的工作意见》，与工商部门建立经营信用信息平台；与市规划建设局制定《关于建立市法院与市规划建设局信息交换与协作机制的工作意见》，与市国土资源局联合制定《关于贯彻执行〈嘉兴市构建综合治理“执行难”工作机制实施办法（试行）〉的实施意见》，为房地产交易和土地使用权处置的信息互通、部门间的执行协作与配合以及社会信用体系的建立和完善提供合作平台。参与司法行政部门的律师执业评估长效机制建设，对律师执业情况进行量化考核评估，促进律师职业规范化。

及时审理企业拖欠职工工资、社保、解除劳动合同等案件。依法查控涉案企业主出逃或转移、隐匿资产，及时追回职工被拖欠的劳动报酬，全年为1792名工人追回劳动报酬786.5万元。做好诉讼费的缓、减、免工作，全年为当事人办理诉讼费缓、减、免案件74件，金额15.1万元。结合执行清理积案活动的开展，进一步拓展救助范围，加大救助力度，向符合条件的执行申请人发放执行救助基金26.6万元。

【审前社区矫正评估】 与司法行政机关和街道、社区联合开展刑事被告人审前社区矫正可行性评估工作，对审理过程中拟判处管制、单处剥夺政治权利或者宣告缓刑的被告人，委托社区矫正办开展审前调查工作，并出具评估报告，作为法院对被告人是否适用非监禁刑的一个重要参考依据，做到惩罚与教育相结合。

【完善纠纷解决机制】 与交警部门联合建立交通事故案件快速处理机制，与劳动人事部门联合建立劳动争议案件处理信息互通机制，完善诉调对接，实现诉讼调解与人民调解、行业协会调解、人民团体调解、仲裁调解、行政调解的“双赢共赢”。把巡回审判、诉调对接等较为成熟的工作机制融入到市委“两优三服务”活动中，对经济发展带来的重大利益调整和民生问题，把握好法律与政策的关系，妥善处理国家重点项目建设、城市化进程中出现的问题，联合相关职能部门通过协调途径解决，发挥司法在多元化纠纷解决机制中的重要作用。

【判处“5·4”特大交通肇事案】 5月4日4时30分，被告人赵某驾驶载客11人（核定载客人数7人）的浙A/MB695小型普通客车沿海宁市盐仓启辉路自北向南经过启潮路交叉路口时，违反右方来车先行的规定，与刘某驾驶的皖C/54973中型厢式货车发生碰撞，造成6人死亡、1人重伤、3人轻伤的特大交通事故。经交警部门认定，被告人赵某负事故主要责任。8月17日，市人民法院对该案作出一审判决，以交通肇事罪判处被告人赵某有期徒刑5年。

（裘靖飞）

司法行政

【概况】 2009年，全市各级各类人民调解委员会（以下简称“调委会”）共调处民间纠纷4738件，调解成功4728件，成功率99.7%；防止民间纠纷转化为刑事案件16件138人次。建立健全不稳定因素排查和信息反馈机制，坚持每季度集中排查、重大节日和重要活动提前排查、不同地区不同时段重点排查相结合，依法调处各类民间纠纷和突发性事件。规范调解工作程序和人民调解案卷，推进“人民调解质量工程”，提升人民调解工作水平。加强毗邻地区联合调委会建设，完善诉调衔接机制，拓宽人民调解领域，“大调解”格局进一步完善。推进专业化调委会建设，成立市医患纠纷调委会。5月27日，市司法局邀请上海《新老娘舅》节目人民调解员柏万青到海宁，为人民调解员作讲座。推进“社区矫正规范落实年”活动，规范工作程序，开展自查和联合执法大检查活动，抓好重点对象的管控，维护社会稳定。探索庭前社会调查评估试点工作，创新社区服刑人员监管模式，建立社区矫正移动定位管理系统，对社区服刑人员实施实时查询监管，确保不脱管不漏管。至年底，全市共有在册社区服刑人员435名，再犯新罪1名，再犯新罪率0.2%。加强帮教安置工作，强化人性化管理，了解、关心和帮助归正人员，实施分类帮教，落实各项帮教措施，预防和减少重新犯罪。至年底，全市共有归正人员1403名，重新犯罪21名，重新犯罪率1.5%。从组织机构、基础设施、工作机制、基层业务、信息化五方面入手，开展与推进司法所规范化建设，并下派局机关公务员充实司法所队伍，提高基层司法行政的服务能力。

首次举办海宁市企业法律顾问论坛，政府官员、律师等法律服务工作人员、企业家代表、大学教授和《法制日报》等媒体共同商讨企业法律顾问工作。推荐优秀律师参与市重点工程、重点项目的建设，先后在旧城改造、教育园区建设等重大项目中提供法律意见和建议。组织开展“送法进企业”、“企业法制文化周”、“一企一干部，合力促发展”行动和全市企业高级经营管理人员“五五”普法培训班等活动。加强法律援助工作，扩大法律援助受案范围，将申请法律援助的经济困难标准由原来低于海宁城乡居民最低生活保障标准1.5倍调整至2倍；明确九项公证法律援助的受案范围和六大类的公证法律援助对象，促进公证法律服务资源向民生领域倾斜；完善法律援助综合服务平台建设，推行网上案件受理、审批、指派、监管制度，实现案件受理“零等待”；建立“12348QQ在线”网络服务咨询互动平台，实现县级市的手机用户可直接拨打本地“12348”服务平台。全年市公证处共办理各类公证3391件，其中国内公证2668件、涉外公证723件。市法律援助中心共承办各类援助案件393件，比上年增长18%，为955名受援人挽回损失995万元。

开展创建诚信守法企业活动，在全市规模以上企业中，重点围绕企业基本管理、知识产权、资信评估、法治文化等内容开展依法治理活动。全市有2500多家企业开展创建活动，表彰命名海宁中国皮革城股份有限公司等6家企业为首批“海宁市诚信守法企业”。继续开展“民主法治村、社区”创建活动，全市有13个村、社区通过海宁市“民主法治示范村、社区”考核，原4个五星级“民主法治村、社区”完成嘉兴和省级复评考核，有31个村、社区通过嘉兴市级“民主法治村、社区”考核验收。开展“法律进市场”工作，加强法制宣传，突出抓好新居民、公务员、青少年等重点对象的普法工作，拓展法制宣传平台，普法网站“紫薇说法网”于10月21日正式开通。探索法制宣传教育绩效评估机制，出台《海宁市法制宣传教育绩效评估体系》，并在“民主法治村、社区”、“诚信守法企业”创建考核中予以运用。2009年，市司法局被省司法厅荣记集体二等功。

【海宁“法律体检”列为全国司法行政工作亮点】 2009年，市司法局组织开展千家企业“法律体检”专项行动。组织律师和基层法律服务工作者，通过问卷和走访的形式，围绕企业经营管理、劳动人事管理、合同管理、知识产权管理、贷款融资担保、法律风险防范与管理等方面开展法律体检，向企业提出法律建议，出具法律风险提示函，为企业潜在的隐患提供法律服务。海宁推行的“法律体检”作为“围绕中心服务经济平稳较快发展”的全国典型，成为2009年全国司法行政工作的八大亮点之一。

【全省“法律进市场”工作推进会在海宁召开】 10月20日，全省“法律进市场”工作推进会在海宁召开，同时，省普法联系点海宁中国皮革城首届法治文化节开幕。开幕式上，皮革城等15家“诚信守法示范户”和15名“服务之星”受到表彰。在法治文化节活动现场，法制小品宣传、法制灯谜、皮影戏、硖石灯彩等潮乡文化展示吸引了与会代表和各方游客。全省“法律进市场”工作推进会上，全省各地（市）司法局的代表和各大专业市场负责人围绕“法律进市场”工作进行交流。

【“紫薇说法网”开通运行】 10月21日，大型普法网站“紫薇说法网”正式开通运行。该网站采取以政府部门监管为主，以公司维护推广为辅的运营模式，利用社会资源，提升网站运行效率，降低维护成本。网站设法律新闻资讯、法规博览、紫薇律师、紫薇论坛、紫薇访谈、紫薇博客等相应功能版块，具有精编法治信息、突出互动交流、整合律师网上服务、拓展公告服务、展现门户特性和美化网站界面等六大特色。

【海宁市法学会成立】 12月17日，海宁市法学会成立大会在市行政中心举行，来自

图110 10月21日，大型普法网站“紫薇说法网”正式开通运行

全市的220名会员出席大会。会议选举产生市法学会第一届理事会和领导机构，选举市人大常委会副主任高根忠为会长，市司法局局长金中一为常务副会长，金茂松等15人为副会长。推举法学会名誉会长，聘请5人担任法学会顾问。法学会是法学界、法律界的群众团体和学术团体，以开展形式多样的法制宣传教育和法学学术交流活动为主要任务，组织会员和学术研究组织开展法学研究、信息交流、法律服务等活动。

【农村法律顾问网络全覆盖】 建立“一村一法律顾问”制度。推行全市法律服务机构与各司法所结对，并以全市律师、基层法律服务工作者为主体，建立农村法律顾问网络。全市6个律师事务所的52名律师、7个基层法律服务所的42名法律服务工作者分别与181个村（社区）签订农村法律顾问合同，实现农村法律顾问网络全覆盖。

（孙　宇）

［编辑：曾晓莲］

军　　事

Military Affairs

综　　述

2009 年，全市共有基层武装部 17 个，其中镇人武部 8 个，街道人武部 4 个，系统人武部 3 个，企业人武部 2 个。

市人武部以军事斗争准备为中心，突出提高处置突发事件能力和参与非战争行动的能力，全市国防后备力量建设稳步发展。坚持党管武装原则，推进党管武装的制度和工作落实，先后召开市委议军会、全市党管武装工作会议、党管武装工作述职会议和人武部党委第一书记述职会。组织开展市领导干部“军事日”活动，强化各级领导干部管决策、管建设、管保障、管使用的责任意识。抓好以民兵组织整顿为主要内容的后备力量体系建设，5 月底完成全市民兵组织调整和点验工作，落实上级下达的基干民兵整组任务数。强化以考核比武为主要方式的军事训练工作，制定出台《军事训练奖惩办法》，掀起军事训练新热潮。落实首长机关按纲施训和党委班子“一学四练”活动，突出干部的指挥、智能、技能和体能训练，在参加嘉兴军分区组织的两次考核比武中均取得好成绩。抓好民兵军事训练，强化民兵干部、专业技术兵、应急分队训练，参训率达 100%，圆满完成年度民兵训练任务。参加上级的比武竞赛活动，组织专武干部、民兵训练尖子和民兵武器仓库保管员进行专业集训，在参加分区组织的比武考核中取得优异成绩，受到分区通报表彰；7 月，两名训练尖子代表嘉兴分区参加省军区组织的民兵大比武活动，为嘉兴民兵预备役赢得荣誉。着力抓好以规范化建设为

图 111　2 月 9 日，召开全市党管武装工作会议

重点的后备力量基础建设，抓好基层营（连）规范化建设，完善武装工作机制，规范软硬件设施，正规化建设逐步推进。协调市委组织部，改进专武干部选拔任用机制，在全市范围内组织实施专武部长公开竞选，公选出专武部长1名，增强专武干部队伍内部竞争激励机制。做好“参建”、“参治”工作，组织民兵预备役参加防御台风、“一节两会”、传统庙会、轮滑世锦赛等活动的安保维稳工作。

（程小明）

国防教育

【概况】 2009年，突出抓好干部、学生、民兵预备役人员国防教育，通过国防教育公开课考核竞赛和演讲比赛等活动，拓宽教育覆盖面，增强全民国防观念。调整补充市国教委成员，研究部署年度工作，各成员单位按照各自职能，做到“六个纳入”，即把国防教育纳入各级各部门的工作日程、思想整治工作和精神文明建设内容、各级各部门主要领导的工作目标责任制、各级各类干部培训计划、党政机关和企事业单位政工队伍建设计划、城市社区和农村乡镇目标管理，形成纵向到底、横向到边的组织体系。各镇、街道，各部门落实国防教育联络员制度，国防教育经费纳入年度财政预算，为开展全民国防教育奠定物质基础。

【国防教育宣传】 市国教办编写国防教育教案，进机关、学校、社区、企业和农村开展巡回宣传，年内共上国防教育课16次。发挥新闻媒体作用，巩固报纸、电台、电视台开设的国防教育专栏、专版，扩大宣传效果。以纪念新中国成立60周年为契机，举行“爱我中华，情系国防”全市机关干部演讲比赛，52名干部报名参赛，浙江卫视对比赛情况进行展播。5月，市人武部联合市人防办、教育局举办国防教育进课堂公开课比赛，全市22所初级中学参加比赛，并接受国防教育软、硬件检查。对广大适龄青年加强国防教育和爱国主义教育，提高适龄青年参军的积极性，及时报道参军先进典型事例。全年悬挂征兵宣传横幅50多条，电子屏移动宣传字幕36条，海宁电视台每天在黄金时段播放征兵宣传标语，制作14副宣传图板，市征兵办出刊《征兵简报》8期。

【干部、学生、民兵预备役国防教育】 市镇两级党校把干部国防教育纳入干部培训计划，落实国防教育兼职教员制度，全年共有3100多名干部接受教育，共组织1200多名干部开展实弹射击等军事训练活动。全市各级各类学校把国防教育列入学校教育教程，组织学生开展各类学军活动，海宁市高级中学、海宁一中、实验初中、宏达学校、海宁卫校等学校把军训和射击活动列入学生国防教育特色课内容，全年共组织1800多名学生参加射击等军事训练。利用民兵军事训练、重大节日、新中国成立60周年、《中华人民共和国国防教育法》颁布实施八周年、第九个“全民国防教育日”等时机对民兵预备役人员进行形势教育、国防法规教育，加强民兵军事训练中的国防教育和思想政治工作。重视抓好订刊用刊工作，发挥报刊宣传指导作用，全年共订阅各类军事报纸杂志600余份，下发到各基层民兵组织。

（程小明）

军民共建

【概况】 市人武部围绕创建“省双拥模范城”目标，广泛开展军爱民、民拥军活动，

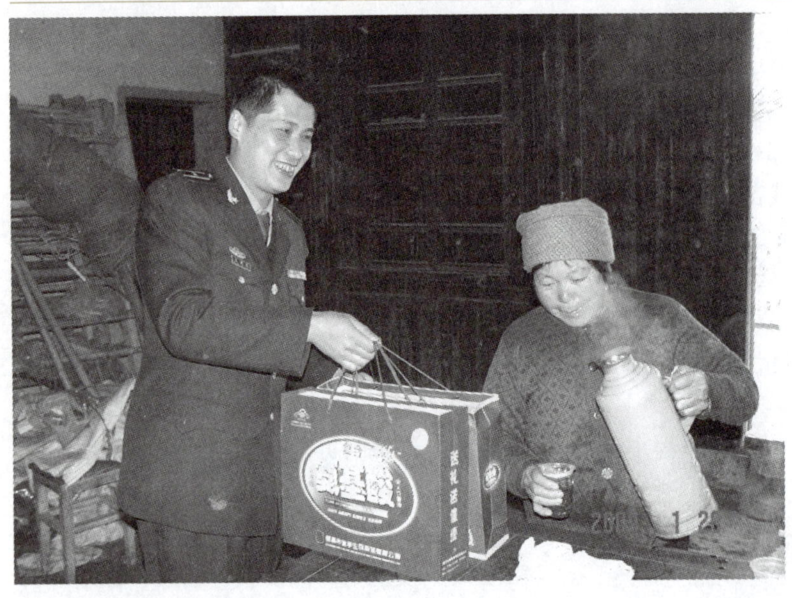

图 112　市人武部慰问烈士家属

定期慰问烈士家属。组织与社区、村结对互助活动，开展扶贫帮困、义务植树等双拥共建活动，军政、军民关系进一步密切。健全维护国防利益和军人军属合法权益组织机构，并开展各类维权活动，全年共处理维权事项36件，辖区内军人军属合法权益得到有效维护。市维权领导小组和市人武部庄建国分别被省委、省政府、省军区评为“维护国防利益先进单位”和“维护国防利益先进个人”。

【军民共建】　市人武部继续与海青桥社区建立军民共建关系，资助社区5000元用于“文明社区”创建工作，多次组织全体干部职工参与社区卫生清理行动，并协调组织其他共建单位参与社区共建活动；与周王庙镇上林村开展文明结对与精神文明创建活动，提升机关服务基层能力；与海洲街道伊桥村建立军民共建关系，着力在军事设施安全保卫、军民联防促稳定等方面取得互助；与斜桥镇华丰村共建结对，开展双拥共建活动。继续做好与硖石街道两名困难户的帮困工作，年内各资助1000元补贴其生活开支。

【“参建”、“参治”工作】　在防御台风“莫拉克”任务中，组织民兵400余人投入防汛抗台工作。在观潮节期间，出动民兵800余人次，配合党委、政府做好潮汛保卫工作。全年组织民兵预备役人员进行治安巡逻、铁路护路、传统庙会、轮滑世锦赛等安保维稳工作，共出动民兵2100余人次。

（程小明）

民兵预备役·兵役

【概况】　加强民兵组织整顿，完成全市民兵组织调整和点验工作。严格民兵军事训练组织管理，组织民兵参加各类考核比武活动，提高民兵应急作战能力和专业技术水平。深化征兵工作改革，加强领导，组织调查摸底，市人武部领导分别率工作组深入社区、街道、学校，听取适龄青年意见，研究制定《加强征兵工作的意见》。扩大征兵宣传，坚持依法征兵、廉洁征兵，做好应征青年心理测试及群众监督工作，完成全市新兵征集任务。

【民兵组织整顿】　组织复退军人和地方专业技术人员的核对，准确掌握兵员数量、分布和在位情况，并将潜力数据录入“民兵预备役管理系统”。在12个镇（街道）、3个

图 113　民兵训练

系统、1 个企业中建立 16 个基层武装部和 16 个基干民兵营。与近 30 个单位签订通用装备征（租）用协议书。5 月，完成全市民兵组织调整和点验工作；在接受省军区民兵拉动点验中，分队集中速度快、人员到点率高、专业技能好，得到省军区肯定。

【民兵军事训练】　根据年度民兵训练批次多、人员多、时间长、专业性强、标准高的特点，做好参训民兵的组织管理、训练物资经费保障工作及一人一事的思想工作。广大专武干部坚持与民兵全程同吃、同住、同训练、同休息、同教育，保障完成民兵训练任务。创新训练的组训方式，采取集中训、拉动训、“三个现地”训以及与作战部队对接训等训练方法，提升民兵训练质量。

【兵役】　8 月，市征兵办会同市教育局、人事局、劳动和社会保障局等部门，对高中文化程度以上的适龄青年底数进行摸底，掌握高考落榜生、各类高考补习班学生、职高技校毕业生、待分配大中专毕业生等符合征集年龄的青年数。组织开展市领导电视讲话和征兵办领导答记者问，在电视、报纸设《当祖国需要时》专题专栏，宣传征兵新政策。市征兵办分 4 个工作组分片包镇、街道，对兵役登记、目测初检等环节进行跟踪检查。在市级体检工作中实行封闭管理，体检医生、工作人员挂牌服务，准确把握兵员质量。建立市镇两级政审组织，严格按规定程序进行政审、联审，强化三级政审和区域联审制度。建立走访调查表，市人武部干部分片包干走访调查。明确征兵各个环节的廉洁征兵要求和责任追究，市征兵办设立廉洁征兵举报电话、征兵政策咨询电话及信访接待室，并向社会公布；印制发放廉洁征兵监督卡，构筑群众监督网络；建立征接兵临时党支部，组织征接兵人员进行廉洁征兵法规政策学习。加强对接兵人员的管理教育，实行集中居住、集中办公、集中就餐、集中走访制度。市征兵办利用广播、电视、报纸将全市征兵任务数向社会公布，各镇、街道张榜公布预征对象名单、市体检合格人员名单、初定兵和市定兵人员名单，广泛接受群众监督。

（程小明）

武装警察

【概况】　2009 年，武警海宁市中队日均看守犯罪嫌疑人 750 余人，担负押解 53 次，押解犯人 216 人次。实现看守执勤 49 年无事故，被武警浙江省总队评为“正规化执勤一级单位”；入选武警总部执勤标兵中队，1人荣立三等功，5人受总队、支队表彰。开展以“践行当代革命军人核心价值观，永远做党和人民忠诚卫士”为主要内容的思想政治教育，完成政治教育日51个。提升军事训练水平，严格要求与训练，全年完成军事训练日76个；重点突出干部、士官的训练，落实干部跟班训练，抓好官兵体能、技能训练，强化岗位练兵，中队在省武警总队的军事考核中成绩全优。

抓好拥政爱民工作，协助地方开展“军事活动日”、“参观军营”等活动，全年接待“军营一日”活动者800多人次，为海宁5所学校4000多名学生开展军训活动；进行爱国主义教育，增强驻地人民群众的国防观念和爱国意识。提高后勤保障能力。把综合保障能力与官兵满意率的高低作为检验后勤建设水平的重要标准，按照“四配套”(执行、训练、工作、生活四项设施配套)要求，营造良好的工作学习生活环境；市委、市政府投入经费近60万元为中队购置反恐装备，维修营房，更换营具，保障全队战士生活学习需求。

（袁小益）

人民防空

【概况】　2月，市人民防空办公室（以下简称“人防办”）与市财政局联合下发《关于在镇、街道财政预算中安排人民防空经费的通知》，各镇、街道在财政预算中安排人防工作经费56万元。3月，在南苑中学开展应急逃生疏散演练。11月，召开海宁市人防工程平时使用与维护管理工作会议，明确人防工程平时使用与维护管理要求。12月，市行政中心人防地下工程竣工，全年共收取人防易地建设费2151万元。2009年，市人防办被省人防办（民防局）评为“2009年度人防工作先进单位”。

【召开人防规范化建设现场会】　2月，为推广海宁基层人防规范建设达标工作，嘉兴军分区、嘉兴市人防办组织嘉兴市五县（市）两区镇、街道的人防办主任80余人，在海宁市尖山新区（黄湾镇）、海洲街道两个规范化基层人防单位召开现场会。在听取工作介绍的同时，与会人员参观了办公场所设施、工作网络及避灾点建设等。

图114　2月，嘉兴市人防规范化建设现场会在海宁召开

【人防指挥部研究性演练】　建立“两防一体化”是和平时期人防工作的立足点。为做好人防（民防）应急准备工作，6月，组织开展全

市人防指挥部研究性演练，市人防指挥部60余人参加演练。

【组建人防志愿者应急救援队伍】 按照“战时防空、平时防灾”的要求，10月，尖山新区（黄湾镇）组建一支由25人组成的人防（民防）志愿者应急救相关的医疗救护、防灾救灾、信抢修等任务。

月)

[编辑：曾晓

教　育

Education

综　述

9 年，全市共有各级各类学校 151
中幼儿园 70 所、小学 45 所、初中
高中 6 所、中职类学校 7 所、特殊
1 所，在校学生 107,941 人。各级
交共有教职工 7312 名，其中专任教
名。

城乡教育优质均衡发展。市政府出
组建城乡教育办学共同体的实施意
行)》，组建 5 对城乡教育办学共同
大投入，全市教育经费总投入 9.45
比上年增长 4.2%，人均教育经费投
47 元，增长 3.4%。小学、初中生
经费分别为 420 元和 540 元。全年累
投入 7695 万元，竣工校舍面积
平方米。全面启动中小学校校舍安全
按时完成校舍安全排查鉴定工作。优
配置，根据“1+X”新市镇、新社区
划，适当调整《海宁市中小学布局规
加快村校撤并，全市共撤并村校 10
市现代教育技术装备经费投入 1734
组织参加全国中小学信息技术与学科
合优质课大赛，27 人获一等奖。

进教育创强创优活动。海宁市实验初
全国青少年文明礼仪教育示范基地”
市有 5 所学校被评为 2009 ~ 2014 年“浙江省现代教育技术实验学校”，3 所学校被命名为“嘉兴市绿色学校”，8 所学校被命名为“海宁市绿色学校”。全面完成国家三类城市语言文字工作评估验收工作，1 所学校被评为“全国语言文字规范化示范学校”，4 所学校被评为“浙江省语言文字示范学校”，10 所学校被评为“嘉兴市语言文字规范化示范学校”。

提升教育整体水平。全面实施素质教育，加强未成年人思想道德建设，开展阳光体育运动、文艺、科普活动，学生综合素质得到提高。推进基础教育课程改革，深化特色学校创建工作，出版《整体推进中的特色创建——地方教育科学和谐发展的海宁战略》，9 所学校被评为海宁市 A 级特色学校。市政府出台《关于加快学前教育改革与发展的实施意见》，强化对学前教育的领导，全市学前三年净入园率达到 96.71%。义务教育适龄儿童少年入学率、巩固率达到 100%，初中毕业生升入高中段学校比例达到 98.98%。高考成绩继续保持嘉兴领先，全市文理科一榜上线率为 95.75%，共有 502 名学生上文理科第一批分数线。普教与职教继续保持 1□1.05 协调发展，全面实施“六项行动计划”，全市共安排财政资金 1600 多万元。市职业高级中学被认定为浙江省中职学校 30 强。新增省级示范专业 2 个。加快三级社区教育网络建设，完善终身教育体系。加强农村实用人才培训和农民学

历教育，各成校共完成培训 27,758 人。

加强教师队伍建设。与市委宣传部联合举办庆祝第二十五个教师节文艺晚会，开展以“感恩·奉献”为主题的师德建设活动，评选师德标兵和师德先进个人，弘扬高尚师德。实施农村中小学教师“领雁工程”，271 人参加培训。制定《海宁市名优教师管理办法（试行）》，有 1 名教师被评为全国优秀教师，1 名教师获得浙江省首届农村教师突出贡献奖，205 名教师被评为“海宁市第六批学科教学带头人”。健全中小学校长负责制，对新任命、提拔的校长进行任前廉政法规知识考试和任前廉政谈话。深化人事制度改革，完善“凡进必考”的公开招聘制度，共招聘新教师 185 名。推进学校内部分配制度改革，建立“以岗定薪，绩效结合”的分配机制，积极稳妥实施义务教育学校绩效工资制度。

图 115　9 月 7 日，海宁市举办庆祝第二十五个教师节文艺晚会

依法治教。修订完善《中小学年度发展性考核评估方案》，强化对学校的发展性考核评估工作。规范教育收费行为，全年无教育违规收费行为。继续推进公开、公平、公正的招生政策，实现城区义务教育公办学校“零择校”。规范学校基建、校舍维修、物品采购、食堂管理等制度，规范公用经费、专项资金的使用和管理，提高教育经费使用效益。开展内部审计工作，对 13 所学校校长进行经济责任审计。

新居民子女教育逐步规范。全市共接纳新居民子女 16,697 人，其中在公办中小学插班 13,597 人（小学 10,842 人、初中 2755 人），新居民子女在公办学校入学的比例达到 81.43%。加强对新居民子女学校的指导、管理和督导，核定办学规模，改善就学环境，提升教师素质，规范办学行为，提高教育质量。落实扶贫助学长效管理机制，加大对家庭经济困难学生“教育券”资助工作，共资助 44.5 万元；开展“爱心营养餐”工作，共补助金额 84.1 万元。市财政对全市中等职业学校家庭经济困难学生实行学费、代管费减免共计 82.5 万元。实施持证困难家庭幼儿入园帮困资助工程。重视残障儿童教育，健全保障机制，保障残疾少年儿童享受公平教育的权利。开展“党员、教师送服务”专项行动，推进全市教育科学和谐发展。

（陈志峰）

幼儿教育

【概况】　2009 年，全市共有各级各类幼儿园 70 所，其中教育部门办 4 所、其他部门办 2 所、集体办 49 所、民办 15 所。有省一级幼儿园4所、省二级幼儿园8所、省三级幼儿园25所。12所镇、街道中心幼儿园，全部成为嘉兴市达标乡镇中心幼儿园。全市在园幼儿18,026人，学前三年净入园率达到96.71%。

全市有专任幼儿教师982人，专业学历合格率99.19%，其中本科学历占11.99%，专科学历占61.99%。幼儿教师中有758人取得专业技术职称，其中幼教高级及以上职称144人，幼教一、二、三级职称614人。有省级教坛新秀4人、嘉兴市教坛新秀5人、海宁市教坛新秀8人，嘉兴市名教师2人、海宁市名教师7人，嘉兴市学科带头人3人、海宁市学科带头人20人，海宁市优秀骨干教师39人。

全市幼儿教育立项课题134个，其中省级3个、嘉兴市级11个、海宁市级120个。有408篇论文及案例获奖，其中国家级7篇、省级9篇、嘉兴市级62篇、海宁市级330篇。在各类刊物上发表文章16篇，其中省级刊物7篇、嘉兴市级刊物3篇、海宁市级刊物6篇。在各类教学评比中获嘉兴市一等奖1人，海宁市一等奖9人、二等奖12人、三等奖13人。在浙江省自制教玩具评比中获二等奖3个、三等奖13个、优秀奖5个，2所幼儿园获组织奖。

【出台《加快学前教育改革与发展的实施意见》】　7月22日，市政府出台《海宁市人民政府关于加快学前教育改革与发展的实施意见》（海政发〔2009〕59号），明确学前教育的发展目标，在学前教育管理体制、保障机制、教职工队伍建设、办学质量等方面提出具体要求，以促进全市学前教育的良好发展。

【幼儿合唱比赛】　六一儿童节，在海宁剧院举办幼儿合唱比赛，全市34所幼儿园参加。艺术幼儿园、宏达幼儿园、长安镇中心幼儿园、长安镇盐仓幼儿园、长安镇中心幼儿园分园等5所幼儿园的节目被评为金奖。

【承办嘉兴市学前教育学会第三届二次会议】　3月18日，嘉兴市学前教育学会第三届二次会议暨幼儿园园长论坛在海宁举行。浙江省教育厅基础教育处副处长刘惠玲，嘉兴市教育局有关领导及各县（市、区）分管局长、基教科长、学前教育学会实验园园长共100余人参加。各县（市、区）园长们围绕“管理引领，优化课程”论坛主题，从组织管理、质量监控、课程建设等方面进行交流互动。

（董庆红）

基础教育

【概况】　2009年，全市有小学45所、初中22所。22所初中学校中，独立设置的16所、九年一贯制6所。义务教育阶段在校学生66,626人（包括特殊教育，不含新居民学校），校均规模为小学939人、初中1133人。全市小学毕业学生8205人，招生6526人，在校学生42,237人，在校学生比上年减少1299人。小学入学率与巩固率100%，小学升初中比例为100%。初中毕业学生7749人，招生8074人，在校学生24,299人，在校生减少151人，初中入学率与巩固率均达到100%。

全市有普通高中6所，其中独立设置的高中5所、完全中学1所。普通高中毕业生4300人，招生3619人，在校学生11,617人，比上年减少864人。初中毕业生升入高中段学校学生7670人，其中普通高中3741人、中等职业学校3929人，初中毕业生升入高中段学校比例达到98.98%，提高0.95

个百分点。普、职升学人数之比为 1□1.05。高考成绩继续保持嘉兴领先，全市共有 502 名学生上文理科第一批分数线，全市文理科一榜上线率 95.75%。

基础教育学校占地面积 180.3 万平方米，生均 23.04 平方米。校舍面积 78.25 万平方米，生均 10 平方米。运动场面积 57.73 万平方米。

推进素质教育，召开海宁市中小学德育工作会议。出台《海宁市中小学家长学校工作实施意见》，家长学校在全市全面推开。实施全市中小学生青春期健康教育，开展“法律进校园”活动、校园反邪“三个一”活动、“讲文明、树新风，争做文明学生”活动、“阅读伴我成长”暑期读书活动和“我爱我的祖国”主题教育活动等。海宁市第九届“万名学生下社区进村落”活动围绕“爱我中华、爱我潮乡，做一个有道德的人”主题，获得成功，有 14 所学校被评为先进集体，40 名教师被评为先进个人，310 名学生被评为“文明小使者”。

【城乡教育办学共同体建设】 9 月 17 日，市教育局印发《关于组建城乡教育办学共同体的实施意见（试行）》，以市区实验小学、紫微小学、南苑小学、实验初级中学、南苑中学等优质教育资源为依托，采取“城区学校 + 农村学校”方式，组建 5 对城乡教育办学共同体。通过实践城乡学校共同体管理模式，建立共同体运行、评价考核机制，形成城乡教育均衡优质发展新模式，进一步推进城乡教育均衡发展。

图 116　4 月 8 日，副市长朱海英会见到海宁访问的德国巴伐利亚州海尔夏德市市长及其所率的教育代表团一行

【五所学校被评为省现代教育技术实验学校】 11 月 16 日，海宁市高级中学、海宁市职业高级中学、上海外国语学院附属浙江宏达学校、海宁市实验初级中学和海宁市紫微小学 5 所学校被评为 2009 ~ 2014 年浙江省现代教育技术实验学校。

【德国教育代表团到海宁访问】 4 月 6 ~ 9 日，德国巴伐利亚州海尔夏德市市长史朗德率该市教育代表团，对海宁进行为期 4 天的正式访问。8 日，海宁市副市长朱海英会见该代表团一行。访问期间，代表团一行观摩与海尔夏德国民学校结对的海宁市实验小学的教学和文体活动，通过与该校学生和教师的互动活动，加深彼此的交流和友谊，该活动受到德国海尔夏德市议会高度关注。

【南苑小学通过省二级档案室验收】 1 月 4

日，省二级档案室专家验收组对市南苑小学档案室进行验收，这是海宁市教育系统第一所取得省二级档案室的学校。南苑小学注重档案规范管理，把档案工作纳入学校整体发展规划和年度计划中。先后投入经费26,210元购置档案设备，改善档案保管条件。多次举办档案工作培训，组织档案知识竞赛，宣传档案工作重要性，提高全体教职员工档案意识。

【实验初中荣获“全国青少年文明礼仪教育示范基地”】 9月27日，在第二届全国青少年礼仪普及活动中，海宁市实验初中荣获由全国关爱成长行动组织委员会办公室和全国青少年文明礼仪普及活动组织委员会颁发的“全国青少年文明礼仪教育示范基地”。

（孙　芬　王国坚）

中等职业教育

【概况】 2009年，全市有中等职业学校7所，其中普通中专1所（海宁卫生学校）、成人中专1所（海宁市教师进修学校）、职业高中学校4所（海宁市职业高级中学、海宁市电子信息职业技术学校、海宁市轴承专业学校、海宁市服装职业技术学校）、技工学校1所（海宁市技工学校）。

表40　　2009年高校上线人数统计

学校	报名					文科上线					理科上线					艺术上线						体育						专科
																本科		专科				本科		专科				
	文科	理科	艺术	体育	合计	重点	本科	专科	保送自主	小计	重点	本科	专科	保送自主	小计	艺术	转文理	艺术	转文理	保送自主	小计	体育	转文理	体育	转文理	保送自主	小计	
合计	1657	2212	293	70	4232	155	747	658	1	1561	346	1113	718	15	2192	131	99	5	235	45	19	54	0	4052	—	—	—	—
海宁高级中学	204	460	10	6	680	102	100	2	—	204	233	220	7	—	460	8	2	—	—	—	10	4	1	0	0	—	5	679
海宁中学	209	270	18	9	506	0	46	146	—	192	1	78	189	—	268	15	0	3		—	18	0	4	0	0	—	4	482
海宁一中	320	618	24	25	987	34	258	23	—	315	70	476	67	—	613	20	3	0	1	—	24	7	16	0	1	—	24	976
海宁二中	289	236	22	10	557	0	126	158	—	284	1	92	139	—	232	16	3	3	0	—	22	0	4	1	0	—	5	543
海宁三中	160	140	5	5	310	0	13	126	—	139	0	2	121	15	138	4	0	0	0	—	4	1	0	0	0	—	1	282
海宁宏达学校	190	202	100	3	495	14	59	88	1	162	30	7	91	—	128	11	23	22	33	—	89	0	1	0	0	—	1	380
海宁南苑中学	190	223	12	9	434	4	141	44	—	189	8	141	74	—	223	10	0	2	0	—	12	0	5	0	0	—	5	429
海宁职业高级中学	68	6	25	0	99	0	1	57	—	58	0	0	5	—	5	5	0	14	0	—	19	0	0	0	0	—	0	82
浙江青年艺术学校	0	0	67	0	67	0	0	0	—	0	0	0	0	—	0	4	0	17	0	5	26	0	0	0	0	—	0	26

说明：该表合计数据包含开明学校和考试中心报考的学生上线情况

中职类学校在校学生 11,582 人，其中普通中专 3944 人、中技学生 1978 人、职业高中 5129 人、电视中专 531 人。按照全国中职类学校学生分科的统一分类，学生分科人数分别为农林类 65 人、加工制造类 464 人、交通运输类 717 人、信息技术类 518 人、商贸与旅游类 163 人、财经类 1146 人、文化艺术与体育类 635 人、师范类 110 人、医药卫生类 3717 人、其他类 1538 人、中技 1978 人、电视中专 531 人。较有特色的专业有农业种养殖、经编工艺、汽车运用与维修、工艺美术、服装设计和制作、太阳能利用、机电、烹饪、音乐舞蹈、初级卫生技术等。职业高中毕业生 1457 人，招生 1891 人，在校学生 5129 人，在校学生比上年增加 207 人。

全市中等职业学校有教职工 531 人，其中普通中专中技 226 人、成人中专 48 人、职业高中 248 人、园区管理中心 9 人。中等职业学校专任教师 445 人，达到国家规定学历标准的专任教师 409 人，学历达标率 91.91%；有中级以上专业技术职称 236 人，占专任教师总数的 53.03%；年龄在 35 岁以下的 253 人，占专任教师总数的 56.85%。有 443 名师生参加海宁市首届中职师生技能竞赛，其中 49 人获一等奖、85 人获二等奖、134 人获三等奖。有 82 名教师的论文在嘉兴市职教论文评选中获奖，其中 11 篇获一等奖，28 篇获二等奖，43 篇获三等奖。全市职业学校共开发校本教材 10 册。

中等职业学校占地总面积 33.43 公顷，生均 28.86 平方米。校舍面积 13.76 万平方米，生均 11.88 平方米。运动场面积 5.74 公顷，其中普通中专 2.45 公顷、职业高中 3.29 公顷（其中教育园区 3 公顷）。

全年中职学校毕业生 3297 人，获得职业资格证书 3224 人，其中职业高中毕业生 1457 人，职业资格证书取证率 100%。高职招生考试（单考单招）考生 489 人，上线 457 人，上线率 93.46%。

海宁市职业高级中学被评为“浙江省中职 30 强”，海宁卫生学校被评为“国家级重点职业学校”和最具发展潜力学校。

【职业教育六项行动计划全面实施】 根据《职业教育六项行动计划实施办法》，全年全市共安排“六项行动计划”财政资金 1632 万元，全市中职学校享受国家助学金共 6570 人、助学金共计 988 万元；全年发放“教育券”共计 90.9 万元，奖学金共计 49 万元。海宁市中医院、嘉兴宝龙汽车维修服务有限公司被评为海宁市优秀校外实习基地，海宁万方经编有限公司被推荐为省级优秀校外实习基地。

【海宁技校通过国家重点技工学校评估】 11 月 10 日，由国家人力资源和社会保障部领导和专家组成的全国重点技工学校评估组对海宁技工学校进行实地评估。评估组通过动态检查、问卷调查，对该校的办学方向与条件、班子建设、技能培训与鉴定、教学管理、师资队伍建设、校企合作、推行 ISO 9001：2000 质量管理体系等给予充分肯定，通过国家重点技工学校评估。

【两专业被评为省级示范专业】 2009 年，市职业高级中学和市技工学校分别对经编工艺专业、太阳能利用专业加大投入，经过评审和网上公示，2 个专业均被评为省级示范专业，为推动海宁经编和太阳能特色产业的发展提供人才支撑。全市有省级实训基地 2 家，省级示范专业 5 个，嘉兴市示范专业 5 个，国家级现代服务业技能紧缺人才培养基地 1 家。投资 470 万元的技工学校实习工场交付使用，全市职业教育的办学条件有了明显改善。

【海职高两项新技术获国家专利】　7月23日，市职业高级中学的电控汽车检测诊断辅助接头和汽修、机修基础技能训练器获得国家专利并由国家知识产权局颁发专利证书。电控汽车检测诊断辅助接头为汽车修理故障诊断时不用逐个的拔插线路接头，成为快速、正确、方便故障诊断工具。汽修、机修基础技能训练器能有针对性地对汽修、机修培训人员进行螺栓、螺母的拆装训练，降低培训成本，提高培训效率。

【海宁卫生学校】　2009年，学校招收新生1546人，比上年增长69.5%。其中“3+2”护理、药物制剂技术专业高职学生287人，普通中专护理、药剂、助产、医学检验、医学影像技术专业1259人。各专业共计毕业学生1040人，其中242人通过“3+2”升学进入高一级院校就读，152人参加全省高等职业教育升学考试，医护、药剂上线率分别为95.5%和97.4%。继续教育和社会培训规模不断扩大，新增乡村医生注册培训、急救培训、全科医生岗位培训、社区护理岗位培训、执业医师考前培训等社会服务功能，招收远程专科生123人、本科生59人，全科医师岗位培训162人，社区护理岗位培训43人，乡村医生培训1602人。与绍兴文理学院合作新设执业医师及执业助理医师资格考试考前培训班，与九方汽校合作进行急救技术培训。

全年基本建设投入各专项资金826万元，实训图书楼、护理实训基地、塑胶体育运动场、热水淋浴房等设施相继建成并投入使用，改善了办学硬件设施。落实各项教育教学管理制度，通过教学日记、教考分离、教学检查等手段提高教学质量，465名学生参加全国护考，取得95.27%的合格率，在全国护理操作技能大赛上取得团体第三名，2人获二等奖，2人获三等奖，“3+2”护理专业学生参加浙江省统考成绩合格率、平均分名列第一。校长施成良主持的嘉兴市教育教学重点课题《医改背景下中职护理专业毕业生就业趋势调查研究》获嘉兴市教育科研成果一等奖；在省级以上杂志发表论文5篇，获奖3篇；嘉兴市论文获奖6篇，海宁市论文获奖1篇。年内先后荣获“全国职业教育管理创新学校”、“浙江省最具发展潜力中职学校”（16所之一）、首届浙江教育博览会优秀参展单位、全国教育科学“十一五”规划课题《区域实施职业生涯教育再研究》实验学校，并被教育部认定为“国家级重点中等职业学校”。

（陈海锋　姚正泉　王国坚）

新居民子女学校

【概况】　2009年，全市有新居民子女学校3所，分别是安宁学校、永宁学校、友谊学校。在校学生3100人，其中安宁学校801人、永宁学校1295人、友谊学校1004人。有教职工133人，其中专任教师110人。新居民子女学校占地总面积1.86公顷，生均6平方米。校舍面积7600平方米，生均2.45平方米，运动场面积2.3公顷。

【出台《新居民子女接受义务教育的实施意见》】　4月29日，市政府出台《海宁市新居民子女接受义务教育的实施意见》，由市政府办公室牵头，教育、新居民事务、公安、安监、卫生、劳动、物价、城管、综治等部门组成新居民子女接受义务教育联合工作小组，协调新居民子女接受义务教育工作，促进新居民子女学校依法办学，确保新居民子女平等接受义务教育的权利。

（陈志峰）

高等教育

【浙江广播电视大学海宁学院】 2009年，学院在编教职工52人，其中专任教师43人；专任教师中具有高级专业技术职称8人，中级专业技术职称28人。学院在校学生6129人，其中本专科学生5586人、业余中专学生543人；全年共招收学生2280人，其中本专科2031人、业余中专249人；毕业学生2374人，其中本专科2139人、业余中专235人。学院立足中央电大开放教育，大力发展合作高校各类远程教育，共开设中专、大专、本科三个层次14个项目78个专业，新增北京语言大学远程项目。承担“试点高校网络教育部分公共基础课全国统一考试”(即“网考”)在海宁的考务工作，全年2917人次参加考试;组织165人次参加全国英语等级考试和大学英语三、四、六级考试;海宁市社区学院开发语言、计算机应用、实用技术3大类培训项目，培训557人。

【第四届全国不等式学术年会在海宁召开】 8月15日，第四届全国不等式学术研讨会在电大海宁学院开幕，来自台湾清华大学、北京联合大学、湖南师范大学等全国39所高校和研究所的54位专家教授参加。电大海宁学院副教授张小明被推选为全国不等式研究会秘书长，其论文在美国《不等式应用杂志》上发表并被SCI收录，获第四届浙江电大科研成果论文类一等奖。

【高等教育自学考试】 全年学历教育自学考试报名3451人、5027科，实考2915科，合格1116科，大专毕业49人，本科毕业42人。全国英语等级考试、中英合作剑桥少儿英语等级培训考试、全国计算机等级考试、浙江省心理健康教育基础知识培训考试、教师资格认定教育学心理学培训考试等非学历教育证书报名3019人，获证2212张。考试中，结合使用无线电语音信号探测装置“监考大师”和“手机信号屏蔽仪”，保障考试公平公正。市教育考试中心被评为嘉兴市一星级“群众满意基层办事窗口”，被教育部考试中心认定为“剑桥少儿英语先进培训机构”，并获南京军区“空军招飞先进集体”称号。

(茹剑飞　沈建成)

成人教育

【概况】 全市拥有镇、街道级成人文化技术学校（简称“成校”）12所，其中省级示范性成校4所，省一级成校（嘉兴市示范性成校）6所，省二级成校2所。省一级以上成校占总数的83.33%，村级成校或教学点建校（点）面100%。全市镇、街道级成校占地6.08公顷，建筑面积3.3万平方米，拥有图书6.92万册，电脑340台。有专职教师65人，兼职教师213人。

全年组织农村从业人员培训13.67万人次，占农村劳动力总数的41.42%，其中成人中高等学历教育2013人，非学历教育6.68万人次。市、镇、街道行政核拨成人教育经费162.2万元，各镇、街道成校办学收入和自筹资金95.01万元，财政用于农村劳动培训经费人均5.01元。

【理顺成校体制】 完成对12所成校校长聘任工作，成校体制得到理顺。海洲成校被评为省一级成校。按照《海宁市成校考核办法细则》对12所成校进行考核，许村成校等3所成校被评为海宁市优秀成校，海洲成校和盐官成校通过规范化建设达标评估。

【万名农民素质提高培训工程】 全市“万名农民素质提高培训工程”共完成培训23,231人，其中农业专业技能培训4439人、务工农民岗位技能培训12,572人、农民转移就业技能培训5817人、农村后备劳动力培训403人。

(陈海锋)

特殊教育

【概况】 全市有7~14周岁残疾儿童少年179人，已入学176人，入学率为98.32%，其中视力、听力、智力“三类”残疾儿童少年151人，已入学151人，入学率为100%。在市培智学校就读90人（小学82人，初中8人），在普通中小学随班就读61人（小学28人，初中33人）。“三类”残疾儿童少年中，视力残疾儿童1人，听力残疾儿童少年46人，智力残疾儿童少年104人，入学率均为100%。市培智学校有9个班90人，其中智残学生5个班56人，聋哑学生4个班34人。

市培智学校有多名教师荣获各种荣誉称号，其中嘉兴市科研标兵1人、海宁市优秀教师1人、海宁市优秀班主任1人、海宁市教育系统师德建设先进个人1人、海宁市教育工会优秀工会积极分子1人、海宁市优秀德育导师1人、海宁市教研先进个人1人。学校获嘉兴市优秀科研成果一等奖1个、三等奖1个，海宁市二等奖1个、三等奖1个。有25篇教师撰写的论文（案例）获奖，其中浙江省三等奖4篇，嘉兴市一等奖1篇、二等奖1篇，海宁市级一等奖3篇、二等奖7篇、三等奖9篇。学生舞蹈《草原小骏马》获嘉兴市二等奖。

(董庆红)

教育督导

【初中教学视导】 4月，对南苑中学、长安镇初级中学等8所初中教学工作进行全面教学视导，总结各校成功经验，提出解决对策，规范学校办学行为，推进素质教育。协助嘉兴市教育局做好对丁桥初中的教学视导工作。

【中小学教育装备专项督导】 加强全市教育装备工作“建、配、管、用”，下发《关于开展全市普通中小学教育装备专项督导的预备通知》，部署教育装备专项督导工作，9月对7所学校教育装备工作进行抽查，为实施素质教育和提高教育质量服务。

【学校发展性考核评估】 完善修订《海宁市中小学校年度发展性考核评估方案》，组织广大督学对学校年度工作进行考核评估，20所学校被评为2009年度工作优秀学校。

【特色学校创建】 组建“立足岗位，努力践行学校办学理念”讲师团，为16所中小学及幼儿园做专题讲座，编印出版《整体推进中的特色创建——地方教育科学和谐发展的海宁战略》，总结特色创建经验，展示特色创建成果。举办“幼儿园特色项目创建工作研讨会”，促进全市幼儿园优化特色创建，9所学校被认定为海宁市A级特色学校。

(张　华)

教师队伍建设

【概况】 2009年，全市各级各类学校共有教职工7312人，其中专任教师5173人。普高、职高、初中、小学专任教师达到国家规定学历的人数所占比例分别为 98.22%、91.91%、99.81%、99.69%，初中、小学专任教师高标学历比例分别为 82.53%、86.29%，比上年分别提高 8.74%、2.31%；中小学专任教师中具有中级及以上专业技术职称 2824 人，占专任教师总数的 54.59%。职业学校“双师型”教师比例为 63.4%。全年共引进教师 210 人，其中研究生 30 人、本科生 139 人、专科生 41 人。

贯彻落实《中小学教师职业道德规范》，开展“感恩·奉献”主题师德建设活动，与市委宣传部联合举办庆祝第二十五个教师节文艺晚会，选派郭店中心小学教师高建甫赴四川省青川县曲河小学支教。1 人获“全国优秀教师”称号，1 人被评为“浙江省首届农村教师突出贡献奖”，4 人获浙江省第二十二届“春蚕奖”，7 人被评为嘉兴市优秀教师，205 人被评为海宁市第六批学科教学带头人。

市财政下拨教师培训专项资金 310 万元，组织各类教学研究活动 150 余次，组织教师参加省、市研训活动 52 次、2000 余人次，承办各级教学研讨活动 16 次。实施农村中小学教师“领雁工程”，选派 26 名教师参加省级培训，95 名教师参加嘉兴市级培训，组织 150 名教师参加海宁市为期 2 个月的脱产培训。8 月 21～22 日，召开海宁市学校领导干部暑期读书会，全市副校级领导干部和市教育局中层干部共 250 多人参加。

图 117　2009 年海宁市学校领导干部暑期读书会

【实施义务教育阶段学校绩效工资】　根据教育部和浙江省的相关文件精神，出台《海宁市义务教育学校绩效工资实施办法》、《海宁市义务教育学校教师绩效考核指导意见》和《关于义务教育学校奖励性绩效工资分配和考核工作有关问题的补充意见》，全市自 2009 年 1 月 1 日起，实施义务教育学校绩效工资制度。

【七名教师、领导荣获省级以上先进】　9 月，上海外国语大学附属浙江宏达学校教师罗敏江获“全国优秀教师”荣誉称号；长安镇中心小学教师张伟民获“浙江省首届农村教师突出贡献奖”荣誉称号；市教师进修学校附属小学教师顾桂芬、许村镇许巷中心小学教师高剑平、马桥初级中学教师曹新峰、市紫微小学教师高月琴获浙江省第二十二届“春蚕奖”荣誉称号；中共斜桥镇党委书记胡燕子获浙江省第二十届“绿叶奖”荣誉称号。

【海宁教师在全国大赛获奖】　12 月 18～21 日，第七届全国高中信息技术与课程整合优质课大赛暨现代教育发展论坛在吉林省长春市举行，来自全国26个省、市、自治区600多名教育专家、教师参加比赛。海宁市选派的6名教师参赛，其中叶挺、魏志强、范晓敏、王丽琴、王波5人获一等奖，1人获二等奖。

（市教育局）

改善办学条件

【概况】 2009年，全市教育经费总投入9.45亿元，比上年增长4.2%，人均教育经费投入1,445.47元，增长3.4%，其中国家财政性教育经费7.04亿元，增长3%，国家财政性教育经费支出占全市国内生产总值的1.89%。财政预算内教育经费拨款5.8亿元，增长7.9%；全市征收用于教育的税费1.24亿元；全年事业收入1.62万元；财政预算内教育经费支出占财政支出的比例为27.15%，提高0.09个百分点。

全年累计基建投入7695万元，竣工校舍12,194平方米。投资903万元、建筑面积6589平方米的钱塘江学校改造工程于秋季投入使用。长安镇中心小学、庆云中心小学、南苑中学、斜桥镇中心小学等4所学校塑胶田径场于秋季投入使用。中等职业学校教学实习仪器设备资产总值3,251.9万元，比上年增加339.4万元。基础教育学校教学仪器设备资产总值1.01亿元，图书藏量186.16万册，其中普通中学104.55万册、小学81.61万册，生均图书分别为29.11册、19.32册。中等职业学校图书藏量17.50万册，生均15.11册。全年教育装备投入经费1769万元，添置计算机2000台，多媒体设备700套。全市中小学有计算机11,513台，其中普通中学6663台，每5.39名学生拥有一台；小学4850台，每8.71名学生拥有一台。全市中心小学以上学校均建立校园网。中等职业学校有多媒体教室座位数1598个，其中普通中专450个、成人中专560个、职业高中300个、教育园区120个，技工学校168个。有计算机2145台，其中普通中专302台、成人中专188台、职业高中846台、教育园区359台，技工学校450台。紫微初级中学建筑方案设计通过评审。3月18日，全省中小学幼儿园安全工作会议暨师生应急避险演练现场会在海宁召开，与会代表现场观摩海宁市南苑小学师生应急避险疏散演练。

【启动校舍安全工程】 根据国务院办公厅《关于印发全国中小学校舍安全工程实施方案的通知》、浙江省人民政府办公厅《关于印发浙江省中小学校舍安全工程实施方案的通知》精神，市政府印发《海宁市中小学校舍安全工程实施方案》，建立分管副市长朱海英任组长的领导小组，明确市各有关部门职责，建立办公室，落实专职人员。根据《浙江省中小学校舍安全排查鉴定工作方案》，对全市公办和民办、教育系统和非教育系统的81所学校（含14个小学教学点）进行校舍安全排查鉴定，涉及建筑单体613幢，总面积899,958平方米。对校舍场址安全，校舍建筑安全（抗震安全、结构安全、消防安全、防雷安全）进行排查。经排查鉴定，全市有C级（指部分承重结构承载力不能满足正常使用要求，局部出现险情，构成局部危房）房屋9761平方米、D级（指承重结构承载力已不能满足正常使用要求，房屋整体出现险情，构成整幢危房）房屋9475平方米。根据要求，结合市中小学校舍现状和《海宁市中小学布局规划》，制订《海宁市中小学校舍安全工程加固改造规划》，其中2009年为5所学校，规划新建校舍29,635平方米，投资4696万元。

（张国松）

社会力量办学

【概况】 2009年，全市有民办学校36所，其中全日制学校6所（含3所新居民子女学校），培训机构15所，幼儿园15所。

按照《中华人民共和国民办教育促进法》和《海宁市民办培训机构审批管理规定》，年内，新批5所民办培训机构，分别是海宁市英卓教育培训学校、海宁市哈里森外语培训学校、海宁市树人培训学校、海宁市新华艺术培训学校、海宁市智慧树培训学校。5月，配合民政部门做好民办非企业年检工作。年底下发《关于换发民办学校办学许可证的通知》，办理换证工作。

（陈海锋）

教育科研

【概况】 2009年，全市教育系统各级各类课题立项449项，其中海宁市级课题373项、嘉兴市级课题66项、浙江省级课题10项。有226项教育科研课题结题，其中海宁市级课题168项、嘉兴市级课题53项、浙江省级课题5项。市教育局被省教育厅评为浙江省重视教科研先进单位，实验小学被评为“浙江省教育科研先进集体”，实验幼儿园教育集团周勤被评为“浙江省教育科研先进个人”。实验小学、南苑小学、海宁职业高级中学、海宁技工学校被命名嘉兴市优秀教科研基地。42所学校被评为海宁市教育科研先进集体，63名教师被评为海宁市教科研先进个人；市教科组织所教师参加浙江省中小学心理健康教育教师B、C级资格证书认证，106名教师获得C级资格证书，47名教师获得B级资格证书。

【全省“网络教研专题研讨会”在海宁举行】 5月13～15日，由浙江省教育厅教研室主办、海宁市盐官镇丰士中心小学承办的浙江省“网络教研专题研讨会”在海宁召开，来自全省各地的300多名教育专家和骨干教师参加。丰士中心小学教师顾新峰和52名学生进行“魔灯”课堂教学展示，海宁市教师进修学校校长钱金明作《以网络教研开创校本研修新天地》报告。

【省小学科学新课程培训在海宁举行】 8月18日，浙江省小学科学新课程“疑难问题解决”培训活动在海宁市实验小学举行。

图118 5月14日，浙江省网络科研专题研讨会课堂教学展示在丰士中心小学举行

来自全省各地200多名小学科学教师参加。浙江省教坛新秀、海宁市实验小学副校长姚伟国为与会教师上了小学科学《我们来抽丝》示范课。

【"推进学习设计，提升学习效能"项目展示】 12月8～9日，由上海愉快教育研究所、海宁教师进修学校主办的"推进学习设计，提升学习效能"项目展示活动在海宁教师进修学校附属小学举行，上海静安区教育局局长陈宇卿、上海愉快教育研究所所长刘正言、海宁市教育局和教师进修学校领导出席，来自上海、海宁200余名教师参加。

【承办嘉兴市小班化教育教学研讨会】 5月20日，嘉兴市教育局、嘉兴教育学院、嘉兴市教育研究院在海宁市桃园小学召开嘉兴市新课程背景下小班化教育教学研讨会。嘉兴市教育局、嘉兴教育学院及嘉兴市五县市两区教育局领导以及小学校长代表50多人参加。

【组织参加全国信息技术与课程整合优质课大赛】 11月21～23日，市教科所组织46名教师参加在南京市举办的全国第七届高中、初中和小学信息技术与课程整合优质课大赛。赛前组织参赛教师培训，27名教师获一等奖，19名教师获二等奖。市教师进修学校获优秀组织奖。

表41　2009年中小学生省级以上学科竞赛获奖情况一览

名　称	获奖等第	获奖人数
2009年全国高中数学联合竞赛	省二等奖	2
第二十届"希望杯"全国数学竞赛	全国一等奖	3
2009年全国高中数学竞赛	省三等奖	1
第二十六届全国物理竞赛	全国二等奖	1
	全国三等奖	7
	省一等奖	2
	省二等奖	4
	省三等奖	6
第二十三届全国化学竞赛	A组省二等奖	2
	A组省三等奖	1
	B组省一等奖	1
	B组省二等奖	5
	B组省三等奖	15
2009年浙江省高中生物学竞赛	A组省三等奖	2
	B组省一等奖	3
	B组省二等奖	9
	B组省三等奖	10

（续表）

名　称	获奖等第	获奖人数
2009 体验西澳——浙江省高中英语口语大赛	省一等奖	1
	省二等奖	3
2009 年全国中学生“语文报杯”作文大奖赛（初中组）	全国特等奖	1
	全国一等奖	1
	全国二等奖	6
	省特等奖	9
	省一等奖	6
	省二等奖	9
2009 年全国中学生“语文报杯”作文大奖赛（高中组）	全国一等奖	2
	全国二等奖	1
	省特等奖	11
	省一等奖	13
	省二等奖	16
全国第十一届“新视野杯”中学生语文阅读竞赛（初中组）	省一等奖	6
	省二等奖	12
	省三等奖	21
全国第十一届“新视野杯”中学生语文阅读竞赛（高中组）	省一等奖	1
	省二等奖	2
	省三等奖	3

说明：A 组为重点中学，B 组为普通中学。

表 42　2009 年教师省级以上教学评比获奖情况一览

名　称	获奖等第	获奖人数
浙江省“三项教学评比”（教学论文）	省一等奖	3
	省二等奖	2
	省三等奖	8
浙江省“三项教学评比”（课堂教学）	省一等奖	1

（高力攀）

［编辑：王国坚］

文　化

Culture

综　述

2009年，举办“农村文化成果展示年”系列活动，包括海宁市第三届农村文化艺术节、各镇（街道）“种文化”进城文艺展演活动等十大项33场活动，展示近年农村文化建设成果。举办海宁市第三届“潮乡百灵”歌手擂台赛决赛、海宁市庆祝国庆60周年暨海宁市艺术团成立文艺晚会和“红色经典电影展映周”等文艺演出系列活动。举办各类文化下乡活动150场，农村电影“2131”（即21世纪1个村1个月放1场电影）放映2315场，观众401,065人次；举办各类培训班168期，培训人员5485人次；举办各类文化展览活动59次，讲座11次，参与人数10万余人次。

在国家级刊物发表作品7件，省级15件，地市级30件。越剧《西天的云彩》赴北京大学百年大讲堂、天津中国大戏院、天津音乐学院剧场演出。市艺术团舞蹈《车水欢歌》在浙江省首届艺术团汇演中获中老年组演出和创作金奖，《形体恰恰》获浙江省第三届排舞大赛金奖。袁花镇民歌表演唱《思情山歌》获浙江省新人新作音乐大赛三项银奖；黄湾镇舞蹈《拷花头巾·水乡女》、袁花镇《梨花雨》获两项铜奖。

开展“星级文化阵地”评创，评出镇、街道五星级文化阵地1个、四星级文化阵地2个、三星级文化阵地3个，村（社区）五星级文化阵地7个、四星级文化阵地55个、三星级文化阵地71个。盐官镇等8个镇、街道被评为农村文化阵地管理工作先进集体一等奖，斜桥镇等4个镇、街道被评为农村文化阵地管理工作先进集体二等奖。出台《关于进一步加强镇（街道）综合文化站建设的实施意见》，加强镇、街道综合文化站建设，盐官镇被浙江省文化厅列入浙江省综合文化站试点单位。做好镇文化站评估定级工作，盐官镇综合文化站、周王庙镇综合文化站被定为特级站。周王庙镇图书馆分馆建成开馆。许村镇联盟村成功创建省级文化示范村（社区）；海昌街道东郊社区、金利社区，海洲街道南郊社区，许村镇联盟村，尖山新区（黄湾镇）黄山村，周王庙镇长山村6个村（社区）创建嘉兴市村（社区）文化示范中心。

完善非物质文化遗产（简称“非遗”）名录体系，新增国家级非遗传承人3名，省级非遗项目6个、非遗传承人7名、优秀民间文艺人才12名，嘉兴市级非遗项目6个、传承基地8个、传承人13名，海宁市级非遗代表性传承人20名，保护传承基地5个，第二批非遗项目21个。完成《钱江观潮习俗》和《五梅花》第三批国家级非遗项目申报工作。加大非遗传承人关心保护力度，落实传承人“三必访、五必报”制度和传承人

表 43 2009 年著作成果一览

作品名称	形式	字数（万）	作 者	出版时间与出版社
草上的露珠儿	文集	21	柴草著	2009 年 1 月山西出版集团三晋出版社
汶川——挺起中国的脊梁	文集	16	孙亦飞著	2009 年 1 月艺术与科学电子出版社
海宁佛教	文集	8.5 印张	海宁市佛教协会编	2009 年 2 月宗教文化出版社
海宁汉画像古墓研究	文集	22	黄雅峰著	2009 年 4 月浙江大学出版社
海宁方言志	文集	42.2	海宁市史志办公室、海宁市史志学会编	2009 年 4 月浙江人民出版社
陈乃乾文集（上下集）	文集	33.75 印张	陈乃乾著、虞坤林整理	2009 年 4 月国家图书馆出版社
山河人文旅记	文集	12	苏兴良著	2009 年 4 月广西师范大学出版社
海宁硖石灯彩	图文集	5.5 印张	虞铭华、王珏主编	2009 年 5 月浙江摄影出版社
海宁市社会主义时期党史专题集	文集	20.6	海宁市史志办公室编	2009 年 6 月中共党史出版社
血色潮乡——海宁抗战八年纪事	文集	21.1	海宁市史志办公室编	2009 年 6 月中共党史出版社
2008 年浙江海宁金庸小说国际学术研讨会论文集	文集	23.75 印张	王敬三主编	2009 年 7 月中国文史出版社
论剑桃花岛	文集	45	王敬三主编	2009 年 7 月中国文史出版社
印顺法师佛学著作全集（13 册）	文集	401 印张	印顺著	2009 年 8 月中华书局
士兵突围	文集	9 印张	施建平著	2009 年 9 月中国文联出版社
海宁文丛（诗歌卷）	诗歌	29 印张	海宁市文学艺术界联合会编	2009 年 9 月中国文联出版社
中国共产党浙江省海宁市组织史资料（第四卷）	文集	85	中共海宁市委组织部、海宁市史志办公室编	2009 年 9 月中共党史出版社
海龙诗词选	诗词集	22	周执中著	2009 年 9 月中华诗词出版社
金庸作品集	文集	379.1 印张	金庸著	2009 年 9 月广州出版社
海宁年鉴	文集	78.8	海宁市史志编纂委员会编	2009 年 10 月方志出版社
吴世昌文集（5 册）	文集	136	吴令华主编	2009 年 10 月山西出版集团三晋出版社
海昌外志（点校本）	文集	34.6	〔明〕谈迁著、《海宁珍稀史料文献丛书》编委会整理	2009 年 11 月方志出版社
海之歌（上下集）	文集	117	朱祖贻主编	2009 年 12 月香港中国文化出版社
陆小曼未刊日记墨迹	文集	24.5	陆小曼著、虞坤林编	2009 年 12 月山西出版集团三晋出版社
陆小曼文存	文集	25	陆小曼著、柴草编	2009 年 12 月山西出版集团三晋出版社
海宁市卫生志	文集	44.1	海宁市卫生志编委会编	2009 年 12 月中国文史出版社

发放政府津贴政策，对23名传承人发放补助津贴46,000元。实施学徒补助政策，组织9对非遗师徒签订师徒协议书。加大重点项目抢救保护力度，9月起，开展皮影戏传统剧目的录音录像工作。征集和保护非遗实物资料，建立非遗捐赠机制，皮影戏国家级传承人王钱松、徐二男分别将皮影戏影偶和皮影戏表演道具捐赠给海宁市非遗中心计千件。非遗工作接受国家文化部督查，完成省文化厅对第四批民族民间艺术之乡候选单位——海宁市斜桥镇，浙江省非物质文化遗产传承教学基地候选单位——海宁市职业高级中学、海宁市斜桥镇中心小学的检查。春节（元宵节）、清明节、端午节、中秋节等民族民间传统节日开展各类民俗文化活动，其中2009年元宵硖石灯会吸引20余万名群众赏灯。

（钱海娟　王国坚）

专业文化

【海宁市越剧团】　全年赴外地演出103场，演出收入70万元；举办文化下乡演出100场。4月10～15日，越剧《西天的云彩》在北京大学百年大讲堂、天津中国大戏院、天津音乐学院剧场演出，第一次登上大学校园舞台。

【海宁市新华影剧有限责任公司】　全年共放映电影642场，观众29,143人次，放映收入39.5万元，发行收入3.7万元。全年接待剧团演出73场，观众38,855人次，分成收入15.6万元。开展文化下乡活动（农村电影“2131”工程），放映电影418场，观众10万多人次。

【海宁籍青年编剧于正新剧开拍】　8月7日，海宁籍青年编剧于正的最新作品《美人心计》在横店影视城开拍，于正第一次作为编剧兼制作人和艺术总监。该剧由小说《未央·沉浮》改编，是描写汉室后宫尔虞我诈、斗智斗勇的宫廷戏，由林心如、陈键锋担任主演。

（李如月　王国坚）

社会文化

【2009新春音乐会】　1月17日，“春天的祝福”——2009新春音乐会在市文化馆剧场举行，上海轻音乐团献演15个经典曲目。

【海宁市农村“种文化”进城文艺展演】　8月21日～9月1日，由海宁市农村文化建设领导小组主办，各镇、街道和市文化广电新闻出版局承办的海宁市农村文化成果展示年“种文化”进城文艺展演在市体育场举行，各镇、街道进城演出12场、演员1847人、演出节目164个，投入资金60余万元。

【“第三届农村文化艺术节”排舞大赛】　10月11日，海宁市农村文化成果展示年“第三届农村文化艺术节”排舞大赛在海昌街道硖西社区文化活动中心举行，全市各镇、街道的15支排舞队、240余人参赛。周王庙镇排舞队获一等奖。

【海宁通过国家三类城市语言文字工作评估】　11月17～18日，国家三类城市语言文字工作评估团对海宁进行两天的评估考查，认定海宁市达到国家三类城市语言文字评估标准，准予通过。海宁市积极构建与城市发展相协调的语言文字环境，加强经济发展的软环境建设，以城市为中心，抓重点领域，发挥党政机关龙头作用、新闻媒体示范作用、

图 119　11 月 17 日，国家三类城市语言文字工作评估团到海宁日报社进行评估考查

学校基础教育作用、公共服务行业窗口作用，通过开展推广普通话宣传周、普通话水平测试、城市语言文字评估等活动，不断提高公众语言文字规范化意识和应用水平。

【海宁市第三届“潮乡百灵”歌手擂台赛】 6～9 月，举行“歌唱祖国·唱响红色经典——庆祝新中国成立 60 周年”海宁市第三届“潮乡百灵”歌手擂台赛，共举行 8 场初赛、3 场复赛和 1 场决赛，400 余人参与。

【新中国成立 60 周年·红色经典电影展映周活动】 9 月 23～29 日，在海宁市体育场举办庆祝中华人民共和国成立 60 周年·“红色经典”电影展映周活动，连续 7 天放映《南征北战》、《地道战》、《铁道游击队》、《上甘岭》、《英雄儿女》、《渡江侦察记》、《开国大典》7 部红色经典影片，千名群众观看。

【农村文化阵地管理员才艺大赛】 10 月 25 日，由市农村文化建设领导小组主办的农村文化阵地管理员才艺大赛在袁花镇文化中心广场举行。全市 12 个镇、街道 170 名文化阵地管理员登台展示才艺。

【农村文化书法大赛】 11 月 27 日，“海宁市第三届农村文化艺术节”农村文化书法大赛展暨颁奖仪式在周王庙镇文体中心举行。农村文化书法大赛收到 38 位参赛者 61 幅作品。评出金奖 2 名、银奖 4 名、铜奖 6 名、优秀奖 26 名。

【举办“农村文化成果展示年”培训班】 4～7 月，举办海宁市“农村文化成果展示年”培训班 9 个 30 期，培训内容有排舞、群文活动组织策划、舞台化妆、文化信息资源共享工程、群文理论研讨、声乐、摄影、民间艺术、戏曲，全市各镇、街道及盐官景区文化站干部，农村文化阵地专职管理员，农村文艺骨干，文艺爱好者和部分中小学生参加。

【石路小学江南丝竹队在民族乐器大赛上获奖】 1 月 30 日，硖石街道石路小学江南丝竹队在香港参加第一届亚洲“小演奏家”音乐节暨华夏民族乐器大赛总决赛，与来自全国 15 个省、市、自治区的 500 多名选手角逐，获得业余组亚军、专业组第三名。学生程喆曦、徐淑清分获扬琴独奏亚军、古筝独奏第三名。

图 120　中英双语舞台剧《罗密欧与朱丽叶》剧照

【中英学生双语演绎《罗密欧与朱丽叶》】 8 月 13 日，在市文化馆，由市技工学校艺术专业学生与英国普利茅斯市学生合作演绎了莎士比亚名剧《罗密欧与朱丽叶》。该剧由英国导演娜塔莎执导，两国学生用中英两种语言同台演绎。15～24 日，该剧在普利茅斯市展演。自 2007 年嘉兴和普利茅斯建立友好关系以来，两市的文化交流十分密切，该剧的演出作为中英文化交流活动的一种全新尝试。

【朱敏获《梦想剧场》冠军】　1 月 13 日，盐官镇桃园村东风组的业余歌手朱敏，参加央视三套《梦想剧场》节目比赛。朱敏模仿歌手阿杜表演，得到全场观众和评委一致肯定，获得《梦想剧场》2009 年第二期冠军。朱敏从小爱好唱歌，毕业后成为盐官镇文化站的文艺骨干。

【海宁市艺术团成立】　9 月 29 日，海宁市艺术团成立。该艺术团是公益性的业余文艺表演团体，由市文化广电新闻出版局主管，演出种类以歌舞为主，兼及小戏、小品、曲艺等。每年创作一定数量的文艺精品，参加浙江省、嘉兴市级以上的比赛、展演。2009 年参加世界轮滑锦标赛开幕式文艺晚会、中国·海宁徐志摩诗歌节暨颁奖晚会、国庆 60 周年暨艺术团成立晚会等多项大型演出。新创舞蹈《车水欢歌》获浙江省首届艺术团（队）民族、民间乐团大赛创作金奖和表演金奖。

【《花拷头巾·水乡女》等获省“群星奖”】 11 月 14～15 日，浙江省“群星奖”舞台舞蹈比赛在温州举行。尖山新区（黄湾镇）舞蹈《拷花头巾·水乡女》获舞蹈创作、舞蹈表演和音乐创作三项银奖。袁花镇《梨花雨》获舞蹈创作、舞蹈表演两项铜奖。

【《思情山歌》获浙江省第八届音乐新作演唱演奏银奖】　11 月 25～26 日，浙江省第八届音乐新作演唱演奏大赛在舟山举行。袁花镇民歌表演唱《思情山歌》获创作、表演、辅导三项银奖。

【第二届端午节裹粽子比赛】　5 月 27 日，由市农村文化建设领导小组联合市文化广电新闻出版局、许村镇人民政府在永福村举办海宁市第二届端午节裹粽子比赛，有经村、社区预赛和镇复赛选拔产生的 12 个家庭参赛。

（李如月　王国坚）

文物博物

【概况】 2009年，对全市业余文保员队伍进行调整，全面开展省级历史文化名城的申报工作，开展对历史街区、文保单位的维修工作，完成历时两年的第三次全国文物普查野外调查，并对小兜里遗址、西殳山遗址等五处遗址进行抢救性考古发掘。年内，除对全市文物保护单位及文物保护点等进行季度检查外，还先后两次由市文广局分管局长带队联合进行安全检查。对古遗址盗掘、遗址上建筑及土地征用没有手续等问题，及时作出整改通知，确保历史文化遗产安全。围绕“博物馆与旅游”、“保护文化遗产，促进科学发展”主题，在“5·18”国际博物馆日和“6·10”世界文化遗产日开展系列文物保护宣传活动。举办第三次全国文物普查成果展，制作《文物保护法》展板，在市区、各镇（街道）及盐官观潮景区展出。开展文博知识现场咨询，进行有奖问答互动。举办“良渚文化在海宁”专业知识讲座，为斜桥中学、斜桥中心小学、盐官安澜小学举办文博知识进校园活动。通过报纸、电视、广播等媒体，宣传文物保护重要性。

【调整业余文保员队伍】 3月，对全市业余文保员队伍进行调整。召开全市文保员工作会议，对调整后的50名业余文保员发放工作证及聘书，明确业余文保员的工作职责、责任区域。与各镇、街道文化站签订文物保护目标管理责任书。通过业余文保员的举报，及时制止多起文物遗址盗掘行为，依法进行处罚与教育，遏制盗掘文物案件的发生。

【省级历史文化名城申报】 6月，市委、市政府出台《关于海宁市申报浙江省历史文化名城的实施意见》。将历史文化名城申报工作逐条细化，并对相关部门进行分组，每项任务分解落实到具体部门。文化、规划等部门对全市文保单位保护范围及建设控制地带进行调整。8月编制出版《海宁市各级文物保护单位保护范围及建设控制地带图集》，至年底完成名城申报材料初稿。

【小兜里遗址等抢救性考古发掘】 4～7月，浙江省文物考古研究所与海宁市博物馆组成联合考古队，对位于海昌街道火炬村7组小兜里遗址进行考古发掘工作。遗址主体原为东西长约150米、南北宽约40米、高出周边水田约1.5米的长方形土墩。发掘面

图121 小兜里遗址发掘现场

积 940 平方米，清理崧泽晚期——良渚文化墓葬 19 座，出土陶、石、玉、牙、漆器等 273 件（组），包含有玉钺、玉镯、玉梳背、玉璜和玉珠等较多的良渚文化玉器，其中 8 号墓出土管珠达 196 件。10～12 月，联合考古队对遗址进行第二期考古发掘，在遗址西部已探明的 1200 平方米分布范围内发掘面积 900 平方米，至年底，发现并清理崧泽晚期——良渚文化墓葬 7 座，灰坑 5 个，出土陶、石、玉器等 80 多件。小兜里遗址是近年来嘉兴地区少见的有较高规格与形制的良渚文化时期遗址之一。

【第三次全国文物普查野外实地调查】　海宁市第三次全国文物普查野外实地调查阶段于 2007 年 9 月正式启动，至 2009 年 7 月完成。市政府成立由分管副市长任组长的普查领导小组，设立市普查办，由文物部门抽调业务骨干，组成了两支普查队。普查过程中，做到行政村及自然村覆盖率 100%。共调查登记不可移动文物 491 处，其中新发现 330 处、复查 161 处；列入一般登记表册的 491 处，消失文物登记 12 处。12 月 10～11 日，海宁市第三次全国文物普查实地文物调查阶段通过浙江省第三次全国文物普查领导小组办公室验收。

【文物维修】　2009 年，完成省级文物保护单位陈阁老宅（东路及旗杆斗）、长安汉画像石墓，市级文物保护单位仰山书院以及国家级文物保护单位海神庙日常维修工作。启动省级历史文化街区——南关厢的维修工作，并派驻联络员加强维修中的文物保护工作，其中南关厢历史街区总计投入资金约 1.75 亿元，分两年实施完成。维修工作严格遵循“不改变文物原状”和“修旧如旧”原则进行。

【袁花出土完整明代铜镜】　10 月上旬，在嘉绍高速公路袁花镇镇东村段施工时，施工人员在“马家坟”处发现一座大型墓葬。省文物考古研究所和市博物馆工作人员对该墓葬进行抢救性清理，该墓葬为南北向墓葬，墓圹长 6.8 米，宽 5.2 米，高 2.5 米，分左右两个墓室，都为长方形，为明代墓葬，距今约 500 年历史。考古人员抢救性发掘出一面直径为 18.5 厘米的铜镜和一支涂金铜质发簪，为海宁发现的最完整的明代铜镜，该古墓的发现，对研究明代时期海宁一带的墓葬风俗具有重要价值。

（沈星舫　王国坚）

图书事业

【海宁市图书馆】　2009 年，共接待读者 445,028 人次，新增借阅证 6406 张，新增图书 55,314 种 104,168 册，征订报纸杂志 1618 册，装订报纸 525 册、杂志 3393 册，收集地方文献 285 册，接收赠送图书文献 1235 册。修补图书 1375 册次，修补（含装订）古籍 16 册。文化信息资源共享工程放映影视片 80 场次、观众 1666 人次，接待共享工程免费查询 297 人次。举办“紫微讲坛”10 期，听众 2300 余人次。流通书库流通点 21 个，送书 80 次、164,328 册，其中盐官分馆开通 3 个流通点，涵盖村级和乡镇企业，送书 16 次、3200 册次。编辑网络文摘 4 期，出刊《水仙阁》4 期。开展“纪念建国 60 周年知识竞赛”、“我最喜爱的一本书”、“到图书馆多借书”活动，举办“科学发展共建和谐”图片展、“健康生命美好未来”图片展、“国事盛典·文化印证”图片展、旅游门票中的风景——旅游门票展、第二届“中秋灯谜会”8 次活动，参加者 3700 余人次。

【市图书馆周王庙分馆开馆】 参见第393页周王庙镇分目相关条目。

【海宁市新华书店有限公司】 全年实现销售收入5,844.2万元，比上年增长10.0%；实现利润590.8万元，增长1.5%；实现所有者权益5173万元，增长12.3%。公司劳动生产率81.17万元，人均创利8.21万元，全市人均购书费90.18元。全年送书下乡、流动供应191次，出动人员1220人次，发行图书7.6万册，销售收入113万元。全年总计发行图书233万册。策划各类卖场活动40多项，其中深入学校开展"春天里的阅读，智慧的开启"和"阅读伴我成长"读书活动，销售收入达99.1万元。为满足读者需求，图书品种从年初的5.5万种增加到7.4万种，其中社科类新增3200种、文艺类新增4000种、科技类新增1600种。改善购书环境，解决读者停车难问题，投资30余万元对干河街门市部实施店面装修、购书中心大楼店招亮化工程和停车场改造；投资310万元在洛隆路征地4,666.7平方米，第一期建造的2000平方米教材仓库投入使用。

（李如月　王国坚）

非物质文化遗产保护

【概况】 1月19日至2月12日，第十届马斯喀特艺术节在中东阿曼苏丹国首都马斯喀特举行。"海宁皮贴画"和灯彩刺片作为中国民间传统文化手工艺品参展，皮贴画艺人徐荣应邀参加。

2月9~23日，"硖石灯彩"作为浙江省4个参展项目之一参加由文化部在北京展览馆举办的中国非物质文化遗产技艺大展。"龙舟灯"、"品字亭灯"、"紫微阁灯"、"聚宝盆灯"、"采莲船灯"五盏大型灯彩参展。展后，"品字亭灯"和"龙舟灯"被文化部收藏于中国非物质文化遗产保护中心。

6月13~14日"文化遗产日"期间，举行非遗技艺大展、非遗保护传承教育基地签约、"薪火相传"师承签约、非遗保护专家组成立仪式暨非遗保护座谈会、皮影戏专场演出等一系列非遗保护活动，宣传海宁非遗知识。

6月22日，省人民政府公布第三批浙江省非遗名录和第一批浙江省非遗扩展项目名录、第二批浙江省非遗扩展项目名录。海宁市的"何文秀传说"、"五梅花"、"斜桥榨菜制作技艺"、"钱江观潮"习俗、"元帅庙会"、"云龙村蚕桑生产民俗"、海宁"摊簧"7个非遗项目榜上有名，全市省级非遗名录增至9个（海宁皮影戏、硖石灯彩两个项目已被列入第一批省级非遗名录）。

7月25日~8月22日期间，每周五、周六晚，市文化广电新闻出版局在市区社区举办9场"快乐你我他"周末纳凉晚会·海宁皮影戏专场演出。海宁硖石灯彩有限公司于9月12日~10月4日应邀参加在香港举办的"中国民间艺术展览会——中华彩灯展"以及"中国花灯耀香江——中华彩灯展览"活动。

9月23日，浙江省文化厅公布第三批省级非遗项目代表性传承人名单，海宁市有6名传承人入选：硖石灯彩传承人沈祖生、宋振华，五梅花传承人沈少耕、谢云松，斜桥榨菜传承人于桂龙，钱江观潮习俗传承人金又波。9月30日，周王庙镇云龙村蚕桑生产民俗作为"中国蚕桑丝织技艺"子项目，被联合国教科文组织列入"人类非物质文化遗产代表作品录"。

【2009年硖石灯会】 2月8~13日，海宁市举办2009年元宵硖石灯会、由海宁市人民政府主办，市委宣传部、市文广局承办，

市文联硖石灯彩研究会协办。灯展主会场设在西山公园南坡，设置大型彩牌灯楼1座、大中型摆灯21组，挂灯、地灯、荷花灯、走马灯、生肖灯、气氛灯近千盏。在市区各政府机关、企事业单位、主要公共服务窗口及市文化馆、博物馆、图书馆和市区主要道路沿线，悬挂硖石灯彩、工艺品灯、气氛灯等。参与活动的硖石灯彩研究会会员20多名，组成8个临时灯彩制作组，50余名灯彩艺人参与制作。吸引20余万名群众前来赏灯，营造喜庆祥和的节日气氛。

【海宁非遗保护专家组成立】 6月13日，海宁市非遗保护专家组成立。专家组12人，包括顾问2人、成员10人。

【实施非遗“师徒带教工程”】 为促进海宁市非遗的传承发展，提高传承人的技艺水平，市文化广电新闻出版局牵头实施“师徒带教工程”，在代表性传承人和年轻学徒之间开展“传教、学艺”师徒结对活动。6月13日，9对非遗师徒签订师徒协议书。协议明确师徒双方在未来5年内的责任和义务，在传承人和学徒学习目标、技艺传授及考核、教学补助等方面制订详细而科学的条款。

【海宁皮影戏传统剧目录音录像工程】 9月，海宁皮影戏传统剧目录音录像工程正式启动，计划用3年时间，分阶段地将150出海宁传统皮影戏进行全面录制，对所有唱词、曲谱整理记录备案。

【胡金龙获“中国十佳民间艺人”称号】 在10月16~25日举办的第三届中国民间艺人节上，中国民间艺人节组委会采取专家评选和市民投票的方式评选产生“中国十佳民间艺人”，海宁市硖石灯彩艺人胡金龙成为浙江省唯一获此荣誉的民间艺人。

【市非遗保护工作接受文化部督察】 12月21日，由文化部社会文化司副司长王建刚带队的文化部非遗保护督察组对海宁市非遗保护工作进行督察。督察组实地查看海宁职业高级中学“硖石灯彩”传承教学基地，对学校保护传承非遗工作的做法给予充分肯定，并召开非遗代表性传承人座谈会。

【硖石灯彩“双耳花瓶灯”获“金凤凰”金奖】 3月26~29日，由中国工艺美术行业主办的第四十四届全国工艺品、旅游纪念品暨家居用品交易会在江苏扬州举行。海宁硖石灯彩36件作品参展，其中胡金龙、孙杰创作的“双耳花瓶灯”荣获中国美术工艺美术行业最高奖——2009年“金凤凰”创新产品设计大赛金奖。

【硖石灯彩“龙舟灯”荣获中国工艺美术精品奖银奖】 10月29日~11月2日，硖石灯彩18件作品和戴云祥微刻书法8件精品参加第十届中国工艺美术大师作品暨国际艺术精品博览会。硖石灯彩“龙舟灯”荣获2009“天工艺苑·百花杯”中国工艺美术精品奖银奖，微刻作品获铜奖。

（李如月　李力　王国坚）

文化（音像）市场及管理

【概况】 2009年，全市共有文化经营单位650家，其中歌舞娱乐场所44家、电子游戏场所8家、网吧67家、音像制品零售53家、电影放映5家、图书出版物经营单位81家、演出经营单位14家。新增文化经营单位45家，其中音像制品零售3家、歌舞娱乐场所5家、图书出版物经营单位6家。审批审核演出8批次。全年出动文化市场执法检查267次，其中文化、工商、公安等部门联合执法检查57次，出动执法人员1519人次，检查各类文化经营单位（户）3491家次，查获违法经营单位（户）43家次，立案查处28件，办结案件28件其中停业整顿1家、吊销许可证1家，罚款19.4万元。依法收缴非法音像制品19,990盘、非法书报刊8532册，查缴具有赌博功能电子游戏机8台、游戏机电路板218块，查获外来非法大篷车演出8次，取缔无证网吧45家、无证电子游戏室63家、无证出版物经营点110个。文化监管软件“净网先锋”服务器全年占线率达94.16%，客户安装率92.18%，居全省前列。

加强文物保护和执法力度，出动执法人员116人次，对全市232处各级文物保护单位和文物保护点进行检查，建立资料，拍照存档。查处1件未经批准在文物保护单位保护范围内进行挖掘作业案件，罚款5万元，并依法移送司法机关追究当事人的刑事责任。海宁市文物监察大队被省文物局评为2009年度全省文物行政执法监察工作成绩显著单位。11月下旬，海宁市歌舞娱乐行业协会举行会员大会，选举产生第三届海宁市歌舞娱乐行业协会理事会。

【“扫黄打非”专项行动】　开展“扫黄打非”专项行动。市文化、公安、工商、城管等部门联合开展“扫黄打非”集中行动4次，专项整治行动3次。6月上中旬，在海宁市建材市场广场集中销毁违禁物品电子游戏机806台、游戏机电路板450块、非法音像制品62,576盘（盒），盗版图书21,633册送造纸厂化浆。

【义务监督员队伍建设】　成立由63名镇、街道分管领导、文化站干部、广电站记者组成的镇、街道文化市场义务监督员队伍，同时成立由12名“老干部、老战士、老专家、老教师、老劳模”组成的“五老”文化市场义务监督员队伍，通过业务知识和岗位培训，取得文化市场义务监督员资格。

（谈雪锋）

出版物市场与版权保护

【概况】　2009年，全市有印刷、制版、打字复印企业378家，其中新批31家；全市图书出版物经营单位81家，海宁市邮政系统共有32个报刊亭、店，门店总数113个，从业人员527人，资产总额7500万元，销售额5845万元，利润总额685万元，销售图书、报刊865万册。

【家纺行业花样版权保护工作】　为遏制家纺行业花样版权侵权行为，做好家纺行业花样版权保护工作，成立海宁市家纺行业花样版权保护管理办公室，出台印发《关于加强家纺产业知识产权保护工作的若干意见》、《海宁·中国家纺装饰城纺织品花样版权登记管理保护办法》。市文化广电新闻出版局、工商局、科技局等部门共同参与家纺行业花样版权保护工作。

【版权保护宣传】　3月15日，在市区华联广场开展“消费者权益保护日”宣传活动，宣传使用正版音像制品、图书出版物等知识；4月26日，在中国家纺城广场与市科技、工商、文化等部门联合举办“保护知识产权宣传周”活动，开展家纺行业花样版权保护宣传活动；推进企业软件正版化工作，鸿翔集团被浙江省使用软件正版化工作领导小组评为先进单位。

（谈雪锋）

名人纪念馆（故居、旧居）

【徐邦达艺术馆】　2009年，共举办展览11次，接待观众20,320人次，出刊馆刊《心远》1期。举办展览有唐吟方书画展，陈浩师生潮文化诗词书画展，杨芳菲汶川抗震救灾摄影展，陆筱雅杭绣邀请展，章耀、孙海峰水墨画展，海宁市民间收藏交流会，梵音潮声摄影展等。接收上海老画家诸光逵捐赠的徐邦达11封信札手迹。3月，与市政协书画联谊会举办为期半年的市领导书画兴趣班。摘抄、付印整理徐邦达文章、题跋数十件，撰写的徐邦达书法成就文章被《中国书画报》、《书法报》刊登。做好安全保卫工作，3月对馆内的安全监控设备全部进行更换。

【张宗祥书画院】　全年共举办各类书画摄影展览30余次，参观人数2.1万人次，有紫薇印社建社二十周年社员作品展、2009春季文化旅游节书画展、当代青年水墨画家山水作品邀请展暨中国当下美术的现状与创新学术座谈会、当代城市水墨画邀请展等。举办学术讲座、学术研讨会等活动8次，500余人次参与。文艺走廊共举办展览5次，参观人数5000余人次。开展文化志愿者服务，组织11名书画家到马桥街道新塘村，为村民义务送书画。组织书画家到尖山新区、市规划建设局开展廉政书画联谊活动，并赠送书画作品300余件。到新居民子女学校开展丰富多彩的书画辅导工作。宣传张宗祥业绩，挖掘整理张宗祥有关佚文资料。全年开展安全教育8次，进行安全检查10次。

【钱君匋艺术研究馆】　全年共举办大型书画摄影作品展览13次，参观者2万余人次，有艺术大师吴青霞作品展，钱君匋捐赠馆藏名家书法精品展，海宁市庆国庆60周年美术、书法、摄影联展，海宁市纪念地方人大设立常委会30周年书画摄影作品展等。参与市政府接待厅书画的布置工作。举办侯波、徐肖冰摄影作品展，参观者2500余人次。做好AA级旅游景点工作，开辟旅游对外宣传栏，参与旅游推介会。编辑出版《钱君匋捐赠馆藏书画精品集》。

【徐志摩故居】　全年接待参观者14,055人次，收入76,497元。12月25日，歌剧《再别康桥》剧组导演陈蔚率主演薛皓垠（饰徐志摩）、周阳（饰陆小曼）、张海庆（饰梁思成）到徐志摩故居体验生活。

【沈鸿纪念馆开工建设】　由江泽民题写馆名的“沈鸿纪念馆”，是市委、市政府为纪念海宁籍中国科学院院士、著名机械工程专家、联合国世界知识产权组织金质奖章获得者沈鸿而兴建的。该馆投资概算1833万元，建筑面积8300平方米，占地面积2700平方米，于11月7日在海宁市教育园区内动工建设。建成后将陈列沈鸿生平业绩、沈鸿“北京工作室”以及12,000吨自由锻造水压机模型等，以弘扬海宁名人文化，丰富党史和廉政教育内容。

（李　力　王国坚）

名人研究

【概况】　市文联先后举办4场名人研究座谈会，分别为：纪念音乐教育家刘质平诞辰115周年座谈会、纪念著名词学家王高明（王国维之子）逝世40周年学术座谈会、“五四精神与徐志摩——纪念徐志摩逝世78周年座谈会”、纪念杰出国学家吴其昌诞辰

图 122　6 月 20 日，召开纪念音乐教育家刘质平诞辰 115 周年座谈会

105 周年座谈会。

【王国维研究会】　特邀王国维孙女王令之举办《王国维青少年时期在海宁》学术讲座。接待美国普林斯顿东亚系主任、特聘中国长江学者艾尔曼和复旦大学图书馆古籍保护研究中心主任、古籍部主任吴格教授等进行学术交流。举办纪念著名词学家王高明（王国维之子）逝世 40 周年学术座谈会。会员王学海荣获嘉兴市“南湖百杰——嘉兴市文化人才奖”称号，其论文《论越剧的改革探索与创新——对剧本、流派和创新的理论思考》荣获第四届中国“海宁杯”王国维戏曲论文奖三等奖。

【徐志摩研究会】　举行纪念徐志摩 112 周年诞辰座谈会。会长章景曙先后 5 次应复旦大学港澳台办公室邀请，作关于徐志摩的文化讲座。接受海协会对台宣传介绍专题片徐志摩部分的采访并参与拍摄。顾永棣与章景曙先后接受上海电视台《徐志摩与张幼仪》专题片的采访并参与拍摄。章景曙等 5 人参加浙江省中国现代文学研究会年会，其中章景曙当选为副会长、王学海当选为理事。参与第二届徐志摩诗歌节活动，举行“纪念徐志摩逝世 78 周年座谈会”。参与海宁电视台《海宁大讲坛》栏目活动。

【吴世昌研究会】　在海宁高级中学等学校举办关于吴世昌事迹及学术讲座。章景曙在义乌、上海等地多次举办讲座，向前来大陆的台湾同胞宣讲吴世昌等海宁名人事迹及学术成就。在海宁高级中学继续开设有关吴世昌研究的校本课程，新辟“吴世昌纪念室”。编印会刊《吴世昌研究》第二期——《红学研究专刊》。举办吴其昌诞辰 105 周年和逝世 65 周年座谈会。

【金庸学术研究会】　2009 年，重点做好《2008 年浙江海宁金庸小说国际研讨会论文集》和《论剑桃花岛》论文集的编撰工作，7 月由中国文史出版社出版发行。同时做好盐官金庸书院建筑布局的设计工作。3 月 4 日，金庸荣获 2008 年度“影响世界华人终身成就奖”。8～10 月，金庸学术研究会广泛搜集 20 世纪 60 年代至 2009 年有关金庸小说改编成的电影、电视剧及评论文章、制片单位、导演、演员、主题歌曲等原始史料，共计 66 部电影、72 部电视剧，为汇编出版《金庸小说改编影视手册》作准备。研究会会长王敬三应中国武侠文学会的邀请，出席山东省委宣传部举办的首届武侠文学国际学术研讨会。

【沈鸿研究会】　2009年，沈鸿研究会全力促成在海宁教育园区建造沈鸿纪念馆，安排精干力量参与沈鸿纪念馆布展陈列筹备小组，参与沈鸿纪念馆建设方案、建筑图纸论证会审会议、编制布展陈列方案、设计图纸和经费预算，联系上海电气重工集团制作12,000吨自由锻造水压机模型，该模型于9月19日～10月20日在北京展览馆举办的中华人民共和国成立60周年成就展中作为新中国工业建设和科技发展的标志性成就展出。促成中国机械工程学会与海宁市人民政府于5月18日在海宁联合举行“科技活动周启动仪式暨创新科普报告会”。

（李　力　王敬三　王国坚）

［编辑：王国坚］

体　　育

Sports

综　　述

2009年，海宁承办国际级体育赛事1项，国家级体育赛事5项，省级体育赛事6项，嘉兴市级体育赛事4项；市体育局举办竞赛27项、参赛人数4847人次，体育协会举办赛事和活动83项，参加活动人数10,788人次；镇、街道举办体育竞赛68项、培训23次，参加活动人数12,151人次；开展国民体质监测，测试735人；新增体育场地80个，面积34,959平方米。

海宁运动员获国际比赛金牌1枚，获全国比赛金牌9枚、银牌9枚、铜牌3枚，获浙江省比赛金牌44.5枚、银牌45.5枚、铜牌57枚，获嘉兴市比赛金牌97枚、银牌67枚、铜牌76枚。向嘉兴市青少年业余体育运动学校（简称“少体校”）输送运动员5人，向浙江省体育职业技术学院输送运动员9人。

全市新增体育彩票网点10个，累计64个，体育彩票销售额5233万元。

（邹　斌）

竞技体育

【概况】　1名运动员参加国际比赛，获金牌1枚，严诗敏在东亚运动会上获赛艇女子轻量级2000米四人双桨金牌；9名运动员参加全国比赛，获金牌9枚、银牌9枚、铜牌3枚，其中严诗敏在第十一届全国运动会上获赛艇女子轻量级2000米双人双桨和四人双桨2枚金牌；李明获全国射击团体锦标赛金牌1枚；赵莹莹获全国田径大奖赛（济南站）金牌1枚；张平获全国青少年举重锦标赛金牌3枚；冯吕栋获全国举重冠军赛（青年组）金牌1枚；杭敏燕获2009全国山地自行车锦标赛（青年组）金牌1枚。

223名运动员参加浙江省射击、举重、游泳、跆拳道、足球、田径、柔道、皮划赛艇比赛，获金牌44.5枚、银牌45.5枚、铜牌57枚，射击、射箭、田径项目获“体育道德风尚奖”。

306名运动员参加嘉兴市举重、田径、乒乓球、足球、网球、游泳、皮划赛艇比赛，获金牌97枚、银牌67枚、铜牌76枚，其中乒乓球、举重、田径比赛获团体总分第一名，男子足球队、女子足球队分别获得第一；承办嘉兴市中小学生乒乓球、举重、田径比赛，荣获“2009年嘉兴市中小学生体育竞赛最佳赛区”荣誉称号。

市政府出台《海宁市备战省运会学生普通高中录取加分实施办法》、《关于印发海宁市体育竞赛和输送人才奖励办法（试行）的通知》，对参加竞技体育的运动员和培养体育人才的组织进行奖励。2009年向嘉兴市少体校输送运动员5人，向浙江省体育职业技术学院输送运动员9人；市少体校成为“国家高水平体育后备人才基地（2009～2012年度）”、“女子撑杆跳高项目国家田径奥林匹克高水平后备人才基地（2009～2012年度）”。

【承办嘉兴市中小学生举重比赛】　4月10～12日，嘉兴市中小学生举重比赛在海宁举行，桐乡、嘉善、海盐、海宁4支代表队104名运动员参加比赛。海宁有33名运动员参赛，获金牌16枚、银牌10枚、铜牌3枚，团体总分277分，金牌数和团体总分均名列嘉兴市第一名，其中陈懿帆破女子58千克级抓举和总成绩嘉兴市最高纪录。

表44　2009年海宁市参加嘉兴市级以上比赛成绩一览　单位：枚

级别	国际	全国			浙江省			嘉兴市		
名次		金牌	银牌	铜牌	金牌	银牌	铜牌	金牌	银牌	铜牌
合计	1	9	9	3	44.5	45.5	57	97	67	76
田径	—	1	3	—	5	7	12	23	21	21
游泳	—	—	—	—	—	2	1	36	27	44
乒乓球	—	—	—	—	—	—	—	10	6	3
举重	—	4	4	1	24	23	33	16	10	3
皮划赛艇	—	—	—	—	0.5	2.5	2	7	3	4
赛艇	1	2	—	—	—	—	—	—	—	—
射箭	—	—	—	—	—	—	—	—	—	—
足球(男)	—	—	—	—	—	—	—	1	—	—
足球(女)	—	—	—	—	—	—	—	1	—	—
射击	—	1	1	—	12	10	7	—	—	—
自行车	—	1	1	—	—	—	—	—	—	—
篮球	—	—	—	—	—	—	—	—	—	—
跆拳道	—	—	—	2	1	—	1	2		1
柔道	—	—	—	—	2	1	—	—	—	—
网球	—	—	—	—	—	—	1	1	—	—

【承办嘉兴市中小学生田径比赛】　3月27～29日，嘉兴市中小学生田径比赛在海宁举行,嘉兴市各县(市、区)361名运动员参加比赛。海宁有66名运动员参赛，获金牌23枚、银牌21枚、铜牌21枚，团体总分560.5分，奖牌总数和团体总分均获第一。

【承办嘉兴市中小学生乒乓球比赛】　5月22～23日，嘉兴市中小学生乒乓球比赛在海宁举行，各县（市、区）163名运动员参加比赛。海宁有30名运动员参赛，获金牌10枚、银牌6枚、铜牌3枚，金牌数和团体总分均获第一。

【承办浙江省青少年射箭锦标赛】　10月31日～11月3日，由浙江省体育局、浙江省教育厅主办,海宁市体育局、海宁市教育局承办的浙江省青少年射箭锦标赛在海宁举行，全省10支代表队194名运动员参加比赛。

【承办浙江省田径单项赛】　11月28～29日，由浙江省体育局主办，海宁市体育局承办的浙江省田径单项赛在海宁举行，全省10支代表队192名运动员参加比赛。

【海宁运动员参加全国运动会】　第十一届全国运动会于10月16～28日在山东举行，海宁赛艇运动员严诗敏，田径运动员赵莹莹、王佳奇，射击运动员吴逸婧、李明等5名运动员代表浙江省参加比赛，为浙江代表团摘得2金，得分46分。严诗敏通过与队友合作，获赛艇女子轻量级2000米双人双桨和四人双桨2枚金牌，赵莹莹获女子撑杆跳高第五名，吴逸婧获女子25米手枪和10米气手枪两项第七名。浙江省人民政府授予严诗敏“优秀运动员”称号，并记一等功。

（邹　斌）

学校体育

【概况】 开展阳光体育活动，增强学生体质，提高学生运动技术水平，培养学生良好意志品质，全面推行《国家学生体质健康标准》，将体育考试列入中考。开展体育竞赛，组织田径、篮球、足球、网球、乒乓球、射击、射箭、健美操、中国象棋、围棋、国际象棋、速度轮滑、定向运动13个项目竞赛。开展中小学生棋类等13项比赛，全市中小学共组队283支、2811名学生参加比赛。4月13～17日，全市初中毕业生体育学业考试在24个考点进行，7704人参加。

【学校体育设施向社会开放】 为发挥学校体育设施作用，实现体育资源共享，促进社会和谐，市政府下发《关于进一步做好学校体育设施向社区开放工作的通知》，11月21日，南苑中学、鹃湖学校、实验小学、紫微小学、桃园小学、南苑小学6所学校体育设施第一批向社会试点开放。

【海宁一中定向运动队获全国季军】 8月1～5日，在2009年全国学生定向越野锦标赛上，海宁市第一初级中学定向运动队获得初中组总团体季军。该锦标赛共有来自全国大专院校和中学200余支代表队、1800多名教练及运动员参赛，其中初中组有27支代表队。

【参加省小学生足球联赛】 7月18～20日，由省体育局、省教育厅主办的2009年浙江省体育特色学校小学生足球赛在杭州举行，马桥中心小学组队参赛，获得第二名。

【紫微小学参加嘉兴特色项目学校田径比赛】 11月7日，由嘉兴市体育局主办的嘉兴市特色项目学校田径比赛在嘉兴举行，紫微小学23名运动员参赛，获金牌13枚、银牌9枚、铜牌11枚，团体总分第一。

【开展“轮滑进校园”推进活动】 2009年暑期组织11所学校22名教师参加轮滑培训班，下半年南苑小学、桃园小学、海洲小学被列入“轮滑进校园”体验学校，轮滑鞋购置经费8万元落实到位。

【中小学“体艺2+1项目”试点】 8月，市教育局下发《海宁市中小学课外文体活动工程实施方案（试行）》，紫微小学等11所学校试点，制订“体艺2+1项目”实施方案，并开展活动。

【江浙沪体育联谊学校教学观摩活动】 5月14～15日，江浙沪体育联谊学校第二十届体育教学观摩活动在市紫微小学举行。来自江苏无锡、镇江、苏州，浙江嘉兴、海宁以及上海青浦等地35所学校近百名体育教育专家和体育教师参加。无锡、镇江、苏州、常熟、昆山、青浦、海宁等地学校12位青年教师以全新的教学理念，严谨的教学态度，灵活的教学手段，良好的教学效果展示12节不同类型体育课，赢得观摩教师的赞同。

（邹　斌　陈海锋）

群众体育

【概况】 2009年，市政府出台《海宁市全民健身设施建设与管理实施意见》、《关于进一步做好学校体育设施向社区开放工作的通知》、《海宁市建设“轮滑星城”实施方案（2009～2011）》3个文件，为构建群众性服务体系、推动群众体育事业发展创造良好发展环境。

市体育局举办第三届市老年人运动会、首届新居民运动会等市级群众体育竞赛27项，参加人数4847人次，培训三级社会体育指导员287人；各级体育协会全年组织活动83项，其中主办海宁市群众体育比赛40项，参加人数10,788人次，与兄弟县（市）互访交流7次，举办各类培训班19次，年度用于体育活动经费645万元，其中社会筹集资金218万元。周王庙镇、丁桥镇、海昌街道召开全民运动会，全市各镇、街道共举办体育竞赛68项，参赛人数11,454人次，举办培训班23次，培训体育骨干697人；开展国民体质监测，监测人数735人；新增轮滑场、篮球场、健身苑点等体育场地80个，场地面积34,959平方米，其中篮球场13个、健身苑点33个、网球场3个、门球场2个。

承办2009年世界速度轮滑锦标赛、2009中国体育舞蹈公开赛（海宁站）暨第八届全国城市体育舞蹈锦标赛、中国乒乓球俱乐部超级联赛海宁皮革城·鸿翔VS山东鲁能·中超电缆男子团体赛、全国速度轮滑测试邀请赛、“安踏杯”全国男排大奖赛总决赛、首届活力板公开赛等国际级和国家级赛事6项。承办2009浙江省健美健身锦标赛、浙江省台球锦标赛暨第四届全国体育大会台球选拔赛、浙江省青少年射箭锦标赛、浙江省第五届速度轮滑锦标赛暨全国体育大会选拔赛、浙江省田径单项赛、浙江省第五届桥牌团体赛等浙江省级比赛6项。

海宁市被国家体育总局评为“全国群众体育先进单位”、“全国全民健身活动先进单位”；副市长朱海英被国家体育总局评为“全国群众体育先进个人”；海宁市被中国轮滑协会授予“全国轮滑城市”称号；海宁市通过“浙江省体育强市”复评，海昌街道被

表45 2009年海宁市承办全国、华东区、浙江省体育赛事一览

序号	级别	竞 赛 名 称	比赛日期	比赛地点
1	国际	“海宁中国皮革城杯”2009世界速度轮滑锦标赛	9月17～26日	海宁国际轮滑运动中心
2	国家	中顺洁柔·2009中国体育舞蹈公开赛（海宁站）暨第八届全国城市体育舞蹈锦标赛	4月11～12日	体育中心体育馆
3	国家	2009年全国速度轮滑测试邀请赛	5月14～15日	海宁国际轮滑运动中心
4	国家	2009年361°中国乒乓球俱乐部超级联赛海宁皮革城·鸿翔VS山东鲁能中超电缆男子团体赛	5月30日	体育中心体育馆
5	国家	2009“安踏杯”全国男排大奖赛总决赛	6月25～28日	体育中心体育馆
6	国家	首届“鑫奥林杯”活力板公开赛	10月3～6日	海宁国际轮滑运动中心
7	浙江省	2009浙江省健美健身锦标赛	6月12～14日	海宁剧院
8	浙江省	2009年“健英杯”浙江省台球锦标赛暨第四届全国体育大会台球选拔赛	8月10～12日	新星台球俱乐部
9	浙江省	2009年“双赢杯”浙江省青少年射箭锦标赛	10月31日～11月3日	市体育场
10	浙江省	浙江省第五届速度轮滑锦标赛暨全国体育大会选拔赛	11月27～29日	海宁国际轮滑运动中心
11	浙江省	2009年浙江省田径单项赛	11月28～29日	市体育场
12	浙江省	浙江省第五届“利群杯”桥牌团体赛	12月18～20日	海宁大酒店

马桥街道

“中国经编名镇”——海宁市马桥街道，西距杭州市区60千米，东距上海市区100千米，区域面积39.2平方千米，辖8个村、1个社区，有村民小组191个，总户数7446户，常住人口2.79万人。2009年实现生产总值24.11亿元，人均生产总值突破1.26万美元，农民人均纯收入达到12,718元。工业经济发展迅速，是“国家纺织新材料基地”和“新型工业化示范基地”；农业逐步形成四大特色——日本鳖养殖全国领先，水貂养殖全省领先，蔬菜园区规模嘉兴领先，休闲观光农业建设海宁领先。大力推进民生实事工程和基础设施建设，建成治安技防“天网”工程，实施镇级道路亮化工程，成功创建嘉兴市级“平安街道”。

马桥街道将围绕建设“全国领先经编产业生产基地、现代化城市新区和走在全省前列新农村”的总目标，以“转型升级、科学发展”为主题，扎实推进工业转型发展、农业稳定发展、第三产业加快发展，推进“两新”工程、征地拆迁、土地流转三大重点工程，坚持党建为基、文化为媒、民生为本，集中财力办好经济社会急需、人民群众期盼的大事实事，让人民群众共享改革发展成果，努力开创科学发展新局面。

1

2

3

4

5

6

党委书记：沈顺年
办事处主任：钱金财
电话：（0573）87766128
邮政编码：314419

1.马桥街道科学发展先进人物事迹报告会
2.马桥街道居民代表大会
3.马桥街道办事处机关办公大楼
4.上海国际时尚服饰展览会经编专场
5.产学研合作机构揭牌仪式
6.浙江电视台“走进新农村”送文艺下乡活动到马桥街道展演

海宁经济开发区

2009年，海宁经济开发区实现地区生产总值48.58亿元，财政收入6.2亿元，规模以上工业总产值145.25亿元；完成合同外资1.84亿美元，实际到位外资8,639.2万美元；实到市外内资6.24亿元；完成工业生产性投入21.28亿元，三产投入5.82亿元。工业生产性投入、财政收入、合同利用外资、实际到位外资、工业生产性投入、外贸出口总量继续保持全市第一。在嘉兴市12个开发区、特色园区考核获得一等奖；在海宁市的年度考核评比中，获得利用外资一等奖、项目推进一等奖、三产发展一等奖等10个奖项。年内，上海漕河泾新兴技术开发区与海宁市政府、海宁经济开发区管委会全面合作协议正式签约，标志着沪浙首个国家级开发区合作项目——上海漕河泾新兴技术开发区海宁分区的开发建设全面启动。

海宁市政府、海宁经济开发区与上海漕河泾新兴技术开发区在杭签署全面合作协议

长安镇老庄村

老庄村位于海宁市长安镇南郊，东临肖王村，南与东陈村相接，北靠新民村，西与褚石村相连，毗邻浙江财经学院东方学院高教园区，地理条件优越，区位优势明显。01省道、城西路、杭浦连接线在村中心位置，交通十分便利。全村共辖13个村民小组，总户数519户，总人口2254人，其中中共党员66名。2009年实现农村经济总收入1.73亿元，农民人均纯收入13,691元。近年来，老庄村在上级党委、政府的正确领导和有关部门的大力支持下，以建设有中国特色社会主义新农村为奋斗目标，按照“村美、户富、班子强、村风好”的要求，积极开展各项工作。以创建“嘉兴市生态村”为契机，做好村庄内部环境整治，美化绿化村庄，村民居住环境得到改善，生活质量得以提高。

1.农民公园

2.村民住宅小区

村党支部书记：沈祖跃

村委会主任：祖建法

电话：（0573）87428693

邮编：314408

学校体育

【概况】 开展阳光体育活动，增强学生体质，提高学生运动技术水平，培养学生良好意志品质，全面推行《国家学生体质健康标准》，将体育考试列入中考。开展体育竞赛，组织田径、篮球、足球、网球、乒乓球、射击、射箭、健美操、中国象棋、围棋、国际象棋、速度轮滑、定向运动13个项目竞赛。开展中小学生棋类等13项比赛，全市中小学共组队283支、2811名学生参加比赛。4月13～17日，全市初中毕业生体育学业考试在24个考点进行，7704人参加。

【学校体育设施向社会开放】 为发挥学校体育设施作用，实现体育资源共享，促进社会和谐，市政府下发《关于进一步做好学校体育设施向社区开放工作的通知》，11月21日，南苑中学、鹃湖学校、实验小学、紫微小学、桃园小学、南苑小学6所学校体育设施第一批向社会试点开放。

【海宁一中定向运动队获全国季军】 8月1～5日，在2009年全国学生定向越野锦标赛上，海宁市第一初级中学定向运动队获得初中组总团体季军。该锦标赛共有来自全国大专院校和中学200余支代表队、1800多名教练及运动员参赛，其中初中组有27支代表队。

【参加省小学生足球联赛】 7月18～20日，由省体育局、省教育厅主办的2009年浙江省体育特色学校小学生足球赛在杭州举行，马桥中心小学组队参赛，获得第二名。

【紫微小学参加嘉兴特色项目学校田径比赛】 11月7日，由嘉兴市体育局主办的嘉兴市特色项目学校田径比赛在嘉兴举行，紫微小学23名运动员参赛，获金牌13枚、银牌9枚、铜牌11枚，团体总分第一。

【开展“轮滑进校园”推进活动】 2009年暑期组织11所学校22名教师参加轮滑培训班，下半年南苑小学、桃园小学、海洲小学被列入“轮滑进校园”体验学校，轮滑鞋购置经费8万元落实到位。

【中小学“体艺2+1项目”试点】 8月，市教育局下发《海宁市中小学课外文体活动工程实施方案（试行）》，紫微小学等11所学校试点，制订“体艺2+1项目”实施方案，并开展活动。

【江浙沪体育联谊学校教学观摩活动】 5月14～15日，江浙沪体育联谊学校第二十届体育教学观摩活动在市紫微小学举行。来自江苏无锡、镇江、苏州，浙江嘉兴、海宁以及上海青浦等地35所学校近百名体育教育专家和体育教师参加。无锡、镇江、苏州、常熟、昆山、青浦、海宁等地学校12位青年教师以全新的教学理念，严谨的教学态度，灵活的教学手段，良好的教学效果展示12节不同类型体育课，赢得观摩教师的赞同。

（邹　斌　陈海锋）

群众体育

【概况】 2009年，市政府出台《海宁市全民健身设施建设与管理实施意见》、《关于进一步做好学校体育设施向社区开放工作的通知》、《海宁市建设“轮滑星城”实施方案（2009～2011）》3个文件，为构建群众性服务体系、推动群众体育事业发展创造良好发展环境。

市体育局举办第三届市老年人运动会、首届新居民运动会等市级群众体育竞赛27项，参加人数4847人次，培训三级社会体育指导员287人；各级体育协会全年组织活动83项，其中主办海宁市群众体育比赛40项，参加人数10,788人次，与兄弟县（市）互访交流7次，举办各类培训班19次，年度用于体育活动经费645万元，其中社会筹集资金218万元。周王庙镇、丁桥镇、海昌街道召开全民运动会，全市各镇、街道共举办体育竞赛68项，参赛人数11,454人次，举办培训班23次，培训体育骨干697人；开展国民体质监测，监测人数735人；新增轮滑场、篮球场、健身苑点等体育场地80个，场地面积34,959平方米，其中篮球场13个、健身苑点33个、网球场3个、门球场2个。

承办2009年世界速度轮滑锦标赛、2009中国体育舞蹈公开赛（海宁站）暨第八届全国城市体育舞蹈锦标赛、中国乒乓球俱乐部超级联赛海宁皮革城·鸿翔VS山东鲁能·中超电缆男子团体赛、全国速度轮滑测试邀请赛、“安踏杯”全国男排大奖赛总决赛、首届活力板公开赛等国际级和国家级赛事6项。承办2009浙江省健美健身锦标赛、浙江省台球锦标赛暨第四届全国体育大会台球选拔赛、浙江省青少年射箭锦标赛、浙江省第五届速度轮滑锦标赛暨全国体育大会选拔赛、浙江省田径单项赛、浙江省第五届桥牌团体赛等浙江省级比赛6项。

海宁市被国家体育总局评为“全国群众体育先进单位”、“全国全民健身活动先进单位”；副市长朱海英被国家体育总局评为“全国群众体育先进个人”；海宁市被中国轮滑协会授予“全国轮滑城市”称号；海宁市通过“浙江省体育强市”复评，海昌街道被

表45　　2009年海宁市承办全国、华东区、浙江省体育赛事一览

序号	级别	竞　赛　名　称	比赛日期	比赛地点
1	国际	“海宁中国皮革城杯”2009世界速度轮滑锦标赛	9月17～26日	海宁国际轮滑运动中心
2	国家	中顺洁柔·2009中国体育舞蹈公开赛（海宁站）暨第八届全国城市体育舞蹈锦标赛	4月11～12日	体育中心体育馆
3	国家	2009年全国速度轮滑测试邀请赛	5月14～15日	海宁国际轮滑运动中心
4	国家	2009年361°中国乒乓球俱乐部超级联赛海宁皮革城·鸿翔VS山东鲁能中超电缆男子团体赛	5月30日	体育中心体育馆
5	国家	2009“安踏杯”全国男排大奖赛总决赛	6月25～28日	体育中心体育馆
6	国家	首届“鑫奥林杯”活力板公开赛	10月3～6日	海宁国际轮滑运动中心
7	浙江省	2009浙江省健美健身锦标赛	6月12～14日	海宁剧院
8	浙江省	2009年“健英杯”浙江省台球锦标赛暨第四届全国体育大会台球选拔赛	8月10～12日	新星台球俱乐部
9	浙江省	2009年“双赢杯”浙江省青少年射箭锦标赛	10月31日～11月3日	市体育场
10	浙江省	浙江省第五届速度轮滑锦标赛暨全国体育大会选拔赛	11月27～29日	海宁国际轮滑运动中心
11	浙江省	2009年浙江省田径单项赛	11月28～29日	市体育场
12	浙江省	浙江省第五届“利群杯”桥牌团体赛	12月18～20日	海宁大酒店

马桥街道

“中国经编名镇”——海宁市马桥街道，西距杭州市区60千米，东距上海市区100千米，区域面积39.2平方千米，辖8个村、1个社区，有村民小组191个，总户数7446户，常住人口2.79万人。2009年实现生产总值24.11亿元，人均生产总值突破1.26万美元，农民人均纯收入达到12,718元。工业经济发展迅速，是“国家纺织新材料基地”和“新型工业化示范基地”；农业逐步形成四大特色——日本鳖养殖全国领先，水貂养殖全省领先，蔬菜园区规模嘉兴领先，休闲观光农业建设海宁领先。大力推进民生实事工程和基础设施建设，建成治安技防“天网”工程，实施镇级道路亮化工程，成功创建嘉兴市级“平安街道”。

马桥街道将围绕建设“全国领先经编产业生产基地、现代化城市新区和走在全省前列新农村”的总目标，以“转型升级、科学发展”为主题，扎实推进工业转型发展、农业稳定发展、第三产业加快发展，推进“两新”工程、征地拆迁、土地流转三大重点工程，坚持党建为基、文化为媒、民生为本，集中财力办好经济社会急需、人民群众期盼的大事实事，让人民群众共享改革发展成果，努力开创科学发展新局面。

党委书记：沈顺年

办事处主任：钱金财

电话：（0573）87766128

邮政编码：314419

1.马桥街道科学发展先进人物事迹报告会

2.马桥街道居民代表大会

3.马桥街道办事处机关办公大楼

4.上海国际时尚服饰展览会经编专场

5.产学研合作机构揭牌仪式

6.浙江电视台“走进新农村”送文艺下乡活动到马桥街道展演

斜桥镇

斜桥镇位于海宁市中部北缘，与市区毗邻，离海宁中国皮革城仅5千米。镇域面积64.5平方千米，其中耕地3,712.9公顷，辖16个村、2个社区，总户数16,503户，户籍人口6.2万人，外来人口1.1万人。2009年，全镇实现生产总值18.46亿元，地方财政收入2.1亿元，农民人均纯收入13,378元。

斜桥镇交通十分便利，境内有省道1条、市级道路3条，另有铁路、航道穿境而过，离沪杭高速公路出入口仅15分钟车程。该镇社会风气良好，社会和谐稳定，是海宁市工业生产重要基地之一。全镇有年销售500万元以上规模企业114家，2009年完成销售产值65.3亿元。浙江卡森实业有限公司和浙江长海包装集团有限公司2家企业是海宁市“重点兴海工程”企业，全镇形成了以包装印刷、电子信息、皮革家具、纺织服装和食品加工等产业为主体的多元化产业链，年内被中国包装协会命名为“中国包装名镇”。该镇是建设部项目带动规划一体化试点镇，是嘉兴市“两新工程”试点镇，按照“一个中心、三个新社区”的总体布局，新市镇新社区建设蓬勃开展。

1.嘉兴市委书记陈德荣（前排中）到斜桥调研“两新工程”建设

2.斜桥镇“两新工程”首期安置房开工仪式

3.斜桥民俗文化艺术节

4.斜桥镇“两新工程”建设主中心多联排区块选址现场

党委书记：胡燕子

镇长：杨文华

电话：（0573）87782166

许村镇

“中国布艺名镇”——许村镇位于海宁市西端，西接杭州市余杭区、北靠桐乡市、南邻杭州市下沙高教园区，是海宁市接轨杭州的前沿阵地。镇域面积91.1平方千米，下辖27个村、3个社区，户籍总人口10.72万人，2009年实现国内生产总值59.4亿元，财政收入3.14亿元，农民人均纯收入13,837元。

许村镇经济以工业为主，工业经济占全部经济的90%以上，2009年全镇规模以上企业达到265家。家纺产业是许村的主导产业，通过二十多年的发展，形成集原料、织造、成品、染整和研发、检测、销售一条龙的家纺产业集群，装饰布产量、市场占有率、销量和出口额以及专业市场规模均居全国前列。年内，实现农业总产值7.3亿元，以“高效生态”为现代农业发展方向，建成以千亩花卉科技创业园为龙头，以鲜切花、特种水产、苗木、果蔬等为重点的效益农业产销基地，抓好农业生产标准化基地建设和农业标准化技术推广，推进专业合作组织发展，带动农业增效，农民增收。实现三产增加值12.79亿元，三产投资额3.6亿元，三产从业人员1.6万人。提升家纺城、轻纺村和海杭建材等专业市场，建成布艺一条街家纺精品市场，家纺专业市场群已成为国际上主要的家纺产品采购中心之一。现代物流业快速发展，杭东农产品市场一期工程完工并投入使用。依托一年一届的家纺博览会，“许村家纺”在国内外的知名度进一步扩大。

基础设施不断完善，社会事业协调发展。推进沪杭客运专线及海宁西站的建设，人民大道、许村大道、硖许公路等主干道路建成通车，基本建成城乡一体的现代化城乡交通网络。完善新市镇公共服务功能，推进生态建设，加强社会综合治理，社会治安良好，人民安居乐业。该镇先后被命名为“全国小城镇综合改革试点镇”、“浙江省科技星火示范镇”、“浙江省文明镇”、“浙江省教育强镇”、“浙江省生态镇”。

③

②

①

④

⑤

1～2.中央政治局常委、全国人大常委会委员长吴邦国到许村镇视察新农村建设
3.许村镇便民服务中心效果图
4.许村镇迎春文艺晚会
5.沪杭客运专线海宁西站效果图

党委书记：姜仲民
镇长：祁建强
电话（传真）：(0573)87586000
邮编：314409

盐官镇

盐官镇地处海宁市中南部，南濒钱塘江，东离上海120千米，西距杭州40千米，区位优势显著。镇域面积56.02平方千米，总户数14,863户，常住人口5.16万人，下辖15个村、1个社区。盐官镇历史悠久，名胜众多，"潮文化"、"名人文化"独具特色，是一个充满经济活力和文化底蕴的古镇。该镇以电子信息和五金机电两大特色产业为主导，发展特色工业，是"国家火炬计划软磁产业基地"和"全国家具（小五金）生产基地"。近年来，盐官镇以"创业富民、创新强镇"为目标，加快经济发展速度，实施"两新"工程，加强居民素质提升，经济和社会各项事业齐头并进。2009年，全镇实现生产总值15.92亿元，财政总收入1.95亿元，农民人均纯收入12,941元。该镇先后被命名为"全国环境优美镇"、"浙江省文明镇"、"浙江省体育强镇"、"浙江省卫生镇"、"浙江省教育强镇"，镇党委是"浙江省'五好'先锋工程乡镇党委"。

1.组团开展招商引资活动

2.庆祝新中国成立60周年镇文艺晚会

3.盐官镇政府办公大楼

党委书记：许金夫

镇长：浦国平

电话：（0573）87681816

邮编：314412

袁花镇

袁花镇位于海宁市东南部，东距上海120千米，西离杭州70千米。杭浦高速公路、01省道、嘉绍高速公路（在建）和硖尖公路等“井”字型陆上交通与省级航道六平申线、长山河、宁袁塘、辛江塘等水上交通相互交织，水陆交通便捷，山清水秀，自然条件和区位优势明显。镇域面积74.7平方千米，辖14个村、4个社区，总户数1.46万户，总人口5.25万人。2009年，全镇实现地区生产总值19亿元，财政收入2.04亿元，农民人均纯收入12,091元。

近年来，镇党委、政府始终坚持以科学发展观统领经济社会发展全局，按照“干在实处、走在前列”的要求，提出了以跨越式发展为主题，以经济结构调整和增长方式转变为主线，以改革开放和科技创新为动力，以城乡统筹和和谐发展为抓手，全面建设东部重镇，合力打造全国最大的太阳能产业基地，经济和社会各项事业不断取得新进展。该镇先后被命名为“全国造林绿化百佳镇”、“浙江省卫生镇”、“浙江省绿色小城镇”、“浙江省教育强镇”、“浙江省体育强镇”、“浙江省东海文化明珠镇”、“浙江省生态镇”以及“嘉兴市文明镇”、“嘉兴市双拥模范镇”、“嘉兴市食品安全示范镇”。

党委书记：阮国强

镇长：许忠德

电话：（0573）87866640

邮编：314416

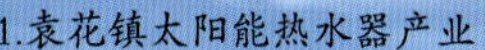

1.袁花镇太阳能热水器产业
2.浙江晶科能源有限公司
3.嘉绍高速袁花互通至杭浦高速丁桥互通连接线开工
4.美大集成环保灶
5.太阳能电池全自动印刷及分选设备
6.袁花商会成立
7.浙江太阳能产品质量检验中心在袁花镇成立
8.袁花镇新市镇效果图

见证十年 再创辉煌

浙江海宁经编产业园

5月18日至23日，2010海宁·中国经编科技文化活动周在马桥镇举行。该活动周包括：2010海宁·中国经编科技文化活动周开幕式、“见证·发展”海宁经编产业园区系列表彰活动、中国经编总部大厦落成仪式、第五届中国经编设计大赛总决赛、海宁经编走进上海跨采、上海国际时尚服饰展览会之经编时尚专场秀、第三届中国（国际）经编产业论坛、2010首届中国·马桥经编交易会、海宁市经编产业块状经济转型升级专家服务团启动仪式暨海宁市纺织工程学会经编分技术委员会成立大会、“欢乐中国行”——第五届海宁·中国经编设计大赛颁奖晚会暨2010海宁·中国经编科技文化活动周闭幕式等系列活动。该活动提升了马桥经编的知名度和美誉度，在业内引起广泛好评。

1.2010海宁·中国经编科技文化活动周开幕式暨建园十周年庆典、“见证·发展”系列表彰活动现场
2.中国经编总部大厦落成仪式
3.2010中国·马桥经编交易会开幕典礼
4.海宁市经编产业块状经济转型升级专家服务组启动仪式
暨海宁市纺织工程学会经编专业委员会成立大会
5.“欢乐中国行”——第五届经编设计大赛颁奖晚会现场

中国电信股份有限公司海宁分公司

2009年，中国电信股份有限公司海宁分公司按照企业转型和全业务运营的要求，围绕“科学发展上水平、服务信息化创一流”这一主题，积极破解难题，推动发展，在服务社会信息化过程中实现自身发展。

分公司夯实网络基础保障发展，全面实施CDMA网络替换、建设和优化，在海宁首家提供3G业务，并充分发挥全业务运营优势，积极服务社会信息化建设，以综合方式承建海宁数字化城市管理系统，服务“平安海宁”建设，承担3个镇的治安监控项目，e监控、协同通信ECP、移动定位等新的综合信息技术帮助金融、税务、环保、水利、运输等行业实现节能减排，提升管理效率。

主动服务新农村建设，做好全市各项重大活动的通信保障，积极开展慈善捐助献爱心等社会公益活动，实现企业“三个文明”协调发展。2009年，顺利通过“嘉兴市级文明单位”复评验收，连续九年被评为“嘉兴市消费者信得过单位”。

1.省公司领导体验海宁3G无线上网
2.农村信息化推进会
3.新航线ECP业务推广会
4.嘉兴市级文明单位复评验收会
5.庆祝新中国成立60周年公司演讲比赛
6.员工参与无偿献血活动

长安镇天明村

天明村位于长安镇西部，西距杭州市26千米，01省道复线横穿，杭州绕城高速公路海宁出口处设于该村，村境内农发大道南连农业对外综合开发区、沈士大道北接320国道，交通十分便利。村域总面积2.6平方千米，其中耕地222.9公顷，辖17个村民小组，总户数729户，总人口3304人。2009年全村实现农村经济总收入4.40亿元，以长安花卉园区落户该村的优势，发展花卉产业，农民收入逐年增加，2009年实现农民人均纯收入13,043元。近年来，在镇党委、镇政府的正确领导下，全村各项社会事业、精神文明建设、民主法制建设得到较快发展。

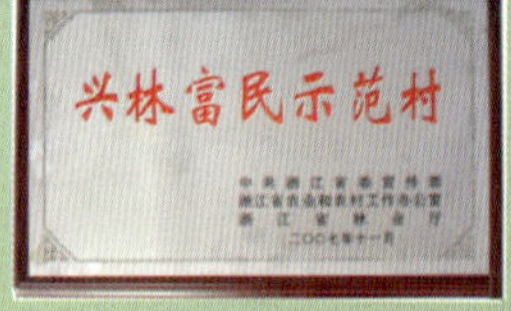

村党支部书记：徐喜龙
村委会主任：周煜明
电话：（0573）87490703
邮编：314408

1. "文明结对"文艺晚会
2. 村级道路

长安镇褚石村

褚石村位于长安镇南郊，村域总面积3.5平方千米，其中耕地271.5公顷，辖25个村民小组，总户数1011户，总人口4417人。2009年全村实现农村经济总收入2.26亿元，农民人均纯收入13,043元。褚石村围绕"工业兴村，产业富民"的指导思想，优化经济结构，增强经济实力，强化农业基础，发展效益农业，美化农村环境。该村先后被命名为"全国绿色小康村"、"浙江省兴村富民示范村"、"嘉兴市三无达标村"、"海宁市花卉专业村"和"海宁市科普示范村"。

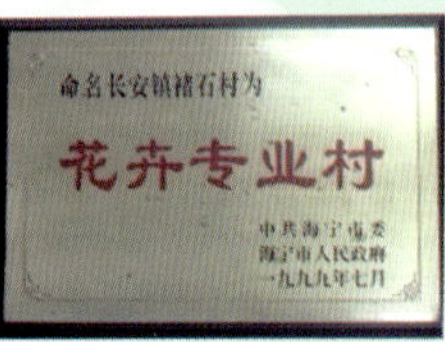

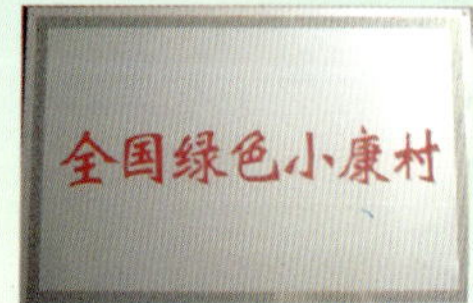

村舞蹈队参加海宁市第十三届运动会大众部体育舞蹈锦标赛

村党支部书记：倪水龙
村委会主任：陈水良
电话：（0573）87491572

长安镇兴城村

兴城村位于长安镇北郊，沪杭高速公路越境而过，离沪杭高速公路出口处2千米。村域面积3.67平方千米，其中耕地239.5公顷，辖14个村民小组，总户数749户，总人口3025人，党总支部有党员125人。2009年全村实现农村经济总收入2.41亿元，年村级集体经济收入124.7万元，人均集体可支配收入205元，农民人均纯收入13,592元。近几年来，兴城村围绕社会主义新农村建设，以构建和谐社会主义社会为目标，全面推动各项建设协调发展，完成通组达户道路硬化17.6千米，路灯亮化7.5千米。该村先后被命名为海宁市级“先锋工程‘五好’村党组织”、“平安村”、“生态村”、“文明村”和嘉兴市级“卫生村”、“民主法治村”、“三无村”。

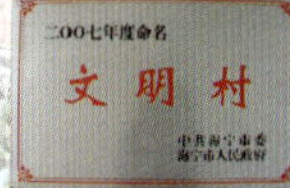

村党总支书记：俞祖明
村委会主任：徐红美
电话：（0573）87480999
邮编：314408

1.新社区农民房效果图
2.农民休闲公园

长安镇兴福村

兴福村位于长安镇东北，距镇区4.6千米，东面与东升村相接，南面隔洛塘河，与德丰村为邻，西面接兴城村，北面与桐乡市崇福镇新桥村相连。沪杭高速公路东西横贯村域，至沪杭高速公路长安出口处3.5千米。村域面积2.3平方千米，其中耕地164.7公顷，辖12个村民小组，总户数601户，总人口2505人。2009年全村农村经济总收入2.38亿元，农民人均纯收入12,757元。村内办有五金制锁、经编、制塑、皮革皮草加工等工业企业。该村先后被命名为“嘉兴市民主法治村”、“海宁市文明村”、“海宁市平安村”。

1.花卉园区
2.村级河道
3.兴福村委会办公大楼
4.村民住宅区

村党支部书记：沈炳林
村委会主任：陈于良
电话：（0573）87481797
邮编：314408

丁桥镇新仓村

新仓村位于丁桥镇东南部，村域面积7.8平方千米，辖46个村民小组，总户数1609户，总人口4902人。2009年全村实现农村经济总收入7.04亿元，农民人均纯收入12,482元。全村工业以彩印、服装、建筑业为主，农业突出特色，加快推进农业结构调整。

多年来，村党总支部、村民委齐心协力、团结一致，把物质、精神、政治三个文明建设贯穿在整个工作中，通过努力和奋斗，得到了广大群众的支持和上级部门的肯定，先后被评为“海宁市文明村”、“海宁市三无村”、“海宁市科普示范村”、“海宁市先进基层党组织”等荣誉。

村党总支书记：陆永明
村委会主任：贾维国
电话：（0573）87831205
邮编：314414

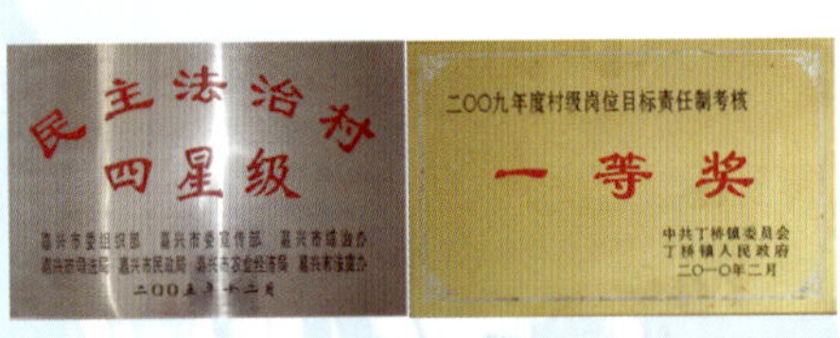

1.标准化生态渔塘
2.村民居住环境
3.群众文化活动

丁桥镇丁桥村

丁桥村位于丁桥镇东南部，东连海潮村、芦湾村，南临钱塘江，西靠海星村、诸桥村，北依辛江塘河，村域面积6平方千米。区域位置优越，南北经联丁公路连接01新省道与翁金线，东西经卢丰公路连接海宁市嘉海公路。辖47个村民小组，总户数1520户，总人口5173人，其中农村实有劳动力3586人。该村有耕地358.7公顷，以水稻、油菜、蚕茧生产为主，2009年，全村水稻产量2042吨、油菜籽产量160吨，蚕茧产量162.4吨，全年实现农村经济总收入3.78亿元，农民人均纯收入12,390元。丁桥村是“海宁市三无村”、“海宁市科普示范村”、“海宁市信息村”、“海宁市卫生村”、“海宁市平安村”。

村党总支书记 汤国强
村委会主任：陈伟峰
电话：（0573）87666165
邮编：314413

丁桥村大棚葡萄种植

丁桥村三八妇女节活动

丁桥村腰鼓队

丁桥镇永胜村

永胜村位于丁桥镇北，南靠丁桥村、北邻马桥街道柏士村，东接芦湾村，西连两丰村。杭沪复线01省道横贯其中，联勤路南北纵贯，交通十分便利。村域面积3.64平方千米，总户数755户，总人口2732人，其中有中共党员102名。2009年实现农村经济总收入4.62亿元，农民人均纯收入12,137元。该村先后被评为“海宁市‘五好’村党支部”、“海宁市文明村”、“海宁市科普示范村”、“海宁市绿化示范村”和“海宁市平安村”。

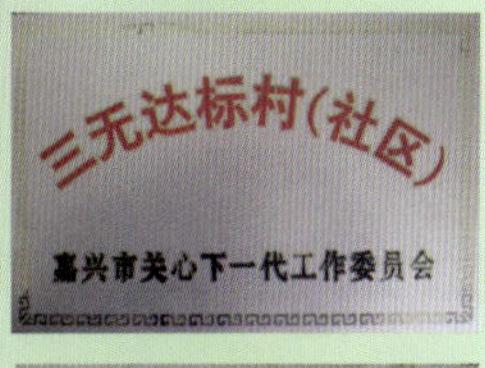

1.村级道路
2.农民新居

村党支部书记：徐国明
村委会主任：陈敏
电话：（0573）87666161
邮编：314413

丁桥镇芦湾村

芦湾村位于丁桥的中心位置，钱江工业功能区坐落于该村，交通十分便利。村域面积5平方千米，辖42个村民小组，总户数1117户，总人口3928人，2009年全村实现农村经济总收入10.33亿元，农民人均纯收入11,710元。近年来，在镇党委、镇政府的正确领导下，认真学习贯彻中共十七届四中全会精神，全村社会各项事业、精神文明建设、民主法制建设较快发展。

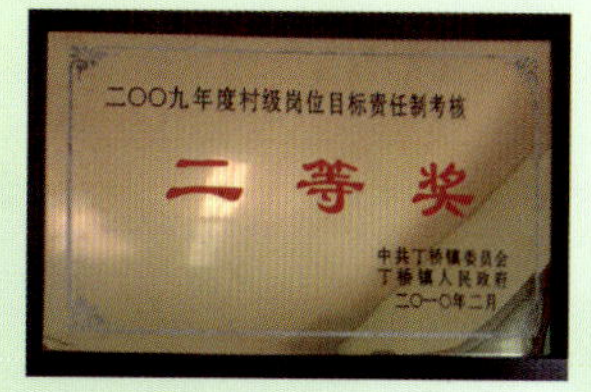

村党支部书记：褚建良
村委会主任：姚建华
电话：（0573）87797100
邮编：314413

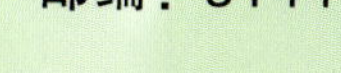

丁桥镇诸桥村

诸桥村位于丁桥镇西端，西面和北面与观潮胜地盐官镇接壤，南临群海村，东邻丁桥村，村域面积4.5平方千米。辖26个村民组，总户数1064户，总人口3670人，诸桥村设党委，下设5个党支部，有中共党员127名。2009年全村实现农村经济总收入2.58亿元，村集体经济收入超80万元，农民人均纯收入12,661元。该村荣获“浙江省小康示范村”、“浙江省文明村”、“浙江省科技示范村”、“嘉兴市卫生村”、“嘉兴市三无村”称号。近年来，在镇党委、镇政府的正确领导下，全村社会各项事业、精神文明建设、民主法制建设得到较快发展。

村党委书记：钱震文

村委会主任：於国明

电话：（0573）87669182

邮编：314413

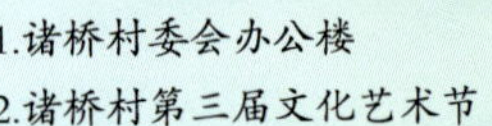

1.诸桥村委会办公楼

2.诸桥村第三届文化艺术节

丁桥镇万新村

万新村系原新风和万群两个村合并而成，位于丁桥镇中部，南临新仓村和海潮村，东邻利群村，北接金阳村，西连芦湾村。地理位置相当优越，镇保公路和丁金公路在境内交互，杭浦高速公路丁桥出口处设在村境内。村域面积5.4 平方千米，辖31个村民小组，总户数927，总人口3225人。村集体经济较为发达，2009年全村实现农村经济总收入3.20亿元，农民人均纯收入11,917元。多年来，村党总支部和村委会齐心协力、团结一致，把群众利益放在工作首位，为群众办实事办好事，为创建和谐社会做出了一定的成绩。该村先后被评为“海宁市文化阵地示范村”、“海宁市科普示范村”、“海宁市三无村”、“海宁市民主法治村”。

村党总支书记：滕林彬

村委会主任：邹忠浩

联系电话：（0573）87830230

邮编：314414

1.万新村委会办公楼

2.农民公园

海昌街道金利社区

金利社区位于海宁市区西侧，隶属海昌街道，嘉海公路、硖仲路横贯全社区，11路市内公交车直达，交通便捷，海宁经济开发区袜业园区落户该社区。区域面积2.8平方千米，辖15个居民小组，总户数647户，总人口2526人，有中共党员54名。2009年全社区实现工农业总收入2.30亿元，农民人均纯收入13,872元，人均集体可支配资金586元，社区集体总资产4500万元。几年来，金利社区与时俱进，开拓创新，大力推动社会经济跨越式发展，先后被评为“海宁市文明村”、“海宁市绿化示范村”、“浙江省卫生村”、“浙江省百村整治示范村”、“浙江省全面小康示范村”，社区总支部是“海宁市五好村党支部”和“海宁市先进党组织”。

1.金利社区
2.社区党总支书记、股份经济合作社董事长沈银英
3.金利社区办公楼
4.社区环境

海昌街道火炬社区

火炬社区位于海昌街道中西部，东靠隆兴社区，北接双冯村，西邻硖西社区和桐乡市屠甸镇勤星村。辖区内交通便捷，地理位置优越，嘉海公路、由拳路、隆兴路纵横贯穿，形成社区主要交通网络，海宁中国皮革城出口加工区坐落于辖区内。区域面积3.2平方千米，辖8个居民小组，总户数490余户，总人口2475人。2009年实现农村经济总收入5.09亿元，农民人均纯收入12,749元，年末固定资产2373多万元。多年来，火炬社区在上级党委、政府的领导和各有关部门大力支持下,经济和各项社会事业发展取得明显成效。该社区先后被命名为“嘉兴市三无达标村”、“嘉兴市绿化示范村”、“浙江省交通安全村”、“浙江省卫生村”、“浙江省全面小康建设示范村”。

1.火炬社区健身广场
2.火炬社区文化中心
3.小区新貌

社区党支部书记：倪维鑫
社区居委会主任：俞徐江
电话：（0573）87277668
邮编：314400

海昌街道双山村

双山村位于海宁市区北部，东临长水塘，南接双喜村，西邻双冯村，北连嘉兴秀洲区。村域面积4.8平方千米，其中耕地面积257.9公顷。辖17个村民组，总户数545户，总人口2025人。双山村设党总支，下设企事业、农业、水产养殖基地3个党支部，有中共党员58名。2009年全村实现农村经济总收入1.31亿元，农村人均纯收入13,778元，村集体可支配资金收入121.9万元，连续六年村集体可支配资金超百万元。双山村曾先后被海宁市委、市政府命名为“海宁市先锋工程建设示范村”、“海宁市文明村”、“海宁市村级文化阵地建设示范村”、“海洲街道五星级文明村”，村党总支曾获“海宁市先锋工程建设五好村党组织”、“海宁市先进基层党组织”和“海昌街道先进党组织”等称号。

1.时任浙江省委副书记梁平波（右）到双山村考察

2.优美的生活环境

村党总支书记：范生荣

村委会主任：郁正明

联系电话：（0573）87274666

邮编：314400

海昌街道利峰村

利峰村位于海宁市北郊，东临金星村，南与东郊村为邻，西靠长水塘，北接勤民村，新湖盐公路由西向东横贯全村。村域面积1.75平方千米，其中耕地133.2公顷，辖11个村民小组，总户数320户，总人口1418人。2009年全村实现农村经济总收入4338万元，农民人均纯收入11,784元，集体经济人均可支配资金446元。

多年来，利峰村在上级党委、政府的正确领导和各有关部门大力支持下，团结拼搏、上下合力，经济和各项社会事业发展取得明显成效。该村先后被命名“海昌街道五星级文明村”、“嘉兴市卫生村”、“海宁市文明村”、“海宁市三无达标村”、“海宁市平安村”、“嘉兴市卫生村”，村党总支是“海洲街道先进基层党组织”。

1.利峰村公园

2.村民住房

3.利峰村委会办公楼

村党支部书记：王华祥

村委会主任：陈金祥

联系电话：（0573）8709615

邮编：314401

海昌街道硖东社区

硖东社区位于海宁市区东侧，隶属海昌街道，区域面积2.5平方千米，其中耕地25.7公顷。辖18个居民小组，总户数696户，总人口2638人。2009年实现农村经济总收入4.62亿元，农民人均纯收入13,468元，年末固定资产达到2,998.2余万元。多年来，该社区在上级党委、政府的正确领导和各有关部门大力支持下，团结拼搏、上下合力，经济和各项社会事业发展取得明显成效。该社区先后被命名为“嘉兴市三无达标村”、“嘉兴市绿化示范村”、“浙江省卫生村”、“浙江省全面小康建设示范村”。

1.农民新居
2.社区办公大楼
3.社区河道绿化

社区党支部书记：顾金明
社区居委会主任：徐张荣
电话：（0573）87092355
邮编：314400

海昌街道硖西社区

硖西社区位于海宁市区西侧，隶属海昌街道，嘉海公路、洛隆路纵横全社区，市内公交车直达，交通便捷，海宁经济开发区落户该社区。区域面积2.6平方千米，辖7个居民小组，总户数656户，总人口2332人，其中中共党员93名。2009年实现农村经济总收入3.10亿元，农民人均纯收入 13,154 元，集体总资产 8,667.6 万元。该社区是农业部“生态家园富民计划示范村”、“浙江省全面小康建设示范村”、“嘉兴市文明村”、“嘉兴市百强村”、“嘉兴市三无达标村”，社区党支部是“嘉兴市先进基层党组织”、“海宁市先进党组织”。近年来，在街道党委、办事处的正确领导下，大力推进社区经济跨越式发展，逐步向城乡一体化、工业园区化、社会文明化迈进。

社区党支部书记：陈元林
社区居委会主任：李伟林
电话：（0573）87266039
邮编：314400

办公大楼

硖西社区全貌

海宁经济开发区

2009年，海宁经济开发区实现地区生产总值48.58亿元，财政收入6.2亿元，规模以上工业总产值145.25亿元；完成合同外资1.84亿美元，实际到位外资8,639.2万美元；实到市外内资6.24亿元；完成工业生产性投入21.28亿元，三产投入5.82亿元。工业生产性投入、财政收入、合同利用外资、实际到位外资、工业生产性投入、外贸出口总量继续保持全市第一。在嘉兴市12个开发区、特色园区考核获得一等奖；在海宁市的年度考核评比中，获得利用外资一等奖、项目推进一等奖、三产发展一等奖等10个奖项。年内，上海漕河泾新兴技术开发区与海宁市政府、海宁经济开发区管委会全面合作协议正式签约，标志着沪浙首个国家级开发区合作项目——上海漕河泾新兴技术开发区海宁分区的开发建设全面启动。

海宁市政府、海宁经济开发区与上海漕河泾新兴技术开发区在杭签署全面合作协议

长安镇老庄村

老庄村位于海宁市长安镇南郊，东临肖王村，南与东陈村相接，北靠新民村，西与褚石村相连，毗邻浙江财经学院东方学院高教园区，地理条件优越，区位优势明显。01省道、城西路、杭浦连接线在村中心位置，交通十分便利。全村共辖13个村民小组，总户数519户，总人口2254人，其中中共党员66名。2009年实现农村经济总收入1.73亿元，农民人均纯收入13,691元。近年来，老庄村在上级党委、政府的正确领导和有关部门的大力支持下，以建设有中国特色社会主义新农村为奋斗目标，按照“村美、户富、班子强、村风好”的要求，积极开展各项工作。以创建“嘉兴市生态村”为契机，做好村庄内部环境整治，美化绿化村庄，村民居住环境得到改善，生活质量得以提高。

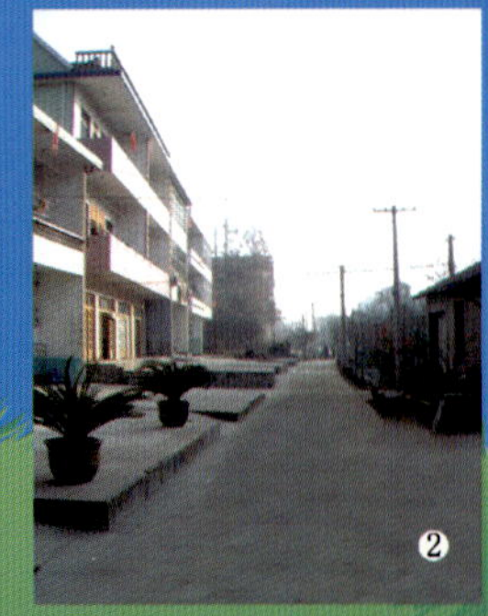

1.农民公园

2.村民住宅小区

村党支部书记：沈祖跃

村委会主任：祖建法

电话：（0573）87428693

邮编：314408

省体育局命名为“浙江省体育强镇”，长安镇和海洲街道通过“浙江省体育强镇”和“浙江省城市体育先进街道”复评，4个村被命名为“浙江省村级体育俱乐部”，38个村被命名为“浙江省小康体育村”。

【海宁市第三届老年人运动会】　于3月25日开幕，10月22日闭幕。运动会由市政府主办，市体育局、体育总会、老年体育协会承办。运动会设竞赛项目、选拔项目和展示项目，竞赛项目包括老年排球、武术、柔力球、中国象棋、自行车慢障赛、乒乓球、门球、篮球定点投篮、健身球操和射击10大项20小项；选拔项目设羽毛球、围棋、桥牌3项；展示项目设健身腰鼓、武术、健身秧歌、木兰拳、健美操、排舞6项，共有26个代表团1432人次参赛。

【海宁市“体彩杯”新居民运动会】　于5月23～24日在市紫微小学和市体训馆举行，全市各镇、各街道、连杭经济区、经济开发区和盐官观潮景区共15个单位381名新居民运动员参赛，比赛共设篮球、乒乓球、拔河、绑腿跑、跳绳和趣味运动会6大项17单小项。运动会由市体育局、体育总会和新居民事务局主办，市体育俱乐部和紫微小学承办。

【2009年世界速度轮滑锦标赛】　参见第265页重要决策和活动分目相关条目。

【2009中国体育舞蹈公开赛（海宁站）】　4月11～12日，中顺洁柔·2009中国体育舞蹈公开赛（海宁站）暨第八届全国城市体育舞蹈锦标赛在市体育馆举行，全国61支代表队930名选手参赛。比赛由国家体育总局社会体育指导中心、浙江省体育局、中国体育舞蹈联合会主办，海宁市人民政府、浙江省国际体育舞蹈协会承办，海宁市鸿翔体育文化产业有限公司执行承办。国家体育总局群众体育司司长盛志国，社会体育指导中心主任胡建国、副主任林洁等参加开幕式并观看比赛。

【2009安踏全国男排大奖赛总决赛】　6月25～28日，2009安踏全国男排大奖赛总决赛在市体育馆举行，进入决赛的浙江利群、江苏中盛光电、上海东方邓禄普、河南天冠4支代表队64名运动员进行8场比赛，中央电视台对4场比赛进行现场直播，4场进行转播。比赛由中国排球协会、中央电视台主办，总决赛海宁赛区由海宁市人民政府主办，海宁市体育局承办，海宁市鸿翔体育文

图123　6月25～28日，2009全国男排大奖赛总决赛在海宁市举行

化产业有限公司作赛事推广，海宁中国皮革城股份有限公司冠名赞助。上海队和江苏队分获冠亚军。

图 124　5 月 30 日，2009 年中国乒乓球俱乐部超级联赛海宁赛区比赛

【全国速度轮滑锦标赛海宁队获 10 金】　8 月 14～16 日，第二十四届全国速度轮滑锦标赛在江苏省苏州市举行，来自全国 74 支速度轮滑代表队参赛。海宁市首次组队参赛，共选派 24 名运动员参加少年、青年和成年三个级别的比赛，经过角逐，该队获得 10 枚金牌、8 枚银牌、2 枚铜牌，获团体总分第二、金牌数并列第一的好成绩。臧应璐在女子成年组 1 万米速滑比赛中获金牌。

【2009 年全国速度轮滑测试邀请赛】　5 月 14～15 日，2009 年全国速度轮滑测试邀请赛在海宁国际轮滑运动中心举行，比赛由国家体育总局社会体育指导中心、中国轮滑协会主办，海宁国际轮滑运动中心承办。比赛分为成年、青年男女 4 个组别，设 300 米个人计时赛、500 米计时赛、1000 米计时赛、10,000 米积分淘汰赛、15,000 米淘汰赛等 5 个竞赛项目。国家集训队、中国前卫双锦轮滑队、海宁国际轮滑运动中心、武警利群轮滑队、北戴河轮滑队、江苏轮滑队和广东速度轮滑集训队 7 支队伍 44 名运动员参赛。

【2009 年中国乒乓球俱乐部超级联赛海宁赛区比赛】　5 月 30 日，2009 年 361° 中国乒乓球俱乐部超级联赛海宁赛区比赛在市实验小学体育馆举行，比赛由中国乒乓球协会、中央电视台体育频道主办。海宁中国皮革城·鸿翔俱乐部队迎战江苏英太青·南体俱乐部队，以 0□3 告负。

【首届活力板公开赛】　10 月 3～6 日，“鑫奥林杯”首届活力板公开赛在海宁国际轮滑运动中心举行，全国 15 支代表队 268 名运动员参赛，比赛由海宁市体育局主办，浙江鑫宁工贸有限公司、海宁国际轮滑运动有限公司承办。

【2009 年浙江省健美健身锦标赛】　6 月 12～14 日，2009 浙江省健美健身锦标赛在海宁剧院举行，来自全省 14 支代表队 88 名运动员参赛，比赛由浙江省体育局、浙江省体育总会主办，浙江省健美（操）协会、海宁市体育局、海宁市健美（操）协会承办。海宁好旺角健美队和海宁健美（操）协会健身队荣获 3 枚金牌、1 枚银牌、1 枚铜牌。

【2009年浙江省台球锦标赛】 8月10～12日，2009年"健英杯"浙江省台球锦标赛暨第四届全国体育大会台球选拔赛在海宁市新星台球俱乐部举行，比赛由浙江省体育总会主办，海宁市体育总会和海宁市新星台球俱乐部承办。

【浙江省第五届速度轮滑锦标赛】 11月27～29日，2009年浙江省第五届速度轮滑锦标赛暨全国体育大会选拔赛在海宁国际轮滑运动中心举行。比赛设6个项目8个组别，来自全省20个代表队129名运动员参赛。比赛由浙江省体育局、浙江省体育总会主办，浙江省轮滑协会、海宁市体育局承办，海宁市国际轮滑运动中心、海宁轮滑协会协办。

【浙江省第五届"利群杯"桥牌团体赛】 12月18～20日，浙江省第五届"利群杯"桥牌团体赛在海宁大酒店举行，来自全省32支代表队170名运动员参赛。比赛由嘉兴市桥牌协会、海宁市烟草公司主办，海宁市桥牌协会承办。

(邹　斌　王国坚)

[编辑：王国坚]

传　媒

Media

《海宁日报》

【概况】　2009年，《海宁日报》共出版309期，总发行量762.35万份，平均每期发行量2.47万份。全年报社记者共在《浙江日报》发稿40篇，其中13篇刊登在《浙江日报》头版。广告经营额达到1508万元。报社被浙江报业集团评为“突出贡献奖”。记者袁亮华荣获2009年度“浙江省模范新闻工作者”称号。

【“两会”宣传报道】　“两会”前，在头版和二版开设《代表委员风采》和《人大政协工作亮点聚焦》专栏，报道人大代表和政协委员参政议政事迹。“两会”期间，刊发会议消息，代表委员审议和讨论情况，建言献策情况，采用特写、专访、《代表委员心声》、《提案议案录》、《相关议案提案摘登》、《网友寄语“两会”》、《民情记者跑“两会”》和图片等多种形式，开设专版专栏开展重点报道。开设《“两会”要闻》、《“两会”关注》、《“两会”民生》、《“两会”专访》专版专栏，共刊发专版20个，稿件131篇，其中图片30幅。

【开设《转型升级访企业》专栏】　2月推出《转型升级访企业》专栏，对在转型升级中取得成效的企业展开采访报道。刊出《红狮电梯：“升”向飞机部件——飞机座舱部件通过美国B/E公司认证》、《油画布、投影布、游艇布、水池布——“华生经编”热衷开发增“值”布》、《“贝朗皮具”从卖箱包到创品牌——每月开发30至50个新款》、《投入2000万元调结构——“诺亚”高档面料进了动车上了飞机》、《“天通”镍锌软磁卖出四倍白银价》、《“美通机械”危中求机销售猛增》、《宏达经编收购深圳一家医疗器械公司，谋求卖B超与做面料比翼双飞》等报道。通过典型报道，为其他企业在困境中寻求新的出路和发展提供可借鉴的思路和经验。

【学习实践科学发展观活动宣传】　开设《学习实践科学发展观》专栏，报道市委和全市各部门、各镇（街道）开展学习情况。先后刊发《市级领导干部组织学习会》、《领导干部争当科学实践模范》、《机关挂村，服务新农村》、《选派干部驻企业当好高参——全市“两优三服务”专项行动正式启动》等报道近50篇。同时，刊出《勇立潮头，科学发展》等评论文章。

【牵手援建工程报道】　3月中下旬，海宁日报社派出采访组，前往四川省青川县曲河乡，深入灾区重建第一线，对曲河乡的干部群众和参加援建的施工人员进行实地采访。

开设《援手青川·海宁情》专栏，刊出一组6篇系列报道和一整版图片报道。4月14日，发起“为青川曲河孩子捐一本书”活动，社会各界共捐助图书2万余册，5月11日运抵曲河中心小学。

【“纪念海宁解放60周年”宣传报道】 5月7日是海宁解放60周年。开设《“纪念海宁解放60周年”亲历》专栏，采访报道一批亲身经历和目睹海宁解放的当事人。先后刊出8篇海宁解放的亲历者的报道。刊发《纪念海宁解放60周年特别报道》，用2个整版的篇幅以“为了海宁解放”作主题，刊发海宁解放前夕地下党组织开展工作的情况及解放军解放海宁的历史追踪，刊发对8位老同志的采访报道并配发老照片。在《海宁潮周末》版刊发纪念海宁解放60周年长篇文章，在海宁解放纪念日5月7日的图片版上，用一个整版刊发《60年铸就潮乡经典》图片12幅，展示海宁人民的新生活和城市建设新貌。

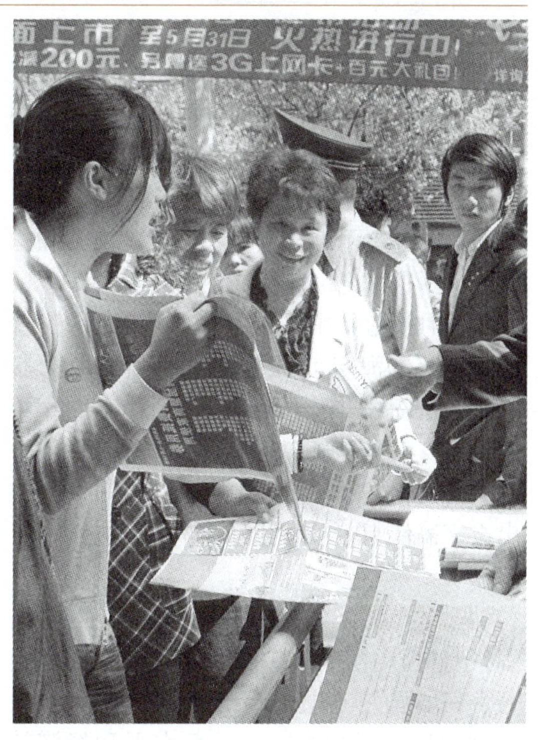

图125　4月，在海宁日报社承办“海宁市首届休闲购物节”上，市民领取消费抵用券

【创建工作宣传】 2009年，海宁市国家卫生城市和国家园林城市创建工作进入关键阶段。《海宁日报》开设《创建国家卫生城市》、《创建国家园林城市》、《国家卫生城市标准有哪些》、《创建国家卫生城市城市形象请您揭丑》、《今日聚焦》等专栏，从不同角度宣传和报道创建工作。同时，开设《潮乡时评》专栏，刊发《打造宜居新海宁》、《让城市更靓，让生活更美》、《创建是一个城市的集体责任》等文章，刊发各类报道80多篇。

【承办休闲购物节和汽车博览会】 4月下旬，承办“海宁市首届休闲购物节”，共发放消费抵用券5000万元，拉动直接消费3.3亿元。6月20～21日，海宁日报社首次参与承办海宁汽车博览会。海宁、嘉兴及杭州三地汽车4S店和汽车经销商共18家参展，设汽车展位23个，汽车用品展位50个，综合服务展位3个，总展位面积达9000平方米。销售车辆300多辆，销售额达5000多万元，现场预订超过500辆，2万多人次光顾汽车博览会。

【新中国成立60周年报道】 2009年是新中国成立60周年，海宁日报社组织开展“国庆60周年·寻找60张笑脸”活动，通过约稿和采访，配图刊发《海宁籍飞行员精彩亮相国庆大阅兵，我驾驶着战机飞过天安门》等几位参加北京国庆阅兵和群众游行联欢活动的亲历者的感受文章。出刊《辉煌60年》纪念特刊，以80个版面的篇幅，展示海宁60年来的成就和巨变。8月初推出《庆共和国60华诞·潮乡巨变》国庆系列报道，用具体的数字，生动的故事，展示新中国成立以来，海宁经济社会发展所取得的巨大成就。同时，开设《60年经典瞬间》专栏，以图片展示潮乡巨变。开展"庆共和国60华诞·我家记忆"征文活动。10月1日、2日集中报道新中国成立60周年北京庆祝活动盛况和海宁市国庆活动。刊出80个版面的《庆祝中华人民共和国成立60周年纪念特刊》，展现海宁60年来各个领域、各个方面的变化发展。共刊出版面100多个，刊出文字稿件90余篇、图片170多幅。

【实施改扩版】　7月27日至9月11日，《海宁日报》实施改扩版工作，实现"三提升、三增强"，即提升报纸的质量和影响力、内部管理和运行机制、经营水平和经济效益，增强报纸的可读性、特色性和权威性。通过改版，版面扩容，本土新闻版面增加。改版后，周一至周五每天12个版，周六8个版，每周新增8个版。本土新闻版面每周增加到37个，新增7个版面。版面、版式重新设置定位。改版对报头、报肩、报花等进行重新设计，对行距、线条、字号、字体等作了新的规定。各版头条做到三个统一，即统一拉通标题、统一字体、统一字号。改版后版式整齐划一。规范采编操作流程，建立每日报题、评报制度。从报题、策划、谈版到组稿、编辑、排版等各道环节，实施精细化、规范化操作。

【采编人员换发新版记者证】　根据新闻出版总署的统一部署，海宁日报社33名新闻采编人员，于2009年6月30日前统一换发新版记者证。7月1日起旧版记者证全部作废。是新中国成立以来，第四次在全国范围内统一换发新闻记者证。

【海宁日报网开通】　7月22日，报社投入资金10多万元建设的《海宁日报》数字报正式上线，标志着海宁日报社数字化建设迈上新台阶。广大读者在网上可看到当日的《海宁日报》。8月1日，海宁日报网正式开通。

（袁青峰）

广播电视

【概况】　2009年，市广播电视台开设广播新闻类栏目《海宁新闻》、《九点播报》2档，开设广播专题类栏目9档，有科普栏目《科学与生活》、对农栏目《阿林哥话小康》、青少年栏目《紫薇花》、法制栏目《法在身边》、资讯服务类栏目《信息大超市》、娱乐类栏目《快乐双休日》等；每天还播出广播直播节目4档210分钟。开设电视新闻类栏目《海宁新闻》、《海视广角》2档，开设电视专题类栏目10档，有对农栏目《今日新农村》、法制栏目《法在身边》、专题节目《潮乡党建》、《人大视线》、《政协视点》、资讯服务类栏目《生活每一天》等。

全年，市广播电视台在中央人民广播电台播出新闻稿件27条，在浙江人民广播电台播出新闻稿件283条；在中央电视台播出新闻稿件36条，在浙江电视台播出新闻稿件105条。有12件广播外宣作品通过《今日浙江》国际台播出；有40件电视外宣作品通过美国斯科拉电视网和ECHOSTAR（文化教育频道）播出；有54件电视外宣作品通过浙江电视台国际频道播出。被中央人民广播电台录用新闻稿件27件，其中在《全国新闻联播》和《新闻和报纸摘要》中播出5件，在其他新闻节目中播出22件。被中央电视台录用新闻稿件36件，其中在《新闻联播》节目中播出新闻6件，在其他新闻节目中播出30件。

在境外播出电视片94部（次），其中通过浙江电视台国际频道，全年向欧美国家播出《抗癌的朋友来相会》、《画坛弄潮儿》、《海宁皮影戏》、《我看世界，风尚看我》等电视纪录片53部；通过中国黄河电视台向美国斯科拉电视网和ECHOSTAR（中国教育文化频道）选送播出《硖石灯会》、《化学家苏元复》、《江南·硖石灯彩》、《吴言越语海宁话》等电视纪录片41部。全年送美国和加拿大播出广播节目12件。

年内，市广播电视台以农村数字电视示范村和党员远程教育平台为抓手，采用多种营销手段，开展数字用户和宽带捆绑套餐业务、集团用户等形式，推进数字电视发展。至年底，全市数字电视用户总数达45,128户，其中互动用户6501户。全年新增数字电视用户14,911户，其中互动电视用户1258户。

全年网络创收比上年增长29.6%，广联公司各项创收增长106.4%，各镇、街道广电站创收增长20.8%。

【“两会”宣传】　“两会”前营造气氛，会中解读报告，会后贯彻精神。“两会”期间，推出特别报道——《文静看“两会”》，全面解读政府工作报告中农村改革、城乡建设、社会事业、民生改善的重点内容。举办两场电视直播和录播。对人大有关农业农村发展、中小企业发展专题审议和政协关于食品安全、社区建设管理的专题协商会进行广播和电视直播。

【“创业创新、比学赶超”专题报道】　开设《创业创新、比学赶超》专栏，播出《海宁市召开经济形势分析会，探讨新一年发展良策》、《海宁市培育壮大汽车产业链，拉动经济增长》、《金融危机下洁华公司悠然“过冬”》等一大批在全球金融危机下成功转型升级、科学发展的先进典型。同时，做好学习“苏鲁”外地经验宣传和“一把手访谈”系列报道。

【学习实践科学发展观活动宣传】　开设《学习实践科学发展观》专栏和《创业创新、比学赶超，科学发展在海宁》子专栏，播出全市各部门优化服务、企业转型升级、学习实践科学发展观的典型事例、典型人物等报道250多篇。同时，向省、嘉兴市广播电视主流媒体发稿共计100多篇，宣传海宁学习实践科学发展观活动。

【创建工作宣传】　市广播电视台在电台、电视台分别开设专栏，报道创卫工作的面上动态和典型经验，对不讲卫生、暴力抗法等不文明行为进行曝光，据统计，在创建国家卫生城市、园林城市宣传中，共播出各类新闻报道400多篇。还在电视新闻综合频道《海视广角》栏目中开设《创卫我行动》小专栏、广播频道《科学与生活》专栏中播出健康教育知识。

【纪念新中国成立60周年和海宁解放60周年系列宣传】　2009年是新中国成立60周年，也是海宁解放60周年。上半年，在《海宁新闻》中播出纪念海宁解放60周年系列报道《黎明前的斗争》、《征借粮食》、《剿匪反霸》、《解放后的第一批海宁解放军》等，拍摄并播出纪念海宁解放60周年专题片《迎接曙光》（上下集），在《海宁大讲坛》推出《海宁革命斗争史》十讲，在青少年节目《紫薇花》中回顾海宁解放的斗争岁月，对广大青少年进行爱国主义教育和革命传统教育，纪念海宁解放。下半年，创新方式，构筑多种传播平台，加大纪念新中国成立60周年宣传力度。除做好动态新闻外，广播开设《见证辉煌》栏目，电视开设

《60 年·海宁骄傲》、《我叫建国》专栏。在《我叫建国》系列报道中，“许建国篇”在中央电视台财经频道《我叫建国》专栏中播出并获得二等奖。

【“一节两会”宣传】 “一节两会”正值国庆和中秋节，市广播电视台全方位报道“一节两会”期间的各项活动。八月十八观潮日，一线记者克服交通拥堵等困难，分别在丁桥大缺口、盐官景区、老盐仓为中央人民广播电台、浙江人民广播电台实时连线，报道海宁观潮节盛况，其中《八月十八潮，壮观天下无》、《今天三十五万中外游客云集海宁观看钱江潮》两篇报道在中央人民广播电台《新闻联播》节目中播出。

【《热点面对面》广播电视直播系列节目】 推进《热点面对面》活动常态化。2009 年将《热点面对面》节目分为“优化服务，优化环境”、“科学发展，勇立潮头”、“求真务实，改善民生”三个系列 15 个主题。首次在华联购物中心广场设置公开的电视连线点，让市民广泛参与，使节目增强可看性、互动性，扩大宣传效果。省内各大媒体对海宁《热点面对面》广播电视系列直播活动作了全方位跟踪报道。

【“阿林哥走进魅力新农村”系列活动】 市广播电视台分别到许村镇永福村、尖山新区等地举办 4 场“阿林哥走进魅力新农村”系列活动，吸引大批外来务工者和当地农民群众的参与，增进农民群众对节目的了解。电视《今日新农村》栏目走进丁桥镇海潮村，在大缺口农庄举办“欢乐农家”特别活动。

【举办《潮乡民声》行风热线直播节目】 市广播电视台与市纪委、市政府纠风办联合在电台开办《潮乡民声》行风热线直播节目，每月举办 1 次。由市交通局、劳动和社会保障局、工商局、教育局等 12 个部门的主要领导担任嘉宾，在直播现场对群众咨询、投诉问题进行解答和解决。通过该节目，构筑起政府与百姓间话语交流的平台。

【举办海宁市农村文化成果展示暨 2010 元旦电视直播文艺晚会】 12 月 30 日晚，由中共海宁市委宣传部、市广播电视台联合举办的“春风踏歌来”——海宁市农村文化成果展示暨 2010 元旦电视直播文艺晚会在市广播电视台演播厅举行。晚会融舞蹈、歌曲、器乐、曲艺、才艺表演等多种艺术形式

图 126　12 月 30 日，举办海宁市农村文化成果展示暨 2010 元旦电视直播文艺晚会

为一体，集中展示海宁农村文化成果。15个精品佳作来自全市12个镇、街道，其中6个节目曾在省级比赛中获奖。市领导沈利农、戴雪根、张炜芬、徐辉等出席。

【网络基础设施建设】 2009年，市广播电视台投入资金2100万元进行网络基础设施建设，共立项工程163个，完成验收104个，合格率达99.4%。推进全市西环网工程建设，新架光缆70千米，更换电杆500根，全市主干光缆达132杆/千米，形成市镇24芯双星形双杆路拓朴框架，确保广电网络安全运行。抓好市区以地埋管道和新建小区为重点，农村以网络光缆延伸和数字电视双向化改造工程为重点的网络基础设施建设。市区开工建设17条道路地埋管道工程、11条线路搬迁整理工作和18个新建小区建设，地埋管道设施全城贯通。全市完成10个村、社区的农村网络双向化改造工程，新增光点212个，新增光缆267.1千米，新增自立杆3190根；并完成镇治安视频监控工程。

【网络增值业务】 成功拓展市公安局社会治安动态监控系统二期传输线路和视频监控、劳动和社会保障服务网、海宁市政务外网整合、民政救助网、公安智能交通网、长安派出所监控等项目，全年新增数据业务点1416个，其中镇监控网络952个、劳动保障网143个、智能交警52个、计生网络159个、民政救助网络23个、镇政务网40个、党员远程教育点等延伸业务点47个。同时，完成周王庙、长安、尖山新区（黄湾镇）的镇村政务网工程。至年底，广电宽带接入政府机构及企事业单位业务点达3000多个，新建“阳光政务”、“生活点点通”和“党员远程教育”等互动电视版块。

【完成“广电低保”工程】 市广播电视台实施“广播电视低保”工程。至10月，城区和农村4335户“低保户”家庭安装有线电视，安装率达100%。12月，通过省和嘉兴市验收。实施“广电低保”工程后，共减免有线电视安装费130.1万元，减免2009年度收视维护费72.8万元，共计202.9万元。

（殷伟琪）

市委报道组

【概况】 2009年，市委报道组在全国和省级报刊发表各类新闻稿件130余篇。市委报道组被浙江日报报业集团评为“先进报道组”。

【实践科学发展观报道】 2009年，市委报道组主动配合全市学习实践科学发展观活动的开展，深入基层、发掘典型，采写以党员干部作风转变为主题的《海宁坚持不懈开展“机关挂村、服务新农村”活动》、《海宁农技干部返乡当“三农”智囊》等稿件，分别刊登于《浙江日报》、《嘉兴日报》头版头条；以增强干部队伍素质为主题的《“两优三服务”助推海宁立潮头》、《海宁近百干部赴苏鲁学习“取经”》等稿件分别刊登于《浙江日报》、《嘉兴日报》要闻版；以优化服务促发展为主题的《海宁600万贴息撬动6亿投资》、《海宁24支品牌服务队活跃在基层》等稿件分别刊登于《浙江日报》头版头条和《嘉兴日报》要闻版。

【经济转型升级报道】 结合优化调整产业结构，推进经济转型升级作为加快经济发展的战略措施，市委报道组围绕海宁传统产业如何创新提升进行多角度、全方位报道，其中《海宁：引领中国家用纺织品文化艺术创意》、《海宁为企业创新发展打造小气候》、《海宁创意平台激活三大传统产业》、《省质监局助推海宁经编产业转型升级》、《海宁倒逼本地企业升级》等系列新闻稿件分别刊登于《浙江日报》、《嘉兴日报》等报刊头版显著位置，并被人民网、新华网等转载。

【民生工程建设报道】 结合民生工程建设，市委报道组围绕市委、市政府关于全市就业、教育、医疗、治安环境等方面的新政，采写了《海宁就业援助新政助5000余人重新上岗》、《海宁为未就业大学生推出200个就业岗位》、《海宁义务教育连续三年“零择校”》、《加大财政投入，提升人口素质》、《海宁村村都有专职保安》等稿件，分别刊登于《浙江日报》、《嘉兴日报》等报刊要闻版。

【基层民主建设报道】 围绕优化选人用人机制、提高干部队伍素质等主题，市委报道组采写的《专场招聘非公企业党务工作者》、《海宁民主监督员盯牢干部公选全过程》、《海宁尝试镇长人选竞争性选拔》、《海宁竞争性干部选拔实现全透明》、《基层党建第一责任人迎“大考”》等系列稿件，分别刊登于《人民日报》、《浙江日报》、《嘉兴日报》等报刊头版或要闻版，以及人民网、新华网、新浪网等网站。

【接轨杭州报道】 2009年，海宁市深入实施接轨杭州计划，重点在基础设施、产业、医疗、教育等方面采取一系列实质性举措，助推传统产业转型提升，改善市民生活品质，加快融入杭州都市圈步伐。市委报道组采写的《对接杭州，海宁的再造计划》，整版刊登于《浙江日报·今日关注》专栏；《杭城公交通海宁》、《公共交通让海宁与杭州同城》等稿件刊登于《浙江日报》、《嘉兴日报》要闻版。

（李迪刚　沈　达）

表46　　2009年度省级以上获奖作品

单位	获奖内容	获奖级别	作者
海宁日报社	通讯《农民时兴办个人演唱会》获2009年度中国县市区域新闻奖一等奖	全国	戴虹红　沈婷婷　王永铭
海宁日报社	图片《海宁志愿者张钱华捐献干细胞》获2009年度中国县市区域新闻奖一等奖	全国	王超英
海宁日报社	消息《海宁“时尚动车组”引领中国皮装新潮流》获2009年度中国县市区域新闻奖二等奖	全国	袁亮华　吴少华
海宁日报社	通讯《湖北17岁少年海宁“救”父》获2009年度中国县市区域新闻奖二等奖	全国	杨国祥　朱　文
海宁日报社	版面《2009年10月1日国庆60周年封面版》获2009年度中国县市区域新闻奖二等奖	全国	胡　艳　张建仑　吴少华　王永铭
海宁日报社	连续报道《一支甘蔗要价四五十元》获2009年度中国县市区域新闻奖三等奖	全国	高　丽　杨国祥
海宁日报社	消息《海宁“潮痴”叫板教科书〈观潮〉》获2009年度中国县市区域新闻奖三等奖	全国	沈　洁
海宁日报社	消息《新开美容店放安全套惹争议》获2009年度中国县市区域新闻奖三等奖	全国	贺洁靓

（续表）

单　位	获　奖　内　容	获奖级别	作者
海宁日报社	图片《防台风“莫拉克”，民工连夜平安转移》获2009年度中国县市区域新闻奖三等奖	全国	王超英
海宁日报社	图片《七对新疆青年共奏婚礼曲》获2009年度中国县市区域新闻奖三等奖	全国	王超英
海宁日报社	连续报道《一支甘蔗要价四五十元》获2009年度浙江省县市区域报好新闻一等奖	省级	高　丽　杨国祥
海宁日报社	消息《村主任“跑”出和谐拆迁路》获2009年度浙江省县市区域报好新闻一等奖	省级	袁亮华　王永铭
海宁日报社	通讯《农民时兴办个人演唱会》获2009年度浙江省县市区域报好新闻一等奖	省级	戴虹红　沈婷婷　王永铭
海宁日报社	连续报道《一支甘蔗要价四五十元》获浙江新闻奖三等奖	省级	高　丽　杨国祥
海宁日报社	通讯《到英国去演莎剧》获2009年度浙江省县市区域报好新闻二等奖	省级	朱利芳　王超英
海宁日报社	图片《海宁志愿者张钱华捐献干细胞》获2009年度浙江省县市区域报好新闻二等奖	省级	王超英
海宁日报社	消息《海宁“时尚动车组”引领中国皮装新潮流》获2009年度浙江省县市区域报好新闻三等奖	省级	袁亮华　吴少华
海宁日报社	消息《全国优秀技能选手开工作室育新人》获2009年度浙江省县市区域报好新闻三等奖	省级	袁亮华
海宁日报社	消息《一个外来创业者凭信用首个拿到50万贷款》获2009年度浙江省县市区域报好新闻三等奖	省级	许恒益
海宁市广播电视台	人大专题《当民意传递出现断层，海宁马桥街道试行居民代表大会调查》获第十九届全国人大新闻奖电视专题三等奖	全国	单劼慜　徐国华
海宁市广播电视台	电视专题片《草根的创造》获“纪念改革开放三十周年中国纪录片”评选活动银牌节目、第十一届电视外宣“彩桥节目”评选金牌节目	全国	徐新民　张　炯　俞　斌　孔　莉
海宁市广播电视台	电视专题片《潮乡骄子》节目在第十一届电视外宣“彩桥节目”评选铜牌节目	全国	徐新民　张　炯　俞　斌　孔　莉
海宁市广播电视台	广播栏目《阿林哥话小康》获浙江省广播电视第二届品牌建设（优秀栏目）广播奖	省级	陆　军　顾建龙　何晓丰　马天使　祖　丹
海宁市广播电视台	广播对外节目《村里来了文化管理员》获浙江省广播电视新闻奖广播对外节目二等奖	省级	严　萍　陆　军　凌卫明
海宁市广播电视台	广播文艺《舞台再现诗人风采》获浙江省广播电视文艺奖（广播戏曲节目）二等奖	省级	陆　军　顾建龙　蒋姚松

（续表）

单　位	获　奖　内　容	获奖级别	作者
海宁市广播电视台	广播连续报道《浙江第一张网络无照经营罚单在海宁开出》获浙江省广播电视新闻奖三等奖	省级	顾建龙　陆　军　何晓丰
海宁市广播电视台	电视专题片《为了一条生命》获浙江新闻奖一等奖	省级	陈伟力　张云鹏　金新颜
海宁市广播电视台	文字内参《海宁“两分两换”试点面临搁浅危险》获浙江省广播电视新闻奖二等奖	省级	石月平　方旭明　沈　达　孔　莉
海宁市广播电视台	电视系列片《潮乡骄子——海宁籍两院院士纪实》获浙江新闻奖二等奖	省级	徐新民　张　炯　俞　斌　孔　莉
海宁市广播电视台	县级台文艺《千年梦圆 ---- 庆祝改革开放三十周年暨海宁定名 1450 年元旦晚会》获浙江省广播电视文艺奖（县级台文艺）二等奖	省级	孔　莉　王布伟　徐新民等
海宁市广播电视台	电视连续报道《车祸引发的爱心接心》获浙江省广播电视新闻奖电视新闻专题三等奖	省级	张云鹏　金新颜　殷文韬　方旭明　张宇竞　蒋颖媛等
海宁市广播电视台	学术论文《我国广电媒体对表达权的保障》获浙江新闻奖三等奖	省级	石月平
海宁市广播电视台	学术论文《县级广电在广播电视公共服务体系中的地位和作用》获浙江省广播电视学术论文奖三等奖	省级	孔　莉　石月平
海宁市广播电视台	学术论文《农村数字电视发展中存在的问题及对策研究》获浙江省第五次传播学会学术成果奖论文二等奖	省级	张健琪　吴宇明
海宁市广播电视台	学术论文《论县级广电的生存发展》获浙江省第五次传播学会学术成果奖专著二等奖	省级	石月平
海宁市广播电视台	学术论文《从法学视角看“纸馅包子”假新闻案》获浙江省第五次传播学会学术成果奖论文二等奖	省级	石月平

（袁青峰　殷伟琪）

［编辑：王国坚］

卫　生

Hygiene

综　述

至2009年底，全市有各级各类医疗机构258家，其中卫生行政部门所属医院、社区卫生服务中心22家、民营医院3家、民营门诊部6家、社区卫生服务站154家；全市各医疗机构标准床位2153张，每千人口拥有医院床位3.29张；卫生技术人员3768人，其中卫生系统编制内卫生技术人员1912人，具有中高级职称卫生技术人员704人；执业医师和执业助理医师1347人，每千人口拥有医生2.06名；注册乡村医生274名。全年医疗机构诊疗415.57万人次，收住入院5.81万人次，分别比上年增长1.2%和10.8%，完成手术15,086人次，增长12.6%。海宁市医疗中心完成主体结构建设，完成尖山新区、周王庙镇和许村镇许巷3家社区卫生服务中心易地新建前期工作，其中2家中心进入土建阶段，改建社区卫生服务站10家、新建19家，改建和新建面积达8189平方米，在建社区卫生服务站1家，完成规划数的93.13%。

通过实施公共卫生优化、农民健康、社区卫生提升、科教兴卫、优质卫生资源建设“五大工程”，全面建设卫生强市，健康素质、公平与保障、规模与可持续发展、公共支撑四大方面全部达到省定要求。全市三大项81小项基本指标全部达标，其中70项完全达标、11项部分达标。9月、11月，海宁市创建“浙江省卫生强（县）市”工作分别通过省卫生强市强县考核管理办公室专家组的暗访和考核。推进卫生强镇、街道创建，许村、长安、周王庙、斜桥、盐官、黄湾、袁花、马桥、海昌、海洲10个镇、街道成功创建“海宁市级卫生强镇（街道）”，其中许村、长安、周王庙、斜桥、盐官、袁花、马桥、海昌8个镇、街道通过嘉兴市考评，被命名为“嘉兴市卫生强镇（街道）”。

为推进医德医风和行业作风建设，10月，市卫生局启动海宁市首届“十佳医生”和“十佳护士”评选活动。评选活动分基层推荐、评委会审核、群众评议、公众投票四个阶段，由公众投票产生评选结果。“十佳医生（护士）”评选工作每三年评选一次，任期三年，实行动态管理，在任期间，每年由市卫生局进行考核，如发现有违纪违规行为，将撤销其称号。

开展健康“百千十”专项行动，即百场科普电影进社区、千名医师下社区、十场卫生法律知识进社区、十个健康教育讲师团巡回宣讲、十项优惠措施送新居民活动。“健康卫士服务队”共有449人（次）参加专项服务，共举办专项服务274场（次），服务基层群众24,635人（次），发放资料19,824份，放映卫生科普电影百余场，送医送药数万余元。

加强卫生系统文化建设。12 月，市卫生局出台《卫生（医院）文化建设实施意见》，成立局、医院（站、所）两级领导小组及办公室，把卫生（医院）文化建设纳入工作重点。从 2010 年起，各卫生单位每年安排不少于业务收入的 0.5% ~ 1%作为文化建设专项经费，用于单位文化建设。用三年时间，基本建立起符合先进文化前进方向、遵循卫生事业发展规律、适应社会发展和人民健康要求、反映时代特征和行业特色的卫生文化体系。

（胡佳雯　汤水强）

农村卫生工作

【概况】　以公共卫生服务体系、社区卫生服务体系、城乡居民合作医疗制度为重点，完善农村三级服务网络，提升卫生服务能力。三大类 12 项公共卫生服务项目综合达标率 96.86%。实施城乡一体卫生服务信息化管理，家庭电子健康档案建档率 95.05%，个人电子健康档案建档率 99.56%；推进星级规范化社区卫生服务机构建设，13 家社区卫生服务中心达到省市级规范化或先进标准。全市有 137,230 户、375,787 名城乡居民（包括补参合人员）参加 2009 年度合作医疗，占应参合人数的 98.16%，比上年提高 0.71%。全年支出合作医疗补偿基金 1.14 亿元，住院、门诊补偿比分别达到 42%和 21%；开展第二轮参合居民健康体检，参检人数 28.98 万余人，完成应检人数的 72.64%。

【推进公共卫生服务项目均等化】　以社区卫生服务规范化及信息化建设为平台，促进全市基本公共卫生服务逐步均等化。2009 年，全市三大类 12 项公共卫生服务项目综合达标率 96.86%，95%以上指标明显超过省政府规定的计划目标值，健康教育户覆盖率、产前检查率、产后访视率、肺结核规范管理率、精神病人综合管理覆盖率、重点传染病监测合格率、食品从业人员体检率均达到 100%，以镇为单位计划免疫接种率达到 98.07%，儿童系统管理率 95.74%，5 岁以下儿童死亡率下降到 5.26‰，孕产妇系统管理率提高到 96.72%，妇女病检查率提高到 84.11%，食品卫生监测合格率达到 98.9%。居民对三大类 12 项公共卫生服务综合满意率达到 98.98%，呈现逐年提高的趋势。

【出台《社区卫生服务站人才队伍建设实施意见》】　2 月，市政府出台《社区卫生服务站人才队伍建设实施意见》，提出到“十一五”末（2010 年）实现每 2000 人城乡居民拥有 1 名社区责任医生、每个社区卫生服务站至少有 1 名医学院校毕业生的建设目标。采取四项措施进行社区服务站人才队伍建设：一是引导和鼓励医学院校毕业生到社区卫生服务站工作，二是实行社区卫生服务中心（卫生院）编制内人员到社区卫生服务站轮岗锻炼制度，三是充分发挥市级医疗卫生单位对社区卫生服务站的帮扶指导作用，四是鼓励退休中高级卫生技术人员到社区卫生服务站工作。

【实施“城乡一体卫生服务信息化工程”】“城乡一体卫生服务信息化工程”被列入 2009 年市政府八项实事工程之一，该工程将整合合作医疗实时刷卡系统、市级医院 HIS 系统、社区卫生服务中心 HIS 系统、社区卫生服务站信息化管理系统、各公共卫生业务管理部门专项管理系统等平台，形成涵盖居民基本健康信息、老年管理、妇女管理、儿童管理、慢病管理、门诊就诊、体检等从出生到死亡的所有健康信息和社区基本卫生情况，具有合作医疗、医保实时刷卡、门诊就诊一卡通以及健康查询、预防接种查询、健康管理、社区卫生信息查询等功能。该实事工程明确提出“实现城乡联网的居民健康信息化管理，年内居民电子健康档案建档率达80%以上，社区卫生服务中心和服务站信息化管理率分别达100%和70%以上”。至年底，完成社区卫生服务信息化管理系统整体软件开发，全市新配备基层前置终端计算机482台，建立家庭电子健康档案17.31万份，建档率95.05%，个人电子健康档案64.8万份，建档率99.56%，107.3万余条计划免疫接种记录、2.1万余条出生证明记录成功导入社区卫生服务信息化管理系统。

【卫生部新农合技术指导组到海宁调研】 9月10～13日，卫生部经济研究所副所长、新农合专家指导组副组长王禄生带领国家新农合技术指导组，到海宁调研城乡居民合作医疗和村卫生组织可持续发展等工作。调研组实地考察市合作医疗管理办公室、市人民医院、马桥街道医院等十多家医疗卫生单位，对海宁市城乡居民合作医疗和社区卫生服务乡村一体化管理工作给予充分肯定。

【合作医疗基金支出超亿元】 截至2009年12月25日，全市支出合作医疗补偿基金1.14亿元，比上年增加3015万元，增长36%，占应筹资金的118%，其中住院补偿3.18万余人次，增长2%；住院补偿支出7883万元，增长30%；普通门诊补偿175.6万余人次，增长30%；普通门诊补偿支出3476万元，增长54%。门诊600元封顶4375人，住院封顶16人，其中1名学生享受12万元补偿。住院、门诊补偿比分别为42%、21%，比上年分别提高5%、4%。

【完成第二轮农民健康体检】 采取集中到医疗机构体检站进行体检，体检后结果书面返回方式实施第二轮参合城乡居民的健康体检。至年底，全市完成体检289,790人，占第二轮参合城乡居民应检人数的72.64%，查出患病人数104,606人次，其中高血压35,350人次、糖尿病6361人次、胆囊炎胆石症12,024人次、良性肿瘤4349人次、肺部疾病1882人次、泌尿生殖系统疾病14,462人次。

（市卫生局）

预防保健

【概况】 以甲型H1N1流感、手足口病、霍乱等重点传染病防治工作为重点，建立完善应急处置体系，落实各项防控措施。全年报告法定传染病2774例，发病率303.23/10万，比上年下降16.0%，无甲类传染病发生。结核病项目管理工作进展顺利，新登记活动性肺结核病人414例，涂阳发现率27.54/10万。儿童免疫规划五苗全程接种率98.57%。抓好血吸虫病、疟疾、丝虫病监测和碘缺乏病等地方病防治工作，春季查螺191.7万平方米、秋季查病3909人。慢病报告工作有序规范运行，报告高血压、糖尿病、冠心病急性事件和脑卒中12,298例，有效报告率95%以上。抓好妇幼保健工作，流动人口围产保健和儿童保健建卡率分别提高到90.24%和96.3%，系统管理率分别达到67.99%和62.9%。孕前优生医学检测率提高到99.56%，婚检率从上年的22.29%提高到88.42%。

【农业部、卫生部调研海宁营养健康专题】 12月3～4日，全国人大常委、中华预防医学会会长王陇德率领农业部、卫生部联合调研组一行9人到海宁调研食物与营养发展纲要有关内容。调研组一行听取市人大、市卫生局、市农经局和相关食品生产企业对营养改善与健康发展的情况介绍，了解海宁市有关部门对居民食物消费、营养改善和健康理念的实施措施。王陇德对海宁实施营养改善和健康工作给予充分肯定，并要求继续强化政府投入，落实干预措施，提高居民群众健康行为水平。

【葛慧君到海宁检查美沙酮维持治疗门诊】

6月17日，浙江省委常委、副省长葛慧君一行到海宁市疾病预防控制中心美沙酮维持治疗门诊检查指导。葛慧君指出，海宁市美沙酮社区药物维持治疗工作成效显著，为禁毒工作创造良好的工作基础。要求卫生、公安等部门进一步加强合作，落实美沙酮维持治疗等综合防控措施，努力提高综合防治水平。

【中国疾病预防控制中心专家组到海宁督察】

10月28～29日，卫生部艾滋病专家咨询委员会委员朱效科带领中国疾病预防控制中心艾滋病防治专家组一行，到海宁检查督导艾滋病防治工作。专家组一行围绕海宁市艾滋病防治整体工作内容，包括政府领导、多部门合作机制、经费投入、健康教育、综合监测、高危行为干预、VCT服务、免费抗病毒治疗、关怀服务、美沙酮药物维持治疗、艾滋病初筛检测实验室管理等方面进行调研督察。

【甲型H1N1流感防控】 建立防控工作领导小组及专家咨询委员会，组建医疗救治专家组、防控应急工作组和疫情现场快速处置小分队，制订下发防控应急预案和配套技术方案，编印应急处置操作手册，完善工作流程和制度。全面落实医疗机构预检分诊、院内消毒等工作，确定甲型H1N1流感确诊病例收治定点医院，做好应急处置所需各类消毒、检测用具和设备的准备工作。开展防控甲型H1N1流感的全员培训，举办甲型H1N1流感应急处置演练，开展甲型H1N1流感疫苗接种，全力抓好甲型H1N1流感防控工作。

【健康教育网络初步形成】 1月，市卫生局命名海宁市疾病预防控制中心、海宁市人民医院、海宁市中医院、海宁市妇幼保健院、海宁市第四人民医院5家医院为市级健康教育与健康促进基地，命名许村镇永福村等33个村、社区为市级规范化健康教育室，市、镇、村三级健康教育网络初步形成。年内，全市通过实施“百场科普电影进社区”、“千名医师下社区”、“十场卫生法律知识进企业”、“十个健康教育讲师团全市巡回点餐式宣讲”、“十项优惠措施送新居民”等载体，广泛开展健康教育，全年开展企事业单位健康教育检查指导3次，召开大型工作会议和培训班2次，各社区规范化健康教育室共开展科普讲座419次（其中市级健康素养讲师团讲座125场），受益20,086人次，开展视频科教253次，受益28,823人次，开展宣传活动291次，黑板报1312期，发放资料481,169余份，有效促进全市居民健康素养的提升。

【启用慢性非传染性疾病、死因监测网络直报系统】 1月，海宁市正式启用浙江省慢性非传染性疾病、死因监测网络直报系统。市疾病预防控制中心负责糖尿病子系统和心脑血管疾病子系统的管理及维护。市中医院（市肿瘤研究所）负责肿瘤病例子系统和生命统计子系统的管理及维护。2009年起在医疗机构确诊或初次就诊的糖尿病、恶性肿瘤、冠心病急性事件、脑卒中发病等慢性非传染性疾病及医疗机构内死亡病例，由接诊医疗机构填写相关报告卡片或死亡医学证明书，1周内通过浙江省慢性病监测信息管理系统进行网络报告；非医疗机构死亡者，由死者所在镇（街道）卫生院（社区卫生服务中心）或医疗机构填写死亡医学证明书，1个月内完成网络报告。

【建立学校卫生工作合作机制】 9月，市卫生局、教育局联合建立学校卫生工作合作机制。内容包括建立学校卫生应急信息报告和通报制度，共同组织落实新生入学预防接种证查验制度，建立学生症状监测、因病缺课信息实时报告系统，建立学校卫生队伍建设培训合作机制，举行学校卫生应急处置演练，建立学校食堂卫生许可、食物中毒预防、事故报告制度。

【嘉兴市基层规范化妇儿保门诊创建】 召开全市孕产妇保健规范化门诊建设现场推进会，成立专项考核小组、现场监督检查小组及业务指导小组，推进全市妇儿保门诊规范化建设。年内，斜桥中心卫生院、许村中心卫生院、马桥街道医院、许巷卫生院、长安卫生院、周王庙卫生院、盐官镇卫生院、丁桥镇卫生院、新仓卫生院、黄湾镇卫生院、谈桥卫生院、硖石街道卫生院、双山卫生院、狮岭卫生院、海洲街道卫生院等15家卫生院妇保门诊达到嘉兴市基层规范化孕产妇保健门诊标准，达标率82.35%。斜桥中心卫生院、许村中心卫生院、袁花镇中心卫生院、马桥街道医院、许巷卫生院、长安卫生院、周王庙卫生院、盐官镇卫生院、丁桥镇卫生院、新仓卫生院、黄湾镇卫生院、谈桥卫生院、硖石街道卫生院、双山卫生院、狮岭卫生院、海洲街道卫生院等16家达到嘉兴市基层规范化儿保门诊要求，达标率94.12%。

【为新居民产妇开设平价产房】 3月1日，市妇幼保健院为新居民孕产妇开设首个“平价产房”。新居民孕产妇在市妇幼保健院住院分娩，凭新居民居住证等相关证件入院，平产总费用控制在1000元以内。对符合国家有关计生政策的，在分娩定点医院，可以享受“五免一优惠”的新政策，即：免费建立孕产妇保健手册、免费进行产后访问、免除住院当日产检费、免除在院分娩的新生儿的4–2–1体检费、住院分娩免费接送，孕产妇享受住院床位费8折优惠，在院期间药品实行零利润优惠。全年共收住新居民孕妇63人，总减免费用近十万元。

（胡佳雯　汤水强　葛宗良）

卫生行政执法

【概况】 深化卫生监督分所规范化建设，农村卫生监督网络进一步完善。开展行政许可和审批事项清理，全面实施行政审批职能“两集中、两到位”工作。落实行政处罚自由裁量权基准制度，制定海宁市卫生局卫生行政处罚裁量权具体规定和卫生行政处罚自由裁量权适用规则。推进“十小”行业小餐饮整治规范工作，85%以上的小餐饮达到卫生标准，20家小餐饮单位达到五星级示范单位要求；推广饮用水供水单位卫生监督量化分级工作，启动以住宿业为重点的公共场所卫生监督量化分级监管；实行违规医疗广告社会公示制度；实行重点职业病危害企业职业卫生台账推广工作，职业危害企业监控率82.3%，职业禁忌人员调离率100%，疑似职业病诊治率100%。全年发放卫生许可证2130家，医疗机构校验245家，变更21家；医师、护士换发执业注册2468人，注册及变更注册252人，乡村医生注册274人；培训体检从业人员共127期、23,269人次；出动卫生监督人员13,219人次，监督检查单位19,664家次；实施行政处罚41起，罚款5.5万元，没收违法所得3374元；取缔、捣毁窝点110个，处理举报投诉106起；完成各类重要节日、政府重要会议、重要赛事卫生保障工作30次。全市未发生重大食物中毒、职业中毒等突发公共卫生事件。

【“五小”行业整治】 结合创建国家卫生城市工作，推进“五小”行业整治。成立由卫生监督员、助理卫生监督员及信息员协管员组成的5个整治组和13个“五小”专项组开展集中整治，通过划分责任区域、定时巡查的网格化管理方式实施辖区无缝监管。分层次召开市区“五小”行业整治暨创卫动员大会，全市餐饮、公共场所经营单位业主创卫动员大会，市区“五小”行业达标示范现场会，实施3次联合取缔行动和4轮分类整治，取缔无证经营28家，完成首批20家餐饮业五星级示范单位评选；统一制作发放采购索证登记簿、公共用品（用具）消毒记录本、“餐饮单位食品卫生信息公示牌”、《海宁市餐饮及公共场所经营单位卫生标准指导手册》，规范行业自律。小餐饮基本达标符合率从整治开始时的24%提高至80.9%，食品和公共场所卫生各项指标达标率明显上升，分别通过嘉兴市和省级考核。

【启动小餐饮店星级规范化创建】 10月，市卫生局对硖石、海洲、海昌街道及经济开发区取得卫生（餐饮服务）许可证、工商营业执照的600余家小型餐饮单位（经营面积在150平方米以下的普通餐饮店、点心店、大饼油条店等）全面实行小餐饮店星级规范化管理，分卫生管理、设施设备、消毒保洁、环境卫生、除“四害”五项内容，设5颗星，每项内容得分超过90分（含90分）且关键项符合要求，获得该颗星。对复核中符合五星级小餐饮店条件的，授予“示范小餐饮店”称号。至年底，首批评出20家小餐饮店“五星级示范单位”。

【启动公共场所卫生监督量化分级管理工作】 推进以住宿场所、游泳场所为重点的公共场所卫生监督量化分级管理模式。对全市179家持证住宿场所经营单位开展卫生监督量化分级管理工作，评出A级单位6家、B级单位31家、C级单位139家，另有3家单位因存在较多问题暂未评级。8家游泳场所，评出A级1家、B级3家、C级2家，另有2家因没有池水循环消毒设备未予定级。

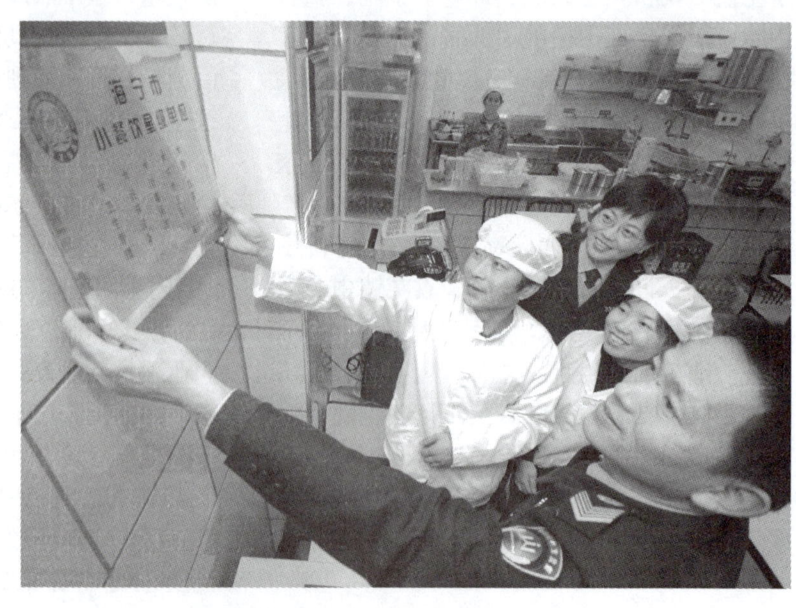

图127 星级小餐饮店挂牌

【处置首个医疗美容案】 7月，根据群众举报，市卫生监督所调查发现市区一家美容机构应用药物、器械等具有创伤性的技术方法为1名女士进行“漂唇”，并引发“接触性皮炎”。该美容机构未取得医疗机构执业许可证，擅自开展医疗美容，违反《医疗美容服务管理办法》规定，市卫生局对该案件进行相应处罚。

【一家医疗机构被停业整顿】 4月15日，海宁博爱医院因多次违法发布医疗广告、在未取得母婴保健技术服务执业许可证的情况下开展终止妊娠手术和超诊疗科目开展支原体培养等违法情形，被市卫生局处于罚款1.7万元，并责令停业整顿的行政处罚。为海宁市第二家因违法发布医疗广告而被停业整顿的医疗机构。

（胡佳雯　汤水强）

医疗教育科研

【概况】 开展“以病人为中心，以提高医疗服务质量为主题”的医院管理年活动，启动海宁市医疗质量持续改进计划，强化医疗安全及医疗质量暗访，查找医疗质量管理工作中存在的问题，并积极督促整改。接受上级卫生部门对全市医疗机构生物实验室安全和消毒管理、血液透析、血液质量管理、病人安全管理、病历质控、安全生产及医疗安全检查督导。下发《海宁市120急救站院前急救管理暂行办法》，完成急救资源的调整整合，基本形成全市统一的院前急救网络，急危重症抢救成功率提高到91.21%。开展“平安医院”创建活动，做好各医疗机构健全预防医患纠纷工作机制的指导工作，督促各级各类医疗机构参加医疗责任保险，成立海宁市医疗纠纷处置调解委员会，引入第三方介入处理医疗纠纷，统一处置全市医疗纠纷，全年未发生重大医疗事故。以海宁市人民医院为牵头单位，盐官镇卫生院、丁桥镇卫生院、黄湾镇卫生院为联合单位的急救适宜技术被省卫生厅列入“第一批浙江省基层卫生适宜技术示范基地建设计划”，推广应用农村和社区适宜卫生技术11项，举办56期农村卫生适宜技术推广培训班。依托“好医生”网络和市医学会等平台开展医学继续教育，参加各级各类医学继续教育5800人次，安排外出进修50人，其中选派到省级医院进修22人。实施《医师定期考核管理办法》，完成全市1300名执业医师及执业助理医师第一轮考核。加强医院区域合作，市人民医院与上海长海医院结成协作关系，累计有5家医疗机构与省级医院结对；完成1家嘉兴市级扶持学科和14家市级重点学科考评工作；无偿献血继续保持临床医疗用血100%来自自愿无偿献血，成分输血达到99.89%。

【成立海宁市120急救指挥中心】 6月30日，由市人民医院、市中医院、市第三人民医院、市森桥医院四家单位自愿组建的海宁市120急救指挥中心正式成立，全市急救电话统一为“120”。市120急救指挥中心由市卫生局主管，挂靠市人民医院，主要包括数字录音系统、GPS卫星定位系统、有线通信系统、UPS应急电源系统、LED调频显示系统。该中心设有2路急救电话线，配有4名专职调度员，5台电脑和1个大型电子显示屏。实行统一受理、统一协调、统一调度、统一指挥、统一电话、统一管理、统一标识、统一网络，完成了全市医疗急救资源的调整整合。

【市人民医院与上海长海医院结成协作关系】 3月15日，市人民医院与第二军医大学

图 128 3 月 15 日，市人民医院与上海长海医院结成协作关系医院

附属长海医院正式结成协作关系。在合作期内长海医院每月派专家对市人民医院泌尿外科、肝胆外科、心内科、普外科、骨科、神经内科、消化内科进行教学查房、疑难病例会诊、专题讲座、课题指导，并以固定专家、固定培养对象建立导师制模式，对市人民医院培养对象制定具体的临床水平、科研能力和论文撰写要求。

【实施医师定期考核管理】 5 月 1 日，启动全市医师定期考核工作，对依法取得医师资格，并在海宁市注册的在医疗、预防、保健机构中执业的临床、中医、口腔和公共卫生四个类别的执业医师和执业助理医师每两年为一周期进行考核。考核内容包括业务水平测评、工作成绩和职业道德评定。对考核不合格的医师，市卫生行政部门可以责令其暂停执业活动 3～6 个月，并接受培训和继续医学教育。暂停执业活动期满，由考核机构进行再次考核。考核合格者，允许其继续执业，但该医师在本考核周期内不得评优和晋升；对再次考核不合格的，由卫生行政部门注销注册，收回医师执业证书。全年考核医师 1152 人，考核合格率 100%。

【市人民医院急救适宜技术推广应用基地被列入省首批建设项目】 6 月 19 日，市人民医院被省卫生厅批准为急救适宜技术示范基地首批项目建设单位。该项目两年为一个周期，对市境乡村严重危害农民健康的急诊常见病、多发病，如各种外伤、急性腹痛、农药中毒、急性心梗、心脑血管意外、心跳呼吸停止、各种休克等内容进行救治技术推广培训。市人民医院与丁桥、黄湾、盐官 3 家镇级卫生院签订农村卫生适宜技术推广计划协议书，通过两年培训，达到乡村医生参加急救适宜技术推广培训率 90%，参培合格率 80%以上，每个村卫生室推广应用急救适宜技术 4 项以上的目标。

【市第三人民医院与浙医一院建立协作关系】 12 月 1 日，海宁市第三人民医院与浙江大学医学院附属第一医院建立协作关系，并举行网络医疗服务平台开通仪式。两家医院以重点科室合作的方式开展工作，浙医一院派出副主任医师以上职称的医疗专家对海宁三院的 3 个重点科室进行对口共建。

【卫生部督察市人民医院“医疗质量万里行”活动】 10 月 15 日，卫生部“医疗质量万里行”督察组到市人民医院督察工作。督察组一行分医疗管理、内科、外科、护理管理、医院感染管理、药事管理、实验室安全管理、后勤管理等多个检查组，通过查看台账、现场提问、操作考核等方式进行全面督察。专家组认为，市人民医院各项医疗核心制度执行情况良好，实验室管理、药剂管理、院务公开等工作扎实有效。

【开展首例关节镜手术】 10月10日，市人民医院骨一科在长海医院专家指导下为患者吴某成功施行关节镜下半月板部分切除手术。手术在硬膜外麻醉下进行，医生在病变膝盖部位打开两个小孔，从一个孔将内窥镜插入，观察关节内部情况；再从另一个孔插入关节镜，对关节内松散的软骨、半月板、骨刺进行切除。术后第一天患者能开始活动，第三天基本活动自如，第五天出院。关节镜手术是利用关节镜经皮进入关节内，在显示器下直接观察病灶并进行治疗的一种微创技术，具有检查、治疗同时进行的优越性。

【开展首例超声引导下经皮肾活检术】 5月15日，市人民医院中医科在B超定位下，为患者董某成功实施肾脏活检术，是全市首例超声引导下经皮肾活检术。经皮B超引导肾活检技术安全高效简便，取材率高，并发症少，病理诊断修正率高，对肾脏病理诊断、指导治疗、判断预后具有不可替代的临床应用价值。

（姚敏忠　胡佳雯　汤水强）

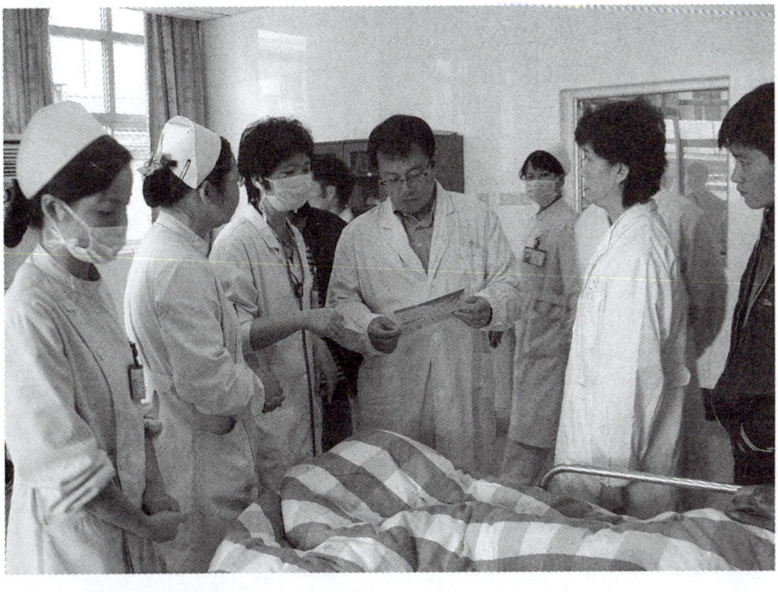

图129　10月15日，卫生部“医疗质量万里行”督查组到市人民医院督查

爱国卫生

【概况】 参与创建国家卫生城市工作，重点抓好食品卫生、公共场所卫生、病媒生物防制等相关创卫工作指标的达标，“灭鼠、灭蟑、灭蚊、灭蝇”通过省级考核。推进基层创卫，创建嘉兴市卫生镇1个，省级卫生村14个、嘉兴市卫生村16个、海宁市卫生村3个，实现市级卫生村全覆盖。开展第二十一个爱国卫生月活动，集中开展环境卫生治理，期间全市共清运垃圾2,645.9吨，治理脏乱道路67,255平方米，清理乱张贴13,024张。推进农村改水改厕，26个规划内待整治村全面取缔露天粪缸，在村部附近或外来人口集聚地至少有一座水冲式无害化公厕。启动重大公共卫生项目——中央农村改厕项目，对5个镇8个村的6787户农户卫生厕所进行新建和改建。全市卫生厕所普及率达99.15%，粪便无害化处理率达92.93%。

【创建国家卫生城市】 全面启动创建国家卫生城市工作，成立由市长任组长的市创卫工作领导小组，负责创卫工作的组织、协调、督查和指导等工作。成立“五小”行业、农贸市场、马路市场整治等9个创卫专项工作组，对照十大类65个子项创建指标，开展五大专项整治活动。一是城中村和城乡结合部综合整治，二是开放式小区的卫生整治，三是以小餐饮为主的“五小”行业综合整治，四是市容环境卫生管理，五是农贸市场整治。经过整治，市容面貌及环境卫生得到极大改善，11月通过省级考核，进入迎接全国爱国卫生运动委员会专家组初审暗访阶段。

【“除四害”通过省级达标复查】 根据“灭鼠、灭蟑、灭蚊、灭蝇”达标复查要求制订市区迎接达标复查实施方案，开展“除四害行动月”活动、召开除四害工作推进会、迎接省级考核准备工作会议，提升群众参与度。至年底，市区共开展统一灭鼠、灭蟑活动3次，对21个路段、5个菜场周边、部分开放式小区窨井和400多家小餐饮单位灭蟑灭蚊熏消杀，投放灭鼠毒饵5900多千克、蜡块2700多千克，灭蟑药物12万余份、烟雾剂1.7万余份。市区农贸市场、建筑工地、学校食堂及大型餐饮单位落实除四害防治措施。11月，市区除“四害”通过省级考核。

【实施中央农村改厕项目】 根据省爱国卫生运动委员会办公室10月下达的中央农村改厕项目工程任务，11月确定周王庙镇博儒桥村，丁桥镇海潮村，斜桥镇黄墩村、永和村，黄湾镇黄湾村，袁花镇彭墩村、梨园村、谈桥村8个村作为改厕项目村。市爱国卫生运动委员会办公室会同市农办、财政、卫生等部门，落实相关措施和政策，在中央财政补助300元/户的基础上，配套省补助办法，使省、市财政补助资金总额不低于300元/户。抽调6名工作人员成立项目技术小组办公室，逐村指导开展无害化卫生厕所的改造。

（戴成英　汤水强）

［编辑：王国坚］

社会生活
Social Life

人民生活

【农村居民人均纯收入达 12,781 元】 据农村住户抽样调查显示：2009 年，海宁市农村居民人均纯收入 12,781 元，比上年增加 1204 元，增长 10.4%，扣除价格因素，实际增长 12.0%。从收入来源看：工资性收入人均 8428 元，增长 11.2%，占全部人均纯收入的 65.9%；家庭经营纯收入为 3747 元，增长 7.6%，其中从家庭经营中得到的第一产业人均纯收入 1342 元，下降 1.8 %，家庭经营中二、三产业人均纯收入达 2405 元，增长 13.7%；在外人口寄回带回、土地征用补偿以及保险赔款等项目的转移性收入和利息、股息等财产性纯收入 605 元，增长 17.5%。随着城乡统筹发展，农村养老保险得到进一步完善，转移性收入中人均离退休、养老金逐年增加，土地征用补偿收入又拉动农民财产性收入增长，其中转移性纯收入人均 286 元，增长 18.2%；财产性纯收入人均 319 元，增长 16.8%。

【农村居民生活水平】 2009 年，全市农村居民人均生活消费支出 7960 元，比上年增加 395 元，增长 5.2%；生活质量稳步上升，食品消费支出人均 2714 元，增长 2.1%；恩格尔系数为 34.1%，比上年下降 1 个百分点；衣着消费支出人均 505 元，增长 8.2%；家庭设备、用品及服务类支出达 361 元，增长 8.7%；居住支出人均 1569 元，增长 13.7%；医疗保健支出 498 元，增长 14.0%；交通和通信支出 1028 元，下降 1.0%；文化娱乐用品及服务支出 1105 元，增长 6.2%；其他商品和服务支出 180 元，下降 15.5%。

至年底，农村居民人均住房面积 67.1 平方米，每百户拥有耐用消费品：彩电 192 台，洗衣机 80 台，电冰箱 96 台，空调机 126 台，生活用汽车 6 辆，摩托车 137 辆，家用计算机 60 台，住宅电话 104 部，移动电话 215 部。

【城镇居民人均可支配收入 25,675 元】 据市区 100 户家庭抽样调查显示，城镇居民人均可支配收入为 25,675 元，增长 11.2%，扣除价格因素，实际增长 12.8%。从收入构成来看：作为收入主要来源的工资性收入增幅放缓，城市居民工薪收入占家庭总收入的比重为 56.3%，人均为 16,203 元，增长 7.2%；居民家庭收入中人均经营性收入为 5335 元，增长 16.7%，占家庭总收入的 18.5%；居民人均财产性收入涨幅显著，人均为 1323 元，增长 26.3%；居民人均转移性收入 5943 元，增长 11.7%，占家庭总收入的 20.6%。

【城市居民消费水平】 城市居民人均消费

支出 16,614 元，比上年增长 10.3%。从支出构成看：食品支出人均 4932 元，下降 1.7%；恩格尔系数为 29.7%，下降 3.6 个百分点；衣着支出人均 1404 元，增长 0.5%；家庭设备用品及服务类支出人均 747 元，下降 3.7%；医疗保健支出人均 860 元，增长 5.9%；交通和通信支出人均 3809 元，增长 61.6%，主要受家庭交通工具、交通工具服务支出大幅增长的影响；教育文化娱乐服务支出人均 2832 元，增长 2.6%；居住支出人均 1346 元，下降 14.5%，主要受住房装修大幅减少的影响；杂项商品和服务支出人均 684 元，增长 82.9%，主要是居民购买金银饰品、丧葬及美容费等增长较快。

（丁　洁　沈祎菁）

人口和计划生育

【概况】　2009 年，全市人口和计划生育工作围绕“稳定低生育水平、统筹解决人口问题”主题，全面完成人口和计划生育各项工作目标。全年出生人口 4608 人，出生率 7.06‰，人口自然增长率 0.34‰，计划生育率 98.16%，出生性别比保持在正常范围内。根据《海宁市深化行政审批制度改革实施方案》，市人口和计划生育局增设行政审批科，在政策规划统计科增挂行政审批科牌子，将行政审批职能全部整合到行政审批科。

【市人大常委会督察人口计生工作】　由市人大常委会领导带队专题调研人口计生工作，督察贯彻执行《浙江省人口与计划生育条例》情况。市人口和计划生育局代表市政府向部分市人大代表和市人大常委会主任会议分别通报和报告了全市贯彻执行《浙江省人口与计划生育条例》情况。

【计生家庭奖励扶助制度扩面提标】　根据省、嘉兴市文件精神，提高农村部分计划生育家庭奖励扶助标准，由每人每月 50 元提高到每人每月 60 元。同时，落实“农转城”人员享受农村部分计划生育家庭奖励扶助政策。新增奖扶对象 557 人，至年底发放奖励扶助金 218.6 万元。

【特殊情况生育审批】　落实扩权强县相关工作，从 5 月开始开展特殊情况生育审批工作，至年底共审批 152 例。特殊情况生育审批必须具备以下条件之一：夫妻依法收养一个子女后又怀孕的；再婚前一方已生育过两

图 130　9 月 8 日，海宁市代表嘉兴市接受省新农村生育文化建设督察

个子女，另一方未生育过，身边无子女的夫妻；再婚前双方各生育过一个子女，现家庭无子女的夫妻；再婚前双方各生育过一个子女，其中一方丧偶，现家庭只有一个子女的夫妻；夫妻生育的第一胎子女为双胞胎，经设区的市以上病残儿童鉴定机构确诊，两个子女都为非遗传性残疾，不能成长为正常劳动力，根据国家《病残儿医学鉴定诊断标准及其父母再生育的指导原则》，通过产前诊断和筛选可以再生育的；再婚夫妻再婚前双方曾生育子女合计不超过两个、再婚后现家庭有一个经设区的市以上病残儿鉴定机构确诊为病残儿，不能成长为正常劳动力的。家庭无子女，是指夫妻新组合的家庭无未成年子女，再婚前所生的未成年子女依法法院判决或离婚协议随前配偶生活。

【新农村生育文化园建设】 年内在3个试点村的基础上扩大至30个村（社区），结合各自文化特色，一村一品，开展新农村生育文化园建设，优化农村生育文化宣传环境，9月代表嘉兴市接受省新农村生育文化建设督察。

【计生信息化建设】 年内实施人口计生信息网络“村村通”工程，市财政投入资金42.9万元，为6个镇和盐官观潮景区的115个村（社区）配置计划生育专用电脑，全市所有村（社区）实现电脑五级联网。

【建立生育关怀基金】 在全市各镇、街道建立生育关怀基金，在嘉兴市率先实现全覆盖，共筹集生育关怀基金263.89万元，发放生育关怀基金19.98万元，250户计生家庭受益。

【基层基础建设】 12月，市政府出台《关于进一步加强人口和计划生育基层基础工作的若干意见》，要求各级进一步加强人口计生工作队伍、工作网络和工作制度建设，筑牢网底工程。同时，推广周王庙镇基层基础工作经验，在全市全面建立组级重点人员信息月报告单制度。

【全面实施“优生两免”工作】 6月，市政府下发《关于开展免费婚前医学检查和免费孕前优生检测推进出生缺陷一级预防工程的实施意见》，全面实施免费婚前医学检查和免费孕前优生检测，推进出生缺陷一级预防工程工作。全年有9388人参加免费婚前体检，参检率88.42%；4396人参加免费优生检测，参检率84.33%。

【建立“优生优育健康保险”】 为增强出生缺陷防范风险，在全省率先推出“优生优育健康保险”，为参加优生检测的待孕妇女赠送一份价值50元的“优生优育健康保险”。全年全市共发放“优生优育健康保险”4053份，投入经费20.3万元，有3个家庭获得赔付。

【已婚育龄妇女生殖健康免费检查】 启动第二轮免费已婚育龄妇女生殖健康检查，由原来三年一次调整为两年一次，全年应检对象69,293人，参检35,964人，参检率51.90%。

【建立流动人口区域协作机制】 5、7月，分别与流入海宁市人口较多的安徽省阜阳市和浙江省乐清市建立流动人口计划生育区域协作机制，强化对流动人口计划生育服务管理。

（袁小松）

民政工作

【概况】 2009年，全市新型社会救助体系不断完善。完善低保标准动态调整机制和低保家庭定期复核机制，做到应保尽保。自1月1日起，全市城镇和农村低保标准分别提高到340元和240元，全年累计发放低保金1,583.06万元。加强分层分类救助体系建设，健全完善临时社会救助办法。全年共审核批准市级临时应急救助困难家庭144户，救助资金22.8万元。362人享受到重度残疾人基本生活保障，发放资金109.9万元。农村"五保"和城镇"三无"对象集中供养率保持100%。出台《海宁市城乡居民医疗救助办法》，全年下拨医疗救助资金404.9万元。完善灾害救助应急预案体系建设，推进避灾安置场所建设和规范化管理，下拨春荒救灾款21万元、台风灾害生活救济款25万元。为全市低保对象、优抚对象发放一次性生活补贴115万元、物价补贴35.9万元；为全市困难家庭发放慈善优惠券2.6万张；为低保家庭发放煤气优惠券9464张。海宁市慈善总会共募捐到位慈善资金1,445.4万元，共支出慈善资金516.5万元。其中对953户特困群众提供生活困难救助，共发放济困款76.44万元；对432户（次）患病的城乡享受最低生活保障家庭及因病致贫的特困家庭发放医疗救助款236.9万元；对214名学生进行慈善助学，共支出慈善助学金65.7万元。

加强社会管理工作。成立市委社会工作委员会，推进社会工作人才队伍建设，组织2009年全国社会工作者职业水平考试，全市有14人取得全国社会工作者职业资格证书。全面完成社区用房达标任务，全市有32个社区完成"一站式"服务大厅的改建。全市创建农村社区66个，均完成农村社区综合服务中心建设。村务公开民主管理工作健康有序推进，海宁市被民政部评为"全国村务公开民主管理示范单位"。开展对村干部和社区干部"双述双评"工作，组织开展和谐社区创建活动，全市有和谐社区13个、二星级示范社区10个、一星级示范社区7个。

稳步开展双拥优抚安置工作。开展拥军慰问，全年发放慰问金61.6万元。全市建立群众性拥军优属服务组织53个，新建志愿者拥军服务组织1个，24家单位、社区、学校与驻地部队建立共建关系。落实优抚金标准自然增长机制，对重点优抚对象优抚金标准进行两次调整。建立和完善优抚对象医疗保障机制，出台《海宁市抚恤优待对象医疗保障实施细则》，加大优抚对象的医疗保障力度。组织三批共90名重点优抚对象赴省荣军医院疗休养。全面完成2008年冬季退役士兵和转业士官安置任务，全市共接收退役士兵和转业士官298名，其中城镇退役士兵58名、农村退役士兵232名、转业士官8名。除2名转业士官安置在事业单位外，290名退役士兵和6名转业士官全部办理自谋职业手续，共发放安置补助费和生活补助费总额538.26万元，就业培训券386张。

有效推进社会福利事业。成功创建省级老龄工作先进县市。开展城市社区居家养老服务工作，完善居家养老服务组织网络。生活照料确有困难的老年人享受到居家养老服务政府补贴。推进社会化养老，完成市老年文化活动中心项目可行性研究报告。全市12所敬老院被确定为社会化转型单位。全年新建"农村星光老年之家"50家，创建32个二星级老年活动中心；办理和发放老年优待证1.1万余张，老年人优惠乘坐公交车实现城乡一体化；发放70周岁以上老年人生活补助金2,606.6万元。市社会福利中心至年底有床位251张，有在册老人220名。市儿童福利院设床位70张，在院收养人员34名，其中就读小学的学生6名、进幼儿园和语言训练班的幼儿10名；家庭助养131名。

推动专项社会事务管理工作。全市共有社会组织200个，其中社会团体151个、民办非企业单位49个。深化平安边界创建，作为嘉兴市试点，完成桩基硬化和界桩更换工作，市民政局被省民政厅评为“平安边界建设创优工作示范单位”。加强福利企业年检年审和月度资格认定工作，全市有福利企业56家，安置残疾职工2849人，安置比例达33.6%，残疾职工月人均工资1218元，比上年增长3.8%，同时确保残疾职工工资不拖欠、发放落实到位和全面参保。火化率连续23年保持100%，全面推广生态墓葬，有21个村新建或改建生态墓地14座；健全和完善农村公益性墓地和骨灰寄存堂长效管理机制，开展常规性和突击性检查。推进婚姻登记规范化建设，新增智能排队叫号系统、身份证阅读器、服务评价器等硬件设施。全年办理结婚登记5309对，离婚登记1119对，补发婚姻证件1723份，出具无婚姻登记记录证明2609份。依法规范收养登记，全年办理收养登记共209对。中福在线海宁销售厅被民政部确定为“全国试点销售厅”之一，全年销量名列全省前茅。

【民政实事工程】 2009年，市政府将困难群众和重点优抚对象医疗救助实时结报项目列入政府实事工程，于10月正式在市人民医院和市第三人民医院启用。至年底有12名符合条件的患者享受到实时结报。投资5300多万元的市殡仪馆迁建项目继续被市委、市政府列入重点推进的公益性基础设施建设项目。到年底已完成殡仪馆主体建筑工程建设,并进行室内贴饰和火化设备安装。

【成立市委社会工作委员会】 为加强社会管理工作，8月19日经市委、市政府批准，成立中共海宁市委社会工作委员会，下设办公室，市委社工委书记由徐辉担任，市委社工委办公室设在市民政局，12月17日市委社会工作委员会办公室在民政局挂牌，专设社会工作综合科，与市民政局社会事务与基层政权科合署办公。海宁市委社会工作委员会为市委、市政府的工作部门，主要承担全市城乡社区建设、社会组织建设和社会工作人才队伍建设的指导、协调、督促和综合管理工作。

【修订《海宁市城乡居民医疗救助办法》】 为解决困难群众的“就医难、就医贵”的问题，海宁市自2005年1月制定实施《海宁市困难居民医疗救助暂行办法》。2009年10月，对原《海宁市城乡居民医疗救助办法》进行第三次修订，重点在增设低保对象定额救助、降低救助门槛、增设实时救助方式等方面作补充和完善。于11月在嘉兴地区率先推行困难群众和重点优抚对象医疗实时结报工作，对低保家庭、特困职工、特困残疾人、重点优抚对象等困难对象在市内定点医院住院治疗时凭相应救助证和身份证享受实时救助。至年底，共发放医疗救助资金404.9万元，受益困难群众9738人次，分别比上年增长39%、2.3%。同时，有12名困难对象享受到8.63万元的实时救助金。

【市慈善总会召开第二次会员代表大会】 7月23日，海宁市慈善总会召开第二次会员代表大会。通过《海宁市慈善总会章程》、《海宁市慈善总会资金募集使用管理办法》、《海宁市慈善总会救助实施办法》。大会选举阮张汉为第二届海宁市慈善总会会长，理事会聘请俞志宏、沈利农、戴雪根、张炜芬担任名誉会长，聘请徐辉、田永昌担任顾问。

表 47　　2009 年海宁市最低生活保障资金支出明细

月份	城镇			农村			计		
	户数（户次）	人数（人次）	金额（元）	户数（户次）	人数（人次）	金额（元）	户数（户次）	人数（人次）	金额（元）
全年合计	9046	16,677	3,233,590	39,887	86,788	12,597,042	48,933	103,465	15,830,632
1 月	737	1369	270,739	3188	6871	1,036,211	3925	8240	1,306,950
2 月	750	1390	271,146	3253	7030	1,034,646	4003	8420	1,305,792
3 月	763	1411	273,452	3305	7161	1,045,332	4068	8572	1,318,784
4 月	765	1412	273,178	3350	7272	1,055,581	4115	8684	1,328,759
5 月	766	1413	273,157	3355	7294	1,056,431	4121	8707	1,329,588
6 月	767	1415	272,797	3356	7301	1,057,141	4123	8716	1,329,938
7 月	761	1403	270,480	3364	7330	1,058,856	4125	8733	1,329,336
8 月	754	1389	267,650	3366	7342	1,060,061	4120	8731	1,327,711
9 月	747	1376	266,599	3344	7302	1,051,790	4091	8678	1,318,389
10 月	746	1370	265,486	3337	7293	1,048,205	4083	8663	1,313,691
11 月	744	1364	264,438	3333	7297	1,046,664	4077	8661	1,311,102
12 月	746	1365	264,468	3336	7295	1,046,124	4082	8660	1,310,592

会议还对 2003～2008 年度慈善工作先进单位进行表彰。

（朱　莹）

老龄工作

【概况】　2009 年，老龄工作坚持“党政主导，社会参与，全民关怀”的方针。引入市场机制，注重社会效益，推进养老服务社会化工作。以省级老龄工作先进县（市）成功创建为动力，扎实做好各项老龄工作，海宁市老龄工作办公室被评为浙江省优秀县（市、区）老龄工作办公室。全市共有 222 个基础老年人协会，编印《海宁市居家养老服务工作简报》、《海宁市老年电大通讯》各 2 期。推广先进典型，弘扬敬老养老助老社会风尚。海洲街道双凤村老年人协会会长郭阿九，被全国敬老爱老助老主题教育活动组委会评为“中华孝亲敬老之星”。

全年新建“农村星光老年之家”50 家，并通过验收，共下拨资金 135 万元。创建 32 个二星级老年活动中心，并进行表彰和授牌。

【开展城市社区居家养老服务】　完善居家养老服务组织网络，市级设立居家养老服务指导中心办公室，归口市民政局。增设居家养老服务公益性岗位，15 个城市社区配备社区居家养老服务管理员。建立居家养老服务网点 50 个，发放居家养老服务手册。解决部分老年人生活照料难的问题，全市享受居家养老服务政府补贴的老年人有332人（涉及290户），其中特殊困难老人9户（每天1小时），高龄独居老人271户（每天半小时），占城市社区老年人总数的1.9%；有850名老年人通过自费购买服务，享受居家养老服务，占5.6%。

【落实老年人优待政策】 全年办理和发放老年优待证1.1万多张，对公交车和景区门票优待政策落实情况开展督查，确保老年人优待政策落实。会同市交通局出台《海宁市优惠乘坐公交车老年IC卡办理暂行规定》，给办理公交IC卡的60~69周岁的老年人乘车在原来半价的基础上再减半（2元只需付0.5元）。推行老年人乘车优惠政策，办理公交老年IC卡6万多张。

【老年电大教育】 全年老年电大在读学员29,628人（次），招生总数占全市老年人总数15.32%，居嘉兴市前列，其中马桥街道、海洲街道、盐官观潮景区的入学率达到15%以上。嘉兴市老年电大工作暨辅导现场观摩会在马桥街道柏士村召开。至年底，全市223个村、社区全部建有老年电大教学班，实现全覆盖。全年新增13个示范化教学班，全市累计32个示范化教学班。

【百合新城社区老年大学成立】 11月22

表48　2009年百岁老人统计

序号	镇、街道	姓名	性别	出生年月	住　址
1	海洲街道	曹菊贞	女	1908年10月	双漾里二弄17号101室
2	海洲街道	沈雪珍	女	1908年12月	海洲社区南苑五里4幢509室
3	斜桥镇	戴引宝	女	1908年6月	祝场村留建组
4	斜桥镇	王桂英	女	1909年6月	祝场村范家组
5	许村镇	应文生	女	1909年3月	团结村北世家堰90号
6	许村镇	张爱仙	女	1909年2月	文桥村戴家1号
7	长安镇	周清娥	女	1905年5月	新民街92号
8	长安镇	邓阿大	女	1909年1月	虹金村杨木匠29号
9	丁桥镇	沈生宝	女	1904年11月	万群村联合组（现住杭州）
10	丁桥镇	黄雪珍	女	1909年10月	海星村十五组12号
11	周王庙镇	章林宝	女	1908年7月	石井村木香岸63号
12	周王庙镇	万阿二	女	1909年1月	双涧村顾岸上88号
13	周王庙镇	谈拯民	男	1909年3月	之江村8组49号
14	周王庙镇	李阿伍	女	1908年1月	之江村应家角15号
15	周王庙镇	陈阿文	女	1909年10月	双涧村
16	硖石街道	姚伯松	男	1906年11月	硖西路54号
17	硖石街道	戴柳英	女	1909年2月	横埭街229号
18	袁花镇	陈有林	男	1908年10月	镇西村陈家堰57号
19	袁花镇	余二宝	女	1909年10月	梨园村陈家组

日，百合新城社区老年大学正式挂牌成立，是海宁市第一所社区老年大学。百合新城老年大学由绿城新湖房地产开发有限公司、百合社区居委会、浙江绿城物业管理有限公司海宁分公司3家联合开办。为满足不同文化、经历、兴趣爱好老年人的需要，学校为老年朋友开设书画、摄影、健康养身、手工艺术、舞蹈、声乐6个普及班。

【老人节庆祝活动】 共开展八项系列活动：一是举行第二十二个老人节庆祝大会暨老年运动会闭幕式；二是以镇、街道为单位进行基层老年人协会会长培训；三是举办海宁市老年书画展；四是参加嘉兴市百名老人红色之旅；五是市领导慰问百岁老人；六是百岁老人健康检查；七是召开居家养老服务市场化、专业化探索座谈会；八是组织老年人进行红歌会预赛。

（张 斌）

劳动和社会保障工作

【概况】 促进就业再就业，全年新增就业岗位9200个，帮助5850名城镇失业人员实现再就业，其中就业困难人员1900人，组织农村劳动力转移就业6780人，全市城镇登记失业率控制在3.54%。年底有83.8%的社区和61.1%的村达到充分就业社区（村）创建标准。

完善社会保险制度，全市基本养老保险、基本医疗保险、失业保险、工伤保险、生育保险、城乡居民养老保险参保人数分别为21.4万人、21.5万人、12.66万人、18.4万人、12.66万人和5.7万人。共有6.6万人参加被征地农民基本生活保障，其中3.4万人按月领取基本生活保障金。

开展城镇失业人员再就业培训2302人，高技能人才培训1059人，完成职业技能鉴定8880人，外省务工人员技能提升培训4131人。启动SIYB（创办和改善你的企业）创业培训，全年共举办3期培训班，其中1期面向失业人员，2期面向大学毕业生，共完成创业骨干培训273人。

全年共主动监察企业1412家，立案查处用人单位100家，其中行政处罚9家、责令整改91家。受理举报投诉案件964件，为1580名劳动者追讨工资、押金共267万元。劳动合同签订率97%。受理工伤认定申请2100件。受理各类劳动争议案件347件，其中正式立案309件，共涉及劳动者1261人，追索经济权益1,401.4万元。

加强基层劳动保障平台建设，全年共完成143个村级社会保障服务室建设，基本实现每个镇（街道）社会保障服务站3～4名专（兼）职工作人员，村（社区）明确1名劳动保障管理员的要求，初步形成以市区为中心、各镇（街道）为依托、村（社区）为抓手的三级劳动保障管理网络。对全市280名基层劳动保障工作人员进行业务培训。

【调整企业退休人员基本养老金】 根据省劳动和社会保障厅、省财政厅文件精神，从1月1日起调整企业退休人员基本养老金。调整范围和对象为企业（包括行业单位）中2008年12月31日前已按国家有关规定办理退休（退职）手续的人员。全市共涉及企业退休（职）人员24,250人，平均每人每月增发139.77元，调整后全市企业退休（职）人员基本养老金平均水平达到每人每月1,349.10元。

【调整被征地农民基本生活保障金等待遇】 自1月1日起，被征地农民基本生活保障金各档标准增加40元，调整后分别为360元/月、400元/月、432.1元/月。农婚知青养老生活补助标准由 470 元 / 月调整为 525 元 / 月；土地保养人员保养费标准从 360 元 / 月调整为 400 元 / 月；企业计划外长期临时工生活补助费由 365 元 / 月调整为 420 元 / 月。企业离休人员死亡后，其生前供养的配偶的生活困难补助费标准分别调整为 730 元 / 月、615 元 / 月、560 元 / 月。企业职工死亡后，其生前供养的直系亲属生活困难补助费标准分别调整为 380 元 / 月、325 元 / 月。

【社会保险费减征及降低缴费比例】 2 月，对企业社会保险单位缴费部分（自谋职业缴费人员划入统筹部分）实行一个月额度的集中减征，并从 3 月起将企业基本养老保险单位缴费比例由 18%下降至 15%。共为全市企业减少社会保险费用支出 1.18 亿元。

【三产服务业劳动用工专项检查】 3 月 24 ~ 27 日，开展三产服务行业劳动用工情况专项检查。重点为餐饮、洗浴行业，内容包括企业招工录用备案情况、劳动合同签订情况、工资发放情况、参保及书面审查等情况。检查用工单位 32 家，涉及职工 1360 名，其中外来职工 810 名。共发出限期改正指令书 10 份、询问通知书 9 份。

【调整个体劳动者基本养老保险缴费比例】 自 4 月 1 日起，将个体劳动者基本养老保险缴费比例由 20%调整为 18%。调整后当年度个体劳动者缴纳社会保险费（基本养老保险、基本医疗保险）三档缴费标准分别为 355 元 / 月、387 元 / 月、419 元 / 月，分别下降 29 元 / 月、32 元 / 月、36 元 / 月。

【调整城乡居民社会养老保险享受标准】 自 7 月 1 日起，对 6 月 30 日前参保并享受养老待遇的人员，按每人每月 15 元标准增发养老金。对 2008 年底前参保，2009 年符合领取条件且 7 月 1 日后年满 60 周岁的人员，从核准享受待遇的次月起每月增发 15 元。

【劳动保障监察网格化管理】 4 月，出台《海宁市劳动保障监察网格化管理工作实施方案》，在尖山新区（黄湾镇）进行劳动保障监察网格化管理试点。年内全市共建立一级网格 15 个，二级网格 248 个，每个网格配备不少于 1 名劳动保障监察协管员，基本实现劳动保障监察网格化管理全覆盖，初步建立起比较完善的用人单位劳动用工基本信息数据库和电子信息档案。

【被征地农民健康体检】 从 3 月下旬开始，组织开展享受基本生活保障待遇的被征地农民健康体检工作。体检对象为截至 2008 年 12 月 31 日已按规定享受基本生活保障金待遇的被征地农民和享受养老生活补助的农婚知青。应检人数 27,740 人，实检人数 20,917 人，参检率 75.4%。

【调整社会保险缴费基数】 自 7 月 1 日起，对全市 2009 年度社会保险缴费基数和比例进行调整。2009 年 7 月 1 日 ~ 2010 年 6 月 30 日期间，基本养老保险、失业保险的个人月缴费基数为参保职工上一年度月平均工资。基本养老保险个人月缴费基数的职工月平均工资低于上一年度全省职工月平均工资 60%的按 1300 元确定，高于上一年度全省职工月平均工资 300%的按 6475 元确定，超过部分不计入缴费基数。单位缴纳基本养老保险、基本医疗保险（大病医疗统筹）、失业保险、工伤保险、生育保险的缴费基数按上月实际发生的职工工资总额计算。城镇个体工商户业主及雇工、灵活就业人员基本养老保险缴费标准分别为 282 元 / 月、317

元/月、352元/月三档，基本医疗保险缴费标准为110元/月（含4元补充医疗保险费）。因各种原因中断基本养老保险缴费或应缴未缴的参保人员，补缴中断年限养老保险费的标准为574元/月。职工基本医疗保险的个人缴费基数调整为1955元/月，全年23,465元。基本医疗保险补缴中断年限的标准为179.95元/月（企业）、199.5元/月（事业）、355.9元/月（享受公务员医疗补助待遇的单位）；补缴短缺年限的标准为109.48元/月（企业）、125.12元/月（机关事业）。

【工伤认定简易程序】 根据《工伤保险条例》及有关政策规定，市劳动和社会保障局出台《关于工伤认定简易程序的实施意见》，从7月1日起对医疗费用在500元以下的工伤案件试行简易程序，由所在镇（街道、开发区）社会保障服务机构受理并作出工伤认定，共完成认定275件。11月，市政府办公室下发《关于进一步做好工伤保险工作的通知》。

【非法用工专项整治】 7月，市劳动、公安、监察、民政、国土资源、卫生、工商、安监、总工会等九部门联合开展整治非法用工，打击违法犯罪专项行动。以劳动密集型中小企业、城乡结合部和村（社区）租赁企业，特别是小砖窑厂、小矿山、小作坊为重点。检查用人单位依法领取证照、劳动用工、执行劳动保障法律法规和违法犯罪等情况。全市共出动检查人员92人次，排查用人单位417家，涉及劳动者15,811人。通过检查，共补签劳动合同300份，督促用人单位为14,620名职工办理社会保险。8月5日，组成4个专项行动检查组，对全市15个镇（街道、开发区）进行重点抽查。共抽查企业25家，涉及劳动者3704人，3692人签订劳动合同，劳动合同签订率99.7%；2499人参加社会保险（含二险），参保率67.5%。其中砖瓦行业11家，涉及劳动者1632人，劳动合同签订率99.3%，参保率69%。

【新一轮就业再就业政策】 8月25日，市政府下发《关于进一步做好促进城乡就业工

【劳动争议仲裁建议制度】 6月，市劳动争议仲裁委员会建立劳动争议仲裁建议制度。在案件处理结束后，向用人单位发出劳动争议仲裁建议书，宣传劳动法律、法规和规章制度，引导用人单位自觉纠正劳动用工管理中存在的问题，达到“审理一案，规范一企，教育一片”的效果，实现仲裁法律效果与社会效果的统一。

图131 劳动保障系统“服务企业 稳定就业”专项行动

作实施意见》，启动新一轮的就业援助政策，完善以就业培训、就业援助和就业扶持等为主的促进就业政策，形成城乡劳动者平等充分就业的长效机制。年底，全市在册享受再就业优惠政策的就业困难人员10,370人，其中公益性岗位1100人、企业吸纳7262人、灵活就业2008人。全年支付就业专项资金达到3800万元。

【高技能人才直接认定】 实施“高技能人才振兴工程”，利用和整合现有各类教育培训资源，在全市确定4个高技能实训基地，全面推进高技能人才企业评价和直接认定工作。11月，首家企业浙江海利得新材料股份有限公司高技能人才评价和直接认定工作顺利完成。共涉及压延工、穿纱工、电工、纺丝工、复合工、锅炉工等12个专业工种，有87名员工取得相应工种的高级工职业资格证书，评价合格率93.5%。

【农民工工资支付专项检查】 年底，开展农民工工资支付情况专项检查。全市共排查企业3009家，涉及劳动者13.7万余人，与1161家租赁企业出租方签订目标责任书，建立欠薪应急周转金465万元，收取各类欠薪保证金495.3万元。

（徐亚峰）

民族宗教

【概况】 2009年，海宁市常住少数民族25个1751人，其中蒙古族74人、回族119人、藏族3人、苗族187人、彝族148人、壮族692人、布依族48人、朝鲜族32人、满族81人、侗族42人、瑶族33人、白族24人、土家族161人、哈尼族6人、傣族3人、黎族16人、傈僳族7人、佤族2人、畲族49人、土族4人、达斡尔族1人、仫佬族2人、羌族1人、仡佬族12人、锡伯族3人，其他民族1人。

宗教团体有海宁市佛教协会、海宁市道教协会、海宁市天主教爱国会、海宁市基督教“三自”爱国运动委员会、海宁市基督教协会等。经政府部门批准开放的宗教场所31处，其中道教1处、佛教15处、天主教4处、基督教11处。全市共有天主教信徒2150人、基督教信徒3650人、慕道友4720人（佛教、道教和伊斯兰教信徒未作统计）。各宗教教职人员150人。另有民间信仰点18处。有9处宗教场所通过“嘉兴市平安宗教活动场所”考核，全市累计有27处宗教活动场所被嘉兴市授予“平安宗教活动场所”称号，完成三年的平安场所创建任务。

【宗教理论知识培训】 8月初举办“全市宗教界人士暑期读书会”，全市各宗教团体负责人、各宗教活动场所负责人和部分宗教教职人员近60人参加。省民族宗教委员会宗教一处处长作《和谐宗教理论》辅导报告，围绕宗教在构建和谐社会中的作用、内容、任务以及如何开展“和谐寺观教堂”创建活动等进行讲解。各宗教团体，根据自身特点，举办相应的读书会、培训班。

【海宁市道教协会成立】 4月22日，海宁市道教协会成立并召开第一次代表会议。41名代表出席会议。会议听取和审议市道教协会筹备组的《海宁市道教协会筹备工作报告》，审议和通过《海宁市道教协会章程》、《海宁市道教协会关于散居正一派道士管理暂行办法》，选举产生海宁市道教协会第一届理事会。

【编印《海宁佛教》画册】 4月20日，《海宁佛教》画册首发式在海宁宾馆举行。

画册由宗教文化出版社出版，书名由原中国佛教协会会长诚大和尚题写。画册精选图片156幅，记录海宁14处寺院概况。首发式上，市佛教协会向市档案馆、图书馆进行赠书。

【宗教团体、宗教场所主要活动】 4月2～3日，市基督教两会（三自爱国运动委员会、海宁市基督教协会）代表团12人，参加嘉兴市基督教第五次代表大会。5月1日，市天主教爱国会组织200余名教徒，往佘山天主堂进行朝圣活动。6月14日，史山寺观音殿举行上梁法会。6月17日，在嘉兴市创建“平安宗教活动场所”总结表彰大会上，广福寺、硖石天主堂、硖石基督教堂，被授予“嘉兴市第一届宗教慈善奖”。8月，斜桥基督教堂新堂竣工。9月中旬，市佛教协会在徐邦达艺术馆举行庆祝中华人民共和国成立60周年——“梵音潮声”摄影展，活动获得2009年浙江省统战宣传重大创意活动奖。9月下旬，市基督教两会在硖石基督教堂举行“喜迎国庆60周年‘福佑中华’——音乐赞美会”。9月26日，小普陀寺举行“三圣殿、大雄殿、财神殿”开光法会；9月27日，仲济寺举行“大雄宝殿”上梁法会。10月18日，观音寺举行“藏经楼、药师殿、报恩堂”开工法会。11月5日，林海寺举行大雄宝殿全堂佛像开光法会。12月30日，安国寺基础工程完工。

【少数民族工作】 天通电子股份公司少数民族工作受关注，5月《中国民族报》的《新闻·关注》栏目，用整版篇幅，以《在海宁，有一群快乐的新疆姑娘》、《多民族国家需要民众间交流互动》等为题，对海宁的民族工作进行宣传。11月《民族画报》第十期，用8页的篇幅，刊登《新疆姑娘在海宁》的摄影报道。关心在海宁经济开发区海宁凯泰手袋制造有限公司工作的新疆阿合奇县142名柯尔克孜族员工。协助交警部门处理江苏盐城回民李一刚车祸案。为9名符合民族变更条件的对象办理民族成份更改手续。

（凌惠良）

新居民服务管理

【概况】 2009年，海宁市新居民登记总数为267,752人，持居住证的251,833人，其中持浙江省临时居住证的248,653人、持浙江省居住证的3180人。

全市镇、街道的新居民事务所（站）均达到规范化创建要求，215个村（社区）、97个新居民百人以上企业新居民事务站建成率达100%。各镇（街道、开发区）新居民事务所的编制序列得到落实。全市有专职新居民协管员566人。

【优化就业创业】 举办各类新居民劳动技能培训86期，受训人数4281人，培训合格率和取证上岗率均达97%；举办各类招聘会89场，提供就业岗位96,176个，办理新居民招工录用备案手续6762名，提供就业指导1176人，职业介绍13,996人次。开展新居民金融需求专项帮助，帮助2008年嘉兴市“十佳”优秀新居民高彦锟（甘肃庆阳人，海宁久达光电科技有限公司经理）获得50万元嘉兴市商业银行海宁支行信用贷款支持，同时签订100万元的授信协议。

【推进维权服务】 全年共接待新居民来信来访咨询2187人次，为新居民提供法律援助78起，受理各类劳动争议案件347件，处结290件，处结率93.5%，为新居民追索经济权益金额达2,138.8万余元。出台《新居

图 132　5 月 23～24 日，举办海宁市“体彩杯”新居民运动会，图为运动员进行跳绳比赛

民慈善救助暂行办法》，为解决因患重大疾病或因突发性灾害导致生活特别困难的新居民的生活问题提供政策支持。

【落实新居民子女义务教育】　出台《加强海宁市新居民子女义务教育》的政策意见，保障新居民子女平等接受义务教育权利。全市新居民子女就学总人数 16,697 人，其中在公办学校就读的 13,597 人，在新居民子女学校就读的 3100 人。符合条件的新居民子女接受义务教育达 100%。

【改善居住条件】　总建筑面积 5000 平方米的许村镇永福村新居民公寓楼完成项目立项和施工设计。尖山新区 11,396 平方米新居民之家凤凰苑公寓竣工验收。总建筑面积 49,284 平方米的海宁市人才公寓项目一期框架结顶，二期完成监理及土建招标工作。全市新增新居民住房面积达平均每 10 万人 0.5 万平方米以上标准。

【计生卫生服务】　出台《海宁市关于实施新居民计划生育服务管理卡制度》，免费向新居民育龄妇女发放 10 万余张服务管理卡。共为新居民已婚育龄妇女免费提供 65,406 例计生技术服务，免费提供避孕药具 19 万余人次。新居民育龄妇女登记建档率达 90% 以上，新居民子女各类预防接种率平均达 99.63%。

【实施素质提升工程】　组织实施新居民素质提升工程。开展春节期间新居民“八个一”活动（即开展一次新居民在海宁过春节基本情况调查活动、举办一系列新居民迎春团拜会活动、开展一次困难新居民走访慰问活动、安排一系列“团团圆圆一家亲”年夜饭活动、举行一系列迎春文体活动、开展一系列新居民子女教育活动、开展一系列文化设施开放活动、开展一次专项执法检查活动）、新居民法制宣传活动、海宁市“体彩杯”第一届新居民运动会、第二届新居民才艺大赛、“文明潮乡，和谐校园，关爱身边的小小新海宁人”主题实践活动、“红色经典电影展映周”、“新海宁人安全教育活动日”、“关爱自我”女性新居民论坛、“新居民学习海宁方言培训班”等活动。

【开展“十佳优秀新居民”评选活动】　首次在全市范围内开展“十佳”优秀新居民评选活动。在《海宁日报》上公开直选，蒋林海、赵海龙、钱洪祥、王广德、汪希望、李行祥、申志刚、刘渠栋、殷小倩、曾玉年十人当选海宁市“十佳”优秀新居民。

（陈 标）

关心下一代工作

【庆祝新中国成立60周年活动】 为庆祝新中国成立60周年，弘扬爱国主义精神，市关心下一代工作委员会（简称“关工委”）主办四项大型活动：老少同台表演“欢歌笑舞迎华诞”文艺晚会；高中生“祖国在我心中”朗诵比赛；初中生“听爷爷奶奶讲变化”征文和小学生“彩笔描绘新家园”绘画比赛。组织全市中小学生参加省委宣传部、省教育厅、省关工委组织的“我爱我的祖国”网上征文，13名学生获奖，位居嘉兴市第一；组织实验初中、紫微小学20余名学生参加嘉兴市关工委主办的“家乡新貌”电脑绘画比赛，夺得初中组、小学组两个唯一的一等奖。

【传播社会主义核心价值观】 市关工委报告团（含教育局关工委讲师团）全年深入学校、社区、农村讲课151场，受教育中小学生、学生家长等听众5.5万人。

【“关心桥”活动】 市关工委在嘉兴关工委系统中首家建立爱心助学基金，2009年资助6名大学新生；全市各级关工委共募集善款32.6万元，资助419名中小学贫困生。指导、帮助“奥林生态园”提升品牌形象，挂牌建立“青少年生态教育基地”。青少年教育调研组专题调研农村不升学初中毕业生和全市单亲家庭子女情况，提出如何进一步关爱这些特殊群体的意见和建议。

【“三无”村（社区）创建】 全市220余个村、社区在创建“三无”（无犯罪、无懒汉、无不孝子女）活动中，对451名失足归正青少年、问题青少年采取各种帮教措施，其中338名进步明显。新创建“三无”村、社区75个，复查合格“三无”村、社区148个，“三无”巩固率77%。丁桥、长安、海洲、海昌、马桥等镇、街道“三无”村达标率分别超过80%。

【发挥“五老”作用】 丁桥镇关工委参与全省关爱农村未成年人的“春泥计划”，在全市首家创办农村“少儿之家”，至年底，市文明办将“少儿之家”推广到全市52个村。由市关工委牵头，市教育局、新居民事务局、妇联共同参与分别对18名农村重点“问题学生”进行帮教，使“问题学生”有了初步转变和进步。市关工委组建“五老”（老干部、老战士、老党员、老专家、老模范）网吧义务监督员队伍，12名“五老”义务监督员多次到网吧检查，净化网吧环境，营造有利于未成年人健康成长的良好氛围。顾余善、吴鸿彬、李乐明、濮镇一、姜秋荣5位长期从事关心下一代工作的“五老”优秀事迹入选嘉兴市关工委主编的《晚霞映春华》一书。

（严惠良）

消费者权益保护

【概况】 2009年，海宁市消费者协会（简称“消协”）围绕“消费与发展年”主题宣传活动，履行《中华人民共和国消费者权益保护法》赋予的各项职能，推进消费者教育和咨询服务体系、商品和服务社会监督体系、保护消费者合法权益救助体系三大体系建设，构建安全和谐的消费环境。

3月10日，召开市消协第五届理事会第一次会议，进行换届选举工作，第五届理

图 133 3月13日，市消协在华联广场举办“3·15”大型宣传咨询活动

事会共有39个单位组成，选举产生新一届协会领导机构。3月26日，市消协牵头组织质监、食品药品监督、卫生、消防等九部门举办农村公共安全协管员业务培训，来自镇、村230多名协管员参加，参与率达到97%以上。4月18日，市消协邀请浙江工业大学法学教授为市消协、企业联络站工作人员讲授有关消费者权益保护方面的若干问题。

【开展消费体验】 1月20日，袁花消协分会联合工商所邀请镇辖区的人大代表、镇食品及卫生监督人员组成餐饮行业、日杂行业、农村集贸市场三个体验小组，选择饭店、超市、放心店和菜市场摊位进行消费体验。2月24日，硖石消协分会组织来自各行各业人员组成消费体验团在四个不同规模的商场超市进行消费体验。3月30日，盐官消协分会邀请食品经销商、企业负责人、公司职员等不同领域的消费者以“评估师”身份对盐官观潮景区宰相府第风情街进行打分。

【开展消费宣教活动】

3月11日，市消协参加《潮乡民生——行风热线》电台直播节目。市消协会长向听众介绍消费维权方面的知识，并与听众进行对话，就生活中遇到的消费难点、消费纠纷予以解答。3月13日，市工商局、消协在华联广场举办以“消费与发展”为主题的“3·15”大型宣传咨询活动，30多个部门、社会团体，120余名工作人员参加。发放维权宣传资料万余份，接受维权咨询1000余人次，个体劳动者协会组织人员为群众提供便民服务100余人次。

【参与多部门联合检查】 硖石消协分会会同工商、卫生、质监、烟草等部门组织针对全市大中型餐饮店的消费调查活动，在媒体上发布《请留意“海鲜”背后的“猫腻”》的消费警示。开展“家电下乡”特别消保行动，市消协编发宣传资料，宣传家电消费政策、消费和维权知识，增进农村消费者对“家电下乡”政策的全面了解，提高其自我保护能力。长安消协分会及时受理并调解一起农民购买翻新彩电的投诉，商家当场退还购机款1180元。硖石消协分会破除餐饮行业不合理惯例，在调查摸底的基础上，对存在问题的酒店督促其整改；采取以引导餐饮商家发倡议、履承诺、定责任等自律性措施，破除餐饮消费“潜规则”。

（张 立）

［编辑：王国坚］

镇、街道

Town & Street

许村镇

【概况】 镇域总面积91.2平方千米，辖27个村、4个社区，407个村民小组、14个居民小组，总户数24,865户，总人口107,278人。2009年，实现国民生产总值59.4亿元，比上年增长10.5%；实现财政总收入5.1亿元，农村居民人均纯收入达13,837元，分别增长4.1%和10.0%。

实现工业总产值185亿元，工业增加值37.4亿元，分别增长3.8%和9.5%，完成自营出口2.2亿美元，工业生产性投入达到11.3亿元。规模以上企业达到265家，产值67.8亿元，实现利税总额5.1亿元，其中利润2.7亿元。工业功能区继续扩容，完成征迁17.5公顷。开展招商引资，引进市外内资2.5亿元，到位注册资本3704万元，合同利用外资480万美元，实到外资165万美元。拓宽内外贸易渠道，组织企业参加各类展会，赴法兰克福参展企业11家，深交会(中国〈深圳〉国际品牌服装服饰交易会) 61家，广交会25家，上海家纺博览会113家。

实现农业总产值7.3亿元，农业增加值4.7亿元，分别增长2.1%和8.0%。加快土地流转，成立镇村两级土地流转服务机构，完成土地流转面积130.1公顷。成立镇农业专业合作组织联合会，加快农业产业化发展进程，新增花卉面积26.5公顷，更新品种15.9公顷，完成杨渡花卉园区的基础设施建设。加强农业水利设施建设，疏浚河道31条15.3千米，加固加高圩堤3.5千米，修复护岸350米，新建和维修排涝机站19座，排涝机泵24台套。抓好培训工作，开展各类农技和农民素质培训共23期，参加培训人数2650人。

全年实现三产增加值12.71亿元，三产投资额4.2亿元，社会消费品零售总额8.88亿元，三产从业人员达到16,020人，家纺城年均交易额近50亿元。以家纺城为核心的专业市场规模提升，家纺城三期项目——布艺一条街共计14幢5万多平方米的商铺建成并完成招商；杭东农产品物流市场一期工程完工投入使用。建筑和房地产业健康发展，塘南商贸区块商住楼项目5.4万多平方米建筑基本建成，海澜家园开始交房。

完成5020万元政府投资项目建设，推进各类基础设施的建设。人民大道、许村大道南段、硖许公路许村段3条主干道路竣工通车；完成农村联网公路2.82千米，农村通组道路完成50千米；完成3座交通类和6座水利类危桥的改造；完成公交便捷工程39座候车棚建设及一批安保设施的安装；许村镇便民服务中心项目完工并投入使用，被评为嘉兴市先进镇级便民服务中心。

累计拆除房屋约27.5万平方米，完成年度任务的137%，其中临杭新区完成房屋签约29万平方米、腾空房屋18万平方米、拆除房屋14万平方米；沪杭客运专线项目完成358户拆迁户的签约，签约面积约18万平方米，腾空房屋约17万平方米，拆除房屋12.8万平方米；杭王线改造、杭嘉天然气管道工程、硖许公路等项目共完成拆迁面积7000平方米。开展以“两新”建设为主要内容的统筹城乡综合配套改革工作，在临杭新区开展“两分两换”试点工作的基础上，推进节约集约利用土地、村庄点集聚的探索和实践，全镇累计签约进入新村点建房的户数超过1100户，超额完成年度目标任务。开展“两违”专项整治工作，查处违法建房户218起，拆除161起，查处违法建设面积51,864平方米,拆除35,008平方米。

开展“全国环境优美镇”创建工作，抓好优美绿色村庄长效管理，全镇种植果树10.7万株，2个村创建为省级绿化示范村，4个村创建为海宁市级绿化示范村。规模以上企业等价能耗总量为17.7万吨，万元增加值能耗下降6.5%。完成污染源普查工作，投入756万元完成9.96千米污水管网和4座泵站的建设，被评为嘉兴市污水处理设施建设先进单位。抓好畜禽养殖污染集中整治，完成12个生猪养殖场治理及2个500头养殖场的纳污进管网工作。新增2个村通过市级生态村验收。

全年组织10次就业招聘会，办理用工单位登记296家，提供就业岗位3574个。办理失地农民保险3000人，办理城乡居民保险3837人。开展劳动监察105家次，劳动合同签订率97%。居民合作医疗参加率98%。发展慈善事业，募集善款63.5万元。完善社会救济和社会保障体系，向732户低保户1888人发放低保金308.0万元；向41户低保户及困难家庭发放城乡医疗救助金26万元；向132名重点优抚对象发放社救、优抚费98万元；向6861位70周岁以上老年人发放生活补助金421万元。

农村垃圾收集有偿服务率达到100%，11个村、社区实行市场化保洁管理机制。许村、沈士、许巷3个社区卫生服务中心分别创建为省级社区卫生服务先进单位、嘉兴市级规范化社区卫生服务中心和省级中医下社区示范单位，许村镇创建为嘉兴市卫生强镇。加强食品卫生监督协查，对全镇746家食品生产经营单位开展检查，取缔23家豆制品小作坊生产户，被评为嘉兴市食品安全示范镇。推进农村文化建设，强化农村文化阵地管理，完善文体设施，加强业余文体队伍建设，拥有镇村两级业余文体队伍近100支，文体骨干2400余人，全年组织参与各类文体活动41项。加强人口与计划生育工作，计划生育符合率达97.4%，镇计生服务站创建为嘉兴市群众满意基层站所。镇综合档案室通过省一级验收。

完成100个社会治安视频监控点的建设，镇司法所全年共调处矛盾纠纷268起，铁路巡逻联防队开展巡逻300余人次，全年受理法律援助案件20件，受援人数125人次，维权工资180余万元。

【吴邦国到许村镇视察工作】 2月6日，中共中央政治局常委、全国人大常委会委员长吴邦国，全国人大常委会副委员长、秘书长李建国一行到许村镇永福村视察社会主义新农村建设情况。

【沈祖伦到许村镇调研新农村建设】 6月10日，中共浙江省委原副书记、省长沈祖伦率团到许村镇永福村进行社会主义新农村建设调研，对许村镇的新农村建设给予充分肯定。

【许村镇版权保护管理中心成立】 2月，全市首家镇级知识产权保护中心——许村镇版权保护管理中心在许村镇轻纺村成立。该中心由杭州市版权保护管理中心和许村镇人民政府共同设立，由海宁家纺科技创新开发有限公司负责实施。主要职能是为当地广大家纺企业提供专业、快捷、有效的版权保护服务，为提高企业经营者的版权保护意识，杜绝版权侵权现象提供管理平台。

图 134　6 月 18 日，海宁市许村商会成立

【沪杭客运专线许村段征迁工作启动】　4 月 10 日，许村镇召开沪杭客运专线许村段征迁工作动员会，沪杭客运专线许村段征迁工作全面启动。沪杭客运专线许村段全长 13.9 千米，涉及 12 个村、43 个村民小组，主线及车站征地面积 35.8 公顷，涉及拆迁房屋面积 13.2 万平方米。

【许村镇农村合作经济组织联合会成立】　4 月 17 日，海宁市首家镇级农村合作经济组织联合会——许村镇农村合作经济组织联合会成立。首批会员单位和个人共有 52 个，包括农村经济合作社、农业大户、种养大户、农业龙头企业等。

【中国家纺设计报告会在许村镇举行】　6 月 9 日，由中国贸促会纺织行业分会副会长、中国家纺行业协会副会长杨兆华带领的中国家纺设计巡回报告团，在许村镇举行报告会，许村镇家纺企业经营者、设计师共 100 多人参加了报告会。

【许村商会成立】　6 月 18 日，许村商会成立并召开第一次会员大会。174 名会员参加了大会，选举产生了商会第一届执行委员会，沈国甫当选为商会会长。

表 49　许村镇 2009 年各村基本情况一览

村名	村支部（总支、党委）书记	村委会主任	农村经济总收入（万元）	人均纯收入（元）
荡湾	周云飞	周云飞	74,471	14,063
庄湾	黄大毛	柴忠立	85,791	14,023
孙桥	戚永明	金祖林	54,290	13,505
新益	濮新民	沈忠立	91,836	14,273
永福	许卫明	姚忠平	256,003	16,916
团结	许根福（至 2009 年 7 月）	应伟明	78,952	13,663
双联	汤甫强	汤甫强	45,424	13,461
南联	张元青	孔娟英	61,981	13,785
许桥	沈建法	许水国	47,070	13,757
科同	蒋汉民	郭利忠	39,543	13,451
李家	吴宪清	曹建辉	41,785	13,797
联盟	陈富强	许富忠	57,764	14,140

（续表）

村名	村党支部（总支、委）书记	村委会主任	农村经济总收入（万元）	人均纯收入（元）
茗山	吴云乾	吴国强	41,485	13,578
文桥	曹水林	赵林学	50,109	13,471
新华	汤金娟	—	37,787	12,948
杨渡	费建达	费菊顺	38,765	13,028
报国	陈湘英	王荣华	51,459	12,490
巷东	陈建青	张国新	43,292	12,862
红旗	黄国锋	黄国锋	33,071	12,902
海王	张生乾	顾国良	101,313	13,808
花园	骆林松（2009年4月起）	骆林松	39,321	12,775
塘桥	朱金法	朱永清	77,044	14,172
翁埠	蒋金福	沈建根	31,252	13,956
许巷	徐国水	高荣康	54,598	14,122
景树	朱卫康	郭妙根	93,663	13,365
前进	胡利忠	孙国清	45,468	13,757
胜利	莫法良	周柏松	51,718	13,871

（于　丰）

长安镇

【概况】　镇域面积91.9平方千米，辖20个村、7个社区，总人口12.3万人，其中户籍人口7.8万人、外来人口4.5万人。2009年，实现生产总值24.4亿元，比上年增长19.8%；财政总收入2.6亿元，其中地方财政收入6233万元，分别增长35.4%和7%；农民人均纯收入12,996元，增长19.8%。

推进工业产业结构转型升级，及时解决经济发展中遇到的困难和问题，全镇规模以上工业实现总产值37.22亿元，增长14.2%；利税2.42亿元，增长16.5%。加大第三产业招商引资力度，成功签约四星级宾馆、长安财富中心（暂名）等大型三产项目；拓展餐饮、商贸等传统服务业，实现三产增加值8.08亿元，增长18.8%。重视“三农”工作，抓好粮食生产，做好台风“莫拉克”等自然灾害的防御工作，支持发展花卉、葡萄等特色农业，实现农业增加值1.76亿元，增长3.5%。发挥镇村土地流转服务中心（站）作用，实施土地流转和规模经营，新增土地流转91.9公顷。

制订《长安镇促进工业经济又好又快发展的政策意见》和《长安镇促进五金锁具产业发展的实施意见》，推进产业结构调整、转型升级。实施党员、职工、妇女、青年创业扶助工作，共确认扶助项目62个，累计1293万元。深入开展优化服务活动。实施项目推进工作，全年完成全社会固定资产投资6.42亿元，其中工业生产性投资完成5.62亿元，分别增长35.3%和38.9%。加大招商引资力度，完成合同外资500万美元，实到市外内资5800万元，增长62.2%；实现自营出口1.68亿美元。不断加强节能减排，万元工业增加值能耗较上年下降9.8%，顺利通过“全国环境优美乡镇”复评。

实施现代农村新社区建设，出台《长安镇推进村庄集聚，加快现代新市镇和城乡一体新社区建设的实施意见》，完成“两新”建设布点规划，推进新社区试点区块40户农居集聚工作。实施农村新社区“一站式”服务建设，完成7个村的“一站式”建设工作。完成长（安）许（村）公路长安段、长河路延伸段、汉帛路西延、万兴大桥改造、城镇新区征迁、沪杭客运专线征迁、川气东输征迁等工程建设。完成长安财税大楼、农电大楼等主体工程。推进科教新城、农发区扩容升级和长（安）周（王庙）公路征迁、长安消防站、海宁汽车西站、长安人力资源市场等项目。调整充实长安镇城市管理行政执法中队，城镇管理体制进一步完善。有序实施村庄整治扩面提升工程，“生态家园”建设、畜禽养殖污染集中整治等工作深化。开展农民素质培训工程，超额完成市下达任务。开展“两违”专项整治行动，完成新一轮“两违”整治的调查摸底工作。

深入实施“农村文化阵地成果展示年”活动，通过“浙江省体育强镇”复评，完成长安影剧院改造工程，开展群众性精神文明创建活动。深入实施“科教兴镇”、“品牌大镇”战略，新增“中国驰名商标”和“浙江省著名商标”各1件。抓好基础教育，完成长安镇中心小学改扩建工程，长安镇中心小学、长安镇中心幼儿园分别成为联合国科教文卫组织农教中心实验学校和浙师大杭州幼儿师范学院附属实验幼儿园。重视农村公共卫生工作，实施第二轮农民健康体检活动，创建为“嘉兴市卫生强镇”。完成6个社区的服务用房改造，创建为“嘉兴市十佳和谐社区建设示范镇”。实施城乡居民社会养老保险工程，完成市下达任务的106%，抓好农村合作医疗保险筹资工作，参保率为99.2%。切实加强人口和计划生育工作，开展计划生育关怀行动，计划生育符合率为97.9%。

完成长安人力资源与社会保障服务站建设，抓好失业人员、困难人员的就业工作，解决再就业和就业岗位1352个。维护劳动者合法权益，强化企业用工管理和劳动监察。实施“五五”普法，“法治长安”建设深入推进。抓好政务、村务公开和村级财务轮审工作，村务公开和民主管理加强。实施“两提高、两降低”效能建设活动，政府执行力提升。认真做好人民调解工作，着力化解人民内部矛盾。继续开展“大接访”活动，妥善处理各类疑难信访案件，确保庆祝新中国成立60周年期间的社会稳定，维稳、信访工作得到上级有关部门的肯定。夯实综治基层基础工作，完成综治工作中心、司法所规范化建设工作。加强公共安全管理，重视安全生产、食品药品安全、动植物防疫、甲型流感防疫等工作。安装治安监控探头121个，完善治安防控体系建设，深入推进“平安长安”建设。深入开展双拥活动，加强国防后备力量建设。

表50　长安镇2009年各村基本情况一览（含农村社区）

村名	村支部(总支、党委)书记	村委会主任	农村经济总收入（万元）	农民人均纯收入（元）
褚石	倪水龙	陈水良	22,555	13,454
东陈	潘祖林	钱金林	17,014	12,804
天明	徐喜龙	周煜明	44,029	13,043
虹金	杨火学	许洪杰	14,182	12,790
新民	陈晓东	陈宏杰	19,518	12,140
老庄	沈祖跃	祖建法	17,339	13,691
肖王	周财法	范祖根	141,304	12,794
城东	周伟强	陈龙华	38,697	13,216
金港	王建法	朱祖贤	40,466	12,746
兴福	沈炳林	陈于良	23,789	12,757
东升	章叙根	张金兴	37,034	12,795
德丰	殷森标	王亚鸣	31,800	11,634
辛江	许国良	严利群	223,057	13,703
兴城	俞祖明	徐红美	24,147	13,592
陆泽	沈仿祥	沈仿祥	33,958	13,287
泰山	张建春	朱玉英	19,276	12,800
大型	何建法	顾洪年	21,581	13,031
鹿耳	曹金甫	孙国忠	25,243	13,298
盐仓	褚国妙	陈明甫	15,670	13,281
红色	唐伟东	金新强	26,736	12,863
长郊	赵桂芬	张明根	3929	12,057

（石秀保）

周王庙镇

【概况】 镇域面积53.72平方千米，镇区规划面积4.7平方千米，建成区面积3.4平方千米。辖13个村304个村民小组、1个社区，户籍人口48,051人，其中镇区人口6078人。2009年，实现生产总值14.36亿元，自营出口1.28亿美元，规模企业工业产值37.44亿元、销售产值37亿元、产销率98.81%、利税2.8亿元、利润1.3亿元；实现固定资产投资4.55亿元，其中工业生产性投入4.28亿元，完成工业土地征迁13.87公顷，引进市外内资7298万元；完成地方财政收入5779万元，实现农民人均纯收入12,102元。

完成2008农综广丰项目联民区块、博儒桥灌区改造工程建设。新增星富桑苗、星火荷叶葡萄两个海宁市级农业标准化生产示范基地，荆山村水稻高产竞赛示范方通过验收。建立镇村土地流转服务中心，全年流转土地92.1公顷。加强动植物疫病防控工作，蚕桑生产保持稳定，水果、水产、蔬菜等新兴产业加速发展，荷叶葡萄、金辉草莓等品牌获得市场好评。

编制完成镇工业园区（南区）控制性详细规划。兄弟科技维生素K_3、浙江艺纺两个市级重点项目顺利投产。通过资产重组、盘活存量，引进企业（项目）11个，带动投资7039万元。新增海宁市级企业技术研发中心3家，凤鸣公司被认定为“国家高新技术企业”。被列为“嘉兴市专利示范创建镇”和“海宁市知识产权示范创建镇”，全年引进各类人才152人。推动富邦集团、兄弟科技、富升裘革、之江造纸等企业实施清洁生产、减排工程；实施污水管网建设工程，完成猎马区块管网铺设，新增入网企业18家，累计有25家企业污水排放并入管网。

骑（塘）荆（山）公路二期改建路面工程竣工验收。完成桑梓路东西大道至周王庙桥段非机动车道大中修，基本建成农村联网公路，新建32个公交候车亭、4个公交回车场。钱江三通道、西气东输钱塘江隧道盾构穿越工程借地工作顺利完成。启动硖许公路、沿江百里长廊（荆山区块）的征迁。实施农村自来水三级管网建设。新增新农村电气化村4个，实现村、社区全覆盖。

注册成立“两新”建设新市镇公司，探索实施“1+8两新”建设集聚模式。委托同济大学建筑城市规划学院对城镇总体规划、镇域总体规划以及荆山等区块进行建设详细规划编制，铺开村庄集聚点规划修编。桑梓路大转盘、镇社区卫生服务中心新址区块控制性详细规划编制完成。6.8公顷建设用地复垦整理项目通过验收，启动修编新一轮土地利用总体规划。开展猎马区域马路市场专项整治，引进物业公司对镇区道路、绿化进行养护。推进村庄整治扩面提升，落实垃圾收集、河道保洁、畜禽污染整治等长效管理措施。抓好“两违”整治，落实网格化管理措施。新增嘉兴市级绿化示范村1个，周王庙镇被命名为省级村庄绿化示范镇。

易地新建镇社区卫生服务中心，镇压缩式垃圾中转站建成并投入运行，8个嘉兴市级卫生村、3个省级卫生村通过复评，在全市率先实现嘉兴市级卫生村全覆盖，周王庙镇创建为嘉兴市级卫生强镇，被浙江省食品安全委员会办公室授予“浙江省食品安全示范创建先进乡镇”荣誉称号。开展新农村生育文化园建设，筹集设立镇“生育关怀基金”，计划生育率达到98.4%。落实“家电下乡”工程，累计补贴金额27.36万元。开展数字电视村试点，电话入户率、宽带入户率、有线电视入户率分别达到97%、25%和96.02%。政府办公OA系统建成运行，镇公共便民服务中心建设有序进行。

完善创业促就业培训服务体系，2个村（社区）达到充分就业村（社区）创建标准。全镇企业参保“五险”296户6822人、“两险”98户2496人，用人单位参保率达99%；失地农民参保2998人，其中新增457人。城乡居民合作医疗参保率98.57%。全年发放各类救助资金347万元。70周岁以上“双无”老人生活补助制度全面落实。全镇农村“五保”对象和城镇“三无”对象集中供养率保持100%。

图135　7月1日，周王庙镇党建文化主题公园——博雅公园开园

开展“农村文化成果展示年”活动和“农村星级文化阵地”评创，举办镇第二届全民运动会、第二届农村文化艺术节，完成嘉兴市农民歌手邀请赛承办工作，建成海宁市图书馆周王庙分馆。开展村级财务轮审工作，出台进一步规范村级招待管理办法，成立村务监督委员会，建立农村法律顾问制度。

完善“打防控”一体化工作机制，保持对“两抢一盗”等刑事犯罪的严打态势。深化保安驻村工作，实行动态治安条件下的巡逻工作机制。排查调处矛盾纠纷285起。开展科技创安，完善治安防范网络，建成视频监控探头98个。强化信访工作责任制，开展“信访积案化解年”活动，一些历史遗留问题得到有效处理。扎实开展安全生产年活动，推行安全生产网格化管理。

【周王庙商会成立】　12月18日，周王庙商会成立并召开第一次会员大会，市政协副主席、市委统战部部长许国荣为周王庙商会授牌。会议审议通过了《周王庙镇商会章程》（草案），选举产生23名周王庙商会执行委员会委员，并由一届一次执委会选举产生了周王庙商会的会长、副会长、秘书长，许瑞坤当选为会长。

【党建文化主题公园开园】　7月1日，周王庙镇党建文化主题公园——博雅公园在博儒桥村正式开园。博雅公园是嘉兴首个党建文化主题公园，占地面积1.47公顷，建有清风亭、连心桥、莲花池、励志廊等功能区，主题内容有党的基本知识、党的发展史、地方党史、先进性教育、科学发展观教育、和谐社会教育、廉政教育、“一员双岗”活动、社会主义荣辱观教育等。

【镇农村合作经济组织联合会成立】　9月10日，周王庙镇农村合作经济组织联合会成立大会暨第一次会员大会召开，各村经济合作社主任、信用社主任、农民合作社负责人、农业龙头企业负责人、供销社负责人、镇有关部门负责人等27名会员参加。大会通过《周王庙镇农村合作经济组织联合会第一届会员大会选举办法》，产生第一届执委委员，副镇长杨琳飞当选为第一届执委主任。农村合作经济组织联合会是党委、政府领导下由合作经济组织和服务“三农”的企事业单位、社会团体及个人组成的联合组织，是党和政府联系沟通“三农”的桥梁纽带，是实施以工促农、以城带乡的重要通道。

【海宁市图书馆周王庙镇分馆开馆】 11月18日，海宁市图书馆周王庙镇分馆揭牌仪式在镇文化活动中心举行。分馆位于镇文化活动中心二楼，建筑面积500余平方米，藏书2万册，有杂志200种、报刊20种、电脑20台，设有成人和儿童借阅室、报刊阅览室、电子阅览室等，具有电子阅览、文化信息资源共享工程、图书检索等多项功能，并与嘉兴市各县（市、区）图书馆联网，实现图书“通借通还”，与各个图书馆的数字资源实现了共享。

【挂牌成立出口桑苗基地】 11月22日，海宁市良种桑苗出口基地揭牌仪式暨海宁周王庙镇星富桑苗专业合作社新址落成典礼在周王庙镇星火村邢家场举行。该基地位于周王庙镇星火村，占地面积1.3公顷，总投资65万元，由优质桑苗培育区、良种桑苗示范区及冷藏区、培训中心四个区块组成，将按照省农科院指导进行标准化生产，成为集全省蚕桑新品种试种、农民蚕桑知识培训以及出口桑苗冷藏为一体的出口桑苗示范基地。

表51 周王庙镇2009年各村基本情况一览

村名	村支部（总支、党委）书记	村委会主任	农村经济总收入（万元）	人均纯收入（元）
荆山	张建荣	王建福	89,850	11,171
石井	邬建达	林月祥	75,743	11,900
云龙	范伟福	戴水庆	55,969	11,711
胡斗	庄雪鑫	庄国民	46,491	12,398
之江	王德昌	包敏良	54,969	12,214
联民	许建达	汪明强	50,842	12,061
新建	张汉阳	蒋伟星	86,473	13,080
陈桥	唐德法	沈叙芬	45,858	12,809
双涧	宋水根	顾利荣	38,512	11,935
上林	沈建初	钱国飞	79,366	12,000
星火	沈永明	孙雪清	39,349	12,560
长春	王富清	吴一明	85,180	13,109
博儒桥	吴清江	孙坤尧	56,478	12,480

（张依林）

盐官镇

【概况】 镇域面积56.02平方千米，总户数14,863户，总人口51,642人，下辖17个村、3个社区。2009年，全镇实现生产总值15.9亿元（不含盐官景区），比上年增长5.1%；完成财政总收入2.37亿元，增长15.7%；农民人均收入达到12,941元，增长17.5%。

围绕农业转型升级“六大”提升工程，农业产业化水平不断提高，实现农业产值2.2亿元。全年粮食种植面积1,543.5公顷，总产量10,957吨；饲养蚕种29,281张，总产量1325吨。蔬菜、苗木两大特色基地优势不断显现，苗木种植销售收入达5000万元，蔬菜销售收入3600万元。成立嘉兴市首家以土地作价入股的金牛专业合作社，大力推广“公司＋农户”发展模式。组织参加省、市农博会及精品水果展示展销会等涉农节庆活动，“盐官”牌蔬菜和“郭溪”牌苗木等品牌效应强化，“九里桥”紫甘薯通过有机食品认证，并获得“海宁市名牌产品”称号。加强土地流转服务体系建设，建立镇、村两级土地流转服务组织，全年流转土地128.7公顷，引进农业大户26家。

全镇规模以上工业企业有114家，实现工业总产值33.11亿元，销售收入32.67亿元，利税2.14亿元。加大土地征迁力度，完成征迁面积35.1公顷，拆迁25,510平方米。加快推进项目建设，加强项目跟踪服务，实现工业生产性投入5.25亿元。落实市镇两级外经贸政策，做好重点区域、重点行业招商选资，实现自营出口7246万美元，引进市外内资1.66亿元，实到外资227万美元。加大政策宣传，优化项目服务，加强知识产权保护，推进创新平台建设，实施人才集聚、提升、创业三大工程，全年共申报省级以上科技项目10多项，申报市级技术（研发）中心5家，申报专利20多项。注重环境保护，落实节能减排措施，年度规模以上工业企业万元增加值能耗下降7%。

依托人文旅游资源，抓住“观潮节”等契机，配合实施“沿江百里长廊”开发建设，加快旅游业发展；利用产业集聚优势，发挥政策导向作用，营造良好服务环境；结合新市镇建设，推动商贸、物流等配套行业发展，提升三产水平，实现三产增加值3.1亿元，增长10.5%。

确定“1+2”的集聚模式，制定“两新”工程建设政策，组建成立盐官镇新市镇开发公司。抓好城镇总体规划、城镇建设详细规划和各集聚点规划的修订完善，鼓励周边村庄尽可能向新市镇镇区集聚。实施洪家墩区块开发项目和“世纪花苑”集聚区块项目建设，加快集聚用地的征迁工作。加快镇区开发建设，新区开发和老区改造并重。加强土地管理工作，开展“两违”整治，建立长效管理机制。结合新一轮“村庄整治，扩面提升”工程，全镇村庄整治扩面9个村，涉及50个村民小组，新增受益农户达1989户，投入建设资金1250万元。加大道路、桥梁等基础设施建设和改造力度，农村垃圾集中收集处理实现全覆盖，河道疏浚、保洁工作做到长效管理，全年疏浚河道15条5.92千米，保洁河道195条143千米。开展畜禽养殖污染整治，实现规模化养殖场治污设施全配套。加快农村生活污水处理，村庄环境污染得到有效治理。

社保覆盖面扩大，职工基本养老保险和城乡居民社会养老保险参保人数分别达9425人和5849人，基本医疗保险参保人数达到12,742人，4400名被征地农民纳入基本生活保障统筹，全年发放各类救助资金达701万元。完善合作医疗制度，合作医疗参保率达99.02%；完成社区卫生服务机构规范化建设，成功创建省规范化卫生院（站）和市级卫生强镇。加强食品安全管理，建立长效机制。狠抓计划生育工作，计划生育率达98.63%。加快教育布局调整，实施中心幼儿园建设项目，完成盐官中学扩建项目的土地征迁工作，成校办学工作亮点突出。以“农村文化成果展示年”为契机，开展以庆祝瓣中国成立60周年、建党88周年为主题的文体活动。广电、档案、民兵预备役和人民防空等工作扎实推进，征兵任务圆满完成，退伍军人优抚安置工作不断完善。

落实安全生产责任制，调整各级安全监管网络人员689人，抓好安全生产执法检查，全年开展六大项检查，出动检查人员486人次，查处各类隐患854条次，落实整改828条。开展“十小”行业整治规范工作，提升经营业主的从业素质，规范服务行为，提高质量安全水平。加强对新居民的管理与服务，开展居住证发放工作。加强城乡社会治安管理，全面搭建城乡社区警务新框架。组织开展治安“大巡防”等活动，实施治安“天网工程”，完成81个社会治安视频监控点建设，全镇刑事案件发案率比上年下降0.2%。开展信访矛盾化解年暨深化重信重访专项治理活动,做好重点信访领导包案,全年共处理群众来信来访42件,下降30%。

【“两新”工程建设】 根据确定的“1+2”新市镇新社区集聚模式，完成选点工作，将郭店、丰士、盐官三大区块作为重点开发区块。郭店区块规划总面积71.1公顷、可容纳2134户，首期启动40公顷，可安置1200户；丰士区块规划总面积约37.5公顷，可容纳1127户，首期启动12公顷；盐官区块依托将建的“沿江百里长廊”，规划面积33.3公顷，可容纳1100户，首期启动6.7公顷。

表52 盐官镇2009年各村基本情况一览

村名	村支部（总支、党委）书记	村委会主任	农村经济总收入（万元）	人均纯收入（元）
广福	顾金兴	施坤甫	21,021	12,774
联丰	严海荣	郭建昌	58,789	13,061
桃园	金正华	杨伟标	35,966	14,369
群益	吴建庆	徐金康	86,570	13,578
郭店	李建兴	吴晓东	17,094	12,250
红友	沈德忠	郑富强	26,818	13,883
包王	王介煜	严云飞	25,155	13,058
丰士	杨海江	张槐林	34,481	12,995
万寿	张兴荣	张树忠	12,136	12,778
联群	褚觉初	沈顺康	15,032	12,463
新星	应建梅	黄明兴	21,601	12,625
安星	苏振初	张纳雄	12,122	12,501
祝会	陈妙兴	陈　杰	24,109	12,595
联农	褚建松	顾建松	57,453	12,444
城北	张金仙	金才明	29,324	12,714
盐官	王延顺	王伟峰	29,670	12,505
中新	张建军	张国民	9960	12,355

（朱　巍）

丁桥镇

【概况】 镇域总面积61.24平方千米，辖14个村、1个社区，年末总户数13,257户，户籍人口44,961人。2009年，实现生产总值13.82亿元，财政总收入13,190万元；农民人均纯收入12,188元，增长15.9%；年末居民储蓄余额达13.6亿元，人均储蓄达26,089元。

实现农业生产总值2.17亿元，粮食总产量1.8万吨，蚕茧总产量1157吨，新增土地流转面积80.7公顷。全镇有规模以上企业89家，规上企业实现产值26.40亿元，利税1.71亿元；完成技改投入4.64亿元，实际利用外资66.6万美元，引进市外内资5343万元，自营出口5800万美元；实现第三产业增加值3.1亿元，增长18.5%；万元增加值综合能耗下降7.5%。钱江工业功能区入区企业累计69家，投产52家，全年实现工业产值22.9亿元。

全镇有科技活动企业51家，占规模以上企业的59%，企业科技活动经费支出4500万元，占全部销售收入的1.67%；研究与试验发展（R&D）经费支出2600万元，占企业内部开展科技活动经费支出的

58%。新增科技信箱注册用户 47 户，管理点 9 个；引进各类大中专毕业生 151 名；获得科技部科技型中小企业技术创新基金 1 项；授牌嘉兴市专利示范企业 1 家、海宁市专利示范企业 1 家、省农业科技企业 1 家；获批省农业科技成果转化资金项目 1 项、嘉兴市科技计划项目 1 项、海宁市科技计划项目 6 项、海宁市第二批企业科技研发中心 4 家。列入省新产品试制计划 14 项、已鉴定的省级新产品 4 项，申报嘉兴市计划项目 1 项、嘉兴创新型企业 3 家。全年申请专利 82 件，专利授权 73 件。

完成 13 个便捷公交站台建设任务，新建通组达户道路 55.3 千米，疏浚镇、村河道 12 条 16.2 千米，铺设二级供水管网 1.6 千米、集污管网 1.6 千米，完成三级管网改造 1262 户。全年土地开发整理 21 公顷，建设用地复垦 2.2 公顷，办理工业用地出让 16.7 公顷，12 个新入驻工业项目开工建设。

稳步推进教育均衡发展，开展“农村文化成果展示年”活动，启动省级体育强镇创建工作，创建市级生态村 1 个，组建农村环境整治综合保洁队伍 14 支，完成镇垃圾压缩中转房建设，完成农村社区卫生服务站新建、改建，公共卫生服务项目综合达标率和农村卫生监督覆盖率均达到 100%，被评为市级卫生强镇和“嘉兴市级食品安全示范镇”。加强农村社会保障工作，发放 70 周岁以上老年人生活补助金 235.5 万元，城乡居民社会养老保险参保总人数达到 6488 人，城乡居民合作医疗参保率达到 98.7%，被授予省级低保规范化建设示范镇。统筹解决人口问题，稳定低生育水平，全镇计划生育率达到 99.2%。关爱困难计生家庭，积极筹措“生育关怀基金”21 万元。残疾人共享小康工程和“爱心城市”创建有序推进。

【新农村建设】 制定“两新”政策初步方案，编制“1+4”村庄布点规划，2 个安置区块开始启动，组建丁桥新市镇投资开发有限公司。组织实施芦丰公路大中修 2.7 千米，浇筑联网公路 0.76 千米。加大集体经济薄弱村扶持力度，申报市级重点扶持村创收项目 3 个，总投资 170 万元。

【“平安丁桥”建设】 完成“皇岗轧太平”、7 月 22 日观“日全食”、庆祝新中国成立 60 周年、观潮节等安全保卫任务，启动“天网”社会治安动态视频监控系统建设，开展治安“大巡防”活动，全年刑事案件、治安案件出警率均达到 100%，刑事案件破案率提高 8%。做好基层矛盾纠纷排查化解和群众来信来访处理工作，一批信访疑难案件得到妥善解决和有效稳控。加强新居民事务管理与服务，安全生产目标管理考核获全市一等奖。群众平安建设知晓率达 95%以上，群众安全感满意率达 100%。

表 53 丁桥镇 2009 年各村基本情况一览

村名	村支部（总支、党委）书记	村委会主任	农村经济总收入（万元）	人均纯收入（元）
新仓	陆永明	贾维国	70,361	12,482
海潮	李建人	胡建康	29,560	12,187
万新	滕林彬	邹忠浩	32,004	11,917
保胜	郑利金	高金浩	18,508	11,494
金阳	陈福祥	—	22,660	12,102
利群	姚文革	陈建新	52,778	12,160
芦湾	褚建良	姚建华	103,341	11,710
永胜	徐国明	陈　敏	46,173	12,137
民利	徐娟玉	郭家欢	19,156	11,917
两丰	孙和荣	戴建军	23,618	12,134
丁桥	汤国强	陈伟峰	37,773	12,391
海星	孙宝法	赵勤华	12,632	12,421
群海	赵建根	赵建根	11,261	12,599
诸桥	钱震文	於国明	25,755	12,661

（宓东群）

斜桥镇

【概况】 镇域总面积64.5平方千米，辖16个村、2个社区，总户数16,503户，总人口61,954人。2009年，实现生产总值18.4亿元，地方财政收入2.1亿元，财政可支配收入6800余万元,农民人均纯收入13,378元。

培育地方特色经济，做大做强包装产业，创建为“中国包装名镇”，形成以包装印刷和高新技术产业为主导，家具制造、食品加工、服装纺织相依托的产业发展新格局，全年实现工业总产值72亿元。创新农业发展机制，形成“企业+合作社+农户”新型生产经营模式，各类农业龙头企业联结农户8000余户、联结基地1200多公顷,全年流转土地196.1公顷。启动全市首个镇级村工业集中区建设,斜桥商贸中心建成使用。

全年共投入3200余万元用于基础设施建设，长海大桥、云川路、庆仲路等镇区主要桥梁和道路完工通车，完成桐（乡）九（里桥）公路扩建。深入实施“811”环境保护专项行动，通过“全国环境优美乡镇”复评。成立镇城管行政执法中队，加大违法用地和违法建筑处罚力度。扎实推进“十小”行业整治规范工作和非法开采地下水专项整治行动。完成全国第二次经济普查各项工作。

完善创业就业培训服务体系，建立村、社区劳动力资源信息平台，开展劳动监察网格化管理工作。被征地农民全部纳入基本生活保险。“一村一品”的特色文化格局基本形成。创建为“嘉兴市食品安全示范乡镇”、“嘉兴市卫生强镇”。加强社会治安综合治理，开展“平安”系列创建活动，开展动态视频监控系统建设和“大巡防”活动。深化“五五”普法，推进民主法制建设。

【“两新”工程先行试点建设】 斜桥镇作为海宁“两新”工程建设先行试点，按照“1+3”模式，开展新一轮《斜桥镇总体规划》和《土地利用总体规划》编制工作，实施镇主中心2.5平方千米的设计。成立斜桥镇新市镇建设有限公司，制定出台“两新”建设各类政策，首期公寓房“云川名都”小区一期开工建设，华丰村集聚农户完成全村总户数的47%。

【被命名为“中国包装名镇”】 包装印刷行业是斜桥镇的重点行业之一。2009年，全

图136 5月28日，民间艺人在斜桥民俗文化节上进行民间艺术手工展示

镇拥有销售收入亿元以上企业4家，形成了以长海包装、亭溪纸箱为龙头，以众多中小企业为基础的包装印刷产业集群，产品主要涉及塑料薄膜、镀铝膜、BOPP膜、纸箱及纸制品印刷、油墨等。11月11日，斜桥镇被中国包装联合会命名为“中国包装名镇”。

【2009斜桥民俗文化节】 5月，斜桥镇举办首届民俗文化艺术节。16支村级特色队伍以及学校、企业文艺队伍参加巡街表演，其中有三联村的女子军鼓队、万星村的女子舞龙队、华丰村的舞狮队、斜西村的唢呐队、金石村的打莲湘、光明村的荡湖船，观众2万余人。开幕式上，王钱松（粉塑）、张英（皮影、剪纸）等民间艺人进行“非遗”民间艺术手工展示。

表54 斜桥镇2009年各村基本情况一览

村名	村支部（总支、党委）书记	村民委主任	农村经济总收入（万元）	人均纯收入（元）
金石	朱吕康	王晓明	40,182	13,402
祝东	张建良	蒋甫江	32,141	13,279
祝场	沈永顺	李利华	39,142	13,290
万星	周富松	朱叙香	18,323	13,202
华丰	朱张金	朱雪林	226,051	14,390
庆云	曹少英	周富林	75,589	13,453
永合	顾明强	金利强	54,738	13,284
光明	陈国良	郎叙年	43,087	14,197
路仲	朱汉强	钱林祥	82,758	13,230
仲乐	庄建平	陈 飞	36,454	13,120
乐农	周建良	魏 明	11,794	13,036
黄墩	潘建忠	陆海荣	33,582	13,050
斜西	沈亚清	张富林	13,839	13,029
新农	范永清	查志芳	25,603	13,061
斜桥	徐炳良	郭 清	151,972	13,289
三联	徐金元	马力安	27,881	13,286

（朱洪海）

袁花镇

【概况】 镇域面积75平方千米，辖14个村、4个社区，总户数1.46万户，总人口5.24万人。2009年，全镇实现生产总值19亿元；财政总收入2.04亿元，比上年增长14.6%；农民人均纯收入12,091元，增长12.0%。

落实优农惠农各项政策，发放惠农补贴79.2万元，发展南方梨等优质水果产业，打造浙北精品南方梨生产基地，成功举办第二届梨花节，实现农业生产总值1.6亿元。推进“工业强镇”战略，成功举办第二届太阳能博览会，建成并启用浙江省太阳能产品质量检测中心。全镇规模以上企业完成产值46.8亿元、利税3.57亿元、利润2.14亿元，分别增长13.6%、42.8%、64.6%。实现工业生产性投入5.05亿元，完成自营出口1.21亿美元，分别增长1%、40.4%。完善镇区三产布局，加快镇东区块商住开发，龙溪嘉苑开盘销售，实现第三产业增加值3.84亿元，增长34.7%。

建立完善全民创业机制，落实创业帮扶政策，累计发放创业项目贴息贷款978万元。推动企业自主创新，实施知识产权、标准化和品牌战略，全年专利申请量和授权量分别达到80余件和63件，新增“中国驰名商标”17个、“浙江著名商标”1个、“嘉兴著名商标”3个，高新技术企业1家、省级专利示范企业1家、嘉兴市级专利示范企业1家、省级农业科技企业1家、海宁市级科技示范村1个，引进人才213人。推进新市镇、新社区建设，完善袁花镇总体规划编制，完成“1+X”的村庄布局规划，开展村庄集聚建设尝试。完善镇区道路框架结构，实施长益路南路、河西街、龙腰路等道路改造、修复，完成龙山路、山虹路道路亮化，新开辟海宁至梨园公交线路。落实各项帮扶政策和措施，大力引导和鼓励发展村级集体经济，重点扶持村转化工作成效显著。出台长效管理考核奖励政策，巩固村庄整治成果。完成农民素质培训 1655 人次。成立土地流转服务中心，全年新增土地流转 77.3 公顷。完成河东、河西、天仙街 3 个社区“一站式”综合服务中心建设，在 6 个村开展农村社区综合服务中心建设，夯实村级为民服务基础。新建改建联网通村公路 1.43 千米、通组道路 25 千米、改造农桥 6 座。完成新农村电气化村建设。完成嘉绍高速公路、袁花丁桥互通连接线征迁交地。组织实施节能降耗、节约集约用地和环境保护等工程，完成耕地复垦 34.9 公顷，实施自来水三级管网改造 3109 户，完成二级供水管网建设。继续推进工业污水入网排放，启动 9 千米镇集污管网工程；开展“生态家园”建设，实施畜禽养殖污染集中整治，实现农村垃圾集中收集有偿服务和道路、河道长效保洁管理全覆盖；全镇万元生产总值能耗下降 6.8%，完成节能减排年度任务。创建 5 个省级生活污水治理村、1 个省级绿化示范村、1 个海宁市级绿化示范村和 2 个海宁市级生态村。

图 137　12 月 17 日，浙江省太阳能产品质量检验中心在袁花镇正式挂牌成立

开展“农村文化成果展示年”和“种文化”活动，举办第三届村落文化艺术节，组建镇文化艺术团，文化、体育活动丰富多彩，群众性精神文明创建活动深入开展，乡风文明道德评议扎实推进，完成《袁花镇志》初稿。完成谈桥中心小学综合楼建设并投入使用，镇中心幼儿园和谈桥幼儿园达到省三级标准。卫生联络员覆盖到全镇各村，卫生服务组织体系健全、网络清晰；基本完成社区卫生服务站建设，组织开展为农民送健康活动和职业病防治等相关职业技能培训，加强农村食品药品质量安全监管；开展“十小”行业质量安全整治，关停 12 家豆制品小作坊。成功创建为“嘉兴市卫生强镇”、“嘉兴市食品安全示范镇”。实现社会保障服务室全覆盖，推行社会保险“五费合征”工作机制，完成市下达的城乡居民养老保险任务，办理被征地农民基本生活保障 2100 人，至年底全镇享有社会养老保障人员覆盖率达到 70%以上，城乡居民合作医疗参保率达 98.57%。农村最低生活保障实行动态管理，城镇“三无”、农村“五保”户和重度残疾人集中供养率为 100%，70 周岁以上“双无”老人生活补助金及时兑现。向 18 户困难户发放危房改造补助。全年共募集慈善资金 37 万余元，发放各类慈善救助款 40 多万元。拓展和加强计划生育优质服务，计生符

合率达到98.55%。深入开展“五五”普法宣传，加强社区矫正和禁毒工作，做好人民调解、信访和市长电话工作，妥善处置企业债务问题引发的社会矛盾，加强企业拖欠工资的防范处置工作，各类矛盾得到化解疏导。不断完善新居民服务与管理，开展平安创建活动，建立健全社会治安综合治理防控体系，推行综治工作中心运行模式，组织开展打击整治“两抢”犯罪活动、秋季治安“大巡防”活动等专项整治，落实重点信访对象包案处理工作机制，完成社会治安电子监控系统建设，安装监控探头83个，各类案件发案率得到有效控制。落实安全生产和交通安全责任制，实施道路安保工程建设，完成“三合一”企业火灾隐患和道路黑车整治。

【浙江省太阳能产品质量检测中心落户袁花】

参见第93页太阳能分目相关条目。

【袁花商会成立】 袁花商会于12月8日成立，共有会员114名。通过等额选举的办法，选举产生33名海宁市袁花商会第一届执行委员会委员，并由执委会第一次会议，选举夏志生为会长。

表55 袁花镇2009年各村基本情况一览（含农村社区）

村名	村支部（总支、党委）书记	村委会主任	农村经济总收入（万元）	人均收入（元）
双丰	许金芳	孙小平	120,672	13,695
新袁	许勤芬	陈月明	53,480	12,253
镇东	陈张云	冯印甫	74,698	13,238
夹山	朱连明	冯和芬	56,670	12,518
长啸	许国初	俞云祥	71,156	12,191
红晓	沈吴荣	陈海锋	34,042	11,149
红新	潘建锭	潘建锭	32,308	11,657

（续表）

村名	村支部（总支、党委）书记	村委会主任	农村经济总收入（万元）	人均收入（元）
龙联	顾金龙	王家乐	32,687	11,784
镇西	陈叶忠	高益飞	49,810	11,400
谈桥	邱叙良	张小康	43,889	11,446
梨园	朱雪峰	曹明华	52,294	11,959
濮桥	郑战伟	郑战伟	58,981	11,772
东风	朱新华	朱新华	59,342	12,027
彭墩	肖顺华	朱利生	44,878	11,069

（朱国伟）

黄湾镇

【概况】 尖山新区（黄湾镇）区域面积89.5平方千米，总人口2.3万人。2009年，实现生产总值12.34亿元，比上年增长32.4%；财政收入5,863.7万元，增长28%；农村居民人均纯收入12,298元，增长10.8%。

传统农业总体稳定，全年粮食种植面积1,640.1公顷，实现农业总产值1.46亿元。举办第二届尖山杨梅节和首届冷冰坞柑桔采摘月活动，创建成为“嘉兴市旅游经济强镇”。投资250万元，完成面积6,453.3平方米的水果交易市场主体工程和冷冰坞2.5千米的环山道路建设，尖山生态休闲区配套设施得到完善。钱江中低产田改造项目通过省、市两级验收，完成国家级基本农田示范区建设，标准农田补建工作稳步推进，完成“第二次土地调查”工作。海宁幸宁食品有限公司荣获“全省十佳订单农业先进企业”称号，黄湾果蔬专业合作社成功申报省级示范性农民专业合作社，尖山杨梅获有机农产品认证，“尖山”牌商标通过嘉兴著名商标续评。成立全市首家植保专业合作社，举办农民素质培训班19期、参训1307人次。建立镇级土地流转服务中心和村级土地流转服务站，尖山村成立全镇首家土地股份制农民专业合作社，全年流转土地44.1公顷。引进上海顶欣草坪绿化公司，为农户增收20多万元。

启动黄湾东路建设，易地新建黄湾、闸口两个农贸市场，新市场顺利启用，出让黄湾集镇土地6178平方米，对黄湾、闸口集镇区块进行综合整治、整修。投入700余万元完善交通设施，开通T306公交线（高点——袁花）。改造马家桥，完成嘉绍高速公路征迁工作，拆除住宅房屋35户、完成拆迁面积近2万平方米，完成拆迁安置房建设30户、在建5户。开展“两违”专项整治，查处违法占地8.4万平方米。2家企业通过清洁生产审核，4家企业通过“三同时”验收，累计完成41家PVC装饰板企业整治。投资近300万元、铺设污水管网4千米。巩固垃圾集中收集工作，垃圾集中收集处理率、无害化处理率均达100%，有偿服务费收取率达99.3%。村庄整治扩面工作稳步推进，2个村通过省级整治村验收。完成13户畜禽污染治理。推进沼气国债项目建设，生态家园工程通过市级验收，钱江村通过省级绿化示范村创建。

实施“农村文化成果展示年”活动，成功创建嘉兴市级文化示范中心1个，实现省小康体育村全覆盖。完成尖山文化活动中心桩基工程。开展各类文化活动28场次，放映数字电影86场。《拷花头巾·水乡女》获省舞台舞蹈“群星奖”大赛创作、舞蹈表演、音乐创作三个银奖。开展第三次文物普查，给16处文物建立档案。安装数字电视终端1098个。义务教育学校绩效工资改革稳步推进，成校管理体制得到完善，幼儿教育不断发展。成功创建嘉兴市级卫生镇和嘉兴市级食品安全示范镇，实现嘉兴市级卫生村全覆盖。完成尖山社区卫生服务中心主体工程，新建成2个村级卫生服务站。城乡居民合作医疗参保16,486人，参保率达97.64%，给11,064名农村居民健康体检。计划免疫预防接种率98%以上。大临村通过省级卫生村、省小康体育村双验收。实施“生育关怀”行动，建立“新光阳生育关怀基金”，对7户计划生育困难家庭发放关怀金。开展“新农村生育文化园”建设，黄山、闸口两个村通过市级验收。全年出生人口112人，计划生育率98.21%。

开展劳动保障网格化管理试点，建立职业介绍所，社会保险覆盖面进一步扩大，城乡居民社会养老保险续保1682人、新参保1310人，净增社会保险基本养老保险744人、工伤保险1126人，完成1156人被征地农民社保工作。五保供养15人、供养率100%，为84户122个低保对象发放低保金25万元，为1710名70周岁以上老人发放补助金126万元。募捐慈善款15万元。被评为嘉兴市爱国拥军模范单位，接收退役士兵11名，发放安置费、优抚费90万元。

强化社会治安综合治理工作，落实综治和维稳责任，完善镇村两级风险评估、人民调解等机制，成功调处矛盾纠纷173起，涉及赔（补）偿金额300万元。开展“平安村”创建活动，建立“一村一法律顾问”制度，闸口村通过省级“民主法治村”考核。派出所新大楼建成投入使用，查处、破获各类案件140起，抓获、处理违法犯罪人员211人。开展治安大巡防8次、参巡人员2500人次。完善工作网络，做好新居民管理服务工作，全年发放新居民临时居住证14,715张。受理并办结来信来访、市长电话97件。抓好道路（水上）交通安全工作，认真开展“十小”行业质量安全整治。强化安全生产，开展安全生产大检查8次，发现并落实整改一般隐患388条。

建成3个村级“一站式”便民服务中心，新建成2个村综合服务中心。完善村务管理“直通车”制度，建立村务监督委员会，全面规范村级财务管理。1个单位、1个村成功创建为“群众满意基层站所”和农村基层党风廉政建设示范村。开展第三轮“双结对、创文明”活动，组织23家单位签约，资助资金达50余万元。顺利通过市级文明单位、文明村复评。“乡风文明”广播评议全面推开，“和谐村组”创建启动推进。建立志愿服务社会运作模式，组建文化志愿者、民防应急救援志愿者队伍。

【“两新”工程启动推进】 启动推进村庄集聚工作，组建新市镇投资开发公司，初步确定“1+4”村庄布点。出台实施方案和首期房屋安置点实施办法，全面部署并加快推进“两新”工程；尖山新区新民路、黄湾集镇育才路确定为两个新村点，安置农户进点建房；计划首期安排进点农户1000户，其中主中心（尖山新区新民路）850户，副中心（黄湾育才路）150户。

【创建“嘉兴市旅游经济强镇”】 围绕创建目标，黄湾镇先后出台《尖山生态休闲区开发方案》、《黄湾镇常绿果树采摘休闲区建设规划》等，委托专业机构制订和完善各个规划方案。完成水果交易市场主体工程和冷冰坞环山道路建设，成立尖山水果研究所，高起点、高标准建设水果产业基地，全镇各类水果种植面积1,100.7公顷，其中柑橘533.3公顷、杨梅240公顷、水蜜桃166.7公顷、南方梨100公顷、枇杷33.3公顷，水果年产量1.6万余吨。全年旅游总收入超过5600万元，共接待国内外游客20余万人次，创建成为“嘉兴市旅游经济强镇”。

【闸口村党总支升格为党委】 7月6日，经市委批复同意，闸口村党总支成功升格为党委。同时建立党员议事会制度，采取集中议事、分散议事、专题视察相结合的方式，进一步扩大党员的知情权、参与权和监督权。制定党员《关爱帮扶基金募集与使用管理办法》，首次基金超过113万元。

表56 黄湾镇2009年各村基本情况一览

村名	村支部（总支、党委）书记	村委会主任	农村经济总收入（万元）	人均纯收入（元）
钱江	朱平良	朱平良	15,653	12,273
黄湾	孙海江	沈年芬	20,565	12,362
尖山	曹岳根	顾江林	28,055	12,417

图138 7月6日，闸口村党总支升格为党委

（续表）

村名	村支部（总支、党委）书记	村委会主任	农村经济总收入（万元）	人均纯收入（元）
五丰	徐朱海	平建华	14,912	12,005
黄山	钟新联	张志根	54,113	12,438
闸口	顾伟民	费浩东	45,232	12,290
大临	崔志浩	凌伟琴	11,063	12,188

（陈益峰）

硖石街道

【概况】 辖区面积34.3平方千米，辖8个村、15个社区（其中农村社区5个），总户数23,378户，常住人口69,275人，外来人口2万多人。2009年，实现生产总值28.86亿元，经济总量位居全市镇、街道第四位。

应对国内宏观调控和国际金融危机的冲击，主动适应“退二进三”战略部署（市区第二产业企业外迁，发展第三产业战略）和环东西山开发建设的需要，及时调整产业结构，大力扶持三产发展，发挥华联、鸿翔、龙城等商业龙头企业的带动作用，盘活存量楼盘，吸引三产服务企业进驻街道，完成重点建设项目建材市场迁建提升工程的前期准备工作。实现第三产业增加值21.67亿元，比上年增长8.2%，农民人均纯收入12,206元，增长13.1%。

调整农业产业结构，发展规模、特色、休闲农业，抓好葡萄种植、湖羊养殖等基地建设。

科学有序推进征迁，超额完成市委、市政府下达的全年7万平方米的征地拆迁任务。率先探索实行拆迁房屋残值回购办法，在全市得到推广。完成高丰、嘉绍高速、农丰社保中心、水月亭路东延、瞿家湾城中村改造、建材市场迁建等项目的征迁交地，完成评估422户，完成率122%；完成签约408户，完成率118%；完成腾空面积126,672平方米，完成率181%；完成拆房77,372平方米，完成率111%。

创建国家卫生城市，投入1149万余元开展城中村、城郊结合部、城市社区及辖区单位的环境卫生整治工作，制作维修宣传栏49处，新建改建公厕18座，硬化道路面积27,991平方米，铺设下水管道2854米，修补破损落水管16,410米，维护外墙及屋顶7910平方米，建造围墙5544米，增补绿化17,600平方米，清理垃圾8600余吨，清理乱张贴6700平方米，清理乱搭建1940平方米。

投入400万元实施双长路南段、农南东路、永丰路4千米道路的维护改造，完成南漾桥和白石桥两座航道桥梁的建设，投入34万元完成水车木桥、杨家浜桥、大家村桥3座农桥的改造，投入12万元对9处路口实施亮化工程。发挥街道、村两级专业保洁队伍作用，对辖区主干河港、村级河浜实施不间断保洁。开展农村环境卫生整治工作，农村垃圾集中处理工作覆盖面100%。

开展“创业创新·共建和谐”五好社区创建活动。健全和完善居民自治制度，发展基层民主，稳步推进社区居民自治。发展志愿者队伍建设，引导各类组织健康发展。发展社区文化，办好“邻里节”。社区“一站式”服务建设基本完成，所有工作台人员亮牌服务，实行首问工作制度。先后投入45万元建立完善“数字社区”，投入25万元对14个健身苑点进行维护，投入150余万元对部分开放式小区进行封闭改造，投入270余万元增加社区活动用房。

投入40万元开展计划生育工作，传播新型生育文化。城乡居民养老保险新增参保人数698人，续保1039人，完成年初目标的106%。发放低保救助金165万余元，发放城乡居民社会养老保险基础养老金110万余元，发放居家养老服务金 30 万余元，发放其他各类优抚、救助、补贴、集中供养等费用 50 万余元。

突出矛盾纠纷排查、社会稳定、治安防范和人员教育转化等工作重点，做好不稳定因素的排查和调解工作，着力化解社会热点、难点问题。强化新居民服务管理。全面实施“五五”普法教育，切实提高全民法律素质。开展治安大巡防工作，强化治安防控体系建设。全面落实安全生产和消防安全工作，全年未发生重大安全事故。

2009 年，街道荣获“嘉兴市平安街道”和“嘉兴市食品安全示范街道”称号；街道公共服务中心被嘉兴市政府评为“嘉兴市先进公共服务中心”；街道社区卫生服务中心被省卫生厅授予省级规范化社区卫生服务中心称号；街道司法所被评为嘉兴市“人民群众满意站所”；西山社区荣获“全国和谐社区建设示范社区”、“全国基层低保规范化建设典型社区”称号。

【率先推行党代会常任制】 在全市率先推行党代会常任制，发挥党代会闭会期间代表联系群众、议事决策、管理监督等方面的作用。在创新会议形式、畅通民主渠道、履行代表职务、接受代表监督等方面进行实践和探索。邀请 10 名普通党员列席会议；党代会网上全程直播，会议期间街道专门设立热线电话，由专人负责，与场外党员互动，广泛收集意见及建议；分专题召开恳谈会；建立《党代表建议案》审查报告制度，确保党代表建议案件件有着落，并限时办结，满意率达 100%；对街道党委及领导成员履职情况进行测评，充分落实党代表的知情权、参与权、建议权和监督权。

【硖石商会成立】 12 月 21 日，硖石商会成立大会暨第一次会员大会在海宁宾馆召开，57 名来自硖石街道工商界各行业的会员参加了大会。会议通过《硖石商会章程》和选举办法，选举浙江鸿翔集团总裁姚岳良为会长。

表 57 硖石街道 2009 年各村基本情况一览（含农村社区）

村(社区)名	村(社区)支部(总支)书记	村委会主任	农村经济总收入(万元)	人均纯收入(元)
农丰	俞关龙	沈春良	29,769	12,811
长田	俞海松	姚永和	16,073	12,682
高丰	黄泉官	贾水良	11,357	12,649
长园	王祥兴	朱雪江	2791	12,434
群利	范海明	俞国华	4323	12,062
荷叶	都甫珍	都甫珍	17,471	12,461
双合	王国美	许国良	15,386	11,929
联和	范坤华	张建良	19,923	12,109
军民	朱克云	沈叶新	12,163	11,988
永丰	程培松	程培松	13,098	11,724
南漾	何林峰	何林峰	9130	12,086
杨汇桥	王利生	郑周健	14,910	11,651
西环	金建甫	吴振宇	11,785	12,219

（沈家豪）

海洲街道

【概况】 辖区面积 23.2 平方千米、辖 9 个城市社区、6 个农村社区和 5 个村，总户数 17,304 户，常住人口 5.38 万人。

2009 年，实现生产总值 40.67 亿元，比上年增长 14.3%；第一、二、三产业增加值分别为 0.26 亿元、7.84 亿元、32.57 亿元，占 GDP 比重分别为 0.64%、19.28%、80.08%。32 家规模以上工业企业实现产值

10.27亿元，利税6553万元，利润4123.7万元，产销率达到98.88%。62家限额以上商贸企业实现销售62.34亿元，增长35.7%；完成第三产业投资12.69亿元，增长35.3%。完成自营出口2.48亿美元，增长2.1%；引进市外内资9710万元，增长72.7%。实现农民人均纯收入13,762元，增长17.4%。

统筹城乡发展，完成9.7万平方米拆迁任务。基本完成鲁家浜区块拆迁，启动实施南郊二组区块的拆迁。配合市城投集团做好城南金融中心、环西一路、联合路拓宽和民和、双凤等安置小区的安置房建设工作。通过公开招聘，录用6名大专以上人员充实社区干部队伍。完善社区干部“双述双评”工作和五星级社区、“六城联创”考核工作。继续探索开放式小区封闭式管理，对梅园三里、南苑三里两个“开转封”（开放式小区转为封闭式小区）工程组织验收。加强对物业服务行业和业主自治组织的管理和指导。继续实施海洲、塘桥合署办公用房建设。围绕“和谐社区”创建，打造平安型、学习型、生态型、文化型、服务型社区，着力改善社区人居环境。成立农村合作经济组织联合会，建立多种专业合作社。强化村庄整治长效管理，推进东长社区股份制改革和南郊社区股份增资扩股工作。加大动植物防疫以及农作物病虫害防治，提高粮食产量。继续实施农民素质培训工程。不断深化村(居）务公开民主管理，实现规范化建设全覆盖。

加强信访和市长电话工作，积极开展“信访积案化解年”活动，全面推进村（社区）信访代理制。继续实施人民调解以奖代补机制，健全基层调解网络，做好社会矛盾的排查调处工作。加强社会治安综合治理，深入推进系列平安创建。开展街道综治中心规范化建设，提高基层综治站（室）的规范化水平。强化对新居民的管理和服务，加强对社区矫正等人员管理控制。依法打击各种违法犯罪活动，推进农村视频监控设施建设。全力抓好安全生产，深入开展“十小”行业专项整治，巩固“三合一”企业整治成果。广泛开展交通宣传和整治工作，加大食品药品监管力度，成功创建为“嘉兴市食品安全示范街道”。海洲商会成立。抓好兵役登记工作，为国家输送优秀合格兵员25名。加强双拥建设，成功创建为“嘉兴市双拥模范街道”。深入开展“五五”普法教育，增强全社会法治意识。建立健全社会保障体系，确保被征地农民应保尽保。稳定职工基本养老保险覆盖面，完成城乡居民社会养老保险新增及续保任务。加强就业服务，推进

图139　4月30日，海州街道文化活动中心建成启用

城乡劳动者稳定就业。做好城镇退休职工管理工作。深入开展卫生村（社区）、卫生单位创建活动，加快社区卫生服务网络建设。开展创建国家卫生城市工作，加大城乡卫生基础设施建设和环境综合整治力度，落实创卫阶段性任务。做好“五保”老人集中供养、扶贫帮困助残工作。继续发展社会福利、残疾人、殡葬、慈善和老龄事业，探索居家养老工作的全覆盖。加强关心下一代工作，争创嘉兴市“三无”街道。加强人口与计划生育工作，计划生育符合率达 98.8%。加强流动人口管理，开展生育文化园建设，筹资建立“生育关怀”基金。深入开展文明家庭、文明村（社区）、文明单位等文明、和谐系列创建活动，通过嘉兴市“文明街道”考核验收。加大对居民文明、卫生、健康等方面的宣传教育，促进全民素质提升。推进社区、村落、企业、校园、家庭文化建设。开展“市民行为规范月”等主题教育和实践活动，在全社会形成良好的风气。配合办好 2009 年世界速度轮滑锦标赛。以街道第五届文化艺术节和“海洲街道文化下村进社区巡回展演”为重点，开展“农村星级文化阵地”评创和“农村文化成果展示年”活动，共举办文艺演出、电影放映、讲座培训、各类展示等广场文化活动 200 余场次，参与群众 4 万余人次。4 月 30 日，海洲街道文化活动中心建成启用。

表 58　海洲街道 2009 年各村基本情况一览（含农村社区）

村(社区)名	村(社区)党支部书记	村(社区居)委主任	农村经济总收入（万元）	人均纯收入（元）
南郊	计元松	姜新妹	13,885	13,702
新桥	许国良	张月定	4648	14,293
新庄	姚炳康	凌国泉	39,141	14,634
双凤	沈荣华	—	6150	13,350

（续表）

村(社区)名	村(社区)党支部书记	村(社区居)委主任	农村经济总收入（万元）	人均纯收入（元）
民和	陈仁友	章月芬	21,574	14,285
金龙	吕春兰	王仁生	11,104	14,028
张店	张吴坤	张吴坤	3547	12,482
伊桥	王文华	袁月忠	27,855	12,822
联合	顾泉荣	周金龙	22,986	14,222
西郊	吕晓荣	张关生	2878	13,126
东长	吴云霞	—	9006	13,953

（高利梅）

海昌街道

【概况】　辖区总面积 54.2 平方千米，辖 12 个村和 8 个社区（其中城镇社区 1 个），年末总户数 9786 户，户籍总人口 36,223 人。2009 年，实现生产总值 17.91 亿元，农民人均纯收入 12,694 元。

拥有规模以上企业 127 家，规上企业实现总产值 35.2 亿元，利税 2.65 亿元，实交税金 1.40 亿元。完成征迁面积 33,714 平方米，确保殡仪馆、嘉绍高速、双山新农村建设等项目的推进，配合开发区做好双冯、金星、东郊等区块的有关征迁工作。

农作物播种面积 2748 公顷，粮食总产量 11,730 吨，油菜籽 947 吨，蚕茧 137 吨。新建勤民罗氏沼虾标准化园区，特种水产养殖面积达到 338.4 公顷，淡水品产量 4413 吨。“光耀葡萄”生产基地被认定为省级无公害农产品生产基地。成立街道农村合作经济组织联合会、街道土地流转服务中心，年内新增土地流转面积 238.9 公顷，完成火炬社区股份制改革。

启动 11 个村（社区）的新村建设，完

成建房3633户。泾长、双冯等村（社区）新建一批办公服务用房，东郊、火炬、硖西3个社区实施小区封闭式管理。推进村庄整治工程，完成6个扩面提升村、3个省级整治村、2个省级生活污水处理村的创建，新建通组达户道路49.6千米。

配合做好国家级卫生城市创建，抓好隆兴、碧云等区块的环境整治，建立城市牛皮癣清理市场化运作机制，开展废旧物资收购专项整治，金三角农贸市场启动建设，环境脏乱差现象得到有效整治。年内成功创建省“体育强街道”、“嘉兴市双拥模范街道”、“嘉兴市卫生强街道”、“嘉兴市食品安全示范街道”，举办首届农民运动会和第三届农村文化艺术节。

易地新建海昌派出所，完成视频监控系统一期工程的建设。加强新居民的管理与服务，共登记新居民48,613人，办理临时居住证47,100张。开展“五小”、“十小”行业专项整治工作，安全生产、规范经营等明显提升。

【创建“省级体育强街道”】 加强体育健身设施建设，健全群众体育组织，完善全民健身体系，广泛开展群众性体育活动，体育事业呈现蓬勃发展的良好态势。年内，街道举办首届农民运动会，通过省级体育强街道验收。

【勤民村土地流转站成立】 2009年，由勤民村经济合作社牵头，成立土地流转服务站，推进土地流转。年内流转土地70.1公顷，新建41.2公顷的标准虾塘，成立勤民罗氏沼虾标准化园区，推动了特种水产养殖业的发展。

表59 海昌街道2009年各村基本情况一览（含农村社区）

村（社区）名	村（社区）党支部书记	村（社区居）委主任（负责人）	农村经济总收入（万元）	人均纯收入（元）
硖西	陈元林	李伟林	30,976	13,154
金利	沈银英	顾王松	22,797	13,872
迎丰	邢沈甫	张国仁	20,497	11,737
双山	范生荣	郁正明	13,149	12,778
双喜	张火江	陆其英	15,547	12,998
利民	孙春元	李施云	28,453	11,861
双冯	张海青	朱海明	12,235	12,101
泾长	姚月生	褚文华	8845	12,522
火炬	倪维鑫	俞徐江	50,934	12,749
隆兴	赵爱萍	王权生	57,520	12,762
长山	钱兴江	张甫明	25,495	13,455
星光	王陈利	张月忠	7506	12,028
金星	何玉明	王中明	52,939	13,129
光耀	周国松	崔海松	9493	12,799
硖东	顾金明	徐张荣	46,179	13,468
东郊	俞罗良	俞罗良	46,459	13,398
勤民	姚金妹	何建忠	6824	11,545
利峰	王华祥	陈金祥	4338	11,784
丁公堰	蒋东良	吴张明	2211	10,878

（朱海明）

马桥街道

【概况】 辖区总面积39.2平方千米，辖8个村、191个村民小组，户籍人口27,969人。全年实现生产总值24.11亿元，比上年增长15%，人均生产总值突破1.26万美元；完成财政总收入3.7亿元，其中地方财政收入1.3亿元，分别增长19.4%和17.8%；财政可使用资金5,307.7万元，增长20.1%；

农民人均纯收入达到12,718元，增长18.7%。

全年实现工业总产值100.3亿元、工业增加值18.85亿元、利税8.59亿元、利润5.49亿元，分别增长0.1%、11.4%、13.5%和37.1%。规模以上企业达222家，总产值达到86.80亿元。实现外贸出口交货值22亿元；合同利用外资550万美元，实到外资169.3万美元，引进市外内资1.49亿元；完成工业技改投入11.42亿元，增长86.1%。全年实现农业总产值1.61亿元，增长10%。加快农业服务平台建设，建立土地流转服务中心、农村经济联合会、农业全程办事代理服务站，新增流转面积113.3公顷；新增无公害农产品2个、绿色产品1个、海宁著名商标1个，初步完成农业农村发展规划编制。中国经编总部商城开张营业，成功举办第四届经编设计大赛。实现第三产业增加值2.69亿元，增长19.6%。

以经编产业园区扩容为契机，培育经编特色产业。至年底，园区开发面积达5平方千米，入园企业367家（其中投产企业349家），实现工业总产值153.36亿元（属地口径）、销售收入149.98亿元、利税7.18亿元，分别增长19.8%、20.0%和21.7%。成功创建嘉兴市级专利示范街道，“马桥经编”省级区域名牌授权推广使用。全年专利申请量达到157件，新产品立项35个，培育市级研发中心9家，新增省级技术研究中心1家、省级高新技术企业4家、省级科技型中小企业6家、省级专利示范企业2家、国家火炬计划1项，参与国家和行业标准制定5个，新增“中国驰名商标”1个、“浙江著名商标”1个、“浙江名牌产品”1个、“浙江出口名牌”2个、“浙江知名商号”1个、“嘉兴著名商标”1个、“嘉兴名牌产品”2个。

推进民生实事工程，配合做好海昌路南延、220千伏海宁变至潮乡变线路、08省道复线改建等市级重点工程。调研并启动“两新”建设，实施“两违”专项整治，实施新农村建设大拆迁，全年拆除建筑面积14.14万平方米。继续实施康庄工程建设，完成32.4千米道路（含通村达组道路）建设，新建和改建桥梁9座，巩固完善道路亮化工程。投入456.4万元新增农村公用变21台，推进新农村电气化建设。推动循环经济建设，完善能源管理网络和工作机制，万元增加值能耗降低7.1%。实施“农村环境五整治一提高”工程，巩固农村垃圾集中收集处理和道路、河道长效保洁成效，投资109万元的垃圾压缩中转站投入使用，生活垃圾集中收集率达到100%，无害化处理率达到80%以上。推进村庄整治扩面提升工程和生态家园建设，完成村庄整治扩面提升906户，生态家园受益户数突破2000户。完成18条计8.94千米、12.4万立方米的河道疏浚任务。创建海宁市级“绿化示范村”1个、“省级兴林富民示范村”1个。启动“1+1”村庄布点规划，四个新村点内共有938户拆迁户开工建房，有578户结顶、224户完工，新农村建设显新貌。

注重教育均衡发展，推进文化发展繁荣，开展“农村文化成果展示年”活动，成功举办“魅力马桥”第二届文化艺术节。完善农村公共卫生体系建设，城乡合作医疗参保率达到99%以上，省级卫生街道创建初见成效。推进劳动就业和社会保障工作，全年新增城乡居民社会养老保险885人，新增“五险”参保人数749人。169户家庭纳入最低生活保障，发放低保补助金72余万元，发放70周岁以上老年人生活补助金120余万元，28名农村“五保”老人集中供养，完成慈善捐款46余万元，占地1.1公顷的生态墓地投入使用。推进平安马桥建设，治安“天网”技防工程得到有效利用，社会治安综合治理、新居民管理服务、禁毒、安全生产、食品药品安全、人口与计划生育、信访和市长电话等工作得到加强。

【编制可持续发展规划】 围绕主导产业、优势产业、特色产业，编制多项具有长远性、全局性、战略性的规划。《经编园区“十一五”产业发展规划执行情况及调整提升规划》通过论证，在审议园区过去几年规划执行情况的基础上，提出2009~2011年的发展方向、建设重点、建设的基本原则和具体的战略措施及政府保障。《浙江海宁经编生产性服务业集聚区发展规划》通过评审，明确了发展总部经济的指导思想、发展定位、目标要求等。《马桥农业农村发展规划》经过多次论证，提出通过科学合理的规划，引导由传统的低效良桑农区向集约高效的生态休闲农区转型，推进农村人口城市化和农村居住集中化。

【出台1400万元产业扶持政策】 围绕“树信心、抓提升、促发展”目标，街道出台多项财政奖励政策，投入1400万元用于扶持一、二、三产业发展。其中，1000万元用于扶持工业经济转型发展，鼓励企业增加技改投入、争创名牌、加快科技创新、参与标准制定、人才引进等；200万元用于引导鼓励发展生产性服务业；200万元用于符合农业产业导向的高效生态农业的政策扶持。

【创建省级卫生街道】 自3月起，街道按照“全体动员、全民参与、全力以赴、全面达标”的工作方针，全面开展省级卫生街道创建工作。多渠道、多途径筹措资金1000余万元，实施整容改造和“净化、绿化、亮化、美化、优化、畅通”六大工程，进行十余项重点工程建设，健康教育、市容环境、环境保护、公共卫生、除害灭病和单位社区、城中村及城乡结合部卫生等各项指标全面达标，顺利通过创建检查考核。

表60 马桥街道2009年各村基本情况一览

村（社区）名	党支部书记	村委会主任	农村经济总收入（万元）	人均纯收入（元）
马桥	金凤英	程利峰	41,237	12,381
正阳	颜小良	颜小良	27,085	12,290
新场	章 彪	章 彪	75,915	12,299
柏士	吴瑞仙	虞新良	150,284	12,686
先锋	张文奎	许文华	460,839	13,829
利众	沈玉祥	朱高初	40,420	12,692
新塘	姚强忠	夏伟彦	39,938	12,385
民胜	王仕杰	王仕杰	13,224	12,330

（范浩毅）

［编辑：曹 晔］

名　　录

Name List

新任市领导人简历

孙金林　1964年10月出生，汉族，江苏盐城人，1982年10月参加工作，1987年4月加入中国共产党。1982年10月至1985年8月，任坦克二师装甲步兵团战士；1985年9月至1987年8月，任防化指挥工程学院12队学员；1987年9月至1989年3月，任十二集团军炮兵旅特务连排长；1989年4月至1992年5月，任十二集团军炮兵旅司令部军务科参谋；1992年6月至1994年2月，任十二集团军炮兵旅130加农炮团一营一连政治指导员；1994年3月至1997年2月，任十二集团军炮兵旅司令部军务科参谋；1997年3月至2001年7月，任十二集团军炮兵旅司令部军务科科长；2001年8月至2003年2月，任十二集团军炮兵旅司令部副参谋长；2003年3月至2004年2月，任十二集团军司令部工兵防化处副处长；2004年3月至2007年2月，任嘉兴市陆军预备役防化团副团长；2007年3月至2009年6月，任海宁市人武部部长；2009年6月任中共海宁市委常委、市人武部部长。

赵莫辉　1974年11月出生，汉族，广西资源人，2000年8月参加工作，1996年4月加入中国共产党。1992年9月至1998年9月，清华大学空调工程专业、编辑学专业学生；1998年9月至2000年8月，清华大学人文学院传播系新闻学专业研究生；2000年8月至2001年12月，任清华大学研究生院综合办研究实习员；2001年12月至2002年4月，任清华大学研究生团委书记（正科级）；2002年4月至2003年7月，任清华大学团委副书记兼研究生团委书记；2003年7月至2005年7月，任清华大学团委副书记（2003年12月定为副处级），其中2004年7月至2005年7月，借调中共中央组织部干部教育局帮助工作；2005年7月至2006年9月，任中共中央组织部干部教育局中管干部培训处副处级调研员；2006年9月至2008年8月，任中共中央组织部干部教育局中管干部培训处副处长；2008年8月至2009年7月，任中共中央组织部干部教育局中管干部培训处调研员、副处长；2009年7月，任中共海宁市委常委、海宁市人民政府副市长（挂职）。

（朱　莹）

2009年海宁市组织机构和镇、街道主要负责人名录

中国共产党海宁市委员会

书　　记：俞志宏

副 书 记：沈利农

　　　　　徐　辉

常　　委：沈炳忠

孙　群
沈向宏
周红霞（女）
张顺荣
方俊良
姚敏忠
李道康（～2009.6）
孙金林（2009.6～）
赵莫辉（挂职）（2009.7～）

中国共产党海宁市纪律检查委员会

书　　记：方俊良（兼）

市委办公室

主　　任：郑进良

市委组织部

部　　长：周红霞（女）（兼）

中共海宁市委企业和社会组织工作委员会（8月18日原中共海宁市委社会工作委员会更名为中共海宁市委企业和社会组织工作委员会）

书　　记：朱黄龙（2009.8～）

市委老干部局

局　　长：卢建明

市委宣传部

部　　长：沈炳忠（兼）
常务副部长：程培青

市委统战部

部　　长：许国荣（兼）

市委政法委员会

书　　记：孙　群（兼）

市委维护稳定工作领导小组办公室

主　　任：金茂松

市社会治安综合治理委员会办公室

主　　任：张林江

市新居民事务局

局　　长：李明华

市委政策研究室

主　　任：王一鸣(～2009.7)

市直机关党工委

书　　记：沈培根

市委、市政府信访局

局　　长：朱建强（～2009.7）
濮新达（2009.8～）

市委党校

校　　长：徐　辉（兼）
党委书记、常务副校长：顾炳甫

市行政学校

校　　长：沈向宏（兼）

市社会主义学校

校　　长：许国荣（兼）

市企业经营管理者学院

院　　长：许煜威（兼）

市史志办公室

主　　任：朱掌兴

海宁日报社

党组书记、总编辑：张建仑

中共海宁市委社会工作委员会（8月19日建立中共海宁市委社会工作委员会，下设办公室）

书　　记：徐　辉（兼）（2009.8～）
办公室主任：夏坚辉（2009.8～）

海宁市人民代表大会常务委员会

主任、党组书记：戴雪根
副 主 任：高根忠
马维江
王升高
王海寿
沈祥喜
曾月桂
孙浩彬

市人大常委会机关党组

书　　记：马维江（兼）

市人大常委会办公室

主　　任：钱东富

市人大常委会法制工作委员会

主任委员：孙亦飞

市人大常委会财政经济工作委员会

主任委员：沈林华

市人大常委会教科文卫工作委员会

主任委员：杨文斌

市人大常委会城建农经工作委员会

主任委员：张建良（～2009.7）
潘建华（2009.7～）

市人大常委会代表工作委员会

主任委员：范小平（女）

海宁市人民政府

市长、党组书记：沈利农
副 市 长：沈向宏
施震东
许煜威
朱祥华
朱海英（女）
邵小文
傅松苗（挂职）
赵莫辉（挂职）（2009.7～）
副县级领导干部：吴伟强
市长助理：许建国（～2009.7）
许金忠（～2009.7）
曹汉国
吴玉广（挂职）（2009.4～）

市政府办公室

主 任：高云跃

市政府法制办公室

副 主 任：倪生其

市发展和改革局

党组书记、局长：钱培伦

市经济贸易局

党委书记：章有根
局 长：蒋钰明

市教育局

党委书记、局长：胡振学

市科学技术局

党组书记：朱建丰（～2009.7）
范德华（2009.7～）
局 长：陈培玉（女）（～2009.11）
茅伟明（2009.11～）

市公安局

党委书记、局长：张顺荣（兼）
政 委：朱忠华
常务副局长：周正明

市监察局

局 长：徐建英（女）

市民政局

党组书记、局长：夏坚辉

市司法局

党组书记：沈坤忠
局 长：金中一

市财政局（地税局）

党委副书记、局长：陈金明

市人事局

党组书记、局长：严海城

市劳动和社会保障局

党组书记：朱永明（～2009.7）
钱海屏（2009.7～）
局 长：钱海屏

市国土资源局

党委书记、局长：朱建荣（～2009.8）
陈洲美（女）(2009.8～)

市规划建设局

党委书记：陈荣华
局 长：吴关佳

市交通局

党委书记：崔建中（～2009.7）
杨水康（2009.7～）
局 长：杨水康

市农业经济局（市委农业和农村工作办公室）

党委书记：朱伟成
局长（主任）：曹汉国

市水利局

党组书记、局长：范德华（～2009.7）

黄天云（2009.7～）

市对外贸易经济合作局

党组书记、局长：俞　红

市文化广电新闻出版局（体育局）

党委书记、局长：虞铭华

市卫生局

党委书记：鲁德励

局　　长：李钰芳（女）

市人口和计划生育局

党组书记、局长：吴健安

市审计局

党组书记、局长：封叙坤

市环境保护局

党组书记、局长：郭建钢

市统计局

党组书记：茅伟明（～2009.10）

局　　长：茅伟明（～2009.11）

市三产服务与粮食局

党委书记、局长：吴一平

市安全生产监督管理局

党组书记、局长：潘建华（～2009.7）

张建良（2009.7～）

市民族宗教事务局

局　　长：汤永清

市城市管理行政执法局

党组书记、局长：刘纪清

市人民防空办公室（民防局）

党组书记：郭叶松

主任（局长）：祝金燕

市政府驻上海联络处

主　　任：陈一新

市政府驻北京联络处

主　　任：马明浩

市政府驻杭州办事处

主　　任：张丹挺

海宁连杭经济区管委会

党工委书记、主任：姚敏忠（兼）

常务副主任：姜仲民（～2009.9）

海宁农业对外综合开发区管委会

主　　任：姚敏忠（兼）

市临杭新区建设管委会

常务副主任：姜仲民

海宁经济开发区管委会

主　　任：许金忠

常务副主任：王一鸣（2009.8～）

市尖山新区（治江围垦）管委会

主　　任：钱勇彪

海宁盐官观潮景区管委会

党工委书记、主任：施震东（兼）

常务副主任：汪　维（2009.8～）

浙江海宁经编产业园区管理委员会

主　　任：沈顺年

海宁中国皮革城管委会（海宁中国皮革城股份有限公司）

党委书记、主任（董事长）：任有法

市广播电视台

党委书记、台长：孟建良（～2009.5）

朱建荣（2009.7～）

市档案局

党组书记、局长：崔金华

市旅游局（总公司）

党组书记、局长（总经理）：

汪　维（～2009.8）

程懋菁（2009.8～）

市机关事务管理局（市委、市政府接待办公室）

党组书记、局长：黄天云（～2009.8）

宋新华（2009.8～）

市行政审批服务中心（市招标办）

党组书记、主任：宋新华（～2009.8）

朱建丰（2009.8～）

东方学院（长安校区）筹建办公室（4月9日明确东方学院（长安校区）筹建办公室为市政府直属单位）

主　　任：周纪文（2009.4～2009.9）

王记清（2009.9～）

市招商局（10 月 23 日建立海宁市招商局，为海宁市人民政府直属纯公益类事业单位）

局　　长：陈培玉（女）（2009.11～）

市供销合作总社

党委书记：徐亦鸣

主　　任：钱建平

市水务投资集团有限公司

党委书记、董事长、总经理：

许建国（～2009.7）

朱建强（2009.7～）

市工业资产经营有限公司

党委书记、董事长、总经理：周纪文

市商贸资产经营有限公司

党委书记、董事长、总经理：金明浩

市城市发展投资集团有限公司

党委书记、董事长：吴关佳（～2009.4）

党委书记：邵小文（兼）（2009.4～）

董 事 长：朱海平（2009.4～）

总 经 理：朱海平

市国家税务局

党组书记、局长：陈浩铭

市工商行政管理局

党委书记、局长：何月根

市质量技术监督局

党委书记、局长：方家欢

市食品药品监督管理局

党组书记、局长：吴　宏

市烟草专卖局（烟草公司）

副局长（副经理）(主持工作)：薛治国

市盐务管理局（公司）

局长（经理)：徐来平

中国电信海宁分公司

党委书记、总经理：洪金良

市邮政局

副书记、副局长（主持工作)：

鲍　翔（～2009.11）

党委书记、局长：鲍　翔（2009.11～）

市供电局

党委书记：邵富强（～2009.3）

张祖光（2009.3～）

局　　长：周之鸣（～2009.3）

周自强（2009.3～）

市气象局

局　　长：计　珩

中石化浙江嘉兴海宁石油支公司

经　　理：朱惠明

嘉兴海关驻海宁办事处

副主任（主持工作)：朱保钢

嘉兴市出入境检验检疫局驻海宁办事处

主　　任：郑蔚涛

嘉兴银监分局海宁办事处

主　　任：孙宏杰

中国人民银行海宁市支行

党组书记、行长：陈煌生

中国工商银行股份有限公司海宁支行

副行长（主持工作)：吕　忠（～2009.12）

行　　长：吕　忠（2009.12～）

中国农业银行股份有限公司海宁支行

党委书记、行长：陈宏平

中国建设银行股份有限公司海宁支行

行　　长：姜莉菁(女)(兼)(～2009.3)

朱金明（兼）（2009.3～）

中国银行股份有限公司海宁支行

行　　长：顾　宇（～2009.10）

蒋中良（2009.10～）

中国农业发展银行海宁市支行

行　　长：翟建生

海宁市农村信用合作社联社

党委书记、理事长：魏　良

主　　任：方彦人

中信银行嘉兴海宁支行

行　　长：李陈甫

交通银行股份有限公司嘉兴海宁支行

行　　长：朱明瑞

嘉兴银行股份有限公司海宁支行（12 月 22

日嘉兴市商业银行股份有限公司海宁支行更名为嘉兴银行股份有限公司海宁支行）

副行长（主持工作）：
赵红霞（女）（～2009.8）

行　　长：赵红霞（女）（2009.8～）

中国人民财产保险股份有限公司海宁支公司

党组书记、总经理：张　艳（女）（兼）（2009.1～）

中国人寿保险股份有限公司海宁市支公司

党组书记、总经理：许汉丰

中国太平洋财产保险股份有限公司海宁支公司

党组书记、经理：程海彦

中国太平洋人寿保险股份有限公司海宁支公司

党组书记、经理：裘　建

浙江移动通信海宁分公司

经　　理：潘祖烈

中国联合网络通信有限公司海宁市分公司

筹备组组长：殷逊杰（～2009.6）

总 经 理：殷逊杰（2009.6～）

中国人民政治协商会议海宁市委员会

主席、党组书记：张炜芬（女）

副 主 席：田　耘
高兴龙
朱明儿
许国荣
朱有田

秘 书 长：程懋菁（～2009.8）

副秘书长：史丹夫（2009.8～）

市政协机关党组

党组书记：朱有田（兼）

市政协办公室

主　　任：程懋菁（～2009.8）
史丹夫（2009.8～）

市政协提案委员会

主　　任：金　骏

市政协经济科技委员会

主　　任：邓灿阳

市政协文教卫体与文史委员会

副 主 任：黄加平

市政协社会法制（三胞联谊）委员会

副 主 任：杨利忠

中国人民解放军浙江省海宁市人民武装部

党委第一书记：俞志宏（兼）

党委书记、政委：李道康（～2009.3）
王志成（2009.3～）

部　　长：孙金林

市人民法院

党组书记、院长：李　斌

市人民检察院

党组书记、检察长：陈建钢

市总工会

党组书记：史丹夫（～2009.7）
王金法（2009.7～）

主　　席：史丹夫（～2009.8）
王金法（2009.8～）

共青团海宁市委

党组书记、书记：王　懿（女）

市妇女联合会

党组书记、主席：陈慧毓（女）

市科学技术协会

党组书记、主席：唐建伟

市工商业联合会（总商会）

党组书记：浦国仙（女）

会　　长：鲍迎建（～2009.8）
鲁　枫（2009.8～）

市残疾人联合会

党组书记：姜利民

理 事 长：高利民（～2009.2）
姜利民（2009.2～）

市文学艺术界联合会

党组书记、主席：吴建林

许村镇

党委书记：王记清（～2009.8）
　　　　　姜仲民（2009.8～）
镇　　长：袁　杰
人大主席：陈国定

长安镇

党委书记：王建坤
镇　　长：徐发荣
人大主席：沈力巨

周王庙镇

党委书记：王金法（～2009.7）
　　　　　曹　毅（2009.8～）
镇　　长：曹　毅（～2009.9）
　　　　　卜娟萍（女）（2009.9～）
人大主席：苏树良

盐官镇

党委书记：许金夫
镇　　长：浦国平
人大主席：糜建初

丁桥镇

党委书记：朱伟强
镇　　长：夏国强（～2009.9）
　　　　　吕水杰（2009.9～）
人大主席：姚明祥

斜桥镇

党委书记：胡燕子（女）
镇　　长：杨文华
人大主席：金秋香

袁花镇

党委书记：阮国强
镇　　长：许忠德
人大主席：查建国

尖山新区（黄湾镇）党委

书　　记：钱勇彪

黄湾镇

镇　　长：王姚明
人大主席：钱勇彪

硖石街道

党委书记：汪国锋
办事处主任：朱孝华
人大工委主任：朱琪荣

海洲街道

党委书记：张云根
办事处主任：陆靖英（女）
人大工委主任：田　丰

海昌街道

党委书记：许金忠
办事处主任：戴其明
人大工委主任：王文龙

马桥街道

党委书记：沈顺年
办事处主任：钱金财
人大工委主任：钱剑耕

（朱于英）

先进集体　先进个人

【中华全国妇女联合会表彰】

全国三八红旗手
李明华（海宁市卡森皮革有限公司）

【中华全国总工会表彰】

全国五一劳动奖章
陈新益（海宁市供电局）

【国家工商行政管理总局表彰】

中国驰名商标
浙江海宁蒙努集团“蒙努”牌皮衣
全国工商行政管理系统商标工作先进集体
浙江省海宁市工商行政管理局
中国浙商行业龙头市场
浙江省海宁中国皮革城

【农业部、国家安全监督管理总局表彰】

全国平安农机示范市

浙江省海宁市

【公安部表彰】

2008～2009 年度全国标兵看守所

浙江省海宁市看守所

全国一级看守所

浙江省海宁市看守所

2009 年度全国一级拘留所

浙江省海宁市拘留所

全国一级责任区刑警队

浙江省海宁市公安局硖石刑警队

【中共中央宣传部、司法部、全国普法办表彰】

全国“五五”普法中期先进个人

金中一（浙江省海宁市司法局）

【科学技术部表彰】

2007～2008 年度全国科技进步考核先进县（市）

浙江省海宁市

【教育部表彰】

2009 年度国家级重点中等职业学校

浙江省海宁卫生学校

全国优秀教师

罗敏江（上海外国语大学附属浙江宏达学校）

【教育部、国家语言文字规范工作委员会表彰】

国家三类城市语言文字达标县（市）

浙江省海宁市

第二批国家级语言文字规范化示范学校

浙江省海宁市南苑小学

【文化部表彰】

国家非物质文化遗产项目海宁皮影戏传承人

沈圣标　王钱松　张坤荣

【人力资源和社会保障部、文化部表彰】

全国文化先进单位

浙江省海宁市

全国文化系统先进集体

浙江省海宁市文化广电新闻出版局

【国家旅游局表彰】

2009 年中国最佳旅游目的地

浙江省海宁市盐官观潮景区

2009 年中国旅游创新人物奖

施震东（浙江省海宁市人民政府副市长、盐官观潮景区管理委员会主任）

【国家体育总局表彰】

全国群众体育先进单位

浙江省海宁市体育局

全民健身活动先进单位

浙江省海宁市体育局

全国群众体育先进个人

朱海英（浙江省海宁市人民政府副市长）

2008 年度全国全民健身活动优秀组织奖

浙江省海宁市人民政府

2008 年度体育竞赛优秀赛区

“钻石杯”国际女子篮球赛赛区（浙江省海宁市）

女子撑杆跳高项目国家田径奥林匹克高水平后备人才基地（2009～2012 年度）

浙江省海宁市少年儿童体育学校

【国家广电总局表彰】

全国广播电视技术维护先进台站

浙江省海宁市广播电视台网络中心

【国家文物局表彰】

第七批全国重点文物保护单位

浙江省海宁市长安镇汉代画像石墓

【民政部表彰】

全国村务公开民主管理示范单位

浙江省海宁市

全国和谐社区建设示范单位

浙江省海宁市硖石街道西山社区

全国综合减灾示范社区

浙江省海宁市硖石街道东山社区

全国基层低保规范化建设典型单位

浙江省海宁市海洲街道联塘社区居委会

浙江省海宁市硖石街道西山社区居委会

2007～2008 年度全国婚姻登记规范化单位

浙江省海宁市民政局婚姻登记处

全国试点销售厅

中福在线海宁销售厅

【中国纺织工业协会表彰】

节能减排示范园区

浙江省海宁经编产业园区

【中国中央电视台表彰】

央视“60 年 60 品牌”

浙江省海宁中国皮革城

【中国家纺协会表彰】

中国家纺协会流行工作室

浙江诺亚纺织有限公司 10 个割绒新产品

【国务院三峡工程建设委员会表彰】

三峡工程移民培训工程先进个人

朱海成（浙江省海宁市民政局）

【人力资源和社会保障部、国家税务总局表彰】

全国税务系统先进集体

浙江省海宁市地税局硖石税务分局

【国土资源部、农业部、水利部、财政部表彰】

国家级基本农田保护示范区

浙江省海宁市

【国土资源部、国家农业部表彰】

全国基本农田保护工作先进单位

浙江省海宁市人民政府

全国基本农田保护工作先进个人

唐勇强（浙江省海宁市国土资源局）

【国家发改委表彰】

第三批中央投资重点产业振兴和技术改造项目

浙江天通吉成机器技术有限公司年产 10 套环保工程污水污泥处置成套装备制造项目

2008 年度全国收费统计工作先进个人

沈泽恩（浙江省海宁市发展和改革局）

【国家发改委、工业和信息化部表彰】

2009 年电子信息产业振兴和技术改造

浙江博创科技股份有限公司高性能光通信器材产品技改项目

2009 年促进服务发展项目

浙江海宁经编产业园产业促进中心项目

【商务部、财政部表彰】

2009 年“家电下乡”全国太阳能热水器行业流通标

浙江美大太阳能工业有限公司

海宁吉祥太阳能有限公司

海宁市家家热太阳能工业有限公司

海宁市三喜太阳能工业有限公司

海宁先科太阳能科技有限公司

浙江神太太阳能有限公司

浙江申豪光能技术有限公司

【住房和城乡建设部表彰】

房屋建筑工程施工总承包国家一级企业

浙江省海宁市中海建设集团

浙江恒力建设有限公司

项目带动村镇规划一体化试点

浙江省海宁市斜桥镇华丰村

【共青团中央、中国农业银行总行表彰】

农村青年创业小额贷款项目试点县（市）

浙江省海宁市

【中国质量协会、中华全国总工会、中华全国妇女联合会、共青团中央、中国科学技术协会表彰】

全国质量信得过管理小组

浙江省海宁市供电局 QC 小组

【中国科学技术协会表彰】

百县百项科普示范特色专项

浙江省海宁市青少年科技教育工作

【中国商业银行总行表彰】

2009 年度“创业创新奖”

嘉兴银行股份有限公司海宁支行小企业部

【中国轮滑协会表彰】

全国轮滑城市

浙江省海宁市

【中国电子元件行业协会表彰】

中国电子元件百强企业

浙江天通控股股份有限公司（第二十三位）

【联合国教科文组织表彰】

人类非物质文化遗产代表作品录

中国浙江省海宁市周王庙镇云龙村蚕桑生产民俗

【联合国教科文卫农教中心表彰】

农教中心实验学校

中国浙江省海宁市长安镇中心小学

【BID 国际组织表彰】

国际质量皇冠奖

浙江神太太阳能有限公司

【中国包装联合协会表彰】

中国包装名市

浙江省海宁市

中国包装名镇

浙江省海宁市斜桥镇

【全国敬老爱老助老主题教育活动组委会表彰】

中华孝亲敬老之星

郭阿九（浙江省海宁市海洲街道双凤村老年人协会会长）

【中国老年大学协会表彰】

全国老年教育先进个人

杨双华（浙江省海宁市老年大学校长）

【国家天文台表彰】

2009 年日全食指定观测地

浙江省海宁市盐官观潮景区

【搜狐金融理财网络表彰】

2009 年度最值得信赖的银行理财品牌

中信银行嘉兴海宁支行

【国际休闲产业协会表彰】

中国最佳旅游节庆活动品牌

中国国际钱江（海宁）观潮节组委会

【中国物业管理协会白蚁防治专业委员会表彰】

2009 年度全国白蚁防治先进集体

浙江省海宁市白蚁防治站

【中共浙江省委、浙江省人民政府表彰】

2009 年度平安县（市、区）

海宁市

对外贸易成绩显著的县（市、区）

海宁市

国外经济合作成绩显著的县（市、区）

海宁市

2009 年度市、县（市、区）信访工作目标管理考核优秀

海宁市

2009 年度“低收入农户奔小康工程”结对帮扶工作先进单位

海宁市

2009 年度政府门户网站建设优秀单位

海宁市

农村公路养护管理试点工作先进县（市）

海宁市

省农村基层组织“先锋工程”建设“五好”乡镇党委

海宁市盐官镇党委

省农村基层组织“先锋工程”建设“五好”村党组织

海宁市许村镇永福村党委

海宁市袁花镇双丰村党委

第五批省优秀农村工作指导员

钱志道（海宁市黄湾镇人民政府派驻尖山村）

2009 年浙江省劳动模范

姚岳良（浙江鸿翔建设集团有限公司）

吴关炳（海宁市科学技术局科技信息中心）

祝瑞甫（海宁市信访局）

2009 年浙江省模范集体

海宁市看守所

2009 年度浙江省科技进步奖

一等奖

外来入侵生物烟粉虱发生危害规律和综合治理研究

主要完成单位：海宁市植保土肥技术服务站

三等奖

制革清洁生产技术及装备的研究开发

主要完成单位：浙江卡森实业有限公司

数字农业信息采集关键技术研究与产品开发

主要完成单位：海宁市农业机械管理站

浙江省人民政府嘉奖一等功

严诗敏

2008 年度省农业科技成果转化推广奖

姚建松（海宁市农业机械管理站）

2008 年度全省重点建设立功竞赛先进个人

吴国葵（浙江中威交通建设有限公司项目部）

2009 年度全省政务信息工作先进单位

二等奖　海宁市政府办公室

2009 年度全省政务信息工作先进个人

陆群华（海宁市政府办公室）

2005～2008 年浙江农民信箱工作先进个人

张　明（海宁市盐官镇桃园村）

孙伟华（海宁市农业经济局）

2008 年度节能工作先进单位

兄弟科技股份有限公司

浙江省 2008 年度污染减排工作先进单位

海宁市水务投资集团有限公司

第三批浙江省非物质文化遗产名录

何文秀传说

五梅花

斜桥榨菜制作技艺

钱江观潮习俗

元帅庙会

云龙村蚕桑生产民俗

海宁摊簧

【中共浙江省委、浙江省人民政府、浙江省军区表彰】

维护国防利益工作先进集体

海宁市维护国防利益领导小组

维护国防利益工作先进个人

庄建国（海宁市人民武装部）

2008 年冬季征兵工作先进个人

许忠爱（海宁市海洲街道人民武装部）

2008 年冬季退役士兵安置工作先进个人

钱华东（海宁市民政局）

【中共嘉兴市委、嘉兴市人民政府表彰】

2009 年度县（市、区）工作目标责任制考核

一等奖　海宁市

经济建设优秀奖　海宁市

文化建设优秀奖　海宁市

政治和党的建设优秀奖　海宁市

2009 年度嘉兴市工业经济发展目标考核

一等奖　海宁市

2009 年度嘉兴市企业上市工作先进县（市、区）

海宁市

2009 年度嘉兴市企业上市工作先进个人

林晓琴（海宁市发展和改革局）

2009 年利用外资工作先进县（市、区）

海宁市

2009 年利用外资工作先进开发区

海宁经济开发区

2009 年度接轨上海、扩大区域合作交流工作优秀县（市、区）

海宁市

嘉兴市 2009 年度利用外资十强镇（街道）

海宁市海洲街道

嘉兴市 2009 年度外贸进出口龙头企业

吉恩仕国际贸易有限公司

嘉兴市 2009 年度外贸进出口明星企业

海宁蒙努集团有限公司

浙江卡森实业股份有限公司

嘉兴市 2009 年度外贸进出口重点企业

浙江海利得新材料股份有限公司

海宁万盛沙发有限公司

海宁佳联沙发有限公司

嘉兴市 2009 年度利用内资先进奖

二等奖　海宁市人民政府

2009 年度嘉兴市项目推进先进集体奖

一等奖　海宁市人民政府

2009 年度嘉兴市项目推进工作先进集体

先进项目

08 省道改建工程（01 省道至新湖盐公路段）

嘉于硖线航道改造工程

先进单位

海宁市重大建设项目前期工作协调小组办公室

2009 年度嘉兴市项目推进先进个人

姚淑彦（海宁市发展和改革局）

嘉兴市 2009 年度走新型工业化道路十大优秀企业经营者

王林如萍（浙江华尔针织有限公司）

嘉兴市 2009 年度走新型工业化道路先进企业

浙江华尔针织有限公司

海宁娃哈哈恒枫香精香料有限公司

海宁腾大皮业有限公司

海宁市港龙针织服装有限公司

嘉兴市 2009 年度工业生产性投入先进企业

浙江娃哈哈昌盛方便食品有限公司

嘉兴市 2009 年度重大工业投产项目

新建年产 50 万台太阳能热水器及 20 万台数字化仪表项目（浙江桑乐数字化太阳能有限公司）

年产 3000 吨维生素 K_3 饲料添加剂技改项目（兄弟科技股份有限公司）

嘉兴市 2009 年度工业生产性投入先进工作者

金志根（浙江尖山光电科技有限公司）

嘉兴市 2009 年度工业生产性投入先进管理者

张乐民（海宁市经济贸易局）

2009年度嘉兴市节能降耗工作考核优胜单位

三等奖 海宁市

2009年度嘉兴市节能降耗工作先进企业

海宁德俊织染集团有限公司

海宁大都市热电有限公司

2009年度嘉兴市节能降耗工作先进个人

金铁钢（海宁市经济贸易局）

丁 于（海宁市丁桥镇人民政府）

2009年度县级政府依法行政工作先进单位

海宁市人民政府

2009年度嘉兴市政务信息工作先进集体

一等奖 海宁市人民政府办公室

2009年度嘉兴市政务信息工作先进个人

高云跃（海宁市人民政府办公室）

倪继红（海宁市人民政府办公室）

2009年度嘉兴市信访工作目标管理考核优秀单位

海宁市

2008～2009年度信访工作先进集体

海宁市

海宁市周王庙镇

2008～2009年度信访工作先进个人

严国红（海宁市信访局）

沈岳龙（海宁市信访局）

余月安（海宁市马桥街道）

钱海屏（海宁市劳动和社会保障局）

李炳炎（海宁市城投集团）

沈新良（海宁市长安镇）

2008～2009年度嘉兴市司法行政系统基层工作先进集体

十佳模范司法所

海宁市司法局马桥司法所

海宁市司法局丁桥司法所

十佳人民调解集体

海宁市盐官镇联农村人民调解委员会

十佳法律服务单位

浙江潮乡律师事务所

十佳法律援助集体

海宁市法律援助中心

十佳社区矫正集体

海宁市司法局

海宁市海洲街道办事处

十佳帮教安置集体

海宁市长安镇人民政府

2008～2009年度嘉兴市司法行政系统基层工作先进个人

十佳模范司法所长

蒋武良（海宁市司法局硖石司法所长）

十佳人民调解员

陈华林（海宁市司法局许村司法所）

姚卫忠（海宁市司法局斜桥司法所）

十佳法律服务工作者

王维斌（浙江潮乡律师事务所）

十佳法律援助工作者

陈卫延（浙江国翱律师事务所）

十佳社区矫正工作者

孙锦祥（海宁市袁花镇矫正办）

十佳帮教安置工作者

郭宗敏（海宁市周王庙镇人民政府）

沈立新（海宁市司法局尖山新区（黄湾镇）司法所）

2009年度嘉兴市旅游经济强县

海宁市

2009年度嘉兴市教育工作业绩考核先进镇

海宁市长安镇

2009年度嘉兴市十佳和谐示范社区

海宁市海洲街道白漾社区

嘉兴市充分就业村（社区）创建工作先进集体

海宁市海昌街道利民村

嘉兴市农民健康工程先进镇（街道）

海宁市海昌街道

浙江省第十四届运动会筹备工作先进集体

海宁市

嘉兴市和谐劳动关系示范企业

海宁市新艺机电有限公司

2009 年度嘉兴市“十佳”企业职工文化建设示范单位

海宁市金郑家具有限公司

2009 年度生态市建设工作考核县（市、区）优秀奖

海宁市

2009 年度推进惩防体系建设和落实党风廉政建设责任制优秀单位

海宁市

2009 年度开展统筹城乡综合配套改革和“两新”工程建设工作推进奖

海宁市

第五批嘉兴市级农村指导员工作先进单位

海宁市丁桥镇

海宁市袁花镇

第五批嘉兴市级优秀农村工作指导员

陆　明（海宁市审计局派驻海宁市周王庙镇云龙村）

范旭辉（海宁市农业经济局派驻海宁市袁花镇梨园村）

周　飞（海宁市妇女联合会派驻海宁市海洲街道张店村）

范国强（海宁市丁桥镇人民政府派驻海宁市丁桥镇万新村）

费腾锋（海宁市海昌街道办事处派驻海宁市海昌街道长山村）

黄云仙（海宁市马桥街道办事处派驻海宁市马桥街道柏士村）

第五批嘉兴市级农村指导员工作先进工作者

唐浩松（海宁市农村工作指导员领导小组办公室）

2009 年度嘉兴市优秀科技特派员

李枫宇（海宁市司法局派驻海宁市许村镇）

郭　浩（海宁市财政地税局派驻海宁市丁桥镇）

范旭辉（海宁市农业经济局派驻海宁市袁花镇）

2008～2009 年度嘉兴市级文明街道

海宁市海洲街道

2008～2009 年度嘉兴市级文明社区

海宁市硖石街道西山社区

嘉兴市级文明行业

海宁市国土系统

海宁市公安系统

2009 年度嘉兴市新居民服务管理工作考核

二等奖　海宁市

2009 年度嘉兴市新市镇发展实绩综合排行榜十强

海宁市黄湾镇

嘉兴市先锋工程建设“五好”示范镇党委

海宁市袁花镇党委

嘉兴市先锋工程建设“五好”示范村党组织

海宁市盐官镇桃园村党委

海宁市周王庙镇长春村党支部

嘉兴市先锋工程建设“五好”示范社区党组织

海宁市海洲街道白漾社区党总支

嘉兴市先锋工程建设“五好”示范非公企业党组织

浙江鸿翔建设集团有限公司党委

宏达控股集团党委

嘉兴市优秀村党组织书记

沈玉祥（海宁市马桥街道利众村党总支书记）

嘉兴市优秀社区党组织书记

孙建萍（女）（海宁市硖石街道新华社区党总支书记）

嘉兴市优秀新经济组织、新社会组织党组织书记

俞肖松（天通控股股份有限公司党委专职副书记）

2009 年度嘉兴市市长质量奖

天通控股股份有限公司（磁业）

2009 年度嘉兴市各县（市、区）民政（社

会）工作目标责任制考核特等奖

海宁市

2009 年嘉兴市整治非法开采地下水专项行动先进个人

钱浩明（海宁市水利局）

王晓红（海宁市水政水资源监察管理站）

张建新（海宁市水政监察大队）

项 斌（海宁市水政监察大队）

2009 年度市长电话办理工作先进集体

海宁市市长电话受理中心

2009 年度市长电话办理工作先进个人

邹正初（海宁市市长电话受理中心）

嘉兴市第二次经济普查先进集体

海宁市硖石街道办事处

海宁市许村镇人民政府

海宁市袁花镇人民政府

海宁市硖石街道新华社区

海宁市海洲街道联塘社区

海宁市黄湾镇闸口村

海宁市海昌街道硖西社区

海宁市马桥街道先锋村

海宁市许村镇永福村

海宁市长安镇兴城村

海宁市周王庙镇石井村

海宁市丁桥镇芦湾村

海宁市斜桥镇庆云社区

海宁市盐官镇包王村

海宁市袁花镇双丰村

嘉兴市第二次经济普查先进个人

先进工作者

张 彝 茅伟明 朱明波 钱冬梅
张学雷 沈 雷 李静梅 陈有国
陈建中 吕 镭 曹翠英 陈建平
范如华 王金明 朱敏玉 许桂娥
许敏芝 崔一斌 王 静 王燕萍
高金凤

优秀普查员

潘丽萍 徐雨潇 张斯威 凌三英
杨伟霞 姚 群 杨春明 王卫峰
陈彩娥 马涤生 朱建松 方林水
陈红叶 朱大民 郑 曦 吴忠杰
李亚艳 周如强 贝水龙 陆婵娟
陈财康 高义金 张 燕 许志康
汤秦妹 鲍 菲

2009 年嘉兴市镇级污水处理设施建设先进单位

海宁市城市建设处

海宁市许村镇人民政府

海宁市水务投资集团有限公司

2009 年嘉兴市镇级污水处理设施建设先进个人

章建明（海宁市发展和改革局）

马俊杰（海宁市紫光水务有限公司）

林 吉（海宁市城市建设处）

2009 年度嘉兴市水利工作先进集体

防汛工作先进集体 海宁市人民政府

水资源管理先进集体 海宁市水利局

河道清淤先进集体 海宁市水利局

2009 年度嘉兴市科技进步奖

二等奖

N-pln 烟气净化过滤器

主要完成单位：洁华控股股份有限公司

浙北地区突发性害虫——晚稻穗部稻虱发生消长动态与控制技术研究

主要完成单位：海宁市植保土肥技术服务站

三等奖

MA477 型宽幅起毛机

主要完成单位：海宁纺织机械厂

BROBOL（博鞣宝）-TF 加脂剂

主要完成单位：兄弟科技股份有限公司
温州大学

粮桑混栽区水稻农药安全使用模式研究

主要完成单位：海宁市植保土肥技术服务站
海宁市蚕桑技术服务站

鲜切花农业气象灾害指标的研究及应用

主要完成单位：海宁市气象局
海宁市林业果树技术服务站
海宁市长安镇农技水利服务中心
海宁市许村镇农技水利服务中心
嘉善县气象局

不同果桑品种桑葚红色素提取工艺的研究

主要完成单位：海宁凤鸣叶绿素有限公司
海宁市蚕桑技术服务站

动态CT扫描在创伤性急性硬膜下血肿保守治疗病例中应用的前瞻性队列研究

主要完成单位：海宁市人民医院
浙江大学脑医学研究所

霍乱弧菌生物学特性、毒力基因特征的分析研究

主要完成单位：海宁市疾病预防控制中心

超早期微创血肿清除对脑出血病人血脑屏障功能的影响

主要完成单位：海宁市人民医院

动物防疫及畜产品安全信息管理系统的研究与开发

主要完成单位：海宁市畜牧兽医局

2009年度嘉兴市农业丰收奖

一等奖

规模猪场机械化养殖技术推广与应用

主要完成单位：海宁市农业机械技术服务站

主要完成人员：童志强　唐政渊　李雪良　胡振海　徐建明　陆松良　蒋根荣

二等奖

鲜切花高效设施栽培技术推广

完成单位：海宁市林业果树技术服务站
海宁市长安镇农技水利服务中心
海宁市许村镇农技水利服务中心

完成人员：陈文海　童　敏　郑先芳　李红煜　金国林　滕明益　吴国良

罗氏沼虾高效养殖技术推广

完成单位：海宁市水产技术服务站
海宁市海昌街道农技水利服务中心

完成人员：杨剑立　王荣先　姚振海　张洪松

蔬菜重大害虫性诱控害技术推广

完成单位：海宁市植保土肥技术服务站
海宁市盐官镇农技水利服务中心
海宁市黄湾镇农技水利服务中心

完成人员：姚士桐　陈国祥　陈利英　章国荣　程勤海　陆志杰　金周浩

三等奖

水稻优质高产创建与集成技术推广

完成单位：海宁市农作物技术服务站
海宁市丁桥镇农技水利服务中心
海宁市斜桥镇农技水利服务中心
海宁市硖石街道农技水利服务中心
海宁市袁花镇农技水利服务中心

完成人员：周海浪　孙光兴　金海刚　祝　平　周根生

农村沼气技术推广与应用

完成单位：海宁市新能源技术服务站
海宁市袁花镇农技水利服务中心
海宁市马桥街道农技水利服务

中心
海宁市黄湾镇农技水利服务中心
海宁市周王庙镇农技水利服务中心
海宁市长安镇农技水利服务中心
完成人员：林小平　胡国梁　杨　丽　刘沂华　尤滨乾

2009 年度嘉兴市农村劳动力转移先进培训基地

海宁市海昌街道成人文化技术学校

2009 年度嘉兴市农村劳动力转移培训先进个人

马利萍（海宁市委农业和农村工作办公室）

2009 年度嘉兴市十佳农民专业合作社

海宁市周王庙镇星富桑苗专业合作社

2009 年度嘉兴市十佳农业龙头企业

海宁云楼食品有限公司

2009 年度嘉兴市“百村示范、千村整治”工作先进单位

一等奖　海宁市

2009 年度嘉兴市农业社会化服务先进集体

海宁市供销合作总社

2009 年度嘉兴市农村合作经济组织建设先进集体

海宁市袁花镇农村合作经济组织联合会

2009 年度嘉兴市粮食收购工作先进单位

海宁市三产服务与粮食局

2009 年度嘉兴市农村科技示范户

程国俊（海宁市硖石街道高丰社区六组）
黄吕元（海宁市马桥街道民胜社区）
林建清（海宁市周王庙镇星火村 9 组）
陈启华（海宁市丁桥镇新仓村）
陈明甫（海宁市长安镇盐仓村）
陈洪根（海宁市长安镇鹿耳村 1 组）
马建良（海宁市尖山新区（黄湾镇）尖山村 32 组）
周柏松（海宁市许村镇胜利村新丰组）
朱国尧（海宁市盐官镇丰士村）
周建奇（海宁市斜桥镇万里村联合组）
俞顺良（海宁市海昌街道光耀村 14 组）
张伟国（海宁市袁花镇彭墩村）
凌如青（海宁市许村镇许桥村俞打石）

2009 年度嘉兴市农业科技成果转化推广奖

滕明益（海宁市林业果树技术服务站）

2009 年度嘉兴市畜禽养殖污染整治工作先进县(市、区)

二等奖　海宁市

2009 年度嘉兴市禁毒工作先进集体

海宁市禁毒委员会办公室

2009 年嘉兴市污染减排工作先进单位

海宁市之江造纸有限公司
海宁市富升裘革有限公司

2009 年嘉兴市污染减排工作先进个人

吴晓波（海宁市环境保护局）

2009 年度“嘉兴慈善奖”

特别奖
天通控股股份有限公司
机构奖
海宁蒙努集团有限公司
浙江钱江生物化学股份有限公司
宏达控股集团浙江海发担保有限公司
浙江鸿翔建设集团有限公司
浙江海利得新材料股份有限公司
个人奖
应利康（海宁市大元运输有限责任公司）
许月莲（海宁海派皮业有限公司）
夏志生（美大集团有限公司）
钱怡松（浙江洁华控股股份有限公司）
项目奖
“流动超市”项目（海宁市慈善总会）
工作者奖
费宝堂（海宁市许村镇）

嘉兴市市级农家乐特色点

海宁市海昌街道大横山庄

嘉兴市粮食收购工作先进单位

海宁市三产服务与粮食局

嘉兴市先进镇（街道）便民服务中心

海宁市硖石街道便民服务中心

海宁市许村镇便民服务中心

嘉兴市先进镇（街道）招标采购中心

海宁市斜桥镇招标采购中心

海宁市长安镇招标采购中心

海宁市丁桥镇招标采购中心

2008 年度嘉兴市“金桥工程”组织奖

一等奖　海宁市科学技术协会

2008 年度嘉兴市“金桥工程”项目奖

二等奖

蔬菜灾变害虫绿色防控技术推广

完成单位：海宁市农学会
海宁市盐官镇农技水利服务中心
海宁市马桥街道农技水利服务中心

主要完成者：姚士桐　陈国祥　陈利英　金珠荣　周惠平

三等奖

环保（无 APEO）牛皮沙发革研制开发与产业化

完成单位：海宁市斜桥镇科协
西安科技大学
卡森实业公司

主要完成者：裴华锋　洪水治　沈　浩　周小松

优秀奖

粮油种子新农机引进与配套农艺技术应用

完成单位：海宁市农作物技术服务站
海宁潮丰种业有限公司

主要完成者：金海刚　李　育　孙光兴　周海浪　周根生　沈志昂

NH45 型高温饱和磁通密度软磁铁氧体材料

完成单位：海宁市盐官镇科协
海宁联丰磁业有限公司

主要完成者：殷晓鸿　严建强　范祥法　杜林峰

2009 年度劳动保障工作考核优秀单位

海宁市

2009 年度嘉兴市城管执法先进集体

海宁市城市管理行政执法大队内务中队

海宁市城市管理行政执法大队许村中队

2009 年度嘉兴市城管执法先进个人

房　韵（海宁市城市管理行政执法大队）

张国强（海宁市城市管理行政执法大队）

2009 年度嘉兴市建筑业龙头企业

浙江鸿翔建设集团有限公司

2009 年度嘉兴市建设行业先进建筑业企业

浙江中海建设集团有限公司

浙江景华建设有限公司

2009 年度嘉兴市建设行业先进房地产企业

海宁绿城新湖房地产开发有限公司

2009 年度嘉兴市建设行业先进物业服务企业

海宁至诚联环物业管理有限公司

2009 年度嘉兴市建设行业先进市政企业

海宁市海泰建设有限公司

2009 年度嘉兴市建设行业先进园林企业

海宁一芝园林艺术有限公司

2009 年度嘉兴市建设行业市容环卫行业先进标兵

郑　捷（海宁市环境卫生管理处）

王建明（海宁市环境卫生管理处）

2009 年度嘉兴市城乡居民合作医疗保险工作先进单位

海宁市人民政府

2009 年度嘉兴市人口和计划生育目标管理责任制考核优秀单位

海宁市

嘉兴市第三次全国文物普查先进集体

海宁市第三次全国文物普查领导小组办公室

嘉兴市第三次全国文物普查先进个人

张宏元（海宁市盐官文保所）

邵　斌（海宁市盐官文保所）

章竹林（海宁市博物馆）

2009 年度嘉兴市安全生产工作先进集体

海宁市安全生产监督管理局

海宁市丁桥镇人民政府

2009 年度嘉兴市安全生产工作先进个人

许煜威（海宁市人民政府）

卢朱平（海宁市安全生产监督管理局）

朱爱民（海宁市消防大队）

2009 年度嘉兴市消防工作先进集体

先进县（市、区）

海宁市

先进单位

海宁市海洲街道办事处

海宁市袁花镇人民政府

2009 年度嘉兴市消防工作先进个人

顾亚兴（海宁市公安局）

金炳泉（海宁市盐官观潮景区管委会）

朱培洪（海宁市尖山新区专职消防队）

戴建诚（上海外国语大学附属浙江宏达学校）

顾铁诚（海宁市歌舞娱乐行业协会）

南湖百杰——嘉兴市文化人才奖

王学海（张宗祥书画院）

【中共嘉兴市委、嘉兴市人民政府、嘉兴军分区表彰】

全民国防教育先进单位

海宁市射击射箭协会

海宁市海洲街道海洲社区

全民国防教育先进个人

沈晓明（海宁市委党校）

姚坤江（海宁市人民防空办公室）

马根生（海宁市人事局）

许忠爱（海宁市海洲街道人民武装部）

嘉兴市双拥模范镇、街道

斜桥镇

袁花镇

海洲街道

海昌街道

嘉兴市爱国拥军模范单位

黄湾镇人民政府

海宁市人事局

嘉兴市拥政爱民模范单位

海宁市消防大队

（陈闵健　王国坚）

英模人物

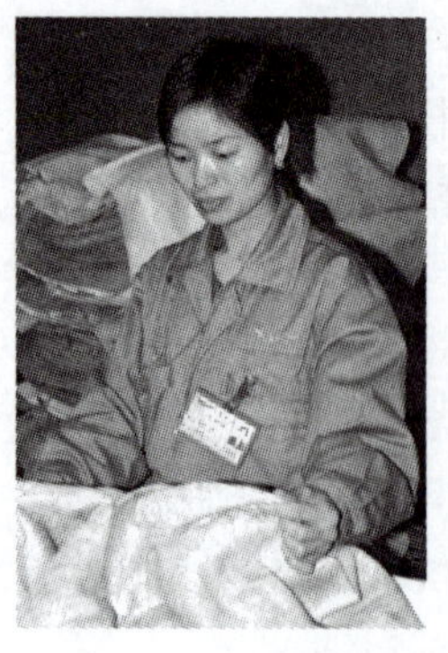

李明华　女，汉族，1972 年 3 月生，浙江海宁人。1994 年 4 月参加工作，2006 年 12 月加入中国共产党，文化程度中专。1994 年 4 月任海宁卡森皮革有限公司制品部工人，1996 年 3 月任海宁卡森皮革有限公司缝纫一车间车间主任。她热爱自己的事业，并坚持自己的事业，从一名普通手工操作者成长为一名车间主任。2002 年，她在车间内推行员工优化组合，实行“强强合作”，让工作节拍相同的人组成一个稳定的、高效的团队。处处以身作则，每年出勤率都在 342 天以上。2007 年，她当选为斜桥镇人大代表。2008 年 5 月 12 日，四川汶川大地震发生后，她接受任务，从 6 月 9 日开始，带领车间 330 多名工人加班加点赶制 2000 顶帐篷的紧急任务。她和她的班组仅用 8 天，提前 3 天完成制作任务，并在第一时间送达灾区。

李明华在平凡的岗位上，作出了不平凡的业绩。1999 ~ 2000 年，被评为“海宁市劳动模范”，2001 ~ 2003 年被评为“嘉兴市劳动模范”，2004 年被评为“浙江省劳动模范”。

2009 年 3 月，李明华被中华全国妇女联合会授予“全国‘三八’红旗手”荣誉称号。

（王国坚）

［编辑：王国坚］

统计资料

Statistical Data

表 61

镇、街道组织

	单位	2008 年	2009 年
镇政府	个	8	8
街道办事处	个	4	4
居民委员会	个	62	63
村民委员会	个	161	161

表 62

生产总值
（按当年价格计算）

单位：万元

指标名称	绝对额		构成（%）		2009 年比 2008 年增减百分点（个）
	2008 年	2009 年	2008 年	2009 年	
生产总值	3,489,468	3,753,640	100	100	10.1
第一产业	171,520	178,143	4.92	4.75	3.1
第二产业	2,179,153	2,268,766	62.44	60.44	9.0
工业	1,932,290	1,963,309	55.37	52.30	7.8
建筑业	246,863	305,457	7.07	8.14	19.0
第三产业	1,138,796	1,306,731	32.64	34.81	13.3

说明：本表绝对值按当年价格计算，发展速度按可比价格计算。

表 63

人口及人口变动、婚育情况

指标名称	计量单位	2009 年	指标名称	计量单位	2009 年
年末总户数	户	182,675	出生率	‰	7.06
年末总人口	人	655,049	死亡人数	人	4391
男性人口	人	323,339	死亡率	‰	6.72
女性人口	人	331,710	年内迁入人口	人	8068
性别比（女性 100%）	%	97.48	年内迁出人口	人	4709
人口密度（每平方千米）	人	935	新婚对数	对	4196
人口自然增长率	‰	0.34	晚婚率	%	47.02
出生人数	人	4608	计划生育率	%	98.16

表 64

年末社会劳动者人数

指标名称	计量单位	2008 年	2009 年	指标名称	计量单位	2008 年	2009 年
年末社会劳动者人数	万人	55.53	60.08	# 实行合同制的	人	5800	5850
第一产业	万人	6.68	6.59	年末城镇从业人员	人	116,680	115,800
第二产业	万人	34.70	38.42	# 城镇个体劳动者	人	56,250	54,050
其中：工业	万人	29.99	34.34	年末城镇失业人员	人	4290	4247
第三产业	万人	14.15	15.06	# 待业青年	人	573	520
安置城镇失业人员数	人	5800	5850	城镇登记失业率	%	3.55	3.54

表 65

农村劳动力及其构成

单位：人

指标名称	2008 年		2009 年	
	劳动力人数	构成（%）	劳动力人数	构成（%）
总　计	314,866	100.00	312,594	100.00
一、按性别分				
1. 男劳动力	161,854	51.40	161,777	51.75
2. 女劳动力	153,012	48.60	150,817	48.25
二、按行业分				
1. 农、林、牧、渔业	65,895	20.93	64,087	20.50
2. 工业	191,421	60.79	189,122	60.50
3. 建筑业	19,244	6.11	19,793	6.33
4. 交通运输、邮电业	7742	2.46	7596	2.43
5. 贸易、餐饮、住宿业	18,849	5.99	19,903	6.37
6. 其他非农行业	11,715	3.72	12,093	3.87

500万元及以上工业企业工业总产值

表66

（按当年价格计算）

单位：万元

指标名称	2008年	2009年	比2008年增长（%）
总计	7,221,752	7,368,349	2.03
按经济类型分			
国有经济	219,730	251,356	14.39
集体经济	15,908	12,837	-19.30
其他经济	6,986,114	7,104,156	16.90
按轻重工业分			
轻工业	5,332,857	5,367,769	0.65
重工业	1,888,895	2,000,580	5.91
按企业规模分			
大型企业	972,445	805,315	-17.19
中型企业	2,034,990	2,228,649	9.52
小型企业	4,214,317	4,334,385	2.85

500万元及以上工业企业主要经济指标

表 67

单位：万元

指标名称	2008年	2009年
企业单位数（个）	1603	1636
#亏损企业数（个）	256	195
工业总产值（当年价）	7,221,752	7,368,349
工业增加值（当年价）	—	—
全部职工平均人数（人）	186,566	179,125
资本金合计		
流动资产平均余额	3,435,023	—
年末固定资产原值	2,963,243	3,392,848
当年固定资产折旧	216,153	233,787
固定资产净值平均余额	2,015,606	—
年末资产总计	7,181,722	7,736,009
#流动资产	4,000,931	4,317,114
固定资产	2,303,540	2,577,211
年末负债总计	4,179,401	4,589,913
#长期负债	3,956,893	219,434
流动负债	206,697	4,331,495
年末所有者权益	3,002,321	3,146,096
产品销售收入	6,958,451	7,114,624
#产品销售成本	6,007,214	6,150,687
管理费用	315,094	347,000
财务费用	158,137	117,551
利润总额	311,398	399,005
#亏损企业亏损额	34,020	32,522
利税总额	541,750	648,635

表 68 500 万元及以上工业产品产量

指标名称	计量单位	2008年	2009年	指标名称	计量单位	2008年	2009年
食用植物油	吨	20,181	27,674	#软体家具	万件	470.1	508.7
饲料	吨	137,502	88,919	锁具	万把	10,417	6055
糖果	吨	2967	2187	合成氨	吨	47,222	37,236
罐头	吨	49,994	223,474	农用氮、磷、钾化学肥料总计(折纯)	吨	22,239	18,673
酱油	吨	2146	1505	#氮肥（折含 N100%）	吨	22,239	18,673
软饮料	吨	391,670	408,423	化学农药原药	吨	883	596
纱	吨	34,677	38,945	涂料（油漆）	吨	3326	2215
布	万米	39,394	40,344	染料	吨	7254	5131
#棉布	万米	5082	4713	化学纤维	吨	65,676	75,174
#化学纤维布	万米	10,532	15,648	#合成纤维	吨	65,676	75,174
印染布	万米	45,150	48,086	塑料制品	吨	321,139	381,338
蚕丝及交织机织物（含蚕丝≥50%）	万米	—	340.15	水泥	万吨	45.45	46.64
服装	万件	6915	6449	钢材	吨	208,449	141,885
轻革	万平方米	3281	2368	#无缝钢管	吨	27,600	9222
皮革服装	万件	630	481	金属切削机床	台	42	3
机制纸及纸板	吨	130,442	141,014	交流电动机	万千瓦	181	19.6
家具	万件	771.1	586.7	电光源（灯泡）	万只	49,021	29,099

表 69 全社会旅客、货物运输量

指标名称	计量单位	2008年	2009年	指标名称	计量单位	2008年	2009年
一、货运量	万吨	1347	1370	三、客运量	万人	2868	2928
1. 铁路	万吨	7	4	1. 铁路	万人	136	153
2. 公路	万吨	355	372	2. 公路	万人	2732	2775
3. 水运	万吨	985	994				
二、货运周转量	万吨千米	160,846	171,003	四、客运周转量	万人千米	83,150	64,559
1. 公路	万吨千米	23,665	32,208	1. 公路	万人千米	83,150	64,559
2. 水运	万吨千米	137,181	138,795				

表 70 交通运输工具拥有量

单位：辆、艘

指标名称	2008年	2009年	指标名称	2008年	2009年
一、汽车	4319	4506	二、其他机动车	—	—
其中：客车	665	730	三、摩托车	203,280	429,180
货车	3639	3776	四、运输拖拉机	1741	1696
#普通载货汽车	3491	3618	五、机动船	692	684
#专用载货汽车	148	158	货船	692	684

表 71

农业总产值

(按现行价计算)

指标名称	2008 年		2009 年	
	绝对值（万元）	构成（%）	绝对值（万元）	构成（%）
合　计	261,112	100	270,442	100
一、农业	97,284	37.3	106,657	39.4
其中：种植业	95,645	36.6	106,037	39.2
其他农业	1639	0.6	620	0.2
二、林业	1413	0.5	1385	0.5
三、牧业	110,609	42.4	108,911	40.3
其中：蚕茧	22,515	8.6	22,442	8.3
四、渔业	39,848	15.3	40,984	15.2
五、农林牧渔服务业	11,958	4.6	12,505	4.6

表 72

农业生产情况

指标名称	计量单位	2008 年	2009 年	指标名称	计量单位	2008 年	2009 年
粮　食	吨	189,279	189,166	年末生猪存栏	头	248,545	272,655
油菜籽	吨	14,252	14,376	年末羊存栏	头	208,746	237,088
棉　花	吨	293	261	年末兔存栏	只	87,811	95,141
黄红麻	吨	396	217	年末家禽存栏	万羽	317.47	442.66
果　蔗	吨	55,231	47,764	肉类产量	吨	45,014	47,716
蔬　菜	吨	214,534	242,180	禽蛋产量	吨	4485	5351
瓜　类	吨	33,094	36,259	蚕茧产量	吨	10,271	8015
水　果	吨	39,173	39,781	水产品产量	吨	32,759	34,444

表 73 农业机械化年末拥有量

指标名称	计量单位	2008 年	2009 年
农业机械总动力	千瓦	265,912	267,111
其中：柴油机	千瓦	92,320	93,640
电动机	千瓦	167,912	167,561
一、耕作机械动力	台／千瓦	1895/19,027	1922/19,980
二、收获机械动力	台／千瓦	56,449/86,031	56,066/85,439
三、植保机械动力	台／千瓦	784/699	1059/1027
四、排灌机械动力	台／千瓦	14,191/46,152	13,925/44,753
五、农副产品加工机械动力	台／千瓦	985/11,746	1002/11,877
六、运输机械动力	台／千瓦	2366/38,450	2327/38,075
七、畜禽养殖机械动力	千瓦	4784	5138
八、渔业机械动力	千瓦	11,721	13,588
九、其他农业机械动力	台／千瓦	10,938/29,938	10,501/29,358

表 74 社会消费品零售总额

单位：万元

指标名称	2008 年	2009 年	指标名称	2008 年	2009 年
总　计	1,341,590	1,539,133	限额以下	896,460	1,041,451
一、按销售地区分			2. 住宿、餐饮业	137,725	161,358
1. 市（县）的零售额	751,741	871,011	其中：限额以上	20,501	23,651
2. 市（县）以下零售额	589,849	668,122	限额以下	117,224	137,707
二、按行业分			3. 其他	44,464	44,847
1. 批发零售贸易业	1,159,401	1,332,928			
其中：限额以上	262,941	291,477			

表 75 外经、外贸主要经济指标

指标名称	计量单位	2008 年	2009 年	指标名称	计量单位	2008 年	2009 年
一、年内新批外商投资企业	家	41	30	六、年内实际利用外资	万美元	20,068	24,101
二、年内总投资	万美元	73,902	81,172	七、累计实际利用外资总额	万美元	136,112	160,213
#合同利用外资	万美元	41,156	40,313	八、进出口总额	万美元	314,738	317,890
三、累计新批外商投资企业	家	777	807	九、地方出口总额	万美元	267,732	248,927
四、累计总投资	万美元	536,688	617,860	1. 三资企业出口总额	万美元	123,609	120,924
#合同利用外资	万美元	286,636	326,949	2. 外贸自营出口总额	万美元	144,123	129,003
五、实有三资企业投产(开业)数	家	346	341	十、地方进口总额	万美元	47,006	67,963
#年内新开工投产	家	48	23				

表 76 财政收入

单位：万元

指标名称	2008 年	2009 年	指标名称	2008 年	2009 年
合 计	439,554	483,904	7. 农业税	0	0
一、上划中央收入	225,634	244,394	8. 农业特产税	0	0
二、地方财政收入	213,920	239,510	9. 耕地占用税	3693	3191
1. 增值税（25%）	57,436	62,483	10. 契税	11,029	13,000
2. 营业税	55,231	64,088	11. 国有企业计划亏损补贴	–7800	–9800
3. 企业所得税	24,859	27,318	12. 罚没收入	5837	6377
4. 个人所得税	10,478	10,388	13. 专项收入	7415	8308
5. 城市维护建设税	13,150	14,138	14. 行政性收费收入	2947	2550
6. 其他税收	29,305	37,211	15. 其他收入	340	258

表 77

财政支出

单位：万元

指标名称	2008年	2009年	指标名称	2008年	2009年
总计	226,669	262,957	其中：排污费支出	1140	1650
1. 一般公共服务	47,795	46,881	10. 城乡社区事务	19,033	22,073
2. 国防	646	592	11. 农林水事务	20,154	21,605
3. 公共安全	19,874	19,000	12. 交通运输	1034	26,560
4. 教育	60,393	62,884	13. 采掘电力信息等事务	9469	5281
其中：教育费附加支出	7601	6394	14. 粮油物资储备等管理事务	2209	3227
5. 科学技术	10,224	10,960	15. 金融监管支出	135	196
6. 文化体育与传媒	5053	5618	16. 地震灾后恢复重建支出	—	3929
7. 社会保障和就业	8695	9173	17. 债务付息支出	—	9
8. 医疗卫生	14,063	17,793	18. 其他支出	819	905
9. 环境保护	7073	6271			

表 78 金融机构存、贷款年末余额

单位：万元

指标名称	存款余额		贷款余额	
	2008 年	2009 年	2008 年	2009 年
合计	3,852,574	5,040,801	2,696,042	3,596,406
# 人民银行	10,331	12,738	—	—
工商银行	567,142	750,844	386,699	491,927
农业银行	699,815	893,326	464,812	570,673
农发银行	7650	19,166	65,971	103,587
中国银行	337,727	416,868	257,986	379,178
建设银行	515,364	690,234	355,058	469,098
中信银行	212,688	265,058	177,575	238,595
信用联社	1,009,835	1,203,567	693,109	836,912
交通银行	199,258	266,281	173,136	229,078
邮政储蓄	106,187	133,333	3743	24,165
嘉兴银行	174,557	208,851	117,953	157,500
华夏银行	—	82,877	—	63,209
浦发银行	—	89,263	—	32,483

表 79 保险业务

指标名称	计量单位	2008 年	2009 年	指标名称	计量单位	2008 年	2009 年
一、财产险				二、人寿险			
1. 承保额	亿元	984	1027	1. 承保额	亿元	467	503
2. 业务收入	万元	12,005	13,566	2. 业务收入	万元	31,900	37,995
保费	万元	11,829	13,398	保费	万元	31,900	37,995
储金	万元	176	168	3. 赔案数	人	5417	4380
3. 赔案数	件	18,952	15,867	4. 赔付支出	万元	2251	1200
4. 赔款	万元	8259	6106				

表 80

全社会固定资产投资

单位：万元

指标名称	2008 年	2009 年	指标名称	2008 年	2009 年
一、全社会固定资产投资	1,553,944	1,849,070	二、全社会工业生产性投资	1,003,192	1,071,633
1. 限额以上项目	1,117,707	1,387,073	1. 限额以上项目	886,115	927,627
2. 限额以下项目	140,207	175,306	2. 限额以下项目	117,077	144,006
3. 房地产开发	216,922	200,827			
4. 农村农户投资	79,108	85,864			

表 81

房地产企业开发情况

指标名称	计量单位	2008 年	2009 年	指标名称	计量单位	2008 年	2009 年
一、本年完成投资额	万元	216,923	200,827	三、房屋施工面积	平方米	2,753,536	2,424,758
土地开发投资额	万元	3361	2997	其中：住宅	平方米	1,883,370	1,562,779
二、累计资金来源合计	万元	402,040	562,720	新开工住宅面积	平方米	1,004,932	446,346
1. 上年末结余资金	万元	15,467	29,686	四、竣工房屋面积	平方米	782,795	667,858
2. 本年资金来源小计	万元	386,573	533,034	五、房屋实际销售面积	平方米	460,287	976,430
(1) 国内贷款	万元	55,550	38,200	其中：住宅	平方米	330,665	822,405
(2) 自筹资金	万元	92,689	45,976	六、房屋实际销售额	万元	230,041	536,532
(3) 其他资金来源	万元	238,334	448,858	其中：住宅	万元	179,925	460,384
其中：定金及预付款	万元	136,566	214,747				

表 82

文化事业

指标名称	计量单位	2008 年	2009 年	指标名称	计量单位	2008 年	2009 年
一、电影				3. 发放借书证数	人	14,703	20,957
1. 放映单位（登记数）	个	13	13	4. 图书流通人次	万人次	31.77	42.40
2. 放映场次	万场	0.44	0.34	四、新华书店			
3. 观众人数	万人次	65.53	43.86	1. 发行（销售）量	万册	700.46	700.46
4. 放映收入	万元	33.69	39.89	2. 发行（销售）额	万元	531,151	531,151
5. 发行收入	万元	0	0	五、文化馆	个	1	1
二、艺术（越剧、评弹）				1. 举办展览次数	次	7	8
1. 艺术表演团体	个	1	2	2. 组织文艺活动次数	次	165	250
演出场次	场	190	238	六、博物馆	个	1	1
观众人数	万人次	15.20	22.31	1. 文物藏量	件	6399	6399
2. 表演场所（剧场、书场）	个	1	1	2. 参观人次数	万人次	9.20	11.50
座席位	个	988	988	七、镇文化站	个	12	12
演出场次（影、像、演）	场	647	642	1. 举办展览	次	109	71
观众人数	万人次	6.92	2.91	2. 组织文艺活动	次	379	408
三、图书馆				八、文化市场			
1. 公共图书馆	个	1	1	1. 综合娱乐场（歌舞厅）	个	51	44
2. 总藏量	万件册	43.38	54.86	2. 游戏机	台	530	530
# 图书藏量	万册	37.23	48.23	3. 网吧	个	67	67

表 83

广播电视事业

指标名称	计量单位	2008 年	2009 年	指标名称	计量单位	2008 年	2009 年
一、电视				2. 联网镇、街道	个	12	12
1. 发射机	部／千瓦	4/4000	4/4000	3. 卫星地面接收站	座	11	11
2. 节目套数	套	2	2	4. 城区有线电视入户率	%	98	98
3. 转播上级台节目	时分	7.00′	7.00′	5. 传输线路：			
4. 自办节目	时分	109.50′	109.50′	光缆	千米	2415	2450
5. 电视人口覆盖率	%	100	100	电缆	千米	1055	1030
二、广播				通有线电视村、社区	个	223	224
1. 调频发射机	部／千瓦	1/0.3	1/0.3	四、镇、街道广电情况			
2. 市、镇广播专用线路	千米	500	500	1. 广电站个数	个	11	11
3. 平均每周广播时间	时分	116.50′	118.00′	2. 村级广播室数	个	182	182
4. 广播人口覆盖率	%	100	100	3. 广播到村通播率	%	100	100
三、有线电视				4. 农村广播入户率	%	91	92
1. 有线电视台、站数	个	1	1	5. 农村入户喇叭正响率	%	99	99

表 84

档案事业

指标名称	计量单位	2008年	2009年	指标名称	计量单位	2008 年	2009 年
馆藏档案				档案资料利用			
全宗	个	183	189	利用人次	人次	3265	3683
案卷	卷／件	207,446/21,545	228,282/18,536	利用卷次	卷次	6791	7166
录音、录像档案	盘	492	469	复制	页	23,496	16,381
照片	张	23,404	23,256	开放档案			
馆藏资料	册	14,476	15,006	全宗	个	119	120
				案卷	卷／件	13,977	14,847/180

表 85

2008～2009学年初各级各类学校情况

单位：人

指标名称	学校数(所)	毕业生数	招生数	在校学生数	毕业班学生数	教职工数	
						总计	其中：专任教师
一、普通中学	28	12,049	11,693	35,916	11,816	2759	2459
1. 高完中	6	4300	3619	11,617	3968	1076	845
2. 初中	22	7749	8074	24,299	7848	1683	1614
二、职业高中	4	1457	1891	5129	1620	248	220
三、小学	45	8205	6526	42,237	7561	2440	2269
四、特殊教育	1	10	10	90	—	25	21
五、幼儿园	70	5988	6479	18,026	—	1504	982
六、电大	1	1097	1511	5341	1597	53	44
七、电视中专	0	235	310	531	305	—	—
八、普通中专	1	1040	1686	3944	965	65	57
九、成人中专	1	—	—	—	—	48	35
十、技工学校	1	727	832	1978	533	161	133
十一、成人技术培训	31	—	—	85,097	—	526	168

表 86

全市升入高校、高中段人数情况

单位：人

指标名称	2008 年	2009 年	指标名称	2008 年	2009 年
高校总计	3954	4052	高中段总计	8020	7670
其中：一本	491	502	其中：普通	4006	3741
二、三本	1665	2036	职高	2833	2845
专科	1412	1514	中专	460	381
组档	79	—	中技	700	695
			成人中专	21	8

表 87

卫生事业

指标名称	计量单位	2008年	2009年	指标名称	计量单位	2008年	2009年
卫生机构数	个	252	258	2. 卫生院	人	1389	1483
1. 医院	家	8	8	3. 门诊部	人	150	151
2. 卫生院	家	17	17	4. 疾病预防控制中心	人	92	104
3. 门诊部	个	9	9	5. 卫生监督所	人	50	44
4. 疾病预防控制中心	个	1	1	6. 市卫生学校	人	89	89
5. 卫生监督所	个	1	1	7. 其他卫生机构	人	15	14
6. 市卫生学校	所	1	1	8. 急救站	个	—	12
7. 其他卫生机构	个	1	1	9. 诊所、卫生所、医务室、护理站	人	145	158
8. 急救站	个	—	1	10. 社区卫生服务站	人	12	12
9. 诊所、卫生所、医务室、护理站	个	67	65	卫生技术人员	人	3469	3768
10. 社区卫生服务站	个	147	154	执业医师	人	982	1058
医疗床位数	张	2111	2153	执业助理医师	人	280	289
1. 医院	张	1486	1516	注册护士	人	1025	1124
2. 卫生院	张	625	637	药剂人员	人	214	269
医疗卫生机构人员数	人	3934	4332	技师（士）	人	150	154
1. 医院	人	1992	2265	其他	人	818	874

表 88

体育事业

指标名称	计量单位	2008 年	2009 年	指标名称	计量单位	2008 年	2009 年
体育场	个	1	1	获嘉兴市及以上竞赛奖牌	枚	317	239
体育馆	个	2	2	金牌	枚	125	96
海宁市级运动会举办次数	次	57	61	银牌	枚	96	67
参加运动会的运动员人数	人	9293	9236	铜牌	枚	96	76
参加嘉兴市及以上比赛次数	次	67	49	# 获省级及以上奖牌	枚	120	147
# 参加省级及以上比赛次数	次	32	29	金牌	枚	41	44.5
参加嘉兴市及以上比赛运动员人数	人	1448	721	银牌	枚	32	45.5
参加省级及以上运动员人数	人	231	258	铜牌	枚	47	57
参与嘉兴市及以上比赛裁判员人数	人	112	119	破纪录项数	项	58	7
# 参与省级及以上裁判员人数	人	37	35	破纪录人数	人	24	16

表 89

科技事业

指标名称	计量单位	2008年	2009年	指标名称	计量单位	2008年	2009年
国家重点扶持高新技术企业	家	21	37	# 国家级	项	34	35
地（市）级高新技术企业	家	35	38	省（部）级	项	140	212
省级以上高新企业产值	万元	812,219	871,484	获奖项目	项	51	54
# 企业资金	万元	115,647	—	# 国家级	项	2	0
科技项目	项	333	405	省（部）级	项	2	3

表 90　抽样调查平均每百户耐用消费品年末拥有量

指标名称	计量单位	2008 年	2009 年	指标名称	计量单位	2008 年	2009 年
农村住户：				城市住户：			
汽车（生活用）	辆	5	6	移动电话	部	207	202
自行车	辆	197	193	中高档乐器	架	4	5
电话机	部	103	104	家用电脑	台	92	98
移动电话	部	196	215	摩托车	辆	35	35
家用电脑	台	50	60	助力车	辆	57	64
洗衣机	台	73	80	家用汽车	辆	26	32
电冰箱	台	91	96	摄像机	架	7	7
摩托车	辆	137	137	洗衣机	台	98	98
黑白电视机	台	16	11	微波炉	台	84	84
彩色电视机	台	178	192	彩色电视机	台	206	212
录放像机	台	49	42	钢琴	架	3	2
照相机	架	13	16	组合音响	套	30	31
抽油烟机	台	49	53	照相机	架	51	53
吸尘机	台	11	11	空调机	台	205	213
空调机	台	113	126	淋浴热水器	台	123	125
				健身器材	套	2	6
				消毒碗柜	台	20	22
				固定电话	部	98	97
				电冰箱	台	99	100

表 91 2009年浙江省主要县（市、区）统计信息网络年度交流指标（一）

县（市）名	年末总人口（万人）	行政区划面积（平方千米）	生产总值（亿元）	第一产业增加值（亿元）	第三产业占GDP比重（%）	全社会固定资产投资额（亿元）
绍兴县	71.78	1177	655.78	24.05	34.48	272.07
萧山区	120.99	1163	1037.07	43.41	34.32	399.72
余杭区	84.84	1222	527.33	35.56	39.81	296.13
慈溪市	103.52	1361	624.94	31.37	35.60	215.97
余姚市	83.25	1501	489.27	29.61	34.89	173.13
海宁市	65.50	701	375.36	17.81	34.81	184.91
桐乡市	67.10	727	340.27	20.22	39.13	163.62
上虞市	77.42	1403	368.15	26.18	33.96	165.91
温岭市	118.45	836	502.01	36.08	39.18	181.54
鄞州区	80.28	1346	703.48	26.01	34.37	297.33
诸暨市	106.67	2311	527.72	31.52	34.31	227.75
瑞安市	118.75	1271	382.84	12.44	46.41	108.66
义乌市	73.02	1105	523.78	14.57	53.70	178.10
乐清市	122.49	1174	423.52	14.62	36.11	108.37
平湖市	48.51	537	283.72	13.87	31.47	184.90
富阳市	64.67	1808	352.49	25.00	32.93	168.07

说明：本表生产总值、第一产业增加值、第三产业占GDP比重数据、房地产开发投资额均采用快报数据。

表 92 2009年浙江省主要县（市、区）统计信息网络年度交流指标（二）

县（市）名	房地产开发投资额（亿元）	社会消费品零售总额（亿元）	实际利用外资（万美元）	自营出口（海关数）（万美元）	自营进口（海关数）（万美元）	地方财政收入（亿元）
绍兴县	61.42	105.89	10,230	600,002	242,375	43.58
萧山区	61.30	237.69	77,305	561,665	268,162	69.53
余杭区	96.33	149.94	35,729	257,722	28,369	59.67
慈溪市	28.17	245.80	38,153	505,776	93,608	49.10
余姚市	33.31	184.30	7534	372,295	133,134	39.03
海宁市	20.08	153.91	24,101	249,927	67,963	23.95
桐乡市	24.01	138.00	16,899	141,636	62,277	22.57
上虞市	35.99	114.30	25,229	163,165	45,672	22.76
温岭市	26.62	202.50	2476	181,556	10,205	25.02
鄞州区	90.53	182.63	26,814	568,867	177,992	83.30
诸暨市	27.07	144.01	23,225	321,264	79,467	29.57
瑞安市	39.71	152.39	1116	160,227	35,313	27.40
义乌市	46.90	244.90	8049	213,561	21,810	38.60
乐清市	26.35	131.72	3196	123,002	15,347	27.23
平湖市	22.65	77.98	21,387	240,578	161,675	20.82
富阳市	26.33	73.49	15,516	56,165	59,993	27.57

表 93

2009年浙江省主要县（市、区）统计信息网络年度交流指标（三）

县（市）名	地方财政支出（亿元）	城镇居民人均可支配收入（元）	农村居民人均纯收入（元）	全社会用电量（亿千瓦时）
绍兴县	42.06	28,496	14,682	102.64
萧山区	65.07	29,229	14,390	137.73
余杭区	58.06	26,087	13,956	53.22
慈溪市	50.07	28,311	13,538	76.42
余姚市	39.24	26,868	12,148	51.71
海宁市	26.30	25,675	12,781	44.30
桐乡市	25.09	25,211	12,609	51.67
上虞市	26.75	26,513	11,945	29.28
温岭市	28.90	25,966	11,313	37.35
鄞州区	65.02	28,044	13,930	53.77
诸暨市	32.29	27,897	12,762	55.94
瑞安市	27.02	27,837	11,060	48.80
义乌市	35.70	30,841	12,899	49.20
乐清市	32.52	27,143	12,269	35.01
平湖市	22.49	25,907	12,532	33.45
富阳市	27.35	23,422	11,851	52.67

[编辑：姚　倩]

文件选编

Selected Documents

规范性文件选载

海宁市国家建设项目审计办法

海宁市人民政府令第三十六号

第一章　总　则

第一条　为加强对国家建设项目的审计监督，根据《中华人民共和国审计法》、《中华人民共和国审计法实施条例》、《浙江省国家建设项目审计办法》等有关规定，结合本市实际，制定本办法。

第二条　本办法所称国家建设项目，是指以国家财政资金、各项政府性专项资金、政府性负债资金或国有企事业单位、国有控股单位投入资金等为主要来源的基本建设项目或技术改造项目。

第三条　市审计局是国家建设项目的审计监督机关，依法对国家建设项目实施审计监督。

第四条　市发改、经贸、财政、监察、建设、交通、税务、国土、环保、水利、金融等管理部门，应当在各自职责范围内协助市审计局对国家建设项目实施审计监督。

第五条　市审计局在实施国家建设项目审计监督时，根据工作需要，可以聘请具有相关专业知识和技能的人员参与审计，也可以组织具有法定资格的社会中介机构参与审计。

市审计局应当对审计结果的真实性、合法性负责。

第二章　审计范围及内容

第六条　市审计局依法对国家建设项目、有关建设单位（含项目法人）以及勘察、设计、施工、监理、采购、供货等单位与国家建设项目直接有关的财务收支的真实、合法和效益情况进行审计监督。

第七条　国家建设项目审计监督实行计划管理，由市审计局根据法律、法规、规章的规定和市人民政府、上级审计机关的要求，编制审计项目计划。凡总概算投资在300万元（镇、街道100万元）以上的国家建设项目，均列入审计项目计划管理，每年年初公布。

市审计局应根据建设项目的实际情况，采取阶段审计、不定期审计或审计调查等方式进行。对列入市重点的国家建设项目和投资额较大、社会关注、工期较长的国家建设项目可根据需要实行全过程跟踪审计。

第八条　国家建设项目审计包括预算或概算执行情况、年度预算执行情况、年度决算、竣工决算等相关事项的审计。

第九条　国家建设项目预算（概算）执行情况审计的主要内容：

（一）国家建设项目执行项目法人制、

项目资本金制、项目招投标制、项目经济合同制、项目监理制等制度的情况；

（二）建设单位内控制度的设置和落实情况；

（三）项目资金筹集、管理、使用情况；

（四）征地拆迁费用支出和管理情况；

（五）项目设备、材料的采购、保管、使用情况；

（六）建设成本及其他财务收支的真实性、合法性和效益性；

（七）有关税费计缴情况；

（八）法律、法规、规章规定需要审计的其他事项。

第十条 国家建设项目竣工决算审计的主要内容：

（一）项目投资及预算或概算执行情况；

（二）资金来源及保证程度；

（三）建筑安装工程、设备投资、待摊投资的核算是否正确，费用分摊是否合理，其他投资支出是否真实、合法，税费计缴是否正确、足额；

（四）建设收入的来源、分配、上缴和留成资金使用的真实性、合法性；

（五）工程价款结算情况；

（六）交付使用财产的真实性、合法性、完整性；

（七）项目尾工工程投资情况；

（八）竣工决算情况；

（九）投资效益情况；

（十）法律、法规、规章规定需要审计的其他事项。

未实施预算（概算）执行审计的建设项目，竣工决算审计时应包括预算（概算）的主要内容。

第十一条 市审计局在审计中发现下列与项目财务收支有关的情况的，应当通报有关主管部门予以调查，必要时应当协助调查。

（一）违反规划、土地、拆迁、招标投标、环境保护等建设项目管理法律、法规的；

（二）建设资金筹集涉及非法集资、摊派或收费行为的；

（三）建设资金被转移、侵占或挪用的；

（四）勘察、设计、施工、监理等单位不具备相应资质的；

（五）未有效实施工程质量管理的；

（六）其他有关违法、违纪行为。

第三章 审计程序

第十二条 市发改局向国家建设项目业主单位批复初步设计文件时同时抄送市审计局；建设单位在国家建设项目批准建设后，须填制《海宁市国家建设项目登记表》报送市审计局。

第十三条 国家建设项目建设单位应当按照市审计局规定的期限和要求，提供与国家建设项目有关的情况和资料，并对其真实性、完整性负责。不得拒绝、阻碍审计人员依法履行职务。

承担国家建设项目的建设、施工、采购、监理、设计等单位应当协助审计取证工作。

第十四条 国家建设项目工程结算应当进行审计，列入审计计划的国家建设项目，由市审计局直接审计或组织社会审计力量实施审计，中介机构审计资格由市审计局在具有法定资格的社会中介机构中确认。未列入审计计划的国家建设项目，可由建设单位委托具有法定资格的社会中介机构进行审计。

施工单位应积极配合审计，遵守审计进度安排。对故意拖延审计进度、影响投资效益的，有关部门应视情节轻重限制直至取消其参与本市国家建设项目投标的资格。

建设单位自行委托社会中介机构结算审计的审计报告，应当报送市审计局。市审计局对社会中介机构的国家建设项目审计具有抽审权，社会中介机构与市审计局的审计结果不一致时，以市审计局的审计结论为准。

国家建设项目工程结算未经审计，不得办理工程价款结算手续。

第十五条 建设单位及其主管部门的内审机构，应当加强对本单位、本系统国家建设项目的内部审计监督。

第十六条 建设单位应在国家建设项目基本完工，竣工决算报表编制完成后30日内书面告知市审计局安排竣工决算审计。市审计局应在被告知之日起30日内发出审计通知书，组织实施审计。

国家建设项目未经竣工决算审计的，不得办理竣工验收手续。

第十七条 市审计局实施国家建设项目审计，应当依法出具审计报告；依法需要给予处理的，应当作出审计决定书。依法需要由有关主管部门处理的，市审计局应当作出审计建议书，向有关主管部门提出处理意见。

第十八条 市财政局应当根据审计报告拨付工程余款及批复竣工决算。

第十九条 市审计局应当向市人民政府报告国家建设项目的审计结果。

市审计局应当依照法律、法规、规章的规定，向社会公布国家建设项目审计的结果。

第二十条 建设单位按照国家建设项目造价审计核减（核增）额的10%上缴审计费用、组织跟踪审计的国家建设项目按约定上缴审计费用，经费列入财政专户管理，专项用于市审计局组织社会中介机构、聘请专家进行国家建设项目审计等所需的经费。

第四章 奖 惩

第二十一条 国家建设项目未经工程结算审计，擅自办理工程价款结算，并造成工程款超付的，市审计局可依法追究有关单位及责任人的相关责任。

第二十二条 被审计单位违反中华人民共和国审计法的规定，拒绝或者拖延提供与审计事项有关的资料，或者拒绝、阻碍审计的，依法予以处罚。

第二十三条 加强对审计工作的考核，市审计局应建立必要的考核激励机制。

第二十四条 市审计局审计人员有下列行为之一的，应当给予行政、纪律处分；触犯刑律的，移送司法机关，依法追究刑事责任：

（一）明知与被审计单位或者审计事项有利害关系而不主动回避的；

（二）泄露国家秘密或被审计单位的商业秘密的；

（三）索贿、受贿，或者接受可能影响公正执行职务的不当利益的；

（四）隐瞒被审计单位财经违法违纪行为的；

（五）有滥用职权、徇私舞弊、玩忽职守行为的。

第二十五条 市审计局聘请的专业人员在从事国家建设项目审计工作中有本办法第二十四条行为的，市审计局应当予以辞聘，并按省审计机关制订的管理规范作出其他处理；违反《浙江省社会中介机构管理办法》规定的，同时按其规定予以处罚；触犯刑律的，移送司法机关，依法追究刑事责任。

第二十六条 市审计局应当加强对由其组织聘请参与国家建设项目审计的社会中介机构和专业人员的指导、监督和管理，明确有关人员的权利义务，对过错、过失人员按规定追究责任。

第五章 附 则

第二十七条 接受、使用社会捐赠的公益性建设项目，市审计局可以参照本办法进行审计监督。

第二十八条 本办法由市审计局负责解释。

第二十九条 本办法自发文之日起施行。

海宁市公共资源交易监督管理办法

海宁市人民政府令第三十七号

第一章 总 则

第一条 为进一步加强对公共资源交易活动的监督管理，规范交易行为，保障公平竞争，促进廉政建设，维护国家利益、社会公共利益和当事人合法权益，依据《中华人民共和国招标投标法》、《中华人民共和国政府采购法》、《浙江省招标投标条例》等法律、行政法规的规定，特制定本办法。

第二条 本办法适用于本市行政区域内公共资源交易活动和对公共资源交易活动进行监督管理。公共资源交易是指工程建设项目（含交通、水利、电力）、国有土地使用权、国有（集体）产权、政府采购以及其他公共资源交易行为。

第三条 公共资源交易活动应当遵循公开、公平、公正和诚实信用的原则。

第四条 依法对公共资源交易活动履行监督管理职能的行政部门（以下统称：行政监督部门）、进场参与交易的招标人、投标人、中介代理机构以及有关工作人员应自觉遵守本办法的有关规定。

第五条 市招标采购领导小组是公共资源交易管理的协调机构，主要负责工程建设项目、土地使用权、国有（集体）产权、政府采购以及其他公共资源交易重大事项的协调工作。

第六条 建立公共资源交易工作联席会议制度，联席会议成员由相关行政监督部门的分管领导组成，市招标采购领导小组办公室（以下简称：市招标办）负责联席会议的召集，研究解决公共资源交易活动中的有关问题。

第七条 积极探索公共资源交易监督管理模式，不断拓展公共资源交易范围，公共资源交易必须在统一招投标平台进行。

第二章 交易准则

第八条 公共资源交易项目对投标人有资质要求的，招标人应根据项目情况按有关法律、行政法规规定提出。有特殊要求的，须报行业主管部门审核同意，未经审核同意的不得发布招标公告。

第九条 市交通、水利、教育、水务等部门（单位）和海宁连杭经济区、海宁经济开发区、海宁经编产业园区、尖山新区、盐官观潮景区、市皮革城管委会、市城投集团等市重点发展平台的建设项目由其负责建设管理；其他政府投资项目由市公益性项目建设管理中心负责建设管理。

第十条 市公益性项目建设管理中心、市城投集团和市交通、水利部门负责的政府投资项目的招标，由其自行编制招标文件（工程量清单、预算造价、工程合同（结算条款）等），提出项目招标上限价、下限价，根据招投标有关规定组织招标。

市教育、水务和海宁连杭经济区、海宁经济开发区、海宁经编产业园区、尖山新区、盐官观潮景区、皮革城管委会等部门（单位）负责建设管理项目的招标，原则上自行编制招标文件，提出项目招标上限价、下限价，根据招投标有关规定组织招标。其中工程量清单、预算造价等内容可以委托相应人员或机构编制，招标代理机构的选择应当以招标方式确定。

第十一条 市国家建设项目审计中心负责对达到规定标准必须进行招标的政府投资项目工程量清单、预算造价、工程合同（结算条款)、招标上限价和下限价等内容的审核，以严格控制政府投资项目的工程造价。

第十二条 工程建设项目的招标，其投标人资格审查，除技术特别复杂或者设计文件有特别要求的之外，原则上实行资格后审；采用资格预审的，使用“招标资格预审标准文件”，采用明确的具有可操作性的资格条件标准。招标人应当向行业主管部门提出申请，经同意后组织实施。

第十三条 政府投资项目采用经评审的最低投标价法和综合评估法。提倡实行经评审的最低投标价法，采用综合评估法的技术标必须在商务标之前开标并评审，技术标分值控制在10分以内，对勘察、设计、监理等技术标有特殊要求的项目需要提高分值的，须报行业主管部门审核同意。

第十四条 加强公共资源交易信息化建设，积极探索和推行电子辅助评标和网上招标；实行电子辅助评标的项目，其招标文件、投标文件的电子标书与纸质标书具有同等效力并以电子标书为准。

第十五条 建立招标文件联审制度，对政府投资项目在编制招标文件遇重大事项、意见不一或行业主管部门认为需要进行联审的，由市招标办协调有关行政监督部门进行联合会审。

第三章 交易范围

第十六条 工程建设涉及下列项目，包括项目的勘察、设计、施工、监理、咨询、项目管理以及与工程建设相关的设备、材料等的采购，达到规定标准的，必须进行招标：

(一) 关系社会公共利益、公众安全的基础设施、公用事业等建设项目；

(二) 全部或部分使用国有、集体资金投资及国家融资的建设项目；

(三) 使用国际组织或者外国政府贷款、援助资金的项目；

(四) 国家和省、市规定必须进行招标发包的其他工程项目。

第十七条 市本级国家机关、事业单位和团体组织使用财政性资金购买、租赁、委托或雇佣等以合同方式有偿取得集中采购目录以内或采购限额标准以上的货物、工程和服务的，依法必须进行政府采购。

第十八条 工业、商业、旅游、娱乐和商品住宅等经营性用地以及同一宗地有两个以上意向用地者的，应当以招标、拍卖或者挂牌方式出让。

第十九条 国有、集体资产转让及所有权的从权利转让（如使用权、收益权、租赁权等)应当以招标、拍卖、租赁等方式交易。

第二十条 其他公共资源交易行为。

第四章 部门职责

第二十一条 市招标办是市招标采购领导小组的日常办事机构，对公共资源交易活动履行以下监管职责：

(一) 根据公共资源交易有关法律、行政法规规定，会同行业主管部门制定公共资源交易活动管理规定，负责制定统一招投标平台现场管理制度；

(二) 依法行使相关监督和管理职责，指导和协调全市的公共资源交易监督管理工作，督促纠正交易活动中的违规行为；

(三) 监督检查公共资源交易活动有关法律、行政法规及相关规定执行情况，依法对统一招投标平台公共资源交易活动进行现场监督。

(四) 受理招标人、投标人和其他利益关系人的投诉举报，按照归口管理原则，协调有关行政监督部门对公共资源交易活动中有关当事人的投诉举报及产生的争议、纠纷进行处理。

(五) 会同行业主管部门对相关专业评标专家资格进行监督、管理，指导、监督专家库的建设和使用；

（六）开展调查研究，提出加强和规范公共资源交易监督管理工作的意见和建议；

（七）负责对市招标采购服务中心的管理；

（八）负责对镇（街道）招标采购平台建设和招标投标工作的指导、监督和管理工作。

第二十二条 市发改局负责对政府投资项目招标方式的审核及市公益性项目建设管理中心的业务指导和管理工作。

第二十三条 建设、交通、水利、财政（国资）、国土资源等有关行政部门依法履行相关的行业管理与监督职能，主要职责是：

（一）依法对招标投标活动行使相关监督和管理职责；

（二）负责拟订招标投标活动实施细则或交易规则；

（三）根据法律、行政法规及有关规定，编制本行业的招标投标计划，并指导、监督本行业招标投标活动的组织实施；

（四）受理招标人、投标人和其他利益关系人对本行业招标投标活动的投诉举报，并依法进行查处；依法对招标投标活动中的违法、违规行为进行查处；

（五）建设和管理评标专家库，负责对评标专家的培训、考核和管理，并指导、监督专家库的使用；

（六）办理招标文件、合同的备案。

第二十四条 有关行政监督部门应当加强对招标投标活动的监督，及时认定、制止、纠正招标投标活动中的违法、违规行为，并依法查处。

市监察局应当加强对有关行政监督部门执法活动的监督。

市审计局依法实行审计监督并负责对市国家建设项目审计中心的业务指导和管理工作。

市工商行政管理局应当与有关行政监督部门共同做好相关的行政处罚工作。

第二十五条 市招标采购服务中心是集中进行公共资源交易活动的场所，履行公共资源交易操作职能。主要职责是：

（一）负责受理、发布公共资源交易招标信息；

（二）对交易各方、中介机构进场交易资格进行核验；

（三）协助招标人组织实施工程建设项目、国有土地使用权出让、国有（集体）产权等其他公共资源交易活动；依法组织实施政府采购活动；

（四）负责评标专家库的使用；

（五）收集和发布有关公共资源交易政策法规，建立投标人、供应商、中介机构和商品价格等信息库；

（六）负责公共资源交易活动场所、信息资料、技术咨询及其他相关服务，维护公共资源交易活动的正常交易秩序；

（七）按规定收取公共资源交易有关费用，实行“收支两条线”管理，代收、代退投标保证金；

（八）加强公共资源交易信息化建设，规范操作程序，营造公平竞争环境，提高工作效率。

第五章 监督管理

第二十六条 公共资源交易活动应严格按照法律、行政法规及有关规定执行，接受行政监督部门的监督。

第二十七条 有关行政监督部门应当落实专人加强对招标投标活动的现场监督，依法处理、纠正交易活动中的违法、违规行为。

第二十八条 招标人、投标人、评委专家、招标代理机构以及其他公共资源交易当事人，应自觉遵守公共资源交易相关的法律、行政法规及有关规定，服从统一招投标平台的管理。

对交易活动中发生的违法、违规行为，市招标办有权向有关行政监督部门提出处理建议，有关行政监督部门应及时依法查处。

第二十九条 任何单位和个人对各类公共资源交易活动中发生的违法、违规行为，有权向市招标办或有关行政监督部门举报。

市招标办受理的投诉举报，根据归口管理的原则，应移交有关行政监督部门依法查处，必要时可会同有关行政监督部门共同查处。

第三十条 加快建立和完善公共资源交易市场信用体系，加强对公共资源交易活动不良行业记录管理，有关行政监督部门依法查处投诉举报和各类违法、违规案件，应及时将处理结果报市招标办备案。

强化对招标代理机构的管理，实行招标代理机构质量评价和考核准入机制。

第三十一条 市招标办、有关行政监督部门在公共资源交易活动和调查投诉举报过程中发现违法、违规行为且影响交易结果或可能造成严重损失的，应当及时通知当事人暂停交易活动。

第三十二条 市招标采购服务中心应按照有关规定做好公共资源交易活动的组织实施和交易服务工作，自觉接受市招标办及有关行政监督部门的监督和管理。对不按程序规范操作，工作失误严重影响公共资源交易活动的正常进行，造成重大失误的，由市招标办按照有关规定追究其工作责任。

第三十三条 公共资源交易活动相关工作人员应严格遵守有关法律、行政法规及有关规定，恪尽职守，秉公办事，自觉接受监督。严格禁止工作人员滥用职权、徇私舞弊、收受贿赂以及其他影响公共资源交易活动正常进行的违法、违规行为。

第三十四条 招投标活动当事人存在下列情形之一的，由相关行政监督部门依法查处，并将查处结果报市招标办备案。

（一）规定应进场交易而未进场交易或规避进场交易的；

（二）在公共资源交易过程中违反交易程序等有关管理规定的；

（三）在交易过程中有串标、泄密等行为的；

（四）未按规定发布交易信息的；

（五）违反规定签订合同的；

（六）其他违反公共资源交易有关规定的。

第三十五条 对有关行政监督部门未按规定履行监督与管理职能，严重影响公共资源交易市场秩序，有下列情形之一并造成严重后果的，由行政监察部门按照有关规定追究其工作责任。

（一）未按规定招标投标活动进行业务指导、现场监管的；

（二）对本行业招标投标活动未按规定严格监管，存在失管失察情况的；

（三）对本行业招标投标活动发生招标投标违法、违规行为，未及时调查处理的；

（四）其他严重违反公共资源交易管理和监督有关规定的行为。

第三十六条 公共资源交易活动相关工作人员存在失职、渎职及其他严重违法、违规行为，造成严重后果或恶劣影响的，由其行政监督部门或行政监察机关按照有关规定，追究其行政责任；构成犯罪的，移送司法机关依法追究法律责任。

第六章　附　　则

第三十七条 交通、水利、电力工程建设项目交易活动上级行业管理部门有特殊规定的，从其规定。

第三十八条 本办法由海宁市招标采购领导小组办公室负责解释。

第三十九条 本办法自 2009 年 9 月 1 日起实施，《海宁市招投标市场交易管理暂行办法》同时废止，原有规定与本办法有抵触的，以本办法为准。

海宁市城市道路停车管理暂行办法

海宁市人民政府令第三十八号

第一条 目的依据

为加强城市道路停车秩序管理，规范停车行为，调节停车管理矛盾，解决乱停车、乱收费问题，实现停车管理有序的目标，根据《中华人民共和国道路交通安全法》、《城市道路管理条例》等有关法律法规的规定，结合我市实际情况，制定本办法。

第二条 适用范围

本办法适用于我市建城区内政府投资的停车场(含地下)和利用城市道路停放车辆的管理。

第三条 术语含义

本办法所称的城市道路是指车行道、人行道、桥梁以及利用市政设施用地设置的各类设施。

本办法所称停车管理，是指车位收费管理和停车管理。

第四条 管理主体

市城管执法局是城市道路停车管理的主管部门，公安、发改、规划、交通等部门配合做好管理工作。

第五条 实施主体

市城管执法局下设道路停车管理服务中心，对政府投资的停车场(含地下)和城市道路范围内供社会车辆停放的停车场、依法施划的道路停车泊位、广场以及其他临时用作公共停车的场地进行管理。

第六条 管理原则

城市道路停车泊位的设置，应遵循便民利民、公开透明、能划尽划的原则。

第七条 管理方法

道路停车管理服务中心对公共停车场所实施统一管理。根据“三产”企业的申请，道路停车管理服务中心可结合实际情况，将“门前三包”责任区域内的公共停车场所委托相应“三产”企业管理，但三产企业不得收费。

第八条 收费制度

实行收费管理的停车场所，应在相关部门监督管理下，使用统一停车收费票据，严格按照《海宁市机动车停放服务收费管理办法(试行)》规定的收费标准收取公共车位占用费，停放时间在15分钟之内不得收费。

第九条 收费方法

道路停车管理服务中心对停车紧张、矛盾突出的区域通过收费的经济杠杆作用调节停车矛盾、优化公共资源利用，并根据停车拥堵程度在标准范围内确定收费额度。

第十条 建设规划

政府投资建设的停车场(含地下)是城市重要基础设施，市规划建设部门应会同公安交通管理部门、城管执法部门，依据城市总体规划，并按照城市停车场专项规划和道路交通发展的要求进行规划建设，保障道路交通安全畅通，以适应城市交通与管理的需要。

第十一条 建设要求

停车场的设计方案，市规划部门在审核办理规划许可手续前，应当征求公安交通管理部门、城管执法部门意见；涉及道路交通安全的，应当征得公安交通管理部门同意。新建工程配建的停车场应当与主体工程同时规划、同时设计、同时建设、同时验收、同时投入使用。

第十二条 使用规定

停车场未经规划、城管执法、公安交通管理等有关部门进行验收或验收不合格的，不得投入使用；不得擅自停止使用或改变用途；不得缩小停车场的使用面积。

第十三条 泊位设置

道路停车泊位的施划由公安交通管理部门、城管执法部门共同实施，不得影响城市景观和损害城市公共设施功能，并符合道路交通安全、畅通要求。

设置道路停车泊位直接关系他人重大利益的，应当尊重利害关系人的利益。

第十四条 临时泊位审批

因特殊情况需占用城市道路设置临时停车场所，必须征求市公安交通管理部门意见，并向城管执法部门办理占道许可手续，其他任何单位和个人不得占道设置临时停车场所。

第十五条 收费单位规范

收费单位应遵守下列规定：

（一）必须达到“四有”标准：即有许可文件、有管理设备、有责任制度、有专职管理员；

（二）必须做到“四统一”：即停车场管理员必须统一培训、统一佩戴标志、统一使用停车收费专用票据征收、统一使用监制的明码标价牌；

（三）必须做到“四公开”：即必须公开停车场责任制度、公开管理员工号、姓名、相片、公开停车场收费标准、公开投诉监督电话；

（四）负责车辆查验、登记；

（五）维护场内停放秩序和行驶秩序；

（六）停车场内发生火警、盗窃、抢劫、抢夺及场内交通事故等情况，应当采取相应的紧急措施并及时向公安机关报警；

（七）定期清点场内车辆，发现长期停放或可疑车辆，应及时向公安机关报告；

（八）保持停车场环境整洁。

第十六条 禁止行为

收费单位有下列行为之一的，由相关部门视情节轻重分别作出责令整改。

（一）停车场经营者没有执行“四有”、“四统一”、“四公开”管理规范的；

（二）停车场年度查验中发现有严重治安、消防隐患的。

第十七条 乱收费查处

对未经审批、不实行明码标价、不执行政府定价和政府指导价收费标准的行为，市价格主管部门将依据《中华人民共和国价格法》、《价格违法行为行政处罚规定》和《关于商品和服务实行明码标价的规定》依法进行查处。

第十八条 乱停车查处

机动车在非机动车道、人行道违反停车管理规定的由城管执法部门负责处罚；其他违反停车管理规定的由公安交通管理部门负责处罚；在停车场所发生交通事故及其处罚，由公安机关交通管理部门负责；违反本办法其他规定的，由公安交通、规划、建设、工商、地税等部门按照有关法律法规进行处罚。

第十九条 本办法由海宁市城市管理行政执法局负责解释。

第二十条 本办法自2010年1月1日施行。

海宁市科技创新风险投资引导基金（资金）管理暂行办法

海政发〔2009〕37号

第一章 总 则

第一条 为鼓励科技创新，营造创业投资良好氛围，扶持培育科技型创业企业，加快发展高新技术产业，探索建立完善科技风险投资体系，根据上级有关政策和《中共海宁市委、海宁市人民政府关于促进海宁经济又好又快发展的若干政策意见（试行）》(海委〔2008〕5号）精神，设立海宁市科技创新风险投资引导基金（资金）（以下简称引导基金）。为规范引导基金的使用管理，结合我市实际，制定本办法。

第二条 引导基金是专门用于扶持创业投资发展的政府专项资金，具有政策性、引导性和非营利性。引导基金旨在通过扶持风险（创业）投资企业（以下简称风投公司）发展和鼓励产业转型升级，引导社会资金加快向创业投资领域集聚。

前款所称风投公司是指在我国境内注册设立的，主要从事创业投资即向创业企业进行股权投资，以期所投资创业企业发育成熟或相对成熟后主要通过股权转让获得资本增值收益的企业组织。

第三条 引导基金规模为3000万元人民币，资金来源由市财政预算安排。基金规模可根据实际情况调整。

第四条 成立市引导基金管理领导小组，由市政府分管副市长任组长，市府办、市监察局、市发改局、市经贸局、市科技局、市财政局、市审计局和市人民银行为成员单位，领导小组负责引导基金的监督管理和年度奖励、补助方案的审定等工作。领导小组下设办公室，办公室设在市科技局。

第五条 引导基金主要采用投资奖励和风险补助两种引导方式。

第二章 支持方向和对象

第六条 引导基金的支持方向：支持从事《国家重点支持的高新技术领域》、《中国高新技术产品目录》范围内高新技术及其产品的研究、开发、生产；倾斜支持从事符合海宁市“三五”产业发展战略（即优化提升皮革、经编、家纺三大支柱产业，大力发展太阳能等新能源利用、印刷包装、汽车零部件、机械装备、电子信息五大新兴产业）范围内的高新技术及其产品的研究、开发、生产。

第七条 引导基金的支持对象：投资于我市初创期科技型中小企业的风投公司，包括在我市注册和在市外（境内）注册设立的风投公司；在本地投资设立科技型中小企业或者投资于我市初创期科技型中小企业的我市其他投资企业。申请引导基金支持的风投公司，须按国家《创业投资企业管理暂行办法》的规定经过备案。

第八条 前条所称初创期科技型中小企业是指主要从事第六条规定范围内的高新技术产品研究、开发、生产，成立期限在5年以内且具备下列条件的非上市公司：

（一）具有独立企业法人资格；

（二）职工人数在300人以下，具有大专以上学历的科技人员占职工总数的比例在30%以上，直接从事研究开发的科技人员占职工总数的比例在10%以上；

（三）年销售额在3000万元人民币以下，净资产在2000万元人民币以下，每年用于高新技术研究开发的经费占销售额的5%以上；

（四）财务管理制度健全，会计核算规范。

第三章 投资奖励

第九条 投资奖励是指引导基金对符合第七条规定的风投公司在我市投资期限在3年以上的实际投资行为给予一定的奖励。

第十条 风投公司在完成投资后、下一年度前，可以申请投资奖励。

第十一条 引导基金按照风投公司对投资企业的实际投入资本的5%给予投资奖励。对单个投资项目的投资奖励金额最高不超过200万元人民币。

第四章 风险补助

第十二条 风险补助是指引导基金对符合第七条规定的风投公司和市内其他投资企业，投资于初创期科技型中小企业所造成的投资损失，予以一定的补助。

第十三条 申请风险补助的风投公司和其他投资企业必须在投资完成后 1 年内、申请风险补助前到市科技局办理备案手续，事先没有备案的，其申请不予受理。

风投公司在所投企业解散清算后或者投资期已超过 3 年将所投企业股权转让后，可以申请风险补助。其他投资企业在所投企业解散清算后才可以申请风险补助。

申请风险补助应在自投资行为发生之日起 5 年内。

第十四条 风投公司因股权转让发生损失申请补助的，其股权转让价格应该合理，明显不合理的不得申请风险补助。

第十五条 引导基金按照不超过风投公司和其他投资企业实际投资损失额的 30% 给予补助，对单个投资项目的风险补助最高不超过 300 万元人民币。

第五章 引导基金的申请、拨付程序

第十六条 每年第一季度为上年度引导基金的申请与受理期，市科技局为受理单位。

第十七条 风投公司申请投资奖励时须提交以下材料。

（一）申请书；

（二）本企业营业执照和税务登记证复印件；

（三）风投公司向有管理权限部门备案的文件；

（四）本企业与所投企业签订的《投资协议》和出资证明；

（五）本企业编制的《投资决策报告》（副本）和《投资分析报告》；

（六）所投企业情况汇总表，包括所投企业名称、行业领域、组织形式、科技人员和研发人员比例、研发投入比例，本企业对其投资金额、投资时间、占股比例等；

（七）所投企业相关证明文件，包括企业营业执照和税务登记证复印件、经中介机构审计的上年度财务报表（资产负债表、损益表）、最近一个月的财务报表和资金到位证明等；

（八）其他应提供的材料。

风投公司和其他投资企业申请风险补助时须提交上述除（五）外的全部材料，同时须提交投资损失的相关证明材料。

第十八条 由市引导基金管理领导小组办公室牵头，会同市有关部门对风投公司和其他投资企业申请材料及所投企业实际运行情况等进行调查审核，提出投资奖励、风险补助建议方案。引导基金管理领导小组对投资奖励、风险补助建议方案进行审定。审定后，由市财政局会同市科技局发文下达投资奖励、补助风险资金。

第六章 附 则

第十九条 引导基金使用必须坚持严格审批、严格管理、专款专用，任何单位或个人不得截留、挪用。

第二十条 申请投资奖励、风险补助企业有弄虚作假行为的，一经查实，取消享受资格并追回已拨付的资金。情节严重的，依法追究其法律责任。

第二十一条 本办法由市科技局会同市财政局、市发改局负责解释。

第二十二条 本办法自发文之日起施行。

海宁市院前急救管理暂行办法

海政发〔2009〕56号

第一章　总　　则

第一条　为了加强院前急救管理，及时对急、危、重症伤病员实施救治，保障居民身体健康和生命安全，根据国家有关规定，结合本市实际，制定本办法。

第二条　本办法所称院前急救是指对急、危、重症伤病员在事发现场以及送往医院过程中的紧急医疗救护。

第三条　院前急救按照就近、专科、自愿的原则，实行统一受理、统一协调、统一调度、统一指挥。

第四条　市卫生行政部门负责本市院前急救管理工作。

第二章　网络建设

第五条　海宁市院前急救医疗网络由市“120”医疗紧急救援指挥中心（简称120指挥中心）、120急救站及网络单位急救点组成。从事院前急救的救护车辆必须根据浙江省院前急救统一标识的规定进行标识。

第六条　通过省评审的二级以上综合性（含中医院）医院，经卫生行政部门审批，可加入此网络，从事院前急救。

第七条　120指挥中心由市卫生行政部门负责组建，设在市人民医院，履行下列职责：

（一）统一协调、指挥、调度全市院前急救工作，统筹医疗资源。

（二）设立120呼叫中心，实行昼夜值班。

（三）对急救站（点）进行业务指导及管理。

（四）收集、处理及贮存急救信息。

（五）统一管理120等形式急救电话。

（六）组织开展急救知识技能的宣传培训和急救医学的科研、学术交流。

第八条　市卫生行政部门依照国家和省的有关规定制定急救站及急救点的设置条件和标准。根据需要，全市统一设置急救站1个，急救点4个，急救站设在市人民医院。市内医疗机构申请设立急救点的，需按照规定的条件、标准和程序，经市卫生行政部门审核批准后挂牌运行。

急救站、急救点履行下列职责：

（一）服从120指挥中心的指挥、调度、管理，承担急、危、重症伤病员的急救工作。

（二）开展急救知识技能的宣传培训和急救医学的科研、学术交流。

（三）负责急救信息资料的登记、保存、报告工作。

第九条　120指挥中心配置急救指挥车，急救站配置不少于4辆急救车，急救点配置不少于2辆急救车。急救指挥车和急救车按照规定安装标志灯和警报器。

急救车专门用于院前急救，不得随意调用执行非急救任务。

人员配置：一辆急救车为一个急救单元，每个急救单元配1名医生、1名护士、1名驾驶员和1～2名担架员。医生应为执业医生、护士应为执业护士并经注册，驾驶员应具有3年以上驾龄。

第十条　从事院前急救的管理人员、医护人员、调度员、驾驶员、担架员，应当参加市卫生行政部门组织的院前急救知识技能培训。

第三章　通信保障

第十一条　根据卫生部、信息产业部2004年关于加强院前急救网络建设及“120”特服号码管理的通知精神，海宁市院前急救统一号码为“120”，任何单位不得设定和使用其他院前急救号码。

第十二条 建立统一规范的院前急救网络，具有独立的指挥调度系统，配置无线、有线通讯系统；数字录音系统；UPS 应急电源系统；GPS 车辆卫星定位系统；电子大屏幕投影系统；LED 条屏显示系统。

第十三条 通信部门应当保障院前急救通信网络畅通。

第四章 实施救护

第十四条 急救站、急救点实行首诊负责制，接诊医生应当对病人在救护现场、救护途中的医疗活动负责，医护人员不得拒收病人或者相互推诿。

急救站实行 24 小时应诊制，急救点实行高峰运行。

从事院前急救的车辆统一由 120 指挥中心根据急救原则进行调度。清醒病人或有家属的病人根据自己的意愿可以在出车单上签字，按病人或家属意愿转送，重危无行为能力的病人原则上就近或送市人民医院抢救。

第十五条 急救站、急救点应当保证值班急救车及车载设备状况良好，接到急救指令后，应当立即派出救护人员和救护车。

第十六条 医护人员实施院前急救，应当填写院前急救病历，并及时移交给接收伤病员的医疗机构或科室。

第十七条 在抢救和护送中，如发现伤病员系传染病病人或者疑似传染病病人时，应当按照传染病防治的法律规定予以处置。

第十八条 急救站、急救点对急、危、重症伤病员应当立即抢救。因设备或者技术限制不能诊治的，应当及时转诊。

第十九条 120 指挥中心的 120 呼救电话录音和急救站、急救点收到的出诊指令及记录应当保存两年。

第二十条 院前急救费和救护车费应当严格按照物价部门核定的标准，由接收病人的医院统一收取，按季上交 120 指挥中心，由 120 指挥中心根据各成员单位出车情况进行结算。

第二十一条 急救车辆执行院前急救任务时，公安、交通部门应当优先放行；公路收费站应当保证即时通行，并按《收费公路管理条例》规定缴纳车辆通行费。

第二十二条 在灾害救援、特殊病人运送受阻时，可以启动 122、110 联动程序，开辟专用通道或者护送，保证急救通道畅通。

第二十三条 在抢救和护送与公安部门处置交通、治安、刑事等案件相关的急、危、重症伤病员时，120 指挥中心应将病人的去向及危重病人的情况等相关信息及时上报市公安局 110 指挥中心。在发生重大突发公共卫生事件时，120 指挥中心应及时将相关信息上报市卫生行政部门。市 120 指挥中心应当建立相应的信息登记和通报制度。

第五章 奖惩措施

第二十四条 市卫生行政部门每年应对网络成员单位进行考核；对专职从事院前急救的工作人员，所在单位可以给予适当的急救工作补贴，在职称晋升、职称聘任、年终考核和评先、评优时给予优先考虑。

第二十五条 对院前急救工作成绩突出的单位和个人，由市卫生行政部门给予表彰、奖励。

第二十六条 急救站、急救点不得拒绝 120 指挥中心的指挥、调度，不得以任何借口拒绝抢救和收治急、危、重症伤病员，不得以任何借口和理由争抢病人，由此致使延误急救诊治或造成其他严重后果的，按照有关法律规定处理，并由市卫生行政部门取消其院前急救资格，情节严重的，依法吊销“医疗机构执业许可证”。

第二十七条 未经市卫生行政部门审核

批准，任何医疗机构不得私自设置急救点。医疗机构接到急救呼救信息应当立即报告120指挥中心，由120指挥中心统一指挥调度。对擅自设置急救点或使用“120”以外的号码开展院前急救、争抢病人的，由市卫生行政部门依法处理，造成严重后果的，依法吊销“医疗机构执业许可证”。

第二十八条 对侮辱殴打医疗急救工作人员、扰乱医疗急救工作秩序、损毁医疗急救设备以及伪造信息、恶意呼救等行为，由市公安机关依法予以处罚；构成犯罪的，依法追究刑事责任。

第六章 附 则

第二十九条 本办法自2009年7月1日起施行，由市卫生局负责解释。

海宁市医疗纠纷预防与处置暂行办法

海政发〔2009〕83号

第一章 总 则

第一条 为有效预防和准确处置医疗纠纷，保护患者、医疗机构及其医务人员的合法权益，保障医疗安全，维护医疗秩序，根据《中华人民共和国执业医师法》、《医疗事故处理条例》、《企事业单位内部治安保卫条例》等法律法规和规定，结合本市实际，制定本办法。

第二条 本办法所称医疗纠纷，是指医患双方对医疗机构的医疗、护理行为和结果及其原因、责任在认识上产生分歧而引发的争议。

第三条 本办法适用于本市行政区域内各级医疗机构的医疗纠纷预防与处置工作。

第四条 处理医疗纠纷应当遵循预防为主、依法处置、公平公正、及时便民的原则。

第五条 卫生行政部门应当依法履行监督管理职能，指导医疗机构做好医疗纠纷的预防与处置工作。

第六条 医疗机构应当按照有关法律、法规和规章规定，加强自身管理，提高医疗服务质量和服务水平，确保医疗安全。

医疗机构按国家和本市有关规定参加医疗责任保险。

第七条 患方的生命健康权、知情权等权利依法受法律保护。

患方应当尊重医务人员，依法维护自身权益和解决医疗纠纷，维持医疗机构正常的医疗秩序。

第八条 公安机关应当加强医疗机构内部治安管理工作的指导，指导医疗机构制定医疗纠纷处置预案。接到医疗机构内发生的医疗纠纷引发的警情，及时出警，依法处置。

第九条 新闻机构和新闻记者应当遵守有关法律、法规规定，恪守职业道德，力求客观公正，正确发挥舆论监督作用。

第十条 设立医疗纠纷人民调解委员会（以下简称调委会），负责医疗纠纷的人民调解工作。

调委会的组织和工作办法另行制定。

第十一条 患方所在单位、基层群众自治组织和当地镇人民政府（街道办事处）应当配合医患纠纷处置工作，应医患双方或一方请求参与医疗纠纷处理。

第二章 预 防

第十二条 卫生行政部门应当规范医疗机构执业准入，加强对医疗机构执业行为的监督和管理，督促医疗机构及医务人员提高医疗服务质量，保障医疗安全，维护患者利益。

第十三条 医疗机构应当建立健全医务

人员违法违规行为公示和责任追究制度、医疗质量监控和评价制度、医患沟通制度、安全责任制度。

医疗机构应当设立患方接待场所，接受患方咨询和投诉。

第十四条 医疗机构应当制定医疗纠纷处置预案，并报市卫生行政部门和公安机关备案。

第十五条 医务人员应当遵守下列规定，预防医疗纠纷的发生：

（一）遵守卫生法律、法规、规章和技术操作规范；

（二）树立敬业精神，遵守职业道德，增强责任心，关心、爱护、尊重患者，保护患者的隐私；

（三）努力钻研业务，更新知识，提高专业技术水平；

（四）在避免对患者产生不利后果的前提下，如实告知患者病情、医疗措施、医疗风险及医疗费用等情况，并及时解答其咨询；

（五）按照国务院卫生行政部门的规定书写病历资料，不得隐匿、伪造或者销毁医学文书及有关资料。

第十六条 患者及其家属应当遵守下列规定：

（一）遵守医疗机构规章制度，维护医疗秩序；

（二）如实向医务人员陈述病情，配合医务人员进行诊断、治疗和护理；

（三）按时支付医疗费用；

（四）发生医疗纠纷后，依法表达意见和要求。

第三章　报　　告

第十七条 卫生行政部门应当指导医疗机构建立健全医疗纠纷报告制度，规范医疗纠纷报告工作。

医疗机构应当建立、健全医疗纠纷报告制度，并按规定报告医疗纠纷，不得隐瞒、缓报、谎报。

第十八条 医务人员对发生的医疗纠纷或发现患方有扰乱医疗秩序行为的，应当按照《医疗事故处理条例》规定报告，接到报告的人员在按规定向上级报告的同时，还应当立即采取措施，防止事态扩大，并按规定进行调查核实。

第十九条 有下列情形之一的，医疗机构应当立即向所在地公安机关报警：

（一）停尸闹丧，或聚众占据医疗机构诊疗、办公场所的；

（二）故意损坏或窃取医疗机构财产、设备和病历、档案等重要资料的；

（三）阻碍医师依法执业，侮辱、诽谤、威胁、殴打医务人员或者侵犯医务人员人身自由、干扰医务人员正常生活的；

（四）有其他严重影响医疗秩序的行为，经劝说无效的。

第四章　处　　置

第二十条 发生医疗纠纷后，医疗机构应当启动医疗纠纷处置预案，并按下列程序处置：

（一）根据预案规定的职责要求，要立即开展治疗经过调查，第一时间安排专人负责接待、解释，组织有关专家会诊和分析，并及时将医院专家会诊意见告知患方，同时报卫生行政部门；

（二）在医患双方共同在场的情况下，按《医疗事故处理条例》规定封存和启封现场实物及相关病历资料；

（三）患者在医疗机构内死亡的，按规定将尸体移放太平间或殡仪馆。不能确定死因或医患双方对死因有异议的，按《医疗事故处理条例》规定进行尸检；

（四）书面告知患方有关医疗纠纷处置的办法和程序，答复患方的咨询和疑问，引导患方依法解决纠纷；

（五）双方协商解决医疗纠纷的，应当在医疗机构专用接待场所进行。患方来院人数在5人以上的，应当推举代表进行协商，代表人数不得超过5名；

（六）处置完毕后，向卫生行政部门提交医疗纠纷处置报告，如实反映医疗纠纷的发生经过及调查、处理情况。

第二十一条 卫生行政部门接到关于医疗纠纷的报告后，应当按照下列程序处置：

（一）责令医疗机构及时采取措施，防止事态扩大，必要时派人赶赴现场；

（二）积极开展政策宣传和教育疏导工作，引导医患双方依法妥善解决纠纷；

（三）当事人申请医疗事故争议处理的，按照《医疗事故处理条例》规定进行。

第二十二条 公安机关接到关于医疗纠纷的警情后，应当按照下列程序处置：

（一）立即组织警力赶赴现场；

（二）开展教育疏导，制止过激行为，维护医疗秩序；

（三）依法处置现场发生的各类违反治安管理的行为；

（四）患者在医疗机构内死亡，患方拒绝将尸体移放太平间或殡仪馆，劝说无效的，现场处置民警可以依法移放尸体。

第二十三条 患方所在单位、当地政府接到重大医疗纠纷报告后，应当按照下列程序处置：

（一）立即采取措施，做好教育疏导工作，防止事态扩大；

（二）积极引导患方依法依规维权。

第二十四条 承担医疗责任保险的保险机构应当设立医疗纠纷理赔部门，接受医疗机构委托，参加医疗纠纷调查取证。

第二十五条 医疗纠纷发生后，凡患方提出经济赔偿要求，金额在1万元（镇和街道卫生院5000元）以下的，双方可以协商解决纠纷理赔事项。金额在1万元（镇和街道卫生院5000元）以上的，双方应当向调委会申请调解。符合受理条件的，调委会应当及时受理。参加医疗责任保险的医疗机构应当委托保险机构参与调查、配合调解。调委会应当自受理调解开始之日起1个月内调结；到期未结束的，视为调解不成，双方当事人同意延期的除外。

第二十六条 医疗纠纷发生后，患方可以向医疗机构所在地的卫生行政部门提出医疗事故争议处理申请，卫生行政部门应当按照《医疗事故处理条例》规定处理。

第二十七条 医疗纠纷发生后，当事人也可以直接向人民法院提起诉讼。当事人已经向法院提起诉讼的，卫生行政部门或调委会不再受理其处理或调解申请；已经受理的，应当终止处理或调解。

第二十八条 当事人协商达成协议、调委会或卫生行政部门调解达成协议、人民法院调解或作出生效判决的，医疗机构应当按照协议或者判决履行相关责任。

第五章 罚 则

第二十九条 卫生行政部门及其工作人员、医疗机构及其医务人员违反本办法规定，《中华人民共和国执业医师法》、《医疗事故处理条例》等法律、法规已有处罚规定的，从其规定。

第三十条 医务人员违反本办法规定，有下列行为之一的，由卫生行政部门依法给予处罚，构成犯罪的，依法追究刑事责任：

（一）违反卫生行政规章制度或者技术操作规范，造成严重后果的；

（二）由于不负责任延误危急患者的抢救和治疗，造成严重后果的；

（三）隐匿、伪造或者擅自销毁医学文书及有关资料的。

第三十一条 医疗机构未制定有关医疗

纠纷处置预案的，由卫生行政部门责令改正，情节严重的，对负有责任的主管人员和其他责任人员依法给予处分。

第三十二条 患方有下列行为之一的，由公安机关依法给予治安管理处罚；构成犯罪的，依法追究刑事责任：

（一）聚众占据医疗机构诊疗或办公场所，寻衅滋事的；

（二）拒不将尸体移放太平间，或在医疗机构拉横幅、设灵堂或张贴大字报，劝说无效的；

（三）阻碍医师依法执业，侮辱、诽谤、威胁、殴打医务人员或者侵犯医务人员人身自由、干扰医务人员正常生活的；

（四）破坏医疗机构的设备、财产和病历、档案等重要资料的；

（五）其他扰乱医疗秩序的行为，情节严重的。

第三十三条 人民警察在处置医疗纠纷过程中，玩忽职守，不履行法定义务的，依法给予行政处分；情节严重、构成犯罪的，依法追究刑事责任。

第三十四条 新闻机构或新闻记者对真相未明、调查结果尚未公布的医疗纠纷作严重失实报道，或在报道中煽动对立情绪，造成严重社会不良影响和后果的，依照国家有关规定处理。

第六章 附 则

第三十五条 本办法所指患方，包括患者、患者亲属及其他相关人员。

第三十六条 本办法自 2009 年 10 月 1 日起施行。

（张 琛）

文 件 目 录

表 94 【中国共产党海宁市委员会 2009 年文件目录（一）】

海委文号	日 期	题 名
1号	1月8日	中共海宁市委 2009 年工作要点
2号	3月10日	关于开展深入学习实践科学发展观活动的实施意见
3号	3月10日	中共海宁市委常委会开展深入学习实践科学发展观活动实施方案
4号	3月5日	关于加快推动经济转型升级努力走在科学发展前列的意见
5号	4月7日	关于认真贯彻党的十七届三中全会精神进一步推进农村改革发展的实施意见
6号	4月7日	关于实施村级集体经济第四轮重点扶持工作的意见
7号	8月21日	关于进一步深化改革开放推动科学发展加快“三市”建设的意见
8号	8月26日	关于推进村庄集聚加快现代新市镇和城乡一体新社区建设的意见
9号	9月14日	关于进一步加强和改进人大工作的意见
10号	9月14日	关于加强人民政协工作的实施意见
11号	11月27日	关于加强残疾人事业发展实施意见

表 95 【中国共产党海宁市委员会 2009 年文件目录（二）】

海委发文号	日 期	题 名
1号	1月3日	市委关于同意海宁市妇联第十五次代表大会选举结果的批复
2号	1月13日	关于进一步发挥镇（街道）和部门党政主要领导抓班子带队伍作用的意见
3号	1月22日	关于对海宁市公安局给予表扬的通报
4号	1月25日	关于表彰基层民兵预备役建设先进单位和先进个人的通报
5号	2月3日	关于建立市十三届人大三次会议市政协十一届三次会议临时党委的通知
7号	2月5日	关于表彰2008年度先进集体和先进个人的决定
8号	2月19日	关于命名表彰海宁市级文明单位、文明村、文明街道、文明社区、文明行业（规范服务达标行业）的决定
9号	2月23日	关于调整市精神文明委员会组成人员的通知
10号	2月24日	关于公布海宁市总工会第十五届委员会组成人员和经费审查委员会主任的通知
11号	2月25日	关于表彰2008年度海宁市信访工作先进集体和先进个人的决定
12号	2月27日	关于成立市委深入学习实践科学发展观活动领导小组的通知
13号	3月5日	关于同意召开海宁市第六次台胞台属代表大会的批复
14号	3月11日	关于同意召开共青团海宁市第十六次代表大会的批复
15号	3月12日	关于同意召开海宁市第六次归侨侨眷代表大会的批复
16号	4月7日	关于表彰2008年度农业农村工作农村指导员科技特派员工作先进集体和先进个人的决定
17号	4月10日	关于批转《政协海宁市委员会关于建立民主监督员制度的意见》的通知
18号	4月21日	关于命名表彰2008年度平安村（社区）的决定
19号	4月21日	关于表彰2008年度深化“平安海宁”建设、社会治安综合治理和维护社会稳定工作先进集体和先进个人的决定
21号	4月29日	关于印发《海宁市创建国家卫生城市工作实施意见》的通知
22号	5月19日	关于同意市侨联第六次代表大会选举结果的批复
23号	6月3日	批转市委组织部关于《竞争性选拔镇（街道）行政正职和党委副书记工作方案》《竞争性选拔副科（局）级领导干部工作方案》的通知
24号	6月10日	关于进一步贯彻《中共浙江省委办公厅关于加强和改进县（市、区）机关党建工作的意见》的通知
26号	6月20日	关于调整市委维护稳定工作领导小组的通知
27号	6月22日	中共海宁市委关于常委会民主生活会的情况报告
28号	6月25日	关于调整深化“平安海宁”建设工作领导小组成员的通知

(续表)

海委发文号	日 期	题 名
29号	6月26日	关于同意建立中共海宁长海包装印刷有限公司委员会和纪律检查委员会的批复
32号	7月1日	关于进一步推进农村社区建设的意见
33号	7月6日	关于同意建立中共尖山新区（黄湾镇）闸口村委员会的批复
34号	7月6日	关于表彰2003~2008年度慈善工作先进单位的决定
35号	7月15日	关于同意撤销中共海宁机床厂有限公司委员会的批复
37号	8月3日	关于同意台胞台属联谊会第六届理事会选举结果的批复
38号	8月21日	关于公布王金法等同志职务任免的通知
39号	8月26日	关于同意建立中共洁华控股股份有限公司委员会的批复
40号	9月10日	关于同意市科学技术协会七届四次常委会选举结果的批复
41号	9月10日	关于同意市工商联（总商会）八届五次执委会选举结果的批复
42号	9月22日	市委批转《政协海宁市委员会关于建立政协镇（街道）联络委员会的实施意见》的通知
43号	9月26日	关于进一步开展违法用地和违法建设专项整治工作的实施意见
44号	10月13日	关于表彰海宁市人才工作先进集体和优秀人才的决定
45号	10月15日	关于加快引进培养创新型人才推动创新发展的政策意见
46号	11月16日	关于同意共青团海宁市第十六届委员会委员、常委、书记、副书记候选人建议人选的批复
47号	12月1日	关于在全市领导班子和领导干部中开展反腐倡廉专题教育的通知
48号	12月28日	关于同意对孟建良开除党籍处分的批复
49号	12月28日	关于同意对竺伟益开除党籍处分的批复
50号	12月31日	关于印发《2010~2012年海宁市大规模培训干部工作实施意见》的通知
51号	12月31日	关于公布共青团海宁市第十六届委员会组成人员的通知

(赵建华)

表96 【海宁市人民代表大会常务委员会2009年文件目录（一）】

海人大文号	日 期	题 名
1号	1月12日	海宁市人大常委会2009年工作要点
2号	1月7日	关于表彰2008年度先进市人大代表小组和优秀市人大代表的决定
3号	1月7日	关于表彰市十三届人大二次会议以来优秀代表建议的决定
4号	1月7日	关于调整市人大代表小组组长的决定
6号	1月13日	关于补选斯金锦为嘉兴市第六届人民代表大会代表的报告

(续表)

海人大文号	日　期	题　　名
8号	2月26日	关于交办市十三届人大三次会议代表建议的意见
18号	3月27日	海宁市人民代表大会常务委员会联系市人民代表大会代表办法
19号	3月27日	海宁市人民代表大会代表联系原选区选民办法
22号	4月30日	关于谷水路（原港口大道）项目的意见
23号	5月20日	海宁市人民代表大会常务委员会关于加强城市规划工作的决定
24号	6月17日	关于同意海宁临杭新区股权融资项目资金纳入财政预算安排的意见
25号	6月17日	关于同意海宁连杭经济区连杭科教新城配套建设项目资金纳入财政预算安排的意见
26号	6月17日	关于尖山新区中部区块基础设施（二期）项目的意见
27号	6月18日	关于同意盐官古城综合保护与开发项目资金纳入财政预算安排的意见
28号	7月1日	海宁市人民代表大会常务委员会关于同意城东区块新农村建设项目资金纳入财政预算安排的意见
29号	7月1日	关于同意硖石街道高丰等区块拆迁项目资金纳入财政预算安排的意见
30号	7月27日	海宁市人民代表大会常务委员会关于批准海宁市2008年财政决算的决议
31号	7月27日	海宁市人民代表大会常务委员会关于调整海宁市2009年财政支出预算的决议
32号	7月27日	海宁市人民代表大会常务委员会关于接受张建良等辞去海宁市第十三届人民代表大会常务委员会委员职务的决定
33号	7月27日	海宁市人民代表大会常务委员会关于接受张建良等辞去海宁市第十三届人民代表大会代表职务的决定
34号	7月27日	关于对市十三届人大三次会议通过的“一府两院”工作报告决议执行情况进行跟踪监督的通知
35号	7月30日	关于同意海宁市海昌投资开发有限公司的置换贷款本息纳入财政预算安排的意见
36号	7月30日	关于同意劳动和社会保障服务中心项目资金纳入财政预算安排的意见
37号	7月31日	海宁市人民代表大会常务委员会关于许可对许金良采取刑事拘留强制措施的决定
38号	9月28日	海宁市人民代表大会常务委员会关于政府投资重大建设项目审查监督办法
39号	9月28日	海宁市人民代表大会常务委员会关于同意将连杭科教新城基础配套工程一期项目增列为2009年度政府投资项目计划的决议
40号	9月28日	海宁市人民代表大会常务委员会关于调整海宁市第十三届人民代表大会代表名额分配的决定
41号	9月30日	海宁市人民代表大会常务委员会关于海宁市射击游泳馆项目的意见
42号	10月10日	海宁市人民代表大会常务委员会工作评议办法

(续表)

海人大文号	日　期	题　　名
43号	11月20日	海宁市第十三届人民代表大会常务委员会公告
44号	11月20日	海宁市第十三届人民代表大会常务委员会关于许可对市十三届人大代表钱兴江采取行政拘留措施的决定
45号	11月20日	海宁市第十三届人民代表大会常务委员会关于同意海宁市城市总体规划局部调整的决议
46号	11月20日	关于补选金新宇为嘉兴市第六届人民代表大会代表的报告
47号	12月30日	关于同意斜桥镇新市镇新社区主中心及副中心建设项目贷款本息纳入财政预算安排的意见

表97　【海宁市人民代表大会常务委员会2009年文件目录（二）】

海人大干文号	日　期	题　　名
1号	1月14日	关于褚信权免职的通知
2号	1月14日	关于徐建英任职的通知
3号	3月27日	关于卢永明等任职的通知
4号	5月20日	关于朱雪明等职务任免的通知
5号	5月20日	关于马屹等任职的通知
6号	7月27日	关于潘建华等职务任免的通知
7号	7月27日	关于黄天云等职务任免的通知
8号	7月27日	关于周飞等任职的通知
9号	7月31日	关于赵莫辉任职的通知
10号	7月31日	关于杨建全免职的通知
11号	10月30日	关于公布倪惠芬等职务的通知
12号	11月20日	关于祝立新等职务任免的通知
13号	11月20日	关于茅伟明等职务任免的通知

表98　【海宁市人民代表大会常务委员会2009年文件目录（三）】

海人大发文号	日　期	题　　名
1号	3月3日	市十三届人民代表大会第三次会议代表审议发言综述
2号	3月3日	市十三届人民代表大会第三次会议代表审议发言综述
3号	3月3日	市十三届人民代表大会第三次会议代表审议发言综述
4号	3月31日	关于全市行政监察工作情况的审议意见

(续表)

海人大发文号	日　期	题　　名
5号	4月1日	关于全市医疗卫生资源配置情况的审议意见
6号	5月4日	关于全市畜禽养殖污染治理工作情况的视察意见
7号	5月31日	关于新居民服务管理工作的视察意见
8号	6月19日	关于高新技术产业发展情况的审议意见
9号	6月19日	关于国家级园林城市创建情况的视察意见
10号	7月1日	关于有害污泥安全处置工作情况的视察意见
11号	7月2日	关于国家卫生城市创建情况的视察意见
12号	7月31日	关于2009年上半年全市经济社会发展情况的审议意见
13号	7月31日	关于2008年度财政预算执行情况及其他财政资金收支情况审计报告的审议意见
14号	7月31日	关于市人民法院上半年工作情况的审议意见
15号	7月31日	关于市人民检察院上半年工作情况的审议意见
16号	8月3日	关于文体设施规划建设情况的视察意见
17号	8月13日	市十三届人大常委会第十九次(扩大)会议关于农业法及相关法律法规执行情况的审议意见
18号	8月26日	关于全市“十小”行业质量安全整规工作情况的视察意见
19号	9月7日	关于全市重点工程和政府实事项目进展情况的视察意见
20号	9月30日	关于中小企业促进法及省发展条例执行情况的审议意见
21号	9月30日	关于海宁市2009年上一阶段财政预算执行情况的审议意见
22号	10月30日	关于《海宁市旅游发展总体规划》和《盐官景区总体规划》执行情况的视察意见
23号	12月1日	关于对市交通局工作的评议意见
24号	12月1日	关于对市人事局工作的评议意见
25号	12月1日	关于对市经贸局工作的评议意见
26号	12月7日	市十三届人大常委会第二十二次会议关于2009年实事项目落实情况的审议意见
27号	12月9日	关于对市看守所工作的视察意见
28号	12月10日	关于市十三届人大三次会议代表建议办理和市十三届人大二次会议代表建议落实工作情况的审议意见
29号	12月10日	市十三届人大常委会第二十二次会议关于市人民政府依法行政工作报告的审议意见

(张正阳)

表 99 【海宁市人民政府 2009 年文件目录（一）】

政府令文号	日　期	题　　名
36 号	4 月 27 日	海宁市国家建设项目审计办法
37 号	8 月 18 日	海宁市公共资源交易监督管理办法
38 号	11 月 27 日	海宁市城市道路停车管理暂行办法

表 100 【海宁市人民政府 2009 年文件目录（二）】

海政文号	日　期	题　　名
1 号	1 月 14 日	关于提请审议为海宁经济开发区有关区块拆迁改造安排专项财政资金的议案
2 号	1 月 15 日	关于提请审议徐建英同志任职的议案
3 号	1 月 12 日	关于要求实施嘉绍高速公路袁花互通至规划 08 省道连接线工程的函
4 号	2 月 13 日	关于申办 2009 年全国城市体育舞蹈锦标赛暨 CDSF 体育舞蹈大奖赛的请示
5 号	2 月 19 日	关于要求对海宁中国皮革城经营管理有限公司历史沿革中产权问题予以确认的请示
6 号	2 月 19 日	关于要求创建“浙江省扶残助残爱心城市”的请示
7 号	2 月 19 日	关于十三届人大常委会第十四次会议关于 2008 年政府实事项目进展情况的审议意见办理情况的报告
8 号	2 月 24 日	关于要求调整企业基本养老保险单位缴费比例的请示
9 号	2 月 25 日	关于提请审议海宁马桥农业生态园综合开发项目贷款本息纳入财政预算安排的议案
10 号	3 月 3 日	关于要求批转海昌街道（原硖石镇）土地利用总体规划局部修改方案的请示
11 号	3 月 3 日	关于要求批转黄湾镇土地利用总体规划局部修改方案的请示
12 号	3 月 3 日	关于要求批转斜桥镇土地利用总体规划局部修改方案的请示
13 号	3 月 3 日	关于要求批转丁桥镇土地利用总体规划局部修改方案的请示
14 号	3 月 3 日	关于要求批转许村镇土地利用总体规划局部修改方案的请示
15 号	3 月 3 日	关于上报海宁市 2009 年度城镇房屋拆迁计划的请示
16 号	3 月 23 日	关于提请审议财政预算安排 08 省道易地改建工程项目建设资金的议案
17 号	3 月 6 日	关于上报海宁市松材线虫病疫点拔除实施方案的请示
18 号	3 月 16 日	关于提请审议农业对外综合开发区基础设施提升项目贷款本息纳入财政预算的议案
19 号	3 月 18 日	关于提请审议水月亭路东延项目贷款本息纳入财政预算的议案
20 号	3 月 18 日	关于提请审议原八方布业区块拆迁项目贷款本息纳入财政预算的议案
21 号	3 月 18 日	关于提请审议原广源化纤厂区块拆迁项目贷款本息纳入财政预算的议案

(续表)

海政文号	日 期	题 名
22号	3月18日	关于要求扶持海宁市技工学校太阳能利用专业与实训基地建设的请示
23号	3月18日	关于要求对食品安全示范镇（街道）进行考核验收的请示
24号	3月31日	关于要求审批尖山新围垦区域土地利用规划调整的请示
25号	3月27日	关于提请审议为文苑路北延项目建设安排专项财政资金的议案
26号	3月31日	关于提请审议为碧云路以西区块环境整治拆迁工程安排专项财政资金的议案
27号	3月27日	关于提请审议海宁农业对外综合开发区基础设施改造项目贷款本息纳入财政预算的议案
28号	3月30日	关于申报国家园林城市的请示
29号	3月30日	关于要求批转嘉兴至绍兴跨江公路通道北接线(海宁境)工程项目占用标准农田补划方案的请示
30号	3月30日	关于要求追加海宁市2009年计划第一批次规划指标的请示
31号	3月31日	关于提请审议城南大道东延等项目贷款本息纳入财政预算的议案
32号	3月31日	关于提请审议为碧云路以西区块环境整治拆迁工程安排专项财政资金的议案
33号	7月8日	关于同意盐官观潮景区蚕种场与夹塘区块控制性详细规划的批复
34号	5月5日	关于提请审议海宁农业对外综合开发区基础设施改造项目贷款本息纳入财政预算的议案
35号	4月10日	关于上报审查并转报确认海宁市伊桥经济房(廉租房)和海宁城南初中(马桥中学)涉及调整基本农田的请示
36号	4月14日	关于创建海宁太阳能利用省级高新技术特色产业基地的请示
37号	4月15日	关于要求建设海宁连杭经济区地铁工程的报告
38号	5月5日	关于上报审查并转报确认海宁市金潮实业有限公司等五个项目涉及调整基本农田的请示
39号	4月23日	关于要求免征蒙努、卡森两企业加工贸易保证金的报告
40号	4月27日	关于我市两企业缴纳加工贸易保证金面临困难的报告
41号	6月22日	关于要求设立上海漕河泾新兴技术开发区海宁分区的请示
42号	4月28日	关于提请审议为谷水路(原港口大道)项目建设安排专项财政资金的议案
43号	5月18日	关于要求追加海宁市2009年计划第三批次规划指标的请示
44号	5月19日	海宁市申报创建浙江省扶残助残爱心城市重点工作意见
45号	5月18日	关于要求对海宁市殡仪馆迁建项目资金补助的请示
46号	5月22日	关于要求完善钱江通道海宁段初步设计的函
47号	5月19日	关于申报国家园林城市的请示
48号	5月31日	关于要求减免进口生皮检验检疫费用的函

（续表）

海政文号	日　期	题　　名
49 号	6 月 1 日	关于上报新建上海至杭州铁路客运专线（海宁段）用地项目建设用地的请示
50 号	6 月 1 日	关于要求解决新建上海至杭州铁路客运专线（海宁段）项目占用标准农田补划问题的请示
51 号	6 月 1 日	关于邀请省政府领导参加香港查氏集团项目奠基仪式的请示
52 号	6 月 8 日	关于上报审查并转报确认海宁市伊桥廉租房涉及调整基本农田的请示
53 号	6 月 19 日	关于要求审批长安镇和许村镇土地利用总体规划局部修改方案的请示
54 号	6 月 24 日	关于浙江省卫生强县（市）考核评估的请示
55 号	6 月 17 日	关于邀请省人大常委会领导参加香港查氏集团项目奠基仪式的请示
56 号	6 月 12 日	关于要求在沪昆铁路 277 号桥下铺设供水管道的函
57 号	6 月 16 日	关于提请审议尖山新区中部区块基础设施（二期）项目贷款本息纳入财政预算的议案
58 号	6 月 16 日	关于提请审议尖山新区中部区块基础设施（二期）项目贷款本息纳入财政预算的议案
59 号	7 月 9 日	关于提请审议为临杭新区股权融资项目安排专项财政资金的议案
60 号	7 月 9 日	关于提请审议连杭科教新城配套建设项目贷款本息纳入财政预算的议案
61 号	6 月 24 日	关于要求追加海宁市 2009 年计划第四批次规划指标的请示
62 号	6 月 24 日	对市十三届人大常委会第十三次会议关于环东西山规划建设情况审议意见办理情况的报告
63 号	6 月 19 日	关于提请审议盐官古城综合保护与开发项目贷款本息纳入财政预算的议案
64 号	7 月 1 日	关于提请审议硖石街道高丰等区块拆迁项目贷款本息纳入财政预算的议案
65 号	7 月 1 日	关于提请审议城东区块新农村建设拆迁项目贷款本息纳入财政预算的议案
66 号	6 月 29 日	关于要求对海宁市新万年染整有限公司年新增加工 4000 万米织物染色后整理技改项目环境影响报告书进行审批的请示
67 号	7 月 17 日	关于提请审议海宁市海昌投资开发有限公司的置换贷款本息纳入财政预算的议案
68 号	7 月 24 日	关于要求承办 2011 年第八届全国残疾人运动会举重比赛的请示
69 号	7 月 21 日	关于要求举办第十六届中国国际钱江（海宁）观潮节的请示
70 号	7 月 21 日	关于恳请中国国际贸易促进委员会共同主办第十六届海宁·中国皮革博览会的请示
71 号	7 月 24 日	关于恳请中国轻工业联合会共同主办第十六届海宁·中国皮革博览会的请示
72 号	7 月 21 日	关于恳请省人民政府共同主办第十六届海宁·中国皮革博览会的请示
73 号	7 月 21 日	关于恳请中国皮革协会共同主办第十六届海宁·中国皮革博览会的请示
74 号	7 月 27 日	关于提请审议黄天云等同志职务任免的议案
75 号	7 月 28 日	关于提请审议劳动和社会保障服务中心项目贷款本息纳入财政预算的议案

（续表）

海政文号	日　期	题　　名
76号	7月29日	关于要求将“中国国际贸易促进委员会浙江省海宁市委员会”更名为“中国国际贸易促进委员会浙江省海宁市支会”的请示
77号	8月10日	关于提请审议赵莫辉同志任职的议案
78号	8月4日	关于全市医疗卫生资源配置情况审议意见办理情况的报告
79号	8月7日	关于第四届海峡两岸经编产业论坛赴台公务人员人数的请示
80号	8月10日	关于对市十三届人大常委会第十七次会议关于全市行政监察工作情况审议意见办理情况的报告
81号	8月14日	关于要求审批并转报海宁市新建城南初中等6个项目用地涉及的土地利用总体规划局部修改方案及追加规划建设占用耕地指标的请示
82号	8月21日	关于提请审议将连杭科教新城基础配套工程一期项目增列为2009年度政府投资项目计划的议案
83号	8月18日	关于海宁境内磁悬浮铁路路径方案初步审查意见的函
84号	8月21日	关于提请审议沪杭高铁客运专线项目市资产经营公司资本金部分搭桥贷款本息纳入财政预算的议案
85号	8月20日	关于《市十三届人大常委会第十八次会议关于高新技术产业发展情况审议意见》办理情况的报告
86号	9月7日	关于要求命名我市为“中国包装名县（市）”的请示
87号	9月7日	关于要求命名我市斜桥镇为“中国包装名镇”的请示
88号	9月9日	关于盐官镇申请创建“浙江省旅游强镇”的请示
89号	9月15日	关于恳请省政府领导出席2009海宁市“一节两会”开幕式的请示
90号	9月15日	关于盐官古城申报“中国历史文化名镇”的请示
91号	9月28日	关于提请审议海宁市射击馆、游泳馆项目贷款本息纳入财政预算的议案
92号	9月23日	关于要求解决扩大杭嘉湖南排（洛塘河整治应急工程）项目占用标准农田补划问题的请示
93号	9月28日	关于撤销2009年度嘉兴市级重大火灾隐患单位的请示
94号	9月28日	关于申请授予“全国轮滑城市”称号的请示
95号	10月9日	关于海宁市人民政府组团赴台的请示
96号	10月9日	关于要求对第三批食品安全示范镇（街道）进行考核验收的请示
97号	10月12日	关于海宁市2009~2011年廉租住房保障规划的报告
98号	10月29日	关于《市十三届人大常委会第十九次会议关于农业法及相关法律法规执行情况的审议意见》办理情况的报告

(续表)

海政文号	日 期	题 名
99号	11月9日	关于要求调剂解决我市重点项目工业用地指标的请示
100号	10月29日	关于市人大常委会对2008年市财政预算执行情况及其他财政资金收支情况审计工作报告审议意见办理情况的报告
101号	11月27日	关于海宁市要求组团赴台开展经贸活动的请示
102号	11月27日	关于要求解决杭平申线（海宁段）航道扩建工程项目占用标准农田补划问题的请示
103号	11月19日	关于提请审议茅伟明等同志职务任免的议案
104号	11月30日	关于上报桐乡市污水处理尾水外排工程海宁7号污水提升泵站项目建设用地的请示
105号	11月30日	关于要求解决钱江通道及接线工程（钱江隧道海宁荆山段）项目占用标准农田补划问题的请示
106号	12月1日	关于海宁宏达小额贷款股份有限公司要求增资扩股的请示
107号	12月1日	关于海宁宏达小额贷款股份有限公司要求增加经营业务和适当放宽经营范围的请示
108号	12月7日	关于邀请省政府领导参加我市与上海漕河泾新兴技术开发区全面合作协议签约仪式的请示
109号	12月8日	海宁市人民政府2009年依法行政工作情况报告
110号	12月8日	关于要求将浙江省第十四届运动会射击比赛项目列入重点比赛项目的请示
111号	12月9日	关于提请审议洛洲二期区块安置房工程项目追加投资的议案
112号	12月11日	关于恳请录制第五届海宁·中国经编设计大赛颁奖晚会的请示
113号	12月18日	关于建设浙江省嘉兴经编产业技术创新服务平台的请示
114号	12月21日	关于上报钱江通道及接线工程（钱江隧道海宁荆山段）项目建设用地的请示
115号	12月21日	关于上报500KV海宁变电站工程项目建设用地的请示
116号	12月21日	关于要求解决京杭运河二通道涉及海宁段有关问题的函
117号	12月31日	关于要求取消政府还贷二级公路01省道嘉兴东西大道海宁收费站的请示
118号	12月31日	关于提请审议斜桥镇新市镇新社区主中心及副中心建设项目贷款本息纳入财政预算的议案
119号	12月25日	关于01省道嘉兴东西大道海宁段取消收费后相关人员安置的请示
120号	12月28日	关于要求审批尖山新围垦区域土地利用规划调整的请示
121号	12月29日	关于要求帮助解决我市三产等重点急需项目用地指标的函
122号	12月31日	关于市人大常委会对中小企业促进法及省发展条例执行情况审议意见办理情况的报告
123号	12月31日	关于申报徐志摩故居等十七处文物遗存为第六批浙江省级文物保护单位的请示
124号	12月31日	关于要求批准实施《海宁市城乡居民社会养老保险办法》的请示
125号	12月31日	关于要求调整南星桥港交接断面的请示
126号	12月31日	关于申报海宁市为浙江省级历史文化名城的请示

表 101 【海宁市人民政府 2009 年文件目录（三)】

海政发文号	日 期	题 名
1号	1月7日	关于调整最低生活保障标准的通知
2号	1月13日	关于表彰 2008 年度海宁市安全生产目标管理先进单位的决定
3号	1月13日	关于表彰 2008 年度海宁市安全生产工作先进个人的决定
4号	1月22日	关于表彰 2008 年度海宁市金融系统支持经济发展考核先进单位的决定
5号	1月15日	关于表彰 2008 年度支持海宁经济发展先进市外金融机构的决定
6号	1月20日	关于做好 2009 年度民兵预备役部队组织整顿工作的意见
7号	1月23日	关于表彰 2008 年度“金桥工程”组织奖单位和优秀项目的通知
8号	2月6日	海宁市人民政府关于表彰 2008 年度市长质量奖获奖企业的决定
9号	2月9日	关于表彰 2008 年海宁名牌产品生产企业的决定
10号	2月12日	关于加强全市社区工作服务用房建设管理的意见
11号	2月19日	关于表彰 2008 年度海宁市工业生产性投入先进服务部门和先进管理工作者的决定
12号	2月24日	关于公布海宁市残疾人联合会第五届主席团第二次会议选举结果的通知
13号	2月26日	关于进一步加强全市司法所建设的意见
14号	3月2日	关于表彰 2008 年度市长电话工作先进集体和先进个人的决定
15号	3月10日	关于表彰 2008 年度水利工作先进单位的决定
16号	3月4日	关于表彰 2008 年度海宁市依法行政工作先进集体和政府法制工作先进个人的决定
17号	3月5日	关于贯彻实施《中华人民共和国循环经济促进法》的意见
18号	3月6日	关于公布海宁市第一批非物质文化遗产代表性传承人、保护传承基地和第二批非物质文化遗产代表项目的通知
19号	3月9日	关于印发海宁市人民政府 2009 年工作要点的通知
20号	3月12日	关于表彰 2008 年度民政工作先进单位的决定
21号	3月11日	批转市审计局关于 2009 年度海宁市审计项目计划实施意见的通知
22号	3月13日	关于公布海宁市农村合作经济组织联合会第一届会员代表大会选举结果的通知
23号	3月13日	关于表彰 2008 年度海宁市劳动保障工作先进单位的决定
24号	3月13日	关于进一步做好 2009 年度劳动保障工作的通知
25号	3月13日	海宁市人民政府关于实施低收入群众增收行动计划的若干意见（2009~2012 年）
26号	3月18日	关于表彰 2008 年度消防安全工作先进单位和先进个人的决定
27号	3月18日	关于调整征地补偿标准的通知

(续表)

海政发文号	日　期	题　　名
28号	3月23日	关于调整被征地农民基本生活保障缴费标准的通知
29号	3月23日	关于印发《海宁市村庄绿化全面提升工程实施意见的通知》
30号	3月23日	关于印发《中共海宁市人民政府党组开展深入学习实践科学发展观活动实施方案》的通知
31号	3月23日	关于公布徐一兰同志任职的通知
32号	3月23日	关于公布沈大力同志任职的通知
33号	3月27日	关于公布2008年度海宁市科学技术奖奖励项目的通知
34号	3月26日	关于表彰2008年度土地管理目标责任考核优胜单位的通知
35号	3月26日	关于成立国防科技工业与海宁科技合作领导小组的通知
36号	3月30日	印发《关于促进海宁经济又好又快发展若干政策意见的实施细则（2009年修订）》的通知
37号	3月27日	关于印发《海宁市科技创新风险投资引导基金（资金）管理暂行办法》的通知
38号	6月23日	国家开发银行浙江省分行海宁市人民政府关于调整开发性金融合作联合领导小组成员的通知
39号	4月1日	关于印发《海宁市第三产业发展总体规划（修编）》等四个规划的通知
40号	4月10日	关于抓好2009年粮食生产的通知
41号	4月30日	关于表彰2008年度节能工作先进单位和先进个人的决定
42号	4月10日	关于加快推进农业转型升级的意见
43号	4月10日	关于表彰2008年度农业工作先进单位和先进个人的决定
44号	4月9日	关于表彰2008年度全市交通安全工作先进集体的通知
45号	4月9日	关于进一步加强交通安全工作站建设的通知
46号	4月10日	关于明确东方学院（长安校区）筹建办公室为市政府直属单位的通知
47号	4月13日	关于印发《海宁市太阳能利用特色产业基地发展规划》的通知
48号	4月13日	关于公布2008年度重新认定的高新技术企业和国家重点新产品等奖励项目的通知
49号	4月29日	关于海宁市新居民子女接受义务教育的实施意见
50号	5月22日	关于表彰2008年度生态建设与环境保护工作先进集体和先进个人的决定
51号	5月18日	印发《关于加快实施海宁市城市亮化工程的意见和海宁市实施亮化工程补助政策意见》的通知
52号	5月20日	批转市规划建设局等部门《关于海宁市2009～2012年农村困难户危旧房改造实施意见》的通知
53号	6月9日	关于调整2009年度社会保险缴费基数比例及有关问题的通知

(续表)

海政发文号	日 期	题 名
54 号	6 月 15 日	海宁市人民政府关于进一步促进中医药事业发展的意见
55 号	6 月 23 日	海宁市人民政府关于开展免费婚前医学检查和免费孕前优生检测推进出生缺陷一级预防工程的实施意见
56 号	6 月 30 日	关于印发《海宁市院前急救管理暂行办法》的通知
57 号	7 月 3 日	关于印发《大中专毕业生从事现代农业创业扶持暂行办法》的通知
58 号	7 月 3 日	关于进一步加强普通高校毕业生就业工作的意见
59 号	7 月 24 日	海宁市人民政府关于加快学前教育改革与发展的实施意见
60 号	7 月 28 日	关于进一步完善国有土地使用权出让收入分配政策的通知
61 号	7 月 28 日	关于推进财政国库管理制度改革的实施意见
62 号	8 月 17 日	关于印发《海宁市城乡饮用水安全保障规划》的通知
63 号	8 月 6 日	印发《关于进一步加强全市水环境综合治理工作意见》的通知
64 号	8 月 7 日	关于加强家纺产业知识产权保护工作的若干意见
65 号	8 月 7 日	关于印发《海宁·中国家纺装饰城纺织品花样版权登记管理保护办法》的通知
66 号	8 月 10 日	关于印发《加快推进市区企业搬迁改造工作实施意见》的通知
67 号	8 月 14 日	印发《海宁市基本农田保护激励资金使用管理试行办法》的通知
68 号	8 月 31 日	关于暂停部分行政事业性、经营服务性收费项目和暂行降低部分行政事业性、经营服务性收费标准的通知
69 号	8 月 21 日	印发《海宁市可再生能源建筑应用专项规划》的通知
70 号	8 月 25 日	印发《关于进一步做好促进城乡就业工作实施意见》的通知
71 号	8 月 26 日	印发《海宁市“365”节约集约用地 2009 年度实施方案》的通知
72 号	8 月 31 日	关于公布海宁市文物保护单位保护范围及建设控制地带的通知
73 号	9 月 1 日	关于公布海宁市 2007～2009 年度优秀科技论文的通知
74 号	9 月 10 日	关于公布海宁市 2009 年上半年住房综合平均价格的通知
75 号	9 月 10 日	海宁市人民政府关于给予高金松开除公职处分的决定
76 号	9 月 27 日	关于公布陈水忠同志任职的通知
77 号	9 月 30 日	批转市质监局市安监局《关于进一步推进特种设备使用单位安全主体责任落实实施意见》的通知
78 号	10 月 15 日	关于表彰 2008 年度冬季征兵工作先进单位和先进个人的通报
79 号	10 月 14 日	关于公布卜娟萍等同志任职的通知

（续表）

海政发文号	日　期	题　　名
80号	10月16日	印发《海宁市市区建筑垃圾管理暂行办法》的通知
81号	10月21日	海宁市人民政府关于给予鲁枫同志记大过处分的决定
82号	10月23日	关于公布朱燕刚同志任职的通知
83号	10月23日	关于印发《海宁市医疗纠纷预防与处置暂行办法》的通知
84号	10月29日	关于印发《海宁市城乡居民医疗救助办法》的通知
85号	11月9日	关于印发《海宁市城乡公交IC卡系统实施意见》的通知
86号	11月26日	关于在全市开展第六次人口普查的通知
87号	11月30日	转发浙江省人民政府关于第三批取消暂停征收部分行政事业性收费项目和降低部分收费标准的通知
88号	12月2日	关于公布海宁市首批治安保卫重点单位的通知
89号	12月11日	关于调整高原兵优抚安置政策的通知
91号	12月15日	关于对祝运虎等同志见义勇为行为给予表彰的通报
92号	12月17日	关于印发《海宁市信访事项复查复核工作暂行办法》的通知
93号	12月21日	关于进一步加强全市道路交通安全基础工作的意见
94号	12月21日	印发《海宁市城乡生活垃圾转运和处理工作实施方案》的通知
95号	12月22日	印发《关于推进全市国有资产整合调整的指导意见》的通知
96号	12月31日	关于海宁市农村居民建房管理的若干规定
98号	12月31日	关于切实抓好今冬明春水利建设的通知

（陈闵健）

表102　【政协海宁市委员会2009年文件目录】

海政协文号	日　期	题　　名
1号	1月5日	关于表彰2008年度优秀政协委员的决定
2号	1月5日	关于表彰市政协十一届二次会议以来优秀提案的决定
3号	1月5日	关于表彰2008年度社情民意信息工作先进单位和先进个人的决定
4号	1月5日	关于表彰2008年度市政协专门委员会优秀专业组和优秀联络处的决定
5号	1月9日	关于召开中国人民政治协商会议海宁市第十一届委员会第三次会议的决定
6号	1月9日	关于周张弦等同志辞去政协海宁市第十一届委员会常务委员、委员职务的通知

(续表)

海政协文号	日　期	题　　名
7号	1月9日	关于许忠德等同志辞去政协海宁市第十一届委员会委员职务的通知
8号	1月9日	关于增补朱黄龙等同志为政协海宁市第十一届委员会委员的通知
9号	1月23日	政协海宁市委员会2008年工作总结和2009年工作要点
10号	3月2日	关于聘请金俊等同志为政协海宁市第十一届委员会专门委员会特邀委员的决定
11号	3月2日	市政协关于选派政协委员担任民主监督员工作的请示
12号	4月28日	关于加快我市家纺布艺产业提升发展的建议案
13号	6月11日	关于同意筹建海宁市政协企业家联谊会的批复
14号	6月23日	关于加强农贸市场规划建设管理的建议
15号	8月10日	政协海宁市第十一届委员会常务委员会关于增补史丹夫同志为政协海宁市第十一届委员会委员的决定
16号	8月10日	政协海宁市第十一届委员会常务委员会关于程懋菁同志免职的决定
17号	8月10日	政协海宁市第十一届委员会常务委员会关于史丹夫同志任职的决定
18号	8月12日	关于加快我市建筑业持续快速发展的建议
19号	9月25日	政协海宁市第十一届委员会常务委员会关于建立政协镇街道联络委员会的决定
20号	9月25日	政协海宁市第十一届委员会常务委员会关于同意卜娟萍等同志辞去政协海宁市第十一届委员会委员的决定
21号	9月25日	政协海宁市第十一届委员会常务委员会关于增补邬欣等同志为政协海宁市第十一届委员会委员的决定
22号	9月25日	政协海宁市第十一届委员会常务委员会关于糜建甫等同志任职的决定
23号	10月15日	关于促进城乡教育一体化发展的建议案
24号	10月15日	关于报送农村新市镇和新社区建设调研报告的报告
25号	12月1日	关于政府服务企业进一步优化发展环境的建议案

(陈丽华　方雷霆)

[编辑：管通海]

附 录

Appendix

表 103 2009 年海宁召开或承办的省级以上会议、展览

时间	会议或展览名称	主办及承办单位
1 月 1～8 日	“丝路情怀·翰墨千秋”——朱自谦中国画展	中国文化管理学会、中国画家协会、海宁市对外文化交流协会、海宁市文联主办 海宁市张宗祥书画院承办
3 月 12～14 日	2009 海宁中国皮革原料、辅料采购节	浙江省皮革行业协会主办 海宁中国皮革城承办
3 月 18 日	2009 年全省中小学幼儿园安全工作会议暨师生应急避险演练现场会	浙江省教育厅主办 海宁市人民政府、海宁市教育局、海宁市南苑小学承办
4 月 11～12 日	2009 年中国体育舞蹈公开赛（海宁站）暨第八届城市体育舞蹈锦标赛	国家体育总局社会体育指导中心、浙江省体育局、中国体育舞蹈联合会主办 浙江省国际体育舞蹈协会、海宁市人民政府承办 海宁市鸿翔体育文化产业有限公司执行承办
4 月 23 日	第四届海宁·中国经编服装设计大赛颁奖晚会	中国针织工业协会、海宁市人民政府主办 中国针织工业协会经编分会、浙江海宁经编产业园区管理委员会、东华大学、北京鸿翔风采国际文化有限公司承办
5 月 12～15 日	2009 年全国速度轮滑测试邀请赛	国家体育总局社会体育指导中心、中国轮滑协会主办 海宁国际轮滑运动中心承办
5 月 13 日	浙江省网络教研专题研讨会	浙江省教育厅教研室主办 海宁市教育局、海宁市紫微小学承办
5 月 14～15 日	江浙沪体育联谊学校第二十届体育教学观摩会	江浙沪体育联谊学校组委会主办 海宁市教育局、海宁市紫微小学承办
5 月 15 日	浙江省农村公路工作会议	浙江省交通运输厅主办 海宁市人民政府、海宁市交通局承办
5 月 30 日	2009 年全国乒乓球俱乐部超级联赛男子团体第三轮	中国乒乓球协会、中央电视台主办 海宁市乒乓球协会、海宁市体育局承办
6 月 2 日	2009 年浙江包装产业发展论坛	浙江省包装技术协会主办 海宁市经济贸易局、斜桥镇人民政府承办
6 月 12～14 日	2009 浙江省健美健身锦标赛	浙江省体育局、浙江省体育总会主办 浙江省健美(操)协会、海宁市体育局、海宁市健美（操）协会承办

(续表)

时间	会议或展览名称	主办及承办单位
6月24日	经编产业“双服务”科技合作洽谈会	浙江省“双服务”专项行动服务组、浙江理工大学主办 中共海宁市委组织部、海宁市科学技术局、浙江海宁经编产业园区管理委员会承办
6月25~28日	2009“安踏”全国男排大奖赛总决赛	中国排球协会、中央电视台、海宁市人民政府主办 海宁市体育局承办
7月7日	浙江省音乐文学学会海宁采风活动暨农民词作家徐雪祥作品研讨会	浙江省音乐文学学会主办 海宁市文联音乐家协会、海昌街道承办
7月20~22日	海峡两岸天文望远镜及仪器学术研讨会	中国科学院国家天文台南京天文光学技术研究所、中国天文学会天文仪器与技术专业委员会、中央大学天文研究所（中坜）主办 中国科学院国家天文台南京天文光学技术研究所、海宁市人民政府承办
8月10~12日	2009年“健英杯”浙江省台球锦标赛暨第四届全国体育大会台球选拔赛	浙江省体育总会主办 海宁市体育总会、海宁市新星台球俱乐部承办
8月15日	第四届全国不等式学术研讨会	全国不等式研究会主办 浙江广播电视大学海宁学院承办
8月18日	浙江省小学科学新课程培训会	浙江省教育厅主办 海宁市教育局、海宁市实验小学承办
9月11~13日	第二届海宁（中国）太阳能产业博览会	海宁市人民政府主办 海宁市经济贸易局、袁花镇人民政府承办
9月17~26日	“海宁中国皮革城杯”2009年世界速度轮滑锦标赛	国际速度轮滑委员会主办 国家体育总局社会体育指导中心、中国轮滑协会、浙江省体育局、嘉兴市人民政府、海宁市人民政府承办
9月28~30日	第十六届海宁·中国皮革博览会	浙江省人民政府、中国国际贸易促进委员会、中国轻工业联合会、中国皮革协会主办 中国国际贸易促进委员会浙江省分会、嘉兴市人民政府、海宁市人民政府承办
9月28~30日	第五届中国市场峰会暨2009中国商品市场投资博览会	国家工商总局、浙江省工商局、海宁市人民政府、中国商品市场峰会组委会主办 浙江省市场协会、海宁市工商局、海宁中国皮革城承办
9月28日~10月8日	第十六届中国国际钱江（海宁）观潮节	浙江省旅游局、嘉兴市人民政府主办 海宁市人民政府承办
9月28~30日	2009海宁·中国家用纺织品博览会暨2009年中国国际家用纺织品创意设计大赛	中国家用纺织品行业协会、中国国际贸易促进委员会纺织行业分会主办 海宁市人民政府承办
9月29日	长三角区域旅游发展高峰论坛	上海世博会事务协调局、海宁市人民政府主办 中共海宁市委宣传部、海宁市发改局、海宁市旅游局承办
10月5~6日	首届“鑫奥林杯”活力板公开赛	海宁市体育局主办 浙江鑫宁工贸有限公司、海宁国际轮滑运动有限公司承办

(续表)

时间	会议或展览名称	主办及承办单位
10 月 19～21 日	第二届中国（海宁）·徐志摩诗歌节	中国诗歌学会、浙江省作家协会、海宁市人民政府主办 海宁市文联、中共海宁市委宣传部、海宁市文广局承办
10 月 31 日～11 月 3 日	浙江省青少年射箭锦标赛	浙江省体育局、浙江省教育厅主办 海宁市体育局、海宁市教育局承办
11 月 27～29 日	2009 年浙江省第五届速度轮滑锦标赛暨全国体育大会选拔赛	浙江省体育局、浙江省体育总会主办 浙江省轮滑协会、海宁市体育局承办
11 月 28～29 日	浙江省田径单项赛	浙江省体育局主办 海宁市体育局承办
11 月 30 日～12 月 2 日	全国土地市场动态监测与监管现场会	国土资源部土地利用管理司、法律中心、信息中心、浙江省国土资源厅主办 海宁市人民政府、海宁市国土资源管理局协办
12 月 18～20 日	浙江省第五届“利群杯”桥牌团体赛	嘉兴市桥牌协会、海宁市烟草公司主办 海宁市桥牌协会承办

（陈闵健　史志办）

在外部分海宁籍知名人士（副厅级、副教授以上）2009 年成果或主要业绩一览

表 104

(以姓氏拼音顺序排列)

序号	姓名	性别	出生年月	出生地	职务或职称	2009 年著作成果或主要业绩
1	蔡　蓬	男	1934 年 8 月	海宁长安	浙江工商大学副教授	1. 10 月，获中国珠算心算协会成立 30 周年“特殊贡献奖” 2. 11 月，获浙江省珠算心算协会成立 30 周年“特殊贡献奖”
2	崔　毅	女	1928 年 11 月	海宁硖石	清华大学美术学院副教授	1. 1 月，被中国文艺家创作协会授予“建国 60 周年功臣艺术家”荣誉称号 2. 9 月，被国际中华文化艺术协会授予华夏艺术家终身巅峰奖“金飞马奖”称号 3. 12 月，其艺术作品被中国(国际)艺术品品牌资质认证委员会核定为中国艺术品顶级品牌，并获国际通用(防伪)中国艺术品品牌资质认证证书
3	葛显良	男	1934 年 3 月	海宁周王庙	浙江大学数学系副教授	1. 译作《澳洲数学竞赛（AMC）试题解析（第四册 1999～2005)》，台湾台北九章出版社 2009 年 4 月出版 2. 《英汉数学词汇》，张鸿林、葛显良编订，清华大学出版社 2009 年 12 月出版
4	顾　艳	女	1957 年 12 月	杭州(祖籍海宁)	研究员、专业作家	1. 《让苦难变成海与森林——陈思和评传》，武汉出版社 2009 年 3 月出版 2. 长篇散文《孩子，你如此优美》，华东师范大学出版社 2009 年 4 月出版 3. 小说集《九堡》，作家出版社 2009 年 10 月出版

（续表）

序号	姓名	性别	出生年月	出生地	职务或职称	2009年著作成果或主要业绩
5	黄建华	男	1934年11月	海宁马桥	中国建筑科学研究院建筑机械化分院高级工程师	1. 译文《日本东京半岛酒店》、《日本东京虎门双塔写字楼》、《九四橙色渡船“橙色九洲”自动扶梯》，发表于《中国电梯》2009年第2期 2. 译文《关于自动扶梯夹鞋事故调查报告》，发表于《中国电梯》2009年第5期 3. 译文《关于日本电梯更新的调查报告》，发表于《中国电梯》2009年第7期 4. 译文《2007年度日本升降机台数调查报告》，发表于《中国电梯》2009年第8期 5. 译文《关于LED照明》，发表于《中国电梯》2009年第17期 6. 译文《上海环球金融中心升降机设备》，发表于《中国电梯》2009年第20期
6	蒋德隆	男	1928年9月	海宁硖石	上海市气象局原副局长、高级工程师	1. 参与《辞海》（第六版）编纂，上海辞书出版社2009年9月出版，获中央宣传部、新闻出版总署表彰
7	金其圣	男	1951年7月	海宁谈桥	塔里木报社高级编辑、总编辑	1. 散文《欧洲诸国纪行》，发表于《阿克苏文艺》2009年第3期 2. 散文《从〈战声报〉到〈塔里木报〉》、《采访戴根发事迹》、《长途行军，从新开岭出发》，发表于《屯垦记忆》，新疆生产建设兵团出版社2009年9月出版 3. 9月，经新疆生产建设兵团新闻系列高级评委会评审，取得高级编辑（正高级）任职资格 4. 10月，继续担任新疆生产建设兵团新闻系列高级专业技术职务评委会评委
8	金祖铨	男	1939年1月	海宁盐官	天津大学教授、研究员	1. 《聚碳酸酯树脂及应用》，金祖铨、吴念等编著，化学工业出版社2009年8月出版
9	居滋培	男	1947年7月	上海（祖籍海宁盐官）	上海理工大学教授	1. 《基于IEEE.802.15.4的无线传感器网络节点的设计》，发表于《自动化仪表》2009年第8期 2. 《微波复合调制信号解调算法分析与实现》，发表于《上海理工大学学报》2009年第4期 3. 《无线传感器网络协议栈协调器的软件设计》，发表于《上海理工大学学报》2009年第5期 4. 《无线传感器网络节点的硬件设计》，发表于《上海理工大学学报》2009年第6期
10	刘克明	女	1935年1月	海宁硖石	上海师范大学历史系副教授	1. 任著作《隐蔽的总统——美国历届国务卿》副主编，新星出版社2009年9月出版
11	马厚生	男	1933年5月	海宁马桥	哈尔滨商业大学教授	1. 诗歌《车中咏山景》、《咏镜泊湖》、《庆祝31周年国庆》、《迎新》、《庆香港回归》等9首入选《祖国万岁——纪念改革开放三十周年》，张柏龄主编，中国文艺出版社2009年8月出版 2. 诗歌《夜渡长江》、《四月龙江》、《山沟麦收夜》、《献给“七一”》、《大业弥固传千秋》、《欢庆香港回归》等12首入选《中华爱国文典》（下），魏丕植主编，作家出版社2009年12月出版 3. 诗歌《痛失世堪》，发表于《东北师大校友》2009年第6期 4. 诗歌《新中国60华诞庆》，发表于《燕京诗刊》2009年第18期

(续表)

序号	姓名	性别	出生年月	出生地	职务或职称	2009年著作成果或主要业绩
12	沈掌荣	男	1942年7月	海宁许巷	中国人大制度新闻协会顾问、中国人大网顾问	1. 5月，应邀任十九届人大新闻奖评选活动评委 2. 9月，为《中国人大》杂志社通讯员培训班作题为《为文·新闻·人大新闻》的讲座 3. 9月，《高攀季羡林》发表于《离退休生活》杂志
13	宋来凤	男	1935年12月	海宁硖石	中国医学科学院心血管病研究所教授、研究员、病理学顾问	1. 《冠状动脉粥样硬化性心脏病病理学》，入选《老年心脏病学》（付印），王士雯主编 2. 《心脏大血管系统的发育和发育畸形》，入选《先天性心脏病多排螺旋CT成像》（付印），戴汝平主编 3. 《心力衰竭的病理学基础》，入选《心力衰竭》（付印），张健、陈兰英主编
14	王复民	男	1933年3月	海宁长安	教授、国家一级导演	1. 论文《浅论戏剧"诗化"》，发表于《杭州戏剧》2009年第2期 2. 论文《潜心办学，童心未泯——记熊佛西院长趣闻轶事》，发表于上海戏剧学院《霞光文史资料》2009年第2期 3. 论文《一对难以融合的矛盾——谈戏曲（越剧）演洋戏》，发表于《杭州艺览》2009年第一册 4. 论文《德勋艺高，永垂千秋——为纪念夏衍同志诞辰110周年而作》，发表于《杭州艺览》2009年第二册； 5. 论文《余秋雨是非谈》，发表于《杭州戏剧》2009年第10期 6. 6~7月，应上海戏剧学院之邀，参加俄罗斯名剧《钦差大臣》排演
15	吴志行	男	1931年1月	海宁硖石	南京农业大学园艺学院教授、超大现代农业发展有限公司专家组技术顾问	1. 著作《环保型商品蔬菜生产技术》，金盾出版社2009年2月出版 2. 论文《无公害设施栽培技术》，发表于《长江蔬菜》2009年第3期 3. 论文《提高商品蔬菜生产经济效益的技术措施》，发表于《长江蔬菜》2009年第19期 4. 11月，被中共江苏省委教育工作委员会及江苏省教育厅评为"江苏省教育系统关心下一代工作先进个人"
16	徐有邻	男	1943年4月	四川泸州（祖籍海宁袁花）	中国建筑科学研究院建筑结构研究所研究员、教授	1. 著作《汶川地震震害调查及对建筑结构安全的反思》，建筑工业出版社2009年5月出版 2. 论文《塞北地区气候特点及对混凝土施工影响的研究》，发表于《工程质量》2009年第7期 3. 论文《汶川震害中的结构混凝土问题》，发表于《混凝土》2009年第9期 4. 论文《汶川震害的教训——教学楼倒塌的反思》，发表于《建筑结构》2009年第9期 5. 论文《钢筋对结构安全的影响——汶川震害中钢筋的表现》，发表于《工业建筑》2009年第10期 6. 参与制定规范《热轧带肋高强钢筋在混凝土结构中应用技术导则RISN-TG007-2009》 7. 2009年，被中国工程建设标准化协会评为"全国工程建设标准化先进个人"，被中国建筑工业出版社评为"全国优秀作者、译者"

(续表)

序号	姓名	性别	出生年月	出生地	职务或职称	2009年著作成果或主要业绩
17	徐有秋	男	1934年9月	上海（祖籍海宁硖石）	上海交通大学医学院教授、上海同济大学医学院兼职教授、温州医学院荣誉教授	1. 指导完成具有中国自主知识产权的国际新型强心药物的研究，结果通过美国FDA认证，并完成Ⅰ期、Ⅱ期癌床试验 2. 审校完成 Toby Fagan,Mark Noble 编写的 Crash Course:Cardiovascular System（《快速医学教程：心血管系统》）一书的译稿 3. 为各校研究生授“心肌细胞及分子电生理学”课程
18	许志祥	男	1937年11月	海宁袁花	上海市图像图形学会常务副理事长、上海大学教授、上海通信广播及电视行业协会专家委员会主任	1. 著作《数字电视与图像通信技术》，清华大学出版社2009年8月出版 2. 8月，任上海市科技成果奖评审专家 3. 11月，担任中国国际工业博览会第六届数字电视与无线多媒体通信国际论坛执行主席、程序委员会主席 4. 2009年，被上海市公安局、嘉定区公安局、宝山区公安局聘为“视音频监控系统”评审专家
19	张振华	男	1947年4月	上海（祖籍海宁盐官）	复旦大学教授、上海市蒙太奇文化艺术进修学院院长	1. 论文《谢晋电影艺术教育思想初探》，发表于《浙江传媒学院学报》2009年第2期，并被《人大复印资料·影视艺术》（2009年第7期）全文转载 2. 《城市影像之精彩解读》，刊于2009年9月21日《国际金融报》 3. 《艺术导论》审稿，唐玉琴、徐进主编，上海教育出版社2009年8月出版 4. 《影视鉴赏》审稿，杨晓林主编，上海教育出版社2009年8月出版 5. 担任全国普通高等学校公共艺术课程系列教材编审委员会副主任 6. 6月，被上海市教育委员会聘请为上海市教委科学研究创新项目评审专家 7. 6月，被中共复旦大学委员会评为“复旦大学统一战线先进个人” 8. 电视访谈《光荣与梦想——颇具魅力的主旋律电影》由东方电视台电影频道2009年11月26~27日播出
20	周建松	男	1962年1月	海宁	浙江金融职业学院院长、教授	1. 《市场化与金融改革》，中国金融出版社2009年3月出版 2. 《浙江地方金融发展探索》，浙江大学出版社2009年4月出版 3. 《特色 品牌 引领——浙江金融职业学院国家示范高等职业院校建设巡礼》，浙江大学出版社2009年11月出版 4. 参与研究省科技厅、财政厅课题《浙江省农业和农村经济发展的金融支持体系研究》，省政府金融办课题《浙江省重大金融风险防范机制研究》，中国人民银行杭州中心支行课题《新农村建设金融支持体系研究》 5. 论文《突破“压缩饼干模式”的改革实践——读〈中国高等职业教育历史的抉择〉》，发表于2009年7月1日《光明日报》 6. 论文《国家示范建设与高职教育吸引力的提升》，发表于2009年11月25日《光明日报》 7. 论文《经济类高等职业院校工学结合人才培养模式改革的系统设计与实践》，发表于《中国高教研究》2009年第1期 8. 论文《试论国家示范高职院校“百花园”建设》，发表于《中国高教研究》2009年第10期

(续表)

序号	姓名	性别	出生年月	出生地	职务或职称	2009 年著作成果或主要业绩
						9. 论文《基于国家示范引领的高职教育可持续发展研究》，发表于《中国高教研究》2009 年第 12 期 10. 论文《探索和建立高职教育可持续发展生态》，发表于《中国高等教育》2009 年第 9 期 11. 论文《建设国家示范性高等职业院校的责任与使命》，发表于《中国高等教育》2009 年第 22 期 12. 论文《生态学视阈下的高职院校开放合作办学模式构建》，发表于《高等教育研究》2009 年第 12 期 13. 论文《高职院校订单人才培养的理论与实证分析》，发表于《高等工程教育研究》2009 年第 6 期 14. 论文《高等职业教育可持续发展问题的分析与思考》，发表于《黑龙江高教研究》2009 年 6 期 15. 论文《国家示范性高职院校的“六全”模式建设实践》，发表于《中国大学教学》2009 年第 11 期 16. 论文《试论价值创造视阈下的高职学习模式创新》，发表于《教育与职业》2009 年第 9 期 17. 论文《国家示范高职院校建设的真谛：机制创新与文化引领》，发表于《职业技术》2009 年第 1 期 18. 论文《试论价值创造视阈下的高职学习模式创新》，发表于《职业技术》2009 年第 6 期 19. 论文《努力建设中国最具魅力的高职院校》，发表于《浙江金融》2009 年第 1 期 20. 论文《在国家示范高职建设过程培育和共享文化》，发表于《浙江金融》2009 年第 10 期 21. 论文《示范院校建设：理念、机制、绩效》，发表于《温州职业技术学院学报》2009 年第 2 期 22. 论文《推进浙江高等职业教育强省建设的行动纲领》，发表于《浙江金融职业学院学报》2009 年第 3 期 23. 论文《对浙江地方金融发展的整体再思考》，发表于《浙江金融》2009 年第 3 期 24. 论文《如何进一步改革完善宏观金融管理体制》，发表于《金融与保险》2009 年第 4 期 25. 论文《为社会主义新农村建设培养大量素能兼备的应用型农村金融人才》，发表于《浙江金融》2009 年第 5 期 26. 论文《关于当前我国金融改革发展若干具体政策的分析与思考》，发表于《浙江金融》2009 年第 11 期 27. 论文《关于浙江省农村信用社体制改革的思考》，发表于《浙江金融》2009 年第 12 期 28. 9 月，荣获第二届“中国职业教育杰出校长”称号 29. 2009 年，参与项目“国家示范性高等职业院校建设计划”通过教育部、财政部验收

(续表)

序号	姓名	性别	出生年月	出生地	职务或职称	2009 年著作成果或主要业绩
21	周宁一	男	1961 年 5 月	海宁硖石	中国科学院武汉病毒研究所研究员、博士生导师，国家自然科学基金会生命科学部微生物学专家评审组成员（享受国务院特殊津贴）	1. Identification and characterization of catabolic para-nitrophenol 4-monooxygenase and para-benzoquinone reductase from Pseudomonas sp. Strain WBC-3. J. Bacteriol. 2009. 191:2703 ~ 2710 2. Bioaugmentation of a 4-chloronitrobenzene contaminated soil with Pseudomonas putida ZWL73. Environ. Pollut. 2009. 157:763 ~ 771 3. Effects of nitrobenzene contamination and of bioaugmentation on nitrification and ammonia-oxidizing bacteria in soil. FEMS Microbiol Ecol, 2009. 70:315 ~ 323 4. Genetic and biochemical analyses of chlorobenzene degradation gene clusters in Pandoraea sp. Strain MCB032. Arch. Microbiol. 2009. 191:485 ~ 492 5. A Transposable Class I Composite Transposon Carrying mph (methyl parathion hydrolase)fromPseudomonassp.strainWBC-3.FEMSMicrobiol.Lett.2009.29285 ~ 91 6. 《微生物降解芳烃污染物及其在生物修复和生物催化中的应用》，发表于《中国基础科学》2009 年第 11 期 7. 《单硝基酚及有机磷农药的微生物降解及污染修复研究进展》(专著章节)，发表于《2009 工业生物技术发展报告》，科学出版社 2009 年出版 8. 专利：一种降解 3- 硝基甲苯的红球菌菌株及制备方法和应用，专利申请号：CN200910060487.1；（受理日期:2009 年 1 月 12 日） 9. 专利：一种 4- 硝基酚 -4- 单加氧酶基因及制备方法和用途，专利申请号：CN200910062881.9；（受理日期:2009 年 6 月 26 日） 10. 5 月 15 ~ 17 日，应邀参加在德国波茨坦举行的第二届中德前沿科学研讨会，主持"生物的微观与宏观进化"专题会 11. 7 月 10 ~ 11 日，应邀在 973 计划工业生物技术基础研究专题研讨会上作报告，报告题目：《芳烃污染物的微生物降解机理研究及其应用》 12. 11 月 27 ~ 30 日，应邀在第十二次全国环境微生物学术研讨会上作报告，报告题目：《Pseudomonas sp. strain WBC-3 降解 4- 硝基酚的代谢途径研究》 13. 2009 年，入围第二届武汉市优秀科技工作者公示人选
22	周执明	男	1937 年 4 月	海宁硖石	浙江工业大学化学工程与材料学院教授（享受国务院特殊津贴）	1. 在浙江省机械工程学会组织下，分别于 4 月 28 日、7 月 24 日率专家组成员，对浙江大地钢结构有限公司和浙江中南建设集团钢结构有限公司建筑钢结构行业金属材料理化测试技术资格进行认证验收 2. 作为专家组组长，审查浙江省工程建设标准《建筑钢结构钢材及连接理化测试规程》，中国计划出版社出版，7 月 1 日起正式实施
23	周执平	男	1939 年 6 月	海宁硖石	浙江造船公司总工艺设计师、高级工程师	1. 为太平洋造船重工集团浙江造船公司拟定和设计 118,000 吨级德国散货船下水工程，对滑道处的船底结构进行校核和评估 2. 为浙江省舟山市定海北蝉民营企业中船重工船业公司拟定和设计两座 80,000 吨级大型船台钢珠滑道 3. 论文《重型下水横梁的设计与负荷测试》，发表于《中外船舶科技》2009 年第 1 期 4. 论文《散货船的下水与结构加强评估》，发表于《中外船舶科技》2009 年第 4 期 5. 《浙船公司创新下水工艺荣获科技奖》，发表于《中国船舶报》2009 年第 5 期

(续表)

序号	姓名	性别	出生年月	出生地	职务或职称	2009年著作成果或主要业绩
24	周执中	男	1934年6月	海宁硖石	中华诗词研究员、副主任药师	1. 楹（春）联《神七问天》等10副，刊载于《2009年春节楹联大观》，作家出版社2009年1月出版，获一等奖 2. 排律《〈体育颂〉读后吟》等15首，发表于《中国当代新千家诗词联博览》，中国文联出版社2009年1月出版，获古典文化传承成就奖 3. 《渔家傲·重灾国力大检阅》等20首，发表于《生命礼赞——纪念汶川大地震诗词精选》，中国文联出版社2009年2月出版，获一等奖 4. 《满庭芳·楠溪江》1首，发表于《楠溪诗韵》，光明日报出版社2009年4月出版 5. 《渔家傲·月牙湖之滨》1首，发表于《情寄大兴安岭》，北方文艺出版社2009年1月出版 6. 《多丽（仄变格）·29届奥运开幕》等20首，发表于《北京奥运颂诗精粹》，中国文联出版社2009年4月出版，获一等奖 7. 五律《加拿大中华诗书画大展》等10首，发表于《诗海》，作家出版社2009年4月出版 8. 诗词论文《诗人贾岛》、七律《伟大改革开放三十年》发表于《中华诗人年鉴》，中华诗词出版社2009年4月出版 9. 《江南好·姚西塘》等2首，发表于《龙游年鉴2008》，方志出版社2009年2月出版 10. 《江神子·放风筝》等24首、诗论《贾岛其人其诗》发表于《中华诗词全集》，作家出版社2009年6月出版 11. 《望海潮·嘉兴》等2首，发表于《当代诗人咏嘉兴》，中国文联出版社2009年9月出版 12. 《定风波·索马里海域护航》等22首，发表于《中国诗人》（第一卷），中国文联出版社2009年11月出版，被评定为甲级作品 13. 《古风·改革开放三十年赋》等15首，发表于《中华颂：庆祝建国60周年全球汉诗大赛金榜集》，中央文献出版社2009年10月出版 14. 《水调歌头·神七问天》等500余首，发表于《海龙诗词选》（第二卷），中华诗词出版社2009年10月出版 15. 《沁园春·百万农奴解放纪念日》等13首，发表于《中国当代诗人大辞典》，作家出版社2009年12月出版，获特等奖 16. 七律《赴台大雾车慢险误机》等21首，发表于《当代旅游诗词文萃》，作家出版社2009年12月出版 17. 七律《全国人大、政协两会召开》等10首，发表于《中华妙笔诗词作品选》，中国文联出版社2009年12月出版 18. 《水调歌头·中国海军六十年检阅》等11首，发表于《建国六十周年中华诗词国庆献礼》，大众文艺出版社2009年9月出版

（续表）

序号	姓名	性别	出生年月	出生地	职务或职称	2009 年著作成果或主要业绩
25	朱炯强	男	1933 年 9 月	海宁盐官	浙江大学外国语学院教授、浙大外国文学研究所名誉所长、原全国政协委员、中国人民对外友好协会特邀理事、中国 T·S·艾略特和 E·庞德研究会副会长、美国罗德岛大学孔子学院顾问	1. 译作《风暴眼》（澳大利亚作家怀特获诺贝尔文学奖作品），译林出版社 2009 年 6 月出版 2. 6 月，应邀在黑龙江哈尔滨师范大学、牡丹江师范大学等校讲学 3. 10 月，陪同世界名校评估委员会委员，原剑桥大学教授、奥地利克拉根福大学校长科纳博士来华讲学访问
26	朱莲芬	女	1946 年 7 月	海宁许村	中国药品生物制品检定所档案室主任、副研究馆员	1. 《桑国卫与档案工作二三事》，刊 2009 年 7 月 31 日《中国档案报》 2. 2 月，在海南第二届卫生干部学术交流会及规范管理专业讲座会上，主讲《档案管理规范》和《谈谈如何做编纂工作》
27	朱子南	男	1932 年 11 月	上海（祖籍海宁盐官）	苏州大学文学院教授	1. 《我经历的一次会议合影》，刊 2009 年 2 月 8 日《文汇报》，2 月 13 日《报刊文摘》摘转 2. 《上海市书业公会点滴》，发表于《出版史料》2009 年第 1 期 3. 《他是 1949 年驾机起义的》，刊 2009 年 10 月 1 日《文汇报》，并入选征文集《共和国的曙光》，文汇出版社 2009 年 12 月出版 4. 9 月，获中国作家协会颁发的从事文学创作 60 年荣誉证章、证书

（史志办）

2010 年 1～6 月大事要览

1 月

1 日　是日起，《海宁市城市道路停车管理暂行办法》正式施行，市政处下设道路停车管理服务中心。

同日　是日起，年满 60 周岁、未享受国家机关、事业单位、社会团体工作人员退（离）休待遇或职工基本养老金待遇的海宁市户籍城乡居民，不用缴费即可按月领取 60 元基础养老金。

3 日　由市委宣传部和海宁日报社主办的“康桥名城之夜——新年音乐会”在海宁剧院演出，奥地利施特劳斯爱乐乐团为海宁市民演奏世界经典名曲。

4 日　由海宁市天通吉成机器技术有限公司研发制造的首台出口欧洲重型数控落地铣镗加工中心 CF-BR200-ATC 顺利下线。

6 日　嘉兴市考核小组到斜桥镇华丰村实地核查新市镇、新社区建设情况。

7 日 在第四届长三角投资发展论坛暨第三届“长三角最具投资价值县（市）”评选颁奖典礼上，海宁市入选“长三角最具投资价值县（市）”榜单，荣获“最具竞争力奖”。

9 日 海宁市首届“十佳大学生村官”颁奖典礼暨大学生村官新年联谊会在市行政中心举行。

12 日 第二届海宁市太阳能采购节暨太阳能招商会开幕，来自全国各地的 40 多家太阳能企业参展。

同日 市档案馆通过省测评组考核，晋升为省二级档案馆。

13 日 省惩防体系和责任制检查组到海宁实地考察惩防体系建设情况。

17 日 中央深入学习实践科学发展观活动第三巡回检查组到海宁检查第三批深入学习实践科学发展观活动。

18 日 机械行业协会召开第一届第一次会员大会，选举第一届理事会理事。

同日 海宁市公安局、杭州市公安局余杭区分局、杭州市公安局杭州经济技术开发区分局、桐乡市公安局四局警务合作机制正式启动，共同签署《区域警务合作协议》。

18～20 日 在嘉兴市第五届残疾人运动会上，海宁代表队获 55 枚金牌、18 枚银牌、7 枚铜牌，团体总分名列第二。

19 日 海宁举行银企签约仪式，184 家企业、45 个重点建设项目及 10 个“两新”工程建设项目与各银行签订贷款意向 127.72 亿元，其中市外银行贷款意向 65.29 亿元。

21 日 全省禁毒工作商谈会在海宁召开。

22 日 海宁召开首次党风廉政建设点名点题检查汇报会、评议会、反馈会，全市 6 家单位 15 项内容接受点名点题检查。

24 日 全市扶贫帮困送温暖大会召开，部署 2010 年扶贫帮困工作。

26 日 海宁中国皮革城股份有限公司在深圳证券交易所挂牌上市（股票简称：海宁皮城，股票代码：002344），海宁上市企业数量增至 6 家。

同日 海宁市第六次全国人口普查工作正式启动。

27 日 海宁市首个青年人才联谊会在尖山新区（黄湾镇）成立。

同日 兴业银行嘉兴海宁支行正式开业。

28 日 周王庙镇红十字会成立，是海宁市成立的首家镇红十字会。

30 日 “喜迎新年、爱我家园”创卫市民大行动启动仪式在海宁剧院广场举行。

是月 浙江锦达新材料股份有限公司、海宁上元皮革有限责任公司、兄弟科技股份有限公司、浙江海利得新材料股份有限公司 4 家企业获 2009 年度“浙江省标准创新型企业”称号。

是月 市法院成立民事审判第三庭，专职负责辖区内的著作权纠纷、商标权纠纷及其他相关知识产权类纠纷民事案件的审理工作。

是月 海洲街道联塘社区、硖石街道西山社区获“全国低保化建设典型社区居委会”称号。

2 月

1 日 是日起，重建后的东山智标塔向市民免费开放。

2 日 省委副书记夏宝龙和副省长郑继伟率省委、省政府慰问团到海宁，慰问困难群众、优抚对象和困难企业。

3 日 市四套班子领导分组慰问生活困难职工、社会救助对象、残疾人、企业军转干部等。

同日 卫生部副部长刘谦到海宁检查社

区卫生服务体系建设情况及城乡居民合作医疗工作。

5日 海宁市政府与四川大学签订经济合作协议，建立长期、稳定的科技经济合作关系。国家级“制革清洁技术国家工程实验室海宁中心”揭牌成立。

11日 08省道（01省道至硖川路段）正式通车。

25日 全市三级干部大会召开，表彰2009年度各项先进集体和先进个人。

26日 在全市领导干部大会上，沈利农被任命为中共海宁市委书记，林毅被提名为海宁市市长候选人。

27日 海宁市春季大型人才招聘会在市行政中心举行，213家用人单位提供就业岗位4500多个。

28日 自2月28日23时58分起，浙江省境内政府还贷二级公路收费全部取消，海宁市东西大道和南北大道两项政府还贷收费项目终止收取车辆通行费。

是月 市地税局硖石分局被人力资源和社会保障部、国家税务总局授予“全国税务系统先进集体”称号。

是月 海宁市教育局被评为2009年度“浙江省教育科学和谐发展业绩考核优秀单位”。

是月 海宁市正式被住房和城乡建设部命名为“国家园林城市”。

3月

1日 《海宁市物业管理实施细则》、《海宁市住宅物业保修金管理》、《海宁市物业专项维修资金管理办法》、《海宁市物业区域相关共有设施设备管理办法》自3月1日起正式实施。

2日 浙江财经学院东方学院新一届董事会成立，聘任黄董良为浙江财经学院东方学院院长。

2~6日 海宁遭遇罕见春汛，全市平均过程雨量171.3毫米，许村镇最大达205.2毫米。3日，上塘河达到最高水位。为60年来特大春汛，全市紧急启动应急预案。

6日 海宁市纪念三八国际劳动妇女节100周年大型庆祝活动在市体育中心举行。

8日 市创卫办、爱卫办联合下发《关于开展海宁市市区控烟工作的实施意见》，医疗机构、学校、商场等十一个大类的市区公共场所被明确列为禁止吸烟场所。

9日 省委常委、副省长葛慧君到海宁调研农业农村工作，实地察看盐官镇桃园村新农村建设、村庄整治情况。

同日 硖石街道统筹城乡基层党建工作研究会成立。

10日 全国首个电力物资智能化分拣系统在海宁市供电局正式投入运营。

13日 MPC青少年速度轮滑邀请赛在海宁国际轮滑中心举行，来自韩国及中国香港、中华台北等地区的19支代表队147名选手参赛。

14日 市劳动和社会保障局组织27家企业赴贵州省都匀市，参加当地劳动部门举办的海宁专场招聘会。

16日 2010海宁（中国）太阳能产业春季博览会在海宁举行，为期3天，有近200家太阳能企业参展。

17日 中国纺织工业协会纺织产业集群试点地区行业调查组到浙江海宁经编产业园区考察调研。

18日 由海宁皮革研究院和市启航培训学校联合举办的海宁市首期皮革加工高级工培训班在蒙努集团开班。

20日 西气东输二线南昌—上海支干线第八标段开工典礼在丁桥镇举行。

22日 市政协十一届四次会议在市行

政中心开幕，会期4天。

22～27日　由省农村信用合作联社组织的全省农村合作金融机构软件技术培训班在海宁举办。

23日　市十三届人大四次会议在市行政中心开幕，会期4天。

25日　在浙江省2009年度十佳运动员评选活动中，海宁籍皮划艇、赛艇运动员严诗敏获全省“十佳运动员”称号。

26日　在市十三届人大四次会议第三次全体会议上，林毅当选为海宁市人民政府市长。

28日　海宁海汇房地产有限公司暨长安财富中心（暂名）在长安镇举行奠基仪式。

29日　招商银行嘉兴海宁支行正式开业。

30日　2010年全国社会体育工作会议在海宁举行。

31日　杭州联合银行海宁支行正式开业，为杭州联合银行首家异地支行。

是月　自2010年春季起，全市除城区外的所有公办义务教育阶段学校免收住宿费。

是月　海宁市技工学校太阳能利用专业获中央财政补助，自2010年起，就读于该专业的学生免收学费。

是月　由海宁皮影戏国家级传承人王钱松制作的海宁皮影戏影偶被中国美院馆藏。

4月

1日　是日起，海宁市最低月工资标准由原来的850元调整为980元，非全日制工作的最低小时工资标准调整为8元。

2日　全市学习实践科学发展观活动总结大会在市行政中心召开。

3日　下沙—盐官旅游直通车正式开通，专线逢双休日、节假日运营。

7日　嘉兴市第六次人口普查户口整顿试点工作动员会在海宁召开，为期4天。试点选在盐官镇群益村、郭店社区。

同日　哥本哈根皮草企业服务项目——哥本哈根皮草大讲堂第一站到海宁开讲。

8日　中央检查组杨光先一行到海宁检查中央扩大内需工作及工程建设领域突出问题专项治理情况。

11日　“迎世博、创国卫、树新风”活动启动仪式在火车站广场举行，来自市级机关各部门、街道社区的300名志愿者开展无偿献血、文明劝导、清洁卫生和社区服务等活动。

13日　全国政协常委、民革中央副主席何丕洁，省政协副主席盛昌黎率部分全国人大代表、政协委员到海宁视察看守所工作。

15日　市社区服刑人员集中教育活动暨法制警示教育基地在市看守所正式揭牌。

同日　海宁市召开进一步完善城乡供排水管理体制工作动员大会，14家镇级供排水企业全部划归市水务集团，全市城乡供水实现同质同价。

同日　澳大利亚昆士兰州道路交通安全研究中心考察团到海宁考察交通科技建设与应用工作。

15日～5月5日　在第107届中国进出口商品交易会（广交会）上，海宁共有96家企业参展，涉及机电、五金、皮革、服装等21个行业。

16日　嘉兴市第十二届“南湖之春”教育教学改革展示活动中小学实践专场在海宁市紫微小学开幕。

20日　嘉兴市委书记陈德荣到海宁调研“两新”工程建设进展情况。

同日　嘉兴市电力局启动海宁市尖山新区主网、配网和用户整体20千伏升压改造工程投产工作。2号主变投入运行，全省首个20千伏区域电网建成。

22日 嘉兴市2010年侵权盗版及非法出版物集中销毁和“绿书签行动2010”系列宣传活动在海宁市体育中心举行。

同日 市司法行政法律服务中心成立。该中心整合司法行政法律援助、人民调解、法制宣传、律师、公证、司法鉴定等职能。

22～23日 全国爱国卫生运动委员会办公室组织有关专家对海宁市创卫工作进行暗访。

24日 市供电局线路工陈新益获“全国劳动模范”称号。

26日 “康桥名城对话郎咸平，民营经济高峰论坛”在海宁举行，经济学家、香港中文大学首席讲座教授郎咸平应邀到海宁作国内经济形势分析报告。

27日 天通控股股份有限公司（磁业）获第二届“嘉兴市市长质量奖”。

28日 海宁康华医院与浙江省人民医院正式签订医疗业务合作协议，成为协作医院。

29日 第九届“海宁市十佳青年标兵”颁奖晚会在市行政中心举行，沙智萍、吴春锋等10位青年标兵受表彰。

29日～5月3日 在第二届浙江省工艺美术博览会上，海宁市灯彩艺人胡金龙制作的硖石灯彩“采莲船灯”获展会金奖。

是月 诚信包装材料有限公司、宏达经编股份有限公司和洁华控股股份有限公司3家企业获2009年度“海宁市市长质量奖”。

是月 市四套班子领导、市级机关各部门带头向青海玉树灾区捐款献爱心。

5月

1～2日 在2010年第四届全国少年速度轮滑锦标赛上，海宁市代表队以12金、3银、2铜的成绩获团体总分第一。

5日 海宁市“拆迁攻坚、百日会战”领导小组到江苏省镇州市润州区学习拆迁经验。“拆迁攻坚、百日会战”专项行动自5月开始至8月中旬，历时100天。

7日 中纪委执法监察室、党风廉政建设室与国土资源部执法监察局、耕地保护司、上海土地督察局等联合组成的调研组，到海宁调研国家级基本农田保护示范区建设和维护农民权益等工作。

8日 海昌街道举办首届乡村休闲旅游节和第四届农村文化艺术节。

9日 国土资源部、农业部、国家统计局联合组成的履行耕地保护责任检查组，到海宁检查耕地保护责任履行情况。

10日 英国新线学院总裁和校长一行3人到海宁市南苑小学开展访问交流。

同日 下发《关于全面推进村经济合作社股份合作制改革的实施意见的通知》，海宁市农村股份制改革正式全面启动。

10～15日 在全国少年男子举重分龄赛上，海宁市参赛队员获3枚金牌、3枚铜牌。

11日 台湾高雄市工业会理事长林保川一行到海宁参观考察。

13日 是日起，专职保安队伍全面进驻学校（幼儿园），明确学生在校期间必须有2名保安同时在岗。

15日 海宁市技工学校举行国家重点技工学校授牌仪式。亚龙科技集团与该校达成合作协议，成立太阳能研发中心。

16日 在央视“希望之星”英语风采大赛浙江赛区总决赛上，宏达学校学生高溢获全省小学A组（1～3）年级亚军。

18日 海宁·中国经编科技文化活动周开幕，为期6天。

同日 2010年“精英聚潮乡·合力助两创”人才科技系列活动正式启动。

20 日　在省政府新闻办举办的“调结构、促转型、谋发展”主题系列新闻发布会上，海宁专题介绍海宁经编产业十年转型发展之路。

同日　中国社会科学院哲学研究所国情考察团到海宁考察农村公共文化服务体系建设。

21 日　第五届中国经编设计大奖赛在下沙大学城浙江理工大学落幕，大赛决出 10 个单项的金银铜奖。

同日　由民盟浙江省委举办的全省从政盟员座谈会在海宁召开。

22 日　海宁召开纪念《在延安文艺座谈会上的讲话》发表 68 周年暨海宁市第五届“海宁潮”文学艺术奖颁奖大会。

同日　央视三套综艺节目《欢乐中国行》——魅力海宁大型晚会在马桥经编广场举行。

25 日　盐官镇欧派日能公司获联合国工业发展组织颁发的“低碳经济贡献奖”。

28 日　斜桥镇三联村土地专业合作社成立，是海宁市成立的首家土地专业合作社。

28～29 日　“王国维与中国现代学术”国际学术研讨会暨《王国维全集》出版座谈会在华东师范大学与海宁两地举行，史上最完整的 20 卷本《王国维全集》在研讨会上亮相。

29 日　青年汽车集团海宁汽车新能源项目在尖山新区开工建设，计划在海宁投资 40 多亿元，建设汽车及新能源动力系统、变速箱、汽车内外饰件等项目。

同日　由平湖市委书记盛全生率领的党政考察团到海宁考察创建国家卫生城市工作。

29～31 日　在第五届中国医疗卫生事业创新峰会暨 2010 中国品牌总评榜颁奖典礼上，海宁康华医院获“浙江省十大百姓放心医院”称号，院长马建建获“浙江省医疗卫生事业最具影响力功勋人物”称号。

30 日　由市委组织部、市人事局创办的“潮乡精英引领计划”网站正式启用，旨在搭建海宁企业与海内外高端人才、团队交流平台。

31 日　市第三水厂续建的 15 万吨 / 日供水工程正式并网投产。

同日　海宁卓源贸易有限公司与四川省青川县人民政府签订年产 500 万平方米轻质复合外墙板项目协议，为首家签约青川浙商产业园的海宁企业。项目总投资 1 亿元，投产后年产值 2.5 亿元。

是月　硖石街道东山社区被国家减灾委员会和民政部授予“全国综合减灾示范社区”称号。

是月　袁花镇被环保部授予“全国环境优美乡镇”称号，全市已有 6 个镇先后创建成为“全国环境优美乡镇”。

是月　晶科能源、天通控股、长海包装、西子重工、海利得、万凯新材料、优格厨具和美大实业 8 家企业的技改项目被列入 2010 年省级重点技术改造“双千工程”项目计划，总投资 21.4 亿元。

是月　市供电局自行研发的国内首个“电子模拟屏语音警告系统”QC 成果获国家新型实用型专利。

6 月

1 日　是日起，海宁数字城管系统试运行。该系统集成地理空间框架数据、单元网格数据、管理部门数据、地理编码数据等多种数据资源。

同日　全国非公有制经济组织党建工作创新成果交流研讨会暨非公有制经济组织党建研究专委会委员会议在海宁举行。

同日　嘉兴市委书记陈德荣到海宁调研

生态文明建设情况。

1～4日　在2010世界包装大会、2010中国国际包装论坛和2010北京国际包装博览会上，海宁市14家包装印刷龙头企业以及三大包装产业基地组团参展，市长林毅在博览会开幕式上发表题为《转型升级，推进海宁包装行业集群发展》的演讲。

2日　全省农村基层组织建设座谈会在海宁召开，省委常委、组织部长蔡奇出席会议。

同日　教育部、公安部、国家安监总局学校安全工作联合检查组到海宁市斜桥中学、钱塘江学校、南苑小学等学校，检查消防安全、校安工程与安全防范等工作。

同日　省体育局局长李云林一行到海宁检查省运会场馆建设，实地察看游泳馆施工情况。

3日　嘉兴市文明公路创建暨迎接全国干线公路养护与管理检查工作推进会在海宁召开，海宁境内的320国道、01省道为“国检”对象。

4日　海宁市市长林毅率各街道办事处、创卫重点部门和创卫办相关人员赴张家港学习考察国家卫生城市创建工作。

7日　以深入学习实践科学发展观、建设服务型基层党组织为主要内容的“潮乡先锋”创先争优活动动员部署大会在市行政中心召开。

9日　省人大常委会副主任冯明一行到海宁检查水污染防治“一法一条例”开展情况。

同日　省专家组对海宁申报省历史文化名城工作进行评估考核，实地走访南关厢、干河街、横头街3个街区。

同日　山西省方山县党政考察团到海宁考察交流。

10日　嘉兴市政协主席刘冬生到海宁调研鸿翔集团发展情况。

同日　江西省瑞昌市党政考察团到海宁考察交流。

11日　中国工程物理研究院、四川省国防工业技术办公室等多家四川军工院所、企业到海宁市尖山新区（黄湾镇）考察投资环境与尖山军民两用园。

13日　由加拿大华人信息技术协会、加中国际服务外包装联盟等机构组成的加拿大服务外包投资考察团到海宁参加海宁·欧美国际服务外包产业基地招商洽谈会。加拿大浙江商会和海宁科创中心投资有限公司签订办公及招商用房租用协议。

同日　《海宁手机报》正式上线，由海宁日报社和中国移动海宁分公司联合主办。

18日　中央党校“民生与社会建设”研究专题八组到海宁调研。

同日　海宁市鑫成典当有限责任公司开业，为海宁第三家拥有国家资质的典当企业。

18～22日　海宁《花灯舞》参加上海世博会浙江周演出。

20日　全国部分省市城市化与中小城市改革发展座谈会在海宁召开，来自国家发改委体改司及江苏、内蒙古、山东等地发改委的官员考察了盐官镇桃园村新农村建设及皮革城市场群建设情况。

21日　来自多个国家的华人专业协会会长、专家一行到海宁考察经济社会发展情况及投资创业环境。

同日　杭州市江干区党政考察团到海宁中国皮革城考察。

同日　省深化“双服务”专项行动第四服务组到海宁调研，实地考察尖山新区（黄湾镇）。

22日　副省长王建满到海宁调研质量强省工作，实地走访海宁污水处理厂、天通控股股份有限公司等企业。

同日　海宁家纺产业基地党委与浙江理

工大学外国语学院党总支合作建立“党员人才共建基地”。

26 日　百联奥特莱斯广场（杭州·下沙店）在海宁市连杭经济区试营业。

28 日　2010 尖山杨梅节开幕。

29 日　浙江尖山光电科技有限公司与万向集团旗下的通联创业投资股份有限公司签订合作协议，共同在尖山新区投资建设尖山光电光伏产业园。

同日　全省农村文化建设现场会在海宁召开，省文化厅厅长杨建新出席会议。

是月　海宁市企业职工基本医疗保险参保职工健康体检工作正式启动，海宁市政府投入近 1000 万元为 17 万名企业参保职工免费健康体检。

（史志办）

[编辑：曾晓莲]

索　引

Index

说　明

1. 本索引采用主题分析索引法，按主题词首字汉语拼音字母顺序排列；声韵母相同字按声调顺序排列；首字相同，按第二字音序排列，以此类推；

2. 篇目、分目索引款目用黑体，条目用宋体，表、附用楷体。数字表示内容所在的页码，数字后的英文字母 a、b 表示内容在该页的左右栏别；

3. 索引款目的“附见”内容于次行缩后一格起排，“参见”内容只标页码和栏别；

4. 年鉴的“特载”、“大事记”、“文件选编”、“附录”内容及插图未作索引，条目中的标点符号不作索引。

A

B

D

E

M

T

W

X

Z

海宁市安全生产监督管理局

市安全生产监督管理局为市政府工作部门，挂海宁市安全生产委员会办公室牌子，承担安全生产综合监管和行政执法职能。市安全生产监督管理局内设办公室（法规宣教科）、行政审批科、监督管理科3个职能科室；下属单位有市安全生产监察大队，其性质为参照公务员管理的事业单位。

2009年，市安全生产监督管理局以安全生产“三项行动”和“三项建设”为重点，从落实安全生产责任制入手，强化一线监督管理，深化隐患排查治理和各项专项整治。市安全生产监察大队获得“海宁市群众满意基层站所”、“嘉兴市服务民生满意基层站所”等荣誉称号。

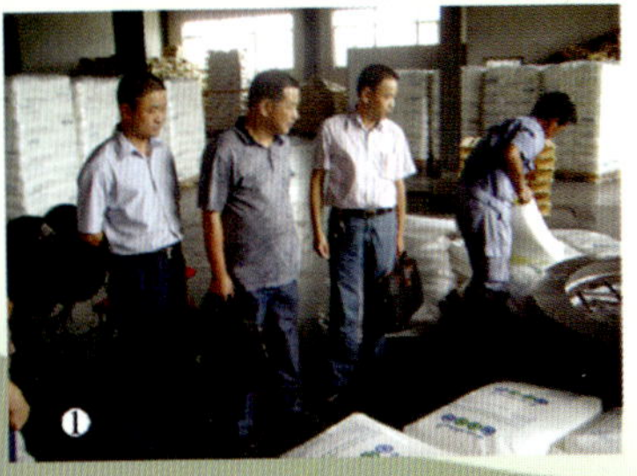

1. 局长张建良(左二）下企业检查安全生产
2. “安全生产月”专场文艺演出
3. “安全生产月”宣传咨询日
4.全市安全生产工作会议

局长：张建良
地址：海宁市行政中心5号楼
电话：(0573)87288679
传真：(0573)87288744

海宁市气象台

海宁市气象台是海宁市气象局下属的一个科室，主要从事天气预报服务工作，有长期、中期、短期天气预报；重大天气预报、灾害性天气预报、重要活动天气预报、“121”天气预报、电视天气预报等服务。多年来，市气象台根据自身的职能和社会需求，做好每年的春播干旱，经济作物的产前、产中、产后气象条件利用等服务；同时开展气象灾害调查、鉴定、评估等服务。2009年结合学习实践科学发展观主题活动，市气象台业务人员深入田间地头开展气象为新农村建设服务调研，并根据农业产业服务需求，建成农业大户服务平台，积极开展特色农业产业服务，深受农业种植大户广泛好评，连续多年被市政府评为“为农服务先进单位”。

联系电话：（0573）87210182
传　　真：（0573）87211114
咨询天气变化请拨96121
或登陆www.hnqxw.com

1.多功能一体化业务平台
2.开展气象为农服务调研

海宁市旅游局

2009年，海宁旅游业围绕“创建嘉兴市旅游经济强市建设、建设长三角文化旅游名市”目标，在加快旅游产品开发、开拓客源市场、提升旅游品质等方面取得了新的成绩。围绕“接轨上海，服务世博”主题，开展世博宣传营销活动，在上海启动2009“浪漫春潮·相约海宁”春季文化旅游节暨世博宣传营销年活动；成功举办第十六届中国国际钱江（海宁）观潮节。旅游接待设施建设提速升级，旅游行业品质不断提升，全市旅游经济实现平稳较快发展，成功创建“嘉兴市旅游经济强市”。2009年累计接待国内外游客618.01万人次，比上年增长20.7%；实现旅游总收入58.06亿元，增长21.5%。

1.2009“浪漫春潮·相约海宁”春季文化旅游节暨世博宣传营销年启动仪式
2.2009长三角区域旅游发展高峰论坛
3.2010年上海世博会海宁宣传周开幕仪式

地址：海宁市行政中心2号楼
电话：（0573）87288406
网址：http://www.hn-tide.com.cn

盐官观潮景区

盐官观潮景区总面积5.4平方千米，距杭州45千米，离上海120千米，是国家AAAA级旅游景区和浙江省首批15个历史文化名镇之一。2009年，盐官观潮景区实现旅游总收入1,061.2万元，比上年增长36.0%，其中票务收入773.9万元，增长22.4%；接待游客169.5万人次，增长10.2%，其中海外游客4.9万人次，增长104.6%。2009年，在第三届中国旅游论坛上，盐官观潮景区获“中国最佳旅游目的地”荣誉称号。

1.金庸书院效果图
2.春熙门城墙效果图

地址：盐官观潮景区宣德路1号
电话：（0573）87612319
网址：http://www.qianjiangchao.com
景区旅游咨询热线：（0573）87617200

海宁市永立染整有限公司

海宁市永立染整有限公司创建于1999年，是一家从事染色整理的企业。公司注册资金782万元，厂区占地6700平方米，建筑面积6500平方米，有员工88人。公司拥有定型机2台、300万大卡油锅炉1台、染缸6台，具备涤纶布染色定型加工1万吨的生产能力。公司以市场为导向，在承接对外染色加工的同时，生产革基布（仿棉绒、无光绒），产品销往温州、江苏、广东等地。公司奉行“质量第一，信誉至上”的宗旨，积极拓宽市场，创造更多经济效益，承担更多社会责任。

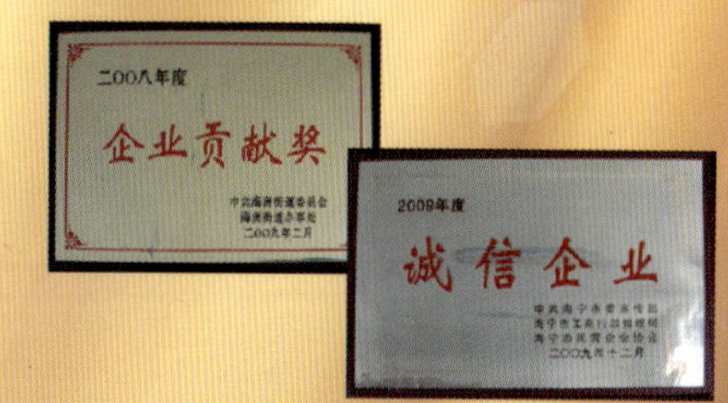

1.企业车间
2.公司大门形象

地址：海宁市伊桥大桥南西侧红砖路7号
电话：（0573）87210348
传真：（0573）87213551

浙江华恒建筑设计有限公司

浙江华恒建筑设计有限公司，前身系海宁市建筑设计研究院，始建于1978年，为国家全民事业单位，具有国家建设部批准的建筑行业建筑工程甲级设计资质。公司于2003年5月改制为科技型股份制企业，2008年4月经国家住房和城乡建设部批准，拥有建筑行业（建筑）专业甲级工程设计资质证书，并可从事资质证书许可范围相应的建设工程总承包业务以及项目管理和相关的技术与管理服务。

公司以“为业主的投资创造财富”的经营理念，创作了一大批底蕴深厚、科技含量较高的设计作品，历年来获得省部级及地市级优秀设计奖、科技创新奖和技术进步奖等各类奖项60余项。同时，公司加强内部管理，致力营造“以人为本”的工作氛围，以“优质服务、信誉第一”为宗旨，努力创作出更多更好的优秀作品。

董事长：钱志浩
电话：（0573）87221600
邮编：314400

1.星城洛阳小区设计图
2.海盐县人民法院设计图

YONGLI 永力电子 海宁永力电子陶瓷有限公司

海宁永力电子陶瓷有限公司位于观潮胜地盐官镇北3千米，于2001年由海宁永力化工有限公司出资，与上海大学合作共同创建。公司主要生产PTC热敏元器件，在空调领域及众多电热产品中得到广泛使用。公司致力于为客户提供保质保量的产品服务，产品远销西欧、日本等国家，并与日本松下公司、国内知名企业格力、美的建立长期合作关系，在PTC行业中享有较高声誉。公司已通过ISO质量体系、REACH和ROHS认证以及美国UL认证，竭诚欢迎国内外客商前来洽谈，期待与您的真诚合作。

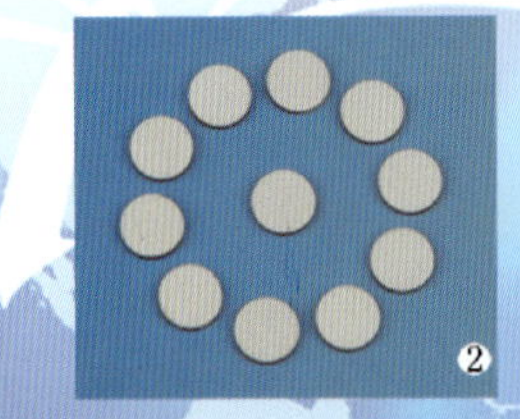

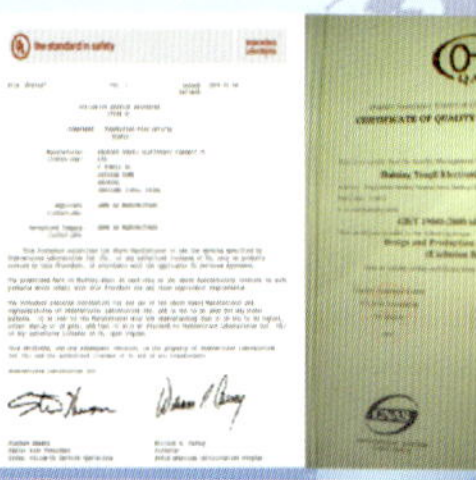

1.公司大楼
2.公司产品
3.公司车间

法人代表：何励湧
总经理：严水良
电话：（0573）87688234　87681018
地址：海宁市盐官镇工业功能区永力路6号

海宁豪康太阳能有限公司

海宁豪康太阳能有限公司是一家专业从事太阳能等绿色能源应用技术研究、生产制造和市场推广的高新技术企业。公司设施完善、装备精良，坚持以“质量第一，用户至上”的宗旨，赢得权威部门和广大客户的认可与信任。为城市工薪阶层和广大农村家庭设计开发“四季豪康”、“全家福”、“福祥”等不同系列太阳能热水器，以精湛的工艺、实在的价格、诚信周到的服务深受不同地域、不同阶层消费者的青睐。

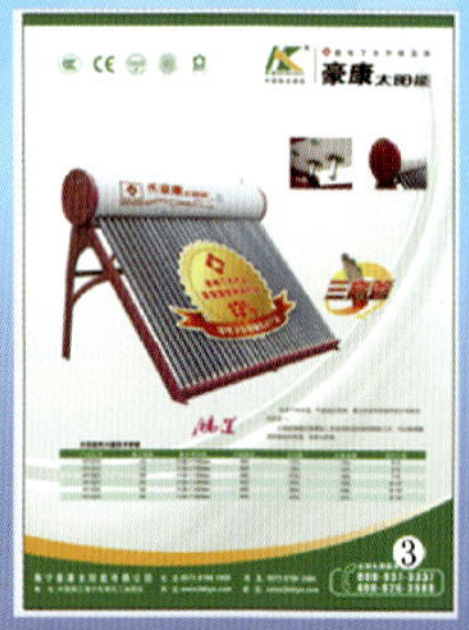

总经理：丁振华
地址：海宁市袁花镇东工业区朝阳路8号
电话：（0573）87887999
邮编：314416

1.公司办公楼
2.总经理丁振华
3.豪康太阳能热水器产品展示图

海洲街道双凤村

海洲街道双凤村位于海宁中国皮革城西南，东邻新庄社区，南接斜桥镇祝东村，西靠金龙村，北与民和村接壤，总面积1.57平方千米。广顺路、钱江路和城南大道在村域内穿越，地理交通位置优越。辖14个村民小组，至2009年底全村总户数478户，总人口1720人，其中中共党员47名。实现农村经济总收入6150万元，村级集体经济可支配收入90.4万元，农村人均纯收入13,350元。

双凤村在街道党委、办事处的正确领导下，围绕“培育新农民、弘扬新风尚，建设和谐新农村”这一重点，依靠全村干部党员群众的共同努力，抓好“平安双凤”建设，创业富民，创新强村，促进了全村经济社会全面协调和可持续发展。

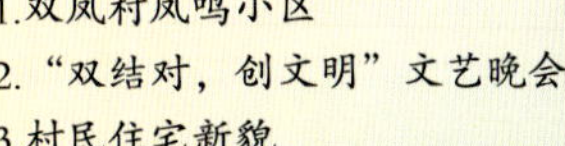

1.双凤村凤鸣小区
2.“双结对，创文明”文艺晚会
3.村民住宅新貌

村党支部书记：沈荣华
电话：（0573）87212798
邮编：314400

斜桥镇华丰村

斜桥镇华丰村位于海宁市区西南角，距市区约5千米，东与海洲街道金龙村接壤，南与斜桥镇祝东村、祝场村相连，西南交斜桥镇万星村，正西隔绵长港与斜桥镇庆云村相望，北接斜桥镇永合村。新硖斜公路自东向东西在村境北部穿过，庆丁公路沿村西自南至北贯通，交通十分便利。村域面积3.77平方千米，辖20个村民小组，总户数1016户，总人口4339人。近年来，华丰村经济持续快速发展，人民生活水平日益提高。2009年实现农村经济总收入22.61亿元，人均集体可支配收入353元，农民人均纯收入14,390元。华丰村是“浙江省全面小康建设示范村”、“浙江省村务公开与民主管理示范村”、“浙江省绿化示范村”、“嘉兴市百强村”、“嘉兴市文明村”、“海宁市小康标兵村”、“海宁市文明村”、“海宁市先锋工程示范村”。

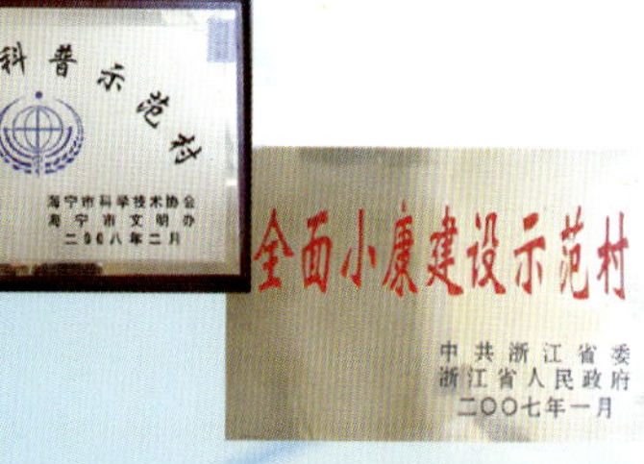

1.华丰村组织村民成立粮油专业合作社投资开发境外农业，图为巴西大豆喜获丰收。
2.华丰村新农村建设农民住宅效果图

村党支部书记：朱张金
村委会主任：朱雪林
电话：（0573）87789611
邮编：314406

嘉兴银行股份有限公司海宁支行

嘉兴银行股份有限公司海宁支行（原名嘉兴市商业银行海宁支行）成立于2002年12月18日，是嘉兴银行设立的第一家县（市）支行。该行始终坚持"植根海宁，服务海宁"的办行宗旨，积极支持地方经济建设与中小企业发展，热心社会公益事业、努力营造优良的企业文化氛围。该行不断追求"金融产品创新"的理念，自主研发全市首个金融信托理财产品和股权融资信托理财产品，并在嘉兴市首创非上市公司股权质押贷款、专利权质押贷款，建立嘉兴首个中小企业债权投资信托基金，用于缓解中小企业融资难问题。2009年，在海宁市率先推出并发放新居民创业信用贷款、船舶按揭贷款，建立首个驻经编园区金融咨询服务工作室，累计为420余家企业发放贷款近100亿元。2009年12月25日，嘉兴银行首家异地支行新市镇支行——海宁袁花支行隆重开业，继续在海宁用其快捷、高效的金融服务发展地方经济，造福海宁企业。

权质押贷款发放仪式

负责人：赵红霞
地址:海宁市南苑路230号
电话:（0573）87076338
邮编:314400

1.嘉兴银行海宁袁花支行开业
2."经编之歌"债权投资依托基金首发
3.首笔专利权质押贷款发放仪式

马桥街道正阳村

正阳村位于马桥街道西南1.5千米，距海宁市区7千米。东临新塘村，南依丁桥镇金阳村，西连新场村，北靠马桥街道镇区。01省道和市区海昌路南段贯穿该村，桐木港、丁国狮桥港分布于该村东西两侧，交通便利。区域面积3.45平方千米，辖15个村民小组，总户数616户，总人口2262人。村内设党支部，有中共党员78名。2009年，实现村级经济总收入2.71亿元，农民人均纯收入12,290元，村集体可支配资金45万元。

多年来，在上级党委、办事处的正确领导下和有关部门的大力支持和指导下，正阳村以加快经济发展为中心，统筹兼顾，各项事业协调发展，先后被命名为“海宁市文明村”、“海宁市卫生村”、“海宁市绿化示范村”。

1.村级道路
2.村民新居

村党支部书记、村委会主任：颜小良
电话：（0573）87766043
邮编：314400

马桥街道新场村

新场村位于马桥街道中心地段，地理位置优越，嘉海公路、01省道纵横全村，东邻马桥街道镇区，南接正阳村和丁桥镇保胜村，西靠柏士村，北邻浙江海宁经编产业园区，村内还有镇级道路纵横交错，交通十分便利。村域面积4.04平方千米，其中耕地166.9公顷，辖21个村民小组，总人口2981人。多年来，新场村团结拼搏、上下合力，经济建设和各项社会事业发展取得明显成效，先后被命名为“海宁市卫生村”、“海宁市文明村”、“海宁市科普示范村”、“海宁市三无村”，村党支部是“海宁市先锋工程‘五好’党支部”。

1.村民参加文艺演出（1）
2.村民参加文艺演出（2）
3.新场村新貌
4.新场村村民活动室

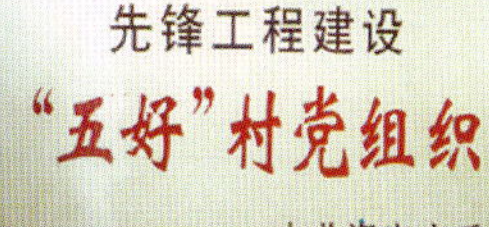

村党总支书记、村委会主任：章彪
电话：（0573）87766041
邮编：314419

硖石街道军民村

军民村位于海宁市区东南郊，村域面积2.23平方千米，隶属硖石街道，辖14个村民小组，总户数503户，总人口2024人，其中中共党员52名。2009年实现农村经济总收入1.22亿元，农民人均纯收入11,988元。军民村以全面建设“小康社会”为目标，积极进行新农村建设，发展特色养殖业，湖羊养殖已成该村特色产业。该村是“海宁市绿化示范村”、“海宁市平安村”、“海宁市卫生村”、海宁市首批“社区建设”达标村，村党支部是“海宁市先锋工程建设‘五好’村党组织”。2009年，该村在硖石街道工作目标责任制考核中获一等奖。

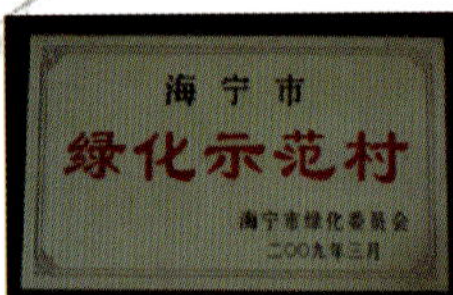

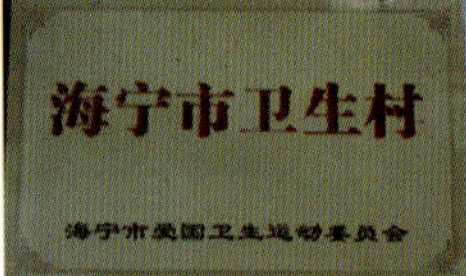

1.军民村活动中心
2.返乡“知青”合影

村党支部书记：朱克云
村委会主任：沈叶新
电话：(0573)87126008
邮编：314400

马桥街道先锋村

先锋村位于海宁市区南侧，距市行政中心2.8千米，是马桥街道的北大门，海宁大道、新海公路、丰收大道以及建设中的海昌路、文苑路、环南五路纵横全村，交通便捷。村域面积6.67平方千米，辖33个村民小组，总户数1301户，总人口4947人。2009年实现农村经济总收入46.08亿元，农民人均纯收入13,829元，村集体经济收入432万元。该村是“浙江省卫生村”、“浙江省全面建设小康示范村”、“浙江省文明村”、“浙江省五星级民主法治村”和“嘉兴市农村基层干部实践培训基地”。先锋村设党委，下设3个党支部，有中共党员162名。村党委连续多年获得嘉兴市、海宁市“先进基层党组织”称号，是“浙江省农村基层组织先锋工程五好村党组织”。

1.先锋村新貌
2.先锋村民别墅
3.先锋村花苑
4.先锋村社区服务中心和文化活动中心

村党委书记：张文奎
村委会主任：许文华
电话：（0573）87766200
邮编：314419

许村镇塘桥村

塘桥村位于“中国布艺名镇”——许村镇最南端，南邻杭州经济技术开发区，北靠许巷村，东接红旗村、花园村，西连翁埠村，距杭州市中心15千米、杭州下沙新城3千米，境内老01省道、杭浦高速公路横贯东西，塘洲公路直穿南北，交通便捷。村域面积2.9平方千米，辖31个村民小组，总户数1498户，户籍人口6279人，外来人口4000余人，有中共党员120名。该村在上级党委政府的正确领导下，依靠广大干部、群众共同努力，开展新农村建设，农业上形成以甲鱼养殖、奶牛养殖、湖羊养殖为主的特色养殖业，工业上形成以家纺、针织、五金、建筑、运输为主的个体工业格局。注重民俗文化的传承，2004年成功举办塘桥村首届民俗文化艺术节。

2009年，塘桥村实现农村经济总收入7.70亿元，农民人均纯收入14,172元。该村是“海宁市文明村”、“嘉兴市农村经济百强村”、“海宁市三无村”，村党总支是“海宁市先锋工程建设五好党支部”、“海宁市先进基层党组织”。

村党总支书记：朱金法

村委会主任：朱永清

联系电话：（0573）87907572

邮编：314422

1.塘桥村委会办公楼效果图

2.村党总支书记朱金法

3.2004年7月3日，塘桥村第一届民俗文化艺术节在中国轻纺村隆重开幕

许村镇南联村

南联村位于许村镇南，靠近01省道，许村大道贯穿南北，沪杭高速公路和正在建设中的沪杭高铁横穿该村，地理位置优越，交通便捷。村域面积3.24平方千米，其中耕地156.7公顷，辖17个村民小组，总户数624户，总人口2523人，有中共党员92名。2009年实现农村经济总收入6.20亿元，人均集体可支配收入165元，农民人均纯收入13,785元。该村是“嘉兴市三无达标村”、“海宁市平安村”、“海宁市文明村”，村党支部是“海宁市‘五好’村党支部”、“许村镇先进党组织”。

1.居民住宅 2.南联村委会办公大楼 3.南联小区规划图

村党支部书记：张元青

村委会主任：孔娟英

电话：（0573）87566622

邮编：314409

许村镇团结村

团结村位于许村镇东部，区域位置优越，交通十分便利。村域面积2.9平方千米，辖18个村民小组，总户数816户，总人口3572人。该村以家纺产业为支柱产业，2009年实现农村经济总收入7.90亿元，农民人均纯收入13,663元。团结村是“浙江省全面小康建设示范村”、“海宁市文明村”、“嘉兴市三无达标村”，村党支部是“海宁市先锋工程建设五好党支部”、“海宁市先进基层党组织”。

团结村

村委会主任：应伟明
电话：（0573）87656527
邮编：314409

许村镇杨渡村

杨渡村位于许村镇东侧，北靠沪杭铁路线，南依上塘河，西接沈士大道，东邻长安镇。村域面积3.2平方千米，其中耕地204.5公顷，辖12个村民小组，总户数673户，总人口2942人，其中中共党员87名。该村农业以鲜切花种植特色产业为主，面积36.7公顷；工业以家纺产业为主，华明纺织、国龙纺织两家企业为规模以上企业，其余259户均为个私户。2009年该村实现农村经济总收入3.88亿元，农民人均纯收入13,028元，村级集体总收入95万余元。杨渡村是“嘉兴市绿化示范村”、“嘉兴市‘三无’达标村”、“嘉兴市民主法治村”，村档案室被评为“嘉兴市级达标档案室”，村党支部是“海宁市先锋工程‘五好’村党组织”。

村党支部书记：费建达
村委会主任：费菊顺
电话：（0573）87511106
邮编：314409

许村镇新益村

新益村位于许村镇西部，紧邻杭州市余杭区，东临永福村，南与团结村相连，北靠海宁中国家纺城和家纺产业基地。村域面积2.74平方千米，辖13个村民小组，总户数784户，总人口3377人。该村依靠区位优势，大力发展扶持民营企业，全村个私企业达600多家，其中规模以上企业23家（包括进镇、村工业区块的企业），超1000万元企业18家。

近年来，新益村广大党员和村民群众凝心聚力，克难奋进，扎实工作，经济社会保持又好又快发展。2009年，实现农村经济总收入9.18亿元，农民人均纯收入14,273元。村内建有创业中心，占地11.3公顷，建筑面积11万平方米，总投资1.45亿元。该村是“浙江省全面小康建设示范村”、“嘉兴市文明村”、“嘉兴市卫生村”和“海宁市‘先锋工程’先进村”。

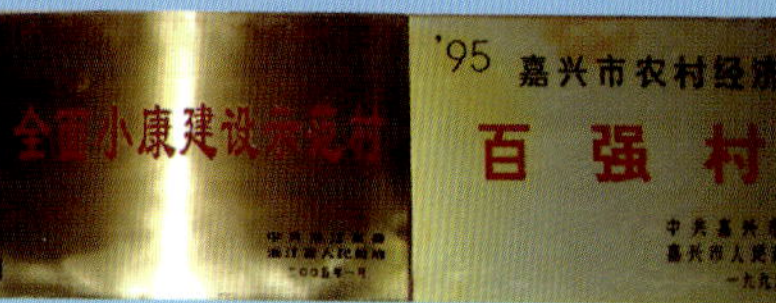

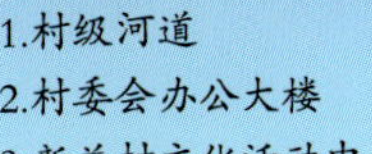
1.村级河道
2.村委会办公大楼
3.新益村文化活动中心

村党支部书记：濮新民
村委会主任：沈忠立
电话：（0573）87568001
邮编：314409

许村镇孙桥村

孙桥村位于许村镇西端，与杭州市余杭区毗邻，海宁中国家纺装饰城建于村内。该村靠近320国道，交通便捷。村域面积2.3平方千米，其中耕地105.7公顷，辖15个村民小组，总户数697户，总人口3182人，其中中共党员80名。2009年实现农村经济总收入5.43亿元，农民人均纯收入13,505元。该村是“嘉兴市农村经济百强村”、“海宁市创建文明村先进集体”、“海宁市三无村”、“嘉兴市三无达标村”、“海宁市文明村”，孙桥村文化活动室是“海宁市甲级村级文化活动室”。

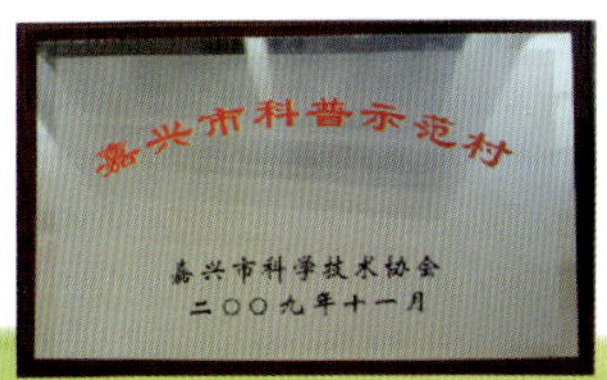

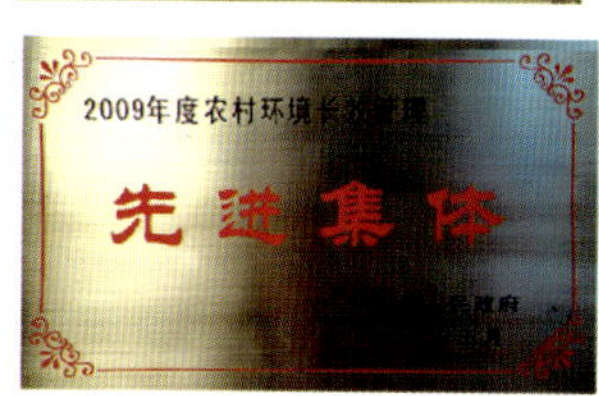

村党支部书记：戚永明
村委会主任：金祖林
电话：（0573）87568406
邮编：314409

袁花镇长啸村

长啸村位于袁花镇东部，村域面积约5.2平方千米，袁尖公路经村境西侧，杭浦高速公路穿越村境北侧，交通十分便利。辖27个村民小组，有31个自然村落，总户数1060户，总人口3838人。全村拥有企业78家，主要以扣板、太阳能、袜业、集业管等产业为主，年总产值3.8亿元。该村是“浙江省卫生村”、“浙江省绿化示范村”、“浙江省文化示范村”、“浙江省千镇万村种文化活动先进村”、“嘉兴市科普示范村”、“海宁市文明村”，长啸村文化活动中心是“海宁市十佳文化活动中心（室）”。

村党总支书记：许国初
村委会主任：俞云祥
电话：（0573）87871800
邮编：314416

黄湾镇黄山村

黄山村位于黄湾镇北侧，北与袁花镇接壤。硖尖公路和正在建设中嘉绍高速公路南北贯穿，翁金线东西穿越，村级公路黄丰公路穿村而过，河流纵横，水陆交通便捷。村域面积7.04平方千米，辖19个村民小组，总户数822户，总人口2830人。辖区内共有63家企业，主要涉及经编、建材、装饰材料、纸箱包装、太阳能及配件等产业；农业以水稻、蚕桑及水果种植为主。2009年，该村实现农村经济总收入5.41亿元，村级人均可支配资金336元，农民人均纯收入12,438元。全村有中共党员96名，建有党总支，下设4个党支部。该村是“浙江省全面小康示范村”、“浙江省绿化示范村”、“嘉兴市文明村”、“嘉兴市先锋工程示范村”，村党总支是“嘉兴市卫生村‘五好’村党组织”、“嘉兴市先进基层党组织”，黄山村民文化活动中心是“嘉兴市示范文化中心”、“海宁市十佳文化活动室”。

浙江省绿化示范村

全面小康建设示范村
中共浙江省委
浙江省人民政府
二〇〇八年一月

村党总支书记：钟新联
村委会主任：张志根
电话：（0573）87955131
邮编：314415

黄山村民活动中心

黄山村

袁花镇双丰村

双丰村位于袁花镇西，南与黄湾镇大临村毗邻，西连丁桥镇新仓村，北靠金袁公路，杭浦高速互通至嘉绍高速互通连接线横贯该村，交通便捷。村域面积10.01平方千米，辖45个村民小组，总户数1776户，总人口5882人，其中中共党员237名，建有村党委。

几年来，双丰村以民丰工业园区为创业基地，以PVC装饰板、太阳能、电子、灯泡和塑料制品为主导发展产业，带动全村工业经济迅速发展。农业生产打破传统，以巾帼蚕桑合作社和生猪生产合作社为纽带，向新型农业、科技农业、效益农业发展。“三产”服务业发展迅速，建有1个公共服务中心和4个商业服务网点，为村民提供便捷的服务。2009年全村实现农村经济总收入12.08亿元，农民人均纯收入13,695元，村集体可支配收入220万元。该村是“浙江省全面小康建设示范村”、“浙江省文明村”，村党委是“海宁市先进基层党组织”、“嘉兴市先进基层党组织”、“浙江省农村基层组织先锋工程建设五好村党组织”。

村党委书记：许金芳
村委会主任：孙小平
地址：袁花镇双丰村民丰路18号
电话：（0573）87862528
传真：（0573）87870331

袁花镇镇东村

镇东村位于袁花镇东南，东南依山，西北傍水，硖尖公路贯穿全村，交通便捷。区域面积5.6平方千米，其中耕地204.4公顷，辖23个村民小组，含30个自然村，总户数896户，总人口为3196人，其中中共党员123名。2009年，该村实现农村经济总收入7.47亿元，农民人均纯收入13,238元，村集体可支配收入180万元，人均562元。该村坚持走“生产发展、生活宽裕、乡风文明、村容整洁、管理民主”之路，着力推进发展新产业、建设新农村、构筑新环境、培育新农民，是“全国绿化千佳村”、“浙江省全面建设小康示范村”、“浙江省绿化示范村”、“嘉兴市文明村”、“嘉兴市新农村建设样板村”、“嘉兴市先锋工程示范村”，村党支部连续十余年被海宁市委评为“海宁市农村基层先进党组织”。

1.镇东村文艺晚会
2.镇东村农民公园

村党支部书记：陈张云
村委会主任：冯印甫
电话：（0573）87868000
邮编：314416

浙江司必林糖果有限公司

浙江司必林糖果有限公司成立于1991年，是一家专业生产胶姆基糖果的中外合资企业。公司占地2.4万平方米，拥有高标准的现代化厂房和从日本、德国、法国引进的胶姆基产品自动生产包装流水线，达到保健品生产的卫生要求和国家商检部门的标准。公司先后通过国家符合出口食品生产企业、ISO 9001：2000质量管理体系、HACCP食品安全管理体系、ISO 14001：2004环境管理体系认证。2009年5月和11月分别被嘉兴市工商行政管理局认定为“嘉兴市知名商品”和“嘉兴市著名商标”。

主要产品有绿茶、薄荷、草莓、香橙、蓝莓、水蜜桃等口味的颗粒状木糖醇无糖口香糖和绿茶、红茶、茉莉花茶等口味的条状木糖醇无糖口香糖，另外还有茶系列、薄荷型、留兰香型、咖啡型、肉桂型及各种水果味的口香糖，草莓、香蕉、蜜瓜、杂果等多种水果味的泡泡糖系列产品。“司必林”品牌在糖果行业享有较高的知名度，产品遍布全球，其中口香糖70%以上出口，远销到日本、以色列、印度、非洲、科威特、缅甸等国家。公司系全球500强企业美国沃尔玛公司口香糖的定点生产企业。

总经理：丁旭初

地址：浙江省海宁市隆兴路122号

电话:(0573)87268668

邮编：314400

网址: http://www.zjsweets.com

海宁上通优必胜轴承有限公司

海宁上通优必胜轴承有限公司位于浙江省海宁市海昌街道丹枫路29号，是专业从事各类轴承套圈的车加工、热处理和磨加工的生产型公司，年销售产值1亿元以上，可完成各类轴承套圈生产4500万件。公司秉承“质量第一，持续改进，客户满意，上优品牌”的质量方针，注重设备工艺的改进和产品质量的提高，先后通过ISO/TS16949：2002质量管理体系及ISO 14001：2004环境管理体系的认证，得到海内外知名企业的认可，成为其长期供应商。上通优必胜轴承有限公司始终信守“用户至上”的经营理念，以优质的服务，良好的信誉，欢迎新老客户光临洽谈业务。

公司外景图

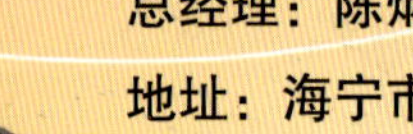

总经理：陈炳华

地址：海宁市海昌街道丹枫路29号

电话：（0573）87096719

传真：（0573）87092683

E-mail:postmaster@hnubc.com

周王庙镇陈桥村

陈桥村位于周王庙镇中部，东南与双涧村相连，东北与新建村相接，西与之江村相临。村域面积2.28平方千米，现有耕地77.3公顷，辖13个村民小组，总户数520户，总人口2184人。2009年实现农村经济总收入4.59亿元，村级集体可支配资金44.05万元，农民人均纯收入12,809元，年末集体资产总值682.3万元。该村上下合力，共谋发展，经济和各项社会事业发展取得明显成效，先后被命名为“海宁市文明村”、“海宁市平安村”、“海宁市三无达标村”、“嘉兴市绿化示范村”、“嘉兴市科普示范村”、“浙江省卫生村”等，村党总支是“周王庙镇先进基层党组织”。

村党总支书记：唐德法
村委会主任：沈叙芬
联系电话：（0573）87533283
邮编：314407

1.村级道路
2.陈桥村委会办公大楼

周王庙镇之江村

之江村位于周王庙镇西部，东邻陈桥村，南依石井村，北连联民村，西靠长安镇城东村，地理位置优越，村境属周王庙镇工业园区。村域面积3.39平方千米，辖16个村民小组，总户数805户，总人口3030人。2009年实现农村经济总收入5.50亿元，农民人均纯收入12,214元。村党总支、村委会在上级党委、政府的正确领导下，带领全村人民以“全面建设小康社会”为目标，加快新农村建设。该村是“嘉兴市科普示范村”、“海宁市绿化示范村”、“嘉兴市档案达标村”，村党总支是“海宁市先进基层党组织”。

1.之江村委会办公大楼
2.村腰鼓队参加周王庙镇第二届乡村文化艺术节
3.村级道路
4.村级工业区
5.村级河道

村党总支书记：王德昌
村委会主任：包敏良
电话：（0573）87938138
邮编：314407

周王庙镇荆山村

荆山村位于周王庙镇南侧，南濒钱塘江，北接石井村，东临盐官观潮景区，西靠胡斗村。村域面积约9.36平方千米，辖59个村民小组，总户数2250户，总人口7841人。该村有耕地面积253.9公顷，农业生产以粮食和蚕桑为主，2009粮食总产量872吨，蚕茧总产量74.9吨。全年实现农村经济总收入8.99亿元，农民人均纯收入11,171元。该村是“嘉兴市农机安全村”，“海宁市平安村”、“嘉兴市四星级民主法治村”和“海宁市科普示范村”。

村党委书记：张建荣
村委会主任：王建福
联系电话：（0573）87933238
邮编：314407

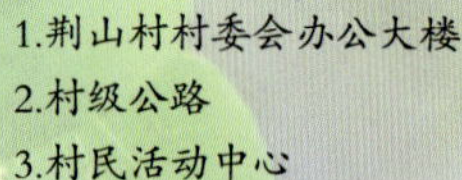
1.荆山村村委会办公大楼
2.村级公路
3.村民活动中心

周王庙镇新建村

新建村于2004年由建农村和周镇村两个村合并而成，地理位置优越，东与盐官镇联丰村和联民村相邻，南与陈桥村相接，北靠周王庙镇区和上林村。桑梓中路、环镇东路、01省道、民建路两纵两横贯穿全村，交通极为便利。村域面积2.58平方千米，辖25个村民小组，总户数888户，总人口3042人，其中中共党员92名。2009年实现村级经济总收入8.65亿元，农民人均纯收入13,080元。该村曾获得“浙江省全面小康建设示范村”、“浙江省绿化示范村”、“浙江省卫生村”、“嘉兴市民主法治村”、“嘉兴市信息化示范村”、“嘉兴市三无村”、“海宁市文明村”、“海宁市先锋工程建设示范村”等荣誉，村党总支是“海宁市先锋工程‘五好’党支部”、“海宁市先进基层党组织”。

1.新建村公园
2.新建村委会办公楼
3.休闲绿地

村党总支书记：张汉阳
村委会主任：蒋伟星
联系电话：（0573）87533220
邮编：314407